Tanja Brandt

Tierische Momente fotografieren

BILDNER

Verlag: BILDNER Verlag GmbH
Bahnhofstraße 8
94032 Passau
http://www.bildner-verlag.de
info@bildner-verlag.de

ISBN: 978-3-8328-0422-0

Lektorat: Ulrich Dorn

Layout und Gestaltung: Nelli Ferderer

Autor: Tanja Brandt

Herausgeber: Christian Bildner

Druck: PASSAVIA Druckservice GmbH & Co. KG, Medienstraße 5 b, 94036 Passau

Fotos auf dem Cover: Tanja Brandt

Wichtige Hinweise

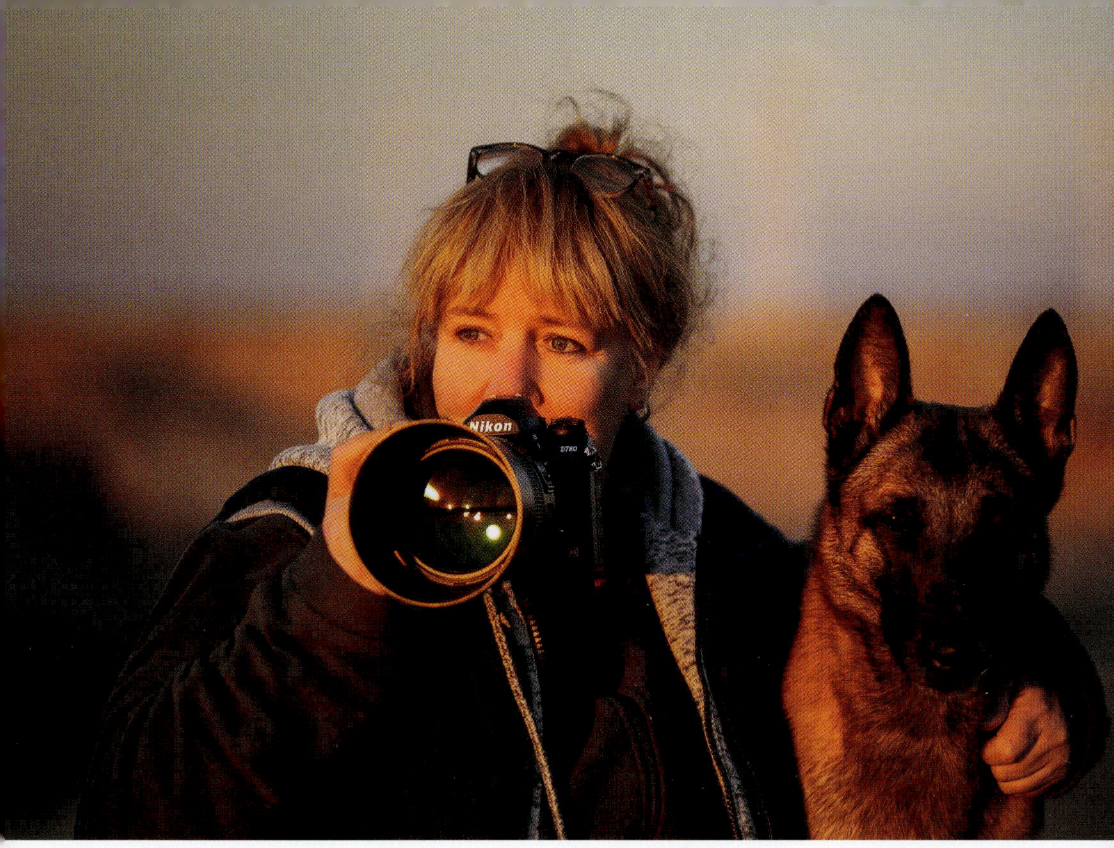

▲ *Tanja und Ingo.*
ƒ/1.4 | 1/800 s | ISO 100

VORWORT

Warum sitze ich hier und schreibe dieses Buch? Das wer weiß wie viel tausendste? Es gibt so viel zu entdecken, so viel zu lernen und zu erfahren und vor allem so viele Bilder, Momente und Situationen. Jedes Bild ist anders. Es gibt nicht das perfekte Bild. Ich liebe es, jeden Tag etwas über Tiere zu lernen. Wie sie leben. Wo sie leben. Wie sie sich bewegen, was sie fühlen, was sie antreibt. Ich liebe es, zu lachen, zu staunen, zu weinen, zu fühlen. Darum liebe ich die Tierfotografie. Ich liebe das Licht und den Schatten. Mit Tieren lebte ich schon immer – durch eine Krankheit kam ich zur Fotografie. Vieles veränderte sich, ich wurde gesund, aber die Fotografie blieb. Und meine Faszination für Tiere, die niemals enden wird. Verschließt die Augen nicht vor der Schönheit da draußen. Es sind die Momente, die zählen, und die Eindrücke, die bleiben. Und dann ist da noch die Technik. Vielleicht gibt euch dieses Buch Anregungen und bringt euch viele Momente nahe.

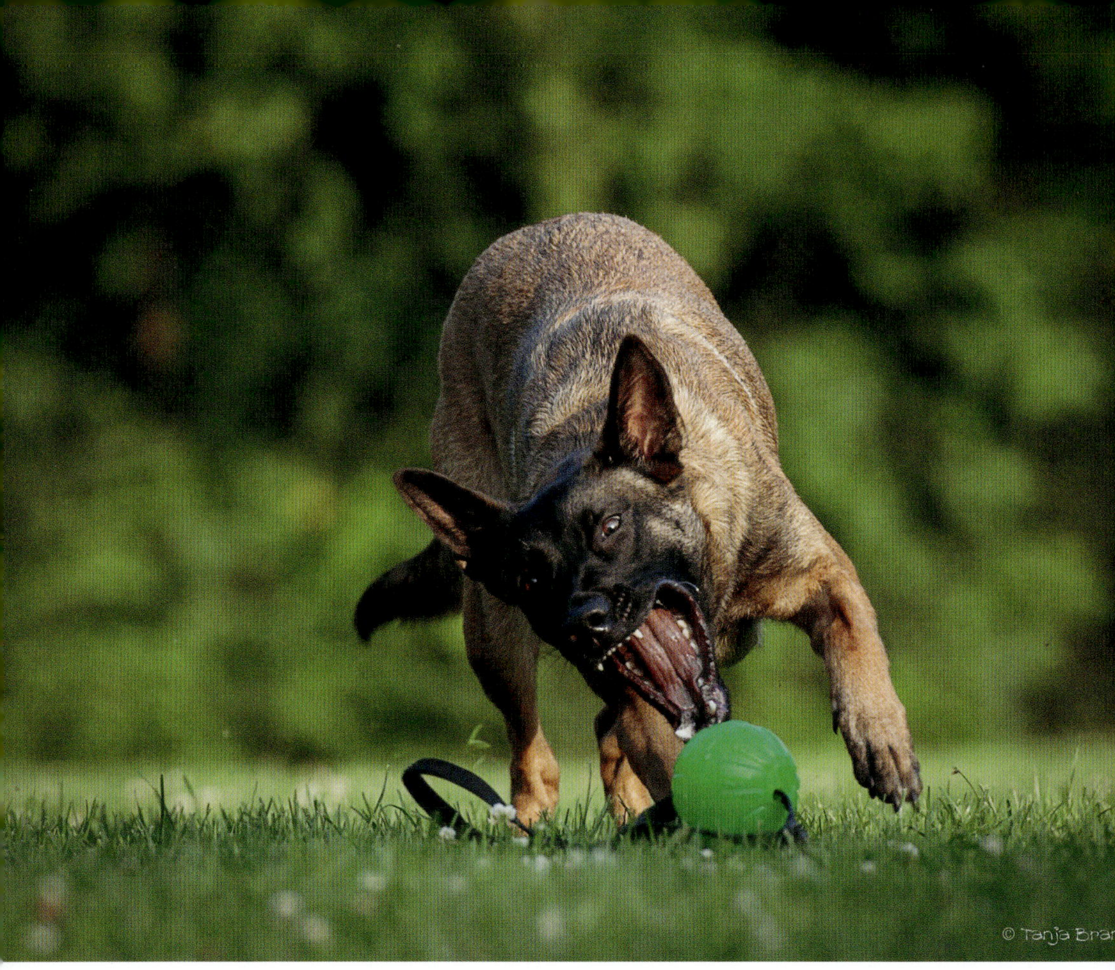

▲ *Eines meiner frühen Bewegungsbilder „Hund mit Ball".*
f/4 | 1/1600 s | ISO 800

Wie alles begann

Es ist immer wieder interessant, die Bilder aus den eigenen frühen Anfangsjahren der Fotografie anzuschauen. Natürlich hielt man sie für einzigartig und wollte sie allen zeigen. Stolz präsentierte man Unmengen an Bildern auf Facebook, und es dauerte nicht lange, bis die Anzahl der Follower Tag für Tag weniger wurde. Ich schaffte es sogar auf einige Blockierlisten. Alles habe ich fotografiert. Vieles ohne Plan. Die Bildbearbeitung am Computer hakte ich unter „böhmische Dörfer" ab, und nach Stunden planloser „Reglerschieberei" sahen die Bilder am Ende schlechter aus als vorher.

Bewegungsbilder waren die Königsklasse. Ich biss mir beim Fotografieren auf die Zunge, verkrampfte und war super-aufgeregt, als ich die Bilder endlich am Bildschirm mit stolzgeschwellter Brust ansehen konnte. Die ersten kritischen Facebook-Kommentare schleuderten einen direkt wieder auf den Boden der Tatsachen zurück. Auf die Bilder mit dem Ball war ich besonders stolz. Sah mich schon fast in der Elite der Actionfotografie. Bei 98 % war jedoch nur der Ball scharf und nicht der Hund.

Auch mehrere Tiere in Bewegung wollte ich fotografieren, wusste aber nicht, wie ich sie alle scharf bekommen sollte. Darüber werde ich noch berichten. Ich übte mit meinen Hunden ohne Unterlass, bis es einen Riesenknall gab. Meine Hunde waren so damit beschäftigt, zu rennen und zu bellen, dass sie mich gar nicht wahrnahmen und mich über den Haufen rannten. Ich flog einen Meter rückwärts, meine Kameraausrüstung flog erst gegen meine Stirn und auf mein linkes Auge und dann zwei Meter hinter mich. Minütlich schwoll die Stirn an und das Auge zu.

Ein pochender Schmerz hämmerte dumpf in meinem Kopf, und meine Hunde legten sich ins Gras und kauten verlegen an Grashalmen – in der Hoffnung, ich hätte einen anderen Schuldigen in Verdacht. Irgendwie schleppte ich mich nach Hause, und nach einigen nervigen Fragen, gegen wen ich denn in den Ring gegangen wäre, musste ich zwei Tage das Bett hüten. Das war das letzte Bild vor meiner Gehirnerschütterung …

Immer wieder aufstehen lautete aber die Devise, und ich übte unermüdlich weiter. Auch über die Porträts von zwei Hunden muss ich an anderer Stelle ausführlicher berichten. Damals waren sie ebenfalls nicht berühmt. Ich richtete mir zu Hause ein kleines Studio ein, aber auch das war eher ein Behelf.

Häufig war ich auch auf der Hunderennbahn – als einzige Nikon-Fotografin damals. Überall standen Fotografen in vorderster Reihe, ausgestattet mit weißen Objektiven, und ich wollte mit meiner Ausrüstung im Erdboden versinken, zumindest wünschte ich mir ob all der Blicke eine braune Papiertüte überm Kopf. Am nachfolgenden Montag bin ich direkt zum Kamerahändler und wollte meine ganze Nikon-Ausrüstung eintauschen. Weil ich allerdings zu viel Verlust gemacht hätte, bin ich bei Nikon geblieben, und das war gut so. Als ich die Zusammenhänge und Funktionen endlich verstand, fing ich an, meine Ausrüstung zu lieben. Ich machte nichts anderes mehr, als überall mit der Kamera herumzurasen und mein Umfeld in Weißglut zu versetzen.

Aber ich blieb dran. Fotografieren faszinierte mich und half mir, nach meinem Schlaganfall wieder gesund zu werden. Berühmt oder bekannt wollte ich nie werden. Als die ersten Anfragen nach Einzelcoachings und Workshops kamen,

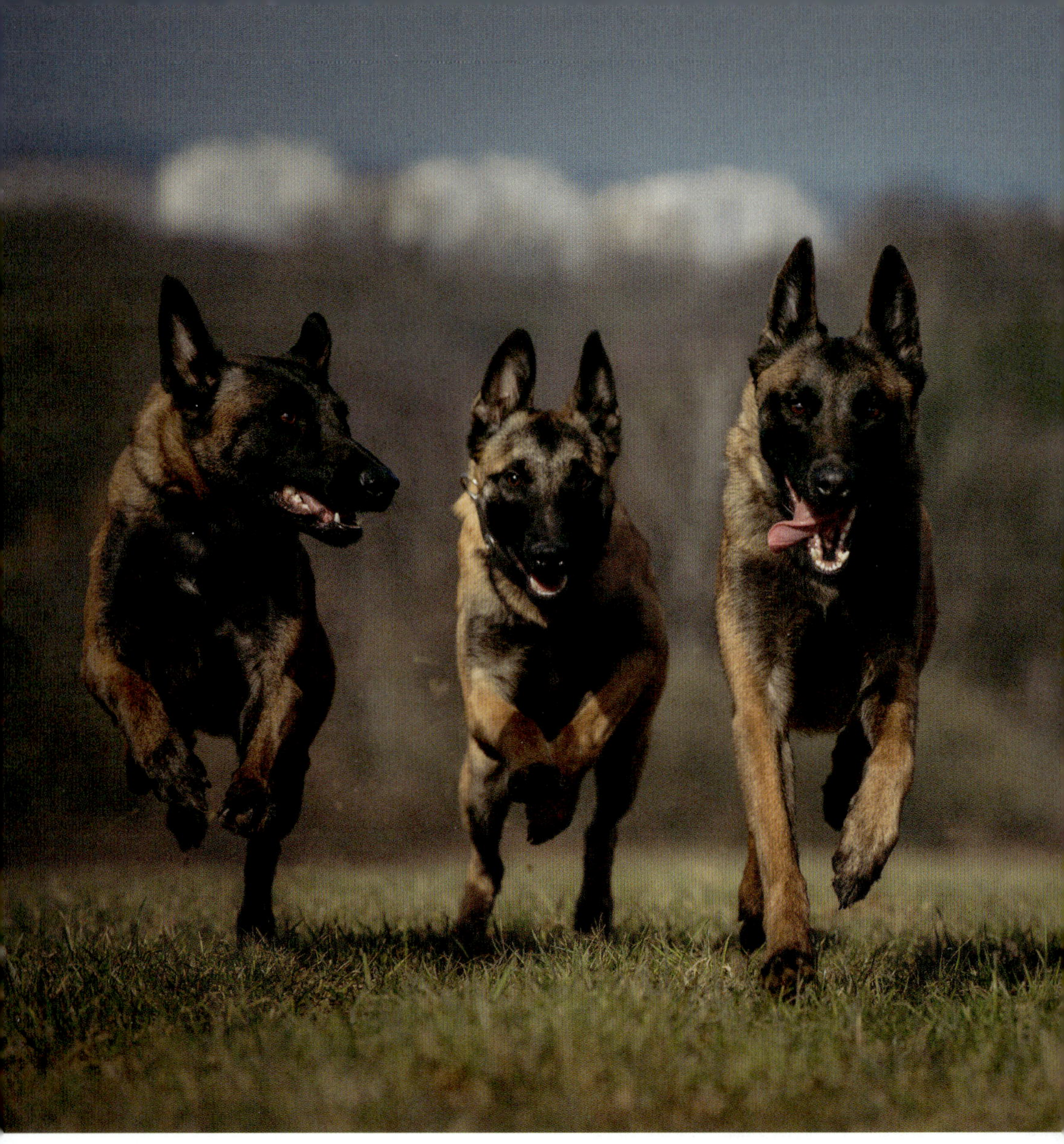

hatte ich tagelang Atemnot und – wie soll ich es sagen – Stuhlgangprobleme. Irgendwann war mein Erspartes aber aufgebraucht, und ich musste schauen, dass es irgendwie weiterging. So sprang ich ins kalte Wasser und begann damit, die Anfragen nach Einzelcoachings und Workshops anzunehmen.

Auch kleine Aufträge von Zeitschriften bekam ich, worüber ich mich sehr freute. In der Zwischenzeit entstand die Freundschaft zwischen Ingo und Poldi, die ich jeden Tag mit der Kamera festhielt. Ein Freund empfahl mir, mich bei einem Kalenderverlag zu bewerben – die würden jeden nehmen, und da kön-

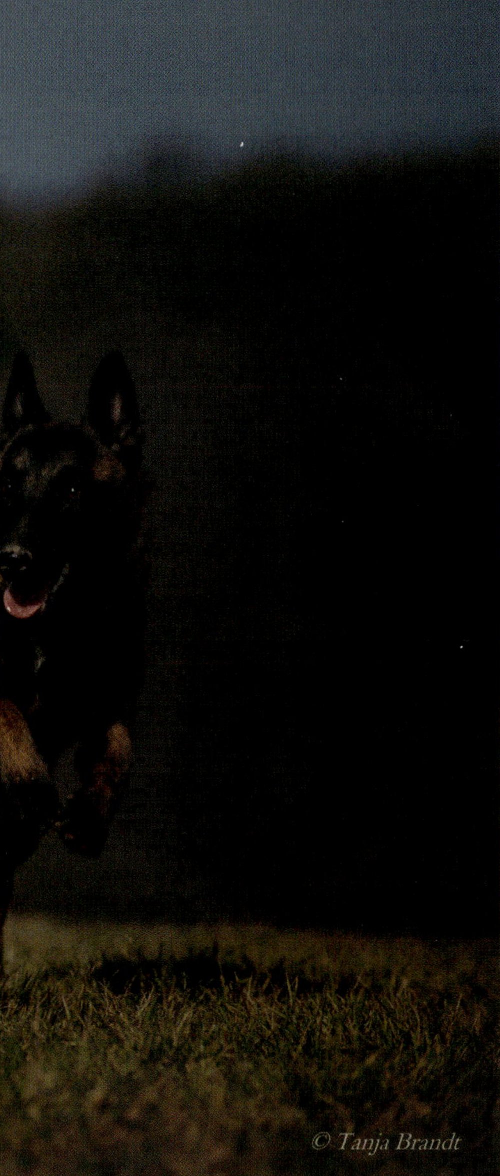

nen man sich ein paar Euro dazuverdienen. Mit neuem Selbstbewusstsein fragte ich bei einem Kalenderverlag an, ob sie nicht einen Kalender von Ingo und Poldi machen wollten. Ein paar Bilder schickte ich direkt mit. Die Antwort kam prompt: Es tut uns sehr leid, aber das interessiert wirklich niemanden.

◀ *Der Versuch, mehrere Tiere in Bewegung scharf zu fotografieren.*

f/6.3 | 1/2000 s | ISO 500

Heute, viele Jahre später, fotografiere ich noch immer und bin froh, nie aufgegeben zu haben. Berühmt möchte ich weiterhin nicht werden, und negative Kommentare ziehen mich immer noch runter, aber in Summe zeigt es, dass man machen soll, was der Seele guttut, und vor allen Dingen das, woran man glaubt.

Ihre Tanja Brandt!

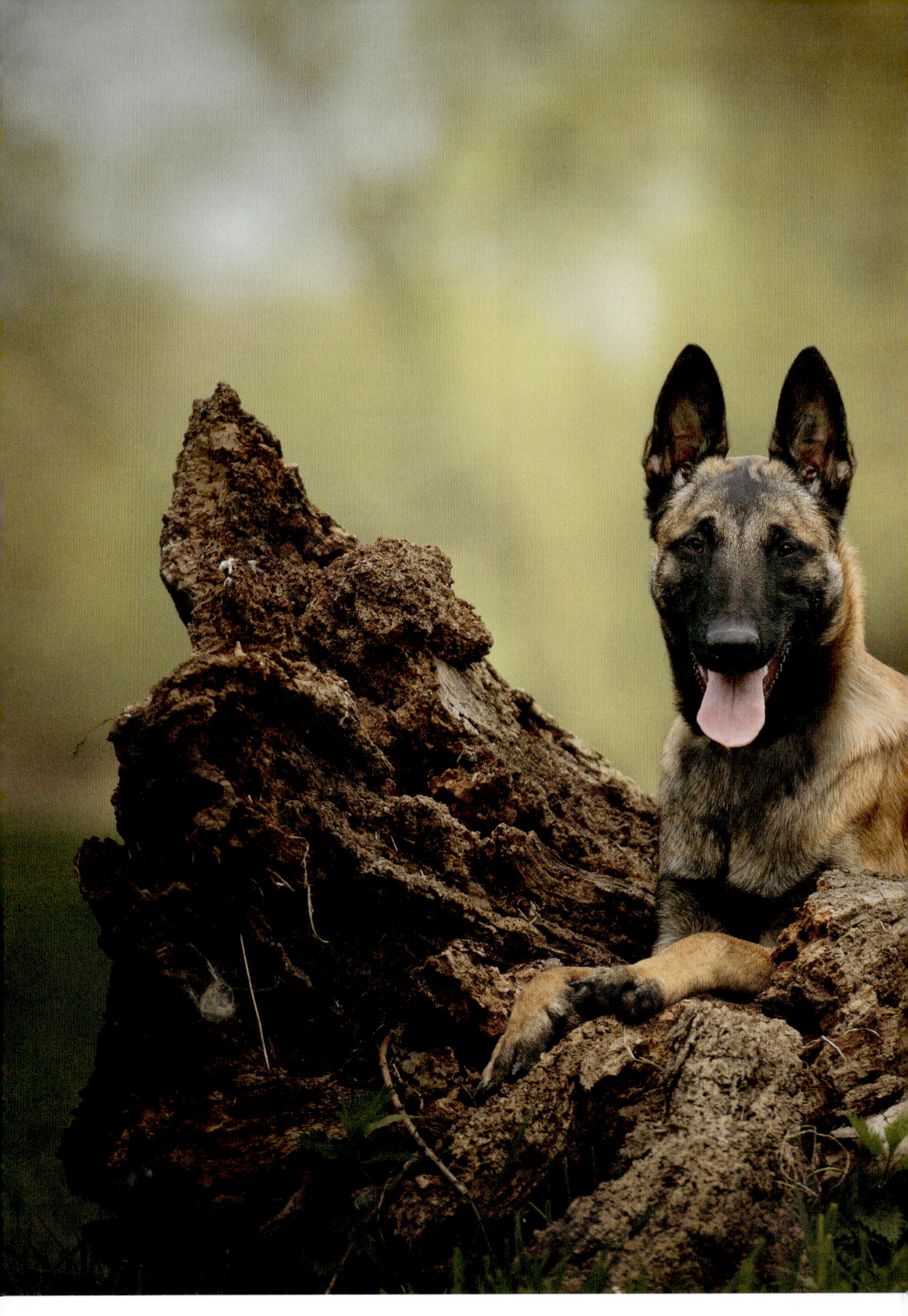

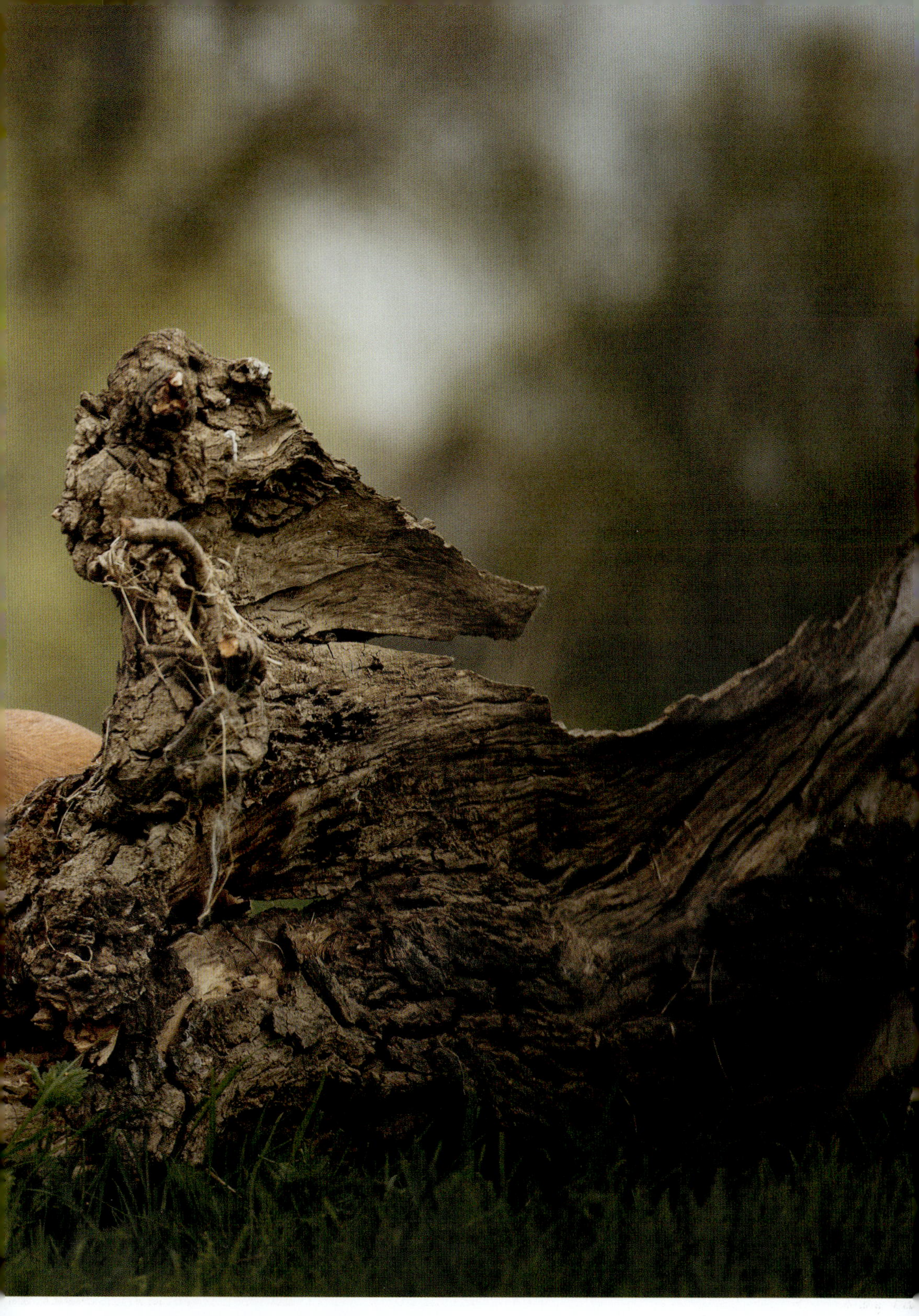

▲ *Nach dem Rheinhochwasser: Mein Hund Ingo auf einer angeschwemmten Baumrinde.*
f/3.2 | 1/800 s | ISO 200

Inhalt

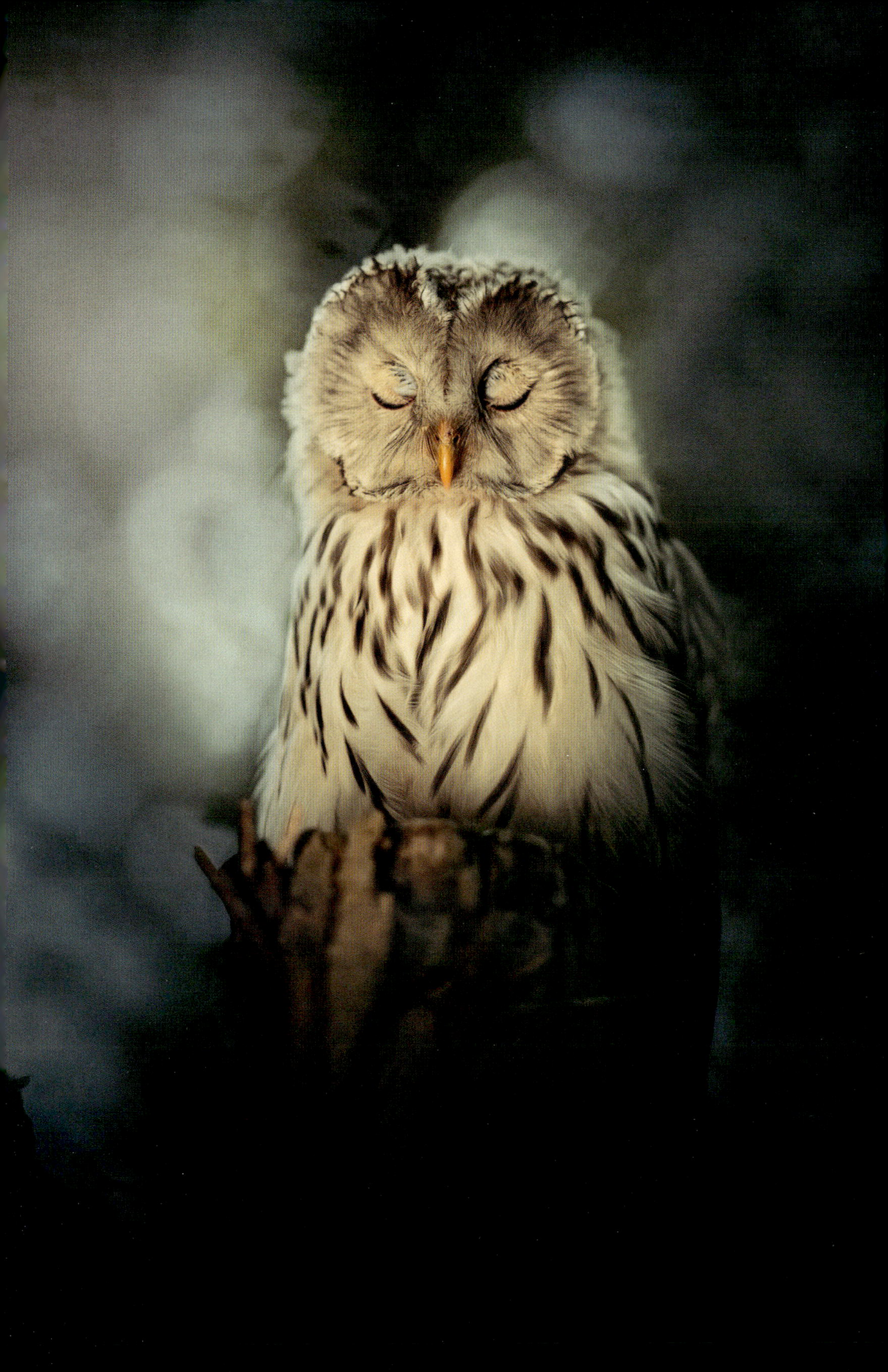

1 KAMERA UND **OBJEKTIV**

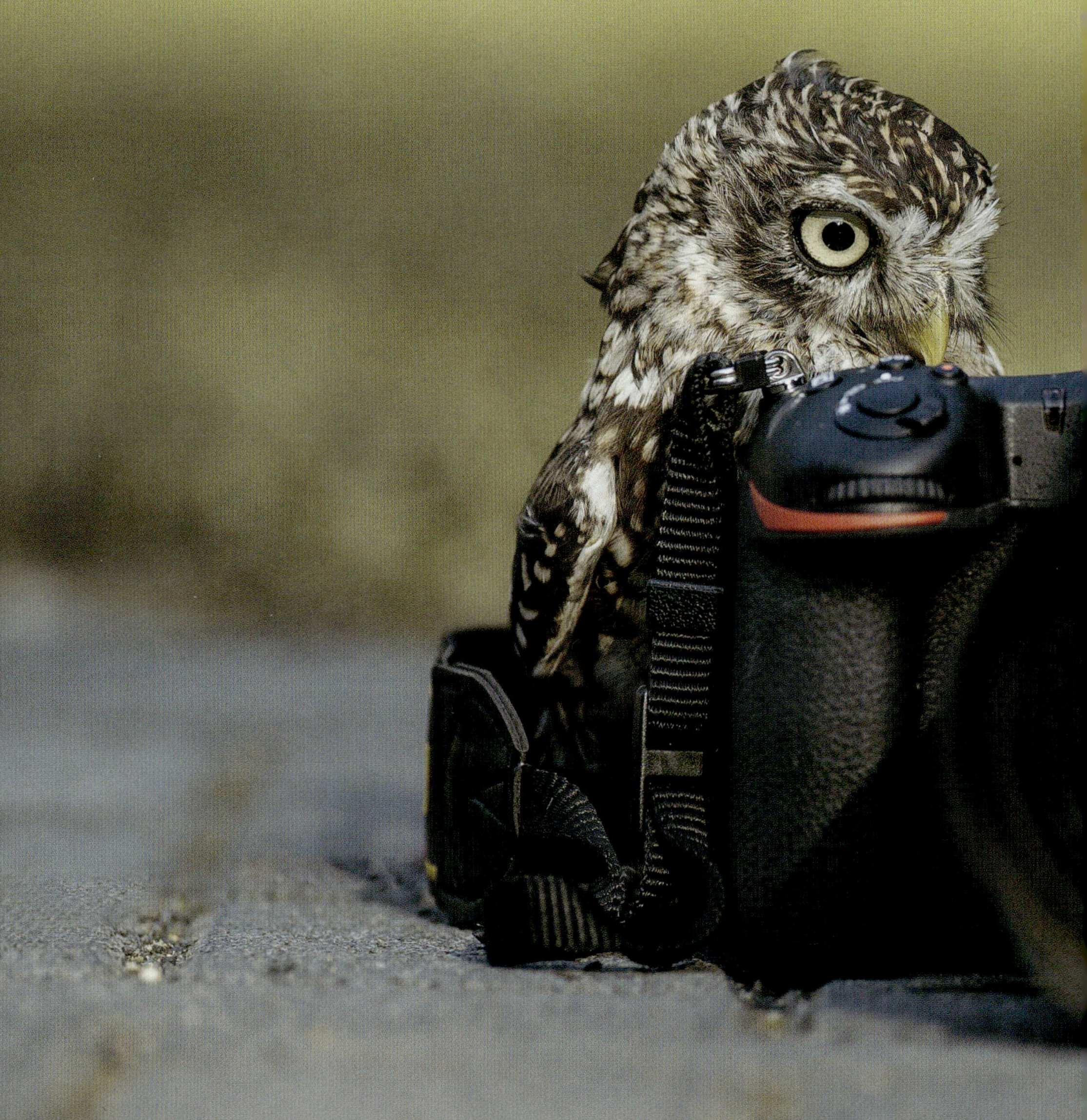

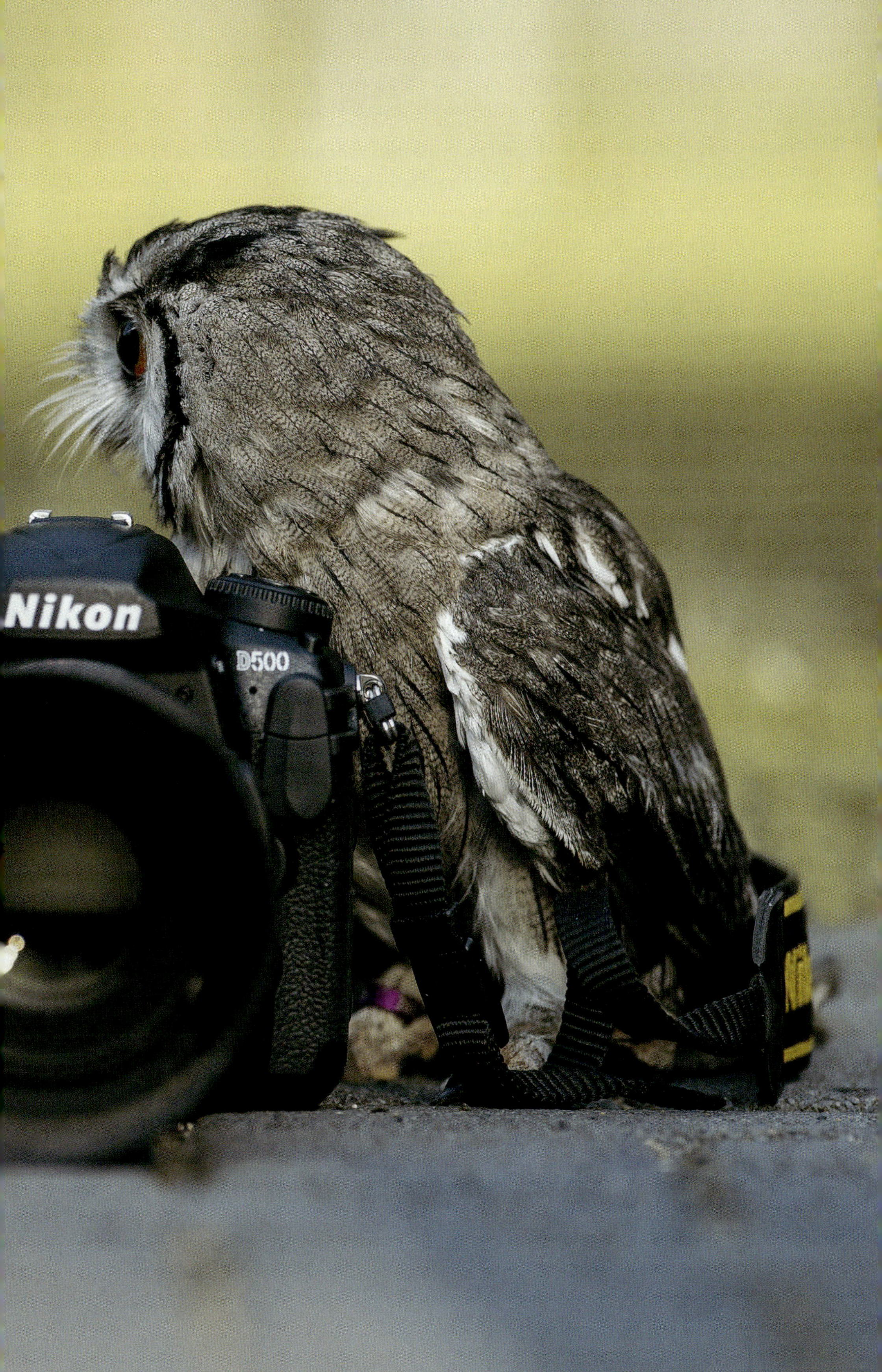
Nikon
D500

Welche Kamera?

Alles hängt davon ab, was Sie fotografieren möchten und wie hoch das eigene Budget ist. Ich selbst bin Nikon-Ambassador und sehr stolz darauf, rate aber niemandem zu einer bestimmten Marke – und schon gar nicht zu einem Umstieg, das kann einen teuer zu stehen kommen. Was kaufe ich?

Erst einmal müssen Sie den geplanten Kaufwunsch Ihrem Budget anpassen. Es besteht aber auch die Möglichkeit, an eine sehr gute gebrauchte Ausrüstung heranzukommen. Der Gebrauchtmarkt ist riesig, und man findet in der Regel immer tolle Angebote. Achten Sie beim Kauf eines gebrauchten Kamerabodys immer auf die Zahl der Auslösungen. Die Marke ist eigentlich zweitrangig und vom eigenen Geschmack abhängig.

Für die Tierfotografie kommen zwei Kameratypen infrage: die Spiegelreflexkamera oder eine spiegellose Systemkamera. Für Spiegelreflexkameras gibt es eine Menge Zubehör, wobei die spiegellosen in Sachen Zubehör bereits auf Augenhöhe agieren. Vorteil der spiegellosen Systemkameras ist, dass sie insgesamt kleiner und leichter sind, außerdem sieht man im elektronischen Sucher sofort, was man fotografiert, und ebenso Helligkeit, Schärfe, Schärfentiefe etc. Ich war zuerst skeptisch, was die Spiegellosen angeht, aber inzwischen besitze ich zusätzlich eine Nikon Z7 und bin absolut begeistert. Die Sicht durch den Sucher ist anfangs etwas gewöhnungsbedürftig, aber man kommt schnell damit klar und mag sie dann wirklich. Die Lautlosfunktion ist sensationell, aber ich kann sie nicht benutzen, weil es für mich schon sehr seltsam ist, nicht mal ein Klick zu hören. Schauen wir uns die beiden Kameratypen mal etwas genauer an.

Spiegellos oder Spiegelreflex?

Die Gattung der spiegellosen Systemkameras, kurz DSLM (*Digital Single Lens Mirrorless*), hat sich neben den Spiegelreflexkameras als ernst zu nehmende Alternative für Fotoenthusiasten und Profis etabliert. Durch das Weglassen des Spiegels ist das Kameragehäuse wesentlich kleiner und leichter als das einer Spiegelreflexkamera. Statt eines Spiegels wird zur Fokussierung und Belichtung das Signal des Bildsensors genutzt. Im Aussehen erinnern viele Systemkameras an die Messsucherkameras

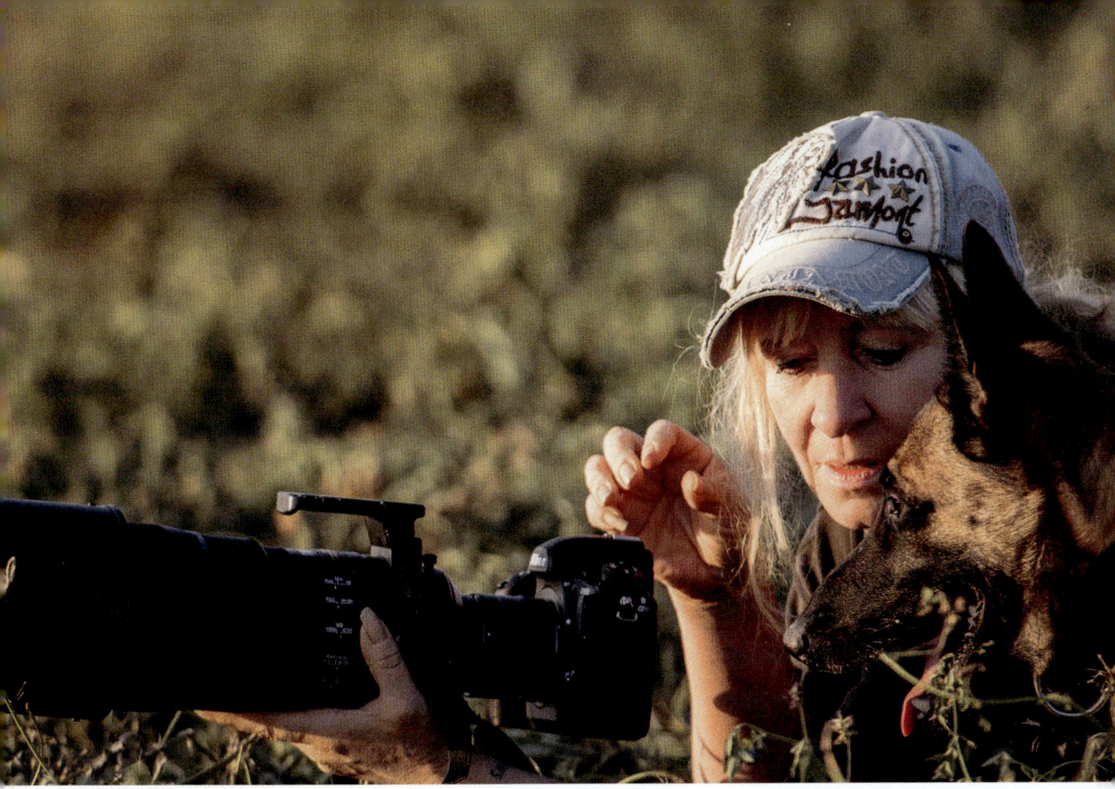

▲ *Mein Hund Ingo liegt bei fast jedem Shooting neben mir im Gras.*
f/5 | 1/1000 s | ISO 640 | –0,33 EV

vergangener Tage. In Sachen Bildqualität stehen die meisten Spiegellosen der Konkurrenz aus dem Spiegelreflexlager in nichts nach, und das Angebot an Objektiven ist mittlerweile genauso groß wie das im DSLR-Kamerasegment.

Dennoch ist die digitale Spiegelreflexkamera, kurz DSLR (*Digital Single Lence Reflex Camera*), für viele Fotografen immer noch das Werkzeug der Wahl. Zum einen schwören viele auf die optischen Sucher der DSLRs, zum anderen natürlich auf die große Auswahl an Objektiven. SLRs sind schneller, bieten einen besseren Autofokus und mehr Bilder pro Sekunde, belichten und fokussieren zuverlässiger – einschließlich eines nachführenden Autofokus für bewegte Motive – und haben einen optischen Sucher. Das bedeutet, der Blick durch den Sucher (über den Klappspiegel, der der Kamera ihren Namen gibt) zeigt das Motiv praktisch unverändert. Vor allem die manuelle Fokussierung klappt mit einem optischen Sucher deutlich besser als mit einem elektronischen Sucher oder über einen Monitor.

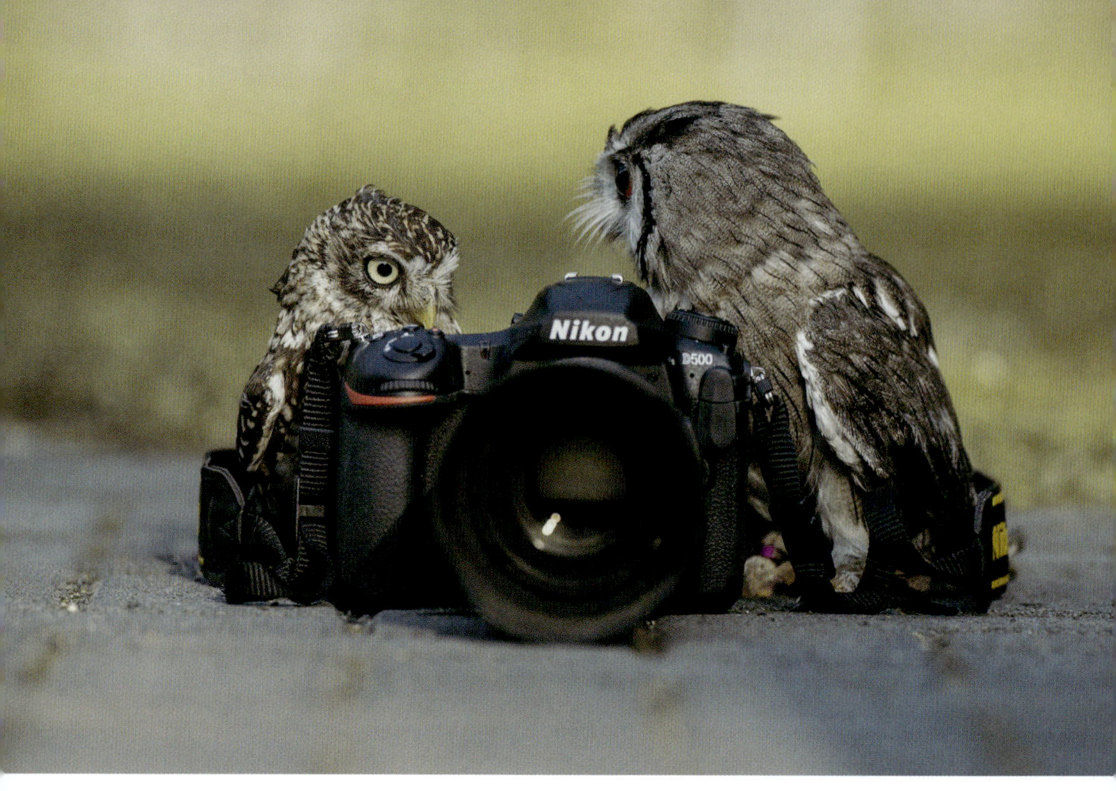

▲ *Meine Assistenten beäugen kritisch die Hardware.*
f/5.6 | 1/400 s | ISO 400 | –0,67 EV

Fazit: Herausragende Bilder machen beide Kameratypen. Es ist zu beobachten, dass mehr und mehr Profifotografen die Spiegellosen für sich entdecken und sie parallel zu ihren Spiegelreflexboliden einsetzen. Fujifilm, Sony und jetzt auch Nikon und Canon sind die Player in dieser Geräteklasse (APS-C und Vollformat) und nutzen konsequent das aus, was das Grundprinzip der spiegellosen Systemkamera zu bieten hat – etwa mehr Möglichkeiten, manuell in den Belichtungsprozess einzugreifen.

APS-C- oder doch Vollformat?

Ich persönlich mag die Vollformatkameras, da ich häufig in hohen ISO-Bereichen fotografiere – ich bin ja oft im Wald unterwegs. Der Vollformatsensor ist einfach besser, was Details, Brillanz, Auflösung und Freistellung angeht. Dafür sind die APS-C-Sensor-Kameras meist günstiger und werden gern in der Tier- und Makrofotografie verwendet.

Nachteil ist für mich die etwas nachstehende Brillanz der Bilder und das nicht so schöne Bokeh. Sie rauschen schneller, wodurch hohe ISO-Werte nur schwer möglich sind. Und Weitwinkelobjektive verlieren ihren Weitwinkeleffekt. Übrigens kommt an dieser Stelle ein neuer Begriff ins Spiel, der *Cropfaktor*.

Auswirkung des Cropfaktors

Bei den meisten Digitalkameras ist die Fläche des Aufnahmesensors kleiner als die Fläche eines Kleinbildnegativs (24 × 36 mm), so wie man es von analogen Zeiten noch kennt. Dadurch verändert sich bei gleicher Brennweite der Bildausschnitt, den Sie im Sucher einer digitalen Kamera im Vergleich zum analogen Pendant sehen. Deshalb geben die Kamerahersteller einen Cropfaktor (die kleinbildäquivalente Brennweite) an, der ausdrückt, wie sich der Bildausschnitt einer bestimmten Brennweite im Vergleich zum analogen Kleinbildformat verändert.

Der Cropfaktor ist immer das Ergebnis aus der tatsächlichen Brennweite und dem entsprechenden Cropfaktor des Herstellers bezogen auf das Kleinbildformat von 24 × 36 mm.

- Nikon- und Fujifilm-Kameras mit APS-C-Sensor haben den Cropfaktor 1,5.
- Canon-Kameras mit APS-C-Sensor haben den Cropfaktor 1,6.

Der Vergrößerungsfaktor zur Abbildung eines weit entfernten Motivs bleibt natürlich gleich, lediglich der Bildausschnitt wird kleiner. Im Grunde genommen verlieren Sie also durch die Verwendung eines Objektivs an einer digitalen Spiegelreflexkamera sogar einiges an Bildinformation am Rand – was übrigens bei Objektiven, die mit Abschattungen und Unschärfe im Randbereich zu kämpfen haben, kein großer Nachteil sein muss, da der Sensor die schlechter abgebildeten Ränder gar nicht erst erfasst.

Umrechnungsbeispiel

Fotografieren Sie mit einer Nikon oder Fujifilm mit APS-C-Sensor und einer 50-mm-Festbrennweite, entspricht das bei einem Cropfaktor von 1,5 einer Brennweite von 75 mm an einer Vollformatkamera (Kleinbild). Fotografieren Sie mit einer Canon mit APS-C-Sensor und einer 50-mm-Festbrennweite, entspricht das bei einem Cropfaktor von 1,6 einer Brennweite von 80 mm an einer Vollformatkamera (Kleinbild).

Was kaufe ich denn nun?

Erst mal muss ich den Kaufwunsch meinem Budget anpassen. Man kann aber auch eine gebrauchte Ausrüstung kaufen. Der Gebrauchtmarkt ist riesig, und man findet dort tolle Angebote. Bei gebrauchten Kamerabodys ist auf die Zahl der Auslösungen zu achten. Wichtiger als der Body ist aber das Objektiv. Über dieses Thema werde ich im nächsten Abschnitt sprechen.

Sinnvolles Fotozubehör

- **ISO-Matte** – Eine ISO-Matte kann man in der Tierfotografie immer gebrauchen.

- **Kamerarucksack** – Welcher hier am besten ist, kann ich nicht entscheiden. Das kommt unter anderem auf den Umfang der Ausrüstung an. Ich habe einen großen Rucksack und einen robusten. Bei mir sitzen immer die Eulen darauf.

- **Stativ** – Ich bin Partner von SIRUI, und deshalb sind meine Stative natürlich von SIRUI. Im Ansitz fotografiere ich daher immer auch mit dem SIRUI-PH20-Gimbal.

- **Grafiktablett** – Seit Neuestem versuche ich mich darin, mit dem Grafiktablett von Wacom zu arbeiten.

- **Grafikbildschirm** – Der richtige Bildschirm ist wichtig. Früher bin ich daran verzweifelt, aber mit meinem EIZO-Bildschirm bin ich superglücklich. Der kalibriert sich selbst.

- **Fernglas** – Ein Zeiss-Fernglas gehört ebenfalls zu meinem Equipment. Für die Wildlife-Fotografie brauche ich unbedingt eins und auch zur Tierrettung.

Welches Objektiv?

Wichtiger als der Body ist das richtige Objektiv, und hier gibt es natürlich alles. Aber „das“ Objektiv gibt es nicht, es hängt vom Einsatzzweck ab. Für jeden Einsatz gibt es ein ideales Objektiv. Zwei wichtige technische Merkmale charakterisieren ein Objektiv: die *Brennweite* und die *Lichtstärke*. Beides ist meist auf dem Objektiv angegeben. Die Brennweite beschreibt den Abstand zwischen dem Mittelpunkt der Linse und dem Sensor. Das durch das Objektiv auf den Sensor fallende Bild ist abhängig von der Brennweite. Mit einer langen Brennweite bilden Sie einen relativ kleinen Motivausschnitt groß ab, mit einer kurzen Brennweite bilden Sie einen großen Motivausschnitt relativ klein ab.

Immer wieder bekomme ich Mails und Nachrichten mit der Frage, welches Objektiv man kaufen solle. Grundsätz-

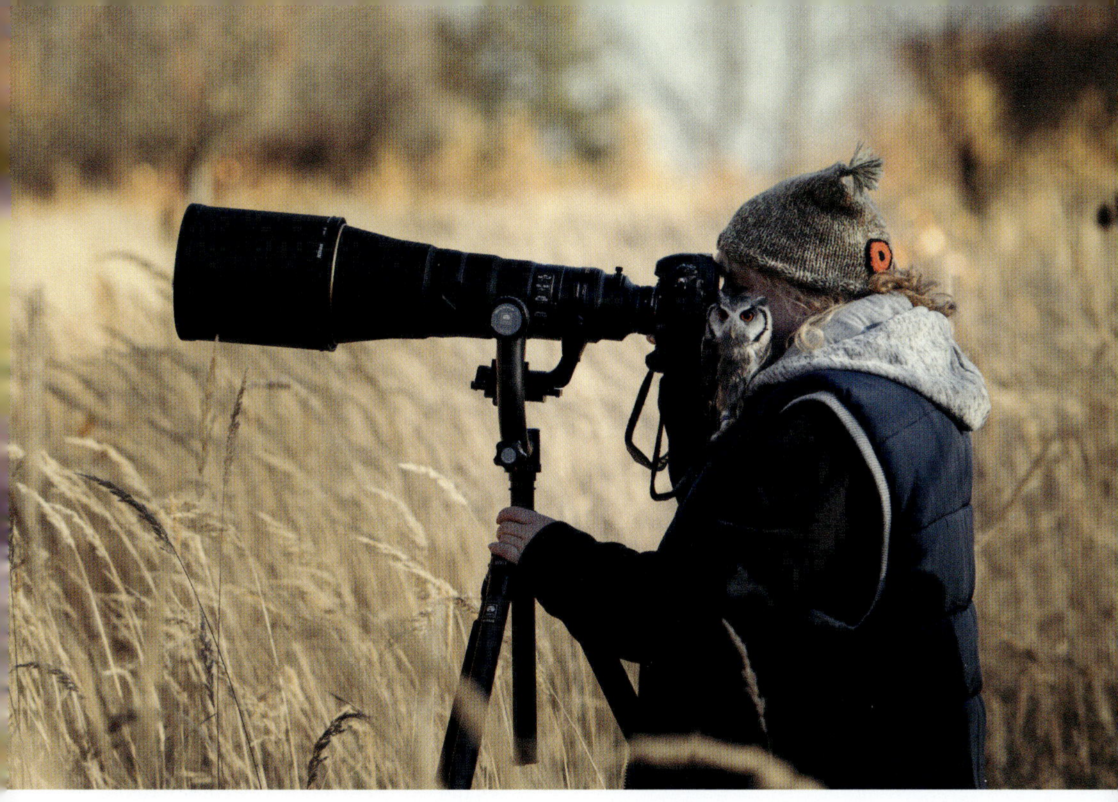

▲ *Auf der Pirsch mit der Nikon D850 und dem riesigen AF-S NIKKOR 70-200 mm 2.8.*
f/2.8 | 1/1600 s | ISO 200 | +0,33 EV

lich kommt auch das auf Verwendung und Budget an. Als Allrounder nenne ich dann immer das 70-200 mm f/2.8 oder notfalls noch das 4.0. Beide kann man sogar gebraucht kaufen. Grundsätzlich gibt es für jeden Bereich ideale Objektive.

Grundlegende Objektivtypen

Ein gutes Objektiv ist wichtiger als der Kamerabody. Unser Sehen entspricht in etwa einem 50-mm-Objektiv.

- **Normalobjektiv** – Mittlere Brennweite (30 bis 50 mm) und mittlerer Blickwinkel. Entspricht in etwa dem menschlichen Sehen.

- **Weitwinkelobjektiv** – Kurze Brennweite (24 bis 35 mm) und großer Blickwinkel. Man bekommt in einem breiten Winkel viel aufs Bild. Ein Mensch müsste schon den Kopf drehen, um alles zu sehen. Alles unter 24 mm fällt in die Kategorie Superweitwinkel.

- **Telezoomobjektiv** – Lange Brennweite (alles über 70 mm) und kleiner Blickwinkel. Stellt weit Entferntes vergrößert dar und verdichtet die Aufnahme zugleich.

- **Makroobjektiv** – Für Nahaufnahmen und Details. Stellt kleine Dinge ganz groß dar.

- **Festbrennweiten** – Lichtstarke Festbrennweiten liefern in der Regel eine wesentlich bessere Bildqualität als Zoomobjektive, weil keine dem Brennweitenbereich geschuldeten Konstruktionskompromisse eingegangen werden müssen.

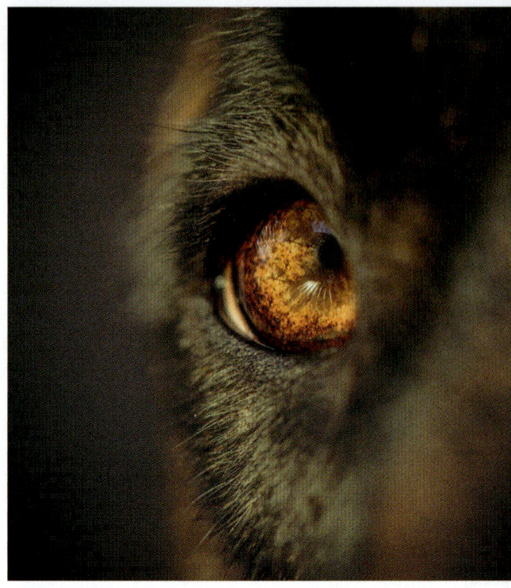

▲ *Detailaufnahmen und Makros mit Abbildungsmaßstab 1:2 fotografiere ich am liebsten mit dem AF-S NIKKOR 105 mm 1:2.8.*
f/5.6 | ISO 280 | 1/250 s

Lichtstärke und Blendenöffnung

Der Wert für die Lichtstärke gibt die größtmögliche Blendenöffnung an, was der maximalen Lichtstärke des Objektivs entspricht. Je kleiner die Zahl ist, desto mehr Licht fällt auf den Sensor. Je lichtstärker ein Objektiv ist, desto mehr Licht hat meine Kamera zur Verfügung, und mit Blende 2.8 habe ich schon fast doppelt so viel Licht wie mit einer Blende 4. Ich kann also kürzere Verschlusszeiten nehmen und auch bei grenzwertigem Licht noch in annehmbaren ISO-Bereichen fotografieren. Nachteil ist, dass lichtstarke Objektive entsprechend teurer sind und auch schwerer.

Aber woran erkenne ich als Laie, um welches Objektiv es sich handelt? Stehen auf einem Telezoom Zahlen „von … bis …“, bedeutet das Folgendes:

- 1:4.5-5.6 bedeutet z. B., dass bei kleinster Brennweite, wenn das Objektiv ganz eingefahren ist, Blende 4.5 zur Verfügung steht.

- Bei größter Brennweite allerdings springt die Kamera direkt auf Blende 5.6 als beste Blende. Blende 4.5 ist dann nicht mehr möglich.

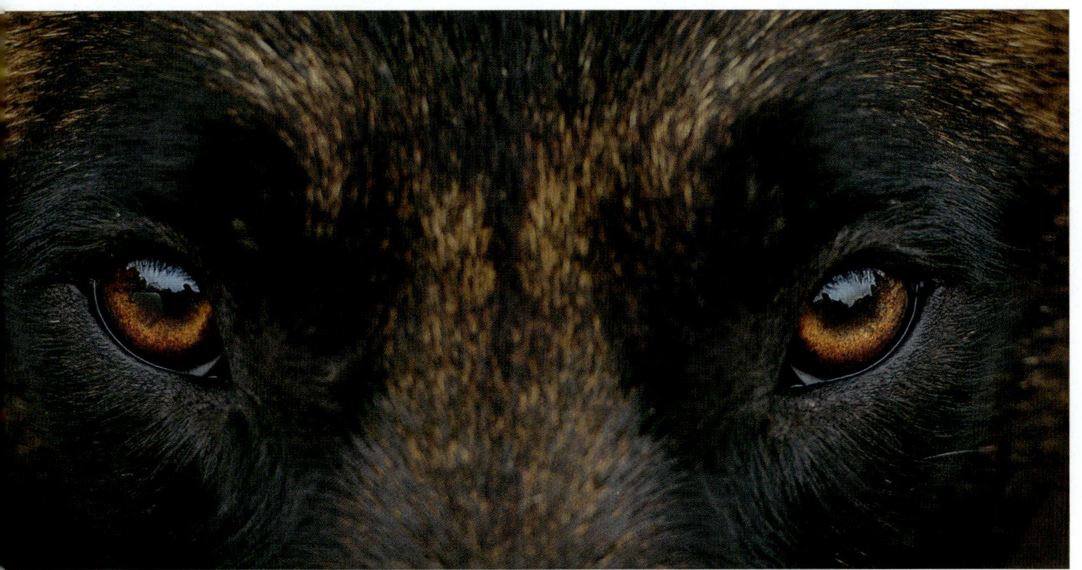

▲ *Es geht auch mit dem Tele. Aufgenommen mit dem AF-S NIKKOR 70-200 mm 2.8.*
f/3.2 | ISO 500 | 1/640 s

■ Besser ist daher ein Telezoom mit nur einer Blendenangabe wie 1:2.8 oder 1:4.

Objektive mit dem Namenszusatz Makro ermöglichen es, einen größeren Abbildungsmaßstab zu erzielen, und man kann näher ans Objekt rangehen, was für die Makrofotografie notwendig ist. Man kann damit aber auch wie mit jedem anderen Objektiv Hunde & Co. fotografieren. Ich fotografiere sehr gern Augen und tierische Details mit einem Makroobjektiv, aber es ist wiederum nicht zwingend notwendig für Augen. Sie können dafür auch ein Tele verwenden.

Die Brennweite gibt an, wie groß der Bildausschnitt ist. Je länger die Brennweite, desto kleiner ist der Bildausschnitt, das Bild wird immer näher herangeholt. Der Hintergrund wird zunehmend unschärfer. Das Bild von dem Eisvogel wurde mit dem AF-S NIKKOR 600 mm 4.0 aufgenommen. Der Hintergrund ist eigentlich eine Scheune. Man kann sie allerdings nicht mehr erkennen, weil der Hintergrund völlig verschwommen ist.

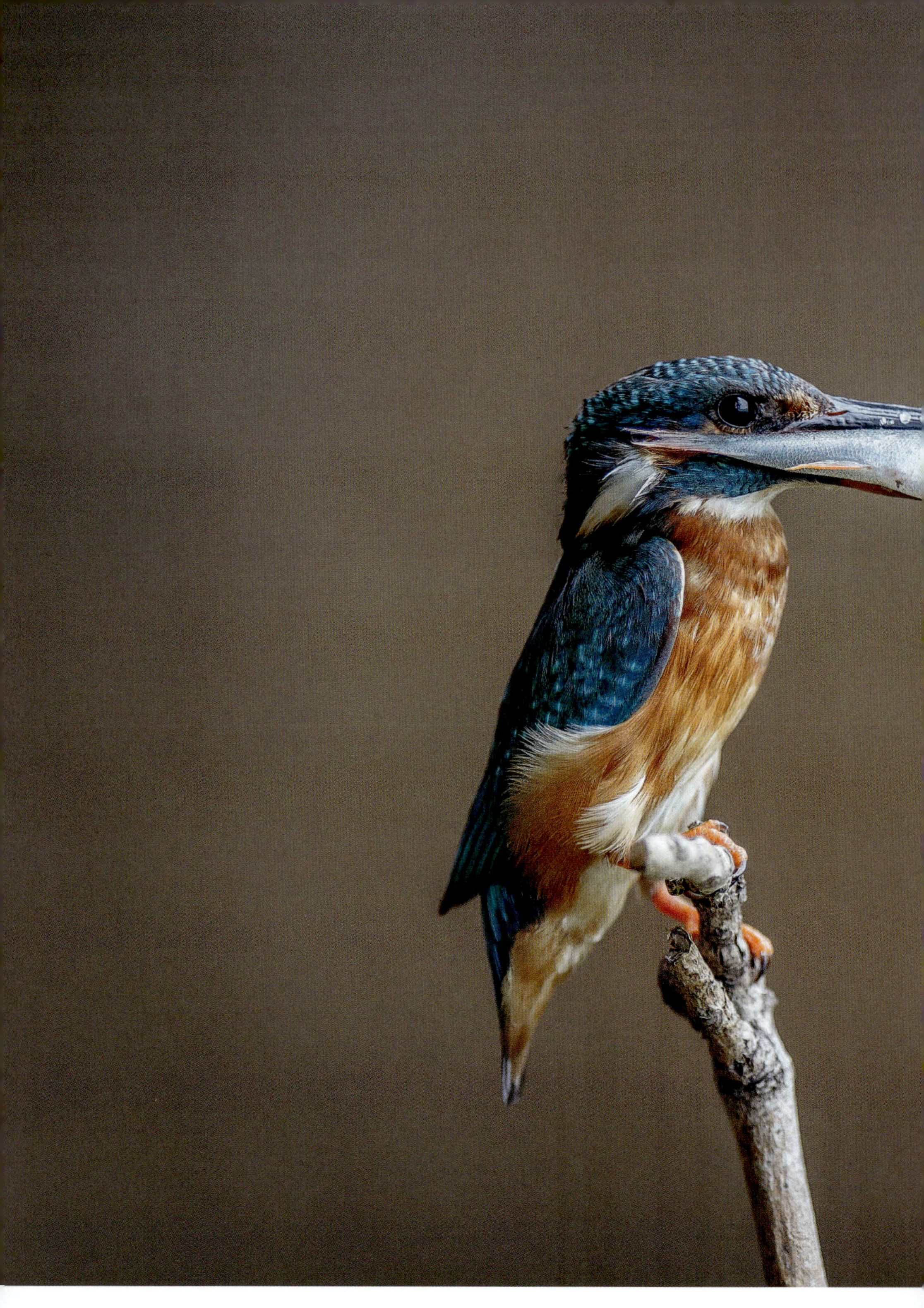

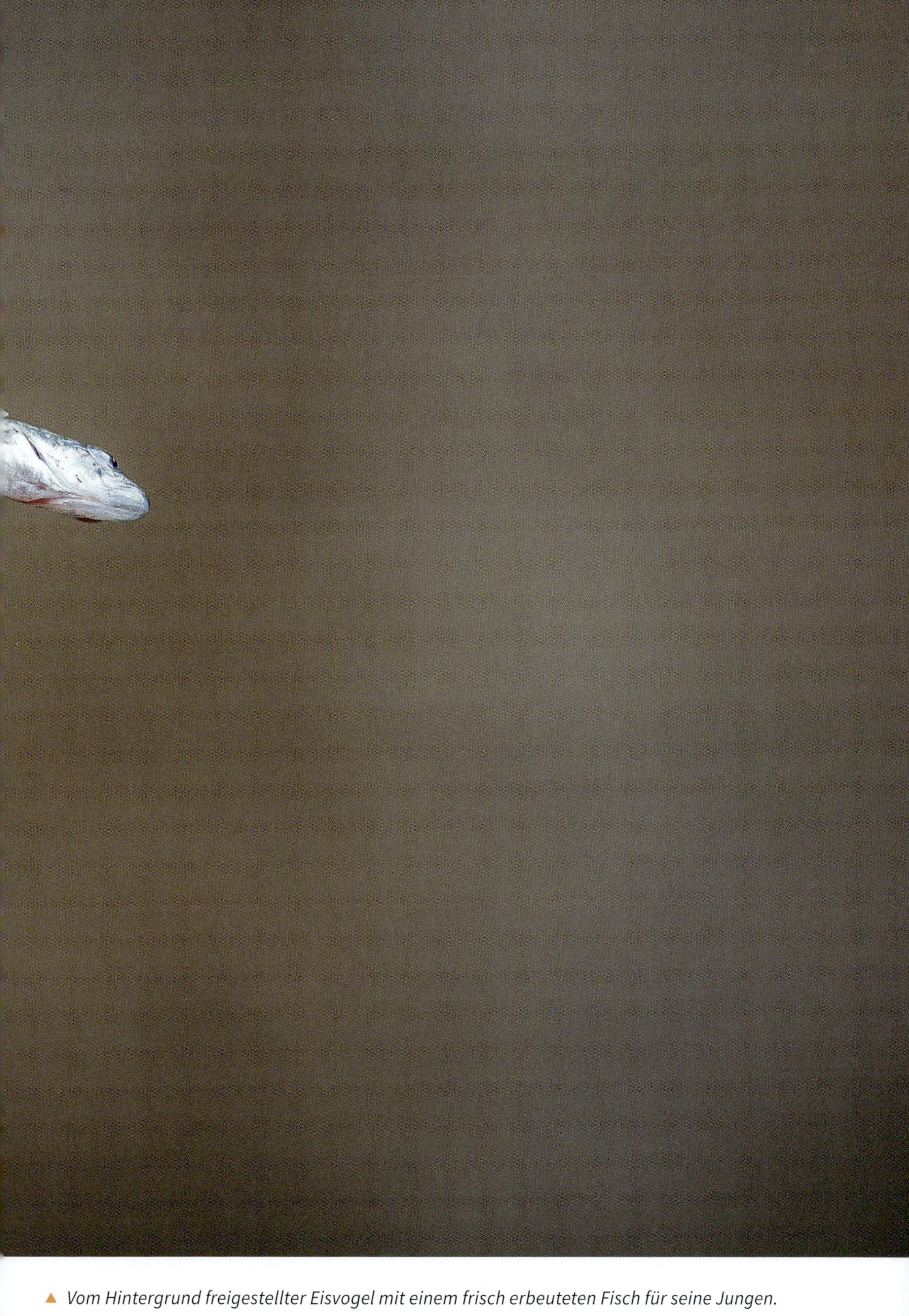

▲ *Vom Hintergrund freigestellter Eisvogel mit einem frisch erbeuteten Fisch für seine Jungen.*
f/2.8 | 1/320 s | ISO 320 | –0,33 EV

Ist das Objektiv mit z. B. 200-500 mm beschriftet, handelt es sich um ein Telezoom, mit dem man von 200 bis 500 mm zoomen kann. Wenn Sie dort außerdem 4.5-5.6 lesen, bedeutet dies, dass man mit der kleinsten Brennweite (200 mm) die bestmögliche Blende 4.5 nutzen kann. Zoomt man allerdings auf 500 mm, ist das nicht mehr möglich, sondern nur noch 5.6 und kleiner.

Lustige Missverständnisse

In einem Workshop habe ich mal gesagt, dass ein 70-200 mm 2.8 superklasse ist, weil man durchgehend Blende 2.8 hat. Kurze Zeit nach dem Workshop stellte einer meiner Teilnehmer Bilder ins Netz und schrieb, er habe eine Menge Geld ausgegeben, weil ich zu diesem Objektiv geraten habe, aber manchmal wünsche er sich schon etwas mehr Schärfentiefe. Ähm ja, jede kleinere Blende ist natürlich möglich.

Des Weiteren erzähle ich meinen Workshop-Teilnehmern ständig: „Fotografiert immer mit der größten Brennweite, so habt ihr die schönste Freistellung." Nach einem Workshop postete ein Teilnehmer Bilder von seinem Hund auf Facebook. Auf jedem der Bilder war zwar der Hund zu sehen, aber ohne Ohren. Die Kommentare der Facebook-Freunde kamen zögernd, aber dann kamen sie. „Warum sind denn auf jedem Bild die Ohren abgeschnitten?" Antwort: „Weil ich bei einem Workshop von Tanja Brandt war, die uns sagte, immer mit der größten Brennweite zu fotografieren."

Ja, nur dann muss man etwas mehr Abstand zum Motiv halten, damit man auch die Ohren mit aufs Bild bekommt, und wenn das nicht möglich ist, muss man natürlich zurückzoomen.

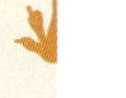

Brennweite

Die Brennweite eines Objektivs wird in Millimetern gemessen. Je größer die Millimeterangabe ist, umso näher erscheint ein anvisiertes Motiv auf dem späteren Foto.

Lichtstärke

Die Lichtstärke gibt an, wie viel Licht auf den Sensor fällt. Ist das Objektiv z. B. mit nur 35 mm beschriftet, handelt es sich um eine lichtstarke Festbrennweite.

Festbrennweite oder Telezoom?

Als ich zu fotografieren anfing, war eine Festbrennweite für mich schon rein vorstellungsmäßig ein Unding. Etwas für Vollprofis, so dachte ich. Ich wollte keine haben. Heute möchte ich kein Telezoom mehr haben. Man gewöhnt sich ganz schnell daran, dass man selbst seine Position verändern muss und nicht zoomen kann. Da ich sowieso immer in der größten Brennweite fotografiere, bringt mir ein Telezoom nur in ganz wenigen Fällen Vorteile.

Oft sieht man Fotografen, die immer nur mit den Händen nervös am Zoomring drehen, anstatt sich auf das Motiv zu konzentrieren und selbst zu versuchen, die richtige Perspektive und Entfernung zu finden. Braucht man also alles nicht wirklich. Und im äußersten Notfall hilft immer noch ein gewagter Bildschnitt. Fakt ist, dass Schärfe und Abbildungsleistung bei Festbrennweiten einfach besser sind.

Stativ und Gimbal

Bedenken Sie auch, dass man bei großen Brennweiten meist besser mit Stativ arbeitet – ebenso natürlich in der Landschaftsfotografie. Ich benutze Stativ und Gimbal von der Firme SIRUI, wenn ich in einer Hütte fotografiere. Da sitzt man oft viele Stunden, und so lange könnte man Kamera und Objektiv niemals ruhig halten. Häufig sind in Hütten auch schon Platten installiert, auf die man einfach seinen Gimbal schrauben kann.

Welches Objektiv wofür?

- **Nahbereich** – Makroobjektiv.
- **Landschaft** – Weitwinkelobjektiv.
- **Wildlife** – Lange Brennweiten (400 mm, 500 mm, 600 mm), eventuell mit Konverter.
- **Tiere** – Alles, was Spaß macht, funktioniert. Für Pferde ab 100 mm.

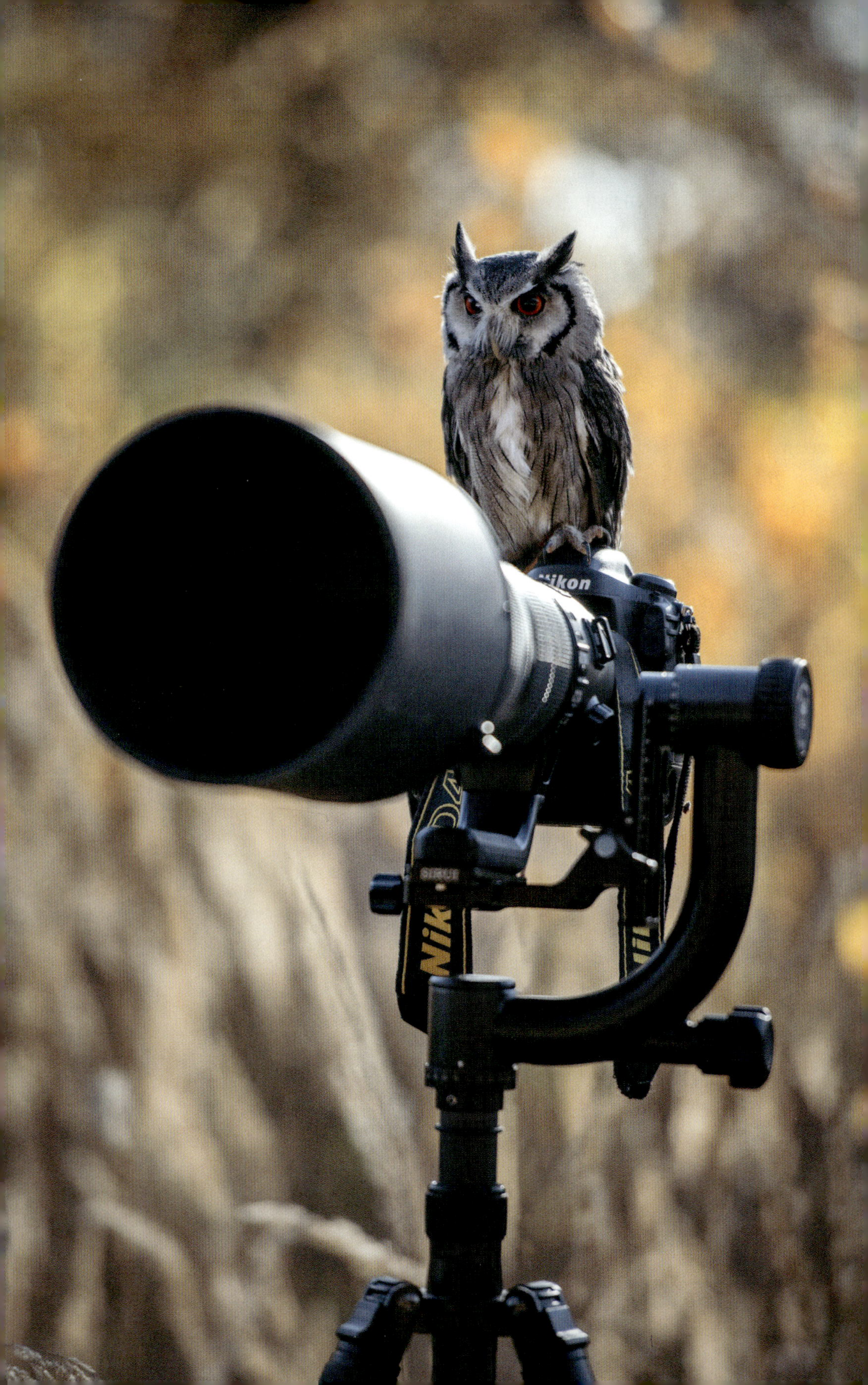
Nikon

Meine Lieblingsobjektive

In meinen Workshops werde ich oft gefragt, welche meine Lieblingsobjektive sind.

- Für Action und Bewegung gibt es für mich nichts Schnelleres und Schärferes als das AF-S NIKKOR 300 mm 1:2,8G ED VR II. Ich habe es immer dabei und überall drauf. Mir gefällt die Geschwindigkeit, die Schärfe des Objekts, die Unschärfe und das wunderbare Bokeh des Hintergrunds. An das Gewicht des Objektivs muss man sich allerdings gewöhnen, aber wenn man einen Uhu oder Adler herumschleppt, hat man anfangs auch Muskelkater.

- Für die Wildlife-Fotografie nutze ich am liebsten das AF-S NIKKOR 600 mm 1:4E FL ED VR oder das AF-S NIKKOR 400 mm 1:2,8E FL ED VR.

- Für weitwinklige Landschaften, Gebäude oder lustige Verzerrungen schraube ich das AF-S NIKKOR 14-24 mm 1:2,8G ED an die Kamera. Aber seid vorsichtig und fotografiert ja nicht die Freundin mit Weitwinkel, sie könnte euch dafür hassen.

- Detailaufnahmen im Nahbereich mit Abbildungsmaßstab 1:2 fotografiere ich am liebsten mit dem AF-S VR Micro-NIKKOR 105 mm 1:2,8G IF-ED. Nicht nur kleine Insekten, auch Augen, Federn, Haare etc. lassen sich mit dem Makroobjektiv sehr gut ablichten. Ich liebe Bilder von Augen. Augen sind die Spiegel der Seele. Der Fantasie sind da wieder keine Grenzen gesetzt. Probiert es einfach aus! Aber nicht nur für Nahaufnahmen, auch für Porträts lässt sich das vielseitige Objektiv sehr gut einsetzen.

- Für Porträts nehme ich das AF-S NIKKOR 85 mm 1:1,8G.

- Als Allrounder liebe ich das AF-S NIKKOR 105 mm 1:1,4E ED.

Empfehlung für Einsteiger

Allen Einsteigern in die Tierfotografie empfehle ich das AF-S NIKKOR 70-200 mm 1:2,8E FL ED VR, das perfekte Allroundobjektiv. Damit kann man einfach alles machen, angefangen bei statischen Porträts bis hin zu actionreichen Bewegungsbildern. Das Objektiv hat eine tolle Schärfe und ist verdammt schnell.

◀ *Einer meiner Assistenten bei der Inspektion des Objektivs.*

f/2.8 | ISO 400 | 1/1600 s | 0,33 EV

2 ACHTUNG, AUFNAHME!

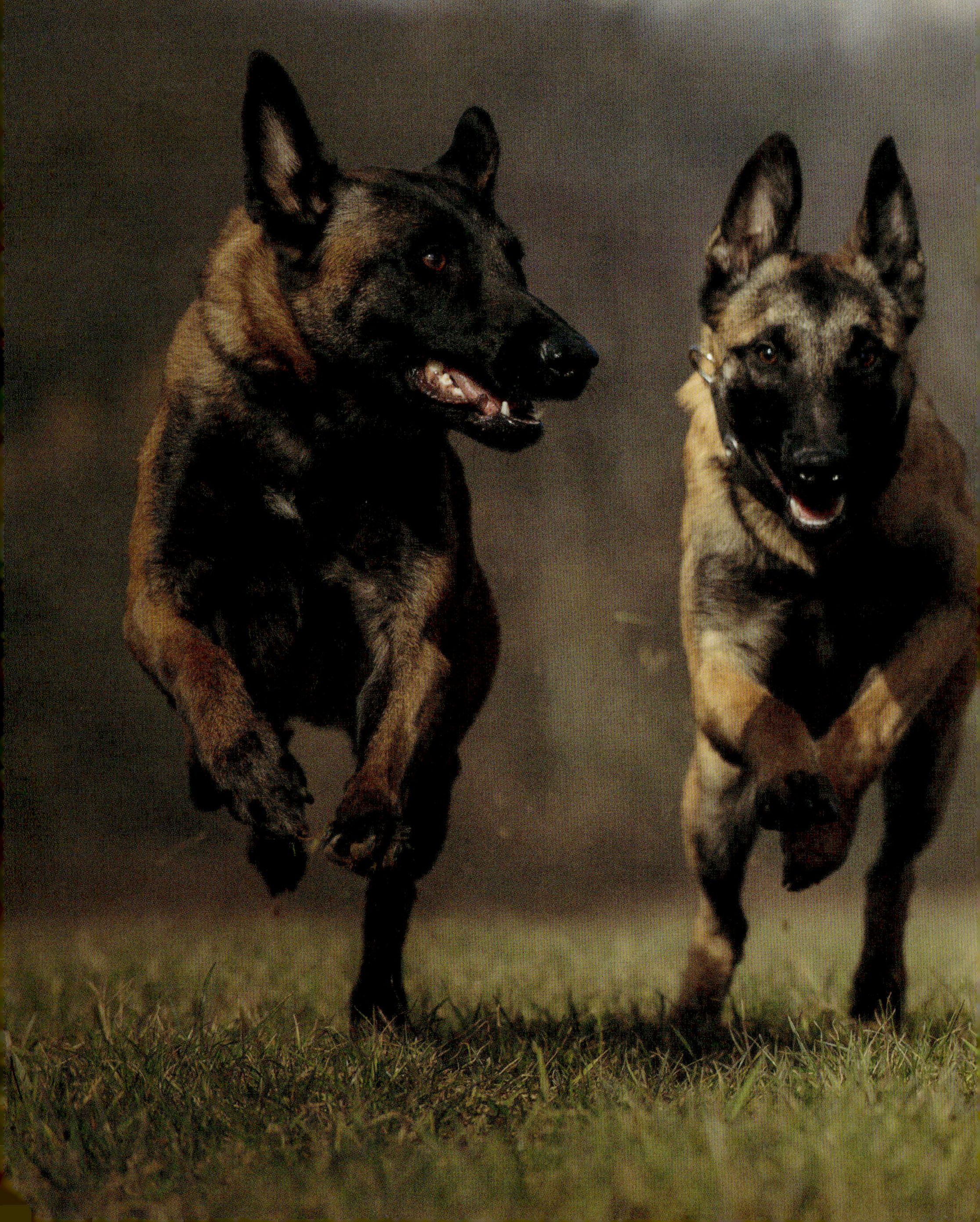

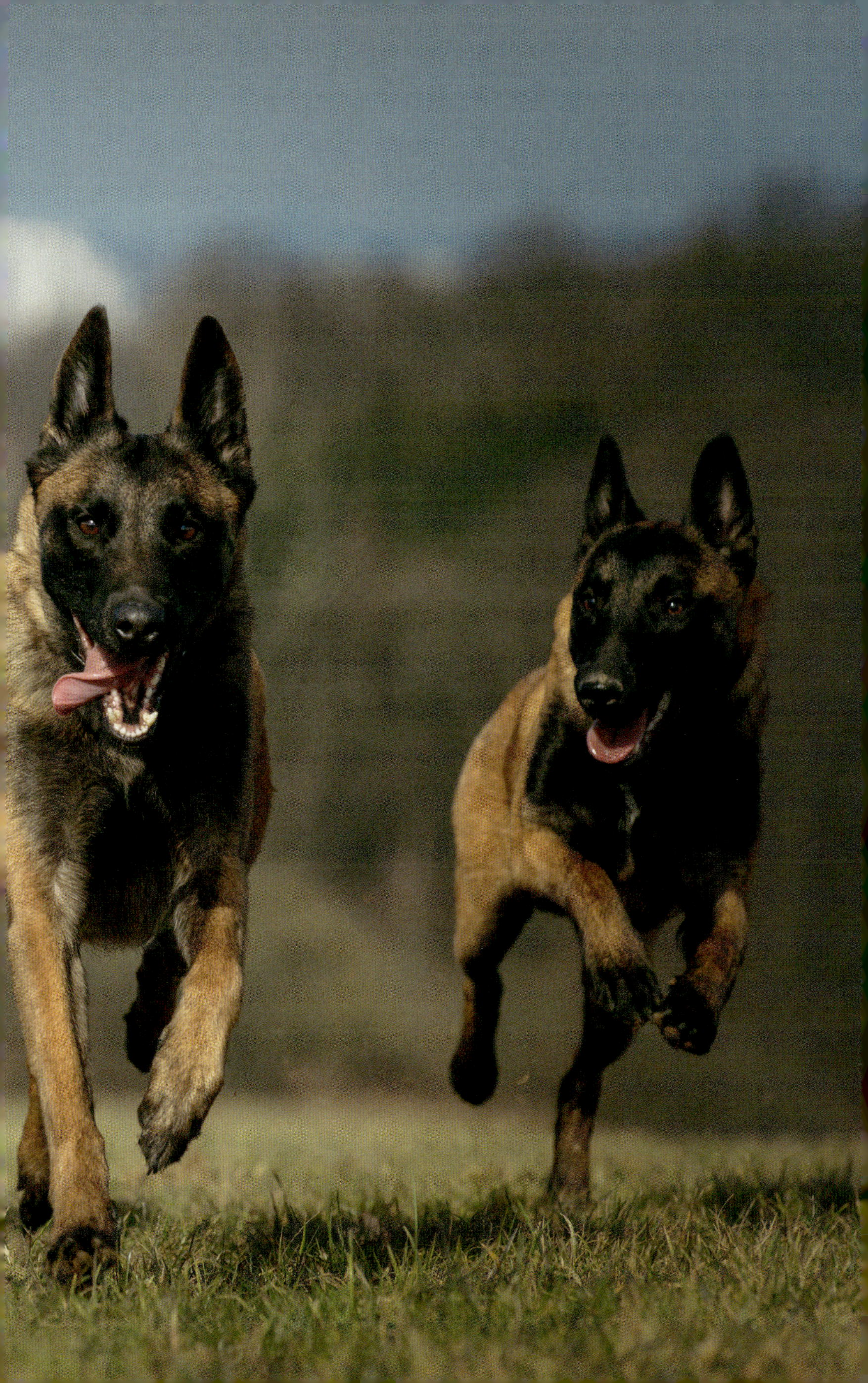

Brennpunkt Aufnahmemodus

Nur wer manuell fotografiert, ist ein richtiger Fotograf – so ist die landläufige Meinung. In jedem Buch lese ich: raus aus der Automatik. Ich bin ein großer Freund von Automatiken, weil sie, richtig angewendet, gut funktionieren und ich auch ziemlich faul bin. Warum nicht etwas nehmen, das gut funktioniert und einfach ist?

Wichtig zu wissen ist, dass die Kamera nicht unsere Augen hat und nur nach vorhandenem Licht entscheiden kann. Wir haben unser Bild im Kopf, die Kamera nicht. Sie kann nur nach den vorhandenen Verhältnissen entscheiden, nicht nach Vorstellungen und Emotionen.

Folgende Halbautomatiken (Aufnahmemodi) stehen Ihnen zur Verfügung:

- **P** – Die Programmautomatik.
- **S** – Die Zeitautomatik (bei Canon-Kameras heißt die Zeitautomatik Tv).
- **A** – Die Blendenautomatik (bei Canon-Kameras heißt die Blendenautomatik Av).
- **M** – Der manuelle Aufnahmemodus.

Schauen wir uns nun die verschiedenen Aufnahmemodi mal etwas genauer an.

P – Programmautomatik

Der einfachste halb automatische Aufnahmemodus ist die *Programmautomatik P*. Durch Antippen des Auslösers bis zum ersten Druckpunkt ermittelt die Kamera den zur Belichtung passenden Lichtwert und stellt Belichtungszeit und Blende in Abhängigkeit von der ISO-Empfindlichkeit ein. Bei den meisten Kameras kann man entscheiden, ob der ISO-Wert auch automatisch gesteuert wird oder ob lieber ein Wert festgelegt werden soll. Das Interessante an der Programmautomatik ist, dass Sie nach dem Antippen des Auslösers mit einem Einstellrad an der Kamera die Werte für Blende und Belichtungszeit parallel verschieben können, um zum Beispiel für ein Porträt eine große Blendenöffnung zu wählen. Der ermittelte Lichtwert bleibt konstant, während die Belichtungszeit automatisch von der Kamera entsprechend der geänderten Blende angeglichen wird.

Das hört sich gut an. Die Kamera wählt nach den gegebenen Lichtverhältnissen die grundlegenden Parameter allein aus. Blende oder Belichtungszeit – das bestimmt man selbst. Die Sache hat aber einen kleinen Haken, denn die Kamera hat nicht unsere Augen, sie weiß nicht, ob wir die Else da hinten mit im Bild haben möchten oder ob wir den Sonnenuntergang dunkler wollen oder, oder, oder. Wir haben unser Bild im Kopf, die Kamera nicht. Sie kann nur nach den vorhandenen Verhältnissen entscheiden, nicht nach unseren Vorstellungen und Emotionen. In fast jede Automatik können wir individuell eingreifen, aber ob es dann Sinn ergibt, die Automatik zu wählen?

S – Blendenautomatik

Mit der *Blendenautomatik S* oder *Tv* gibt man eine Belichtungszeit vor, und die Kamera passt die Blende automatisch an, um korrekt zu belichten. Das ist vor allem interessant in lichtkritischer Umgebung, wenn man nicht verwackeln möchte. Man gibt z. B. eine relativ sichere Verschlusszeit von 1/125 Sekunde vor, tippt den Auslöser an und kontrolliert, welche Blende die Kamera beisteuert. Blinkt die Blendenzahl, bedeutet das, dass die größtmögliche Blendenöffnung nicht für eine korrekte Belichtung ausreicht. Zwei Möglichkeiten hat man dann: Man kann entweder die Belichtungszeit verlängern oder die ISO erhöhen.

Das ist also theoretisch eine Option für Bewegungsbilder. Ich persönlich nutze die Blendenautomatik nie, weil ich der Meinung bin, dass die Blende das gestalterische Mittel ist, das wir niemals aus der Hand geben sollten.

A – Zeitautomatik

Das Gegenteil der Blendenautomatik ist die *Zeitautomatik A* oder *Av*. Man gibt die Blende vor, und die Kamera passt die Belichtungszeit automatisch an. Die Zeitautomatik kommt immer dann zum Einsatz, wenn der Fotograf die zu erreichende Schärfentiefe mit der Blende gezielt steuern will. Die Kamera ermittelt dann automatisch die zur vorgegebenen Blende passende Belichtungszeit. Dabei ist aber darauf zu achten, dass die Belichtungszeit nicht zu lang wird, wenn man aus freier Hand fotografiert. Und es ist wieder ein Blick auf die Empfindlichkeit angeraten. Wird die Verschlusszeit zu lang, um aus der Hand zu fotografieren, muss man den ISO-Wert erhöhen.

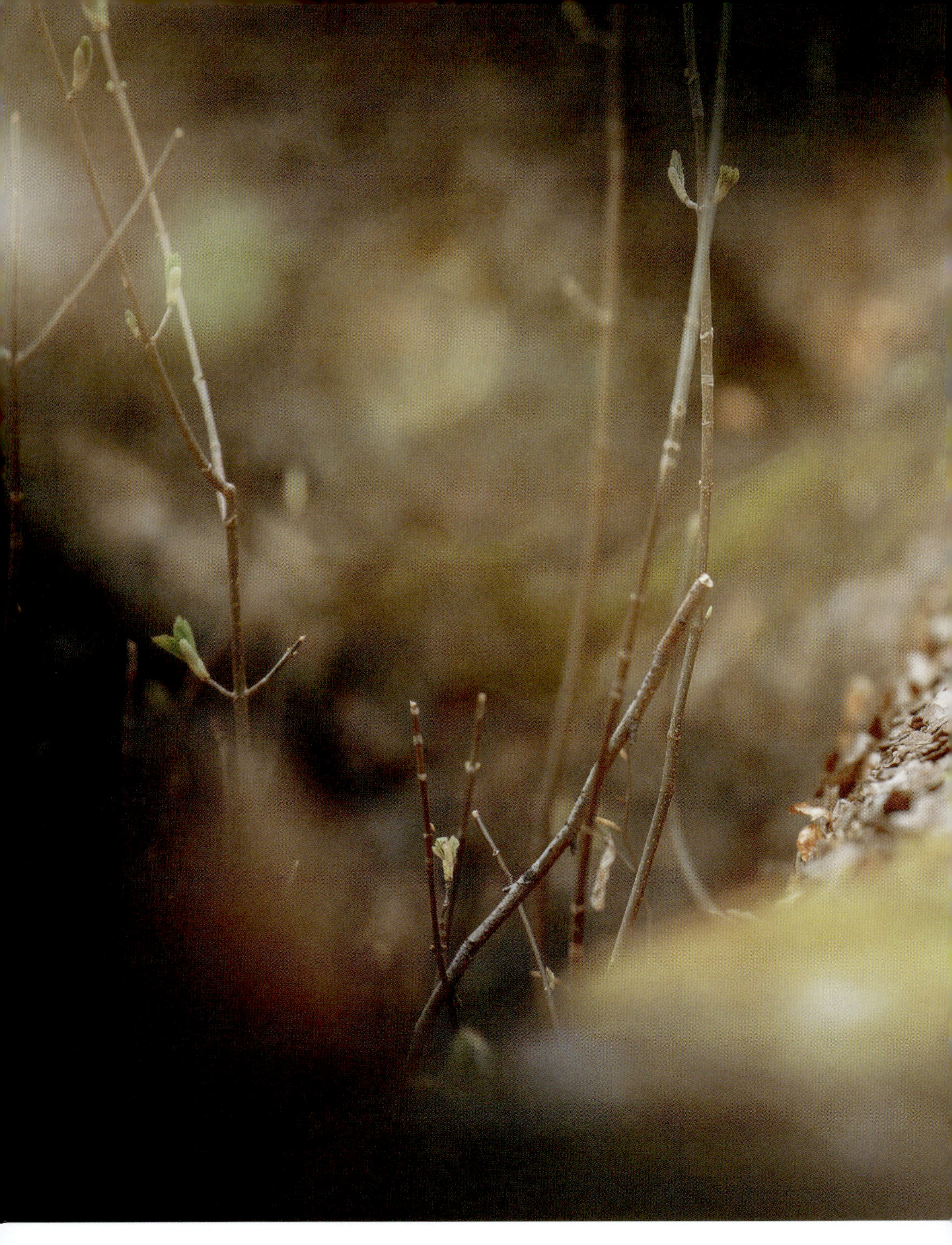

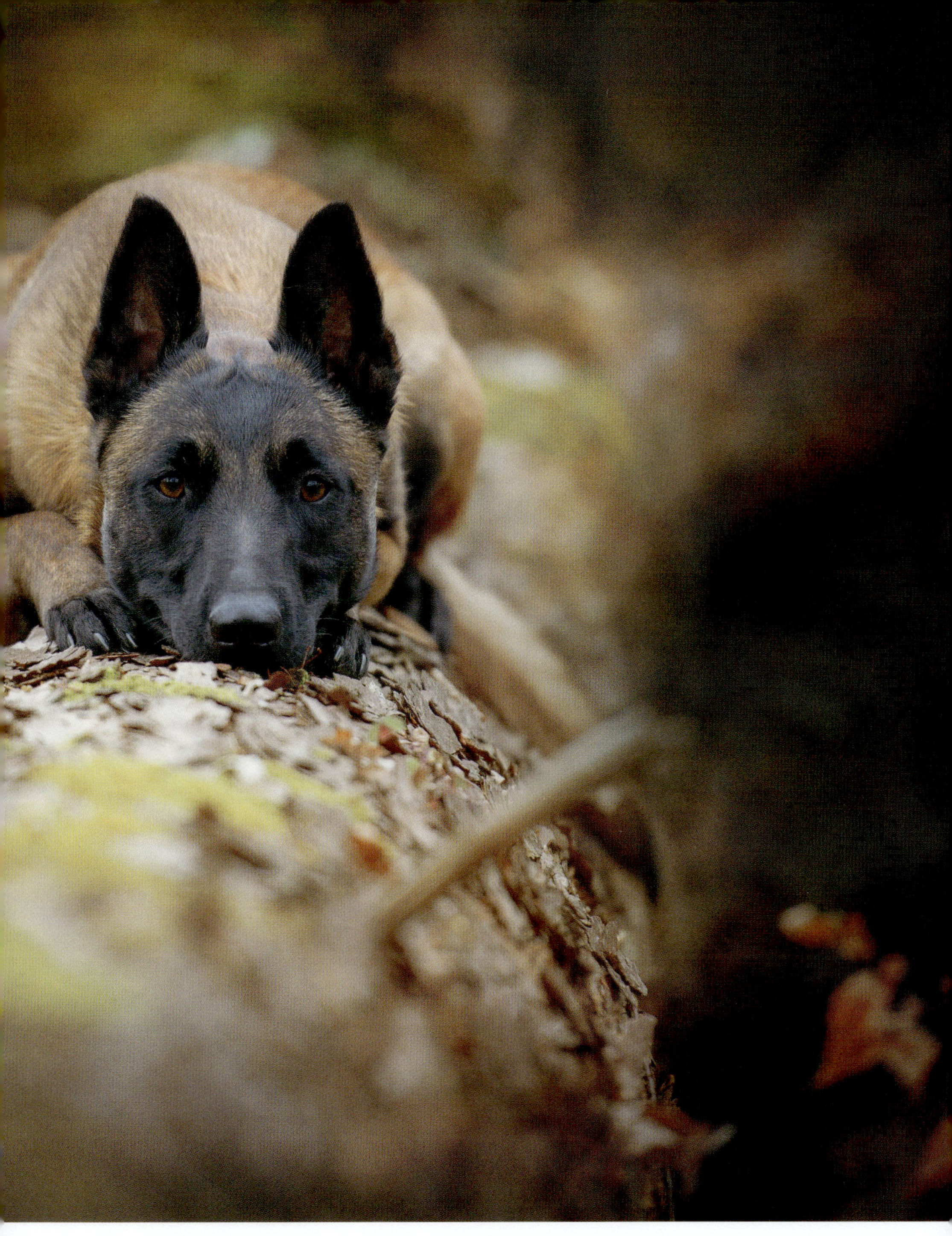

▲ *Ingo bei Entspannungsübungen auf einem umgestürzten Baumstamm.*
f/2.8 | ISO 200 | 1/250 s

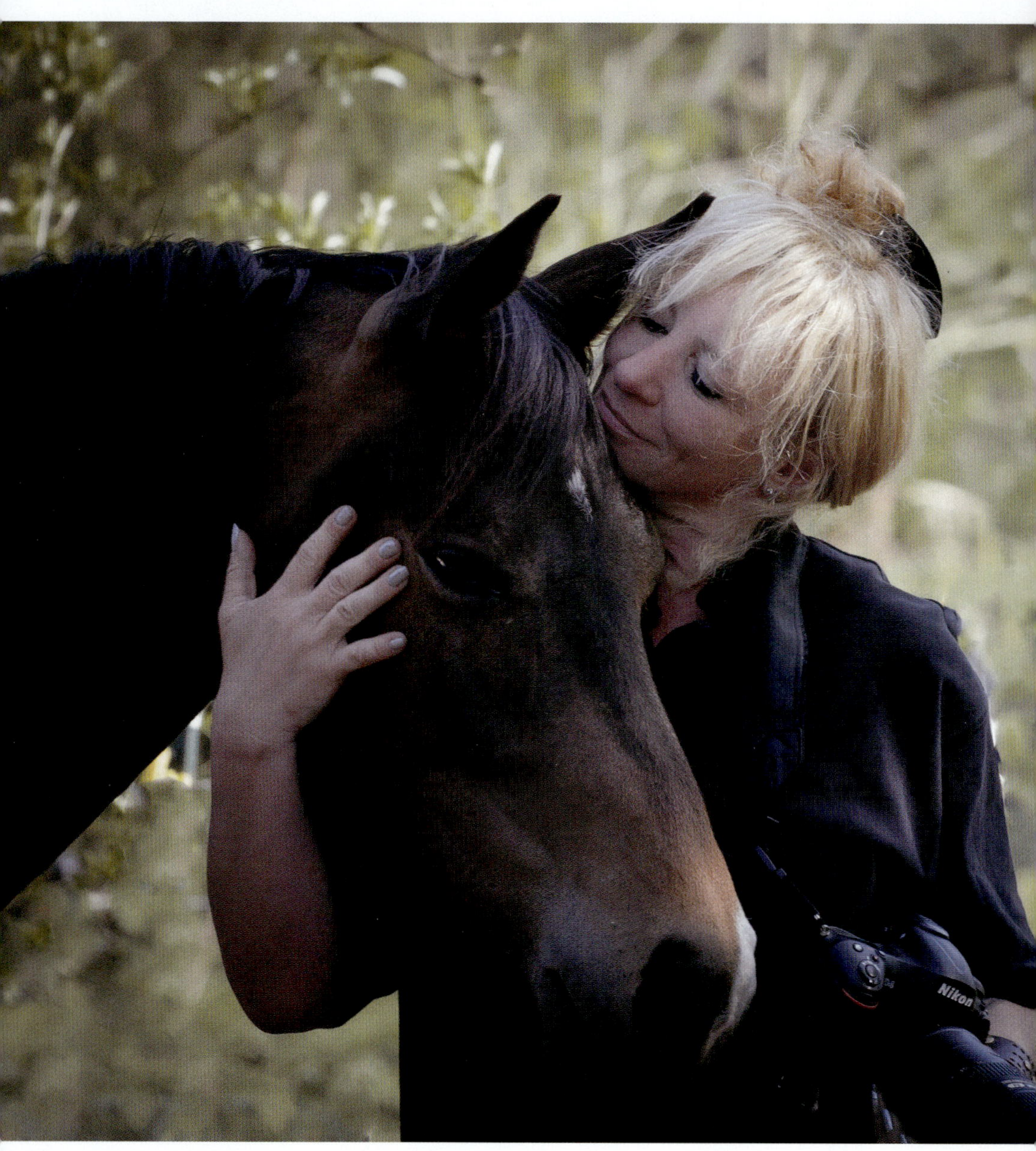

Für mich ist das eine durchaus sinnvolle Einstellung. Wenn ich sowieso Porträts mache, komme ich mit der Zeitautomatik schon ziemlich lässig voran. Ich wähle einfach meine Blende und lasse die Kamera die korrekte Belichtungszeit selbst berechnen. Wir können aber auch ohne Probleme, sollte unser Bild zu hell oder zu dunkel sein, die Belichtungskorrektur betätigen und nachregulieren.

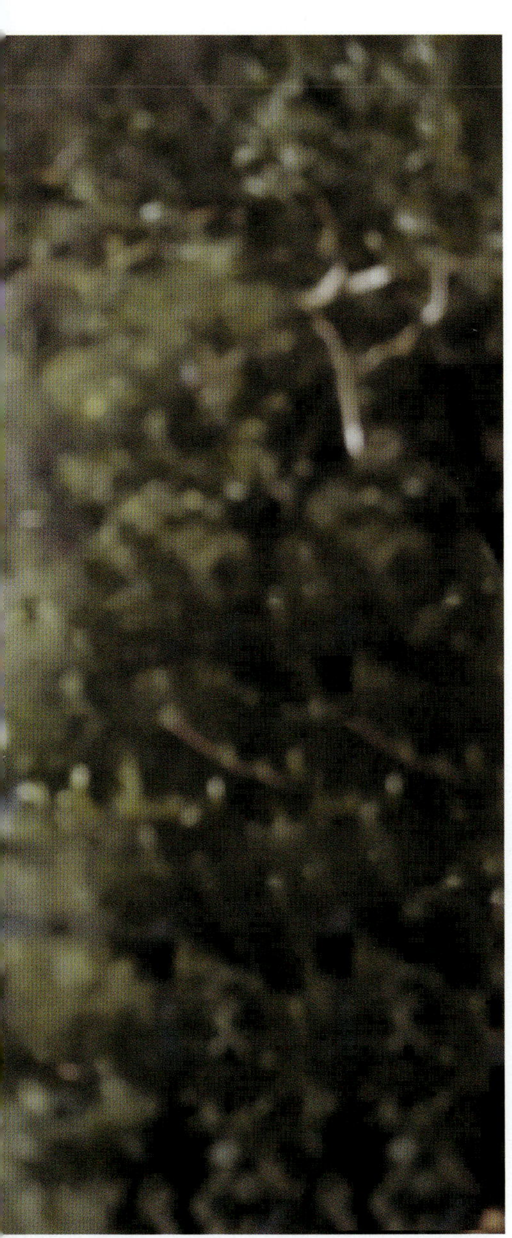

▲ *Vertrauen schaffen mit dem Model.*
f/6.3 | ISO 640 | 1/320 s

Der Haken bei der Zeitautomatik ist lediglich: Wenn die vorhandenen Lichtverhältnisse schlecht sind oder schlechter werden, muss man die ISO nachregulieren und erhöhen. Sonst passiert es nämlich, dass die Kamera die Belichtungszeit immer mehr verlängert und wir irgendwann die Schärfe nicht mehr halten können. Wie schon erwähnt, gehe ich bei Tieren normalerweise nicht unter 1/250 Sekunde. Also immer ein bisschen darauf achten. In Kombination mit der Tipptopp-Faulheitseinstellung ist die Einstellung für mich ideal. Dazu später mehr.

M – Manuell

Im Aufnahmemodus *Manuell M* hat man alle Freiheiten. Sie sind voll verantwortlich für die Einstellung von Blende, Verschlusszeit und ISO-Empfindlichkeit. Die Kamera zeigt lediglich an, ob die gewählten Werte für Blende und Belichtungszeit zu einer korrekten Belichtung führen. Verändern müssen Sie die Werte jedoch von Hand. Woher wir diese Werte nehmen, bleibt uns überlassen – aus Testaufnahmen, durch Ausprobieren oder aus Erfahrung. Den einzig wahren Weg gibt es nicht, und man darf sich nicht verunsichern lassen. Nichts ist uncool, und nur das, was uns gute Bilder bringt, das nehmen wir.

Ich fotografiere in der Regel nicht manuell, außer z. B. bei Studiosessions. Wichtig finde ich, dass Sie wissen, wie eine Kamera funktioniert und was sie mit den Automatiken macht. Dann können Sie abwägen und die für Sie richtige Einstellung wählen. Den wirklich wahren Weg gibt es nicht, und man darf sich nicht verunsichern lassen. Nichts ist uncool, und das, was uns gute Bilder bringt und womit man selbst am besten zurechtkommt, das nimmt man.

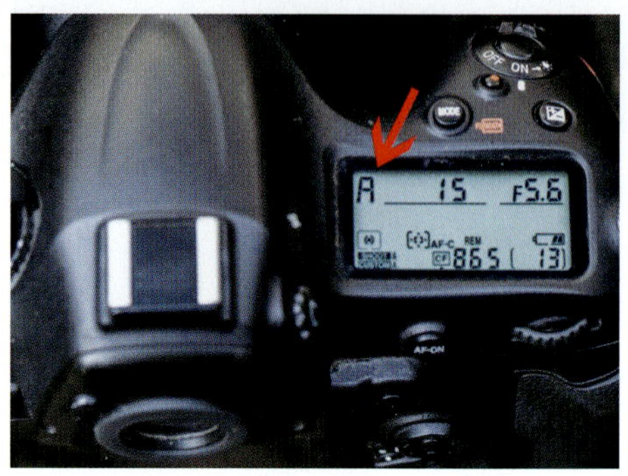

▲ *Der Buchstabe A steht für den Aufnahmemodus Zeitautomatik. Bei vielen anderen Kameras wird der Aufnahmemodus über ein Wahlrad (P, A, S, M) eingestellt.*

Tanjas Faulheitseinstellung

Die Zeitautomatik A ist die Einstellung, mit der ich am liebsten fotografiere. Egal mit welcher aktuellen Kameramarke Sie fotografieren, die Zeitautomatik A haben alle. Bevor es losgeht, stellen Sie sicher, dass sich Ihre Kamera im Aufnahmemodus A befindet. Übrigens, nur bei Canon heißt die Zeitautomatik nicht A, sondern Av. Zeitautomatik bedeutet, dass die Kamera passend zu der von Ihnen vorgewählten Blende die Belichtungszeit automatisch berechnet.

Neben der Belichtungszeit muss die Kamera auch die ISO-Empfindlichkeit berechnen. Dazu gehen Sie ins Kameramenü und wählen im Aufnahmemenü die Funktion für die Einstellung der ISO-Empfindlichkeit. Praktisch ist, dass Sie, wenn Sie zu einem späteren Zeitpunkt wieder ins Menü gehen, immer an die zuletzt gewählte Stelle kommen – somit können Sie schnell agieren, wenn Sie hier etwas umstellen müssen.

Legen Sie zuerst die Einstellung für die die ISO-Automatik fest. Die Kamera berechnet nun die passende ISO vollkommen automatisch. Und keine Angst, die ISO-Automatik gibt uns nicht unglaublich viel ISO, um uns zu ärgern. Sie nimmt die ISO, die aufgrund des vorhandenen Lichts, des Motivs und unserer Belichtungsmessung erforderlich ist.

Belichtungskorrektur

Fotografieren Sie etwas im Minusbereich – regeln Sie also die Belichtungskorrektur leicht nach unten –, sparen Sie ein wenig ISO.

Stellen Sie den ISO-Wert auf 100 – oder auf 200, wenn 100 nicht anboten wird. Jetzt muss der Wert für die maximale ISO-Empfindlichkeit auf ISO 6400 gesetzt werden. Das bedeutet, die Kamera stellt, wann immer möglich, ISO 100 ein. Sind die Lichtverhältnisse so schlecht, dass ISO 100 nicht ausreicht, geht die Kamera automatisch mit dem ISO-Wert nach und nach hoch, und zwar so schnell, wie wir es manuell nicht könnten.

Die maximale ISO-Empfindlichkeit ist kameraabhängig. Mit meiner Vollformatkamera kann ich auch noch in ISO 6400 oder höher fotografieren, Sie stellen also die Höchstgrenze für die ISO entsprechend Ihrer Kamera ein. Hat die Kamera die maximale Empfindlichkeit erreicht, wird sie die Verschlusszeit verlängern, um an Licht zu kommen.

Wir haben der Kamera gesagt, sie solle ISO und Verschlusszeit selbst wählen. Wir wählen lediglich die Blende vor. Diese Einstellung geben wir nie aus der Hand. Wollen Sie Porträts machen, stellen Sie die längste Belichtungszeit auf den Mindestwert. In meinem Beispiel ist das 1/320 Sekunde. Je nach Kamera sind andere Werte möglich.

Wollen Sie Bewegungsbilder aufnehmen, stellen wir die längste Belichtungszeit auf eine kürzere Zeit ein, z. B. auf 1/1250 Sekunde.

Der Trick

Der letzte Wert ist die *Längste Belichtungszeit*. Sie haben die Kamera beauftragt, ISO-Empfindlichkeit und Verschlusszeit zu wählen, Sie selbst wählen lediglich die Blende – die geben Sie nie aus der Hand. Wollen Sie Porträts machen, stellen Sie die längste Belichtungszeit auf den Mindestwert, in diesem Beispiel 1/320 Sekunde. Jeder andere Wert ist natürlich möglich.

Ich stelle also während des Fotografierens nur zwischen einer mindestmöglichen Verschlusszeit für Porträts und einer mindestmöglichen Verschlusszeit für Bewegungsbilder um. Das geht superschnell, weil ich nur kurz eine Taste drücken muss, und die Kamera springt sofort auf die letzte Einstellung.

Das steckt dahinter

Sie möchten Porträts fotografieren und wählen als längste Verschlusszeit 1/320 Sekunde. In diesem Moment kommt die Sonne hinter den Wolken hervor. Damit Ihr Bild nicht überbelichtet wird, verkürzt nun die Faulheitseinstellung ruck, zuck die Verschlusszeit. Schiebt sich jetzt wieder eine Wolke vor die Sonne oder stehen Sie mehr im Schatten, passiert das: Die Faulheitseinstellung verlängert die Verschlusszeit wieder auf unseren unteren Wert und geht nun blitzschnell mit der ISO nach oben.

Für mich ist diese Einstellung ideal, weil man manuell einfach nicht so schnell reagieren kann, wie der Computer der Kamera das tut. Bei gestellten Porträts ist das alles noch kein Problem, aber bei schnellen Tieren oder Greifvögeln, in unerwarteten Situationen, im Wildlife oder wechselnden Lichtverhältnissen schon. Die Kamera macht alles allein, und Sie geben nur die Blende vor. Lediglich die Belichtungskorrektur (EV, +/–) reguliere ich noch selbst und meist ständig. Ich fertige ein Referenzbild an und schaue dann, ob ich es dunkler oder heller haben will. Davon abhängig, reguliere ich die Belichtungskorrektur in den Plus- oder in den Minusbereich. Im Wald fotografiere ich z. B. meist dunkler. Das hat auch noch den positiven Nebeneffekt, dass mir zu hohe ISO-Werte erspart bleiben.

RAW und / oder JPEG?

Ich fotografiere grundsätzlich im *RAW-Format*. RAW ist das Rohdatenformat, gleich einem digitalen Negativ. RAW-Datenbilder kann ich später nach meinen Vorstellungen bearbeiten. Die RAW-Daten wirken nach der Bildbearbeitung einfach brillanter, haben mehr Helligkeitsstufen, man kann sie genauer und verlustfrei bearbeiten. Natürlich können Sie auch die JPEGs später noch nachbearbeiten, aber dabei geht immer ein gewisser Prozentsatz an Qualität verloren – vor allem was den Weißabgleich betrifft.

Beim *JPEG-Format* fehlt einfach einiges an Dynamikumfang und Bildinformation, und die Helligkeitsstufen sind nicht so präzise. Natürlich kann ich auch die JPEGs später noch nachbearbeiten, aber da geht mir immer zu viel Qualität verloren. Habe ich als Bildaufnahmequalität an der Kamera JPEG eingestellt, komprimiert und entwickelt die Kamera das Rohdatenbild (RAW) automatisch nach kameraeigenen Vorstellungen. Natürlich kann man im Kameramenü einige Parameter ein bisschen modifizieren, aber mehr nicht. Unscharfe und ausgefressene Bilder kann man allerdings auch in RAW nicht retten.

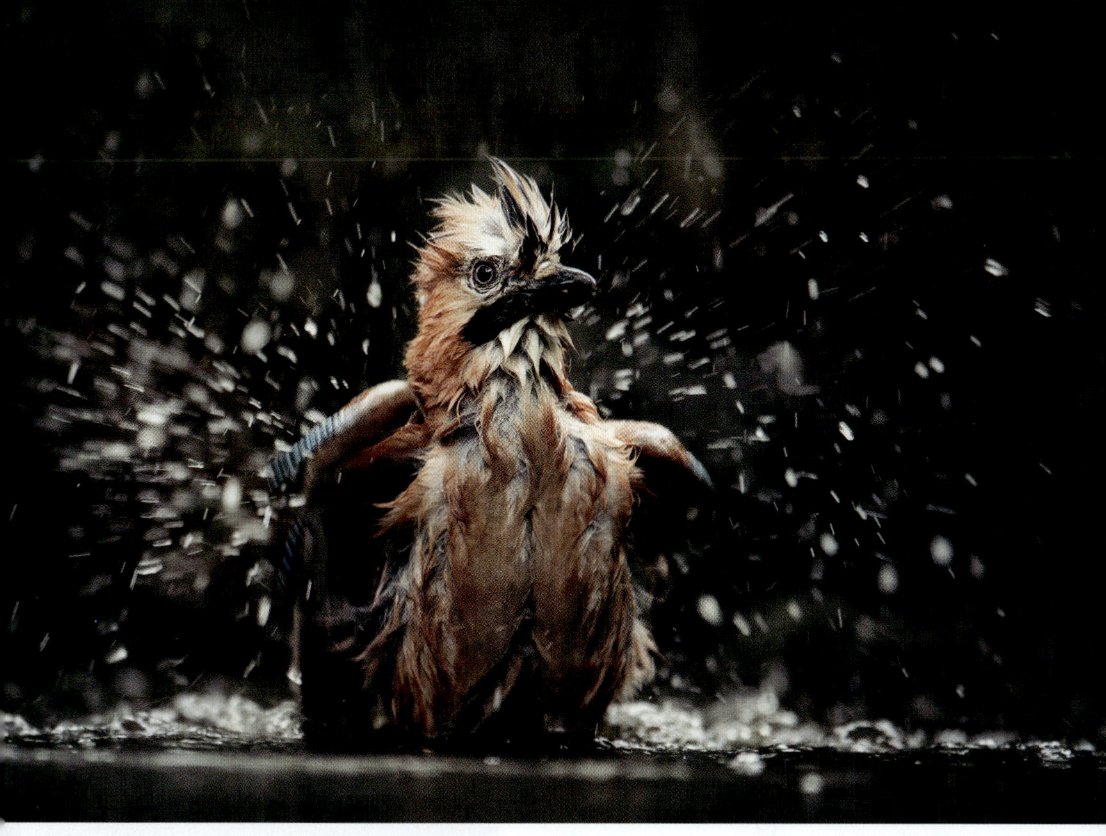

▲ *RAW-Bilder sind größer und brauchen somit mehr Speicher, aber Speicher dürfte heutzutage kein Kriterium mehr sein. Auch der badende Eichelhäher begrüßt es, im RAW-Format abgelichtet zu werden.*

f/4 | ISO 1400 | 1/250 s | –1,33 EV

Für RAWs brauchen wir mehr Speicherplatz. Heutzutage gibt es aber so große Speicherkarten, dass das kein Problem sein dürfte. Für die Bearbeitung der RAW-Daten benötigen Sie zwingend einen RAW-Konverter. Das ist eine Software (Lightroom, Capture One, DxO PhotoLab u. a.), mit der Sie die Kamerarohdaten Ihren Vorstellungen entsprechend „entwickeln" und anschließend in ein für alle Geräte lesbares Ausgabeformat exportieren (JPEG, TIFF, PNG).

Viele JPEG-Befürworter sagen mir: „Puhhh, die RAWs muss man bearbeiten." Ja, na klar. Allerdings habe ich mir Vorgaben gemacht: Eulen, Greifvögel, Hunde, Menschen, Landschaft. Ich importiere die Bilder meiner Speicherkarte in Lightroom, klicke meine passende Vorgabe an und synchronisiere die ganze Karte durch. Schon in drei Sekunden bin ich fertig mit all den Bildern und kann mich auf die Feinbearbeitung konzentrieren, sofern ich eine durchführen möchte. Die RAW-Bilder werden nach der Bildbearbeitung einfach brillanter, haben mehr Helligkeitsstufen, man kann sie genauer und verlustfrei bearbeiten.

RAW und JPEG zusammen stelle ich im Kameramenü nie ein. Das bringt mir keinerlei Vorteil – im Gegenteil: eher noch mehr Speicherplatz und die Verlangsamung des Arbeitstempos meiner Kamera. Und ja, natürlich muss man RAWs erst entwickeln, sprich bearbeiten, aber dafür gibt es in der Bildbearbeitung sehr viele Methoden, die das binnen Sekunden ermöglichen.

Belichtungsmessung

Die Wahl der Belichtungsmessmethode ist wichtig. Jede Kamera bietet verschiedene Möglichkeiten der Belichtungsmessung. In der Regel werden drei Methoden angeboten: die *Mehrfeldmessung*, die *mittenbetonte Messung* und die *Spotmessung*. Ich zeige Ihnen jetzt, wie die verschiedenen Belichtungsmessmethoden funktionieren und wie man sie für welches Motiv am besten einsetzt.

- **Mehrfeldmessung** – Hier wird der ganze Bildbereich gemessen und die Belichtung ermittelt. Die Mehrfeldmessung teilt das gesamte Sichtfeld der Kamera in gleich große Bereiche auf. Jeder dieser Bereiche wird vermessen, wobei der mittlere Bildbereich ein wenig stärker gewichtet wird, denn üblicherwei-

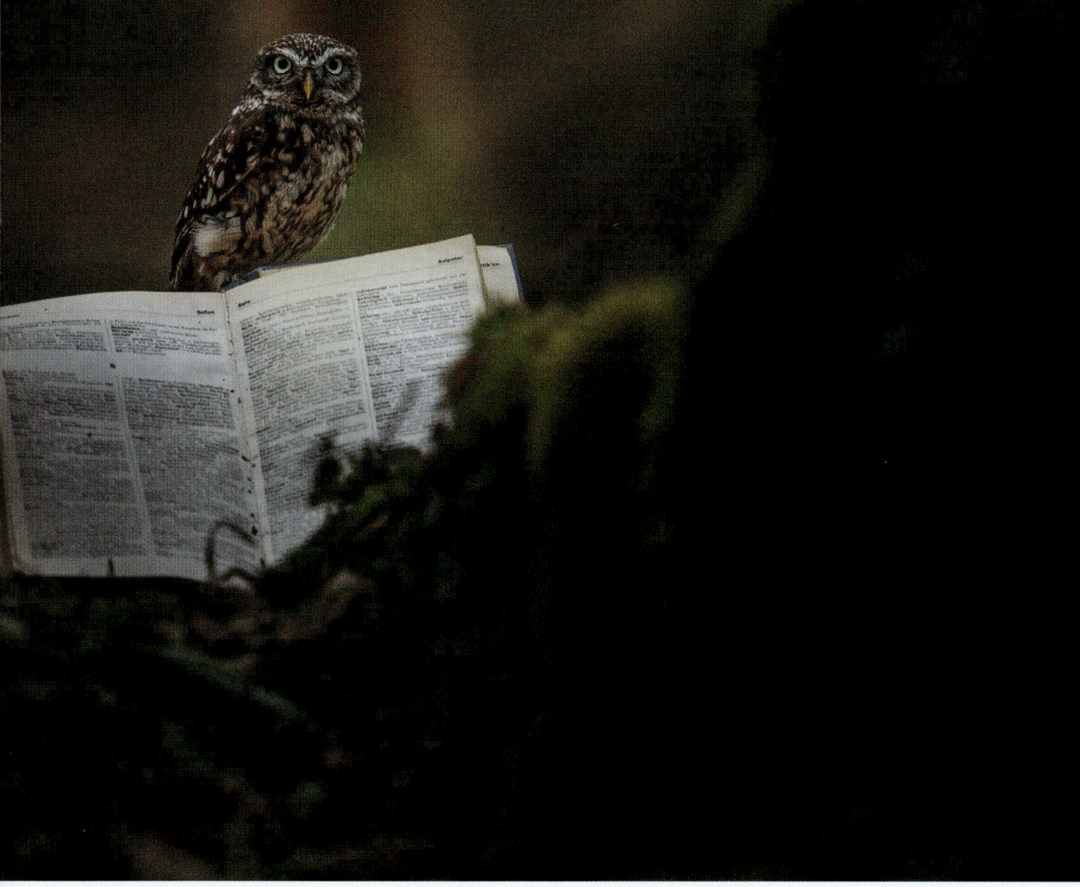

se befindet sich das Hauptmotiv in der Mitte. Die Mehrfeldmessung ist Standard bei allen Kameras und führt in der Regel zu guten Belichtungen. Dennoch nutze ich sie nicht, da sie mir persönlich zu schwammig ist. Sie will es einfach allen recht machen.

▲ *Die Kamera denkt: „Oha, Steinkauz Poldi ist zu dunkel. Darum korrigiere ich und gehe mit der Belichtung etwas in den Plusbereich.“ Ich selbst will es aber eher etwas dunkler.*
f/2.8 | ISO 100 | 1/250 s

- **Mittenbetonte Messung** – Meine Wahl in der Tierfotografie. Hier wird nur die Bildmitte berechnet. Die mittenbetonte Messung ist die Messung, die mir persönlich am meisten zusagt. Bei dieser Messmethode wird die Belichtung zwar auch über das gesamte Bild ermittelt, die Kamera gewichtet aber bei der Messung den mittleren Sucherbereich stärker. Die Gewichtung liegt auf der Mitte, die zu zwei Dritteln gewertet wird. Den Hintergrund, der mir persönlich in der Tierfotografie nicht so wichtig ist, gewichtet die mittenbetonte Messung nur zu einem Drittel. Was interessiert mich die Oma im Hintergrund, wenn ich die Eule richtig belichtet haben will?

- **Spotmessung** – Hier wird nur ein kleiner Punkt gemessen. Bei der Spotmessung wird die Belichtung ausschließlich in einem kleinen Radius im Bildzentrum gemessen. Die Spotmessung erlaubt die präziseste Belichtungsmessung für einen Teilbereich des Motivs, beispielsweise für ein Porträt. Sie ist das Mittel der Wahl bei komplexen Lichtverhältnissen wie starken Hell-dunkel-Kontrasten, bei denen dann die eigentliche Motivhelligkeit detailliert ermittelt werden kann. Die Spotmessung ist eine sehr zuverlässige und genaue Messung, allerdings kann man hier auch die meisten Fehler machen. Sie misst nur einen einzigen Punkt an, und wenn man da falsch liegt, ist das ganze Bild falsch belichtet und meist auch nicht mehr zu retten. Deshalb empfehle ich sie Anfängern nicht.

Belichtung korrigieren

Wichtig für mich ist, dass ich bei jeder Belichtungsmessung noch nachkorrigieren kann. Man muss sich immer die Frage stellen, was die Kamera sieht. Im dunklen Wald wollen wir eine düstere Stimmung erzeugen.

Blende und Verschlusszeit

Während die Belichtungsmessung ein weitestgehend technischer Vorgang ist, ist die Wahl von *Blende*, *Verschlusszeit* und *ISO-Empfindlichkeit* der aktive Part bei der Erstellung einer Aufnahme. Der Fotograf, also Sie, interpretiert on Location die für Ihre Aufnahme vorherrschenden Lichtverhältnisse und gestaltet oder manipuliert sogar mit Blende, Zeit und ISO. Das sind drei Parameter, die für eine technisch richtige Belichtung aufeinander abgestimmt werden müssen. In den meisten Aufnahmesituationen wählen Sie einen festen ISO-Wert vor und stellen dann Blende und Verschlusszeit so ein, dass eine bestimmte Wirkung erzielt wird.

Präzise Abstimmung

Wird der Wert für die Blende oder der für die Verschlusszeit aus gestalterischer Sicht verändert, muss der andere Wert immer angepasst werden.

Zwei wichtige Aspekte bei der Wahl von Blende und Verschlusszeit müssen Sie immer im Hinterkopf behalten:

- Aus der Wahl der Blende resultiert die Ausdehnung der Schärfentiefe.
- Bei der Wahl der Belichtungszeit ist der wichtigste Aspekt die Bewegung.

Blende und Blendenöffnung

Die *Blende* sitzt immer im Objektiv und steuert die Lichtmenge, die auf den Bildsensor fällt. Darum ist es so wichtig, ein gutes Objektiv zu haben. Je weiter geöffnet die Blende ist, desto mehr Licht fällt durch das Objektiv auf den Sensor in der Kamera. Mit dem Blendenring am Objektiv oder mit einem Einstellrad an der Kamera kann man die *Blendenöffnung* und damit die Lichtmenge regulieren. Ein hoher Blendenwert (z. B. f/22) entspricht einer kleinen Blendenöffnung, wodurch weniger Licht auf den Sensor trifft.

Früher dachte ich, die Blende wäre ein Schärfepunkt. Grob gesagt, ist es jedoch der Schärfestreifen, der sich durch unser Bild zieht – wie eine Scheibe geschnittenes Brot. Alles, was sich in dem Streifen befindet, ist scharf, der Rest ist unscharf. Die Tiefe dieses Streifens regelt die Blendenzahl.

- **Kleine Blendenzahl** = **große Blende** + **wenig Schärfentiefe:** Hierbei fällt viel Licht auf den Sensor.
- **Große Blendenzahl** = **kleine Blende** + **viel Schärfentiefe:** Hierbei fällt weniger Licht auf den Sensor.

Die Blende gilt als das wichtigste Werkzeug unserer Bildgestaltung. Die Entscheidung für eine Blende liegt ausschließlich bei uns, es sei denn, man fotografiert mit der Vollautomatik, aber das müssen Sie immer selbst entscheiden. Mit der Blende lenke ich den Blick des Bildbetrachters auf das, was ich zeigen möchte.

Blende

Mit der Blende wird die Schärfentiefe gesteuert. Je kleiner der Wert, desto knapper ist die Schärfentiefe. Bei automatischer Belichtung steuert die Kamera die Blende je nach Lichtmenge.

Verschlusszeit und Lichteinfall

Die *Verschlusszeit* ist die Zeit, in der *Licht* durch den geöffneten Verschluss der Kamera kommt. Je länger die Verschlusszeit eingestellt ist, desto länger fällt Licht auf den Sensor. Bildlich gesprochen, können Sie sich das wie folgt vorstellen: Fällt ganz, ganz lange Zeit Licht auf den Sensor und rennt in dieser Zeit ein Tier durchs Bild, sehen Sie im Bild kein Tier, sondern nur ein schummeriges Etwas. Möchten Sie das Tier aber knackscharf in seiner Bewegung sehen, dann muss die Verschlusszeit ganz kurz sein – zack, und die Bewegung ist eingefroren.

Für die Qualität eines Fotos ist die Wahl der richtigen *Belichtungszeit* von fundamentaler Bedeutung. Wie im vorherigen Beispiel beschrieben, werden Ihre Motive unscharf, wenn die Verschlusszeit zu lang ist. Schlussendlich ist die richtige Belichtungszeit kein absoluter Maßstab, sie hängt hauptsächlich von Ihren Absichten ab.

Verschlusszeit

Je schneller sich ein Motiv bewegt, desto kürzer muss die Verschlusszeit sein, um es scharf abbilden zu können.

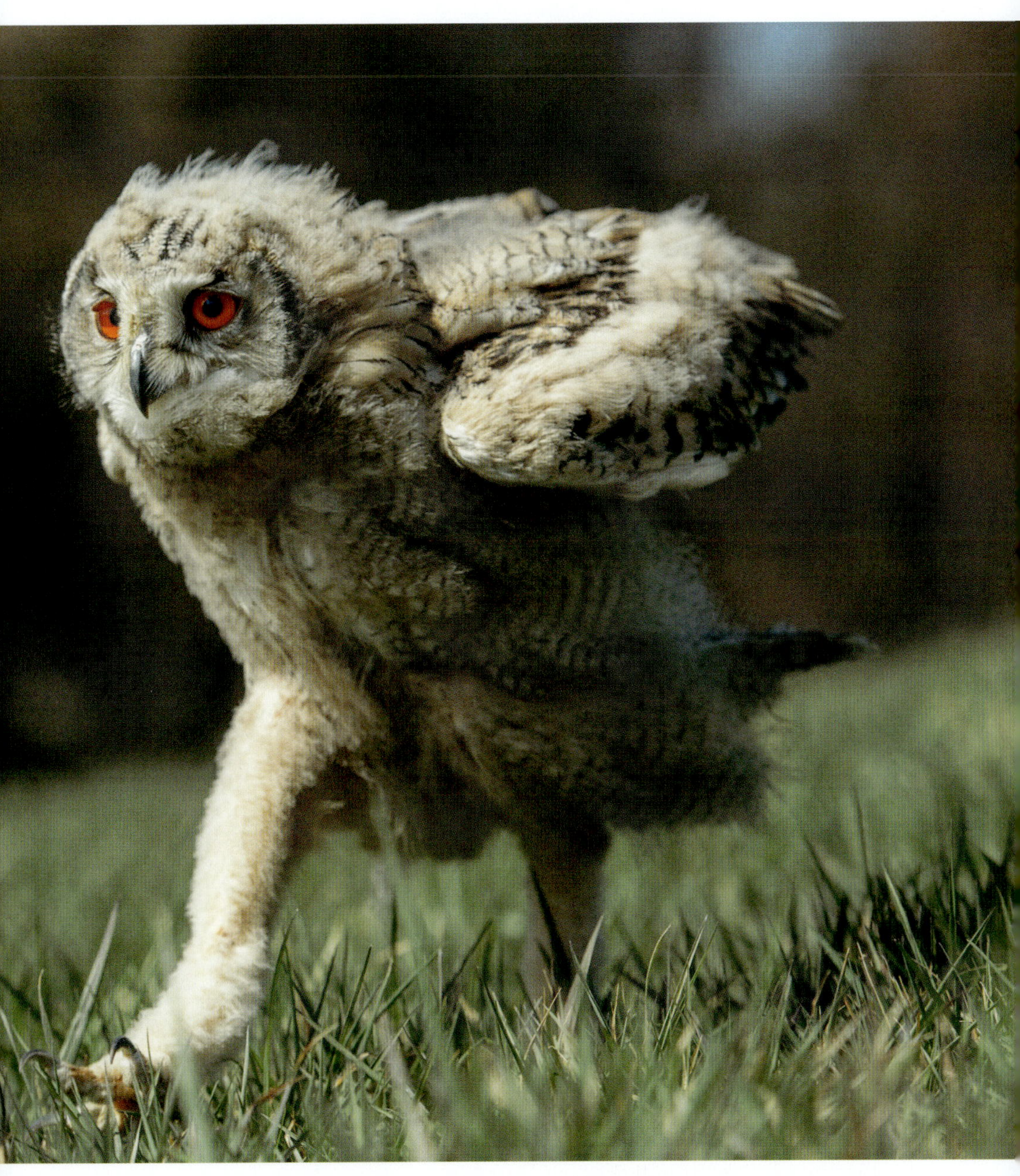

▲ *Bärbo wurde beim Lauf über die Wiese mit einer kurzen Verschlusszeit von 1/1600 Sekunde scharf eingefroren.*

f/4 | 1/1600 s | ISO 220

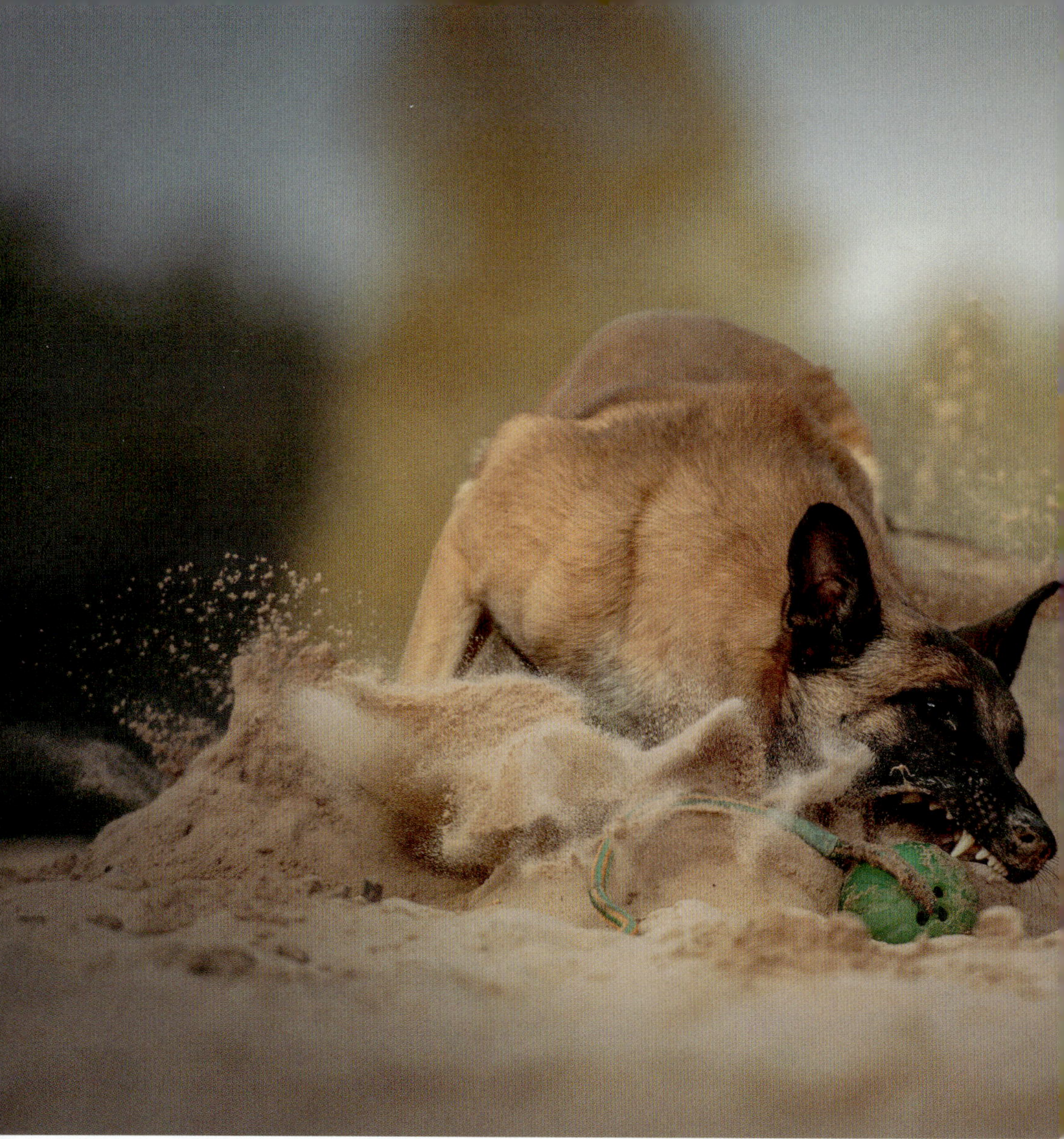

Scharfe Bewegungsbilder

Will ich scharfe Bewegungsbilder machen, muss ich mit der Verschlusszeit anfangen. In diesem Beispiel möchte ich den Hund beim Toben im Sand scharf abbilden.

1. Zuerst stelle ich an der Kamera die Verschlusszeit auf 1/1250 Sekunde ein.

2. Da ich in der Aufnahme nur den Hund scharf haben möchte und den Hintergrund unscharf, wähle ich an der Kamera Blende 2.8.

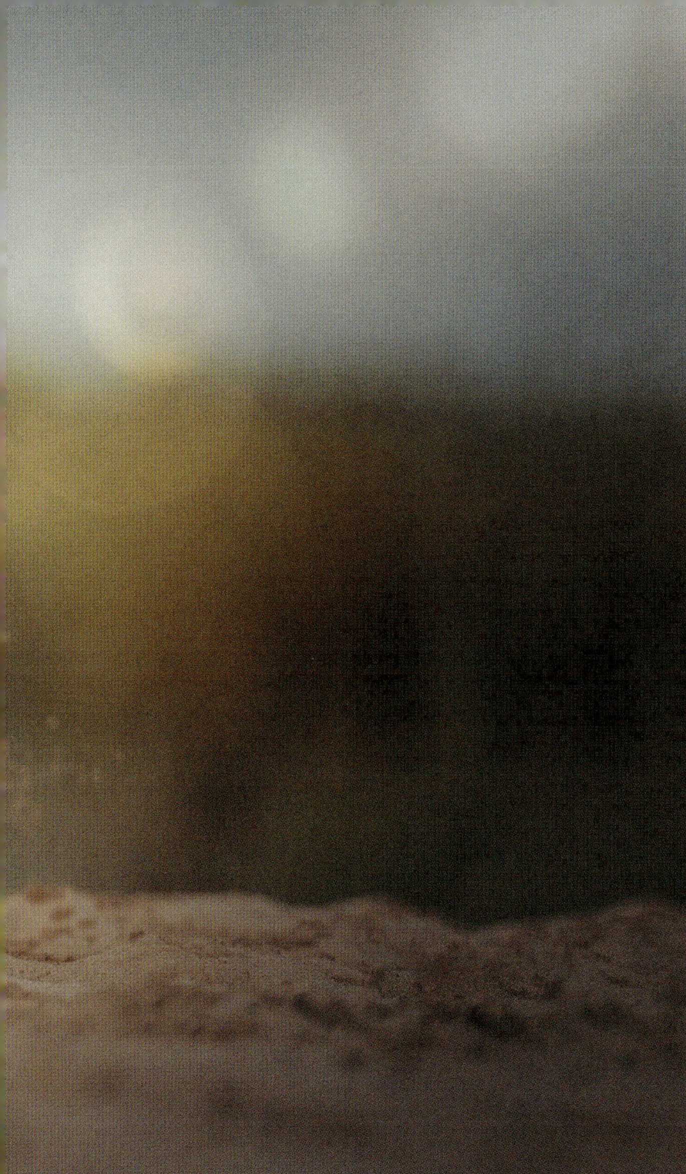

◀ *Ingo beim Toben im Sand. Kurze Verschlusszeit gleich scharfes Hauptmotiv.*

f/2.8 | 1/1250 s | ISO 320

3. Weil es zum Zeitpunkt der Aufnahme taghell ist, stelle ich die Empfindlichkeit auf ISO 100 ein.

4. Jetzt drücke ich den Auslöser halb durch und schaue im Sucher auf den Belichtungsbalken. Dieser zeigt ein leichtes Minus an.

5. Da wir ein Bewegungsbild machen, können Sie an der Verschlusszeit nicht drehen. Die Offenblende haben wir ja sowieso gewählt. Bleibt nur, die ISO-Empfindlichkeit höher zu stellen – bis der Belichtungsbalken auf null steht.

ISO-Empfindlichkeit

Der ISO-Wert steht für die Lichtempfindlichkeit des Kamerasensors. Die ISO-Empfindlichkeit ist sozusagen das Maß für die Mindestlichtmenge, die der Sensor zur Bilderzeugung benötigt. Für die Praxis sollten Sie vor allem zwei Dinge wissen:

- Je höher die ISO-Empfindlichkeit, desto weniger Licht wird bei gleicher Blende und Verschlusszeit für eine korrekte Belichtung benötigt.

- Mit höherer ISO-Empfindlichkeit steigt aber auch das Bildrauschen, was je nach Stärke und Ausprägung ein Kriterium für zunehmend schlechtere Bildqualität sein kann.

Aktuelle Kameras haben meist als geringste Empfindlichkeit ISO 200 und eine höchste jenseits von ISO 12800. Eine Verdopplung der Maßzahl bedeutet auch eine Verdopplung der Empfindlichkeit. Die Verdopplung entspricht einer Verkleinerung der Blende um eine Blendenstufe bei der Kamera bzw. einer Halbierung der nötigen Belichtungszeit.

Das bedeutet bei schlechten Lichtverhältnissen, die nur eine sehr lange Belichtungszeit erlauben, dass Sie entweder die Blende öffnen können, um mehr Lichteinfall zu bekommen, oder die ISO erhöhen, um die Verschlusszeit entsprechend zu verkürzen.

Wir wollen aber gar nicht so technisch darauf eingehen, denn dafür gibt es genügend andere Bücher, und das Internet ist voll von detaillierten Erklärungen zum Thema. Für uns ist nur eines wichtig: Je höher die ISO, desto mehr rauscht unser Bild – es wird krisselig.

Wann beginnt es zu Rauschen?

Bei ISO 100 oder ISO 200 ist praktisch kein Rauschen sichtbar. Erst ab ISO 3200 wird das Rauschen langsam deutlicher und bei ISO 12800 ziemlich stark. Ob das Rauschen stört, muss jeder Fotograf selbst entscheiden.

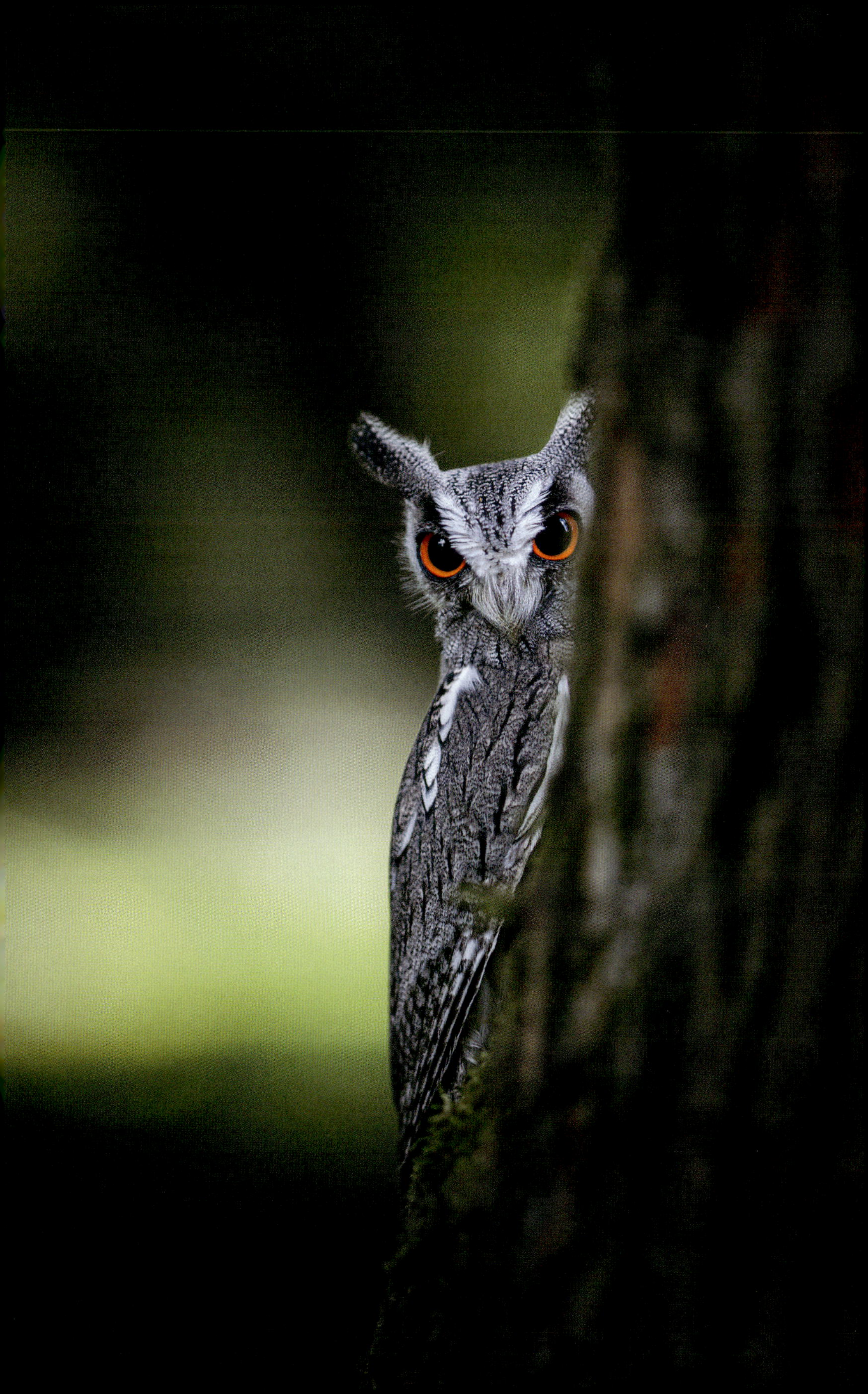

3 | SO FOTOGRAFIERE ICH

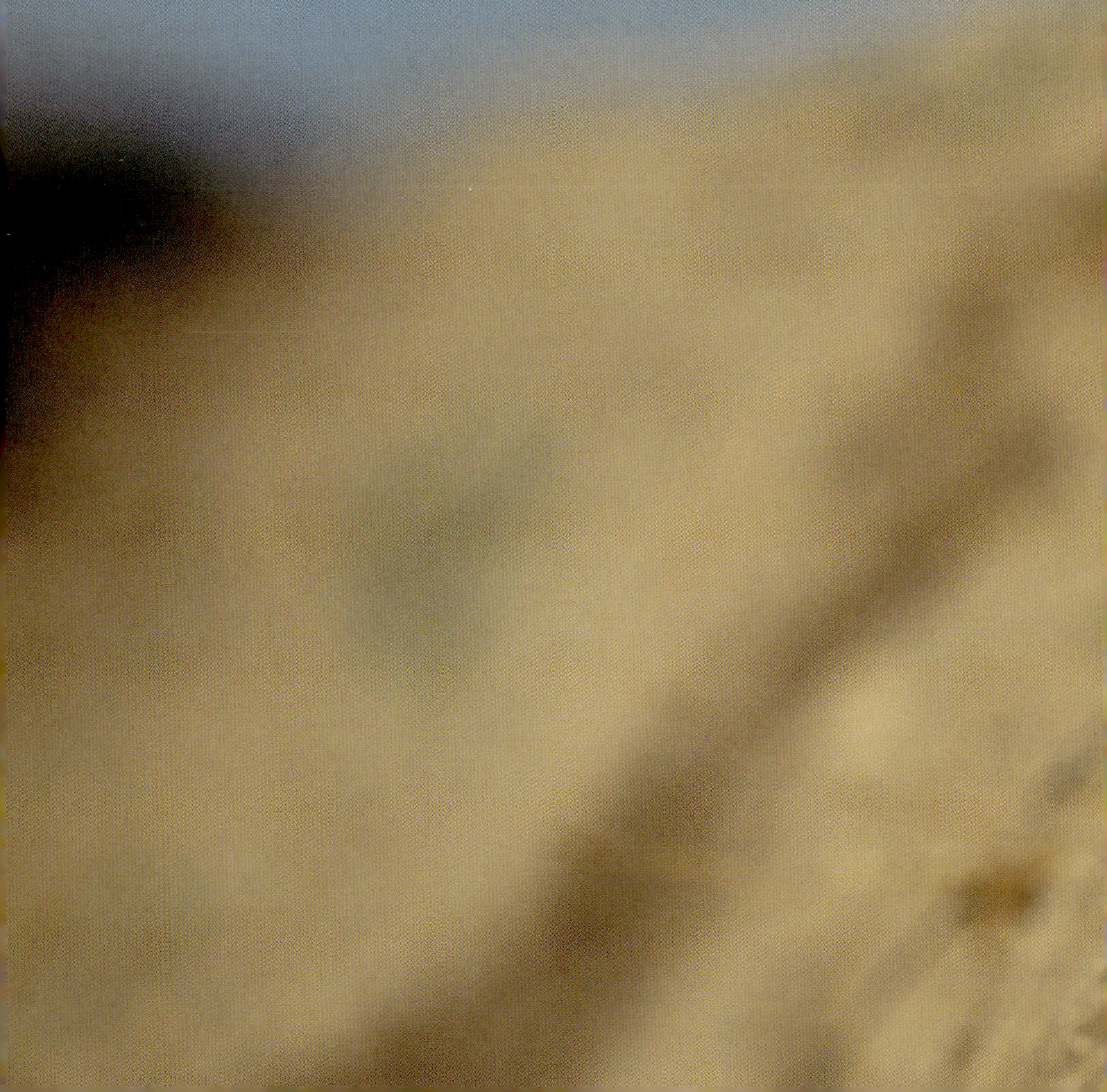

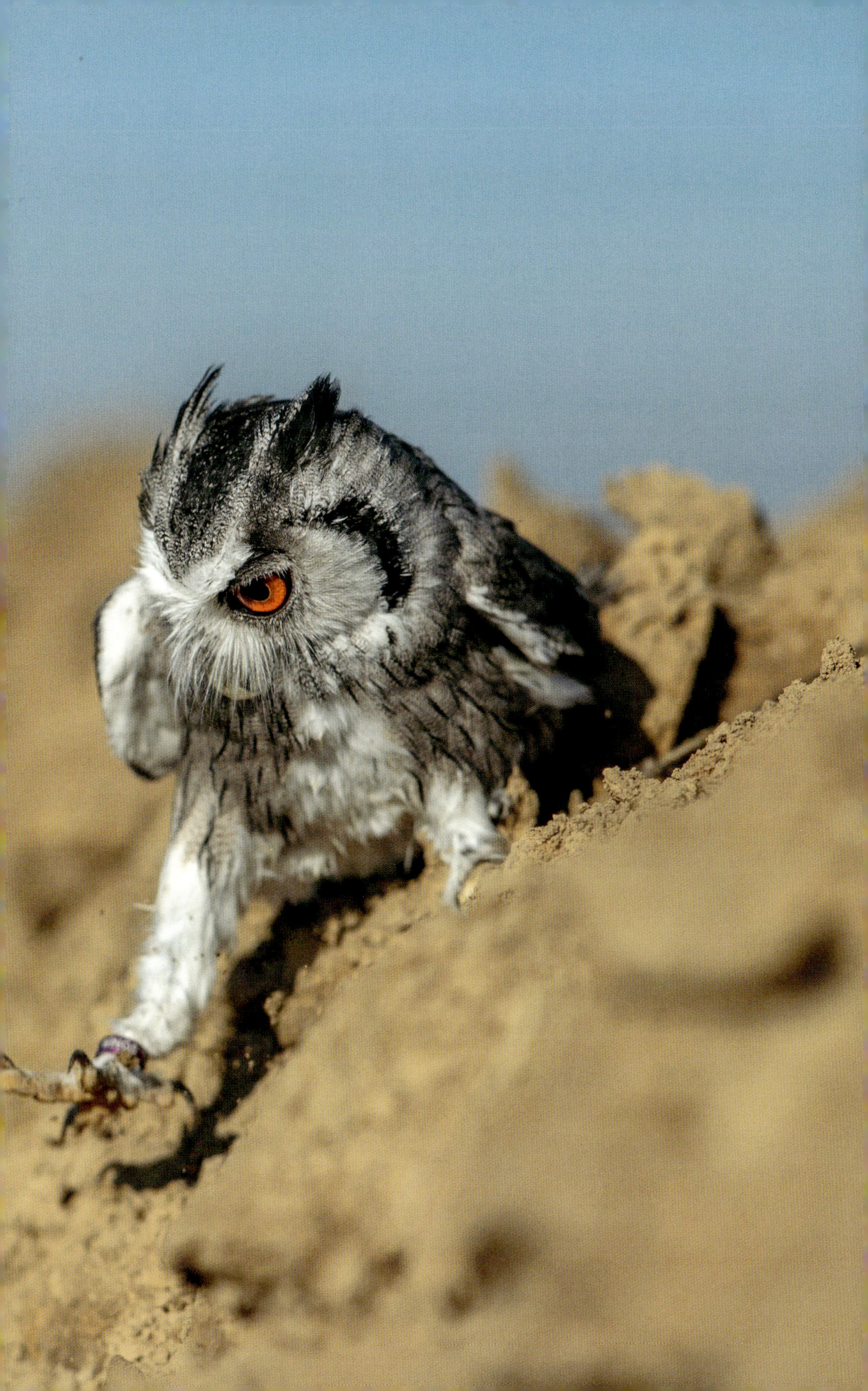

Skurrile Kundenshootings

„Wie fotografierst du, Tanja?“ Da mir diese Frage so oft gestellt wird, versuche ich jetzt, sie zu beantworten. Kundenshootings mache ich wenige, da ich zum einen immer das Gefühl habe, meine Bilder genügen nicht den Anforderungen, und zum anderen tue ich mich sehr schwer damit, aus Sicht des Kunden zu fotografieren.

Lieber beschäftige ich mich mit freien Projekten und Shootings, bei denen ich mich kreativ entfalten kann, ohne dass mir ein Auftraggeber ständig auf die Füße tritt und mich ausbremst. Vielleicht haben mich die wenigen skurrilen Erlebnisse so geprägt, dass ich all den supernetten Kunden gegenüber zu komplexbehaftet bin?

Insgesamt überwiegen natürlich die schönen Shootings und vor allem die netten Kontakte mit meinen Kunden. Teilweise sind sogar langjähriger Freundschaften entstanden, aber ein paar der skurrilen Kundenshootings muss ich Ihnen doch erzählen.

Friedrich und der Onkel-Karl-Blick

Friedrich, ein etwas untersetzter dunkelgrauer Mischlingsrüde mit Bart kam mit seinem Frauchen, mit der ich im Vorfeld des Shootings supernetten telefonischen Kontakt hatte. Ein paar schöne Fotos von Friedrich wolle sie, als Erinnerung. Friedrich wedelte leicht mit der Rute, als ich ankam, und sein Frauchen strahlte mich an: „Wir hätten gern solche Bilder“, verkündete sie huldvoll. Und weiter: „Auf denen er genauso schaut, wie wenn er von Onkel Karl von der Eckbank Salami bekommt.“

Sie hatte wohl meinen etwas verdutzten Gesichtsausdruck bemerkt und setzte noch mal nach: „Kriegen Sie das hin?“

Ja, was soll ich nun sagen? Wir hatten weder eine Eckbank, noch war Onkel Karl zugegen geschweige denn die Salami beim Shooting dabei, und dementsprechend entmutigt war ich. Friedrichs Frauchen hinterher bei der Bildersichtung ebenso, weil nicht ein Bild dabei war mit dem gewünschten „Eckbank-Salami-Karl-Blick“, der Friedrichs Charakter widerspiegelte.

Wasseraction und der sture Kevin

Ein weiteres Kundenshooting. Wasseraction war geplant, ich liebe Wasseraction. Das wird ein tolles Shooting. Frauchen von Kevin hatte exakte Vorstellungen. Sonne von hinten wollte sie, viel Action und dass das Wasser richtig spritzt. Ich versprach ihr, nach der richtigen Location Ausschau zu halten und mich dann umgehend bei ihr zu melden. Wasser ist nicht ganz einfach, weil Hunde an vielen Seen nicht erlaubt sind. Das Licht muss richtig stehen, der Hintergrund muss passen und das Wasser eher flach sein – beim Schwimmen entsteht ja keine Wasserspritzaction. Aber ich wurde fündig, und wir verabredeten uns und liefen mit Kevin zur Location.

Dort angekommen, sah mich Kevins Frauchen erwartungsvoll an und meinte: „Jetzt bin ich aber richtig gespannt." Ein ungutes Gefühl durchzuckte mich, und ich fragte: „Auf was?" Kann ja sein, dass sie die Fotos meinte. Mein Gefühl ließ mich leider nicht im Stich.

Sie erwiderte: „Na, bei mir geht der nicht ins Wasser. Nicht mal in eine Pfütze, aber sie sind ja die Fotografin." Es kam, wie es kommen musste, Kevin setzte nicht eine Pfote ins Wasser – weder für Leckerchen noch für Ästchen oder Steinchen. Auch mit sämtlichen anderen Tricks war er nicht dazu zu bewegen, es zu versuchen. Ich versuchte, Frauchen zu überreden, dass wir dann eben andere Fotos von Kevin machen würden. Im Wald? Nein, Wasseraction sollte es sein.

Irgendwann liefen wir in betrübter Stimmung zurück, und die Dame machte auch keine gute Werbung für mich, immerhin bekam sie ja nicht ein einziges Wasseractionbild. Ich hatte aber nie einen Euro von ihr verlangt für all die vergeudete Zeit.

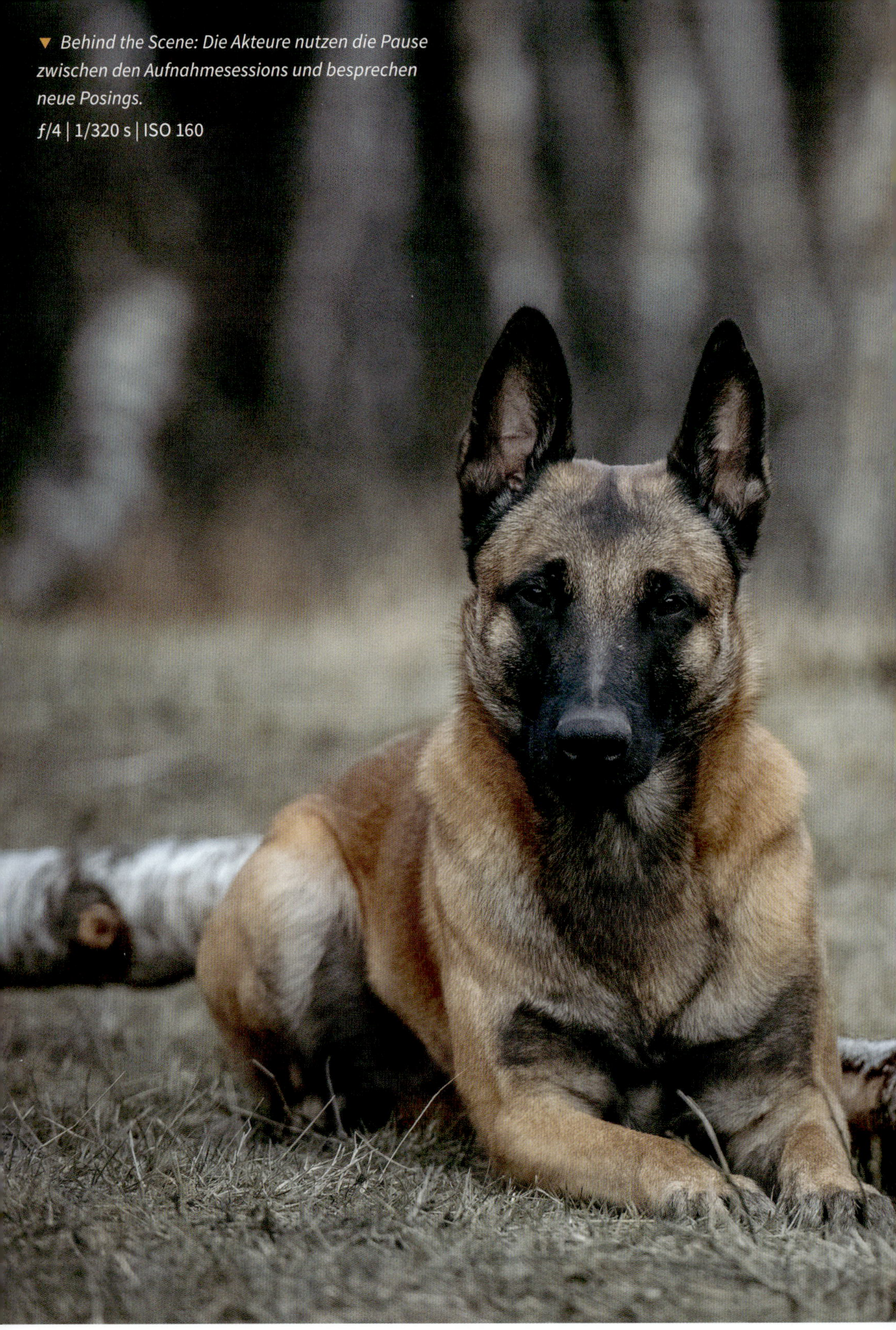

▼ *Behind the Scene: Die Akteure nutzen die Pause zwischen den Aufnahmesessions und besprechen neue Posings.*

f/4 | 1/320 s | ISO 160

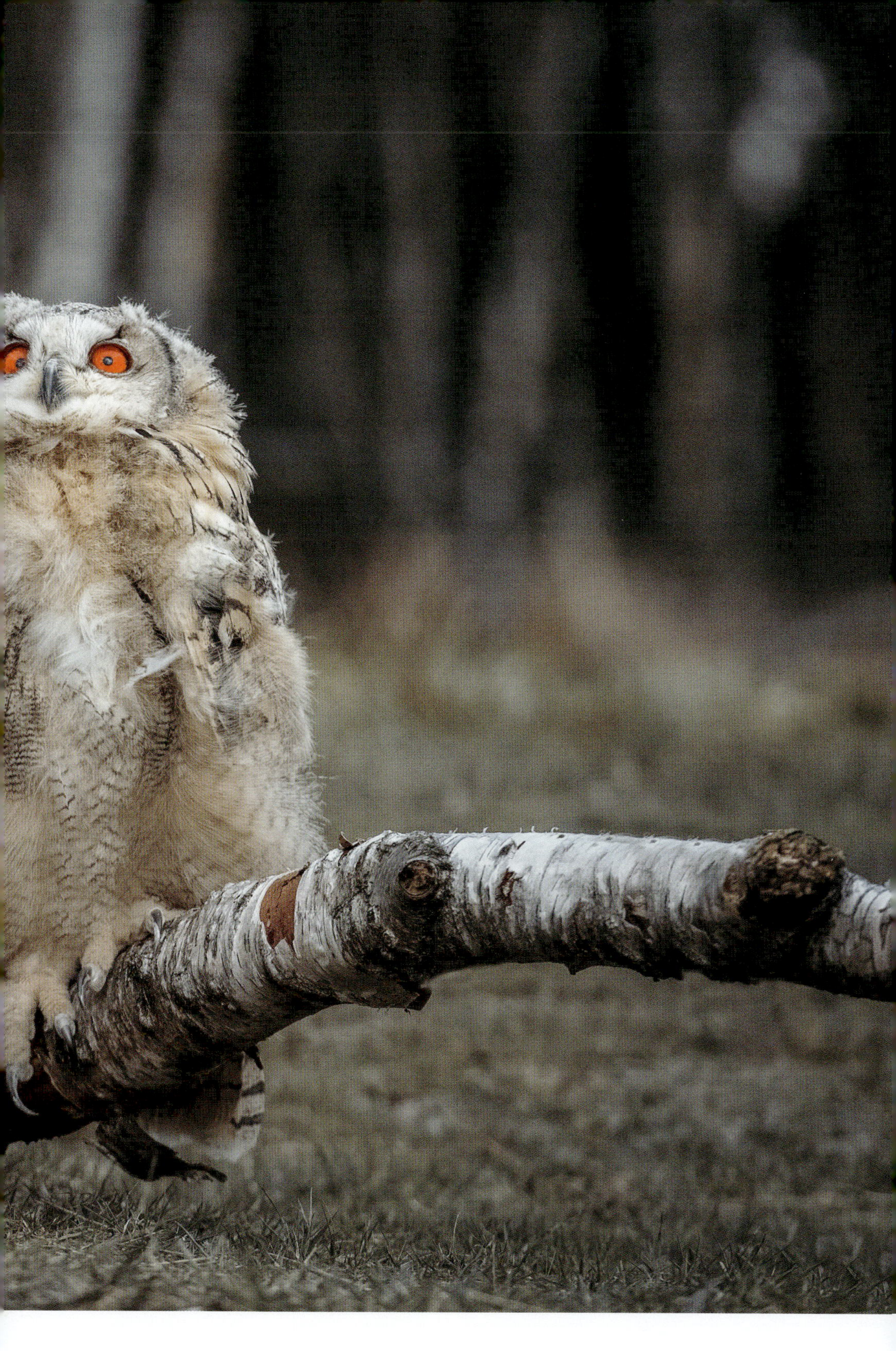

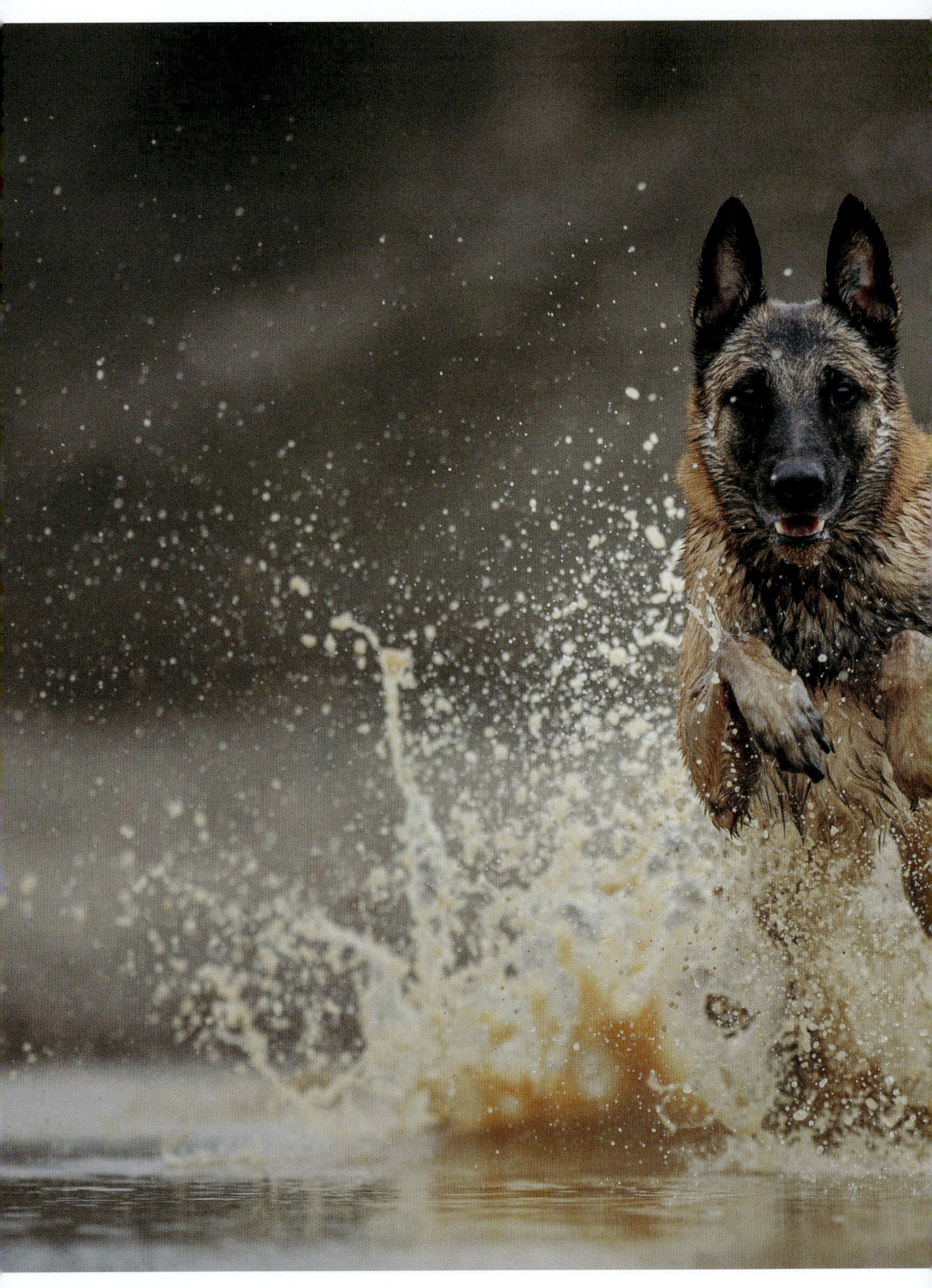

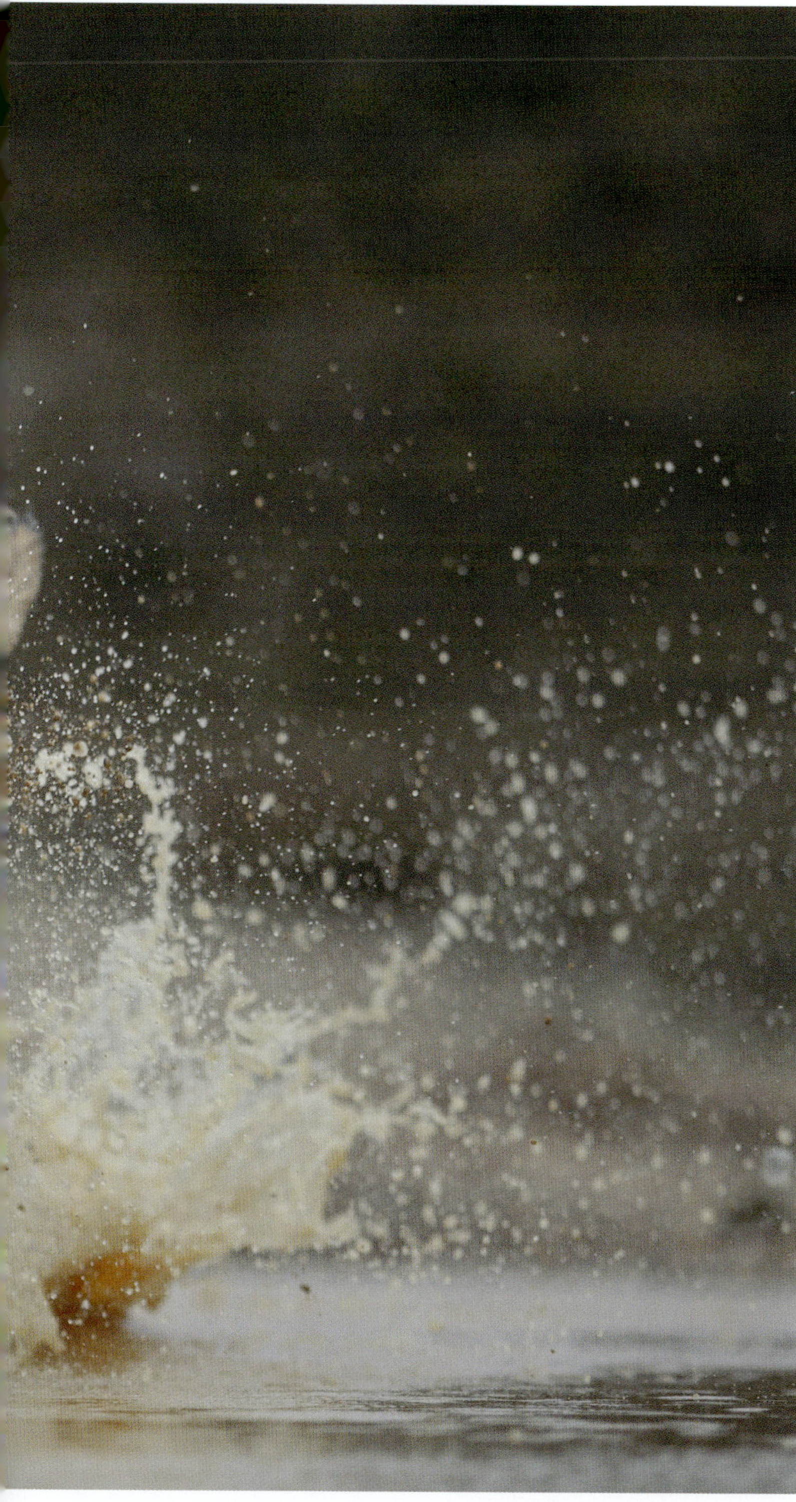

◀ *Ingo hat immer viel Spaß im Wasser.*
f/2.8 | 1/1600 s | ISO 200

Meine Art der Fotografie

Um nun wieder auf meine Tiere und auf meine Art der Fotografie zu sprechen zu kommen: Wie finde ich meine Locations, wie plane ich ein Shooting, und wie trainiert man Eulen? Gar nicht. Eulen machen, was sie wollen. Sie hören nicht auf Kommandos und führen auch keine Befehle aus. Was sie machen und lernen, ist, dass sie ihren Namen kennen, dass ihnen nie etwas Schlechtes widerfährt, wenn sie mit uns zusammen sind, und dass sie uns voll vertrauen können. Kleine Dinge, wie: „Wenn du dorthin fliegst und wartest, gibt es ein Leckerchen“, können sie auch lernen.

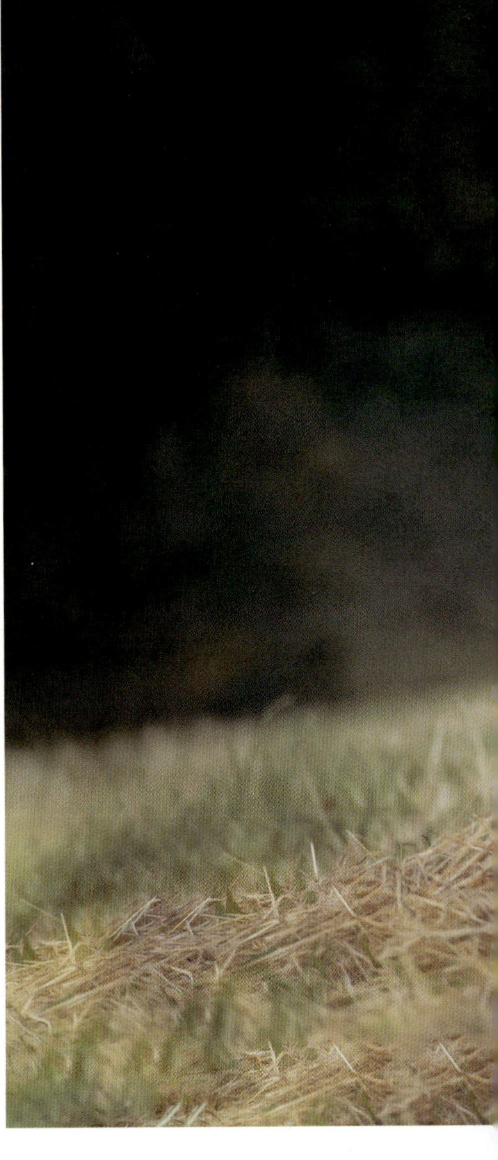

Ingo und der Wüstenbussard

Ich hatte ein Bild im Kopf. Ingo kommt angerannt, und mein Wüstenbussard Phönix fliegt genau über seinem Kopf. Vom Grundsatz her kein Problem. Der Bussard flog oft genau über seinem Kopf, nur nie auf Kommando. Also übten wir das.

Die beiden „unterhielten“ sich nebeneinander im Gras, und ich ging rückwärts – mit der Kamera in der Hand und theatralischer Geste – und sprach lang und tief mit rollendem R: „Waaaaaaaarrrrten!“ Das klappte gut. Also drehte ich mich blitzschnell um, rannte ein paar Meter, stoppte, drehte mich wieder um, nahm die Kamera in Anschlag, und Phönix landete huldvoll auf dem Objektiv. Neee, das war nix.

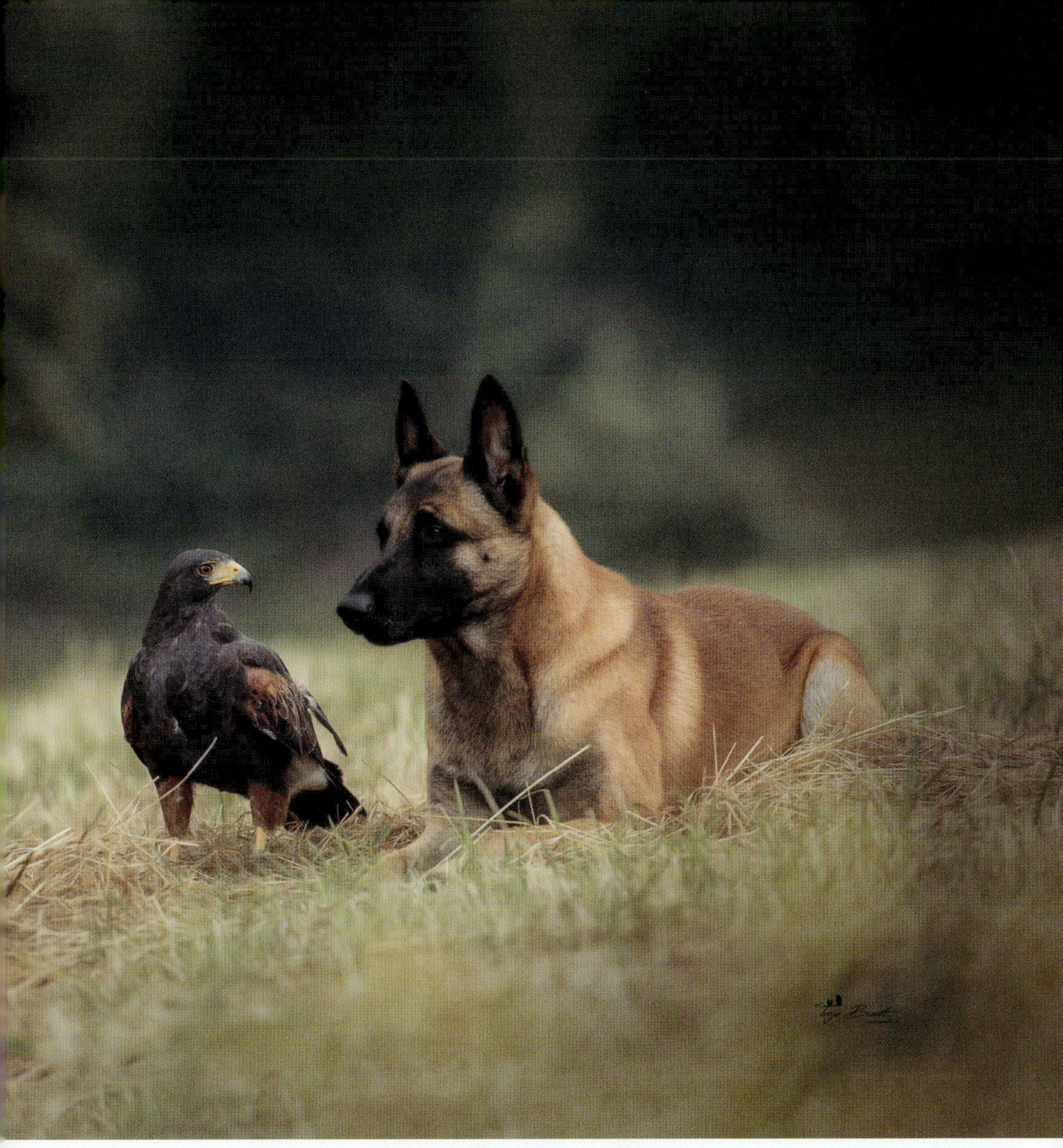

▲ *Ingo und Phönix schauen sich fragend an.*
f/4 | 1/250 s | ISO 200

Phönix wurde wieder zurückgebracht, und das Ganze begann von vorn. Nach 34 Malen schwand meine Hoffnung auf das Foto der Woche schon merklich, und ich drehte mich in Erwartung auf Phönix' Landung um, aber nichts geschah. Sie blieb neben Ingo im Gras und schaute mich an. „Juhuuuuu", rief ich, „richtig!" Sie flog los, und Ingo lag mit angelegten Ohren da – nach dem Motto: Das wird eh wieder nix, ich bleib direkt so liegen.

Setzt du die Eule auf Ingos Kopf? Nein. Sie lieben es, die höchste Stelle zu besetzen, und Ingo zeigt schon den jungen Eulen zu Hause, dass das für ihn in Ordnung ist. Sie dürfen an ihm zuppeln und ihren Greifreflex trainieren und auf seinem Kopf die beste Aussicht genießen – er ermuntert sie dazu. Normalerweise gehen wir spazieren. Ingo, eine der Eulen und ich. Ganz entspannt.

Die Kamera habe ich immer im Rucksack dabei, die Leckerchen leider auch, und oftmals finde ich sie erst Tage später anhand des Geruchs wieder. Wenn wir eine schöne Location sehen, setzen wir uns hin und genießen die Natur. Wir beobachten Rehe, Eichelhäher, alles, was es so gibt. Ich fotografiere oft die Reaktion meiner Tiere auf die Natur.

Sir Gandalf der Launenhafte

Wir waren im Tagebau unterwegs, und es war Wetter. Schönes zwar, aber selbst ein leichter Wind versetzt einen Sir Gandalf in schlechte Laune. Ebenso wie Regen, zu viel Sonne, gar nicht zu reden von Sturm, Hagel und allem anderen. Er zickte also etwas rum und war frech.

Ingo war es an dem Tag zu doof, er legte sich einfach in den Graben und ließ die Nervensäge dort stehen. Normalerweise kommt jetzt der Zeitpunkt, an dem Sir Gandalf beschließt, zu Fuß zurückzugehen. Er kann fliegen, aber wenn er sauer ist, vergisst er das regelmäßig.

▼ *Meine Eule Gandalf gibt wie gewohnt den Ton an.*

f/7.1 | 1/640 s | ISO 200

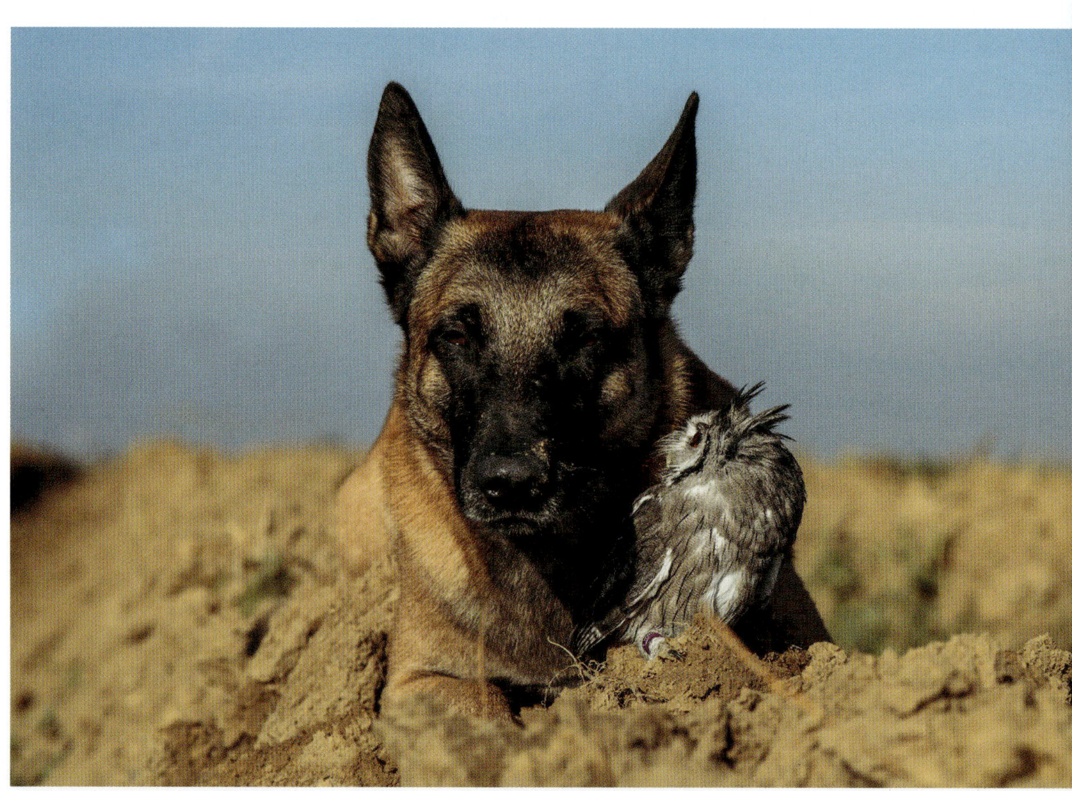

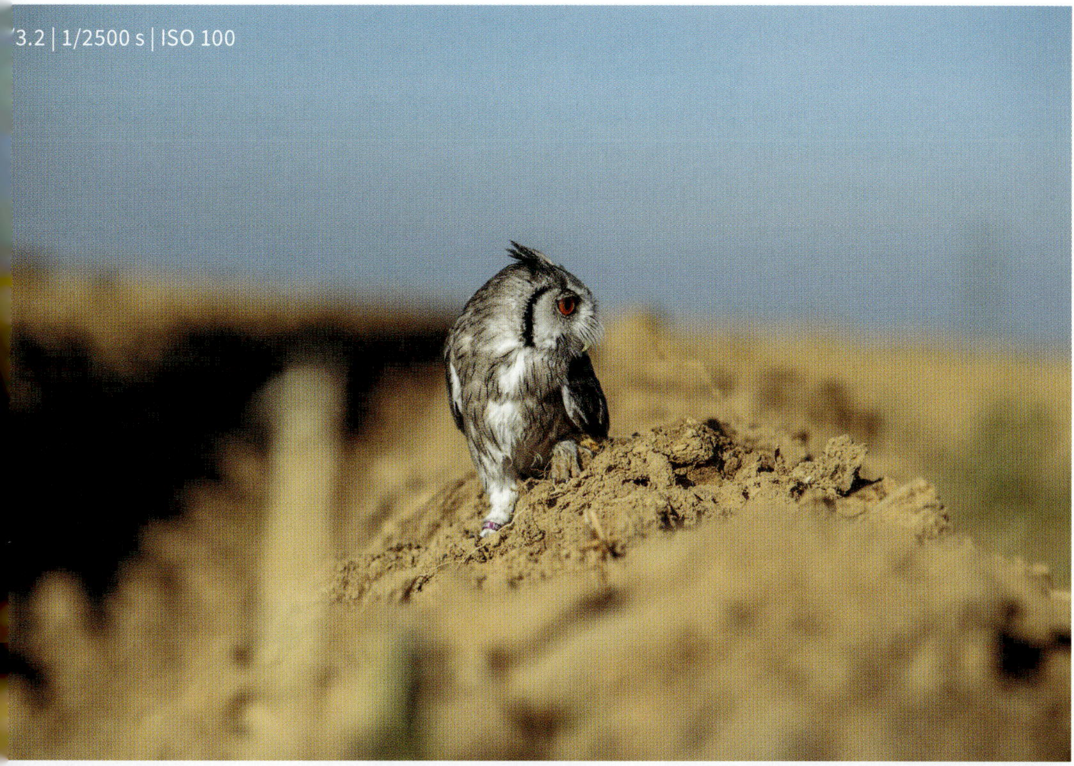

'3.2 | 1/2500 s | ISO 100

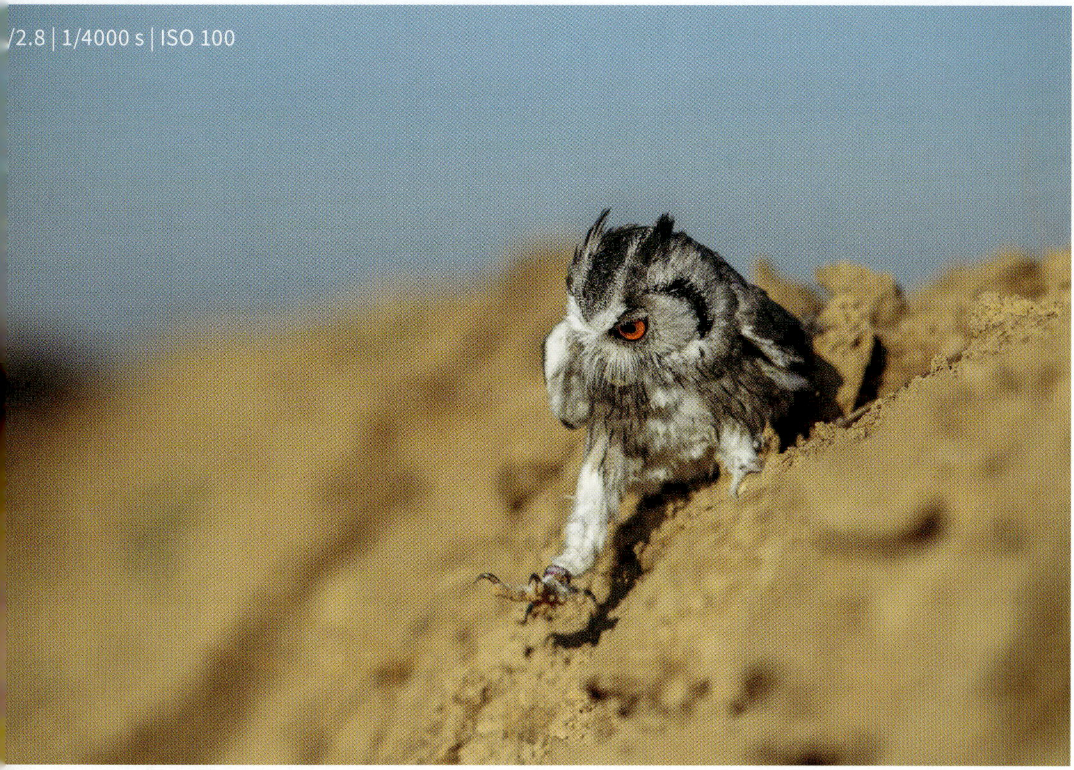

/2.8 | 1/4000 s | ISO 100

▲ *Und zack, besser zu Ingo, auf gut Freund machen – und nichts wie weg.*

Und wenn er zu Fuß unterwegs ist, verleiht das seiner Laune auch wesentlich mehr Ausdruck. Ja, bis er plötzlich die Rohrweihe entdeckte.

So entstehen oftmals Fotos einfach aus Situationen heraus. Ich kann ein bisschen beeinflussen, indem ich die Eulen auf bestimmte Stellen fliegen lasse und so tue, als hätten sie allein den besten Platz gefunden.

Wie schnell die Zeit vergeht

Hier hatte ich eine Fotoidee mit einer Uhr. Ich wollte zeigen, wie schnell die Zeit vergeht. Mir fielen beim Bilderauswählen für das Buch die Kükenbilder von meiner Schleiereule Lusi in die Hände, und da kam mir die Idee – bzw. Lusi hatte die Idee –, dass sie auf der Uhr sitzt. Ich kann es nicht ändern und muss den Vorschlag der Tiere annehmen.

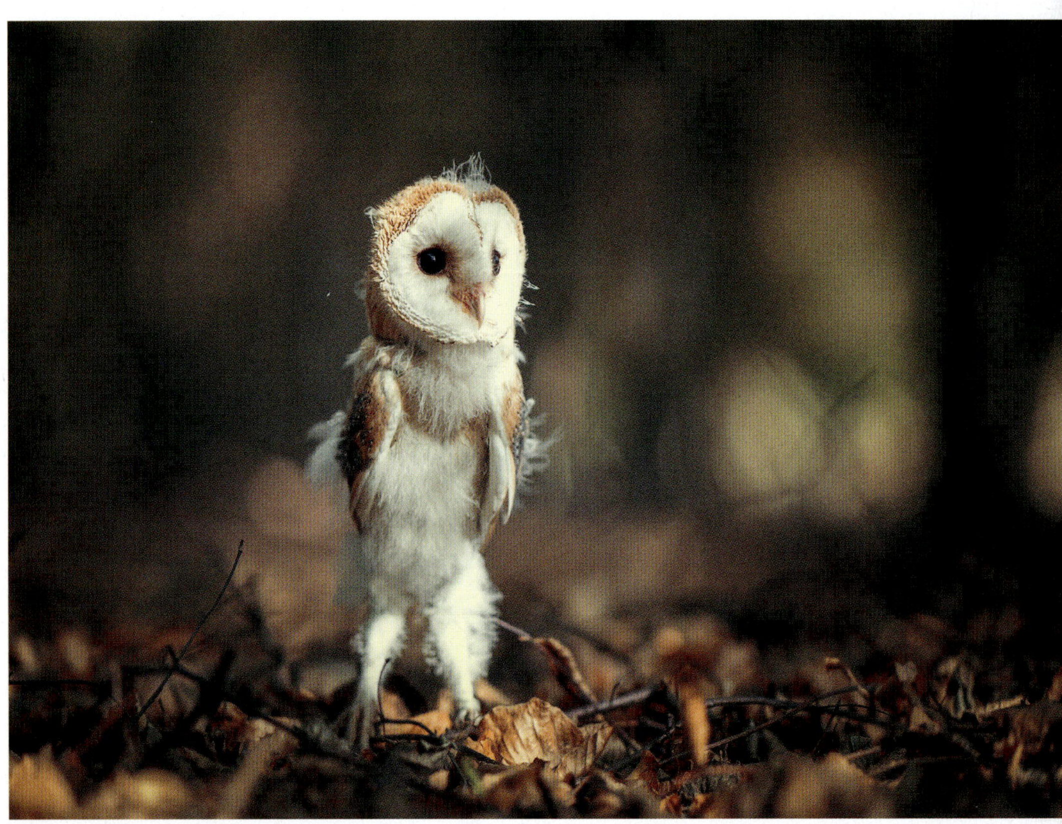

▲ *Meine Schleiereule Lusi als Küken.*
ƒ/1.4 | 1/800 s | ISO 360

▶ *Lusi dreht am Rad der Zeit.*
ƒ/1.4 | 1/640 s | ISO 250

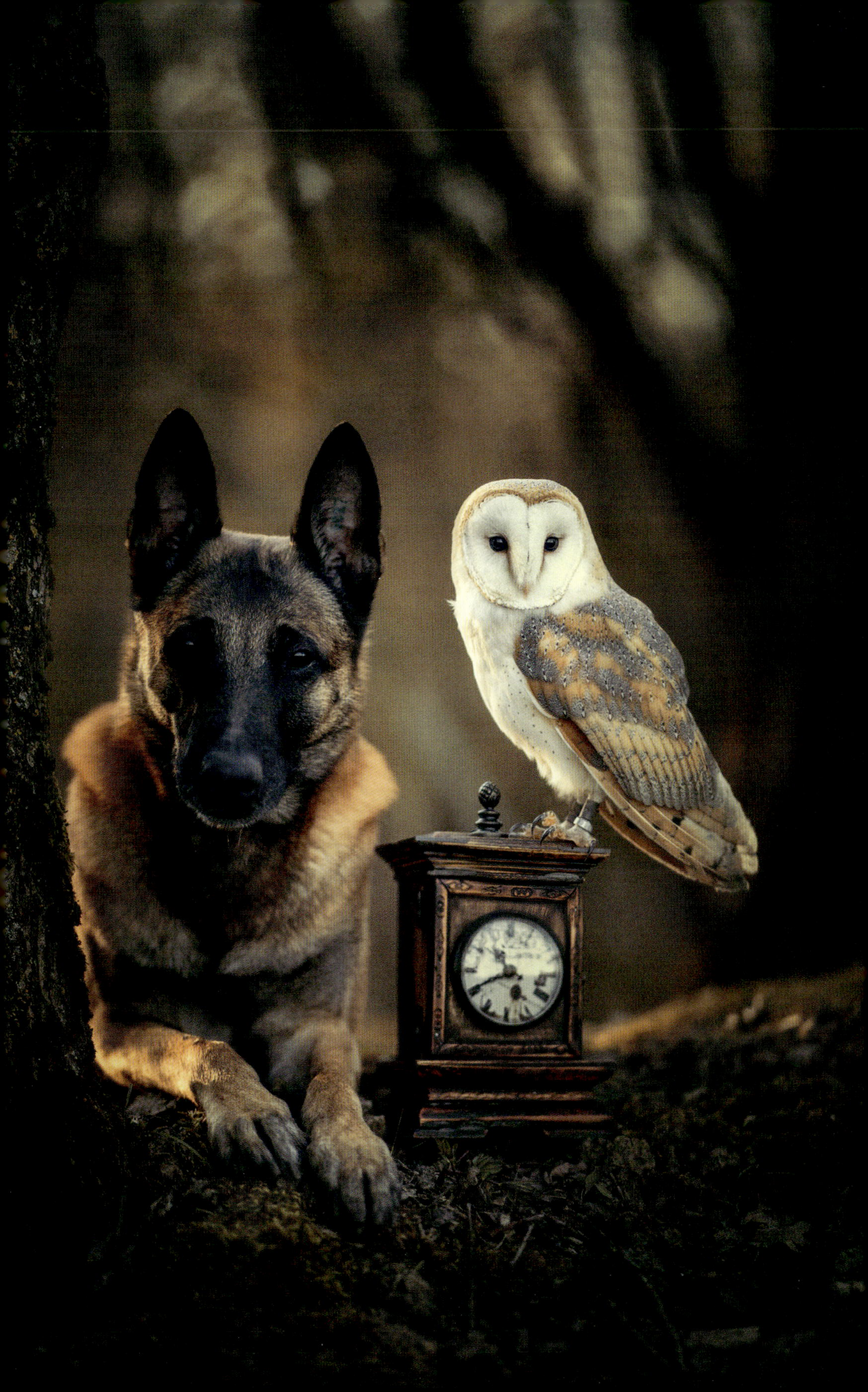

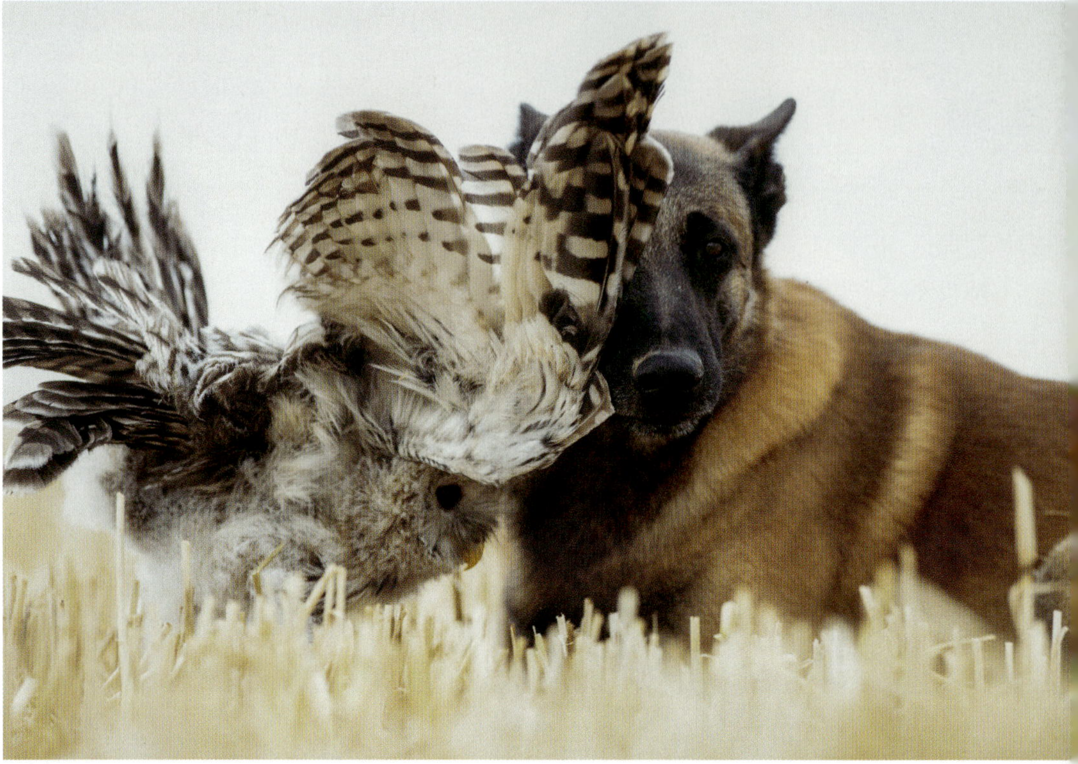

▲ *Und hier dachte ich, ich könnte ein tolles Foto von Ingo mit meinem Habichtskauz Rüdiger machen.*
f/5 | 1/1600 s | ISO 2000

Häufige Kameraeinstellungen 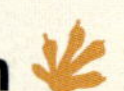

Will ich Tierporträts machen, kann ich eine längere Verschlusszeit wählen, z. B. 1/320 Sekunde. Wenn ich z. B. in einem Bild den Hund scharf haben möchte, wähle ich Blende 2.8. ISO 100 habe ich voreingestellt. Dann drücke ich den Auslöser halb durch und schaue auf meinen Belichtungsbalken. Der wird mir ein leichtes Plus anzeigen. Das Bild ist überbelichtet. Die Offenblende haben wir ja sowieso gewählt. ISO 100 bleibt bestehen. Also muss ich die Verschlusszeit verkürzen, damit das Bild dunkler wird und somit passt.

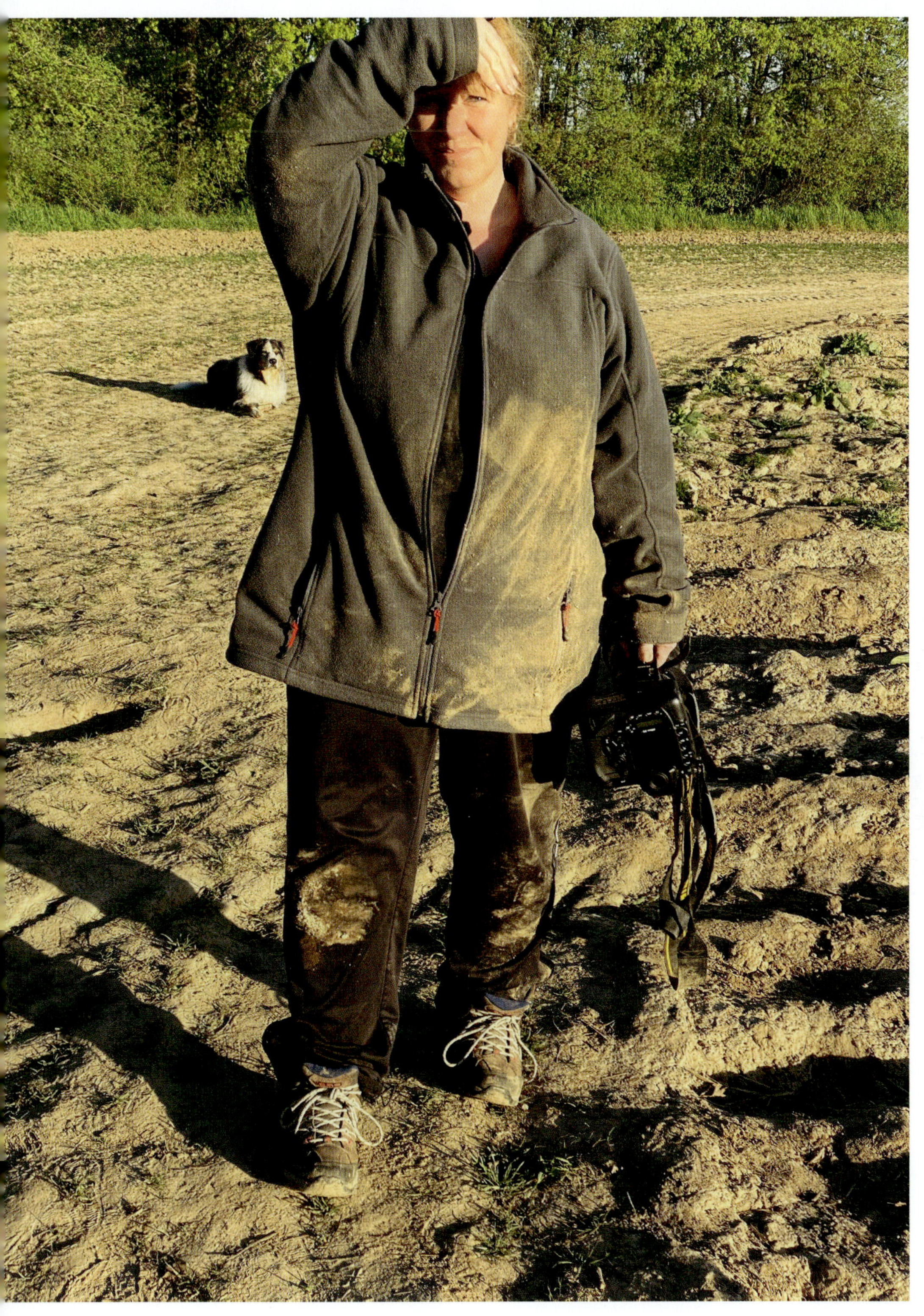

▲ *Das war wohl nichts!*

ƒ/2 | 1/564 s | ISO 20 | iPhone

Vorzugsweise auf Augenhöhe

Eins ist klar, normalerweise sollte der Tierfotograf auf Augenhöhe sein oder darunter. Etwas darstellen, was man so auch wirklich sieht und erlebt hat. Viele meiner Workshop-Teilnehmer stellen oder hocken sich für ihre Bilder hin, aber das wird leider nichts, auch wenn es bequemer ist. Für das richtig tolle Bild liegt man schon mal im Dreck zwischen Disteln, roten Ameisen und stinkenden Kuhfladen.

In der Bildgestaltung kommt es fast immer auf die Perspektive an. Bedenken Sie, dass ein Betrachter Ihrer Bilder das Motiv im Moment des Auslösens immer genau wie Sie sieht. Der bewusste Einsatz von Perspektiven erlaubt es dem Betrachter, etwas eigentlich Bekanntes plötzlich aus einer ungewöhnlichen Sicht zu erleben und so einen neuen Blickwinkel auf das Motiv und die Welt zu gewinnen. Und darum geht es schließlich im Leben eines Fotografen.

Auf Augenhöhe

Fotografieren Sie auf Augenhöhe, wenn Sie an einer Situation teilhaben und dem Betrachter Ihrer Bilder dieses Gefühl vermitteln möchten.

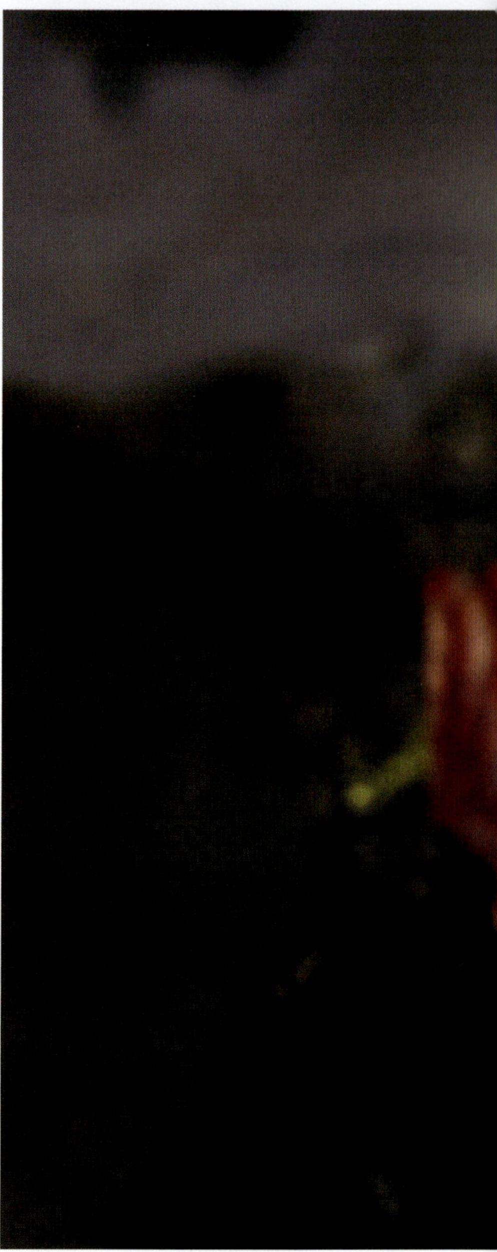

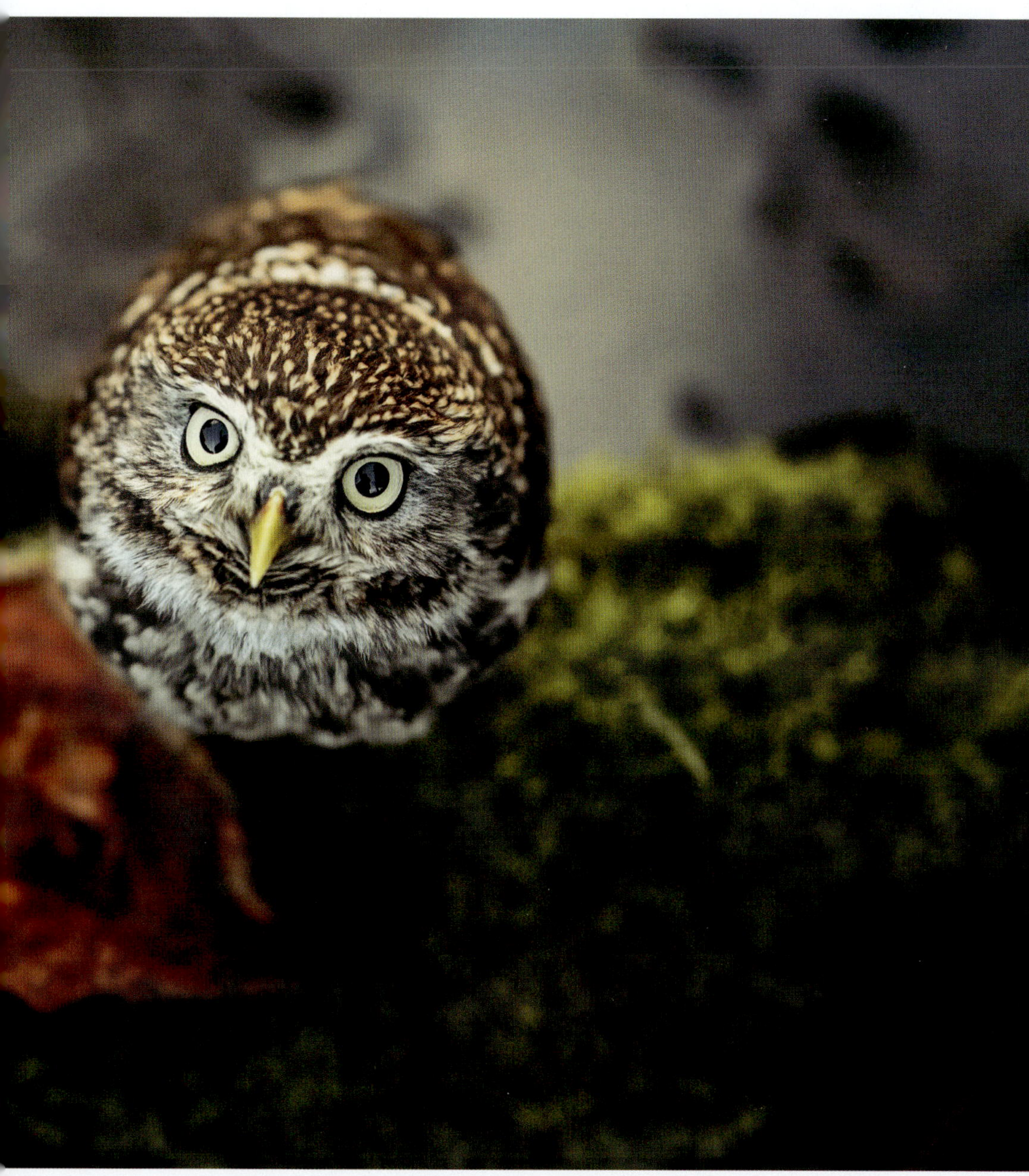

▲ *Eine bewusste Änderung der Perspektive vermittelt dem Betrachter plötzlich eine unbekannte bzw. andere Sicht. Und hier sieht man sogar den Schnäuzer, den man in normaler Perspektive gar nicht sieht.*

f/1.8 | 1/320 s | ISO 450 | +0,3 EV

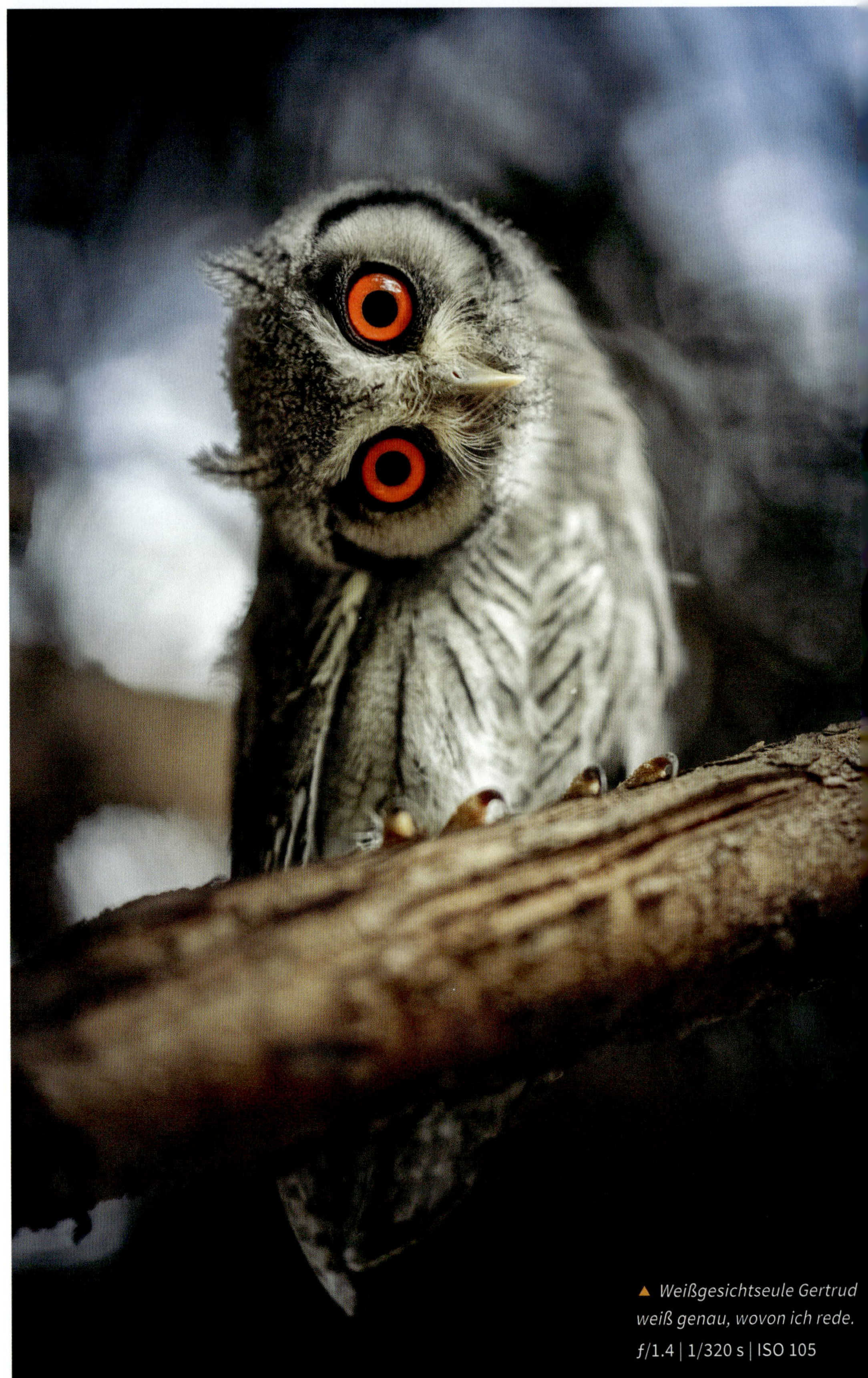

▲ *Weißgesichtseule Gertrud weiß genau, wovon ich rede.*
ƒ/1.4 | 1/320 s | ISO 105

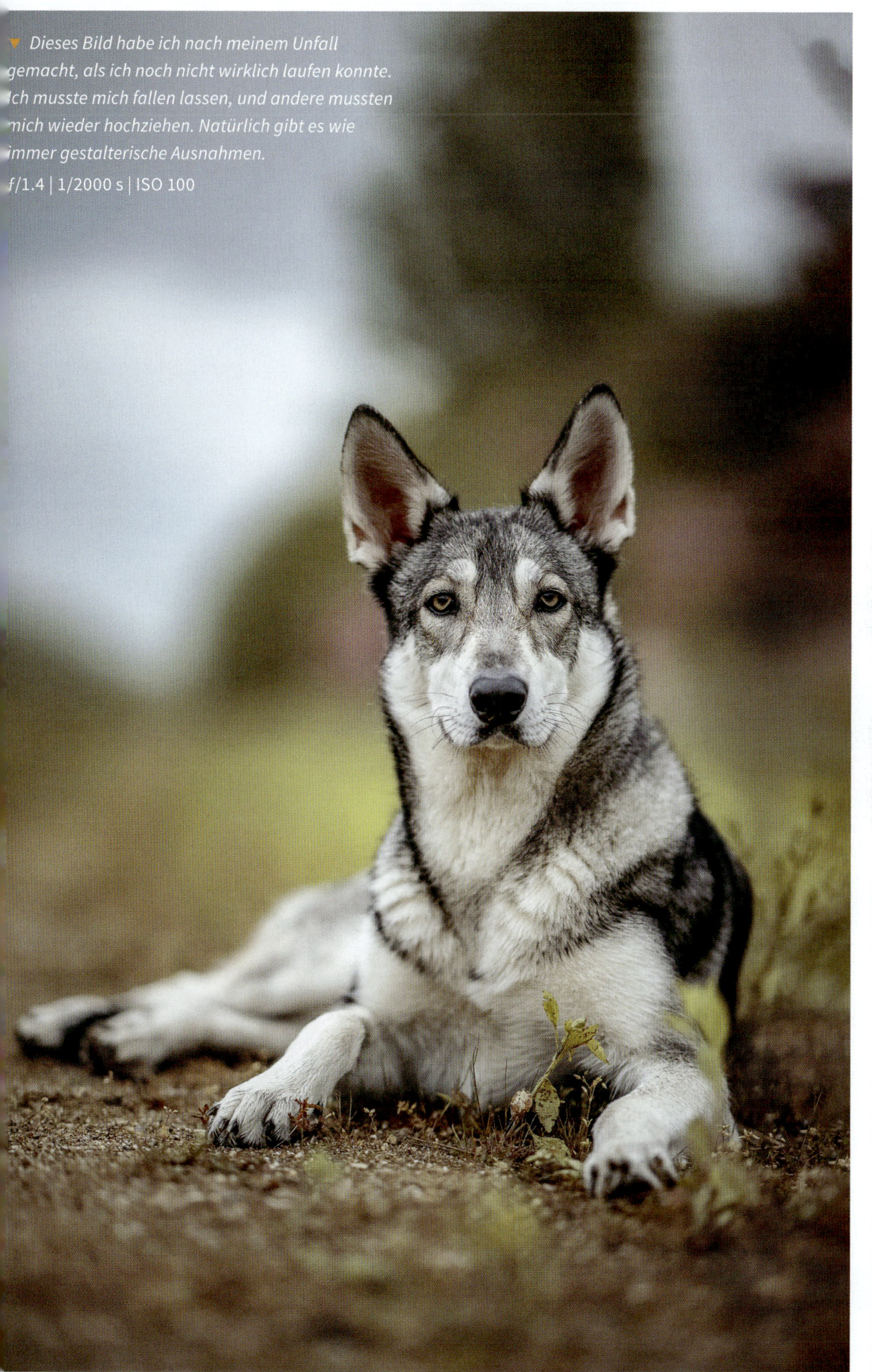

▾ Dieses Bild habe ich nach meinem Unfall gemacht, als ich noch nicht wirklich laufen konnte. Ich musste mich fallen lassen, und andere mussten mich wieder hochziehen. Natürlich gibt es wie immer gestalterische Ausnahmen.
f/1.4 | 1/2000 s | ISO 100

▼ *Weil diese Eule ein eher sehr kleines Exemplar ist, kann man auch das 105-mm-Objektiv nehmen.*
f/1.4 | 1/320 s | ISO 500 | –0,3 EV

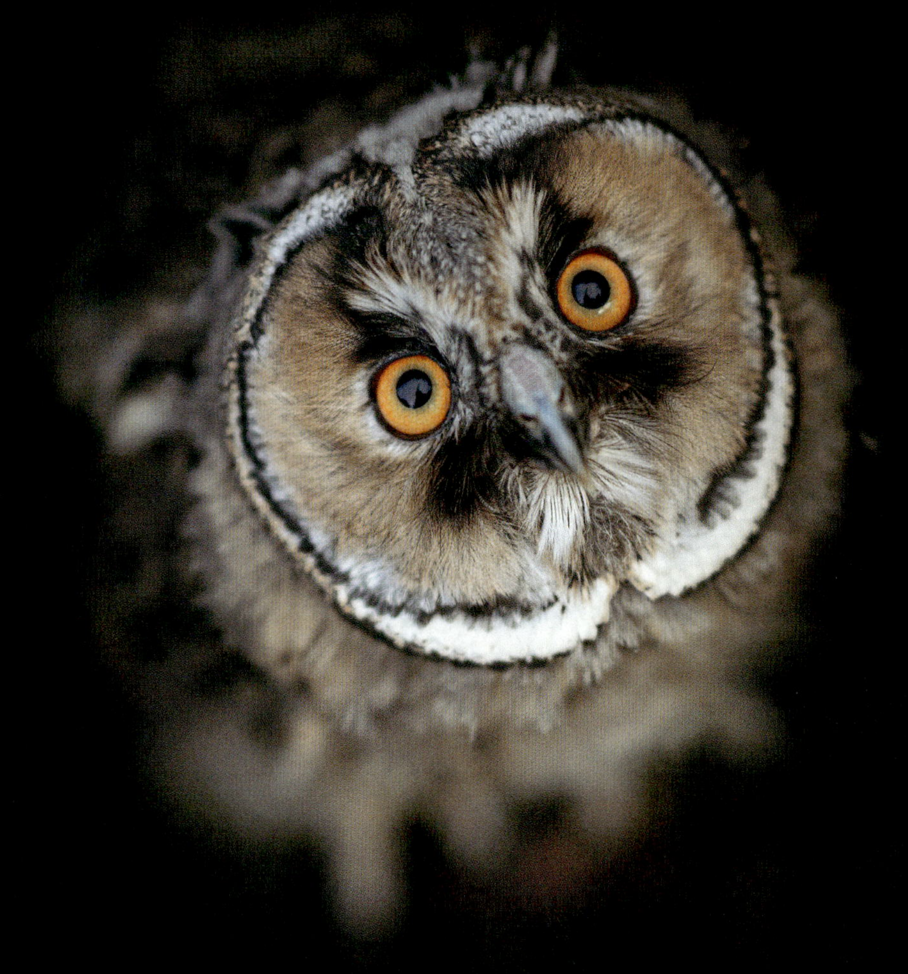

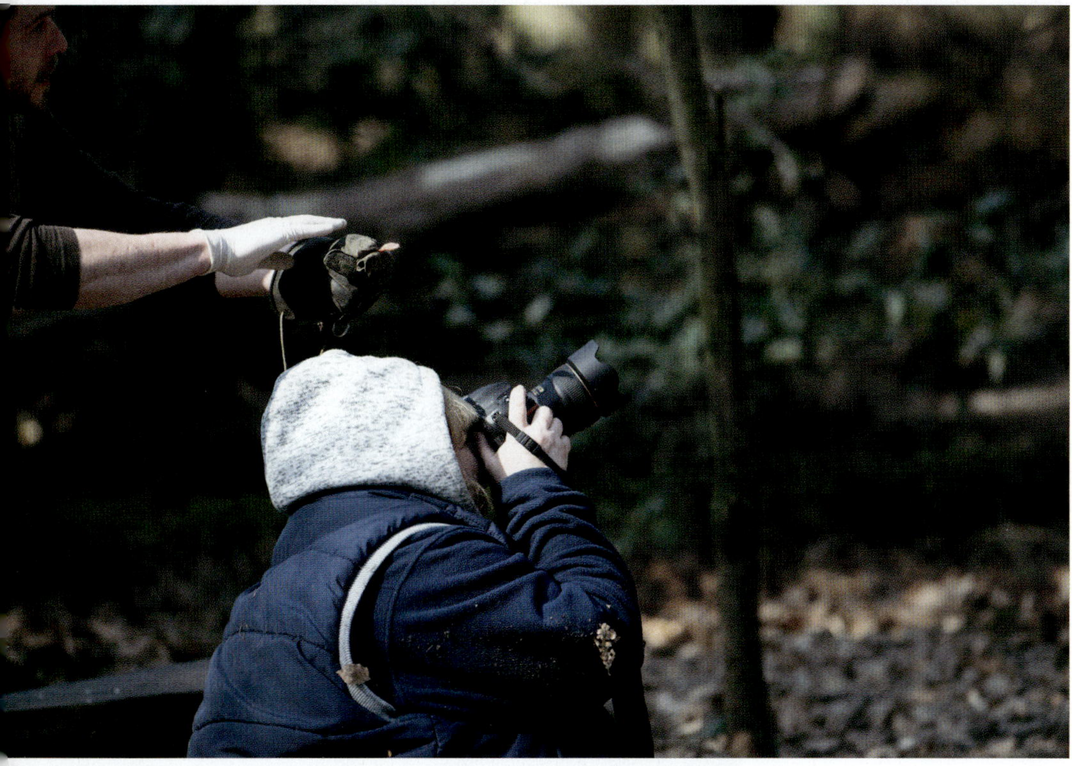

▲ *Weil diese Eule ein eher sehr kleines Exemplar ist, kann man auch das 105-mm-Objektiv nehmen.*
f/1.4 | 1/320 s | ISO 500 | –0,3 EV

▼ *Behind the Scene – oder wie das Bild aus der Froschperspektive entstanden ist.*

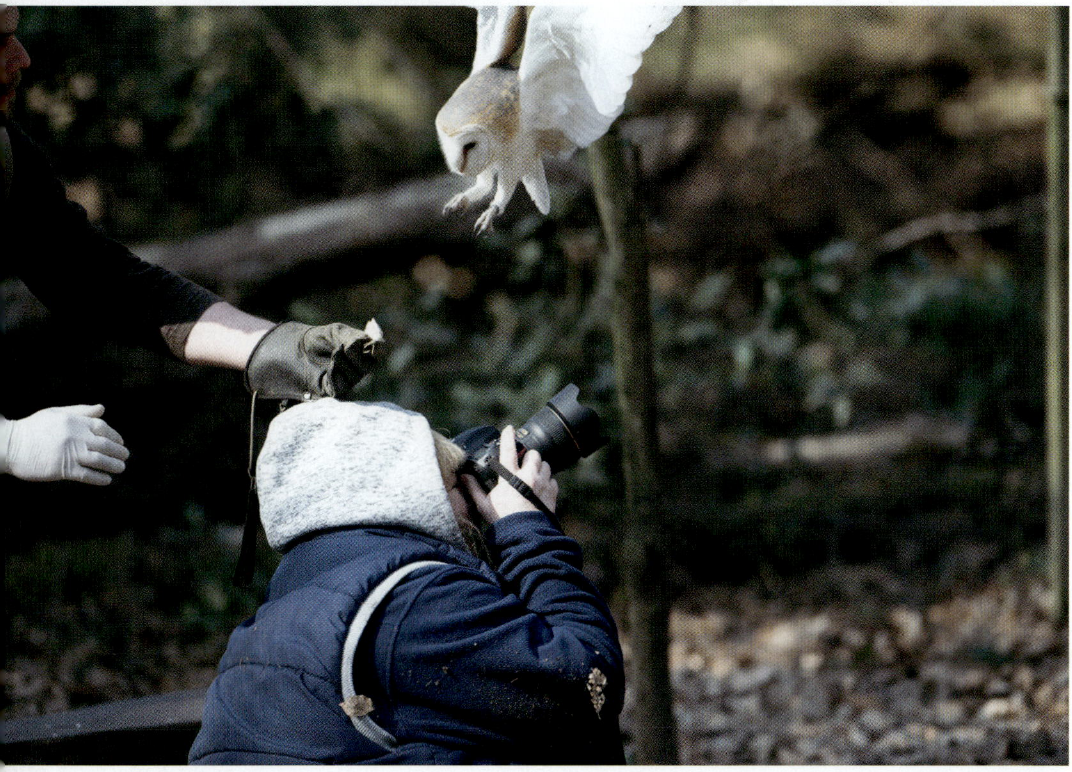

▶ *Eine Froschperspektive von unten. Seien Sie mutig, probieren Sie alles aus. Gehen Sie nur dann über Augenhöhe, wenn es gestalterisch Sinn ergibt, und nicht, wenn es bequemer ist.*

f/1.6 | 1/5000 s | ISO 100 | −0,7 EV

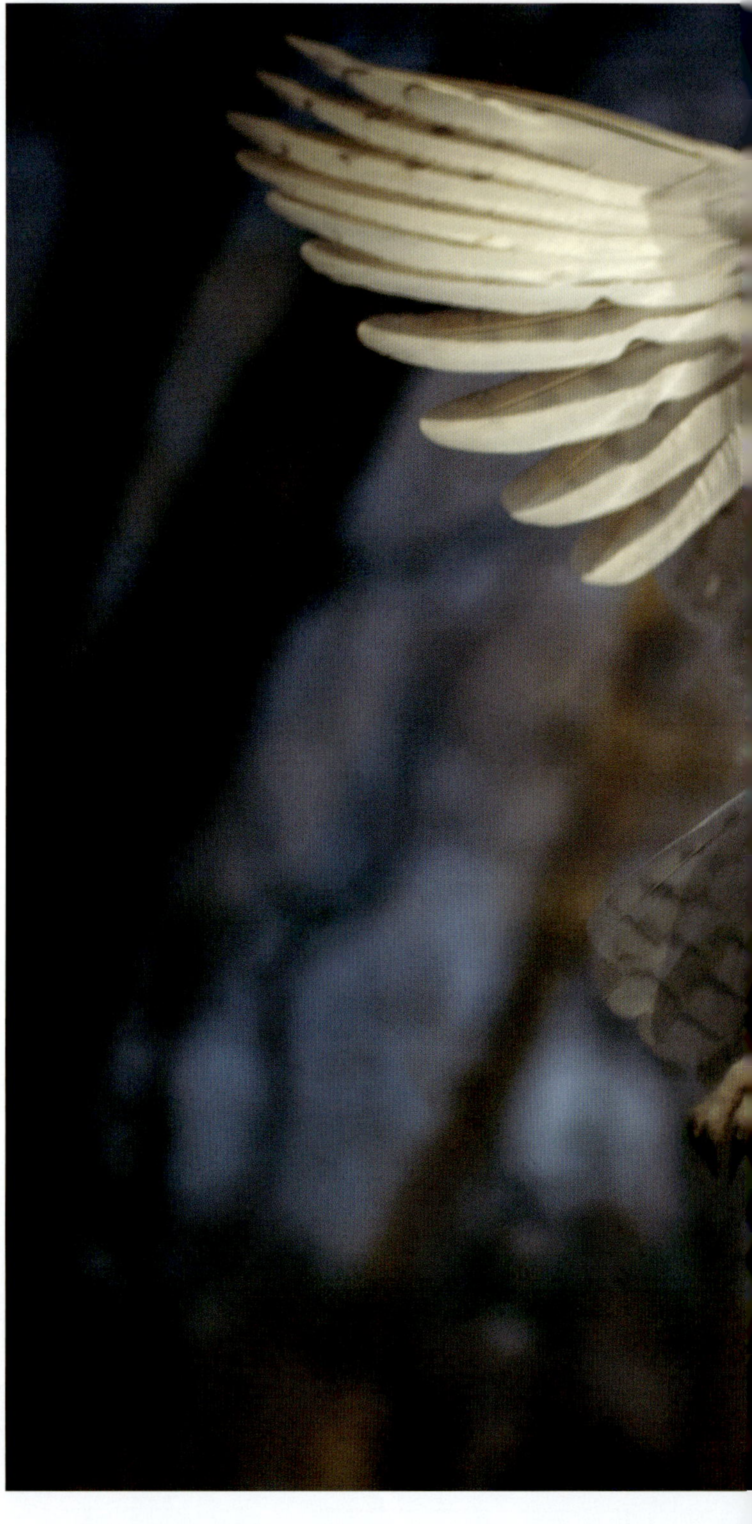

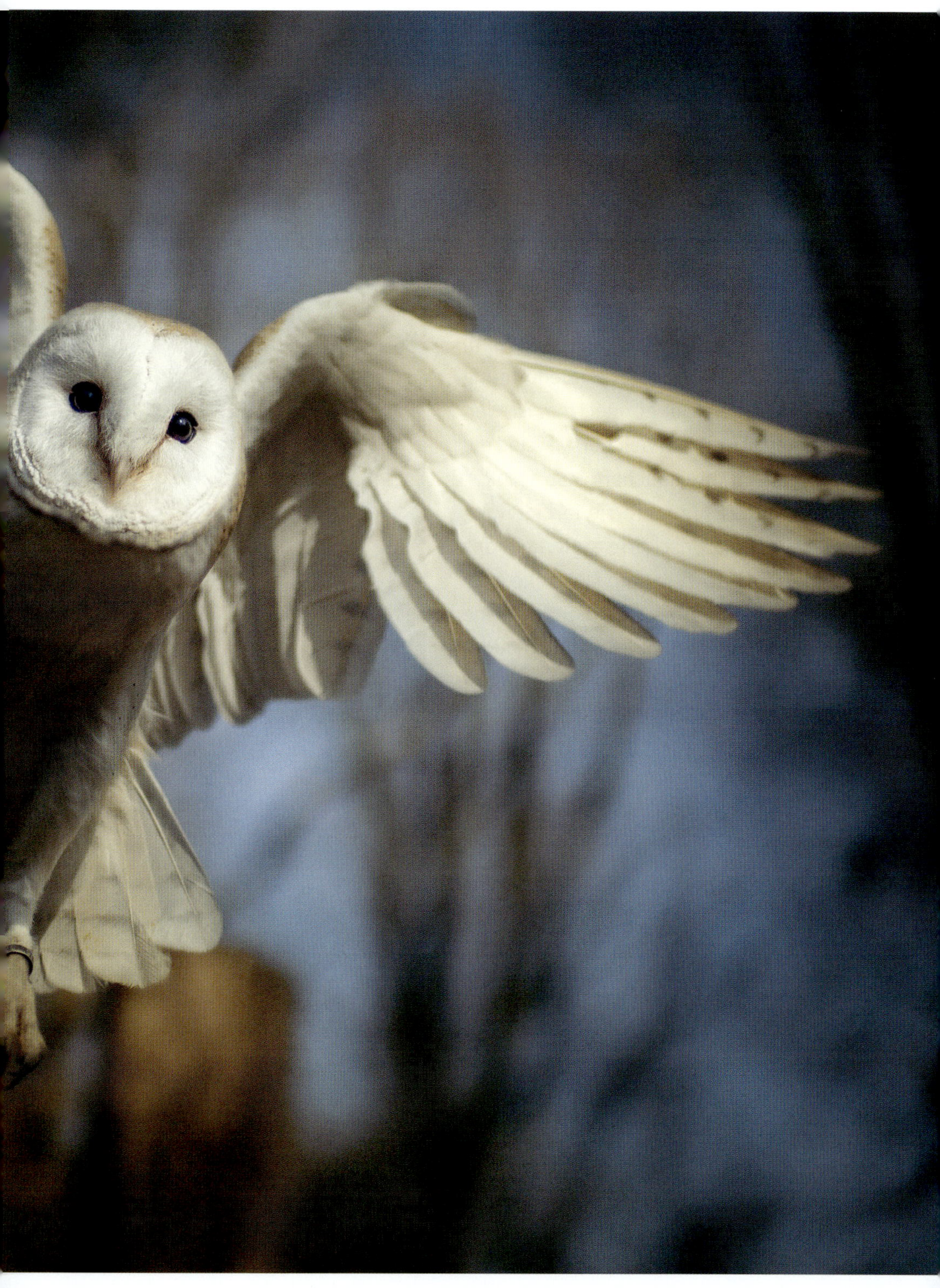

Schönes weiches Bokeh

Der Begriff „Bokeh“ stammt aus dem Japanischen und bedeutet so viel wie „unscharf“ oder „verschwommen“.

Das Wort bezeichnet die Darstellung von Bildbereichen, die nicht in der Schärfeebene liegen (Vorder- und Hintergrund) und damit unscharf dargestellt werden. Je nach Objektiv und Blendenöffnung ist das Bokeh mal eckiger, mal runder, mal härter und mal weicher. Mal sind die unscharfen Kreisflächen fast farblos, manchmal schimmern sie farbig. Kurz, Bokeh ist die Unschärfe außerhalb des Schärfebereichs, in dem Lichtreflexe zu sehen sind. Je größer die Blende (kleine Blendenzahl), desto mehr Bokeh bildet sich in der Regel. Und je mehr Brennweite, desto mehr Bokeh.

▶ *Für Lusi gibt es kein schöneres Plätzchen als in einem blühenden Magnolienbaum.*

f/1.4 | 1/800 s | ISO 100 | +0,3 EV

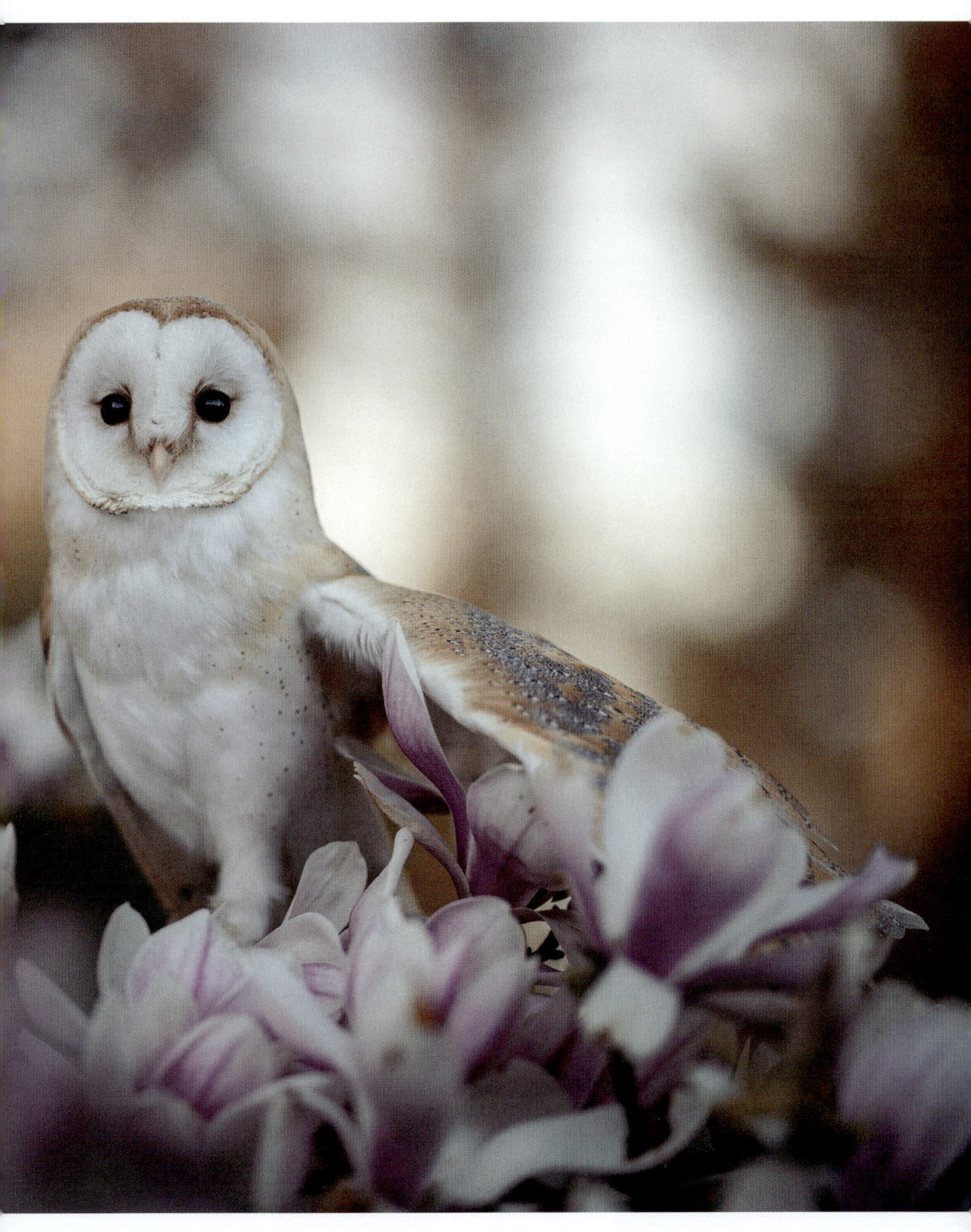

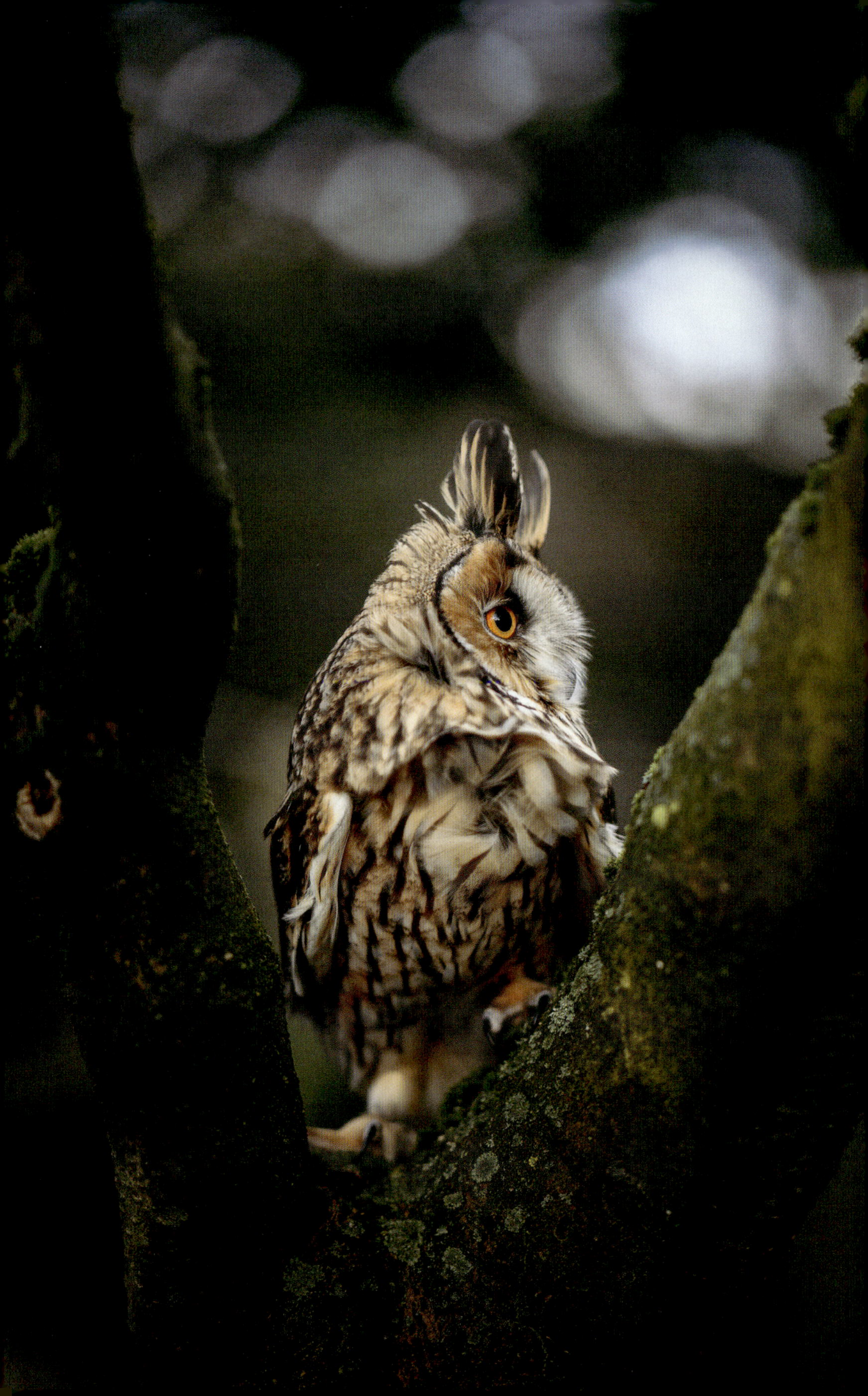

Mein Social-Media-Weg

Ein Kapitel zum Thema *Social Media* darf in der heutigen Zeit nicht fehlen. Alles dreht sich um Likes und Follower – viele träumen davon, Influencer zu sein. Es gibt eine Menge Videos und Bücher darüber, wie man im Web eine große Nummer wird, auf was man unbedingt achten muss und was man auf gar keinen Fall machen darf. Auf Facebook bin ich schon seit geraumer Zeit.

Über Instagram dachte ich lange, dass das nur Teenies nutzen. Weit gefehlt, inzwischen habe ich unglaublich viele Freunde, tolle Menschen und Kunden auf Instagram. Man wird von vielen Firmen angeschrieben, aber mir gefällt dennoch der private Charakter dort. Einfach mal zu schauen, wie andere Menschen leben, was sie essen, wie sie mit ihren Tieren umgehen, wie ihre Familie ist und ihr Zuhause aussieht.

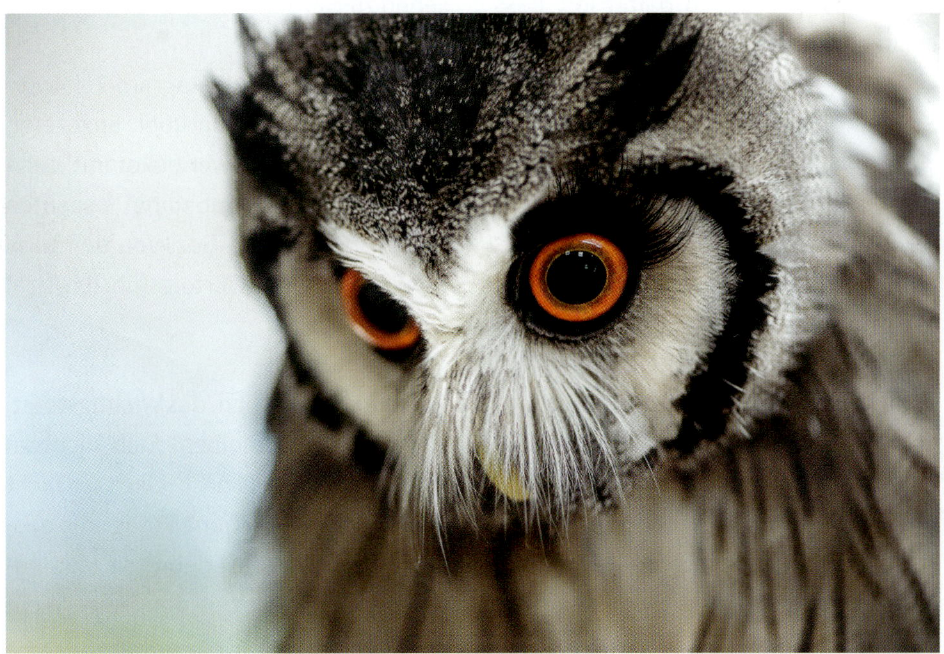

◀ *Walter macht es sich in einer Astgabel bequem. Das Bokeh definiert sich über die Darstellung der Unschärfe vor und hinter der Schärfeebene.*

f/1.4 | 1/400 s | ISO 100

▲ *Der Beauty-long-lashes-Filter bei Gandalf in Aktion.*

f/3.2 | 1/250 s | ISO 280

Wenn ich auf Facebook die Menschen zu meinen Ausflügen und Shootings mitnehme und ein Post nach dem anderen starte, bin ich alle direkt los. Die Instagram-Stories aber sind dafür gemacht. Sie sind kurzweilig, interessant und auch informativ. Selbst Werbung ist nicht aufdringlich. Mein Start auf Instagram war recht holprig. Jeden einzelnen Schritt musste ich googeln oder Freunde fragen. Ich konnte nichts.

Instagram-Stories? Ich hatte nicht die geringste Ahnung, wie man Stories macht. Es ging schon damit los, dass ich mich einfach nicht daran gewöhnen kann, wie man beim Smartphone für Selfie-Stories in die Kamera schaut.

Filter, alle hatten sie tolle Filter. Ich natürlich nicht. Vor lauter Aufregung hatte ich in den Stories vergessen, meine hellblaue Lesebrille auszuziehen, und bekam lauter Nachrichten, woher ich denn den blauen Brillenfilter hätte. Endlich fand ich auch den Beauty-long-lashes-Filter – ganz Model-like. Natürlich probierte ich ihn direkt aus und postete stolz die Stories. Ich werde heute noch darauf angesprochen, weil nämlich Gandalf auf meiner Schulter saß und ich gar nicht mitbekommen hatte, dass der Filter auf meine Eule gesprungen war. Ohne Brille sehe ich doch nichts mehr.

Hashtags hatte ich natürlich auch keine. Not macht erfinderisch, und so habe ich meine Hashtags in einen Beitrag auf Facebook gepackt, ihn auf *Privat* gestellt – so kann nur ich ihn sehen –, und aus diesem kopiere ich mit dem Smartphone immer die gesamten Hashtags und füge sie in meinen Beitrag ein. Die Social-Media-Plattformen sind so schnelllebig, und der Druck ist relativ hoch, wenn man da bestehen will. Der Algorithmus bremst uns aus, und wir müssen schon dauerhaft posten, liken und kommentieren, um überhaupt gesehen zu werden.

Zu Beginn meiner Instagram-Zeit wurde mir ein Video darüber angezeigt, wie man viele Follower bekommt: zehn Punkte, die man unbedingt beachten muss, und zehn No-Gos. Von den zehn Punkten, die zum Erfolg führten, traf einer bei mir zu.

Persönlich denke ich, das Wichtigste ist, authentisch zu bleiben. Sich nicht zu verbiegen. Ringen nach Likes ist nicht das, was unsere schöne Fotografie ausmacht, sondern die Erlebnisse, Momente, Dinge, die wir mit dem Auge nicht wahrnehmen konnten.

▶ *Steinkauz Poldi zieht es derweil auf eine vergnügliche Floßfahrt.*
f/3.2 | 1/320 s | ISO 140

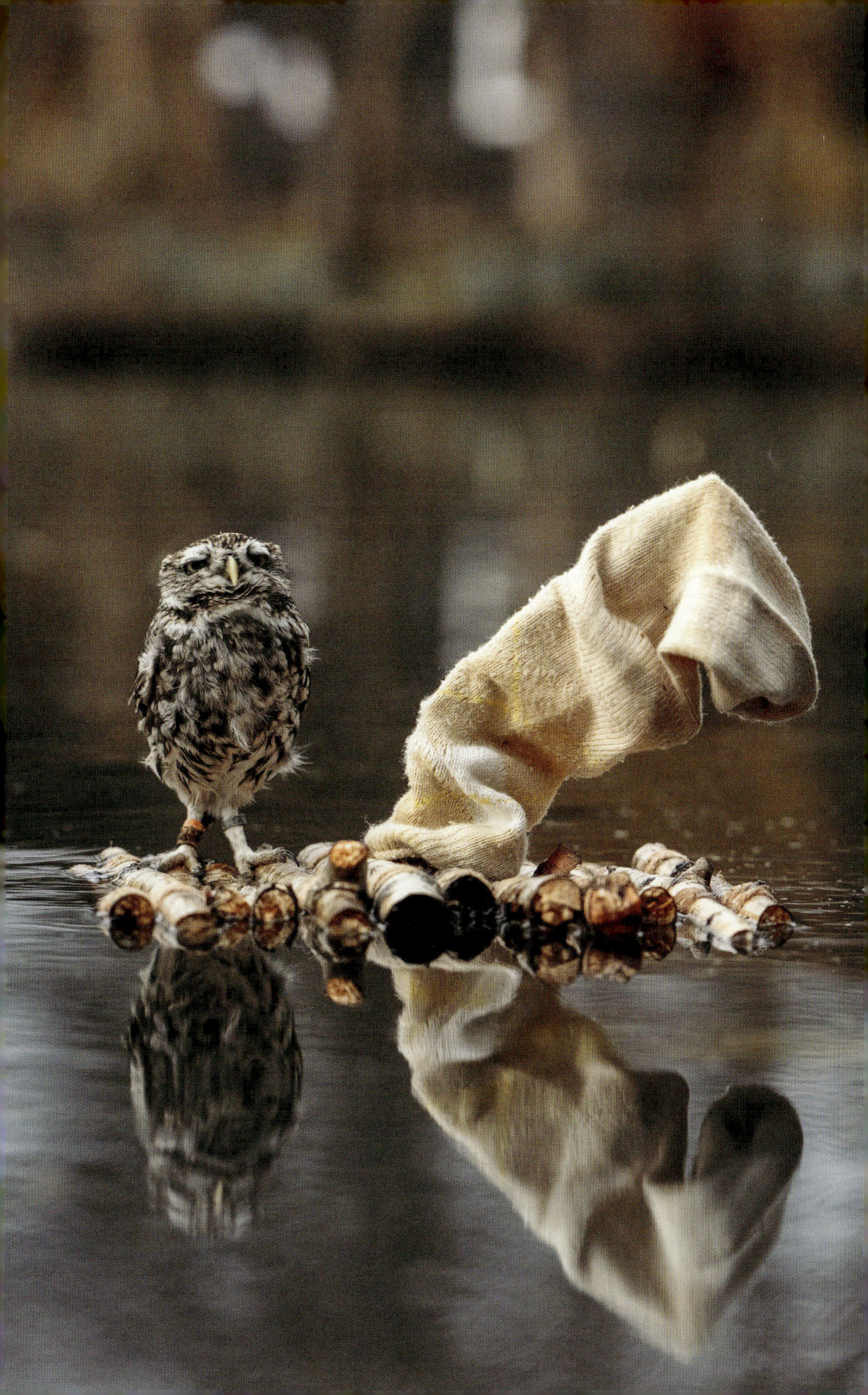

Natürlich weiß ich, wie hart es ist, wenn man von der Fotografie leben muss. Vieles ändert sich dann, und oft geht die Unbeschwertheit verloren.

Ich freue mich unglaublich über so viele Follower, aber ich bekomme auch mehrere Hundert Nachrichten am Tag und versuche, alle zu beantworten. Es gibt viele unfassbar tolle Bilder, die nur wenige Likes haben, andere Bilder, die qualitativ viel schlechter sind oder nur wenige Emotionen transportieren, bekommen dagegen Tausende Likes.

Kein Grund zu verzweifeln. Wenige Likes bedeuten nicht, dass Ihre Bilder schlechter sind, sie wurden nur von weniger Menschen gesehen. Ich denke, eine Marke zu sein, ist eine gute Sache. Was meine ich mit Marke? Als Beispiel nehme ich einfach mal den Fotografen Christian Vieler, er möge mir verzeihen. Wir kennen uns übrigens nicht.

Natürlich haben wir alle schon vor Jahren „Leckerchen-Schnappbilder" gemacht, Herr Vieler hat es nicht erfunden. Aber er hat es zu „seiner Marke" gemacht. Viele bieten Workshops und Shootings an, die das Gleiche anbieten. Dennoch denkt man bei Leckerchen-Schnappbildern direkt an „Vieler-Fotografie". Wenn Ihre Bilder wiedererkannt werden, ist das ein Riesenschritt nach vorn.

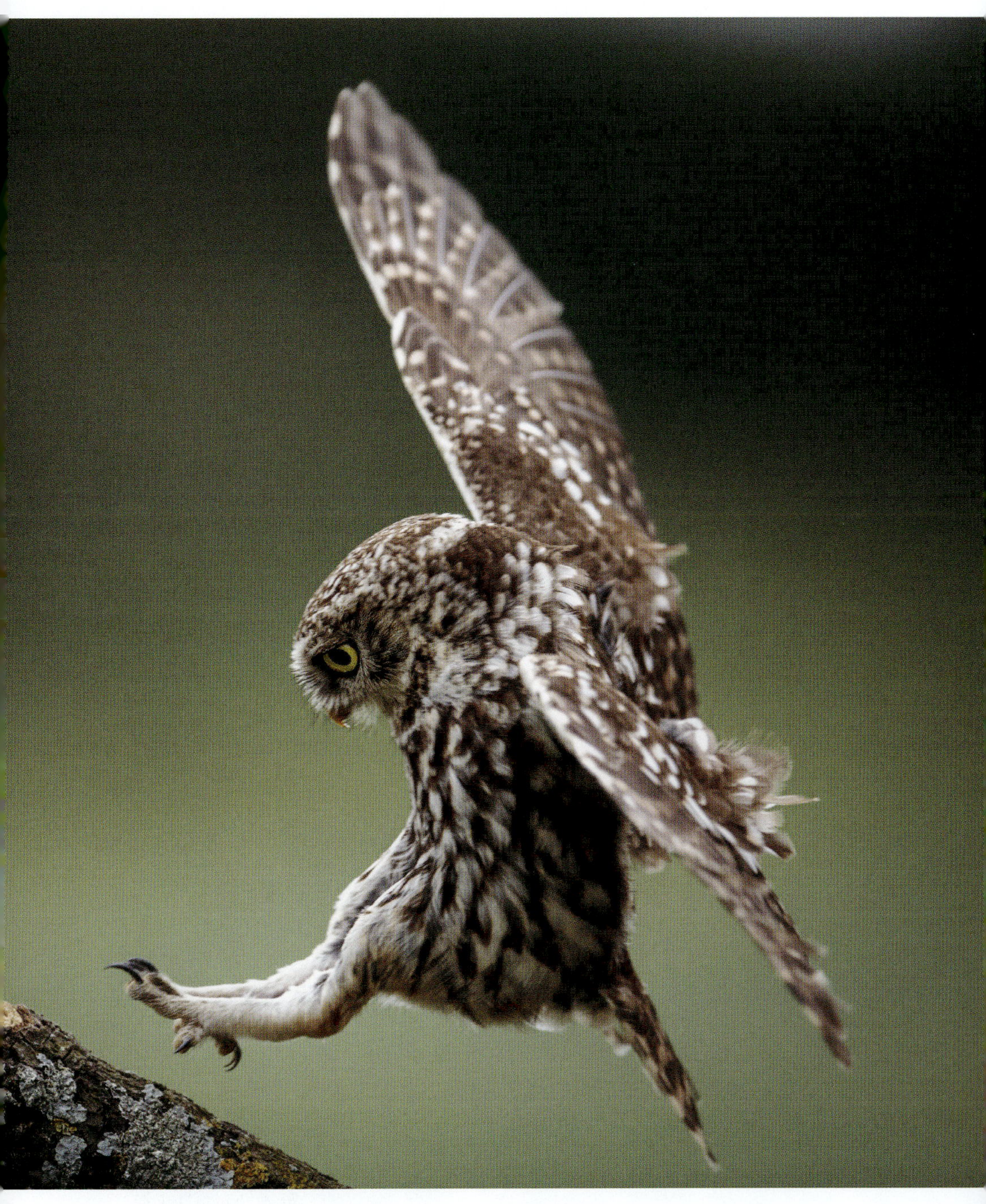

▲ *Der Blick des Steinkauzes sagt alles. Huch, das Mäuschen war doch eben noch da?*

f/3.2 | 1/160 s | ISO 250

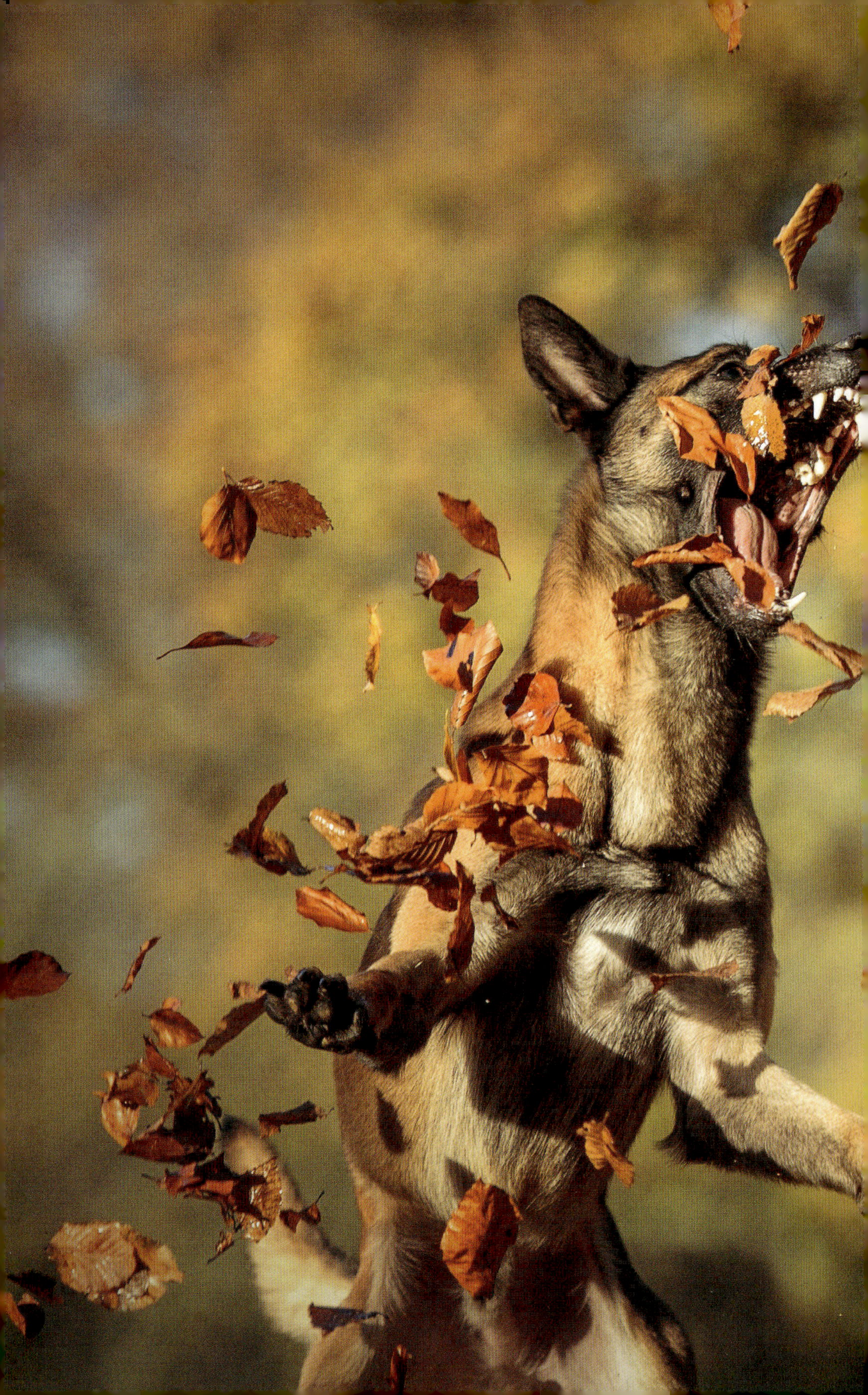

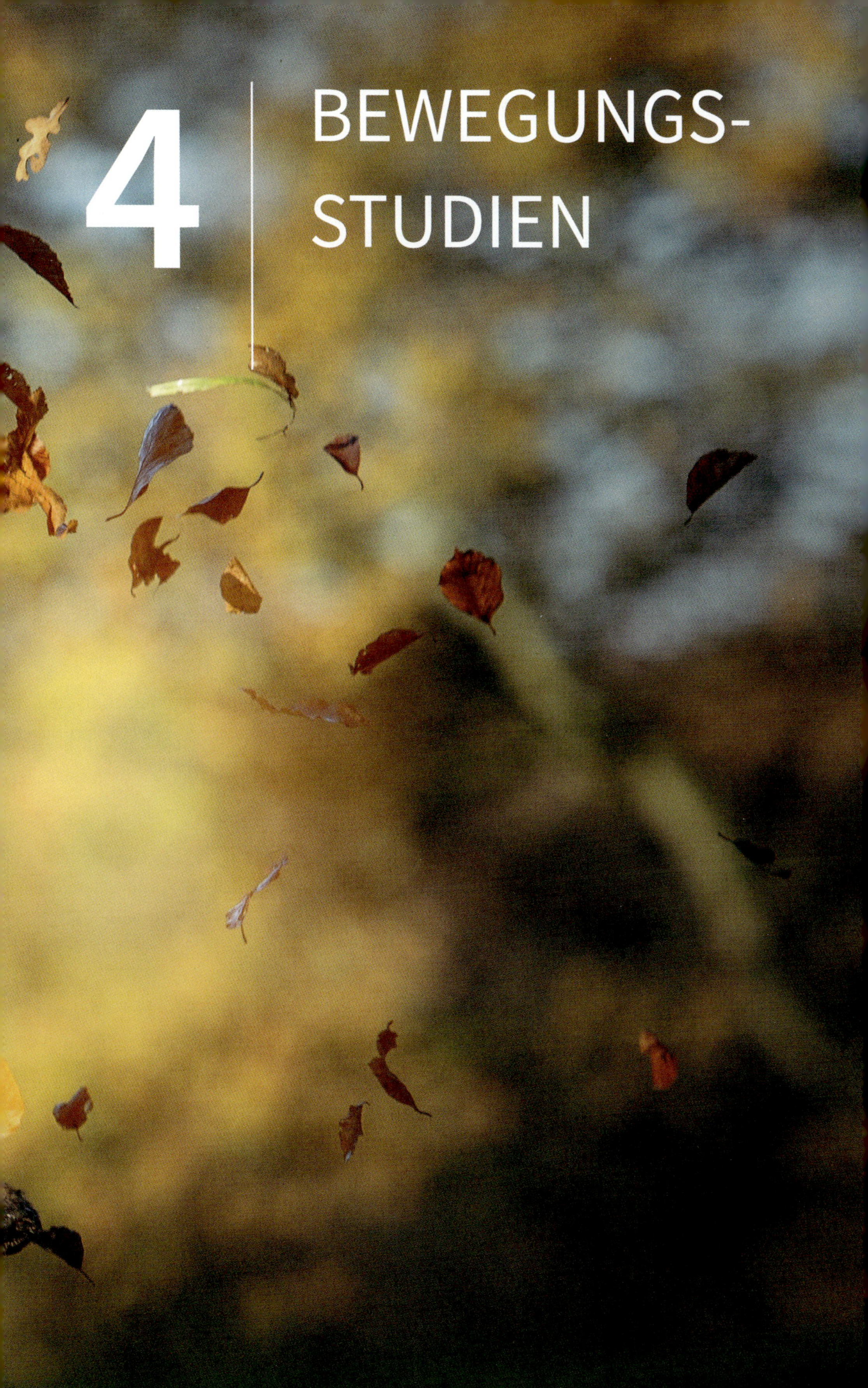

4 BEWEGUNGS-STUDIEN

Action fotografieren

Bewegungsbilder von Tieren sind gar nicht so schwer zu realisieren, wie man zunächst denken mag. Ich selbst fotografiere Bewegungsbilder meist mit meiner bewährten Faulheitseinstellung, die Sie bereits weiter oben im Buch kennengelernt haben. Das Wichtigste ist die Verschlusszeit! Denn nur mit kurzer Verschlusszeit können wir die Bewegung einfrieren. Und natürlich der Fokusmodus, hier der nachführende Autofokus AF-C. Ich lasse die Kamera immer auf AF-C stehen, so vergesse ich nie das Umstellen. Das bedeutet natürlich, dass ich ständig das Fokusfeld verschieben muss.

Überall wird erzählt, dass Hunde, die von vorn auf einen zurennen, besonders schwierig zu fotografieren sind. Und wenn sie dann noch schwarzes oder weißes Fell haben, sei es schier unmöglich. Ich finde das überhaupt nicht. Ein bisschen Übung ist wohl immer vonnöten, aber das schafft man recht schnell. Am besten besorgt man sich einige Übungshunde und fotografiert, was das Zeug hält. Die Einstellungen sind auch hier natürlich wichtig.

Wichtige Kameraeinstellungen

- Fotografieren Sie bei Bewegungsaufnahmen mit nachführendem Autofokus (AF-C oder AI-Servo).
- Wählen Sie eine kurze Verschlusszeit ab 1/1000 Sekunde und stellen Sie die Serienbildfunktion ein.
- Dann wählen Sie nur einen Fokuspunkt aus, den Sie aufs Auge richten. Bei meinen Nikon-Kameras wähle ich manchmal noch *d9* (dynamisch 9 Felder).
- Den Bildstabilisator am Objektiv können Sie getrost ausschalten.
- Viel wichtiger ist es, cool und vorausschauend zu bleiben. Die Perspektive aus liegender Position ist die schönste. Probieren Sie es aus.

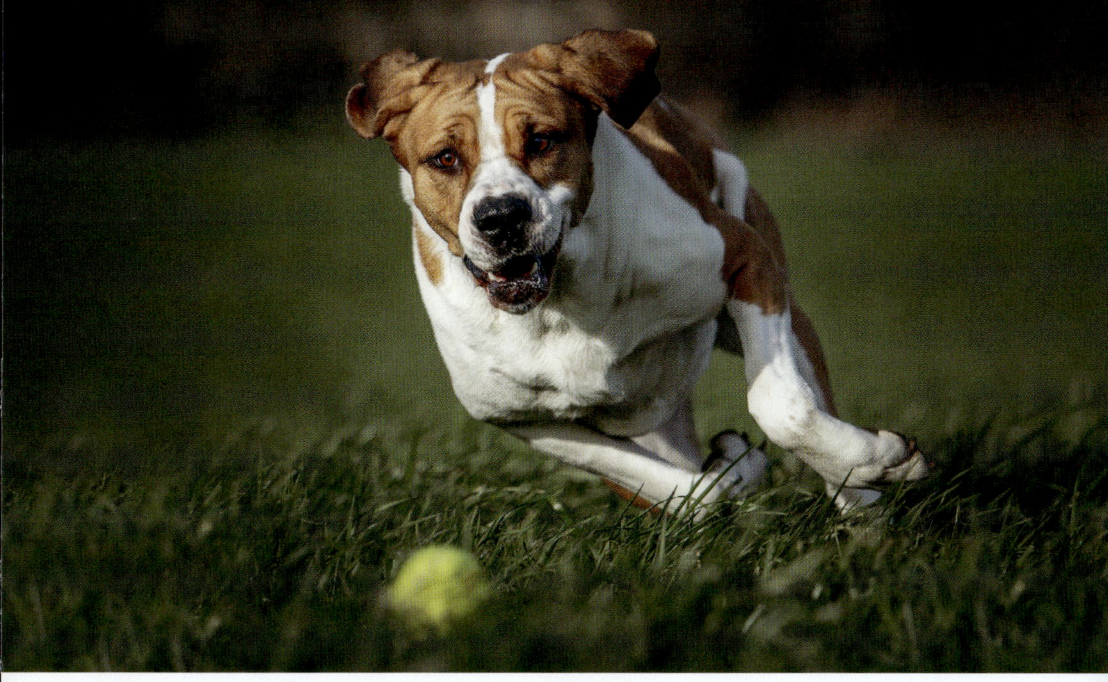

▲ *Frontale Bewegung.* *f*/2.8 | 1/2000 s | ISO 100

Hunde von vorn oder der Seite

Beim Fotografieren von Haustieren oder sonstigen geplanten Shootings weiß ich immer vorher schon, was passiert. Kommt also ein großer Hund auf mich zugelaufen, stelle ich den Fokuspunkt schon vorher etwas nach oben. Wir wollen ja das Auge scharf haben, und das liegt, kommt der Hund näher, über der Mitte.

Da sind wir beim nächsten Punkt: Lassen Sie den Hund erst kommen – nicht schon losfeuern, wenn der Hund noch ganz weit weg ist. Man hat sonst eine riesige Reihe an Mückenschissbildern, und wenn der Hund endlich formatfüllend vor Ihnen ist, fängt die Kamera an zu speichern und wird langsam oder hängt gar und rechnet. Bei seitlicher Bewegung gehe ich ähnlich vor. Hier weiß ich normalerweise, dass das Auge rechts oder links der Mitte sein wird, und so stelle ich meinen Fokuspunkt im Vorfeld schon sein.

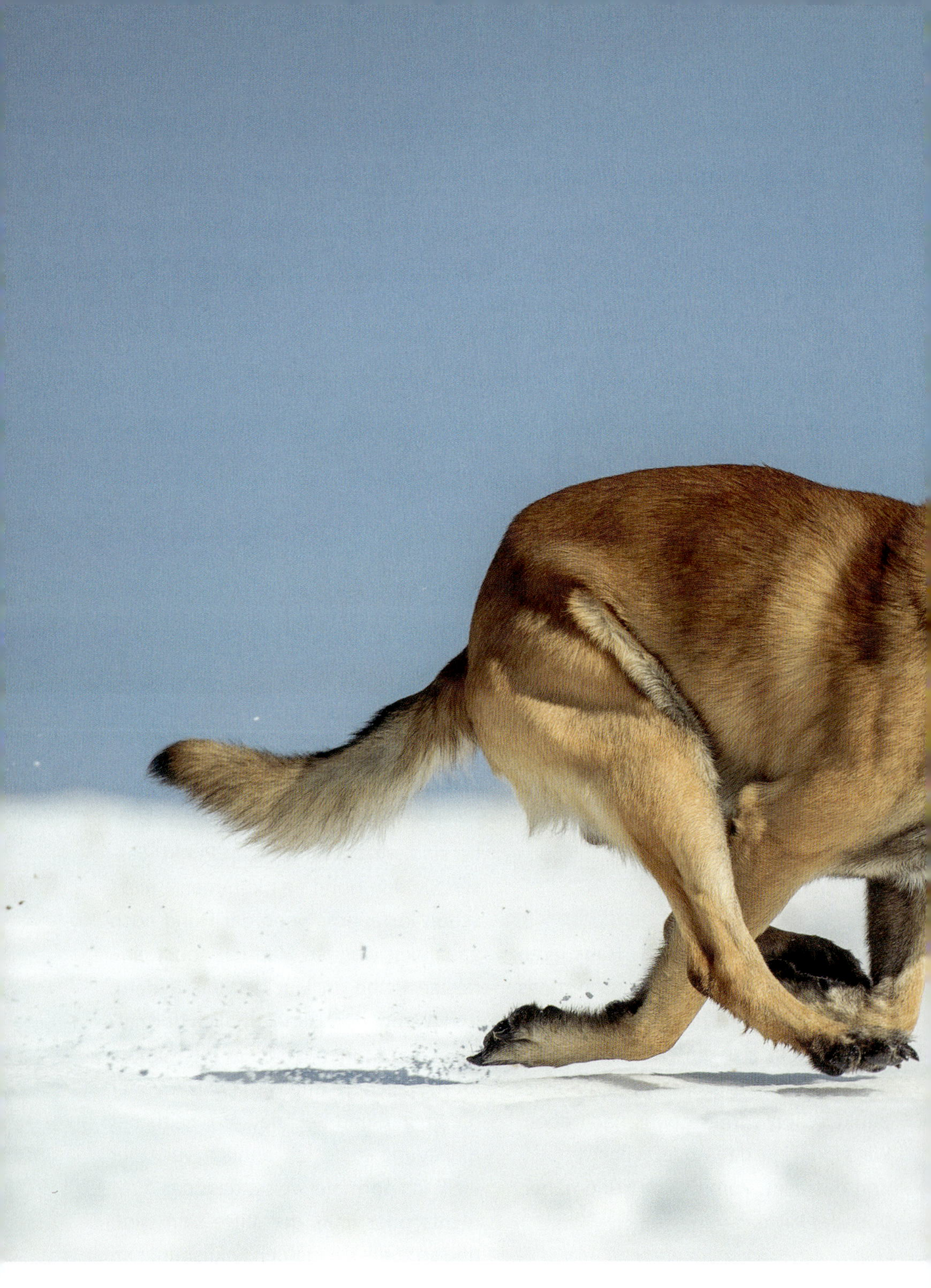

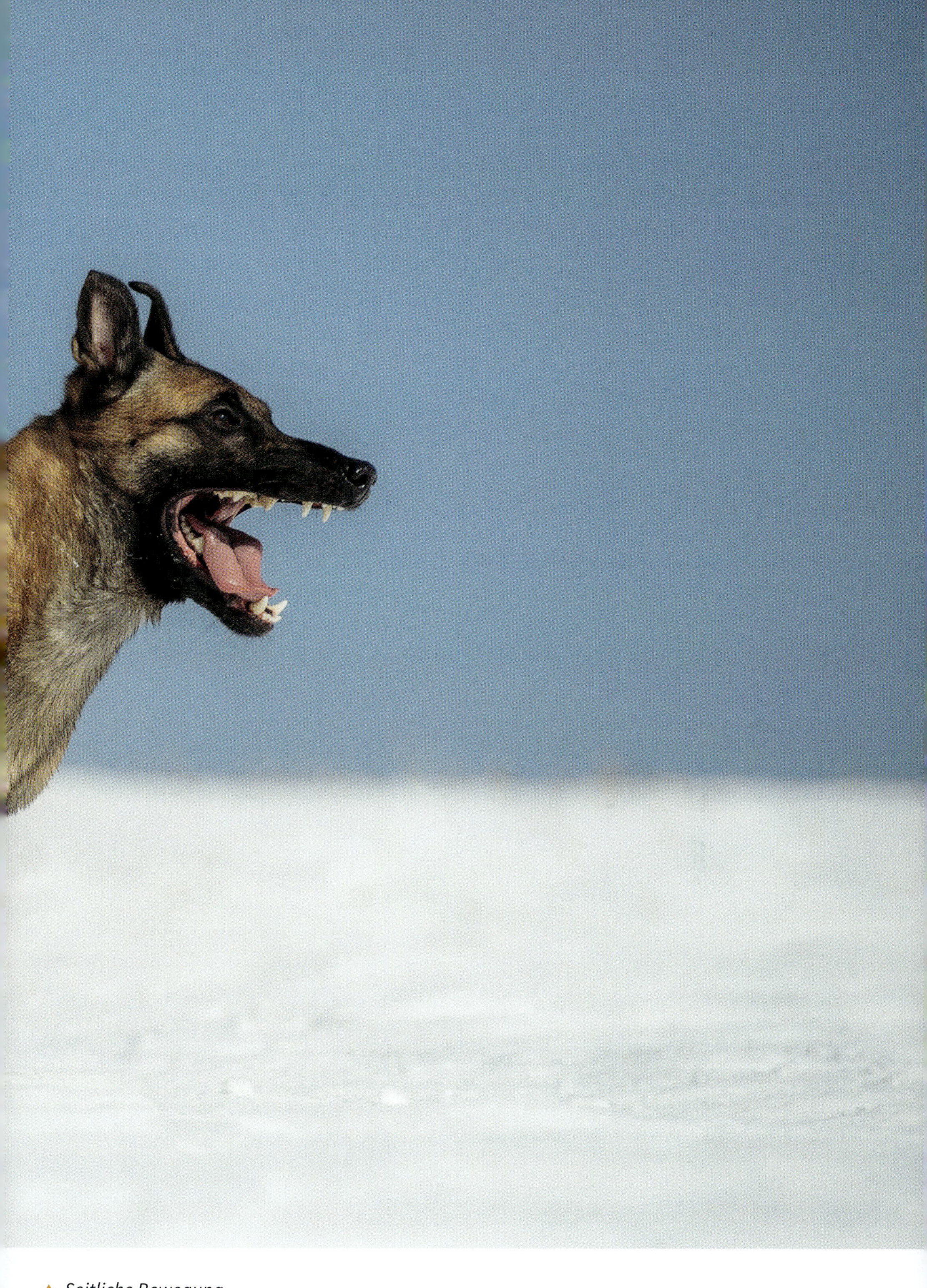

▲ *Seitliche Bewegung.*
f/4 | 1/4000 s | ISO 100

▼ *Passiert immer wieder – ein perfektes Mückenschissbild.*
f/2.8 | 1/1600 s | ISO 220

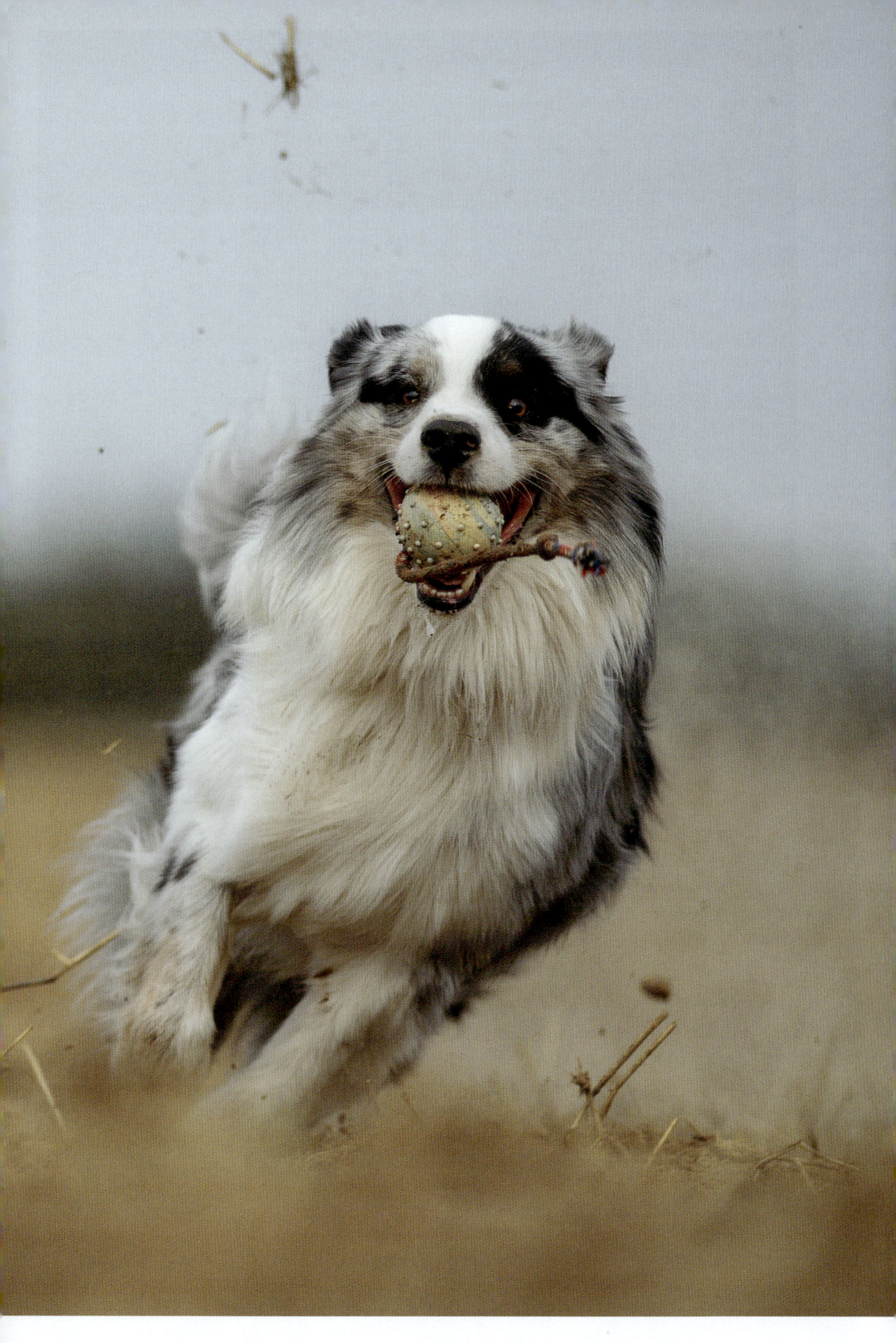

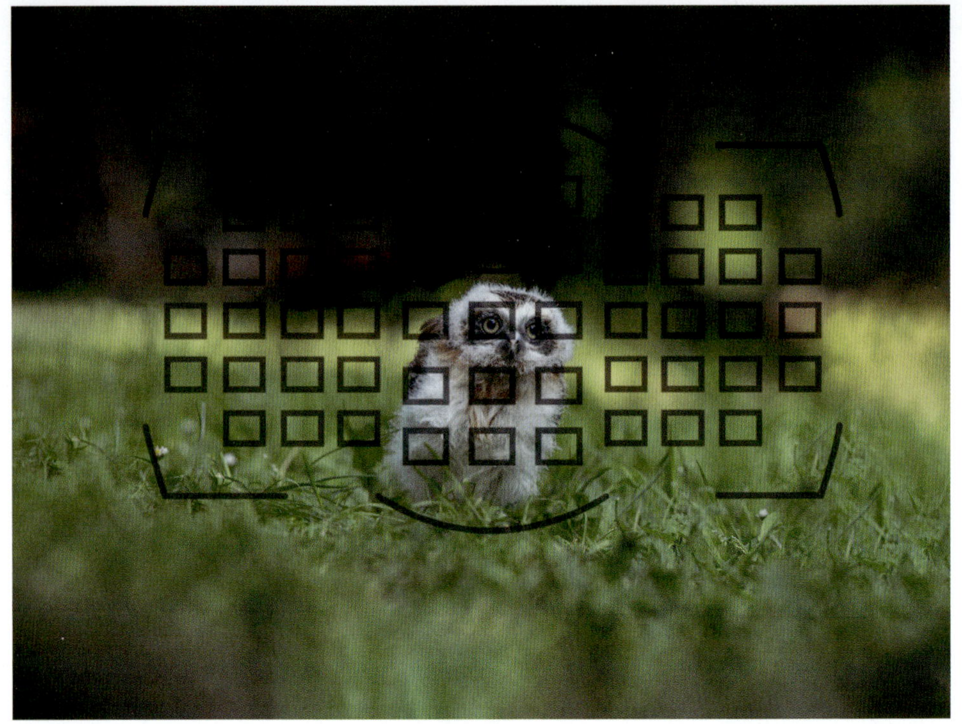

▲ *Anfokussieren, halb durchdrücken und halb durchgedrückt halten. Lösen Sie erst aus, wenn das Tier näher kommt, also idealerweise fast vollformatig ist.*

f/2.8 | 1/1250 s | ISO 560

▼ *Das ist der Moment, den Auslöser zu drücken.*

f/2.8 | 1/1250 s | ISO 500

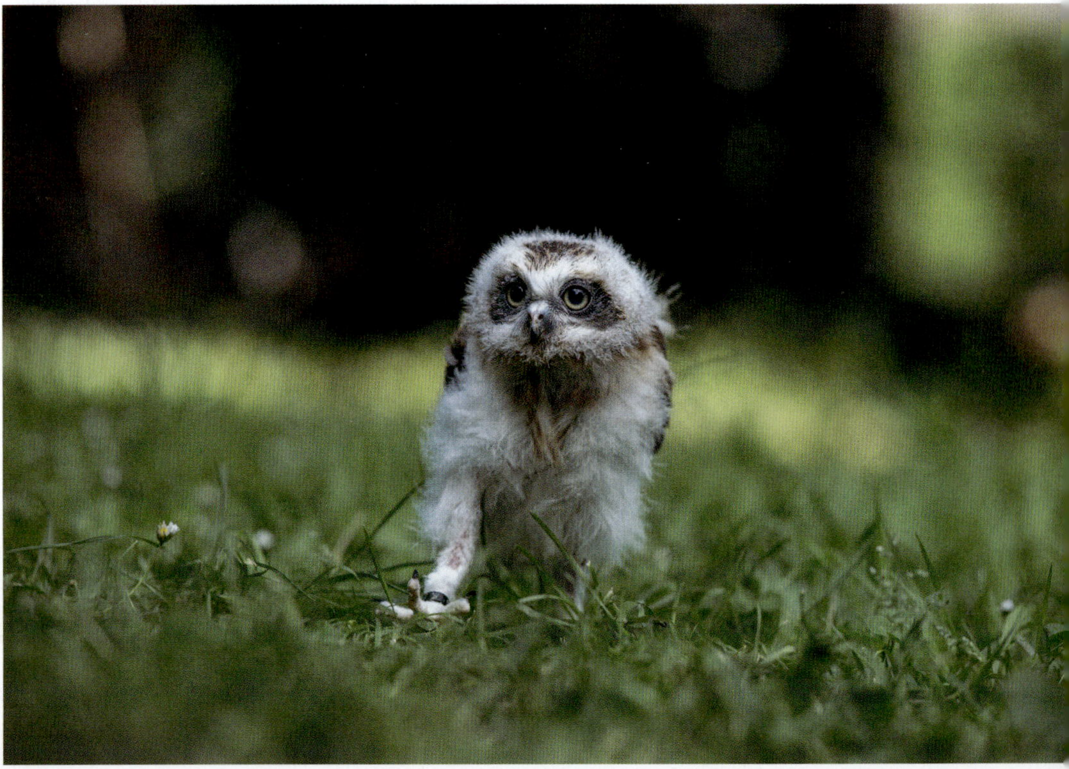

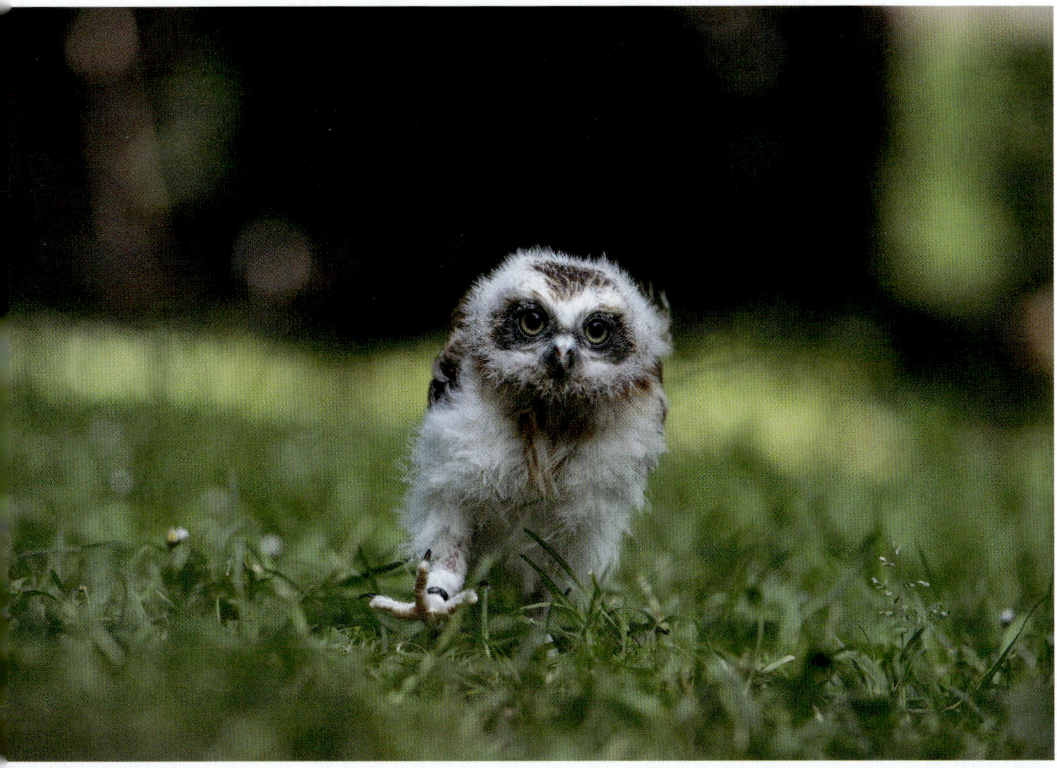

▲ *Wichtig ist, immer auf dem Auge zu bleiben.*
ƒ/2.8 | 1/1250 s | ISO 500

▼ *Da ich den mittleren Fokuspunkt gewählt hatte, muss ich hier noch den Bildbeschnitt am Computer anpassen.*
ƒ/2.8 | 1/1250 s | ISO 500

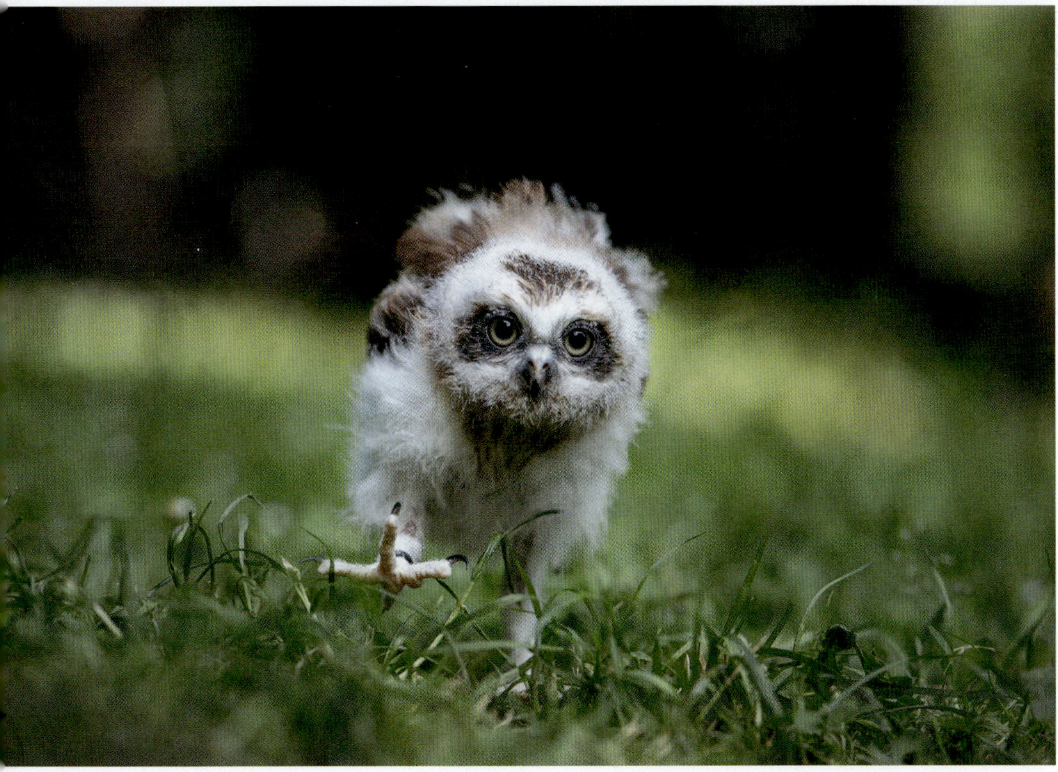

Bildbeschnitt mit Photoshop

Das geht in und mit Photoshop recht einfach und schnell.

1. Ich wähle in Photoshop das *Freistellungswerkzeug (C)*.

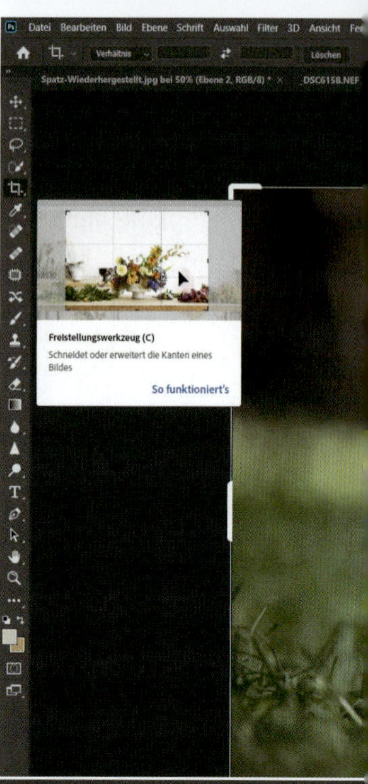

▶ *Das Freistellungswerkzeug schneidet die Kanten ab oder erweitert das Bild.*

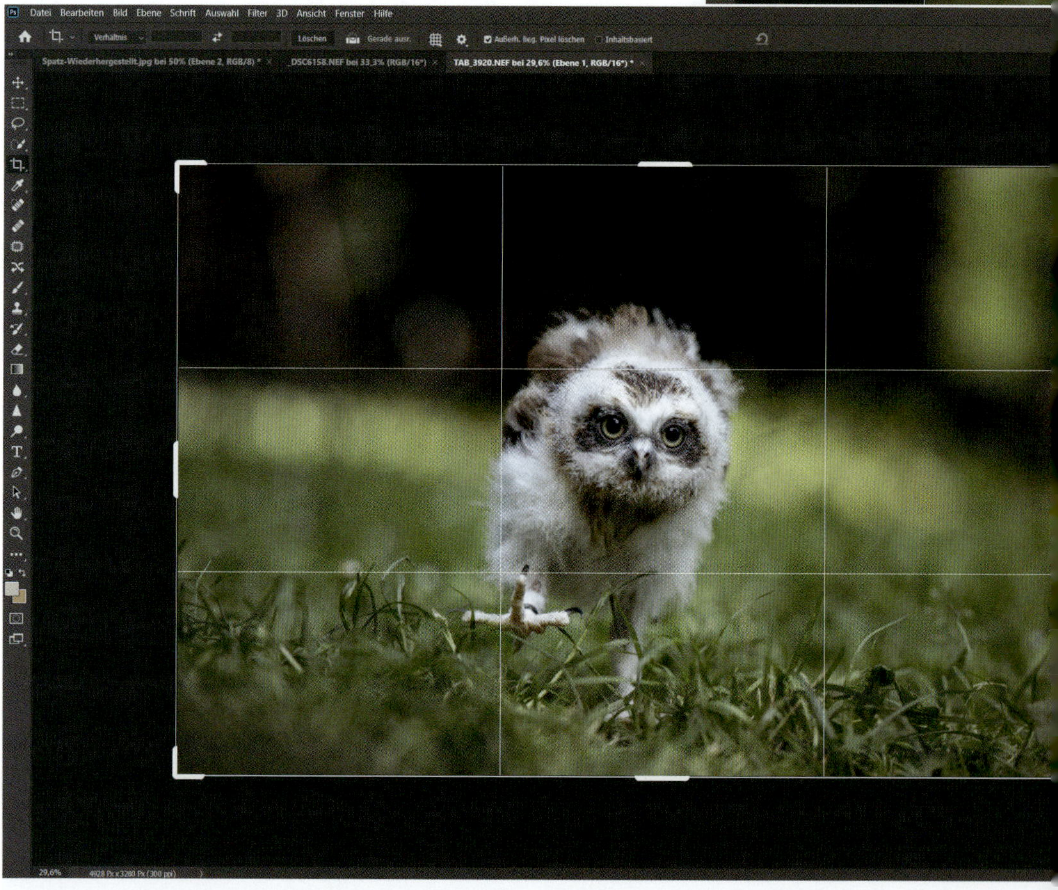

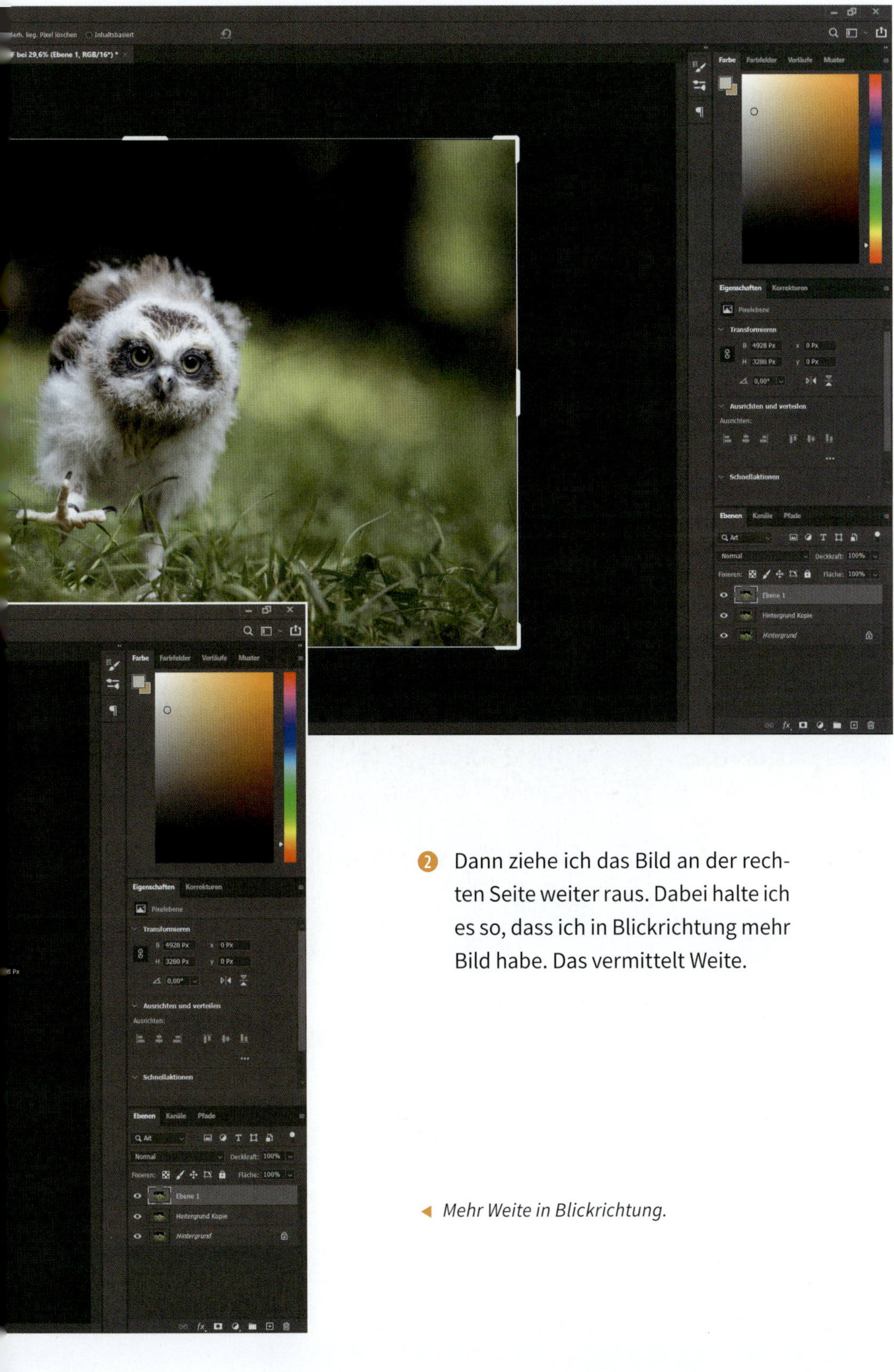

❷ Dann ziehe ich das Bild an der rechten Seite weiter raus. Dabei halte ich es so, dass ich in Blickrichtung mehr Bild habe. Das vermittelt Weite.

◀ *Mehr Weite in Blickrichtung.*

3. Den linken Rand schiebe ich jetzt etwas in das Bild rein.

▶ *Linken Rand kürzen.*

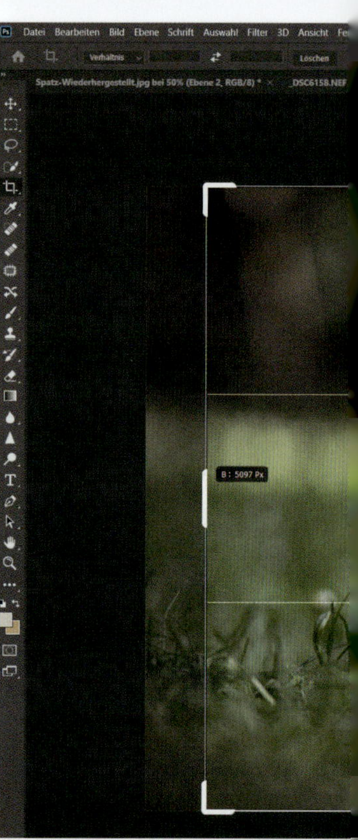

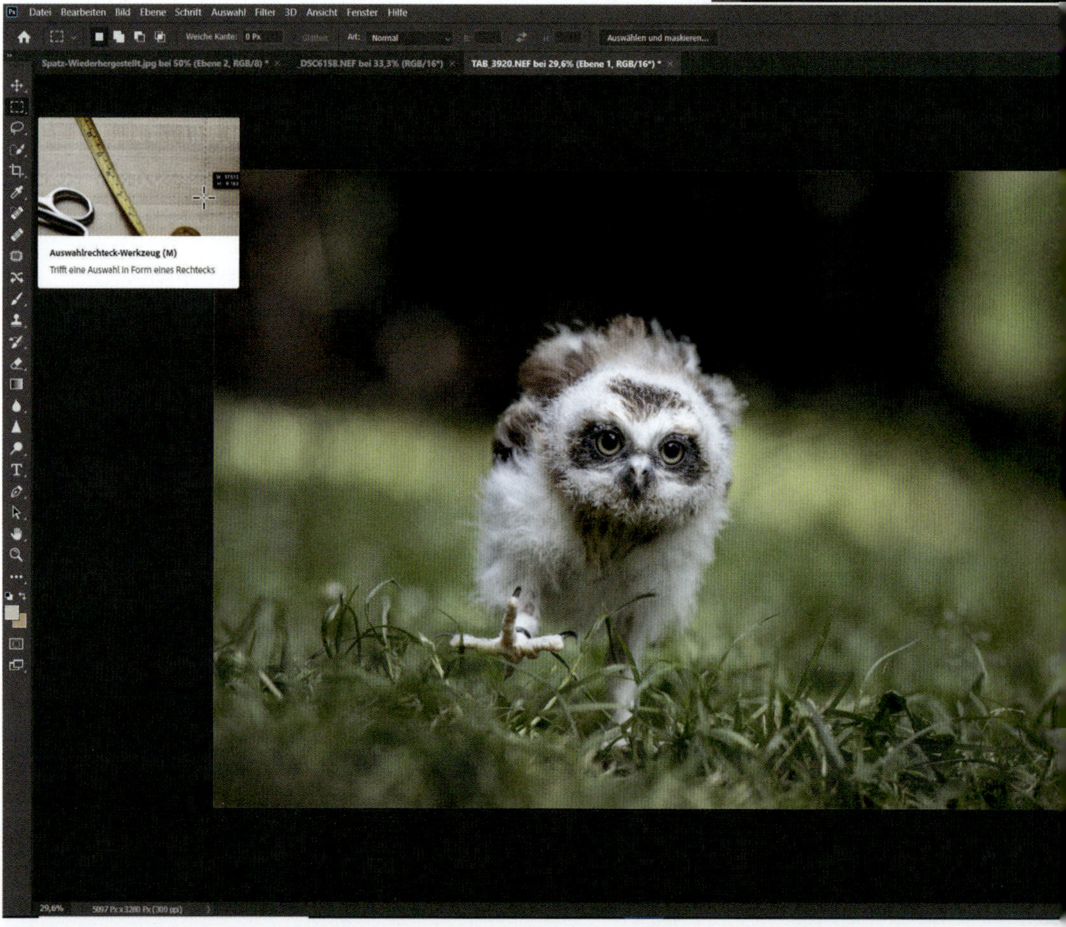

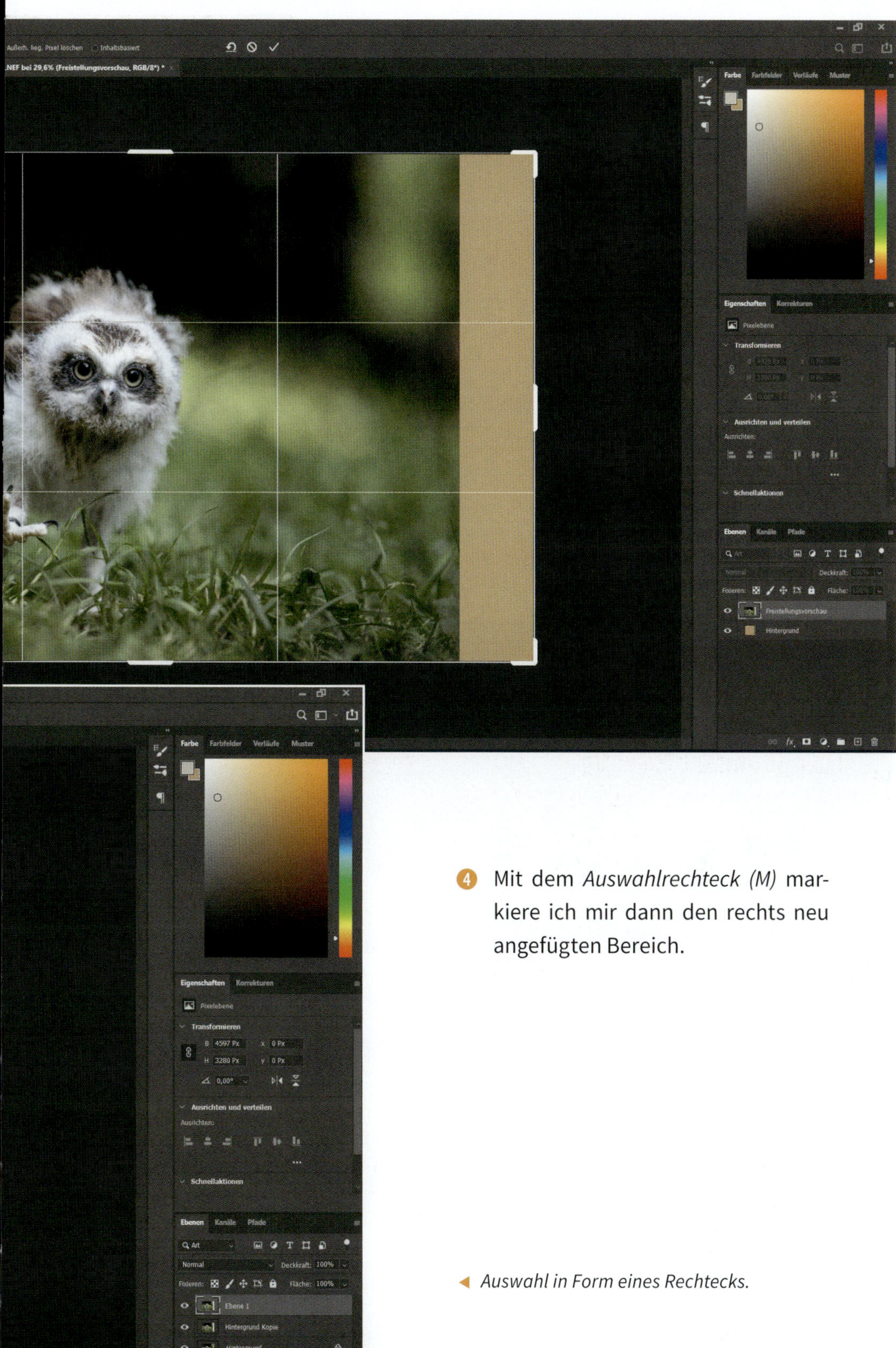

4 Mit dem *Auswahlrechteck (M)* markiere ich mir dann den rechts neu angefügten Bereich.

◀ *Auswahl in Form eines Rechtecks.*

5 Mit der rechte Maustaste rufe ich das Kontextmenü auf und wähle dort den Eintrag *Fläche füllen*.

▶ *Die Fläche der Auswahl füllen.*

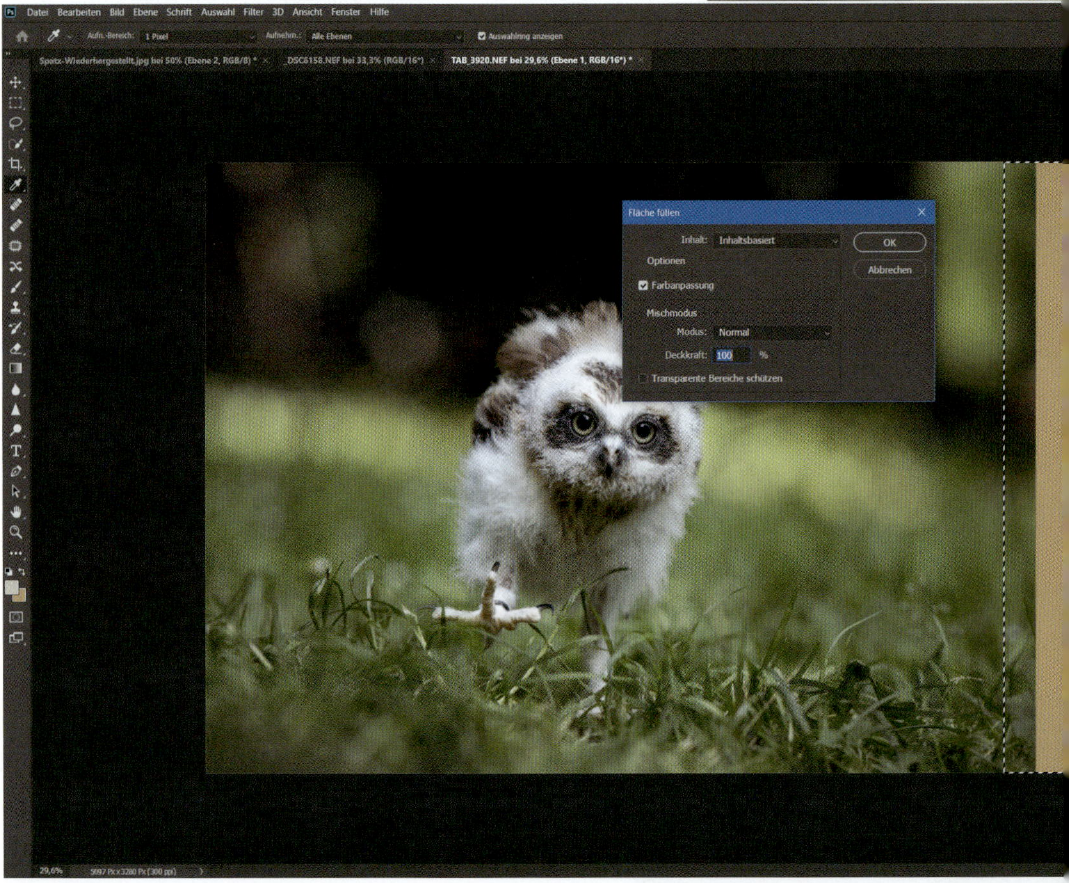

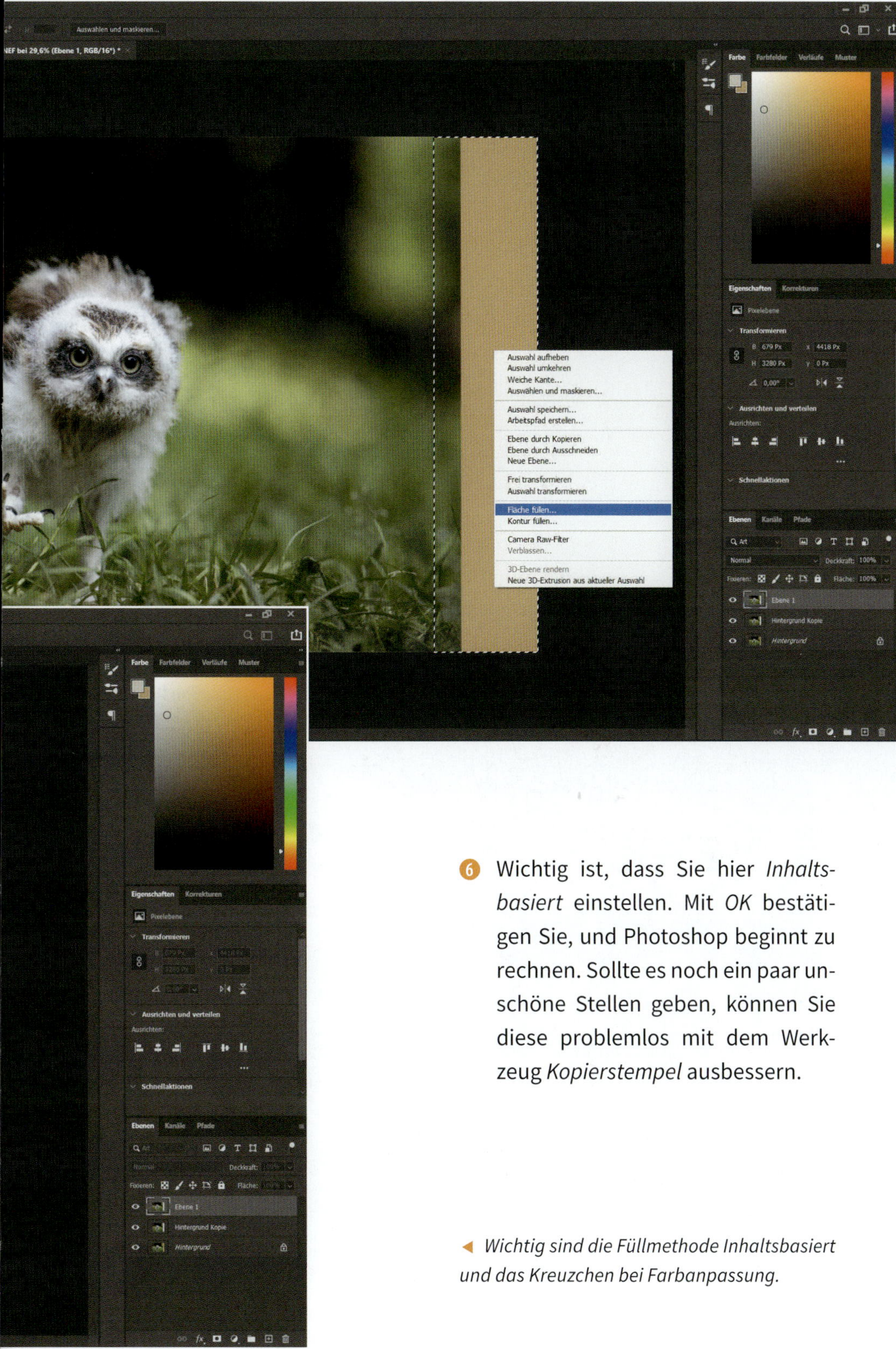

6 Wichtig ist, dass Sie hier *Inhaltsbasiert* einstellen. Mit *OK* bestätigen Sie, und Photoshop beginnt zu rechnen. Sollte es noch ein paar unschöne Stellen geben, können Sie diese problemlos mit dem Werkzeug *Kopierstempel* ausbessern.

◀ *Wichtig sind die Füllmethode Inhaltsbasiert und das Kreuzchen bei Farbanpassung.*

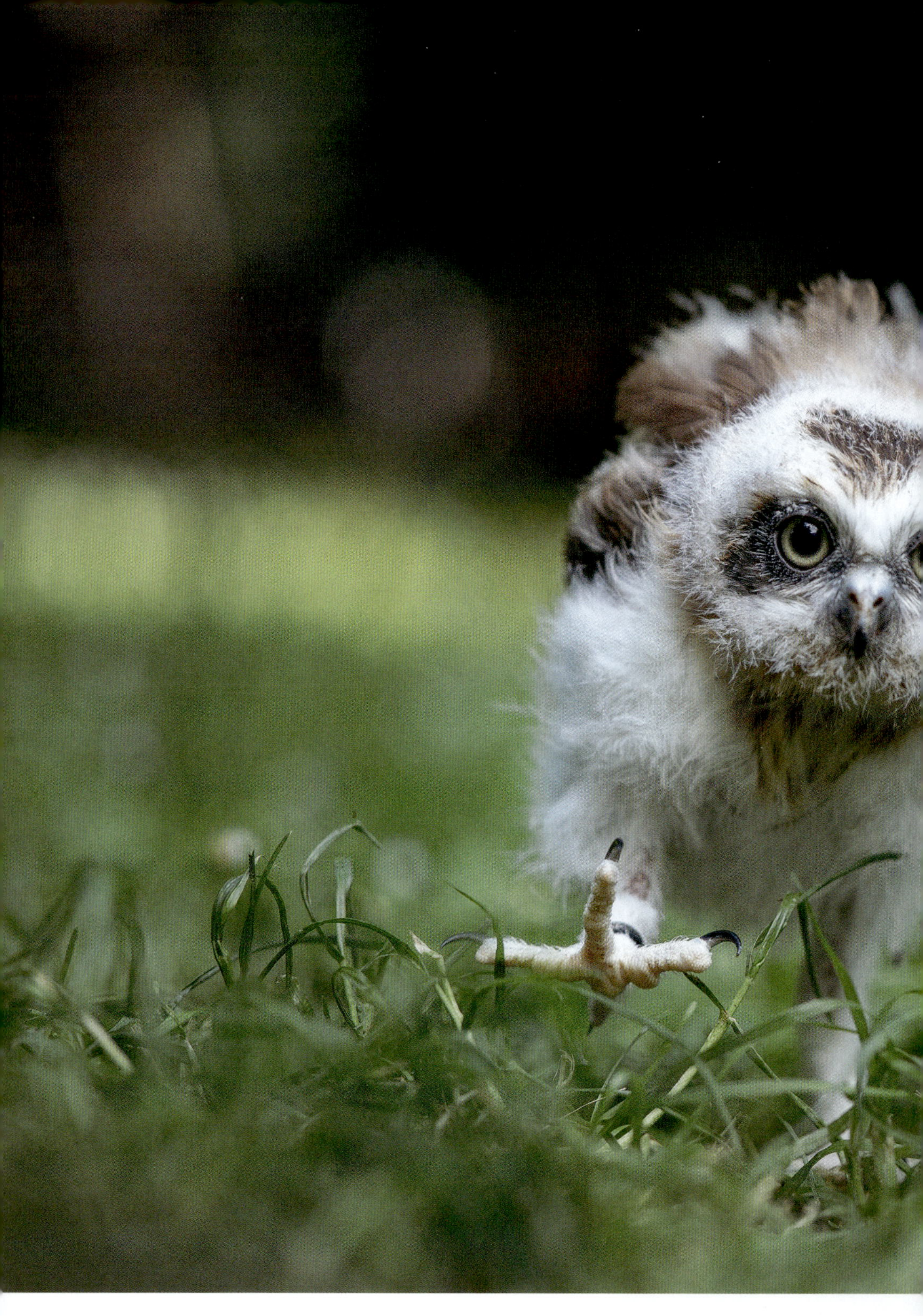

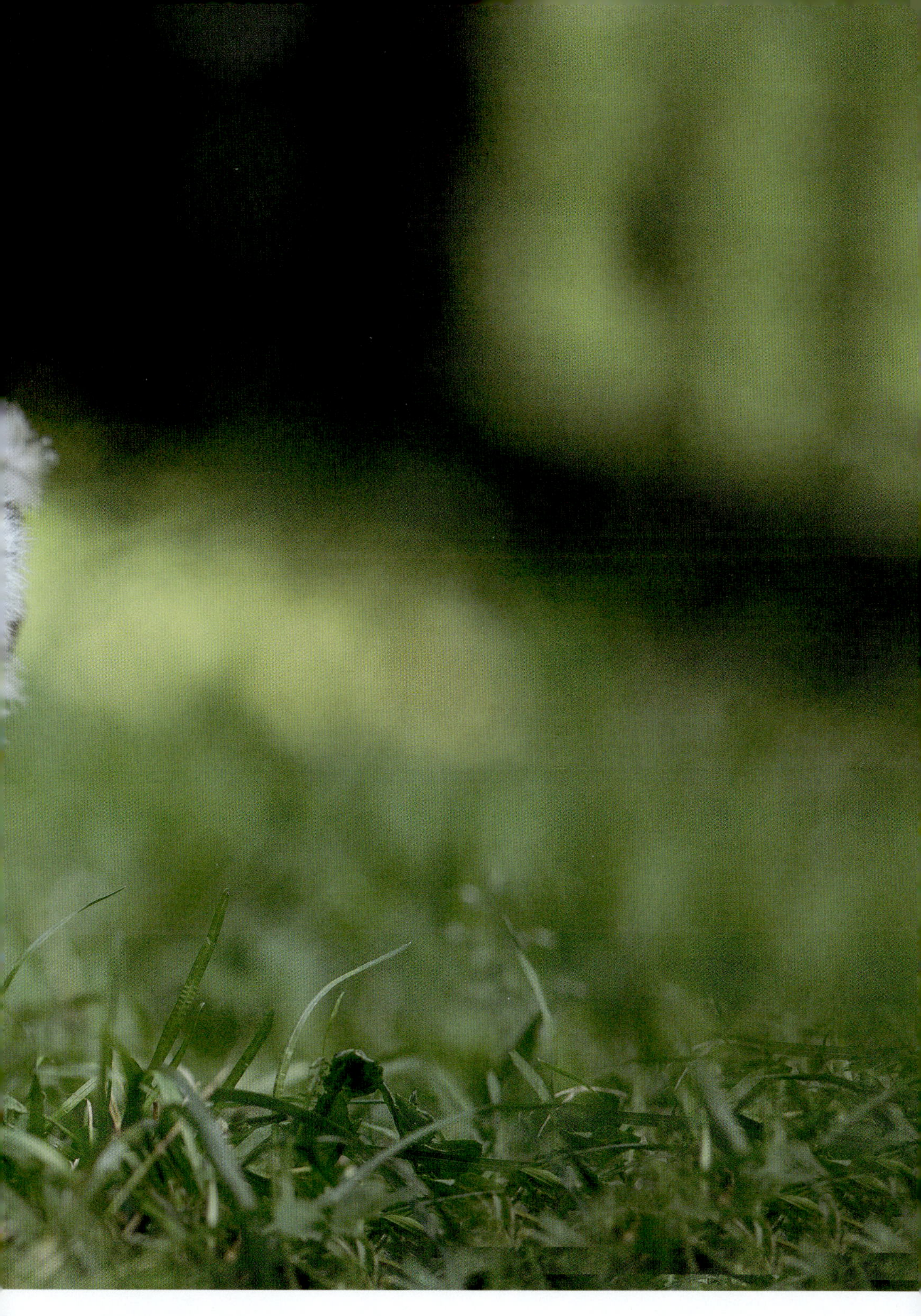

▲ *Das Ergebnis nach dem Bildbeschnitt.*

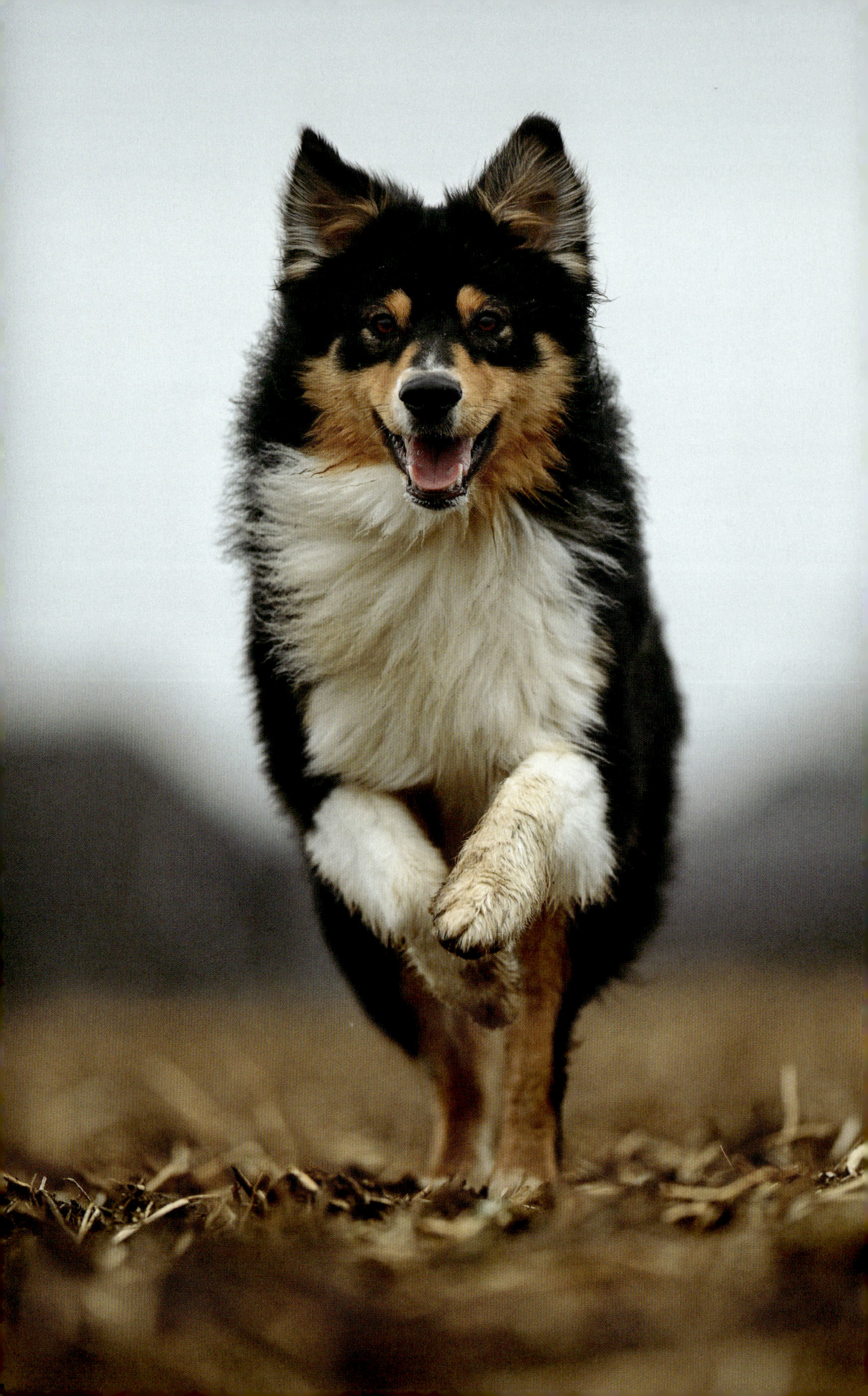

Action auch bei wenig Licht?

Bei meinen Fragerunden darüber, was unbedingt mit ins Buch muss, kam vielfach die Frage: „Wie fotografiert man Bewegungsbilder ohne Licht bzw. im Dunkeln?"

„Gar nicht", ist immer meine erste Antwort.

Auf Facebook wurde mal ein ganz dunkles, völlig verrauschtes und unscharfes Bild von einem Hund in Bewegung eingestellt, zusammen mit der Frage: „Was hätte ich hier besser machen können?" Nach einigen Kommentaren, wie „ja nun, hmm, eventuell kürzere Verschlusszeit?" oder „Sooo schlimm ist es jetzt auch nicht", schrieb ich: „Zu Hause bleiben!" Ich kam gar nicht mehr dazu, das zu erklären. Ich wurde blockiert – direkt nachdem mir die Dame eine bitterböse Nachricht geschrieben und mich vermutlich danach als Voodoo-Puppe auf die Anrichte gestellt hatte.

Es ist doch so. Die Kamera arbeitet mit Licht. Wenn wir kein Licht haben, wird es schwierig. Für Bewegungsbilder brauchen wir eine kurze Verschlusszeit und somit viel Licht. Mit einer Top-Kamera und lichtstarkem Top-Objektiv können wir das Maximum herausholen und auch in sehr hohe ISO-Bereiche gehen. Aber wenn die Lichtsituation so grenzwertig ist wie die auf dem Foto besagter Dame, dann ist einfach Hopfen und Malz verloren.

Wenn ich in den Karpaten sitze und sich der letzte rosa Berglöwe der Welt aus dem Dunkeln nähert, dann fotografiere ich bis zum Maximum. Aber bin ich mit meinem Hund wie jeden Tag unterwegs und es wird dunkel, versuche ich mich nicht an Bewegungsbildern mit 1/25 Sekunde und ISO 105000. Stattdessen mache ich es mir anschließend mit meinem Hund zu Hause gemütlich, übe ein paar Tricks, kuschle, bearbeite meine Bilder, koche oder was auch immer – alles, aber keine Bewegungsbilder im Dunkeln. Es bleibt natürlich die Möglichkeit, Blitze und Lampen zu nutzen.

◀ *Ruhig auch mal im Hochformat fotografieren und den Fokuspunkt nach oben stellen.*

f/2.8 | 1/250 s | ISO 900

Sprung- und Flugbilder

Weil so viele Menschen mehr über Bewegungsbilder erfahren wollten, wird dieses Kapitel eine bisschen ausführlicher. Alles, was springt, ist eine Herausforderung in der Fotografie. Vor allem, wenn es dazu auch noch klein ist.

Fixe Eichhörnchen

Wir brachen ganz früh nach Holland auf, Claudia und ich. Ich hatte die Nacht wieder nicht schlafen können, weil ich ständig auf die Uhr schaute. Ich habe immer Angst, zu verschlafen. Wach wurde ich vom lauten Bellen meines Hundes Ingo neben mir im Bett. Claudia stand vor der Tür. Verschlafen! Ich raste ins Bad, die Seife glitschte aus meiner Hand, und ich musste sie durchs Bad verfolgen. Irgendwann kamen wir mit über einer Stunde Verspätung los, und da kam schon das nächste Problem – gesperrte Autobahnausfahrten. Wenn mir das Navi nicht weiterhelfen kann, sieht es in Sachen Ortsfindung immer sehr schlecht für mich aus.

Eichhörnchen wollten wir fotografieren – springende Eichhörnchen und schwimmende. Irgendwann kamen wir dann doch noch in Holland an, während wir uns auf der Fahrt gegenseitig aufbauten, weil uns jemand vorher berichtet hatte, die Eichhörnchen wären nicht mehr aktiv. Sie legten keine Futtervorräte mehr an, und sie würden auch nicht springen. Was soll‘s, dachten wir, ein ruhiger Tag tut auch gut. Es sollte aber alles ganz anders kommen.

Es waren sogar wenige Wochen alte Eichhörnchen da, und sie rannten und sprangen, schwammen und tauchten, verfolgten sich. Eigentlich waren es zu viele Eichhörnchen, und vor allem waren sie zu schnell für uns. Wenn man in einer Beobachtungshütte sitzt, ist das größte Problem das Licht. Draußen kann ich mich einfach drehen, einen anderen Standort suchen. In der Hütte bin ich einfach an einen Platz gebunden und muss mit dem Licht leben, das gerade da ist, und etwas daraus machen. Springende Eichhörnchen sind super, man braucht aber viel Licht, und genau das hatten wir, wie so meistens, nicht. Mit 1/250 Sekunde wurde das nichts. Seitliches Licht durch die Bäume ist genauso schwierig wie Gegenlicht.

▶ *Springendes Eichhörnchen vor dunklem Hintergrund, frontal auf die Kamera zu.*
f/6.3 | 1/250 s | ISO 5000 | –0,3 EV

▼ *Springendes Eichhörnchen vor hellem Hintergrund, frontal auf die Kamera zu.*
f/5.1 | 1/1000 s | ISO 6400

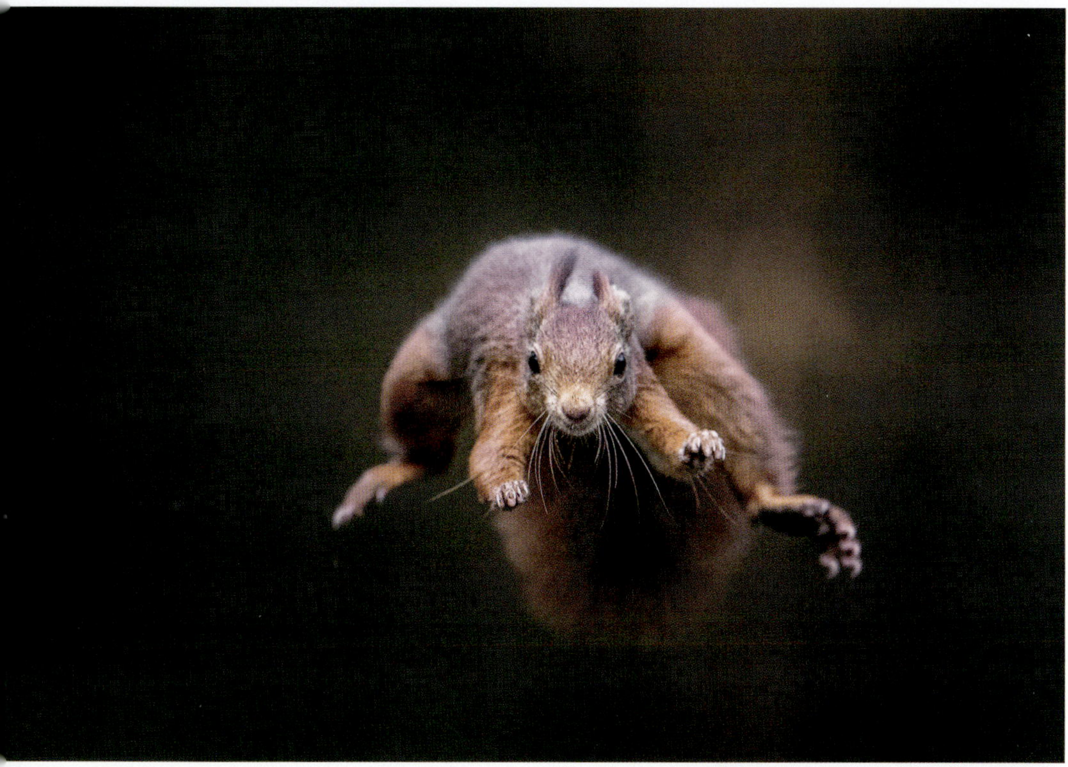

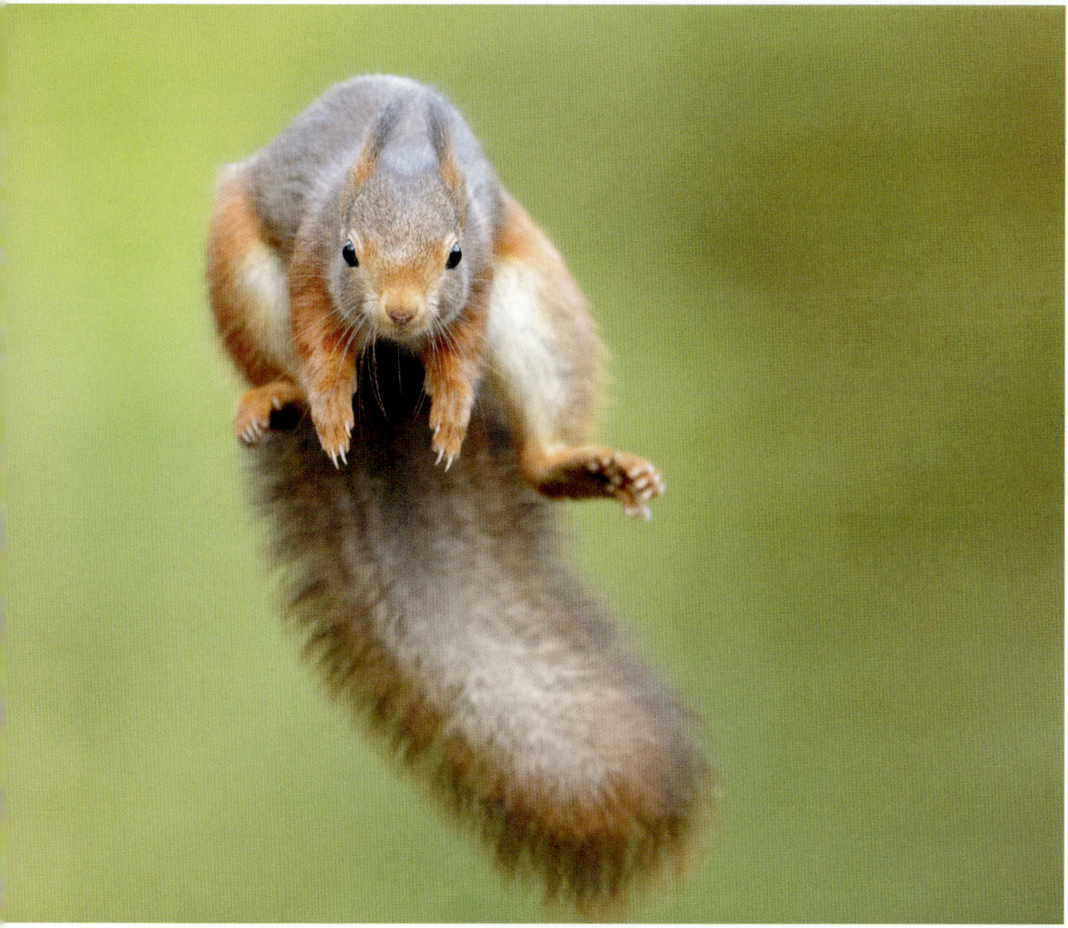

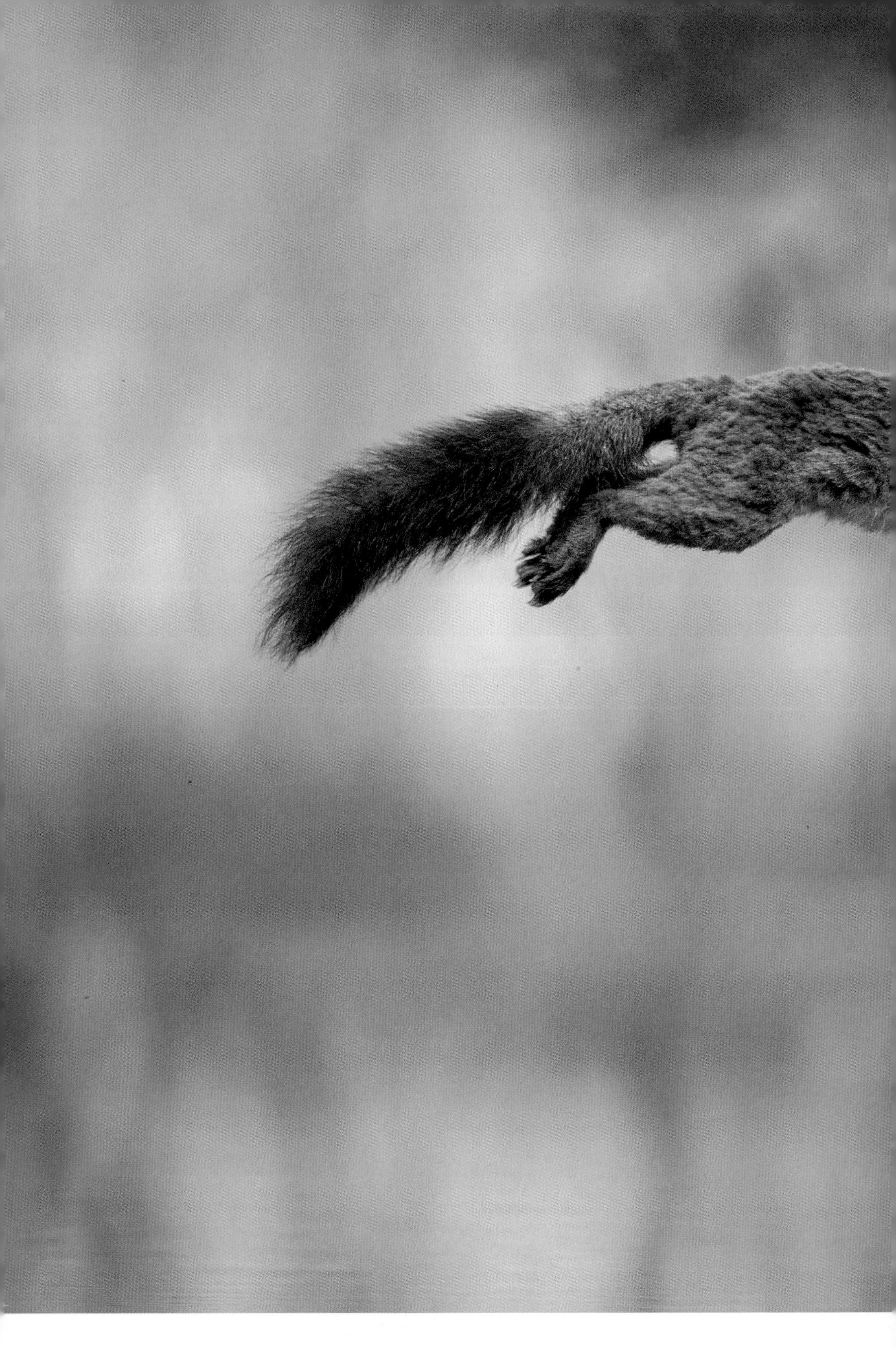

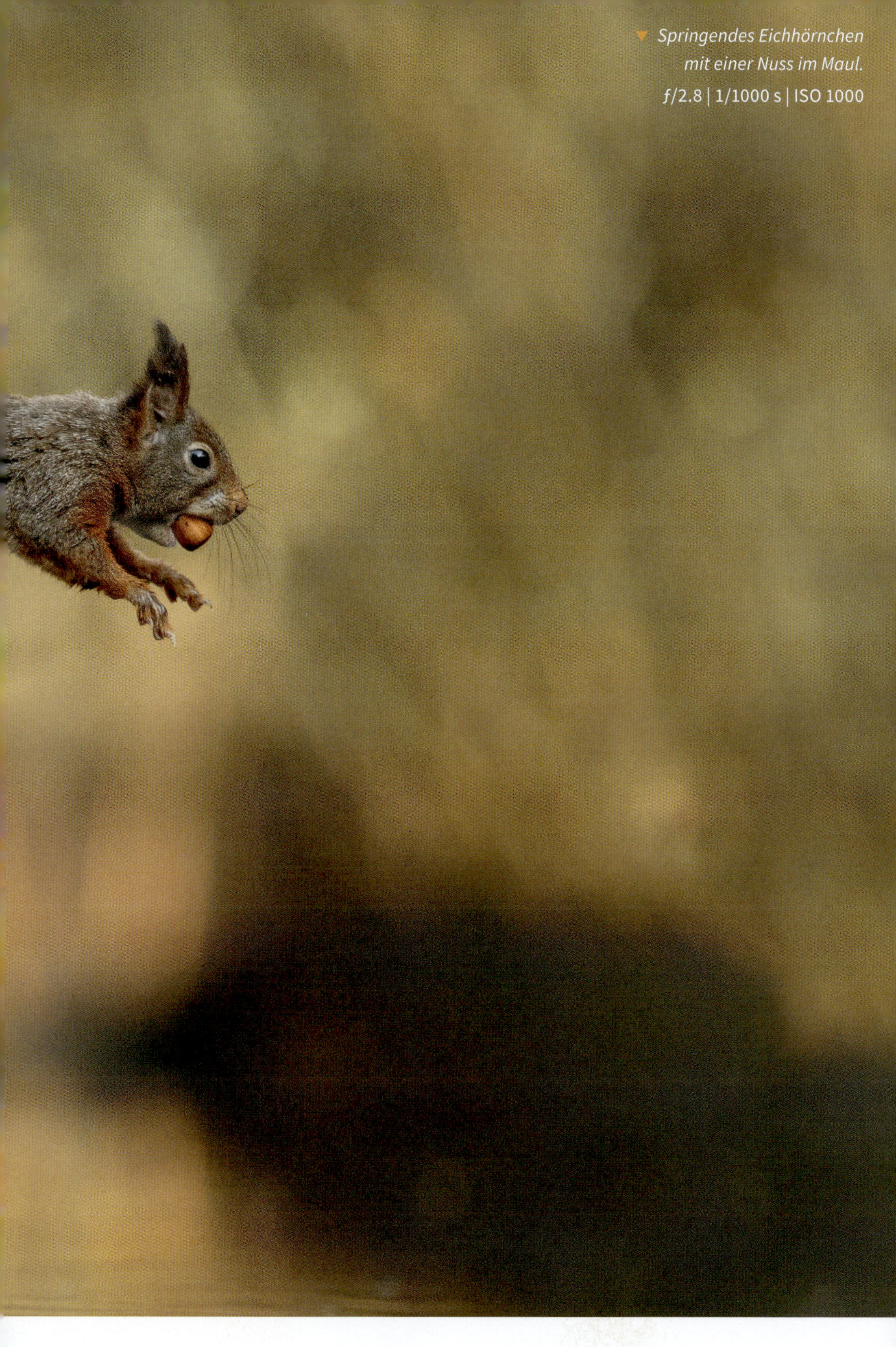

▼ *Springendes Eichhörnchen mit einer Nuss im Maul.*
f/2.8 | 1/1000 s | ISO 1000

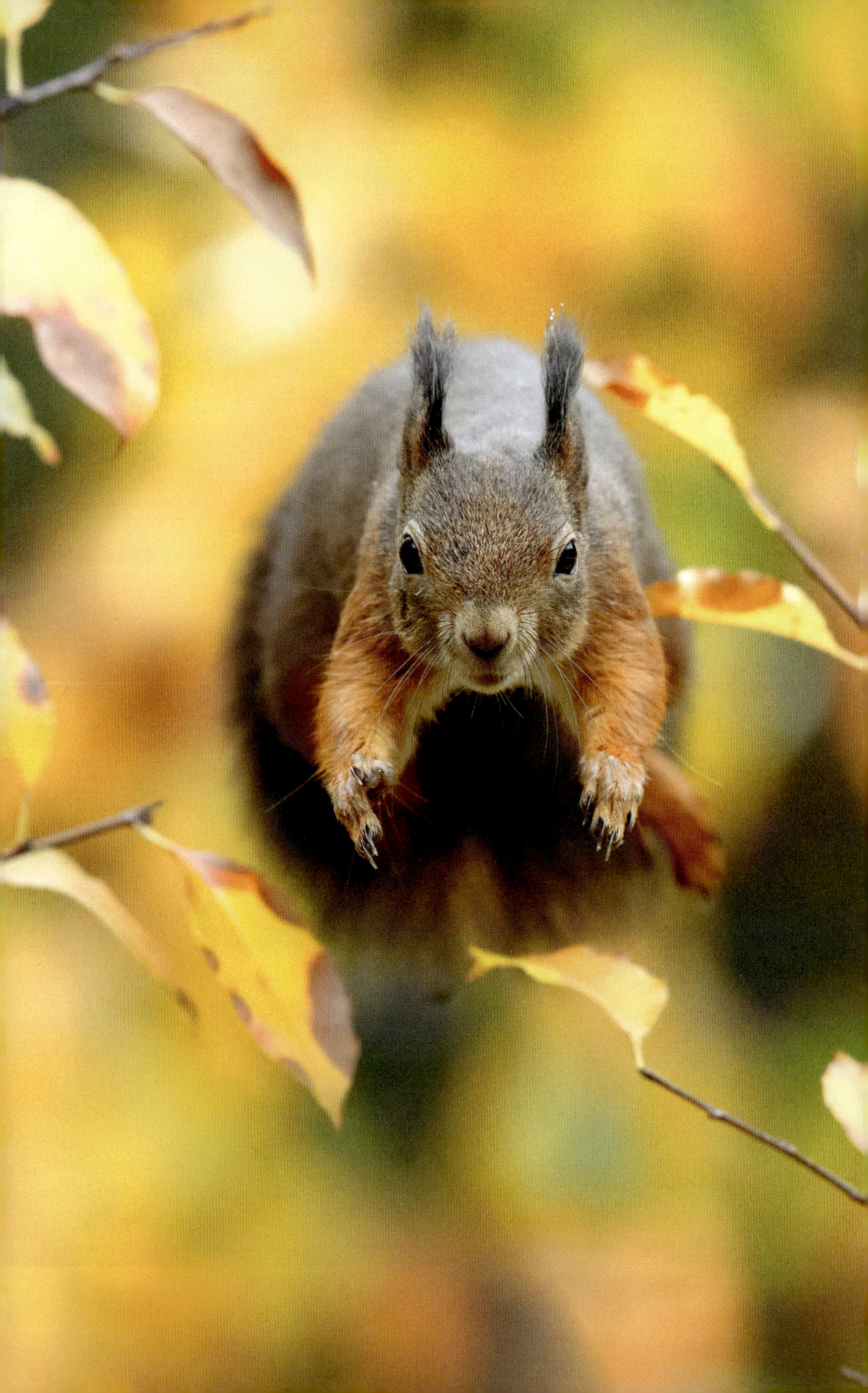

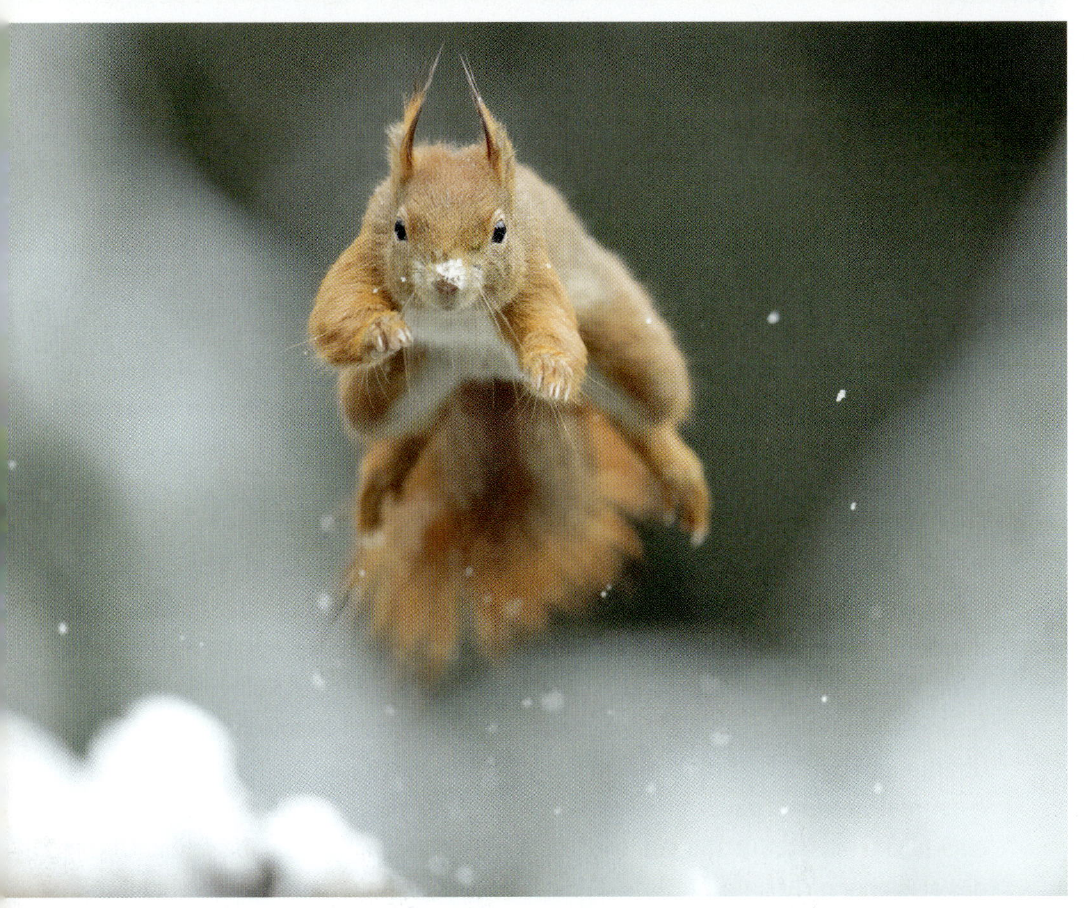

◀ *Springendes Eichhörnchen vor hellem Hintergrund, gerahmt von Blattwerk.*
f/6.3 | 1/250 s | ISO 6400 | +0,7 EV

▲ *Springendens Eichhörnchen im ersten Schnee.*
f/5.1 | 1/1000 s | ISO 8000

Wir machten das Beste daraus – hatten allerdings auch einiges an Ausschuss produziert, dafür aber viel gelacht.

Wie macht man aber Sprungbilder am besten? Die Eichhörnchen-Sprungbilder von vorne sind eine echte Herausforderung. Am besten baut man sich hierfür eine Einrichtung, bei der man vorhersagen kann, von wo bis wo das Eichhörnchen springen wird – um natürlich zu der Schale mit Nüssen zu gelangen. Die folgenden Bilder und der Aufbau sind von Jens Stahl aus Holland. Er ist Profi in springenden Eichhörnchen und hat mehr Gelegenheiten als ich. Ich hatte nur die eine Chance – das muss ich zu meiner Verteidigung sagen.

Hinter den Kulissen

Jeder Ort, jede Location ist anders. Was den Aufbau angeht: Lasst euch was einfallen! Wichtig ist natürlich, dass kein Tier dadurch gefährdet, erschreckt oder verängstigt wird. Diese Einrichtung hat sich Jens Stahl einfallen lassen: ein Stamm, auf dem die Eichhörnchen entlanglaufen, und ganz vorne ist ein Eimer mit Nüssen, zu dem sie springen müssen. Wichtig ist, an der potenziellen Sprungstelle einen Stock zu haben, auf den man den Autofokus einstellen kann. Wir saßen schließlich in der Hütte und warteten, ob die Eichhörnchen überhaupt kommen. Mitunter kann das auch mal Stunden dauern, bevor sich eins blicken lässt. Für Ungeduldige ist das also eher nichts.

Die Kameras stehen entweder auf einem Stativ oder einer Tischplatte mit Gimbal. Für die Eichhörnchen von vorne hatte ich das NIKKOR-Objektiv 600 mm 4.0 auf einem SIRUI-Gimbal PH20 dabei. Meine Kamera war auf kontinuierlichen Autofokus (AF-C) und Serienbild schnell eingestellt und die Auslösung auf Schärfepriorität.

Der Fokuspunkt wurde nun auf den Stock fixiert, die potenzielle Eichhörnchen-Absprungstelle. Ich schaltete den Autofokus am Objektiv auf manuell und switchte den Fokuspunkt oder das Objektiv im Ganzen etwas nach oben. Bei ausreichend Licht sollte man die Blende etwas schließen, sodass der Schärfebereich einfach etwas tiefer liegt. So hat man mehr Chancen.

Jetzt hieß es auf das Eichhörnchen warten und bereit sein. Jens hatte einen Kabelfernauslöser, ich nicht. Mit Auslöser ist es einfacher. Sobald sich abzeichnet, dass das Eichhörnchen abspringt, drücken wir den Auslöser, und das Tier sollte in die Schärfeebene springen. Anfangs bedarf es ein bisschen Übung, aber man kommt ganz schnell rein, und dann macht es auch riesigen Spaß. Mit einigem Ausschuss muss man aber rechnen.

Ich war irgendwann richtig gut drauf, die Eichhörnchen allerdings nicht, sie kamen gar nicht mehr, und das Licht wurde schlechter und schlechter. Viele Übungseinheiten hat man nicht immer.

▶ *Behind the Scene: der Setaufbau für das Eichhörnchen-Shooting.*

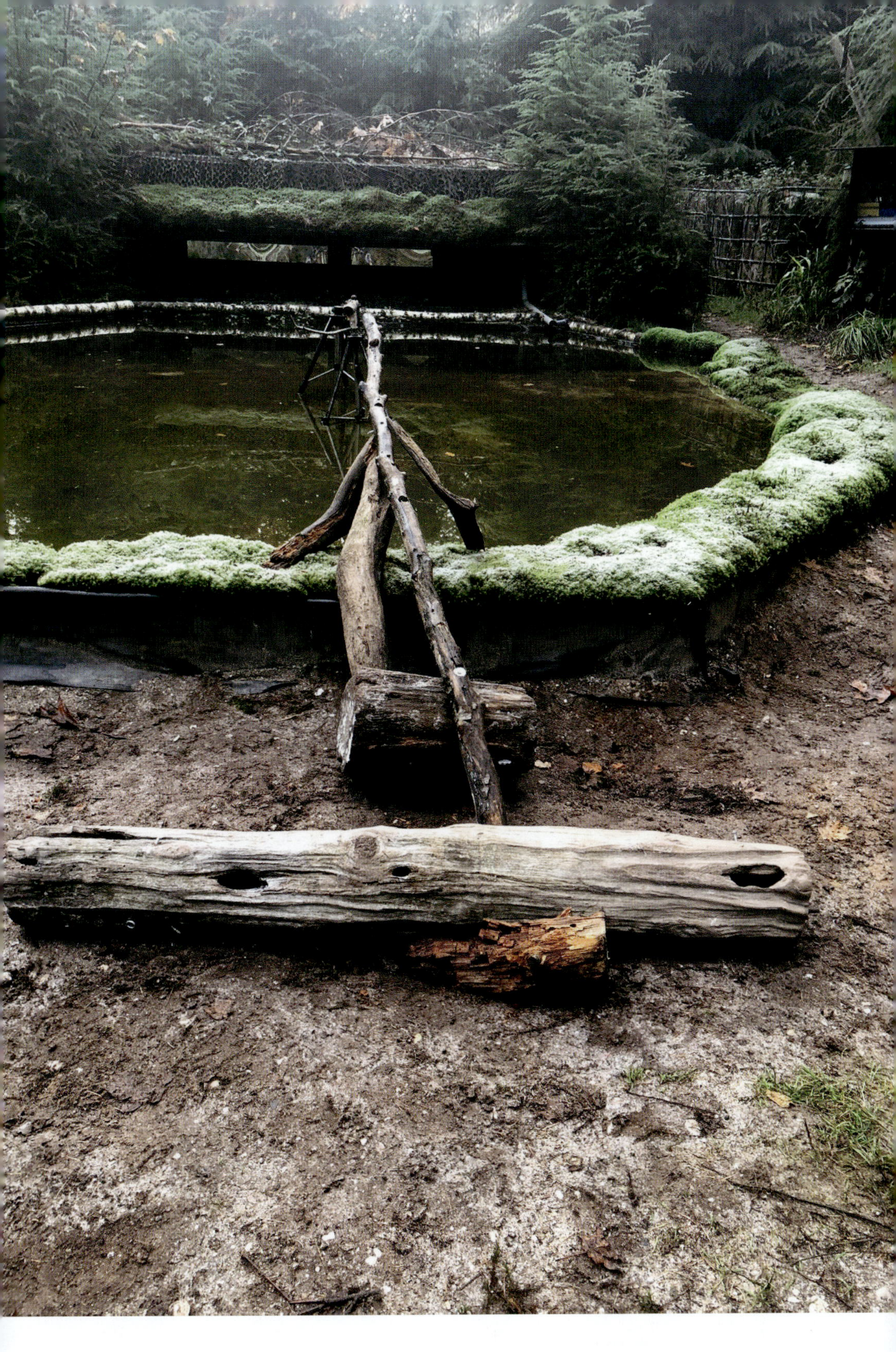

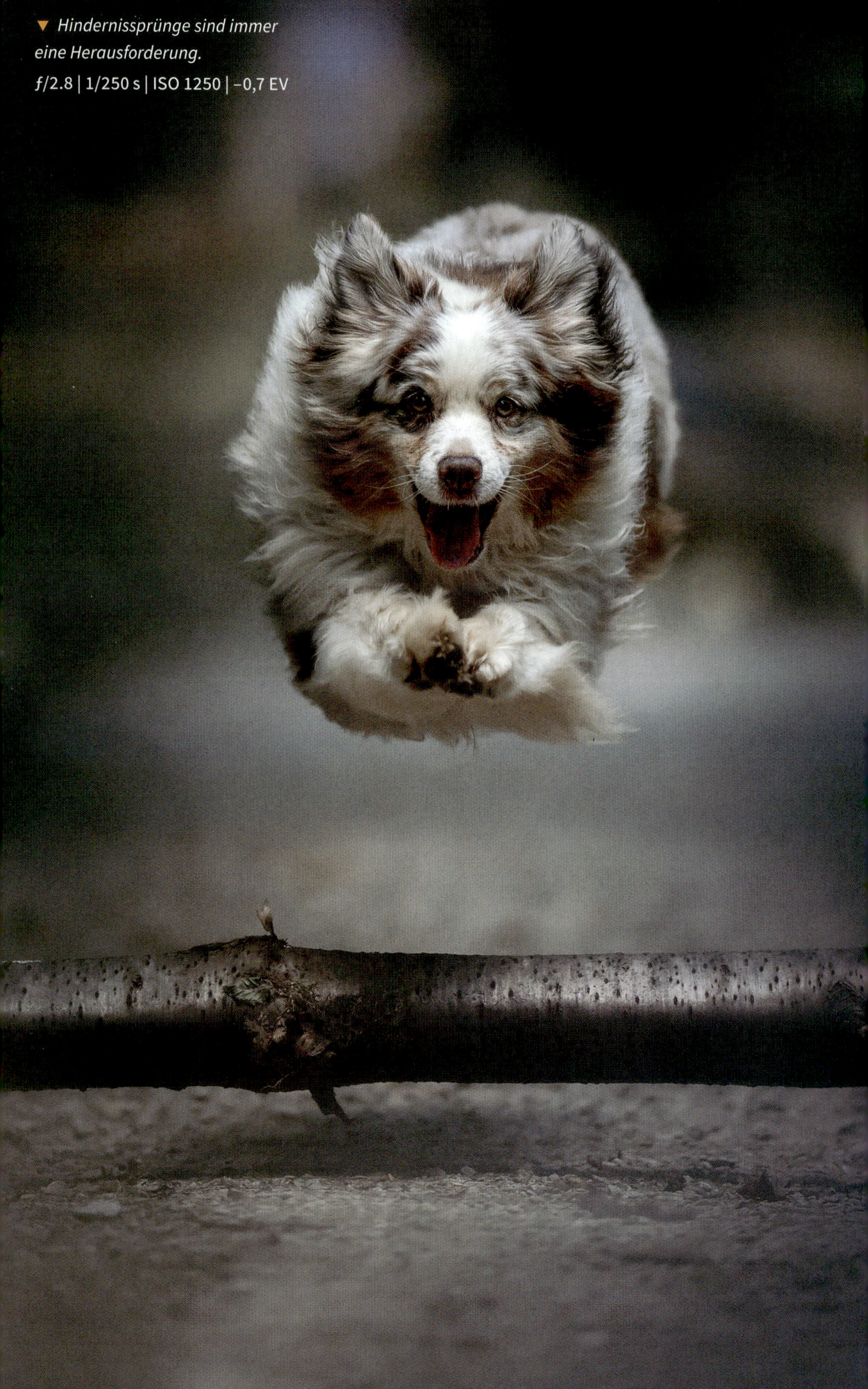

▼ *Hindernissprünge sind immer eine Herausforderung.*
f/2.8 | 1/250 s | ISO 1250 | –0,7 EV

Springende Hunde

Nicht nur Eichhörnchen, auch Hunde im Sprung über ein Hindernis sind eine Herausforderung. Sie können das Hundeauge nicht anfokussieren, weil Sie den Hund meist noch gar nicht sehen. In diesem Beispiel würde der Autofokus vermutlich auf die Baumschranke rutschen. Ich mache Folgendes:

Die Kameraeinstellungen sind die gleichen wie die beim Eichhörnchen: kontinuierlicher Autofokus AF-C, Serienbild schnell und, wenn möglich, die Blende etwas schließen. Jetzt fokussiere ich die Kante der Hürde oder hier die Baumschranke an. Danach schalte ich den Autofokus am Objektiv aus und gehe mit meinem Fokuspunkt zwei Drittel nach oben. Nun heißt es gut beobachten, und kurz bevor der Hund im fiktiven Schärfebereich ist, löse ich aus.

Auf dem Hundeplatz kann man auch mal ein Stativ bei den Hürden nutzen. Damit wirklich alles klappt, hier noch mal der ganze Ablauf mit Fernauslöser Schritt für Schritt:

1. Bringen Sie die Kamera mit dem NIKKOR-Objektiv 300 mm 2.8 auf dem Stativ in Stellung und richten Sie sie aus.

▼ *Behind the Scene: die Kamera in Stellung bringen.*

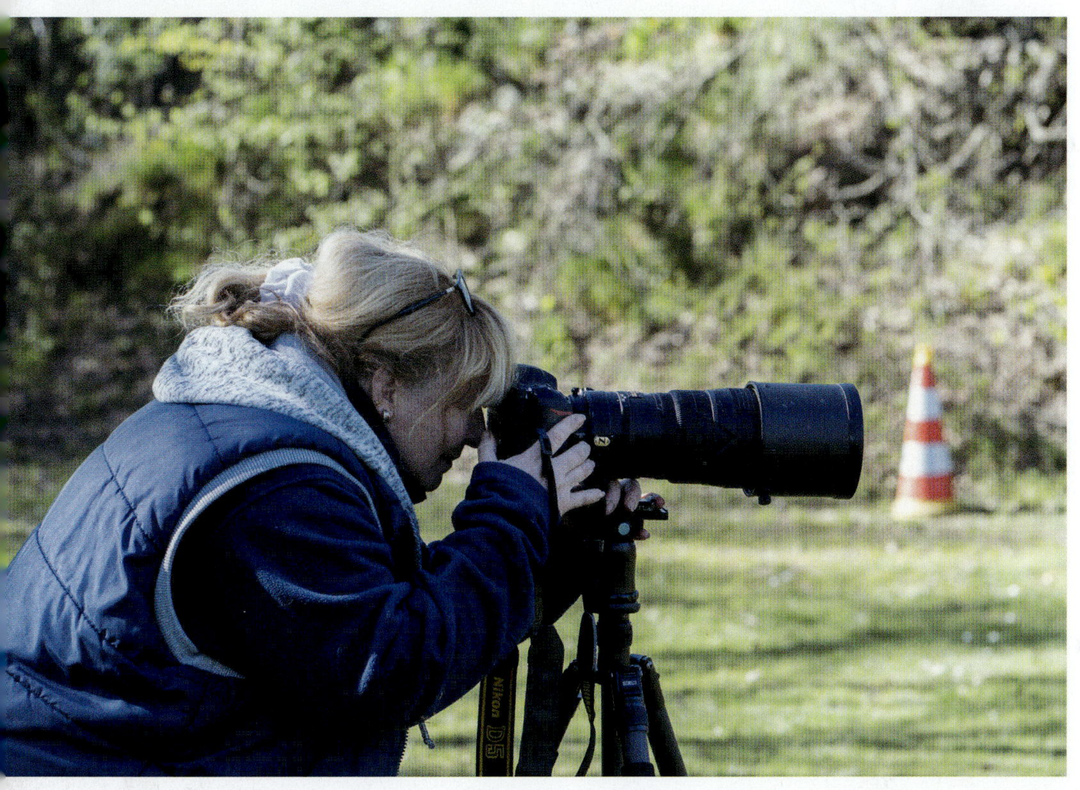

2 Wählen Sie diese Einstellungen: Blende 2.8, Verschlusszeit 1/1600 Sekunde, ISO nach Bedarf, Serienbildmodus und als Fokusmodus AF-C.

3 Jetzt stellen Sie auf die Oberkante der Hürde scharf, denn den Hund können Sie ja nicht sehen.

4 Jetzt ruft die Hundebesitzerin ihren Hund. Hopp – und ich löse den Fernauslöser aus.

▼ *Auf die Oberkante der Hürde scharf stellen. Hier ist der Hund natürlich noch unscharf, weil die Schärfeebene auf Tiefe des gelben Bretts nach oben hin verläuft.*

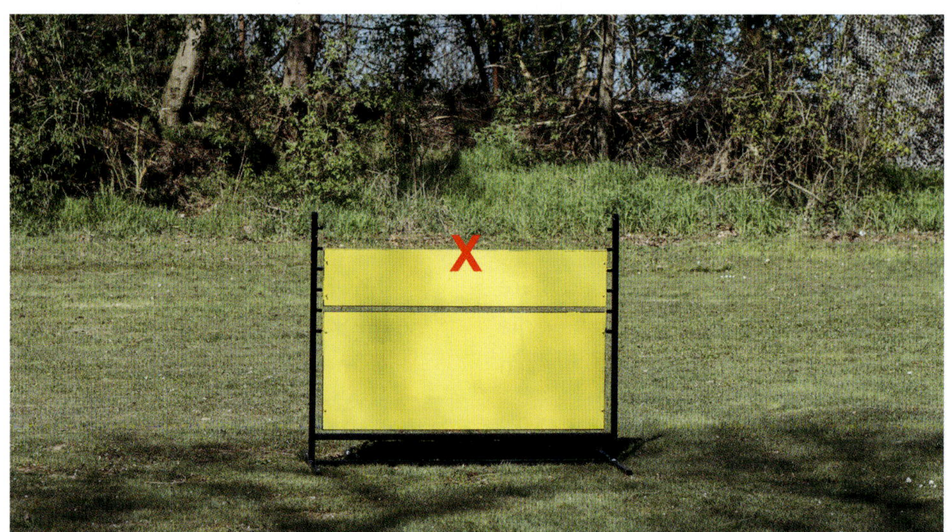

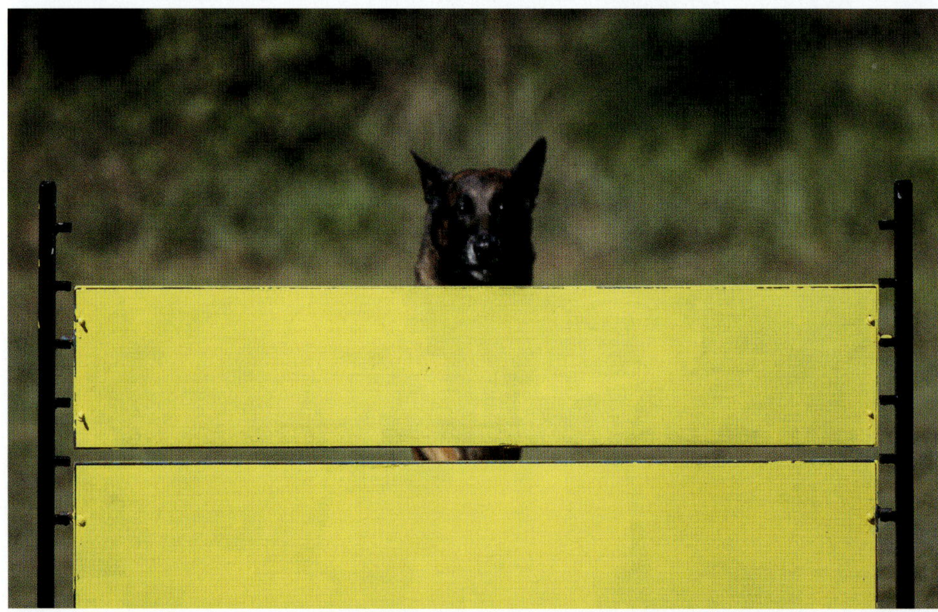

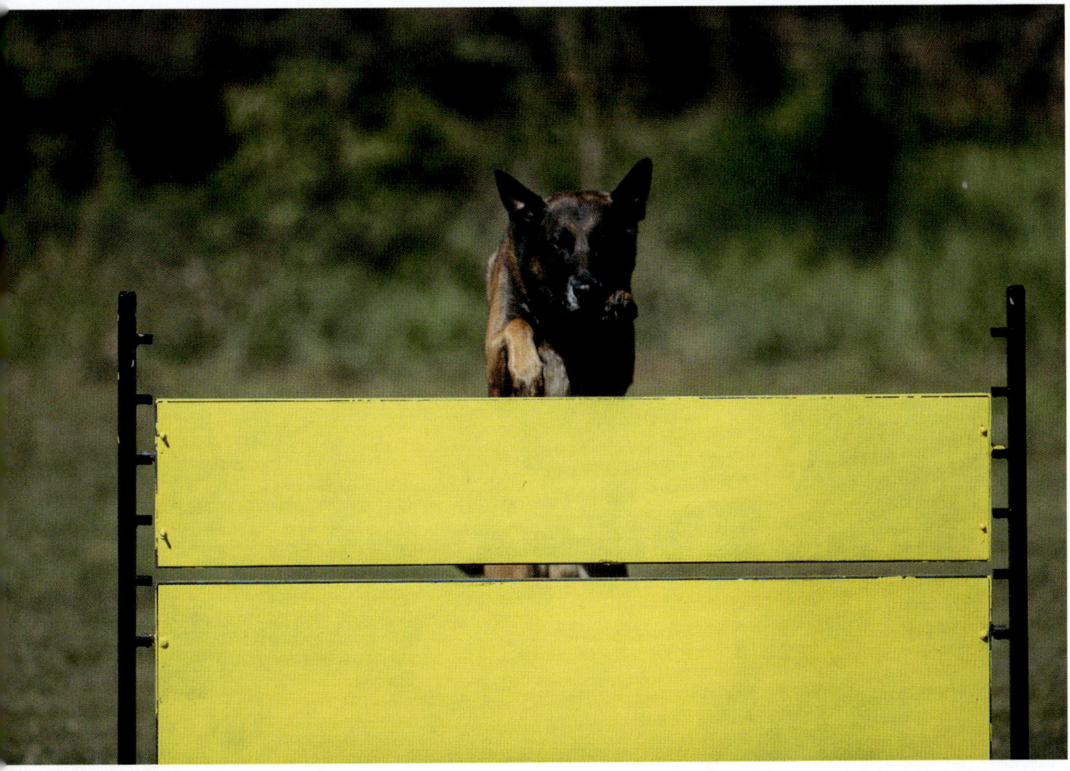

▲ *In diesem Moment des Sprungs dürften maximal die Zehennägel scharf sein – ich halte den Auslöser aber gedrückt.*

▼ *Dann kommen die Augen in den Schärfebereich, und das Bild passt.*

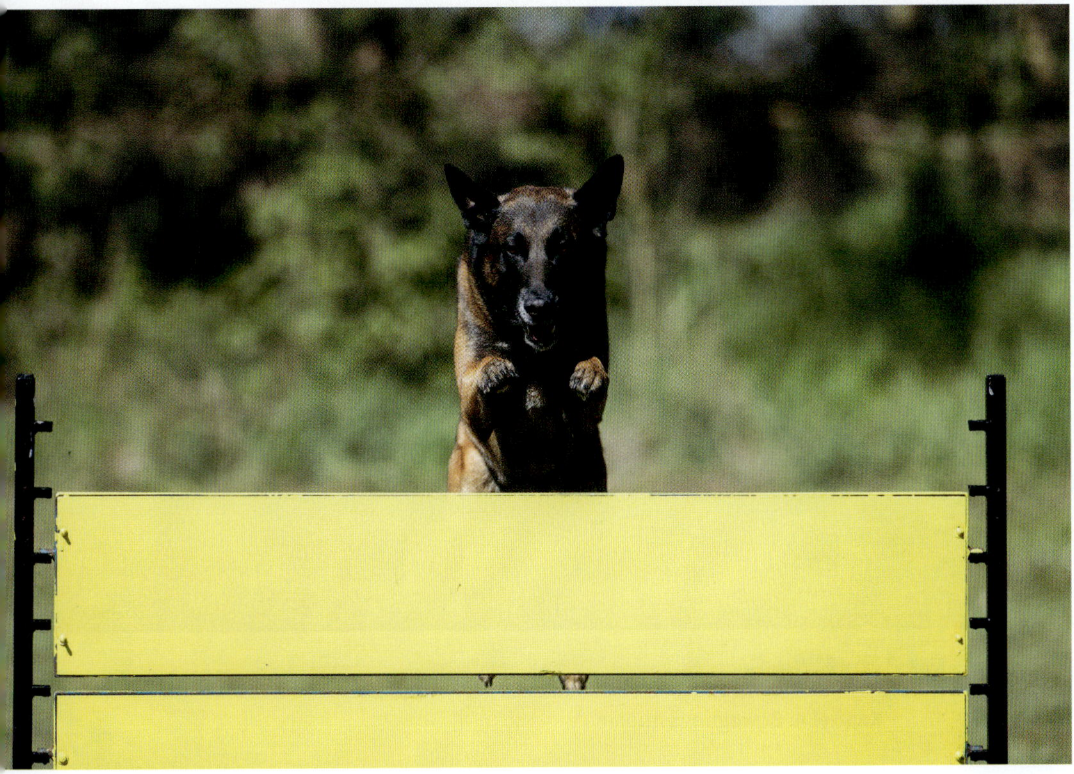

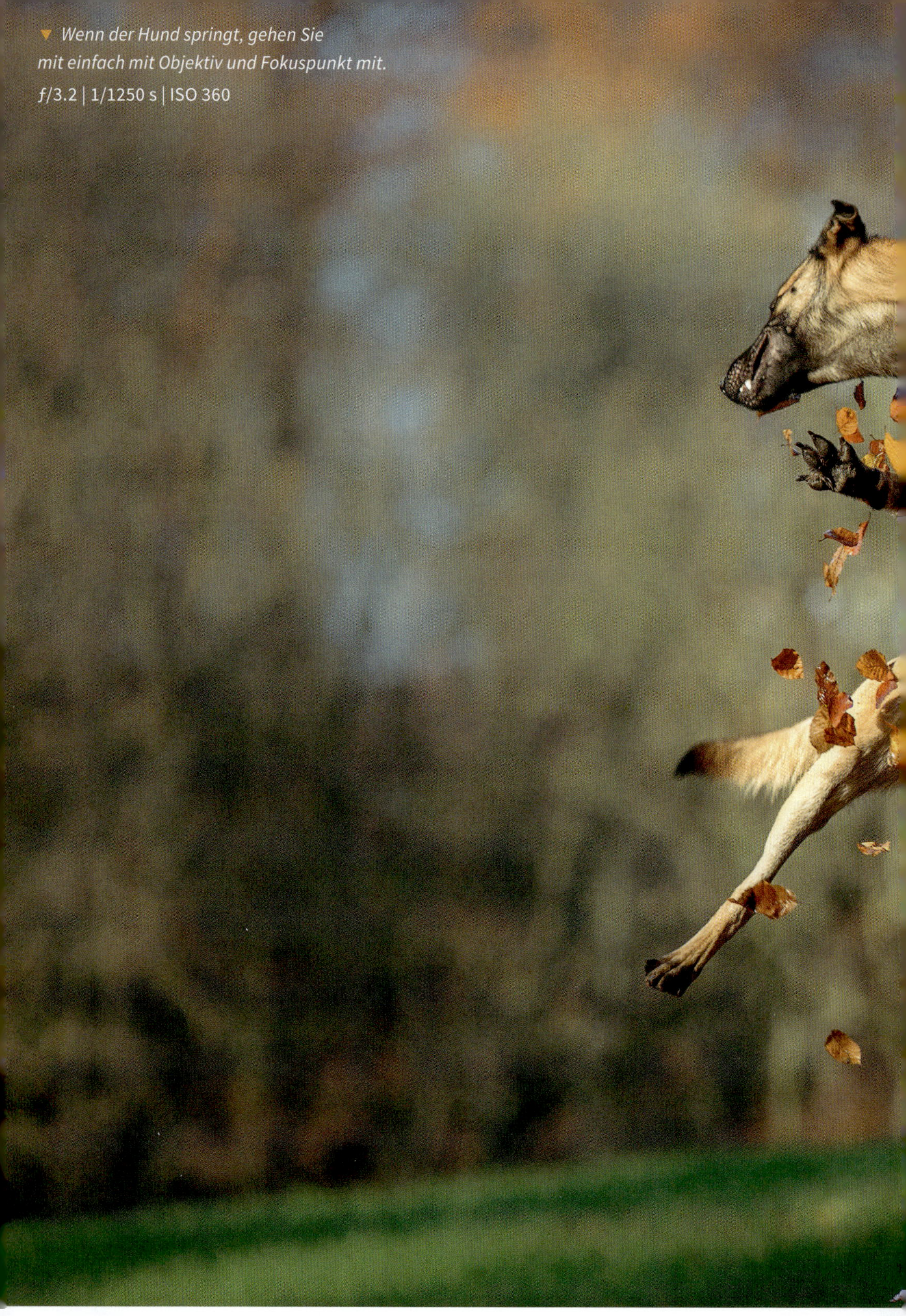

▼ *Wenn der Hund springt, gehen Sie mit einfach mit Objektiv und Fokuspunkt mit.*
f/3.2 | 1/1250 s | ISO 360

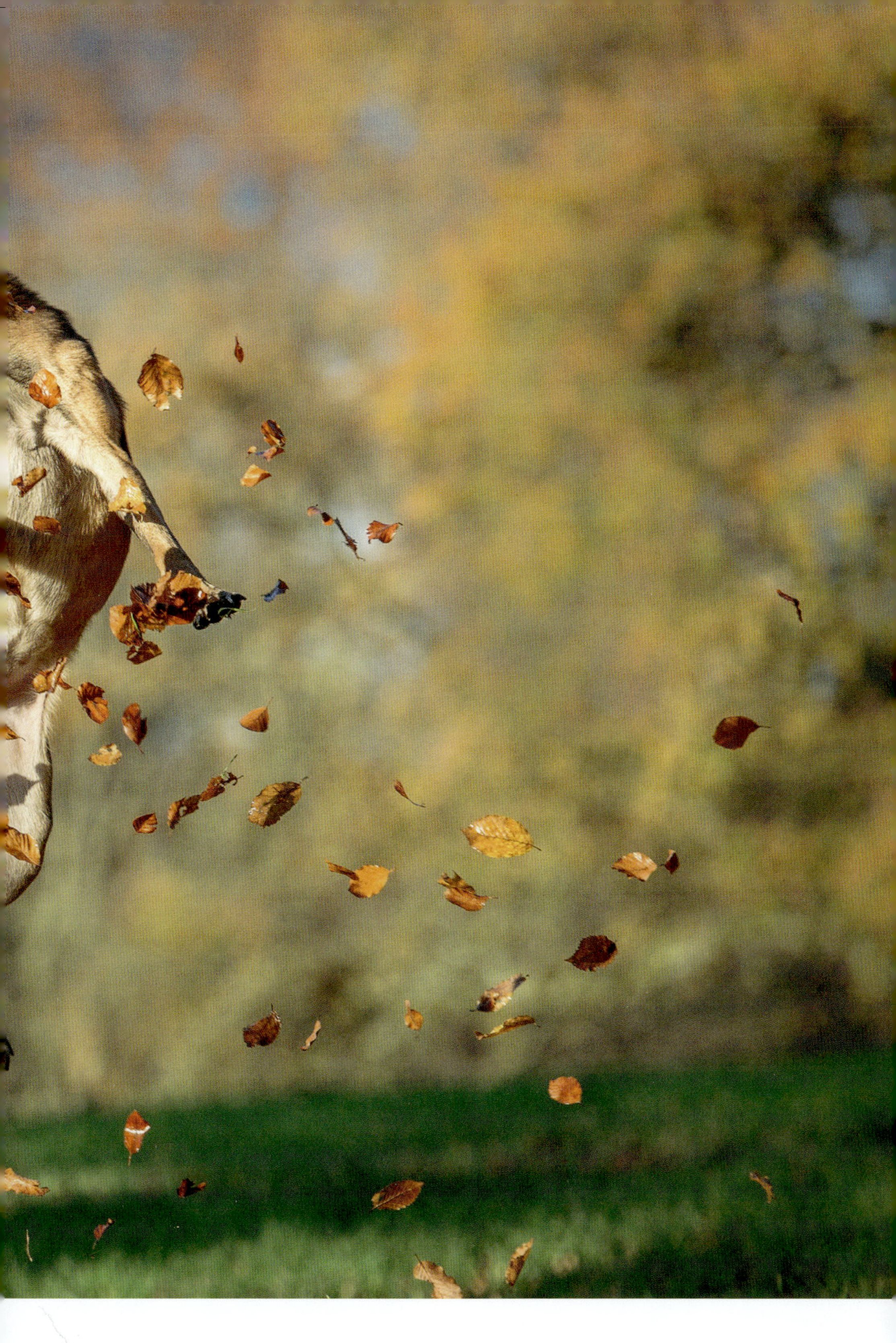

Meist gehe ich bei Sprüngen einfach mit Objektiv und Fokuspunkt mit. Wenn der Hund nach oben springt, habe ich den Fokuspunkt schon in den oberen Bereich des Felds geschoben, und ich weiß, dass sein Auge über der Mitte sein wird. Hier ist allerdings das Auge sowieso nicht zu sehen.

Toberei im Schnee

Fast alle meine Bilder mache ich allein, sprich ohne Assistent. Bei diesem bat ich meinen Exmann, mir zu helfen und Schnee zu werfen. Gegenüber auf dem Hügel, vor dem ich wohnte, war an diesem Morgen traumhaftes Licht, und ich setzte alle Überredungskraft ein, dass er mir helfen möge. Es ging beim frühen Aufstehen los – bereits hier hielt sich die Begeisterung in Grenzen – und zog sich weiter durch. Ich nörgelte, er nörgelte. Erst gegen Mittag konnte er sich endlich dazu durchringen, mit Ingo und mir zum Hügel zu gehen. Natürlich war das Licht hin. Hässliches, hartes Mittagslicht. Ingo ließ schon die Ohren hängen, weil er miese Stimmung immer gleich merkt und auch gar nicht mag. Wir machten dann ein paar Bilder, zu mehr kann man Männer meist nicht bewegen, sie haben da nicht so die Geduld – Entschuldigung vielmals an alle Männer mit Engelsgeduld. Ingo und ich trotteten nach Hause, und ich machte das Morgenlicht einfach am Computer.

Auf Facebook schrieben dann einige: Wow, Bombenstimmung – womit sie indirekt sogar recht hatten.

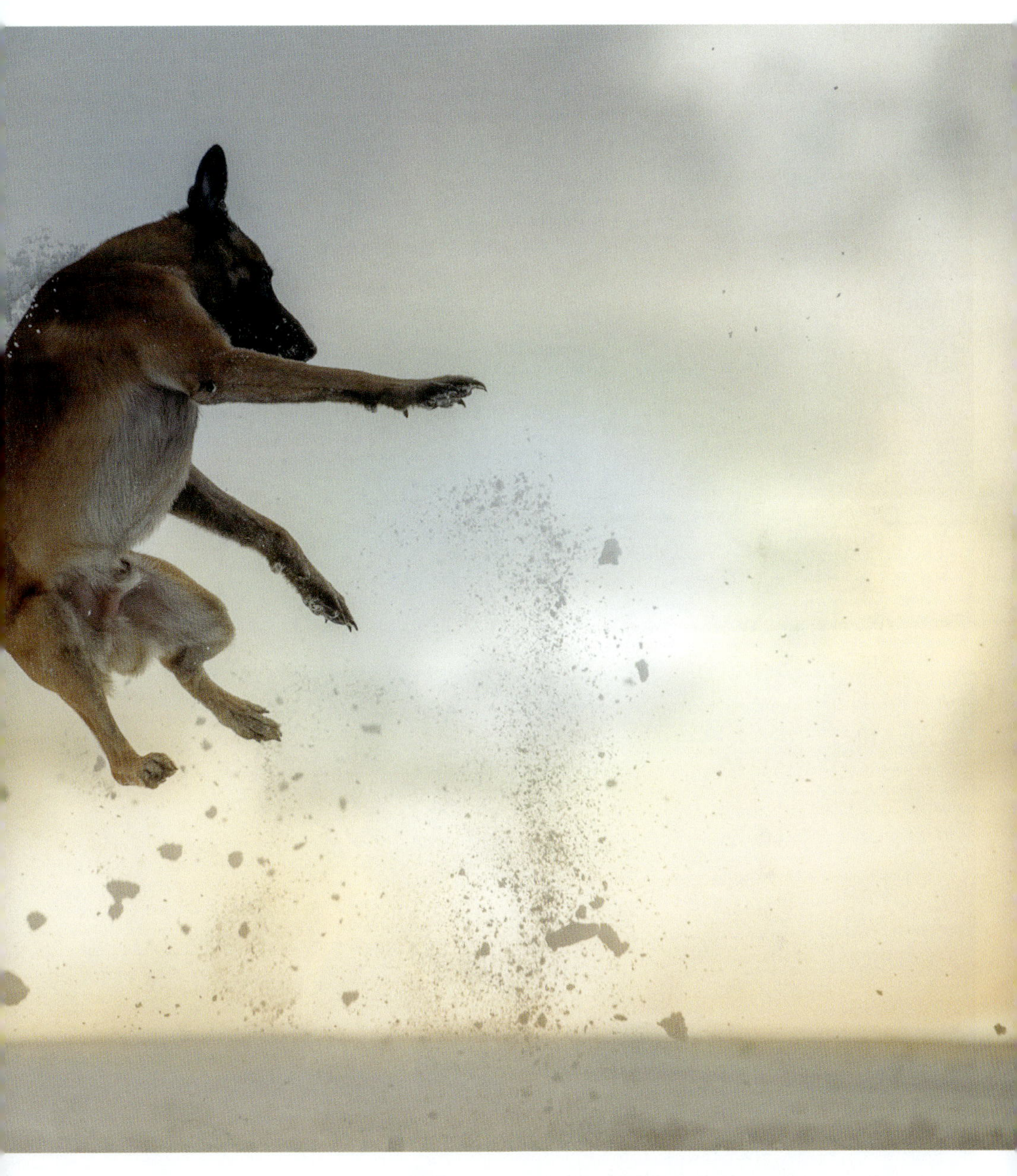

Bei spielenden Hunden oder Unerwartetem versuche ich einfach, mit dem Fokuspunkt mitzugehen und schnell

▲ *Ingo in Bombenstimmung.*
ƒ/2.8 | 1/1600 s | ISO 125 | +2 EV

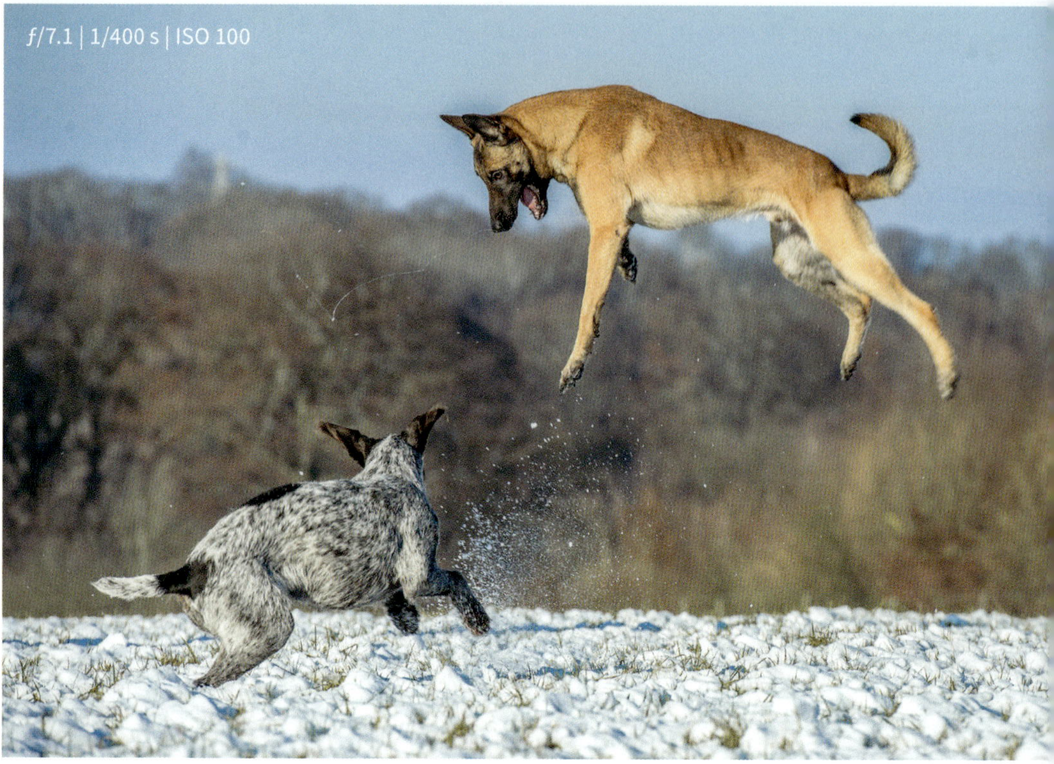

f/7.1 | 1/400 s | ISO 100

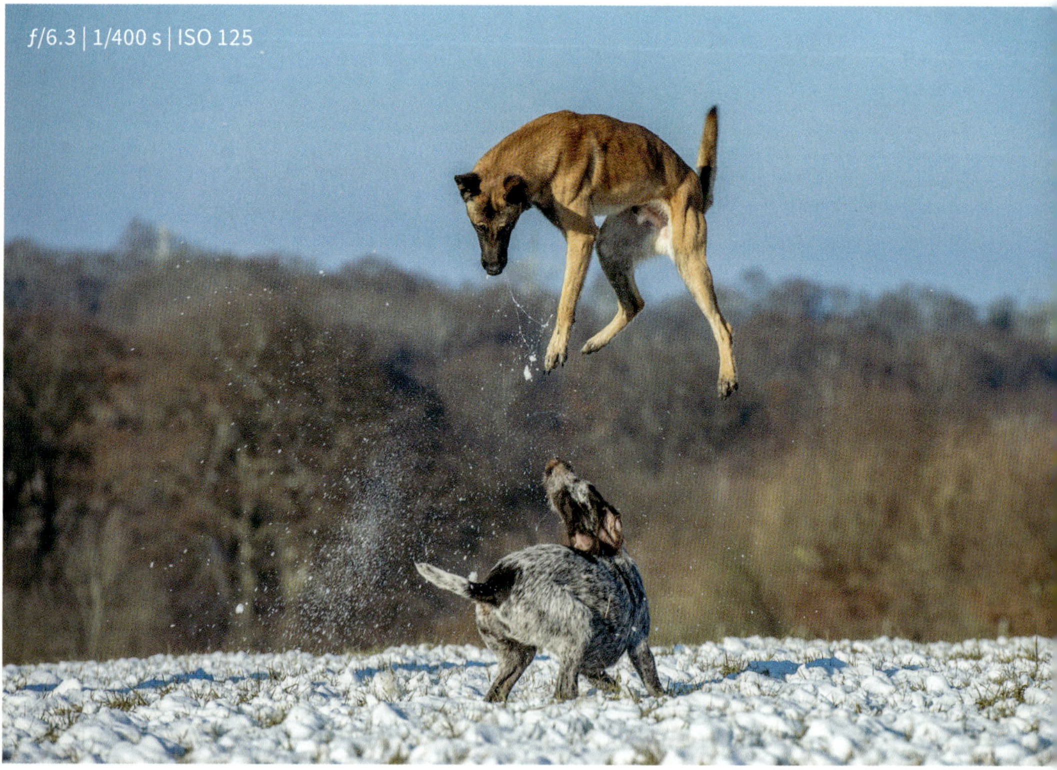

f/6.3 | 1/400 s | ISO 125

▲ *Ja! Schnelle Sprünge gehen auch mit längerer Verschlusszeit von z. B. 1/400 Sekunde.*

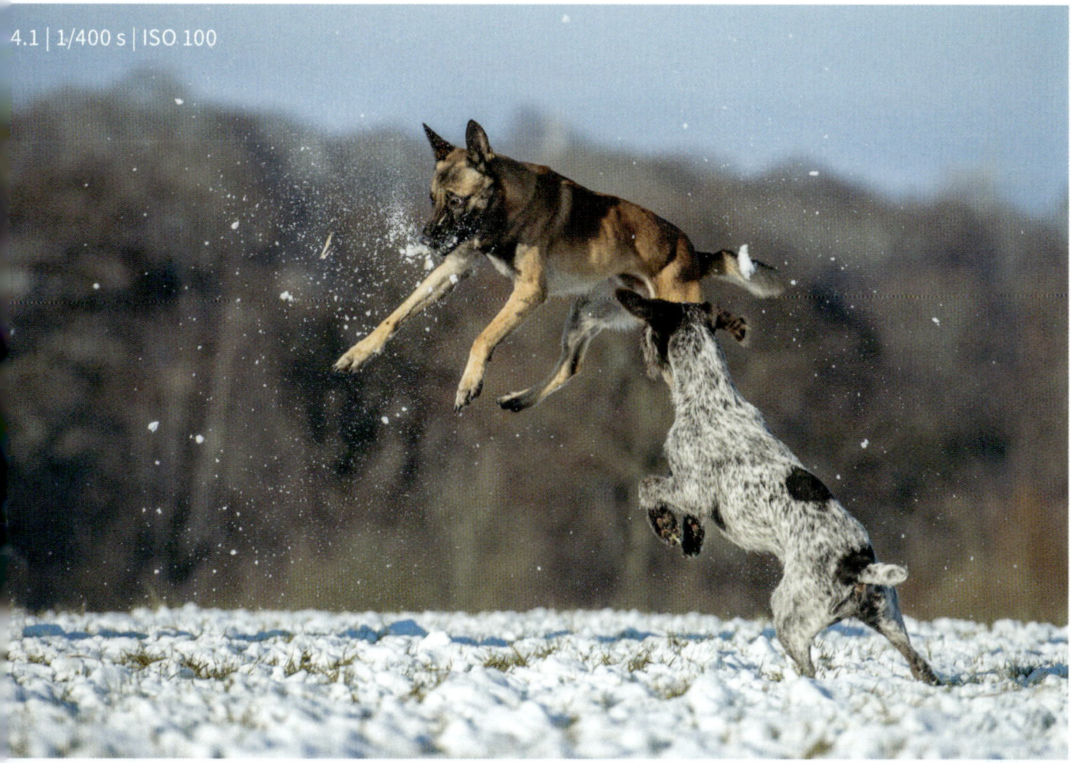

4.1 | 1/400 s | ISO 100

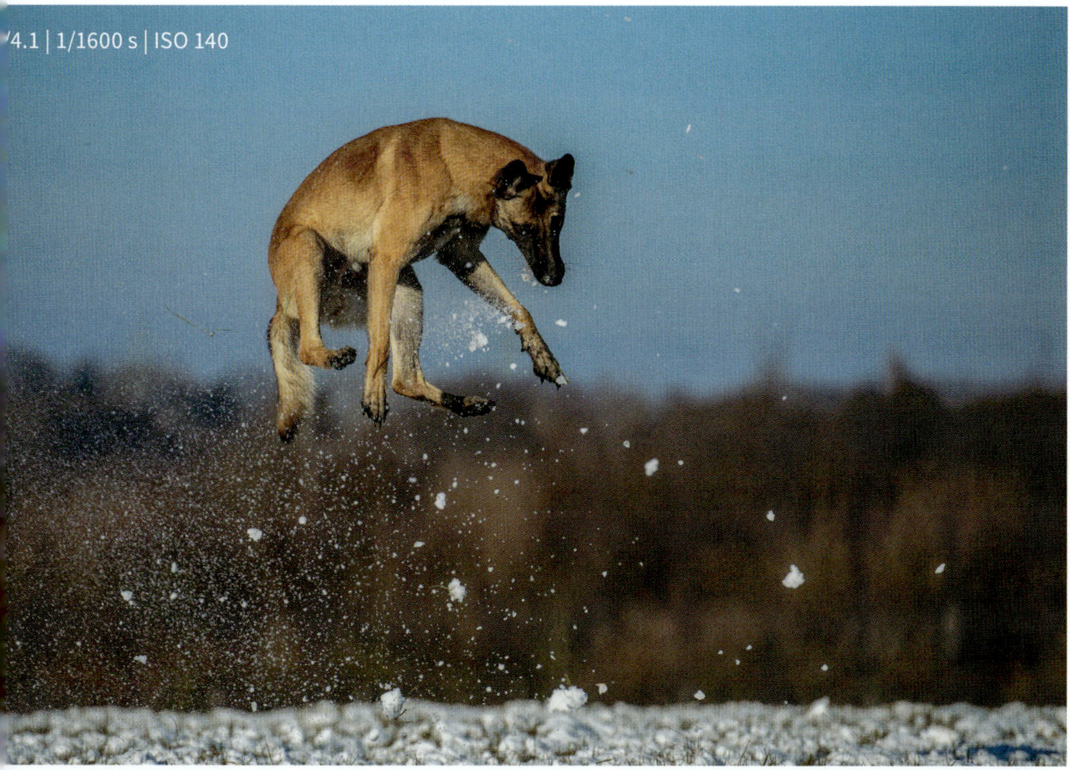

/4.1 | 1/1600 s | ISO 140

▲ *Wenn man gemerkt hat, dass die Verschlusszeit zu lang war.*

genug zu sein. Wundern Sie sich nicht über die Verschlusszeiten bei den folgenden Beispielbildern. Ja, es geht auch mit 1/400 Sekunde! Die Wahrheit aber ist, dass ich einfach vergessen hatte, nach der Erstellung von Porträtbildern die Geschwindigkeit zu verkürzen.

Greifvögel im Flug

Betrifft natürlich in erster Linie Vögel, aber nicht nur. Das Bild des Graureihers ist durch einen Zufall entstanden. Wir fuhren auf einem Weg, und am Wegesrand stand ein Graureiher, der sich zum Abflug bereit machte. Ich saß auf dem Beifahrersitz, hatte meine Kamera dabei, ließ das Fenster runter und knipste. Wenn ich im Wildlife unterwegs bin, habe ich die Kamera immer voreingestellt und den Fokuspunkt in der Mitte. Ist viel Licht vorhanden, ist eine Verschlusszeit von mindestens 1/1250 Sekunde voreingestellt. Sind viele Vögel unterwegs, ist es sogar 1/1600 Sekunde. Durch die Faulheitseinstellung habe ich sowieso keine Probleme mit dem Licht.

Auch Hunde und Rehe fliegen durch die Gegend, aber mit denselben Einstellungen, die ich verwende, wenn sie rennen. Logisch, es ist ja nur eine Bewegungsphase, und somit ändert sich an den Einstellungen nichts.

▼ *Ein Graureiher aus dem fahrenden Auto heraus fotografiert.*
f/5.6 | 1/1600 s | ISO 220

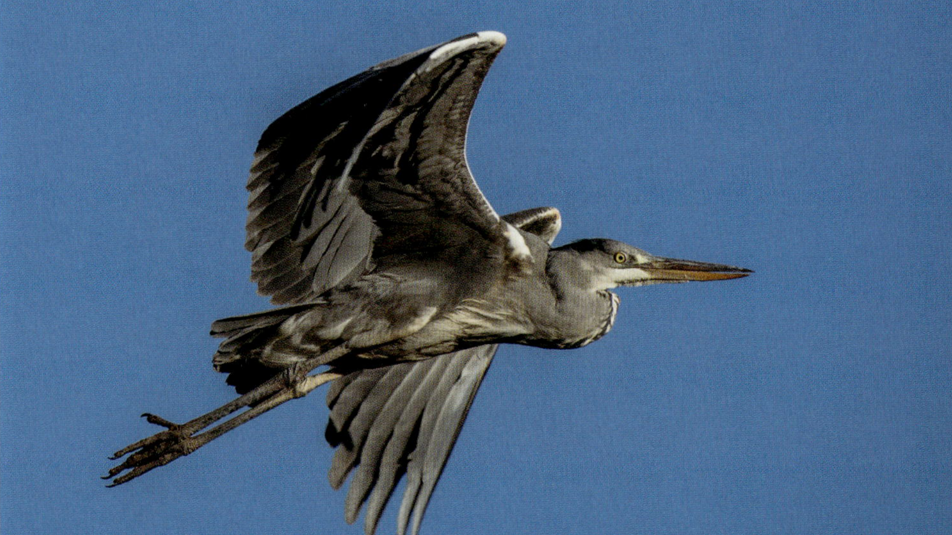

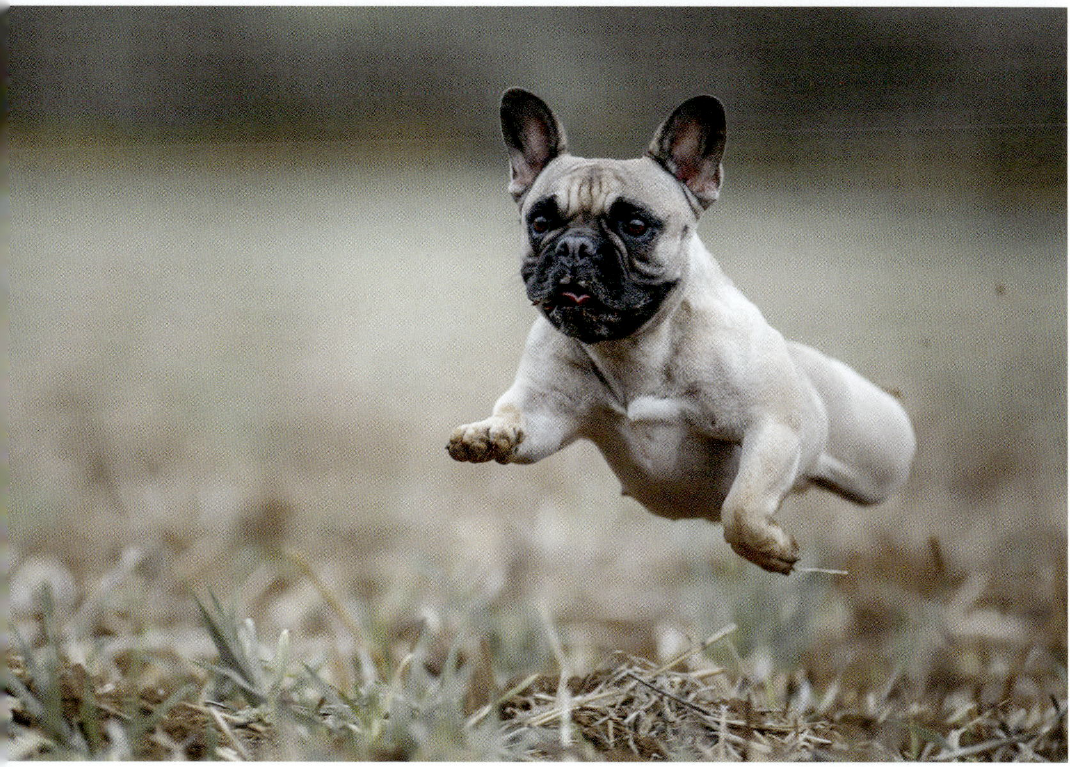

▲ *Eine junge Französische Bulldogge im Anflug.*
ƒ/2.8 | 1/1250 s | ISO 180 | +0,3 EV

▼ *Wie im eleganten Gleitflug springt das Reh über die Ähren des Getreidefelds.*
ƒ/5.6 | 1/1250 s | ISO 320

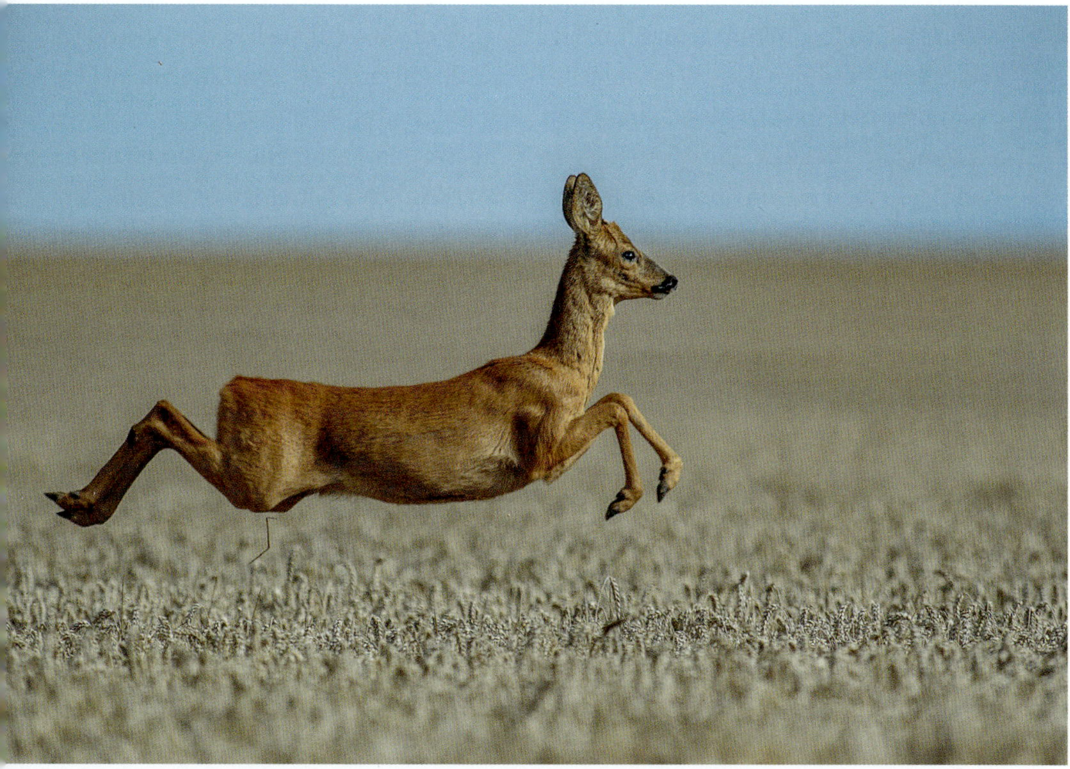

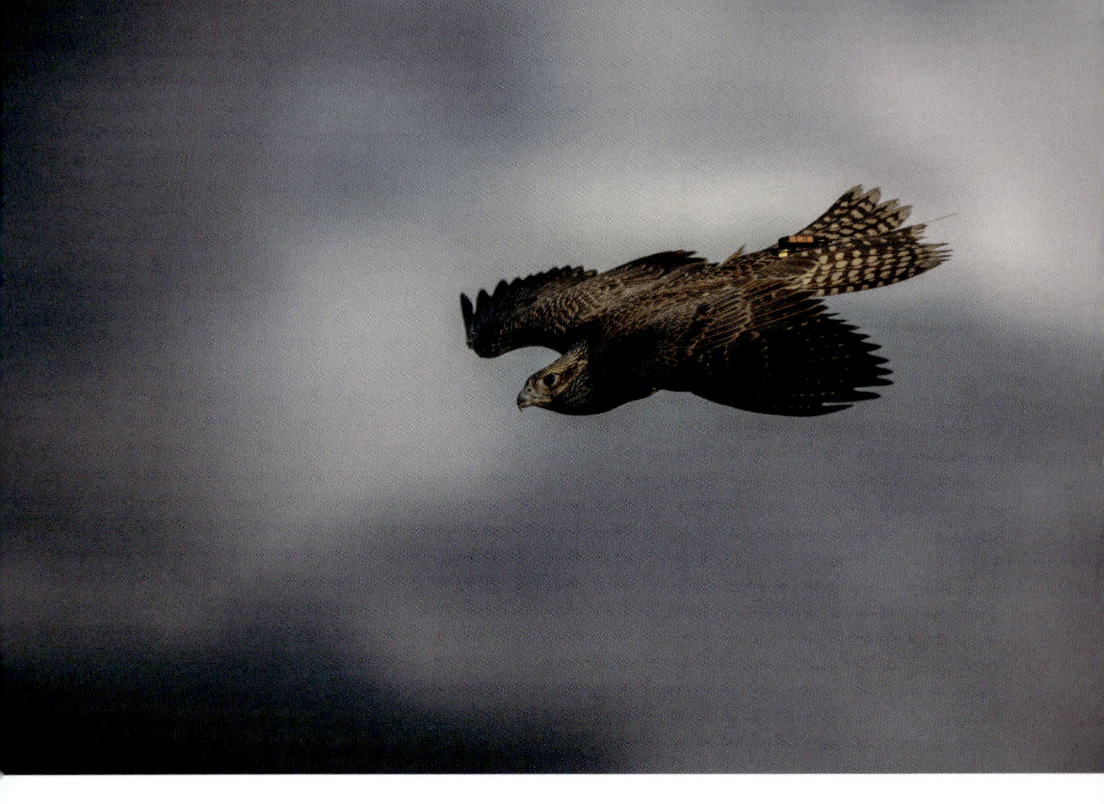

▲ *Ein auf Beute fixierter Falke im Sturzflug.*
f/2.8 | 1/4000 s | ISO 100

Greifvögel sind natürlich unwesentlich schneller, vor allem Falken im Sturzflug. Aber auch bei ihnen gilt: auf ein Auge fokussieren und so kurze Verschlusszeiten wie möglich wählen. Die Einstellungen sind dieselben wie im Abschnitt „Action fotografieren“. Günstig ist auch, wenn man sich ein bisschen mit den Tieren auskennt. Wissen Sie einiges über das Flugverhalten, werden Sie beim Fokussieren nicht so überrascht, sondern können vorausschauend mit der Bewegung des Vogels mitgehen.

Es gibt noch weitere fliegende Tiere, aber obwohl ich auch schon Makrokurse absolviert habe und Libellen im Flug fotografieren kann, sollte zu Insekten besser ein Fachmann etwas erzählen. Mark Schäfer hat einen Artikel für dieses Buch geschrieben, den Ihnen nicht vorenthalten möchte, siehe „Insekten im Flug“.

▶ *Elegant und aufmerksam zieht dieser Falke seine Runden.*

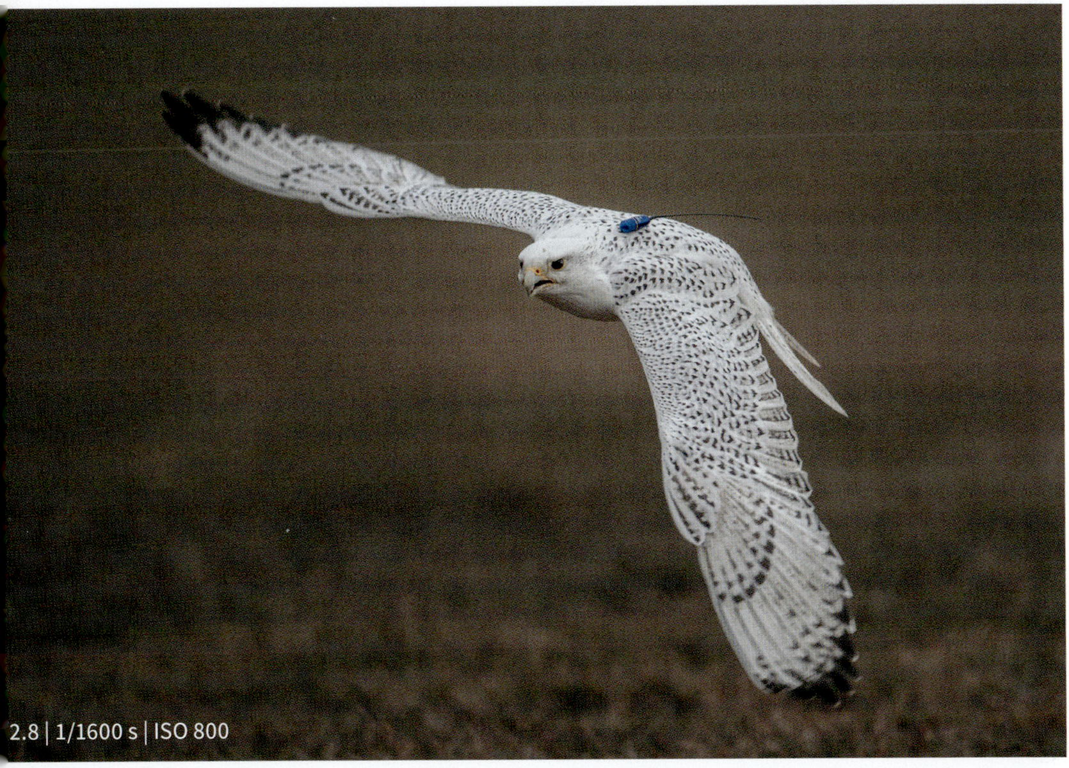

2.8 | 1/1600 s | ISO 800

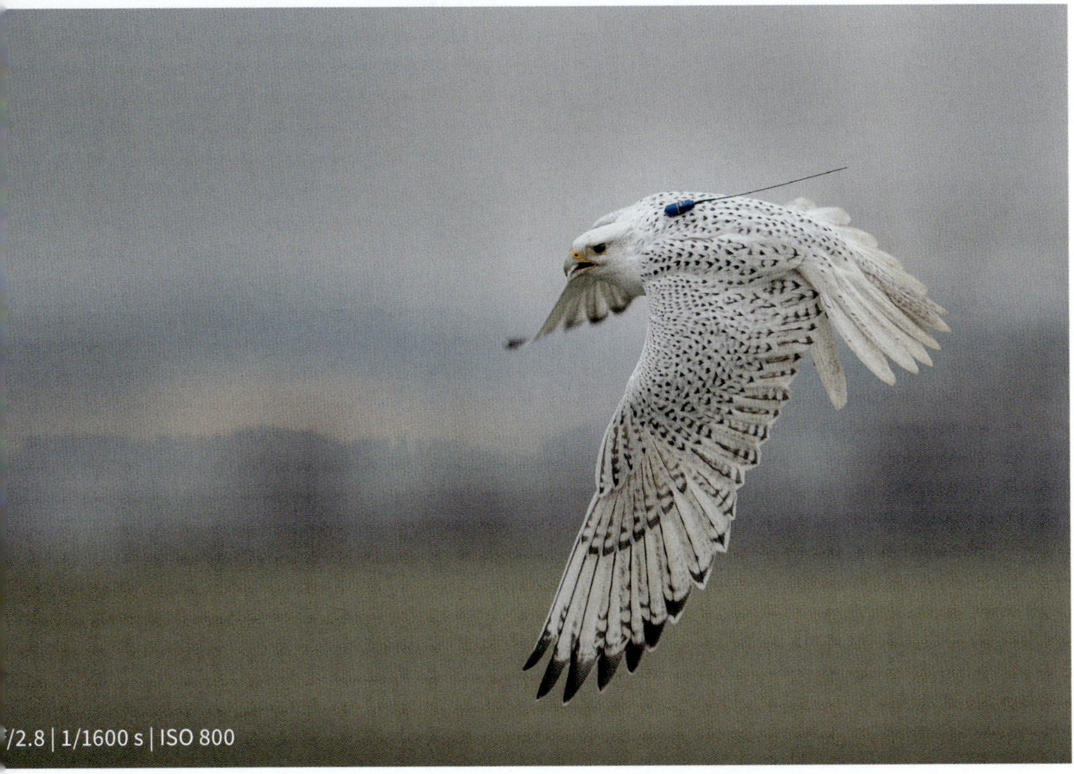

'/2.8 | 1/1600 s | ISO 800

Vom Wendemanöver in den Sturzflug übergehend.

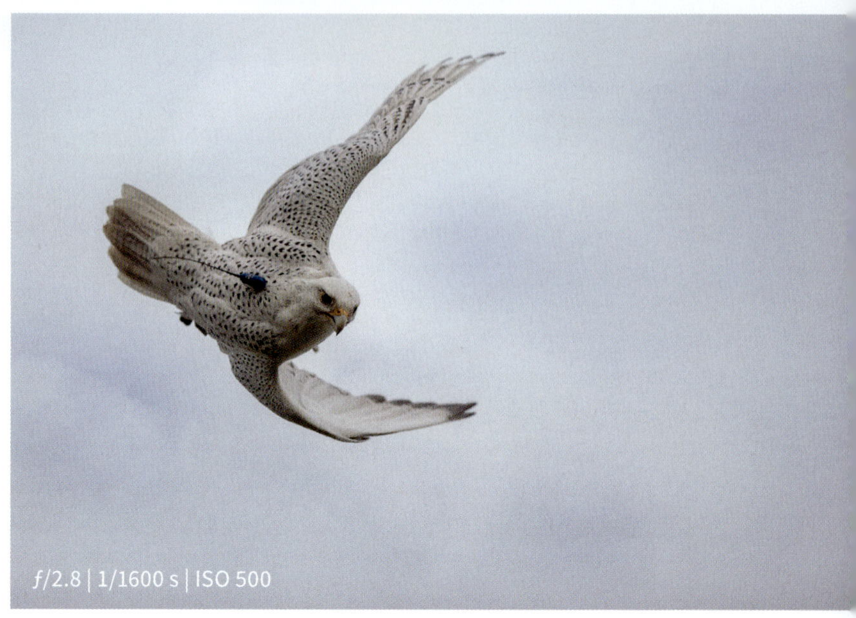

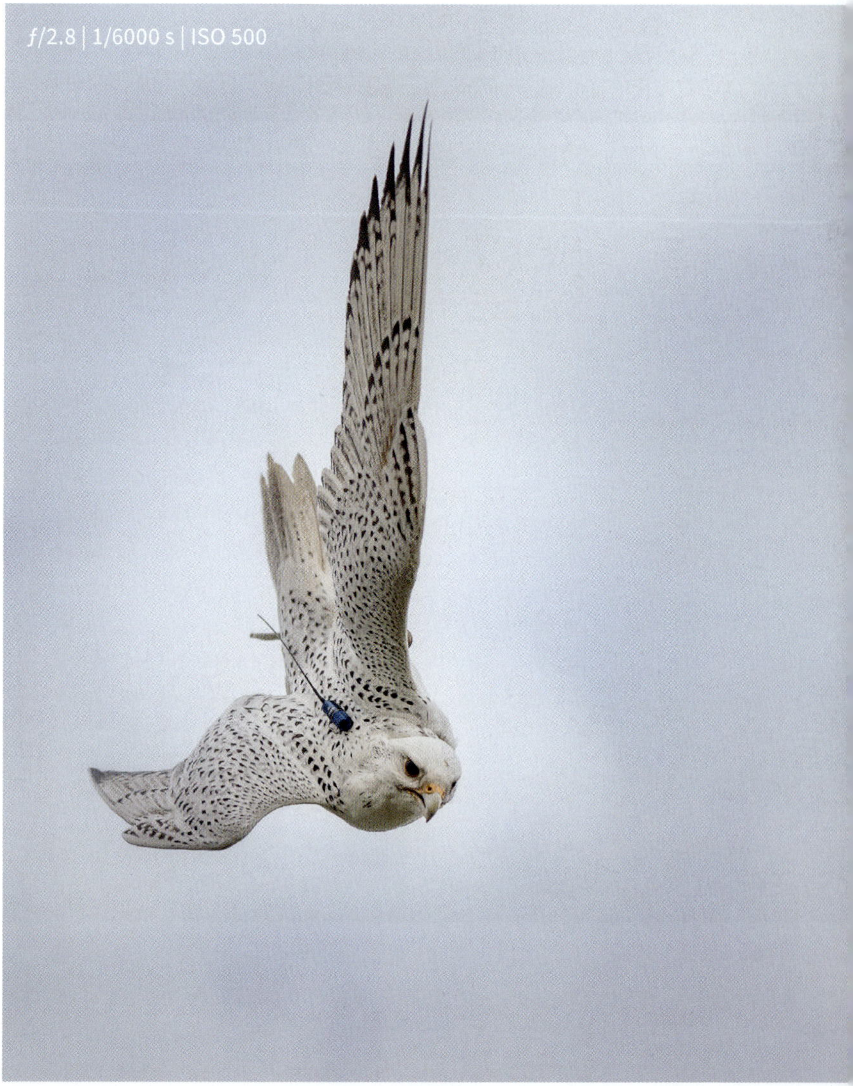

f/2.8 | 1/6000 s | ISO 500

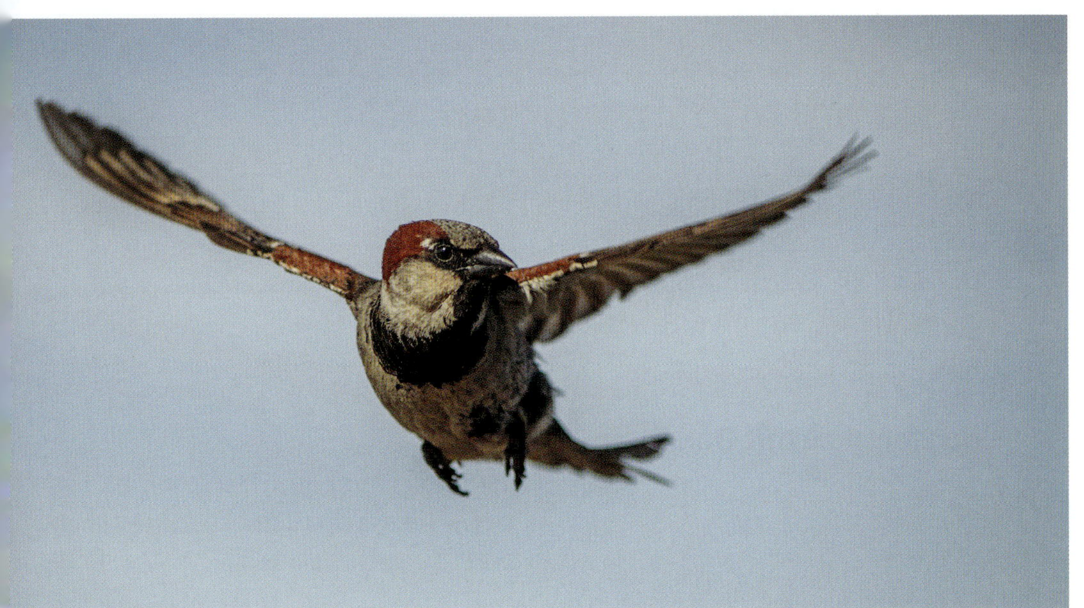

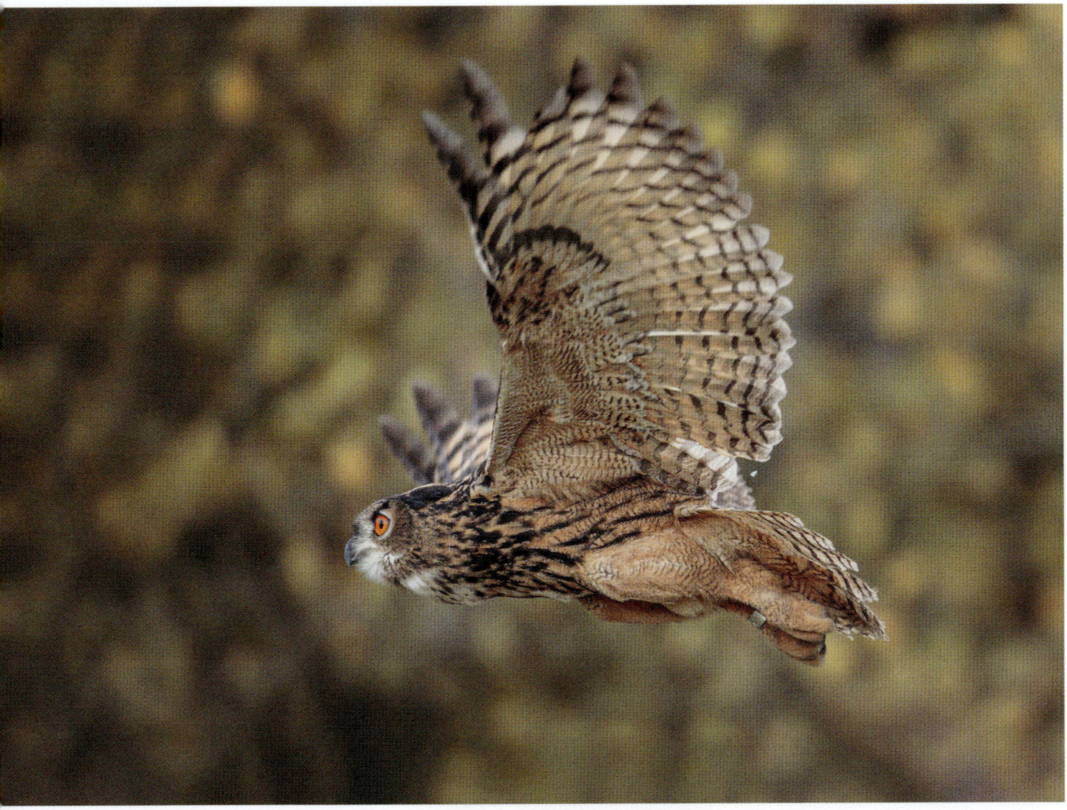

▲ *Es müssen nicht unbedingt Greifvögel sein. Auch Spatzen sind immer wieder tolle Motive.*

f/3.1 | 1/2500 s | ISO 100

▲ *Diesen prächtigen Uhu retteten wir, zogen ihn auf und wilderten ihn wieder aus.*

f/2.8 | 1/1250 s | ISO 1800

Tiere am und im Wasser

Tiere im Wasser bieten immer jede Menge Spaß und vor allem großartige Bilder. Ich wähle die gleichen Kameraeinstellungen wie bei fast allen Bewegungsbildern.

Wasserspaß mit Bällchen

Wichtig ist:

- Fokusmodus AF-C/AI-Servo (also der Continuous Autofokus).
- Eine kurze Verschlusszeit (ab 1/1000 Sekunde, je kürzer, desto besser).
- Wenn vom Licht her möglich, 1/1600 Sekunde und kürzer.
- Einschalten der Serienbildfunktion.
- Einen fixen Fokuspunkt festlegen.
- Position zum Fotografieren auf Wasserhöhe.
- Idealerweise auch hier schon mal mit dem Fokuspunkt über die Mitte gehen und ihn nach oben stellen.
- Hund vorm Loslaufen anfokussieren.
- Halb durchdrücken, immer mitgehen und auf dem Auge bleiben.
- Erst auslösen, wenn der Hund fast formatfüllend im Bild ist.

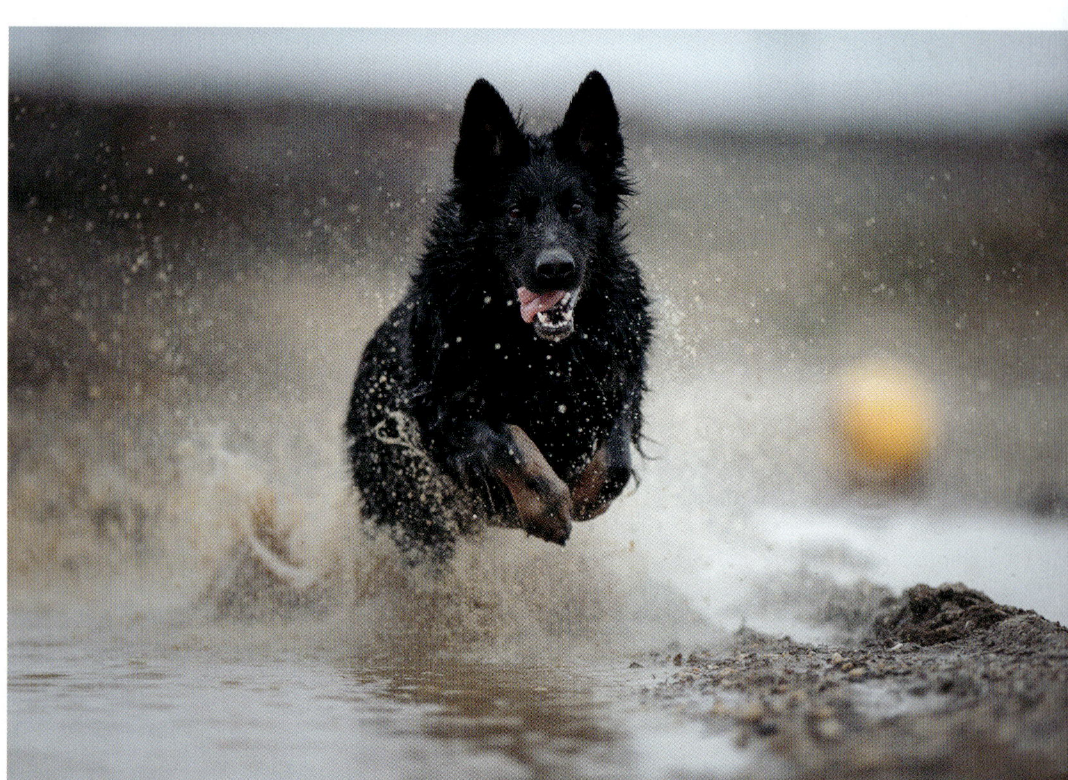

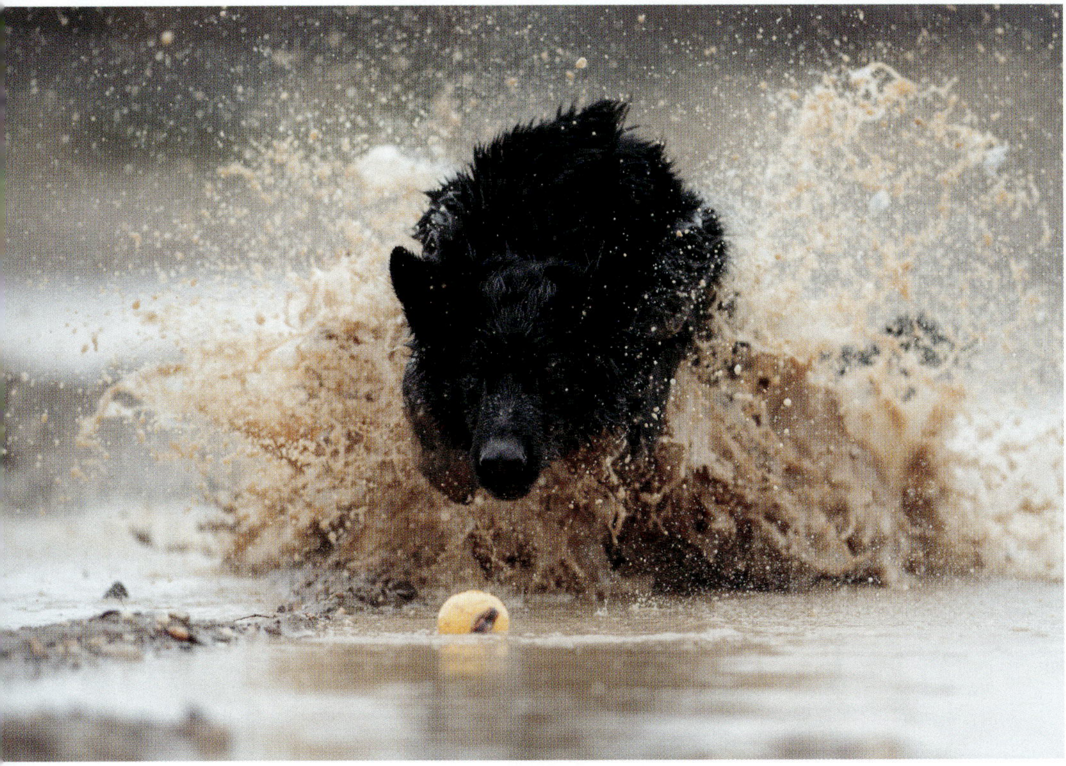

◀ *Wasserspaß mit Ball.*
f/10 | 1/1250 s | ISO 720

▲ *Den Ball anfokussieren …*
f/3.2 | 1/1250 s | ISO 720

▼ *… und fangen.*
f/2.8 | 1/1250 s | ISO 720

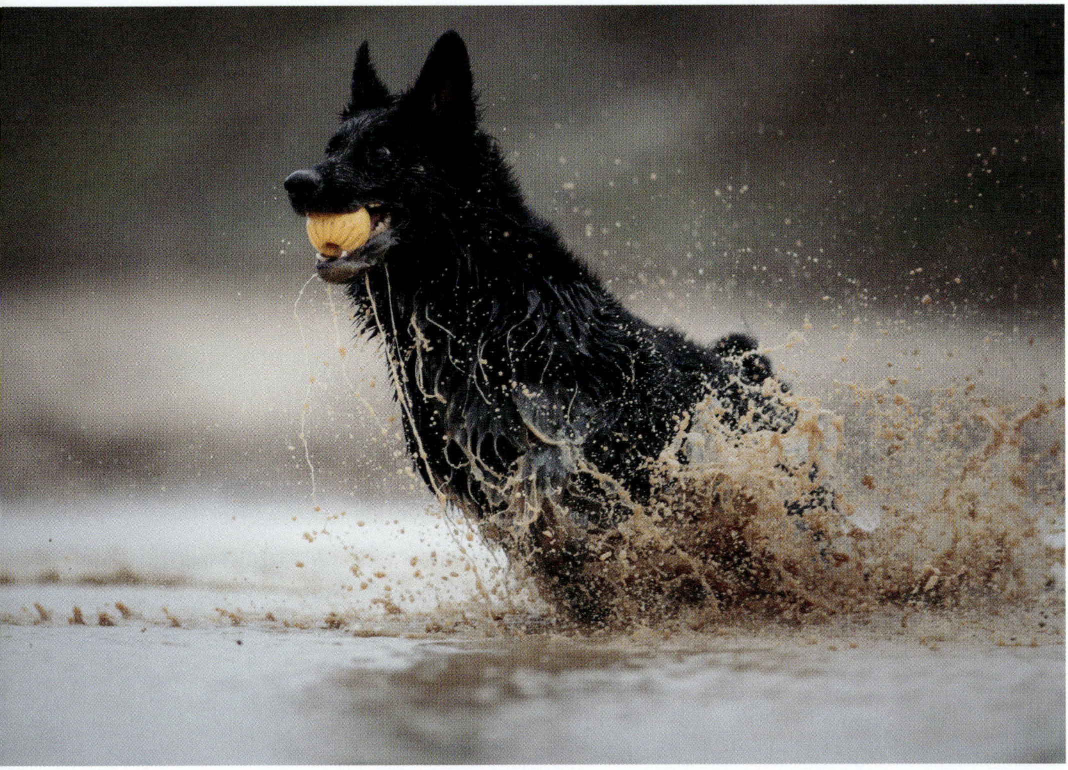

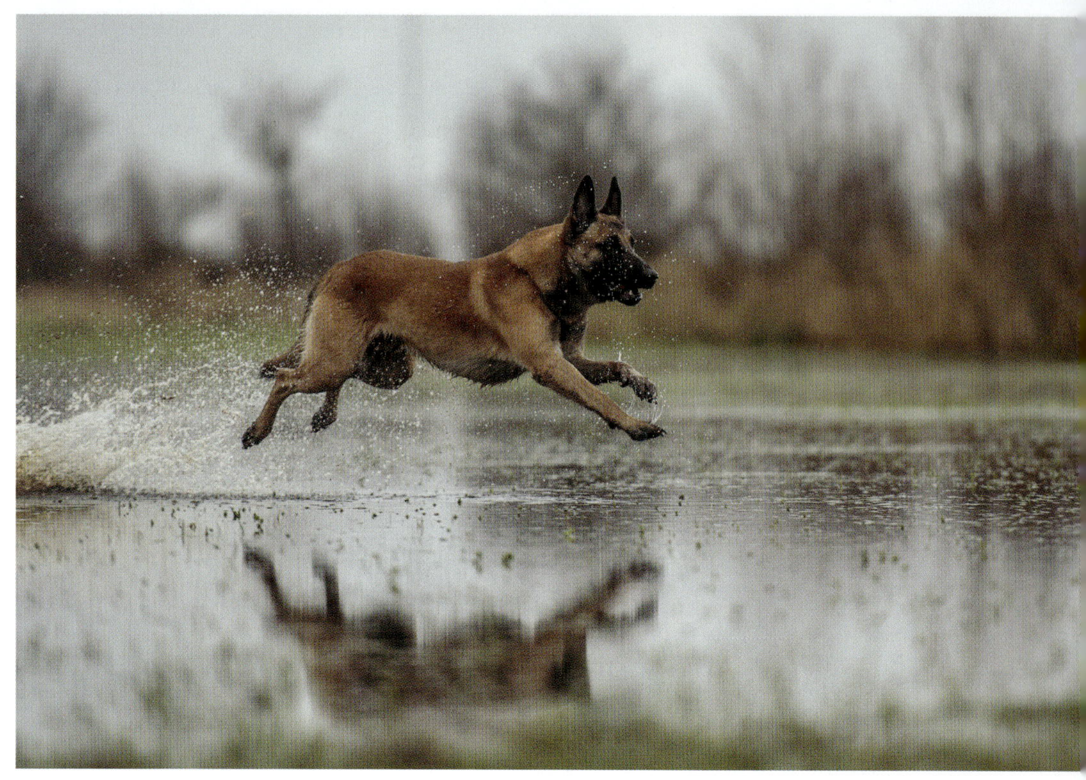

▲ *Auch bei laufenden Hunden, die ich von der Seite fotografiere, versuche ich, mit dem Fokus immer auf dem Auge zu bleiben.*
f/2.8 | 1/1250 s | ISO 250

Prüfen Sie bei Aufnahmen wie diesen immer mit einem Referenzbild, ob die Belichtung noch stimmt. Ansonsten müssen Sie leicht über- oder unterbelichten. Wenn genug Abstand zum Motiv da ist, geht der mittlere Fokuspunkt, wenn nicht, ein bisschen nach rechts oder links der Mitte wandern. Es gibt einige Fotografen, die sagen, es sei bei von der Seite zu fotografierenden laufenden Hunden egal, wo der Fokuspunkt sitzt. Er könne auch auf der Schulter liegen. Ich bemühe mich jedoch, dass er auf dem Auge liegt. Da ich meist mit Offenblende fotografiere und hier der Schärfestreifen nicht so groß ist, wäre beim Fokussieren auf die Schulter das Auge dann unscharf, wenn der Hund im Rennen den Kopf etwas nach außen dreht.

Schüttelbilder von Hunden

Immer schön sind Schüttelbilder. Manche Hunde schütteln sich von selbst, sobald sie aus dem Wasser kommen. Andere muss der Hundebesitzer im Ohr kitzeln. Auch wenn es bei den Schüttelbildern fast nicht möglich ist, versuche ich dennoch, aufs Auge zu fokussieren.

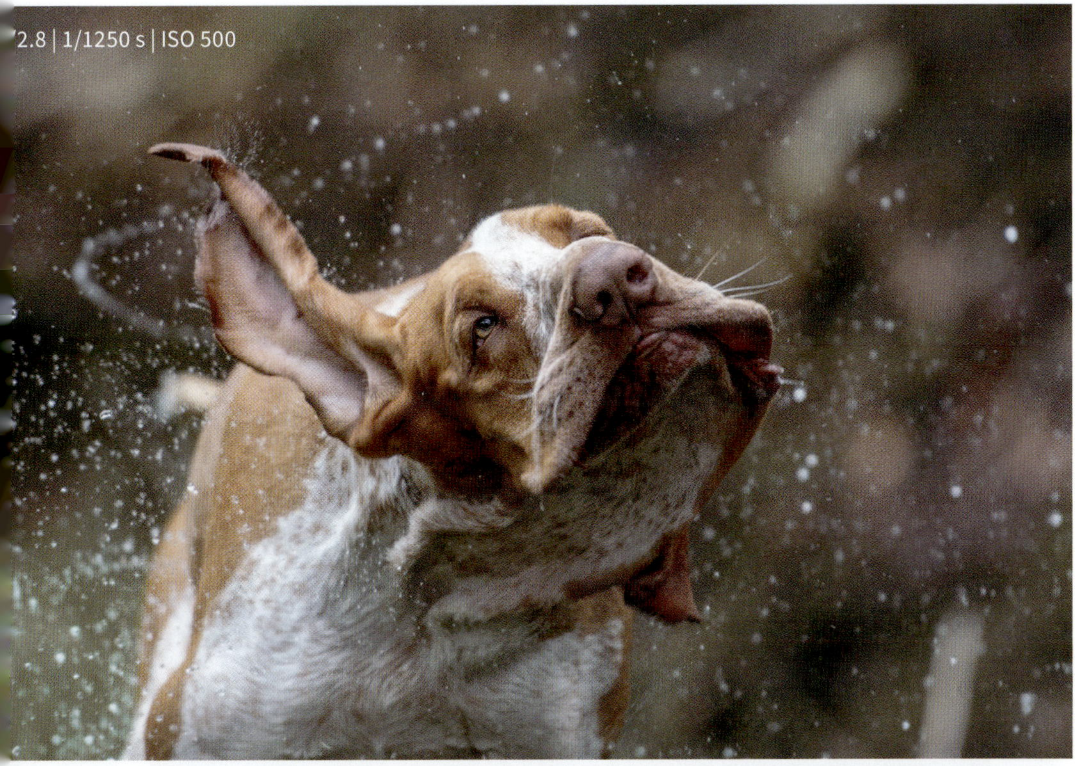

2.8 | 1/1250 s | ISO 500

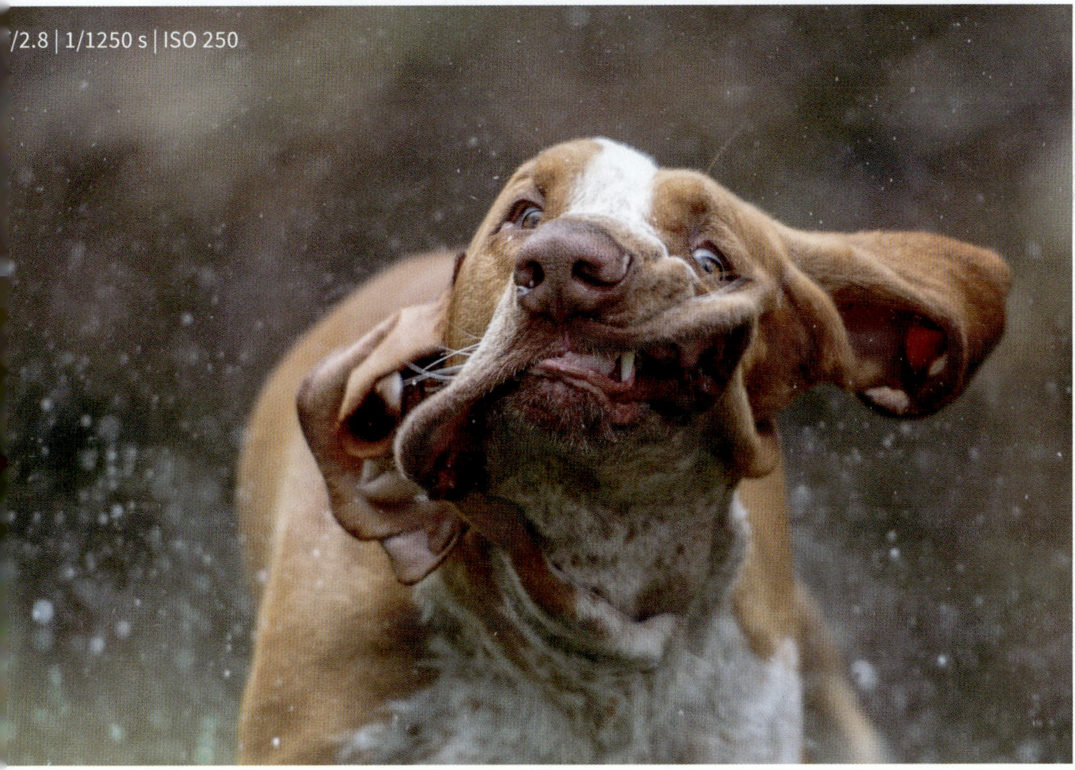

/2.8 | 1/1250 s | ISO 250

▲ *Einmal nach links schütteln, einmal nach rechts schütteln.*

Auch badende Vögel im Wasser gelingen mit den gleichen Einstellungen genauso gut. Aber sehen Sie selbst. Wir sitzen oft in Fotohütten mit Wasserstellen und warten, was dort ankommt. Ans Wasser kommen sie früher oder später alle, denn jeder Vogel liebt das Baden. Auch die meisten Eulen lieben Wasser.

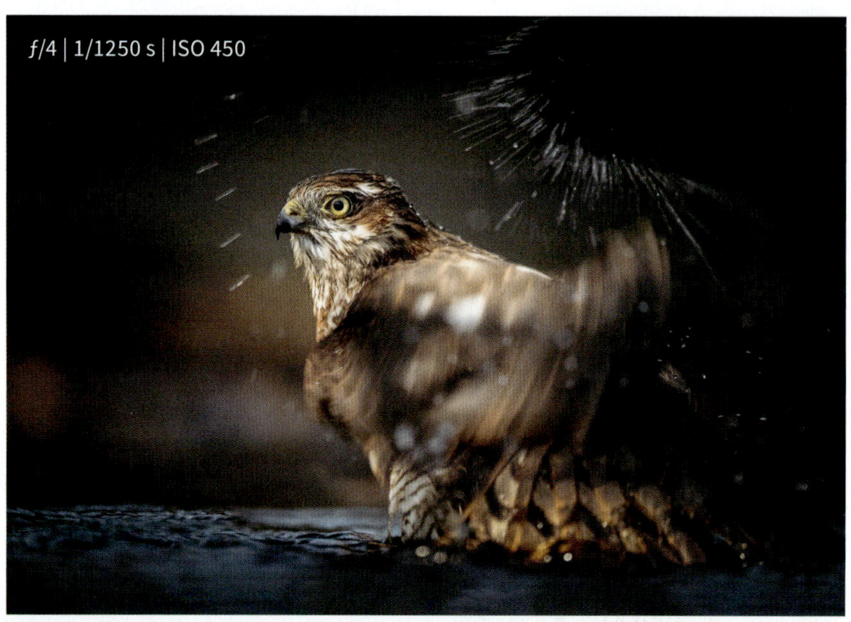

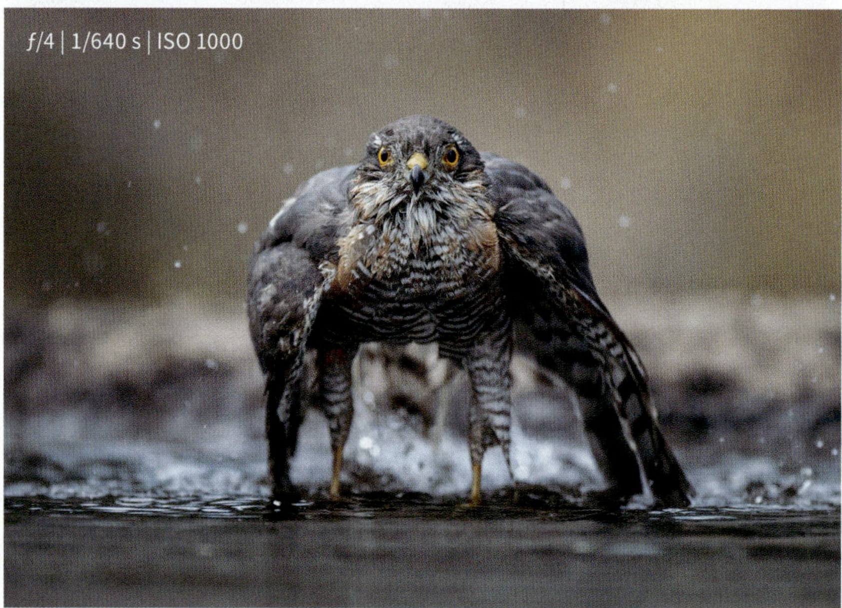

▲ *Ein Sperber-Weibchen beim erfrischenden Bad.*

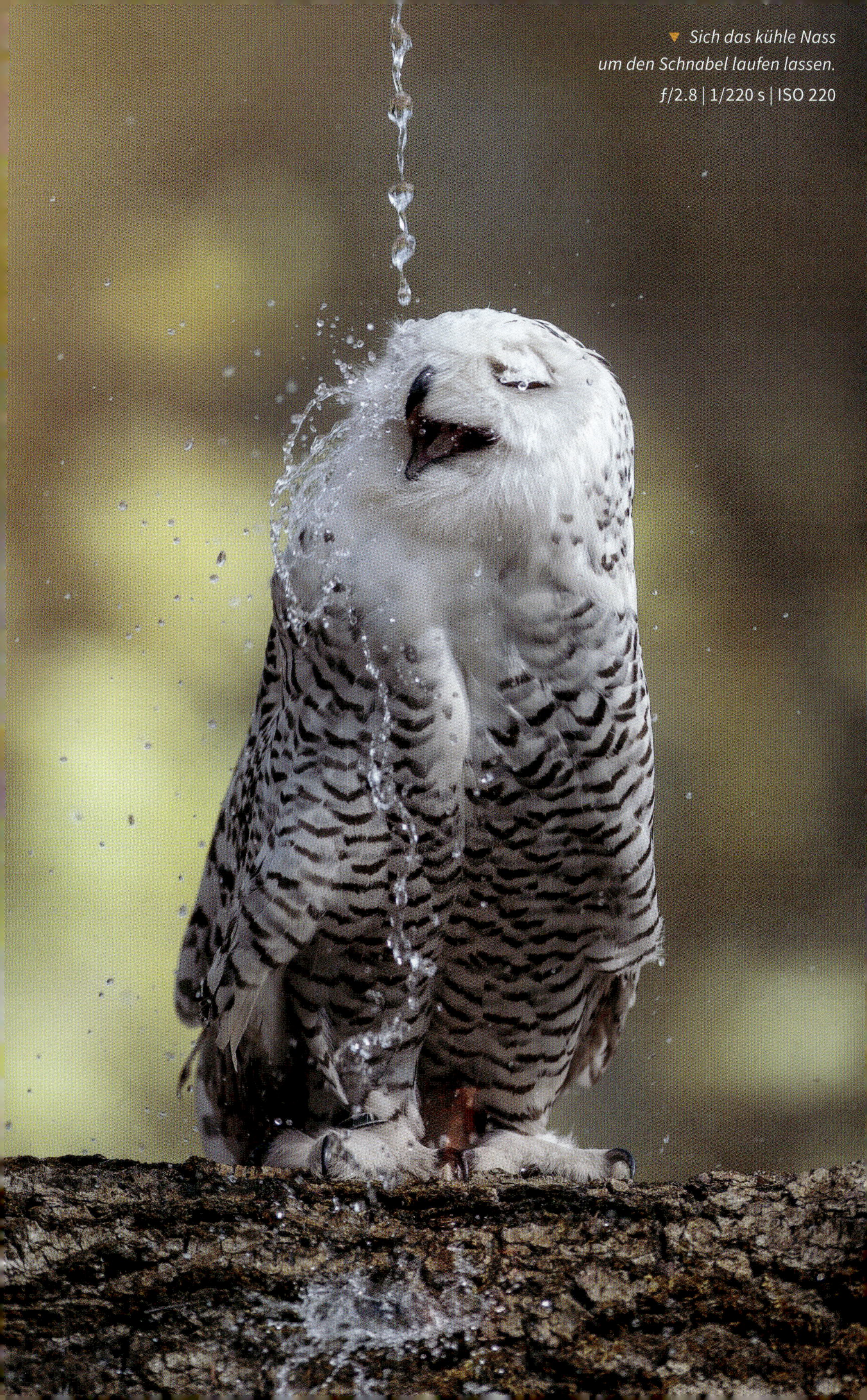

▼ *Sich das kühle Nass um den Schnabel laufen lassen.*
f/2.8 | 1/220 s | ISO 220

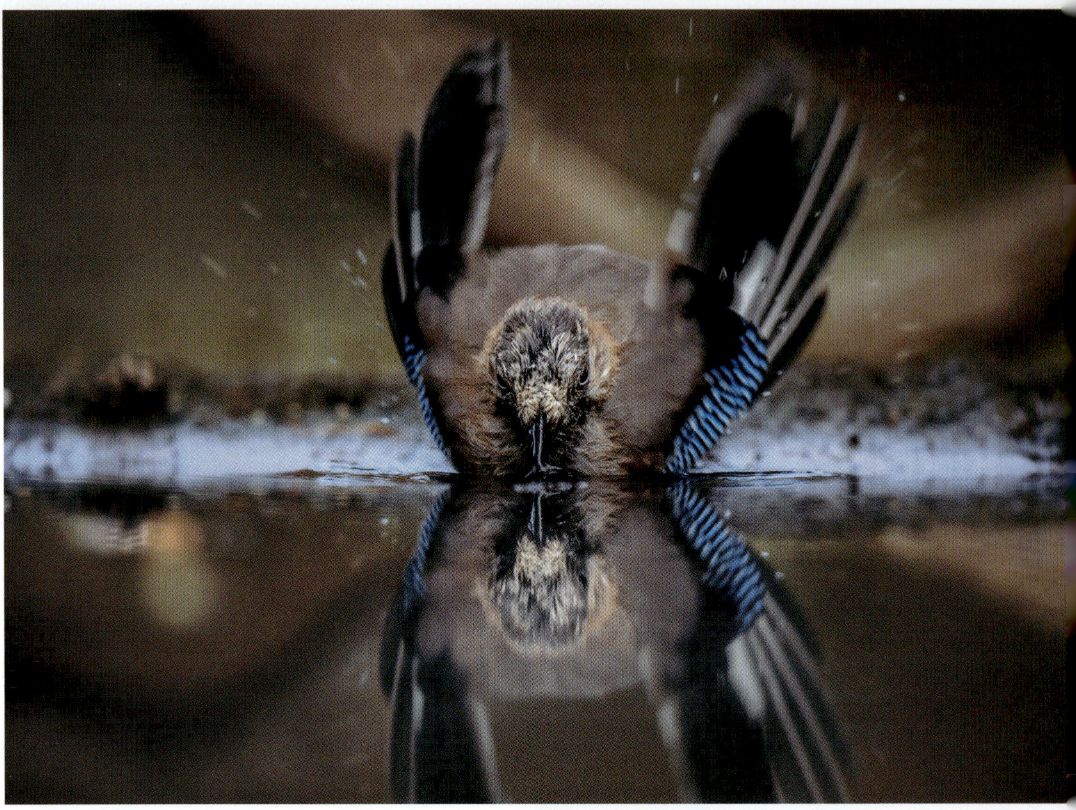

▲ *Vorher – ein Eichelhäher beim Bad.*
ƒ/4.0 | 1/320 s | ISO 360

▶ *Nachher – unser Eichelhäher nach seinem Bad. Wenn ich nur ein Handtuch hätte.*
ƒ/4.0 | 1/320 s | ISO 600

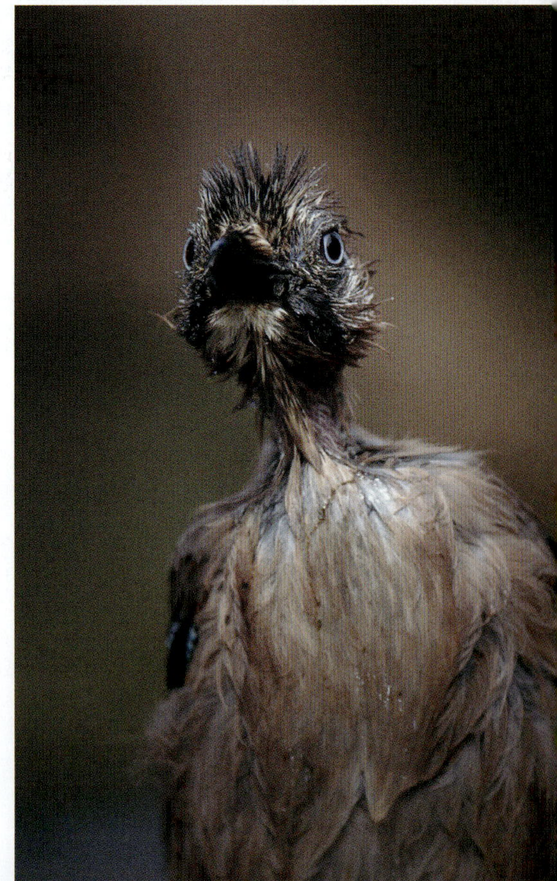

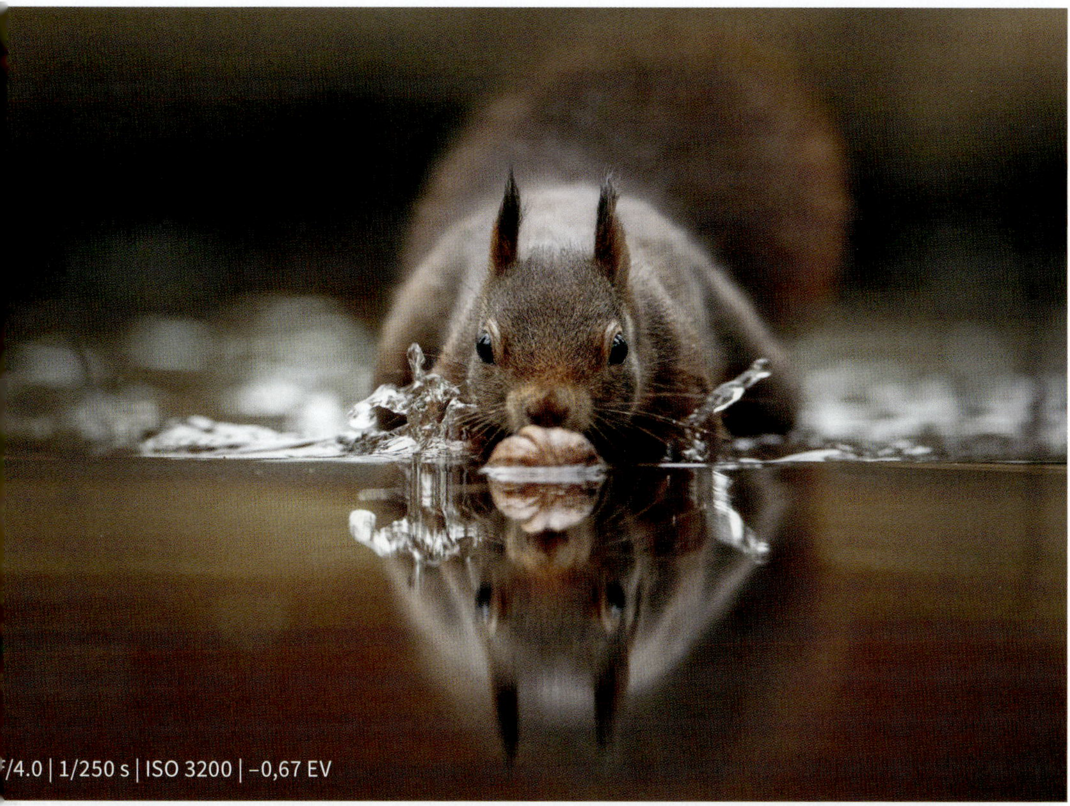

f/4.0 | 1/250 s | ISO 3200 | –0,67 EV

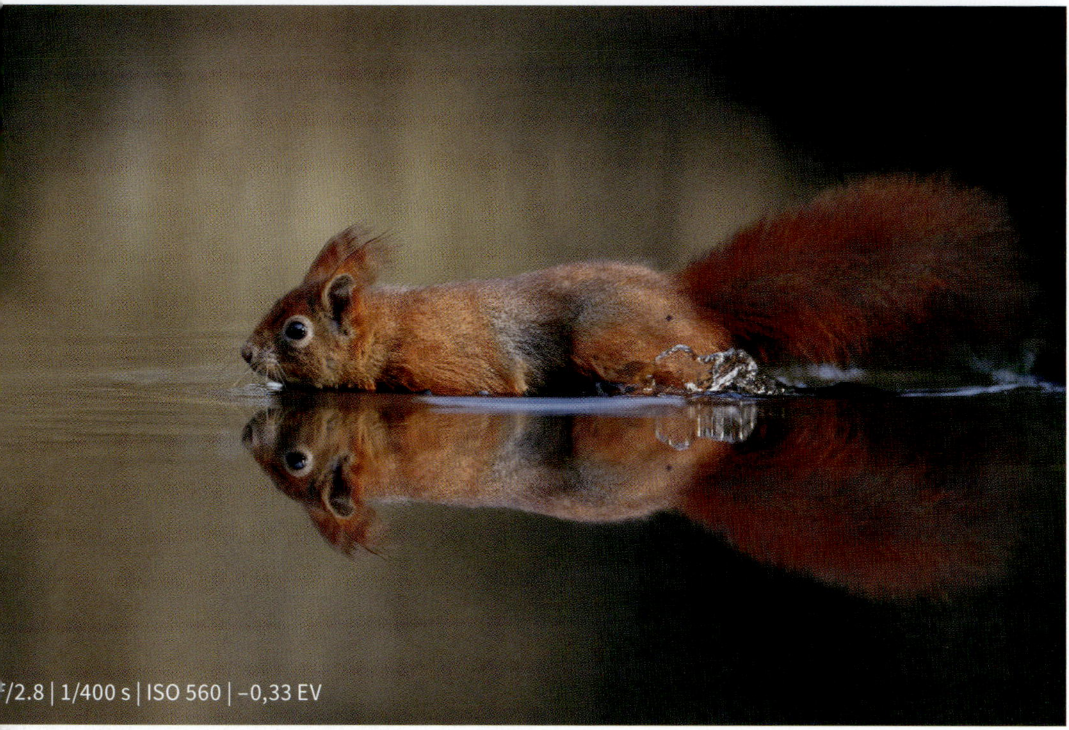

f/2.8 | 1/400 s | ISO 560 | –0,33 EV

▲ *Eichhörnchen am Wasser sind mit eines meiner Lieblingsmotive.*

Insekten im Flug

Gastbeitrag von Mark Schäfer

Von der Idee zum Foto. Bilder von Insekten im Flug zu erstellen, ist einfacher, als man denkt. In diesem Abschnitt erkläre ich Ihnen alles, was nötig ist, um beeindruckende Flugbilder mit Ihrer eigenen Kamera zu erstellen. Geduld ist wichtig, denn unsere Motive lassen sich keine Anweisungen geben. Wir müssen in die Welt der Insekten eintauchen, die Tiere respektieren und ihre Verhaltensweisen verstehen. Unsere Arbeit wird dann mit beeindruckenden Bildern belohnt.

Begegnung mit der Kreiselwespe

Im Sommer 2017 war ich im Naturschutzgebiet „Mainzer Sand" unterwegs, um Springspinnen zu fotografieren. Am Boden liegend, eine Springspinne vor meinem Objektiv, entdeckte ich im Augenwinkel eine wunderschöne, sehr große Wespe mit auffallend grünen Augen. Sofort widmete ich meine Aufmerksamkeit dieser Wespe. Nach ein paar wenigen Bildern flog sie davon. Die ersten Bilder waren enttäuschend, aber mein Ehrgeiz war geweckt.

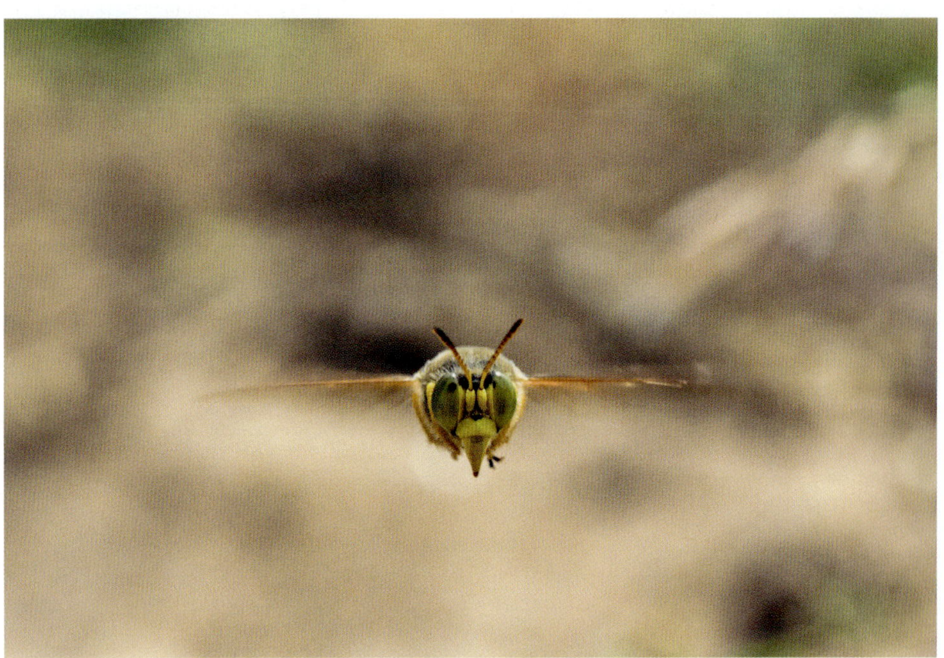

▲ *Eine Kreiselwespe im Frontalanflug.*
f/13 | 1/1600 s | ISO 1000

In den folgenden Monaten versuchte ich so viel wie möglich über die Wespe zu erfahren. Ich besorgte mir ein Buch über Bienen, Wespen und Ameisen, um die Wespe genauer bestimmen zu können. Mithilfe von Gesprächen mit Freunden gelang dies dann auch. Es handelte sich um eine geschnäbelte Kreiselwespe (Bembix rostrata), die zu den Grabwespen mit echter Brutpflege gehört. Diese Wespen betreuen ein Nest und tragen ständig neue Fliegen als Futter für die geschlüpften Larven herbei – je nach Größe bis zu 50 Beutetiere pro Larve.

Bildidee und Planen der Zielfotos

Dieses Wissen erleichterte es mir, meine Zielfotos für die nächste Saison zu planen. Ich wollte die Wespe im Anflug auf die Brutröhre von vorne, von der Seite und wenn möglich mit Beute ablichten. Mein Wunschfoto war ein zusammengesetztes Bild aus mehreren Aufnahmen. Es sollte den kompletten Anflug der Wespe bis zum Eingang der Brutröhre zeigen. Diese war auch der Ausgangspunkt meiner Überlegungen, denn die Wespe wird sie regelmäßig anfliegen, um ihre Larven zu füttern.

Die geschnäbelte Kreiselwespe ist nicht unbedingt die beste Art, um mit der Aufnahme von Flugbildern zu beginnen. Ich möchte Ihnen zunächst ein paar Anregungen dazu geben, wie Sie Ihre Bildidee entwickeln können. Gehen Sie in Ihren Garten oder den nächstgelegenen Park und schauen Sie, welche Blüten von Bienen angeflogen werden. Schnell werden Sie feststellen, dass die Bienen oft den gleichen Anflug zu einer Blüte wählen. Währenddessen verlangsamen die Tiere ihr Flugtempo, was uns beim Erstellen der Bilder entgegenkommt.

Oder kennen Sie einen Imker? Ich habe einen angesprochen und durfte an einem seiner Völker ausgiebig fotografieren. Als Dankeschön habe ich ihm dann ein paar der Flugbilder kostenlos zur Verfügung gestellt. An einem Bienenstock ist es relativ einfach, gute Flugbilder zu fertigen, da ständig Bienen ein- und ausfliegen. Sie können ein Stativ aufstellen und ohne Hektik fotografieren. Aber denken Sie daran, den Imker zu fragen, wie Sie sich am Stock am besten verhalten und welche Kleidung Sie vor den Bienen schützt.

Ihre Bildidee könnte also wie folgt aussehen:

- Flugbild einer Biene beim Anflug auf eine Blüte.
- Flugbild einer Biene beim Anflug auf den Bienenstock mit gesammelten Blütenpollen an den Beinen.

Warten auf den richtigen Moment

Im Sommer 2018 war es dann endlich so weit. Hoch motiviert ging ich wieder ins Naturschutzgebiet „Mainzer Sand“. Mehrere Stunden verbrachte ich mit der Suche nach Brutröhren der Kreiselwespe und den Tieren selbst, leider ohne Erfolg. An den folgenden Tagen suchte ich immer wieder den Weg zu den mir bekannten Stellen und hielt weiter nach den Tieren Ausschau. Irgendwann hatte ich Glück. Am Boden fand ich zwischen 15 und 20 Brutröhren, alle sehr nah beieinander. Ich beobachtete den Bereich und konnte nach kurzer Zeit die ersten geschnäbelten Kreiselwespen entdecken. Ausnahmslos alle Tiere, die ich an diesem Tag sah, waren mit dem Bau bzw. der Fertigstellung der Brutröhren beschäftigt.

An diesem Tag machte ich keine Bilder von den Wespen, ich beobachtete sie nur. Trotzdem stieg in mir die Vorfreude, denn ich hatte die Tiere zur richtigen Zeit gefunden. Durch die Beschäftigung mit dieser Art wusste ich, dass in den nächsten Tagen die Larven schlüpfen würden und dann die für mich fotografisch interessante Phase beginnen wird. An den folgenden Tagen verbrachte ich jede freie Minute an der Stelle. Am 18. Juni 2018 war es dann endlich so weit. Ich sah die erste Kreiselwespe, deren Flug auffallend langsamer war. Sie hatte ein Beutetier betäubt und flog damit zur Brutröhre. Es konnte also endlich losgehen.

Meine Ausrüstung an diesem Tag

Bevor ich Ihnen erkläre, worauf ich beim Shooting geachtet habe und welche Einstellungen bei mir funktionierten, möchte ich noch kurz auf die von mir genutzte Ausrüstung eingehen. Alle Bilder, die Sie in diesem Abschnitt sehen, sind mit der Nikon D500 entstanden. Als Objektiv habe ich das Sigma 105 mm 1:2.8 DG Macro HSM genutzt. Ein weiteres sehr sinnvolles Hilfsmittel war ein Reflektor in einer Durchlichtvariante, den ich als Diffusor eingesetzt habe. Ein Stativ hatte ich an diesem Tag auch dabei, es kam aber nicht zum Einsatz.

Hinter den Kulissen des Shootings

Um ein Gespür für den besten Bildausschnitt zu bekommen, legte ich mich vor verschiedene Brutröhren. In der liegenden Position konnte ich dann mein besonderes Augenmerk auf den Hintergrund und den Bildausschnitt richten. Bei der Auswahl der finalen Location achtete ich darauf, dass keine störenden Elemente im Hintergrund zu sehen waren.

Auch Fußspuren im Sand sollten nicht auf dem Bild zu sehen sein. Denn ausnahmslos alle Brutröhren, die ich fand, waren auf dem frei zugänglichen Fußweg innerhalb des Naturschutzgebiets.

Meine Zielfotos sollten alle einen unscharfen und damit ruhigen Hintergrund aufweisen, idealerweise sollte auch die Farbstimmung im Hintergrund zum Vordergrund passen. Selbstredend sollte der Körper der Wespe scharf abgebildet sein. Aus meiner Erfahrung mit Flugbildern, z. B. mit der Honigbiene, wusste ich, dass bei den geplanten Verschlusszeiten die Flügel der Wespe nicht eingefroren sein werden. Das finde ich aber nach wie vor überhaupt nicht verwerflich. Ganz im Gegenteil –für mich verleiht es den Bildern eine sehr angenehme Dynamik.

Ich legte mich im rechten Winkel zum gedachten Anflugweg der Wespe auf den Boden. Durch das tagelange Beobachten wusste ich, dass die Wespen immer aus der gleichen Richtung ihre Brutröhren anfliegen.

Wichtige Kameraeinstellungen

Meine D500 hatte ich auf den manuellen Modus eingestellt. Die Verschlusszeit stellte ich bei den ersten Bildern auf 1/1250 Sekunde ein. Im Verlauf des gesamten Tages veränderte ich diese Einstellung nur minimal. Eine solch kurze Verschlusszeit erlaubt dem Fotografen, Bewegungen einzufrieren. Die Wespe bremst beim Anflug auf die Brutröhre ab, und sie trägt ein Beutetier, was ihre Fluggeschwindigkeit deutlich verlangsamt. Daher war ein Wert von 1/1250 Sekunde ausreichend. Je nachdem, welche Tiere Sie fotografieren, müssen Sie diesen Wert stark anpassen.

Die Blendeneinstellung lag bei allen Bildern zwischen Blende 7.1 und Blende 13. Die daraus resultierende Schärfentiefe hat ausgereicht, um das seitlich fliegende Tier ausnahmslos scharf abzubilden. Die 105-mm-Brennweite des Sigma-Objektivs wird durch den Cropfaktor meiner Nikon D500 zu einer Brennweite von 157,5 mm. Diese Brennweite hilft bei der Unschärfe im Hintergrund und hat mir erlaubt, die Blende etwas weiter zu schließen.

Die ISO-Empfindlichkeit lag bis auf zwei Ausnahmen immer auf ISO 1250. Bei den aktuellen Kameramodellen, verbunden mit einer leichten Nachbearbeitung in Form von Entrauschen, stellen höhere ISO-Werte technisch in diesem Bereich kein Problem mehr dar. Sie dürfen da gerne etwas mutiger sein und den ISO-Wert erhöhen. Viele haben eine unbegründete Angst vor einem Rauschen in den Bildern.

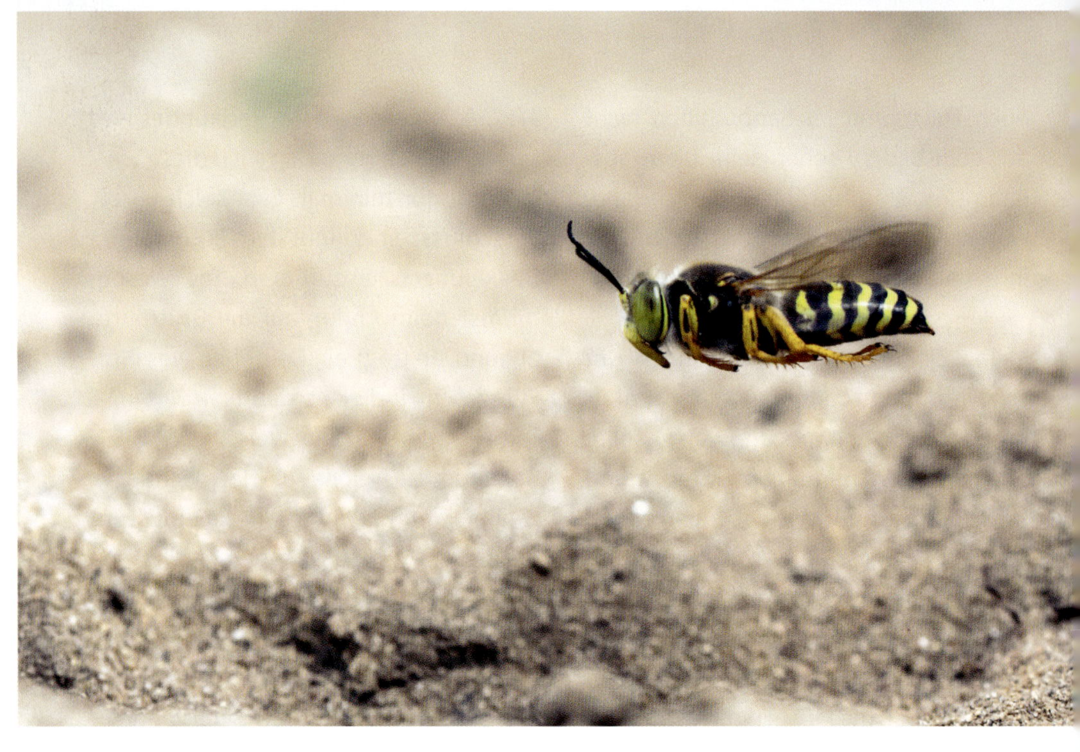

▲ *Die seitliche aufgenommene Wespe liegt perfekt in der Schärfe.*
f/10 | 1/1250 s | ISO 1250

Die letzte Einstellung an der Kamera war die des Serienbildmodus. Eine schnelle Bildfolge erleichtert hier deutlich das Fotografieren. Meine Kamera erreicht eine Serienbildgeschwindigkeit von 10,4 Bildern pro Sekunde, was mir an diesem Tag natürlich zugutekam. Aber auch mit einer geringeren Serienbildgeschwindigkeit werden Sie sehr gute Ergebnisse erzielen. Den automatischen Fokus an der Kamera hatte ich ausgestellt und manuell auf den mittleren Bereich der Brutröhre scharf gestellt. Durch die gute Vorbereitung musste ich, als die erste Wespe dann angeflogen kam, nur noch den Auslöser gedrückt halten und auf einen schönen Bildausschnitt achten.

Ab diesem Zeitpunkt kommt dann natürlich noch der Faktor Glück hinzu. Einer Kreiselwespe kann man keine Anweisungen erteilen, z. B. im Hinblick auf einen geraden Anflug. Daher war das Motiv in sehr vielen Bildern nicht komplett scharf. Aber im Laufe des Tages sind mir sehr viele gute Bilder gelungen.

Noch ein Wort zur Lichtsituation. Die beste Zeit für Fotos ist ja bekanntlich die goldene Stunde am Morgen oder Abend. Kreiselwespen fliegen aber zu dieser Uhrzeit nicht. Daher musste ich mit der harten Mittagssonne kämpfen.

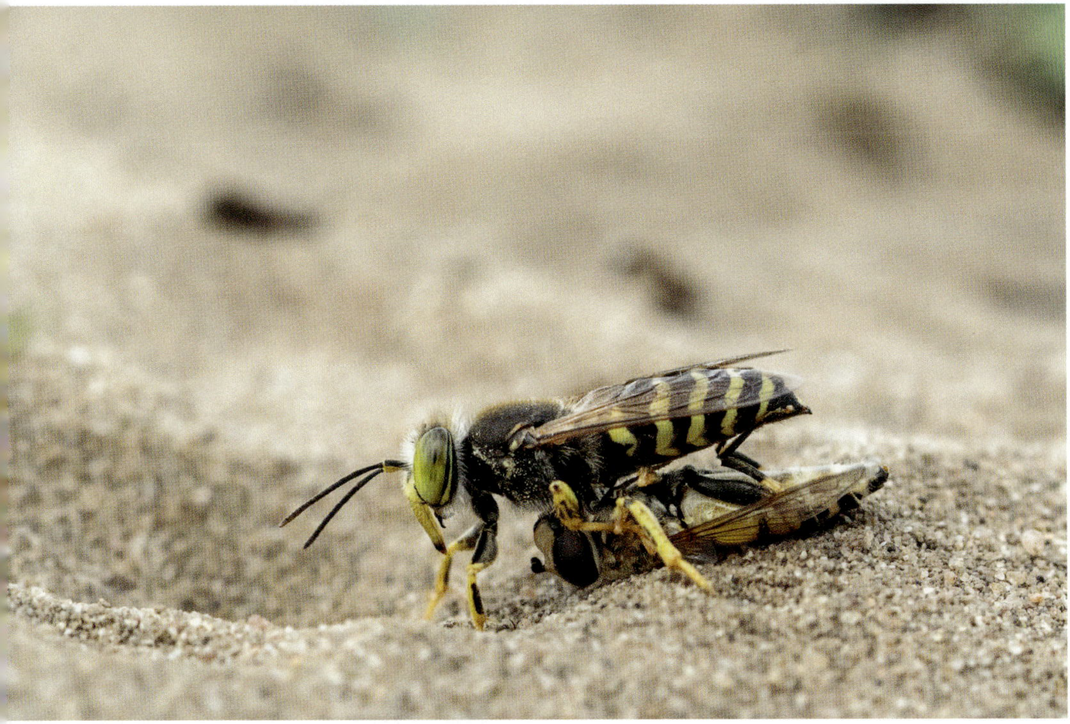

▲ *Die Kreiselwespe bei der Aufnahme der Beute.*
ƒ/10 | 1/1600 s | ISO 1600

Ideal ist ein bedeckter Himmel, da das Licht dann sehr diffus wirkt. Direkte Sonneneinstrahlung kann zum Problem werden. Hier empfehle ich Ihnen den Einsatz des oben genannten Reflektors in der Durchlichtvariante. Er dient dann als Diffusor, und man kann ihn sehr einfach an einem Stativ befestigen. So wird die harte Mittagssonne auch etwas weicher.

Nach drei Stunden liegenden Fotografierens machte ich mich mit einer vollen Speicherkarte glücklich auf den Heimweg.

Ab welcher ISO rauscht die Kamera

Meine Empfehlung an Sie: Testen Sie unbedingt Ihre Kamera. Sie sollten herausfinden, bis zu welchem ISO-Wert Sie Ihre Kamera nutzen können und ab welchem Wert das Rauschen zu stark wird. Meine Nikon D500 nutze ich bedenkenlos bis ISO 1600. Natürlich hängt es auch davon ab, wie Sie die Bilder im Anschluss nutzen möchten.

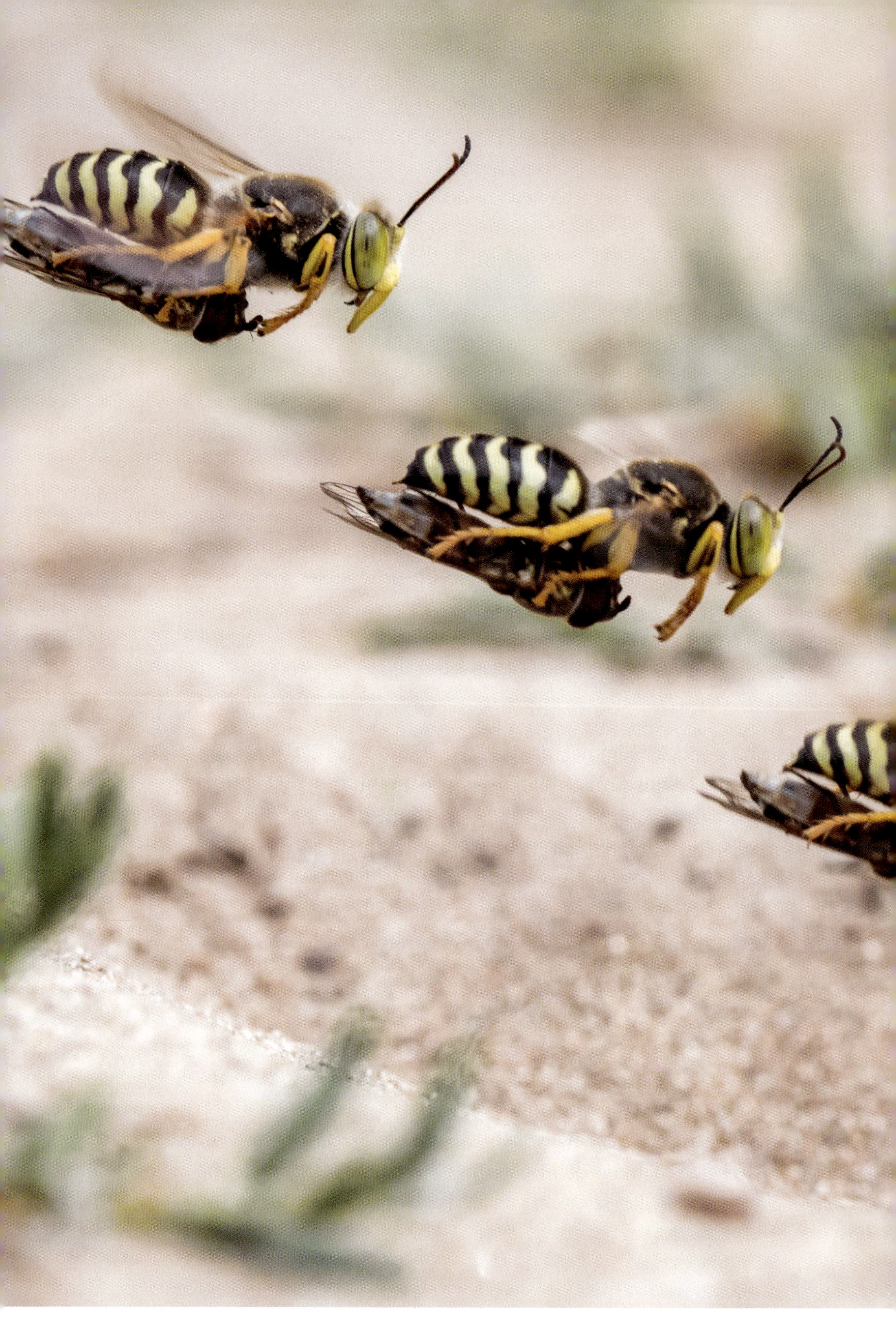

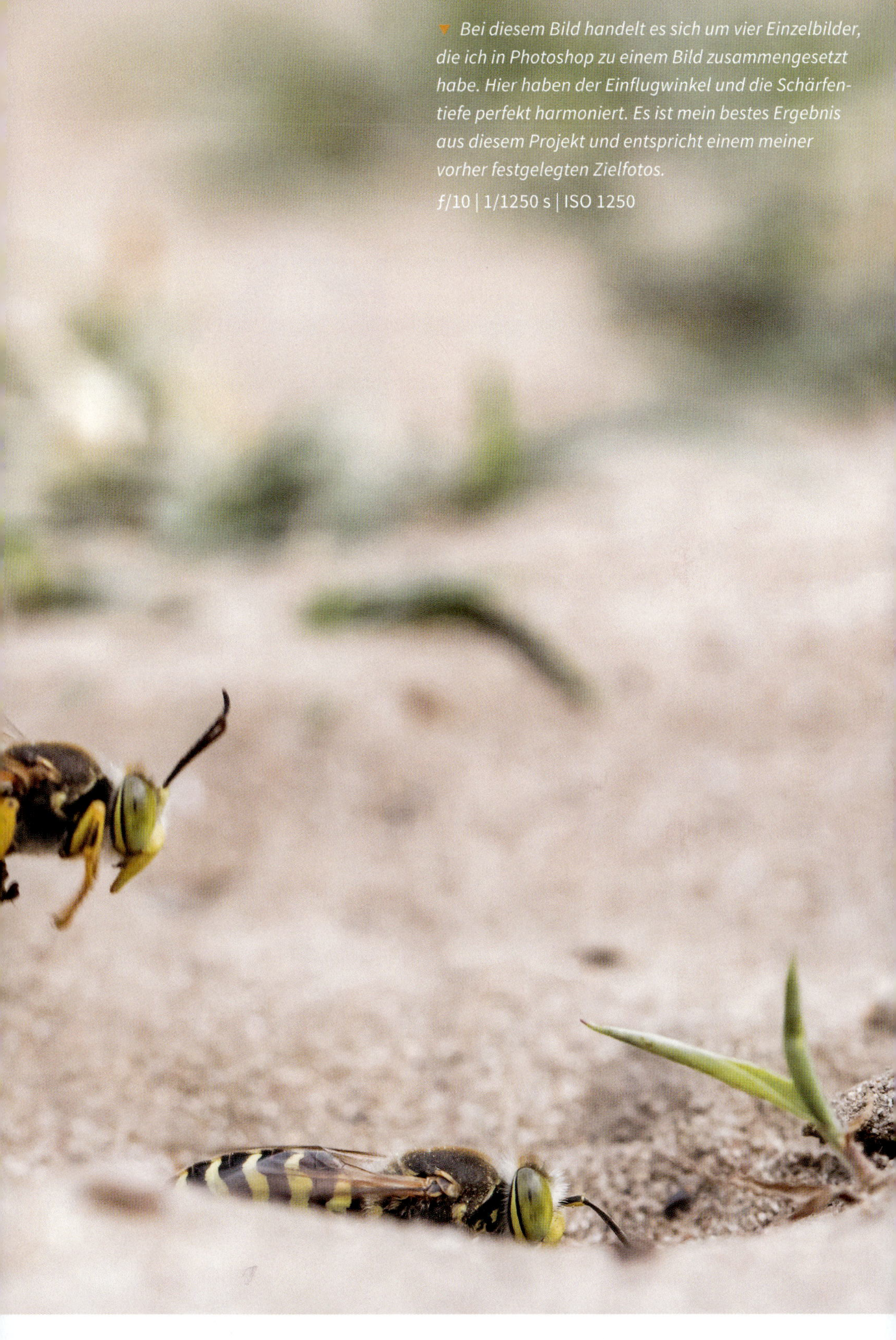

▼ *Bei diesem Bild handelt es sich um vier Einzelbilder, die ich in Photoshop zu einem Bild zusammengesetzt habe. Hier haben der Einflugwinkel und die Schärfentiefe perfekt harmoniert. Es ist mein bestes Ergebnis aus diesem Projekt und entspricht einem meiner vorher festgelegten Zielfotos.*

f/10 | 1/1250 s | ISO 1250

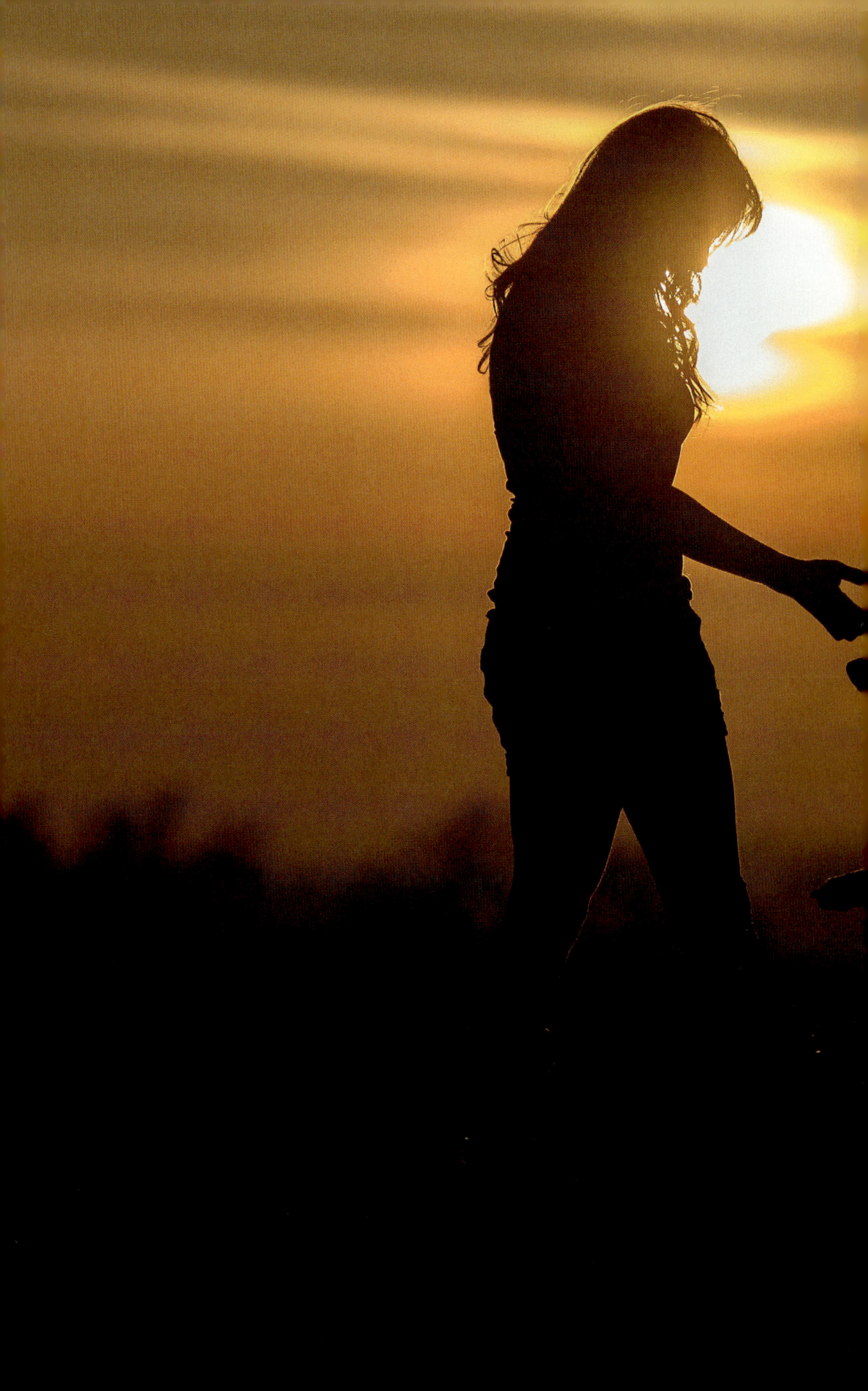

5 LICHT UND SCHATTEN

Lichtsituationen erkennen

Licht und Schatten sind mit die wichtigsten Elemente in der Fotografie. Das Morgen- und das Abendlicht sind für mich am schönsten. Mein Problem ist, dass ich so ganz früh meist nicht aus dem Bett komme. Ich nehme es mir zwar immer wieder vor, aber nur in den Sommermonaten gelingt es zumindest ganz gut. Kein Licht ohne Schatten. Sie sind das Salz in der Suppe, um besondere Lichtstimmungen in einem Bild umzusetzen.

Mögen Sie romantische Bilder, verträumt und zart, brauchen Sie weiches Licht. Möchten Sie mit Ihren Bildern kühle Distanz vermitteln, brauchen Sie kaltes oder hartes Licht. Gegenlicht erzeugt wiederum etwas völlig Eigenes, und Streiflicht können Sie sich zunutze machen, um Konturen zu verstärken.

Die Fähigkeit, fotografisch interessante Lichtsituationen zu erkennen, hängt zum großen Teil von Erfahrung ab. Je länger Sie fotografieren, desto mehr Motive werden Sie entdecken. Immer wenn Sie mit der Kamera unterwegs sind, schulen Sie ganz automatisch Ihren Blick für außergewöhnliche Bilder. Neben der Erfahrung beim Erkennen von Motiv und Lichtstimmung brauchen Sie darüber hinaus das technische Wissen, um diese Augenblicke mit der Kamera optimal einzufangen. Bei besonders interessanten Lichtstimmungen ist es meist ein wenig komplizierter, die korrekte Belichtung hinzubekommen. Je nach Motiv kann manchmal eine leichte Über- oder Unterbelichtung nötig sein, um bildwichtige Bereiche besser herauszustellen.

Kontrastreiches Mittagslicht

Das harte, kontrastreiche Mittagslicht ist eher ungeeignet zum stimmungsvollen Fotografieren. Landschaften sehen flach aus, weil die Schatten relativ klein sind. Beim Fotografieren von Tieren im Freien ist das Mittagslicht ebenfalls problematisch, weil Gesichter extrem tiefe Schatten unter Augen, Nase und Kinn erhalten. Wenn es wirklich nicht anders geht, würde ich hier mit einem Abschatter oder Reflektor arbeiten.

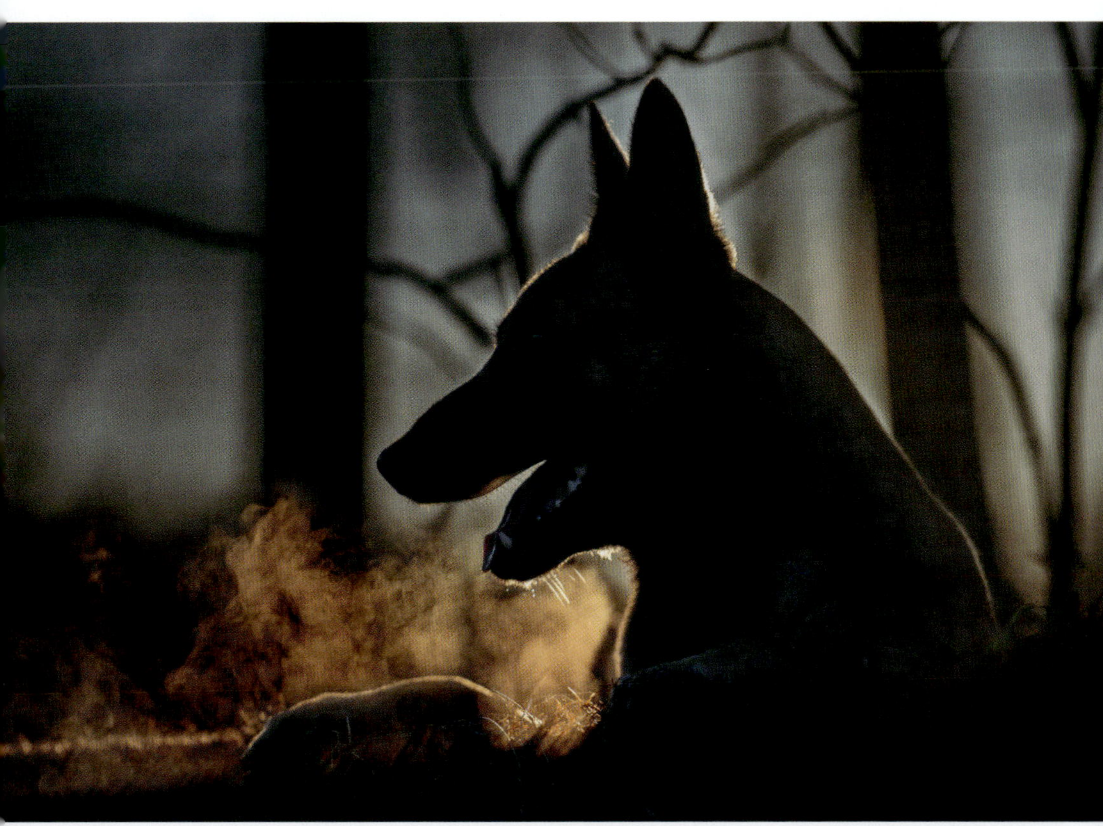

▲ *Kalter Hauch.* *f*/2.8 | 1/1000 s | ISO 100

Morgenlicht und Abendlicht

Für stimmungsvolle Landschafts-, Architektur- und natürlich Tieraufnahmen ist das Licht des frühen Morgens und des hereinbrechenden Abends ideal. Seitlich einfallendes Sonnenlicht arbeitet die Strukturen durch kontrastreiche Licht-Schatten-Übergänge deutlich heraus. Das rötliche Licht des beginnenden und des endenden Tages taucht die Motive in warme Farben.

Die folgenden Bilder entstanden in einer Fotohütte. Darin kann man das Licht nicht beeinflussen.

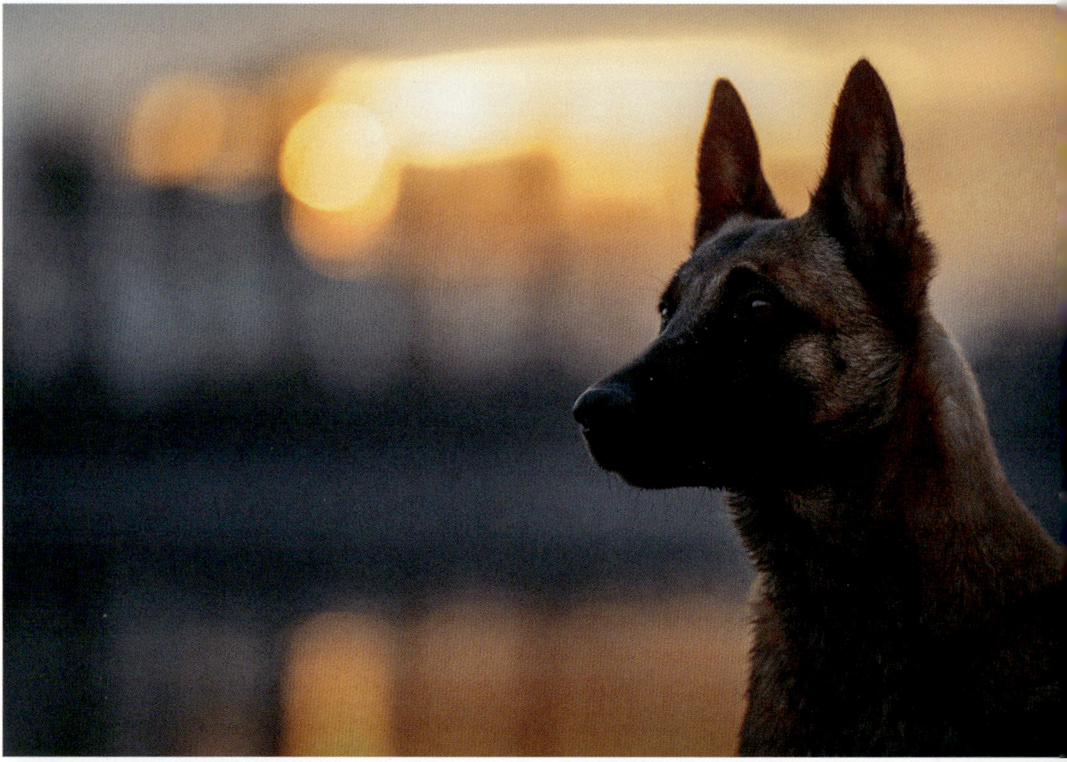

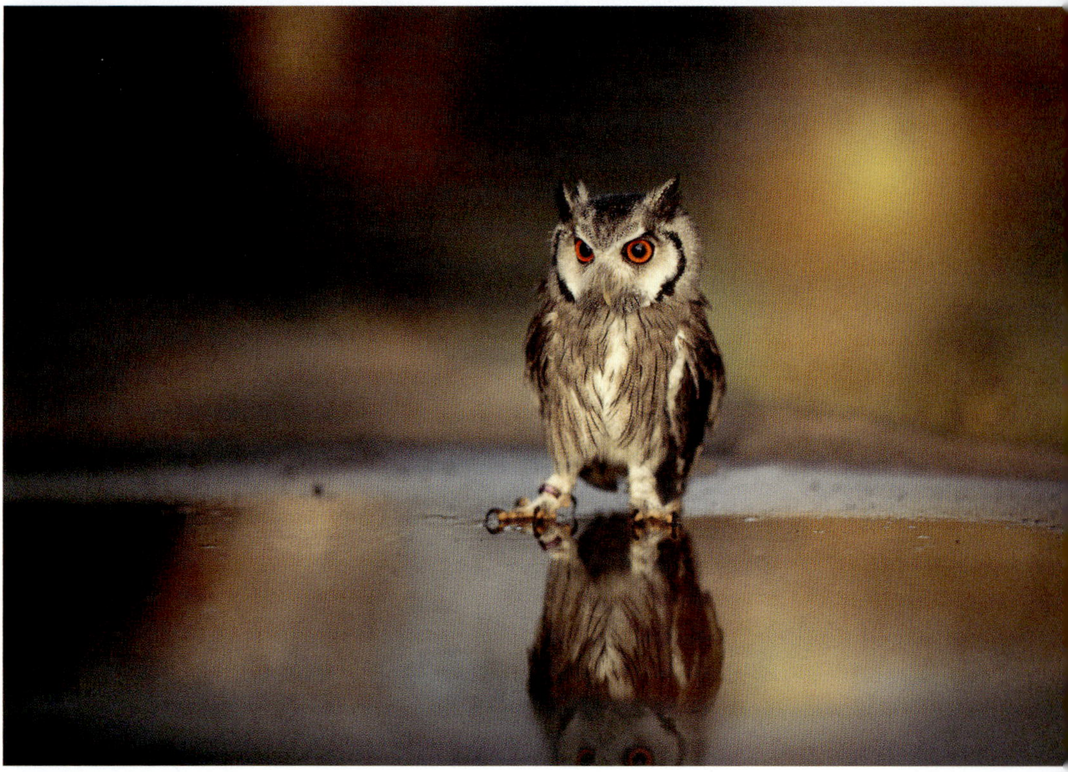

▲ *Ingo im wohlig warmen Abendlicht.*
f/2.8 | 1/250 s | ISO 220 | +1 EV

▼ *Morgens und abends dominieren die warmen Rottöne und erzeugen eine wunderbare Stimmung.*
f/1.4 | 1/1250 s | ISO 100 | –0,3 EV

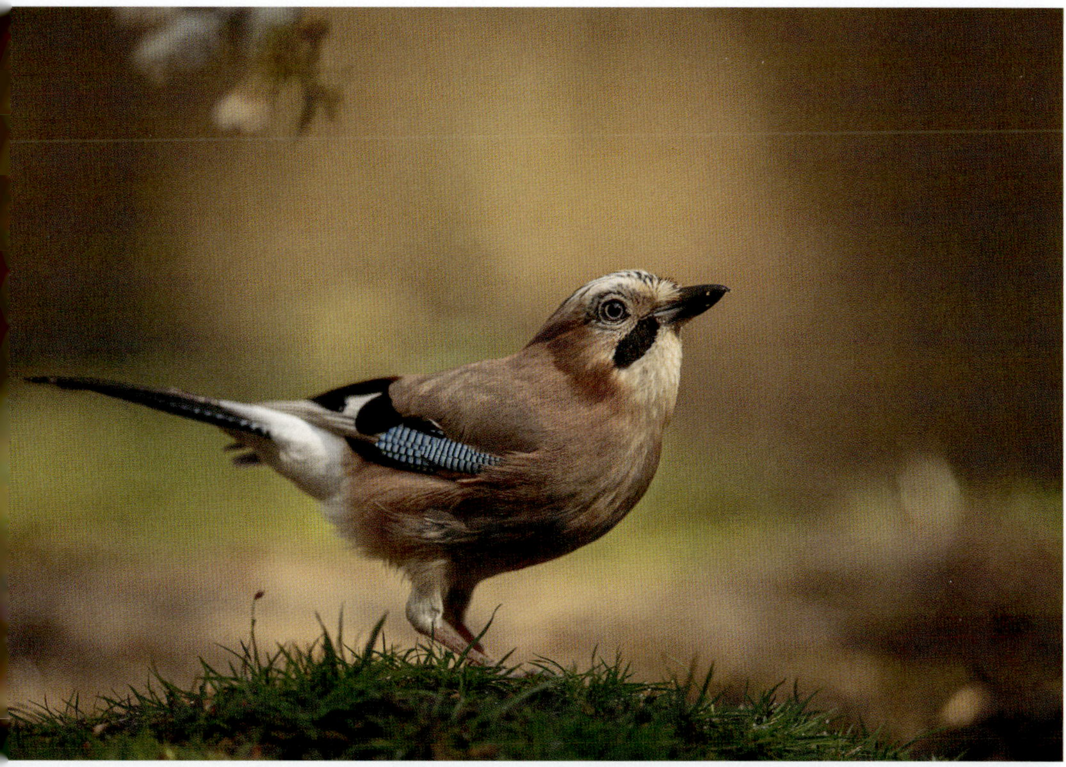

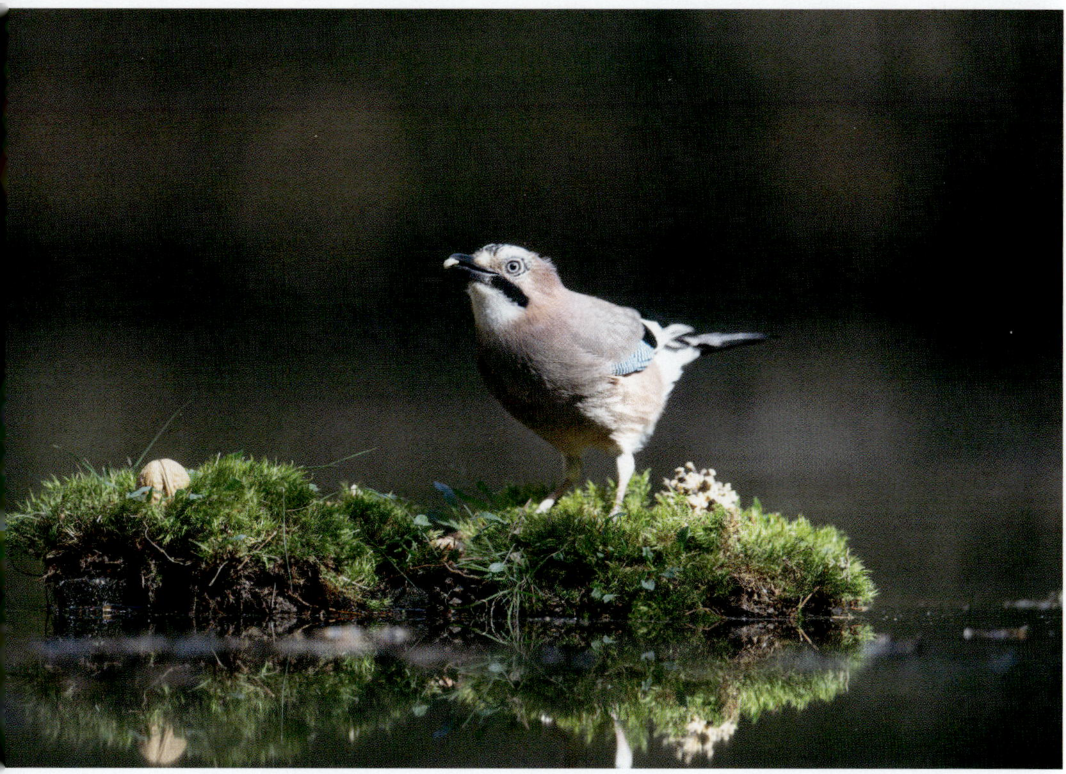

▲ *Ein Eichelhäher im Morgenlicht.*

f/2.8 | 1/640 s | ISO 560

▼ *Der Eichelhäher am Mittag.*

f/2.8 | 1/640 s | ISO 360

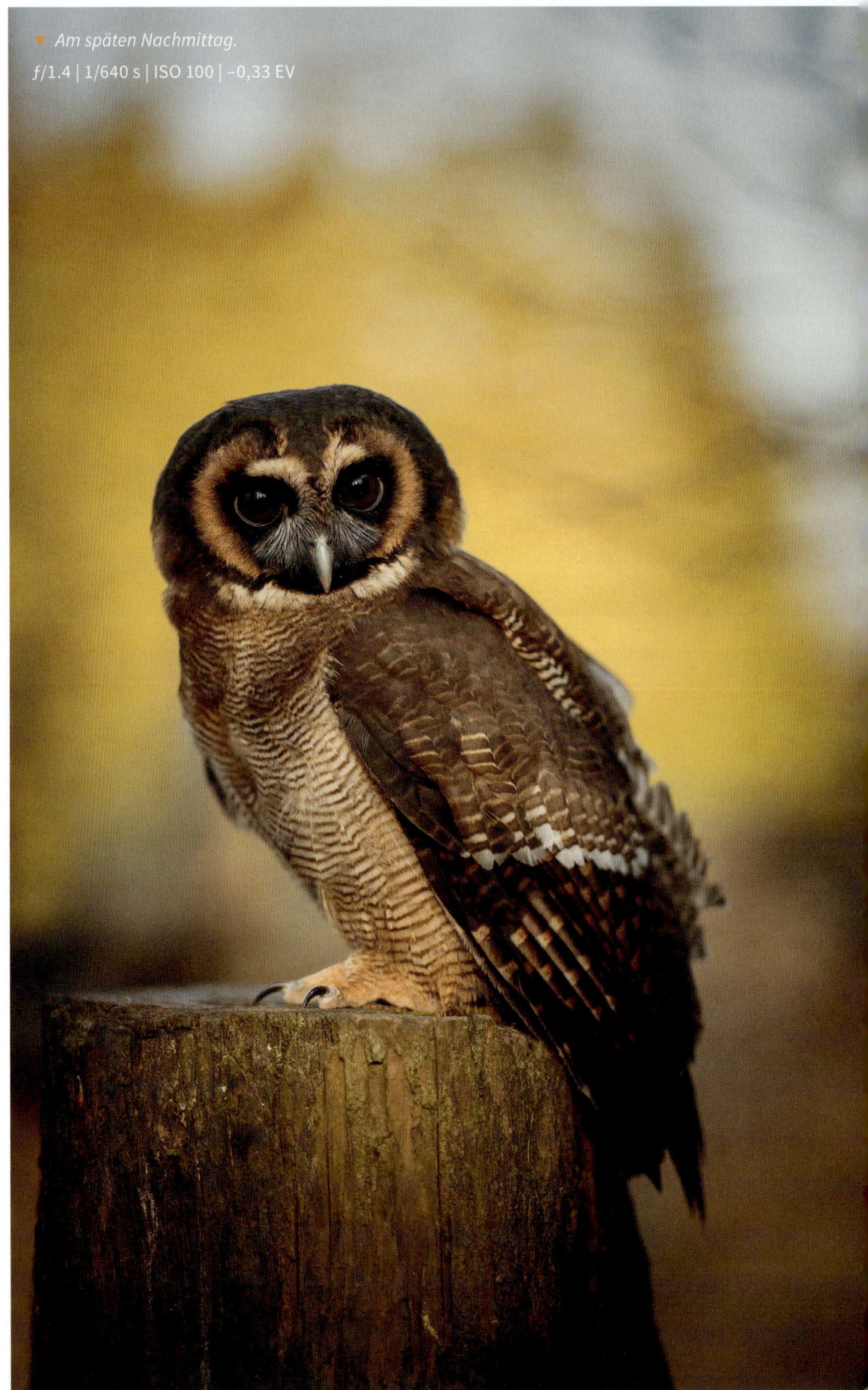

▼ *Am späten Nachmittag.*
f/1.4 | 1/640 s | ISO 100 | –0,33 EV

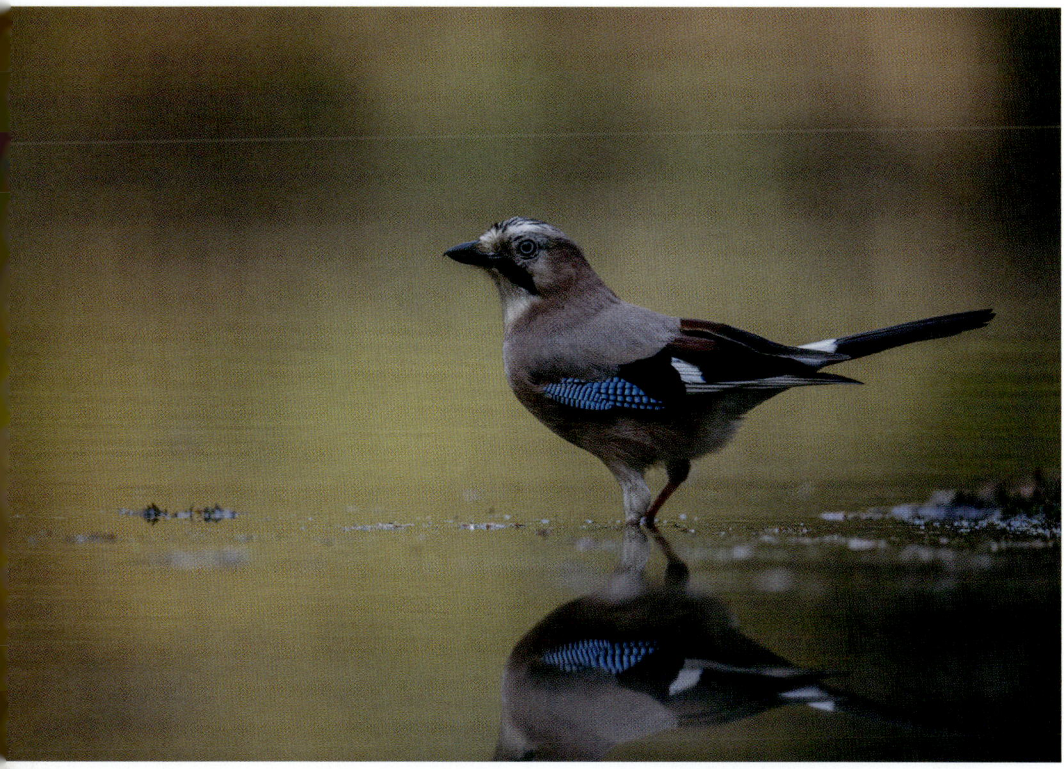

▲ *Der Eichelhäher vor einem Bad im Abendlicht. Ein herannahendes Gewitter färbte nicht nur alles in ein besonderes Licht, auch die Luft roch anders, und das Verhalten der Tiere veränderte sich.*
ƒ/2.8 | 1/640 s | ISO 720

▼ *Interessantes Licht gibt es aber auch vor und nach einem Gewitter.*
ƒ/2.8 | 1/1000 s | ISO 100 | +0,7 EV

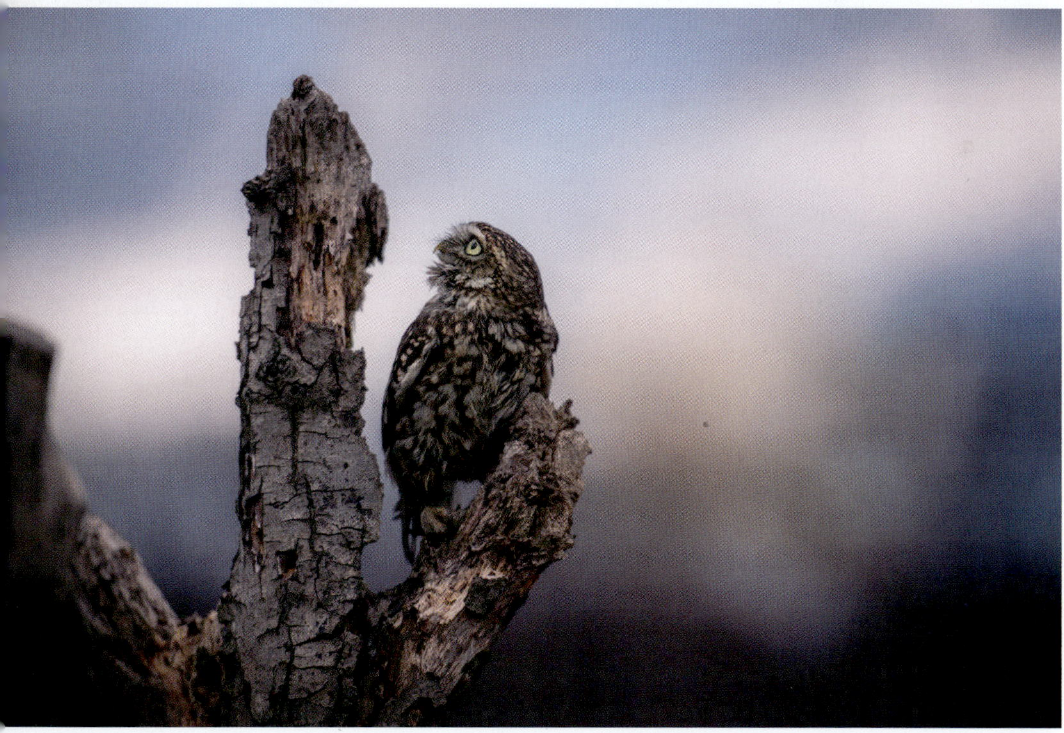

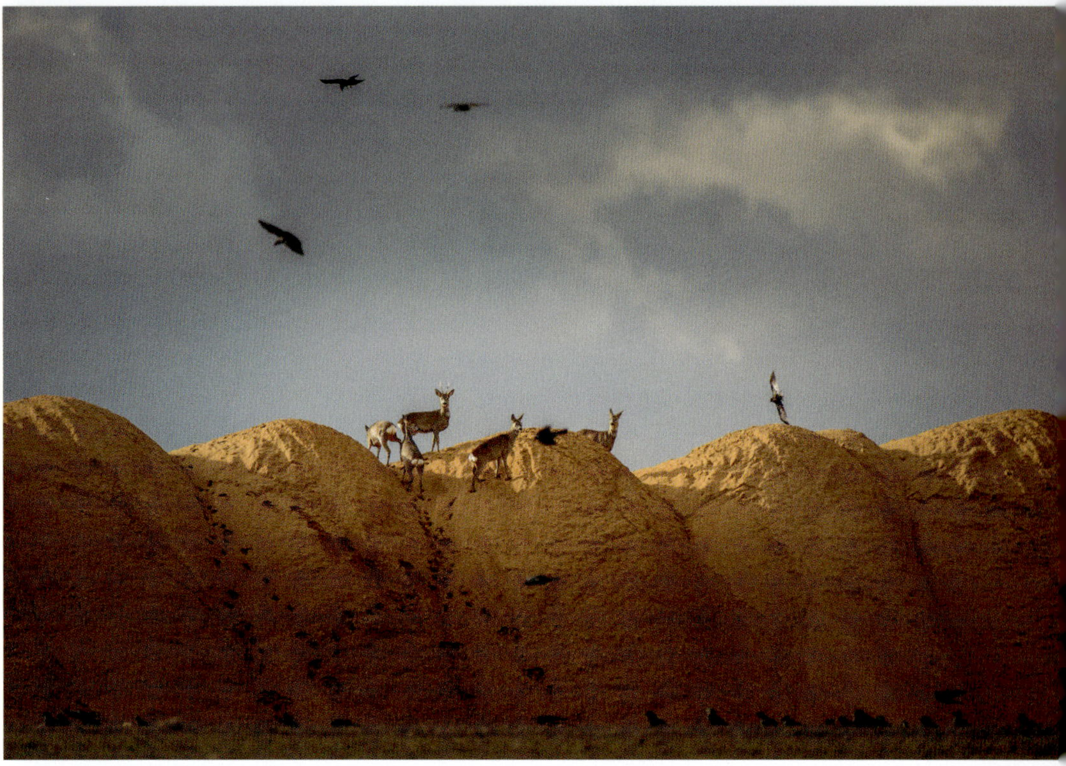

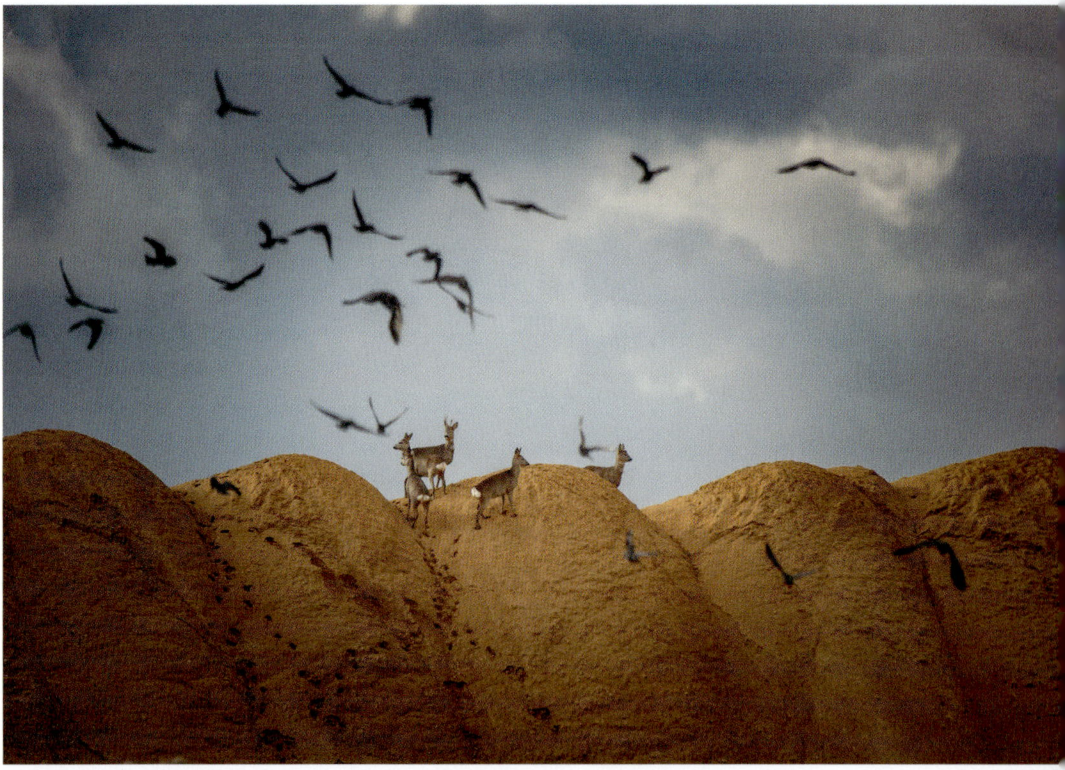

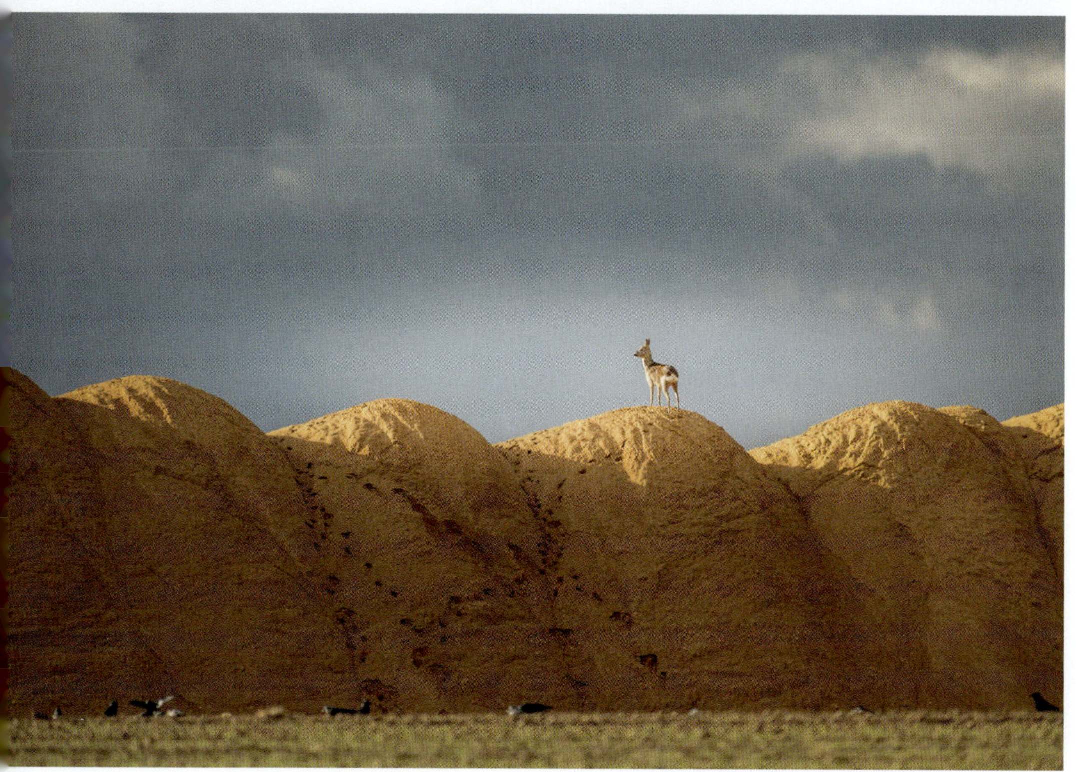

◀ *Das Licht kommt nur noch in dünnen Strahlen leuchtend durch den von Wolken zugezogenen Himmel.*
f/5.6 | 1/1000 s | ISO 560

▲ *Plötzlich reißt noch mal ein Loch in den Wolken auf.*
f/5.6 | 1/1000 s | ISO 560

▼ *Die Sonnenstrahlen verschwinden mehr und mehr, der Himmel zieht sich zu.*
f/5.6 | 1/1000 s | ISO 640

Meist bleibt man bei Gewitter zu Hause. Das geht mir ebenfalls so. Wenn man aber beim Fotografieren von einem Gewitter überrascht wird, sieht man, wie schön sich der Himmel, die Farben, die ganze Stimmung und das Verhalten der Tierwelt verändert. Tiere nehmen ein Gewitter schon lange vor uns wahr.

Bei solchen Lichtverhältnissen ist es besser, die Blende etwas mehr zu schließen, und manuell zu belichten, ist hier auch von Vorteil. Für Automatiken kann das mitunter schwierig werden.

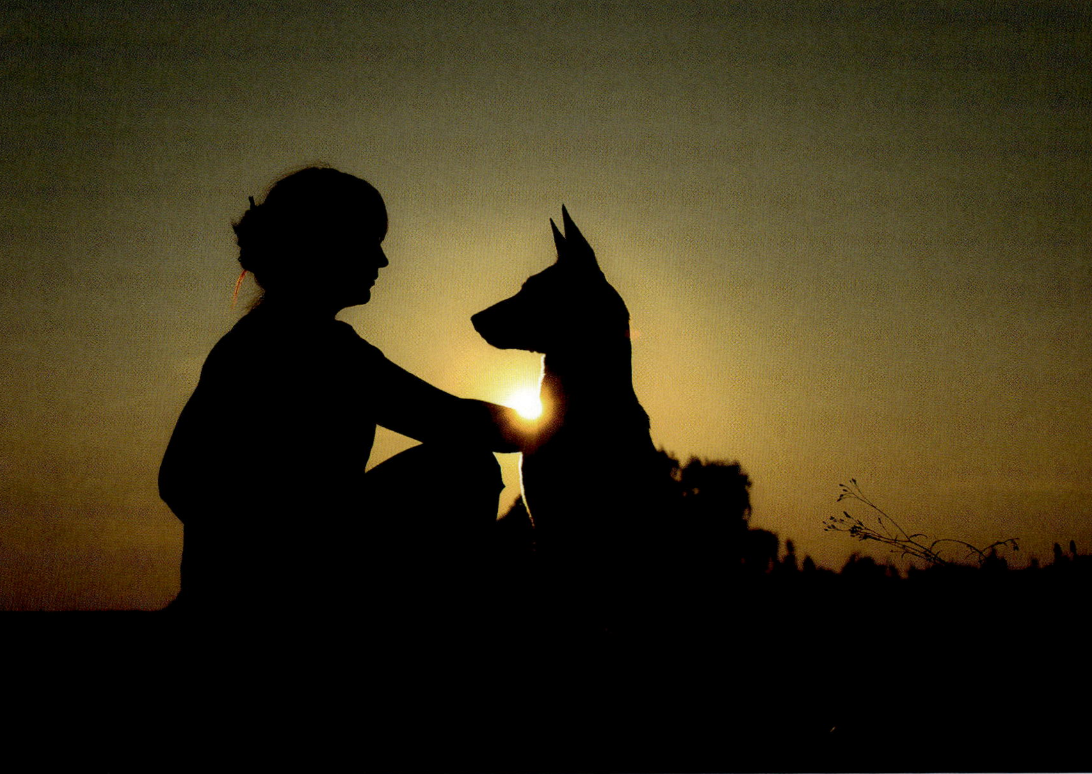

▲ *Auf ewige Freundschaft, wie zusammengeschweißt.*
f/9 | 1/2000 s | ISO 200

Tiere im Sonnenuntergang

Ich liebe die Stimmung bei Sonnenuntergängen. Es ist aber nicht immer einfach, zu fotografieren, wenn die Sonne untergeht. Das Schwierigste ist wohl, dass man die Geschwindigkeit, mit der die Sonne und damit das Licht verschwinden, gern falsch einschätzt. Man sollte deshalb schon etwas vorher am Set sein und alles vorbereitet haben, denn im richtigen Moment muss es schnell gehen – was bei Tieren oft leichter gesagt als getan ist.

Wir hatten ein Shooting am Schloss Benrath in Düsseldorf und wollten noch ein paar Bilder im Park machen. Allerdings ging die Sonne so schnell unter, dass wir nur wenige Hunde fotografieren konnten – dann war das Licht ganz weg.

Sonnenuntergänge fotografiere ich meistens etwas unterbelichtet.

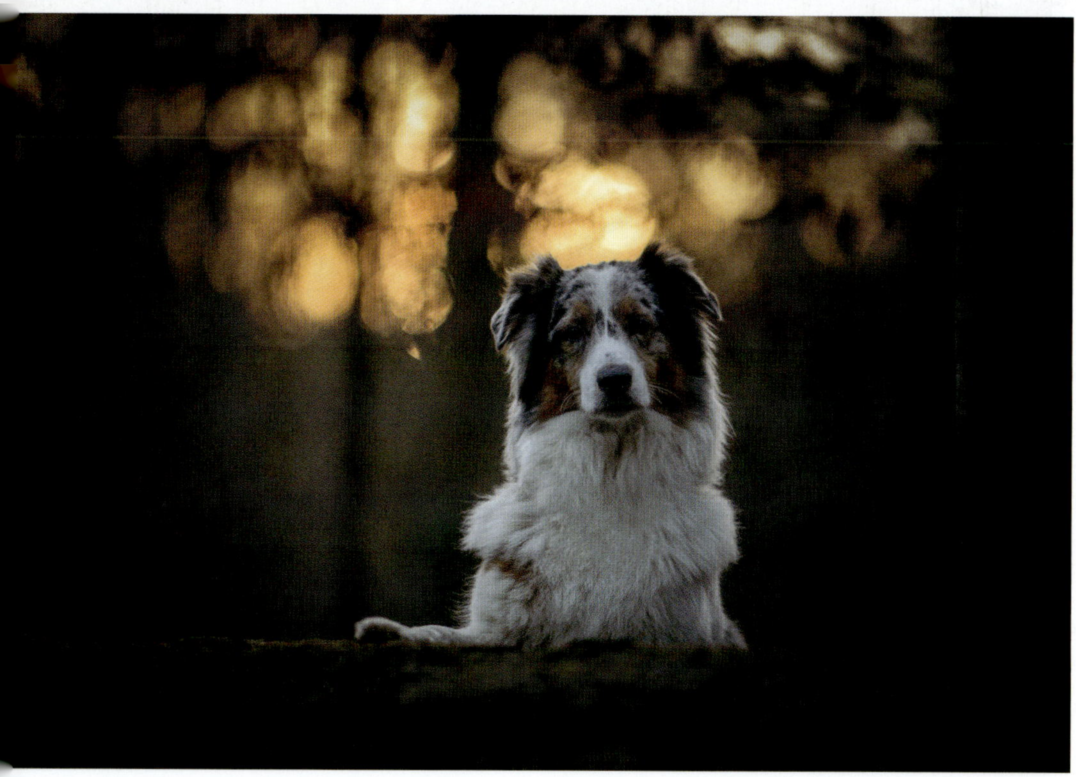

▲ *Hinter den Bäumen geht die Sonne unter.*
f/1.4 | 1/320 s | ISO 110 | –0,3 EV

▲ *Ingos Silhouette im Gegenlicht der untergehenden Sonne.*
f/2.8 | 1/8000 s | ISO 100

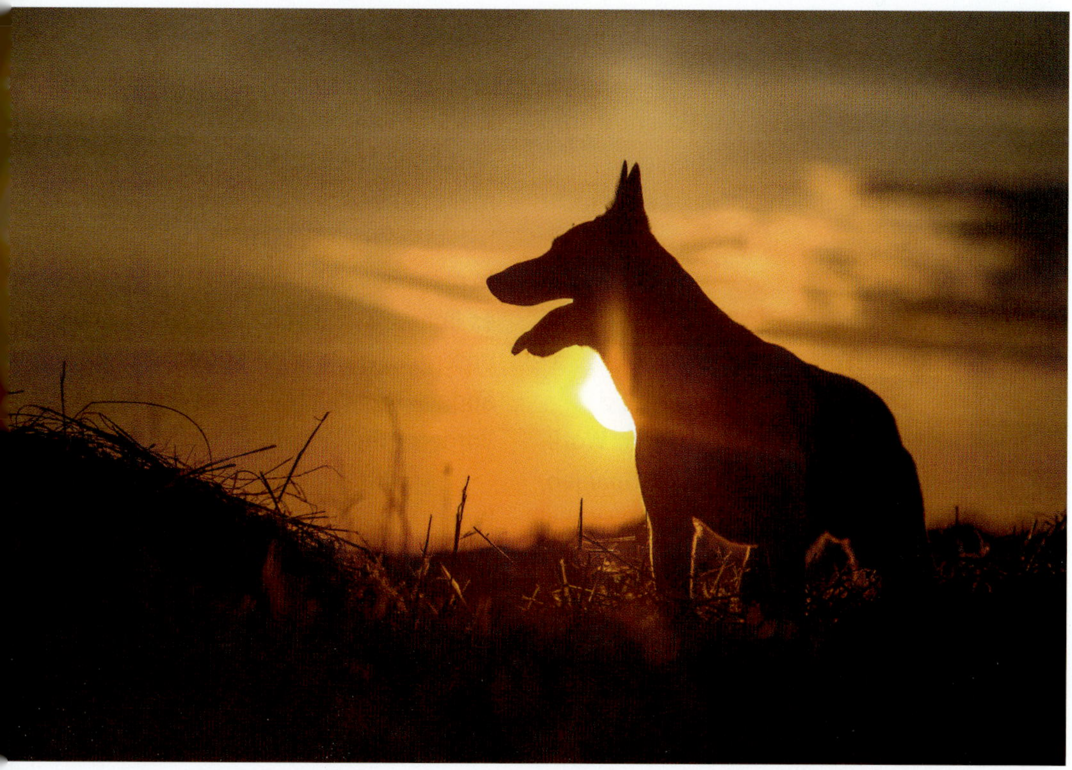

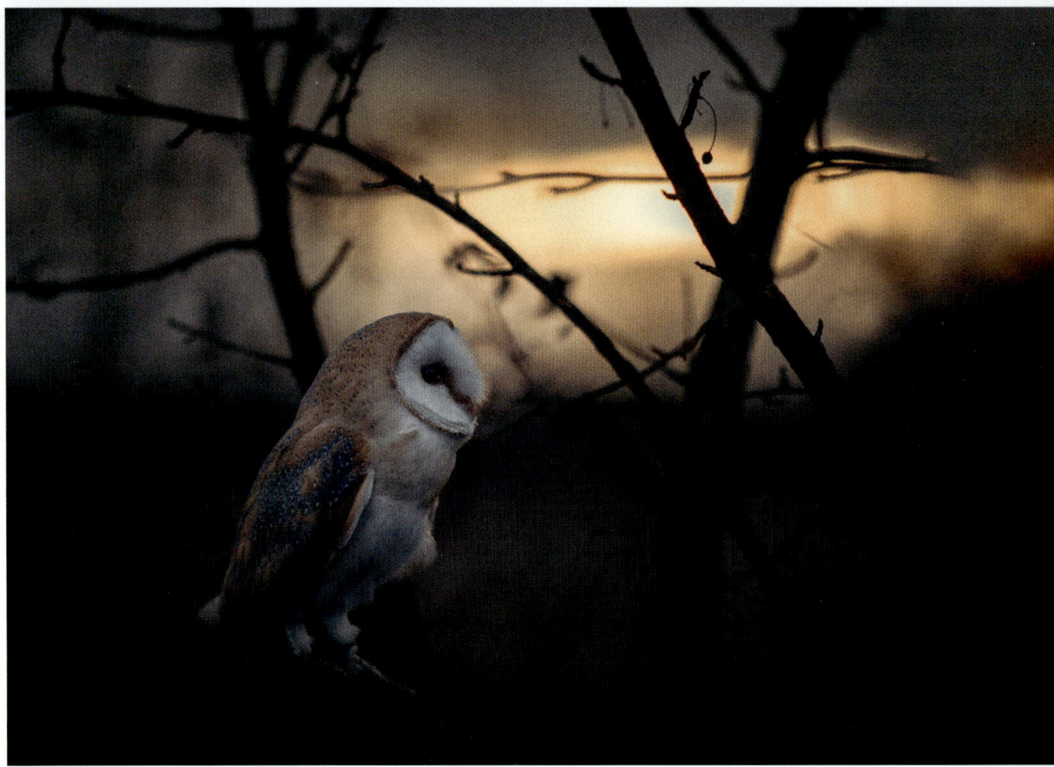

▲ *Schleiereule Lusi betrachtet interessiert das Geschehen des Tagebaus nahe dem Hambacher Forst.*
f/1.4 | 1/2000 s | ISO 100

▶ *Zwei Geparden lassen den Tag im Sonnenuntergang ausklingen.*
f/11 | 1/500 s | ISO 100

Und idealerweise setze ich die Horizontkante nicht genau in die Mitte, sondern platziere sie in das untere Drittel des Bilds. Jede Regel hat eine Ausnahme, und ich halte mich selbst auch nicht immer dran.

Geparden im Gegenlicht

Dieses Bild entstand bei einem Workshop von Marion Vollborn in Spanien. Die Geparden saßen in derselben Kulisse, wurden fotografiert mit genau denselben Einstellungen, jedoch mit einer Minute Zeitunterschied, und die Bilder sehen komplett unterschiedlich aus. Warum? Weil ich meine Position verändert habe. Plötzlich war die Sonne nicht mehr hinter den Tieren, sondern strahlte hindurch und machte keine Silhouette mehr aus den Geparden. Für mich ist es immer wichtig, dass ich bei Sonnenuntergängen meine Position häufig verändere. Am wichtigsten ist das Motiv im Vordergrund.

Wenn du mit dem Autofokus arbeitest, kann es sein, dass dieser schlapp macht und nicht greift. Ich versuche erst mal,

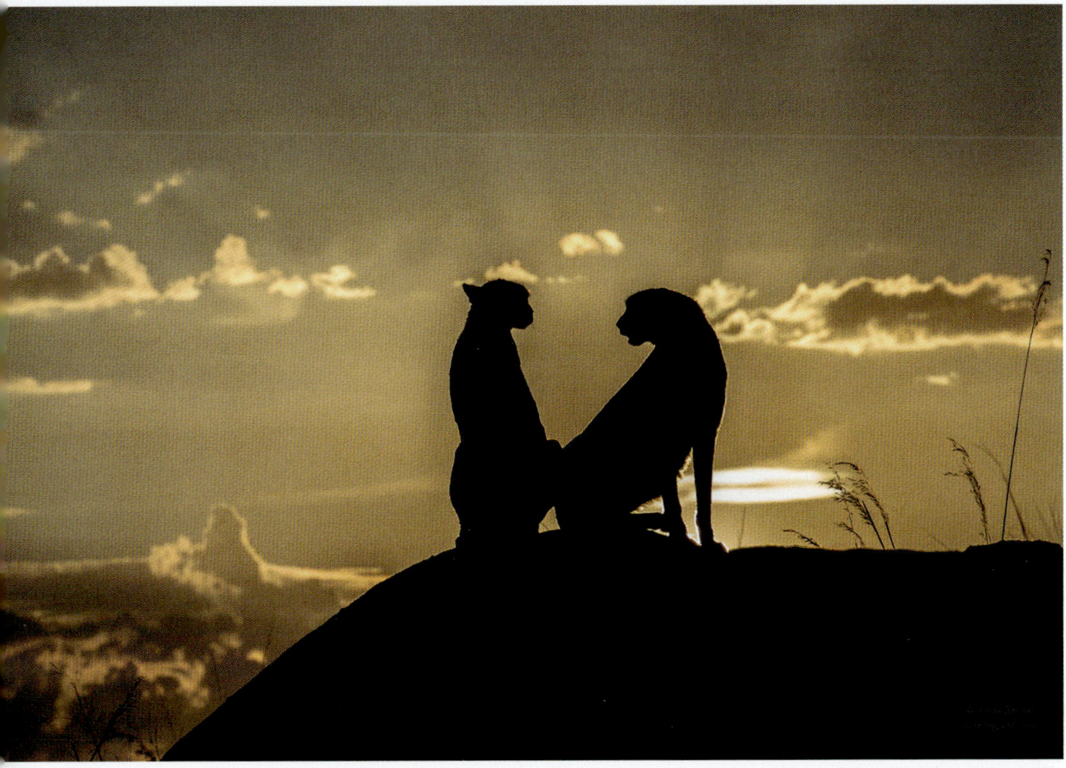

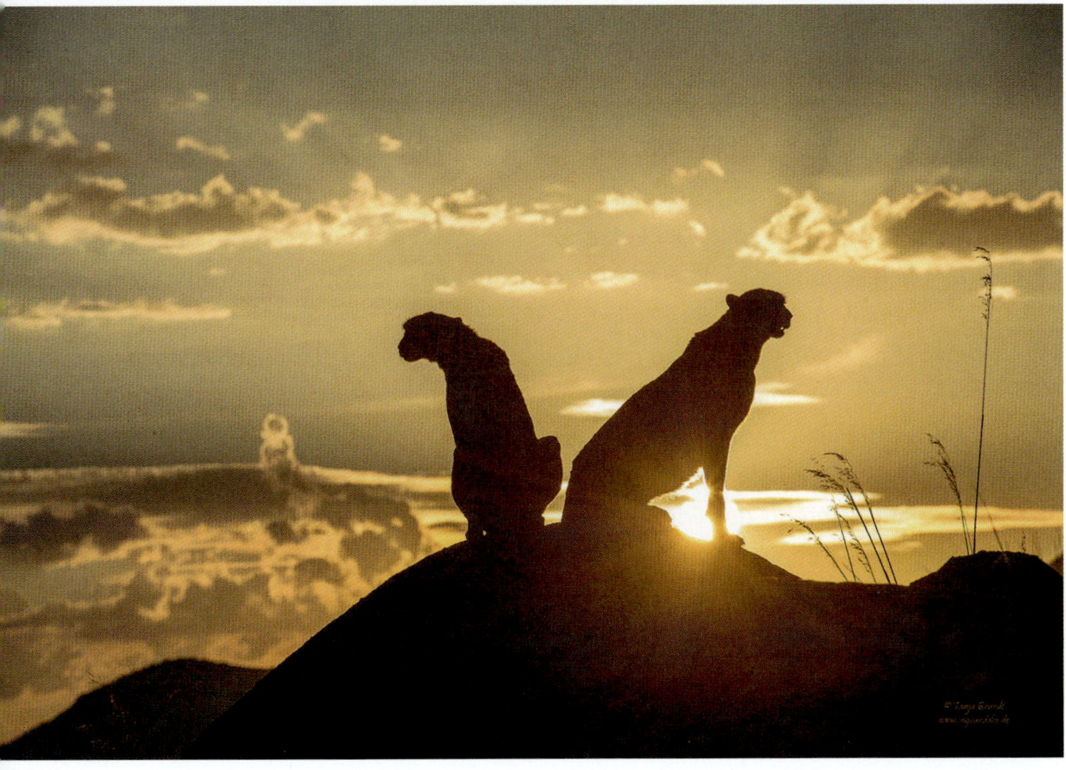

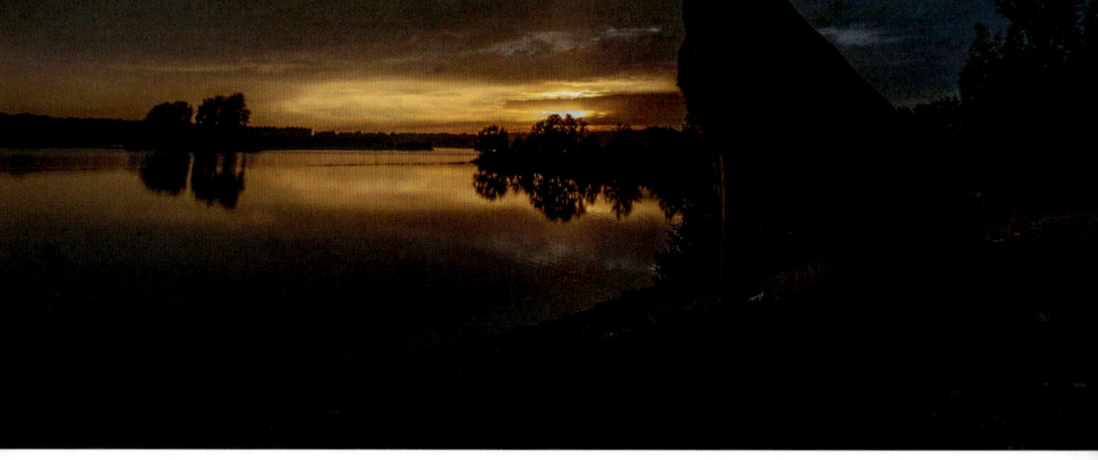

▲ *Sonnenuntergang am Elbsee.* *f*/8 | 1/400 s | ISO 200

auf eine Kante des Vordergrundmotivs zu fokussieren, hier zum Beispiel rechts auf die Brustkante. Sollte der Fokus immer noch Probleme haben, schalte ich auf manuell und fokussiere selbst. Ich muss aber zugeben, dass ich das nicht gern mache. Wer mag, könnte auch mit dem Weißabgleich spielen. Geht natürlich auch später am Computer, aber es schafft während des Fotografierens schon schöne Effekte. Apropos Effekte, bei den Spiegellosen gibt es tolle Szeneprogramme. Auch die kann man nutzen und damit herumspielen.

Mein Problem ist häufig, dass ich so ein Angsthase im Dunkeln bin. Die schönsten Sonnenuntergänge findet man an entlegenen Orten, und man sollte so lange bleiben, bis das schönste Licht verglüht ist, also meist erst, nachdem die Sonne untergegangen ist. Da ich meine Bilder immer alleine mache, muss ich dann auch alleine im Dunkeln mit all meinem Equipment zurücklaufen.

Menschen miteinbeziehen

Am schönsten ist es, wenn es dramatische Wolken gibt. Das macht die Bilder einfach interessanter, wenn Menschen mit im Bild sind. Wir hatten ein Shooting für Sonnenuntergangsbilder mit Mensch und Hund. Wir fingen aber schon früher mit dem Shooting an:

Wir fotografierten, bis die Sonne dann schließlich unterging. Die Bilder wurden dennoch unterbelichtet. Wenn Sie die Gesichter heller haben möchten, sollten Sie einen Reflektor nutzen, aber für Silhouettenbilder ergibt das wenig Sinn.

Die richtige Patentlösung gibt es hier einfach nicht, weil jeder Sonnenuntergang einzigartig und anders intensiv ist. Dasselbe gilt auch für den Sonnenaufgang – allerdings bin ich, wie gesagt, nicht so der Frühaufsteher, daher habe ich eher wenige Sonnenaufgänge fotografiert.

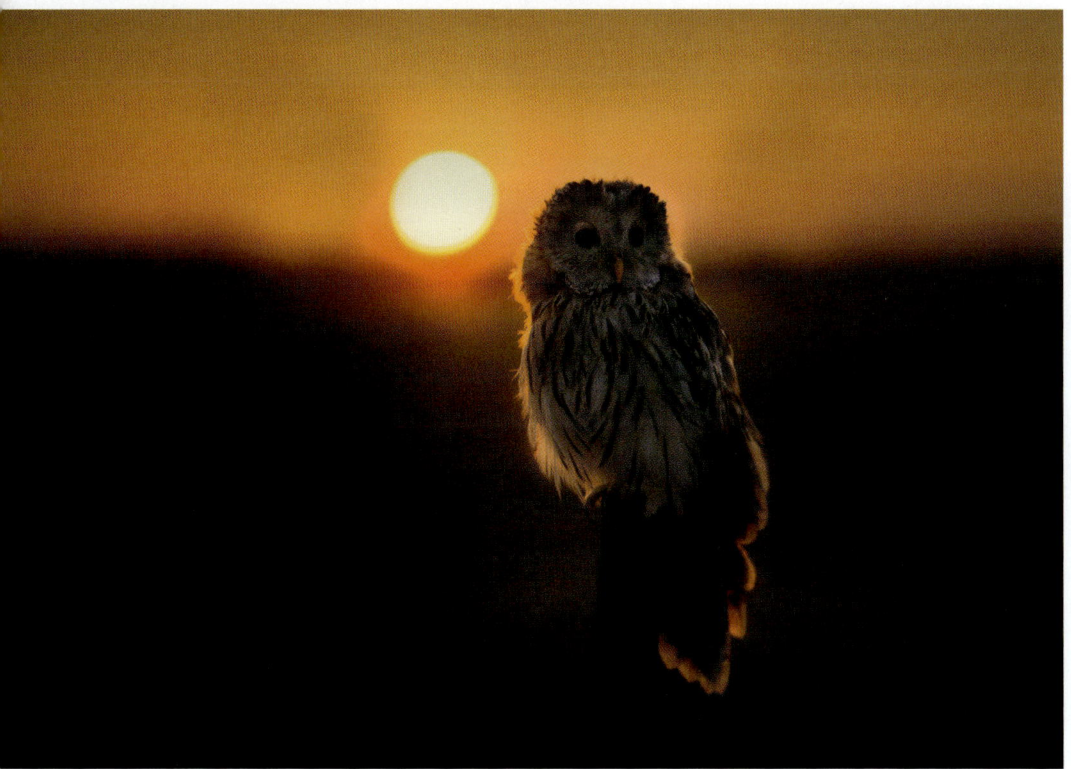

▲ *Bei diesem Bild habe ich ebenfalls aufgehellt. Blende 1.4 ist auch äußerst lichtstark.*

f/1.4 | 1/2000 s | ISO 100 | +2 EV

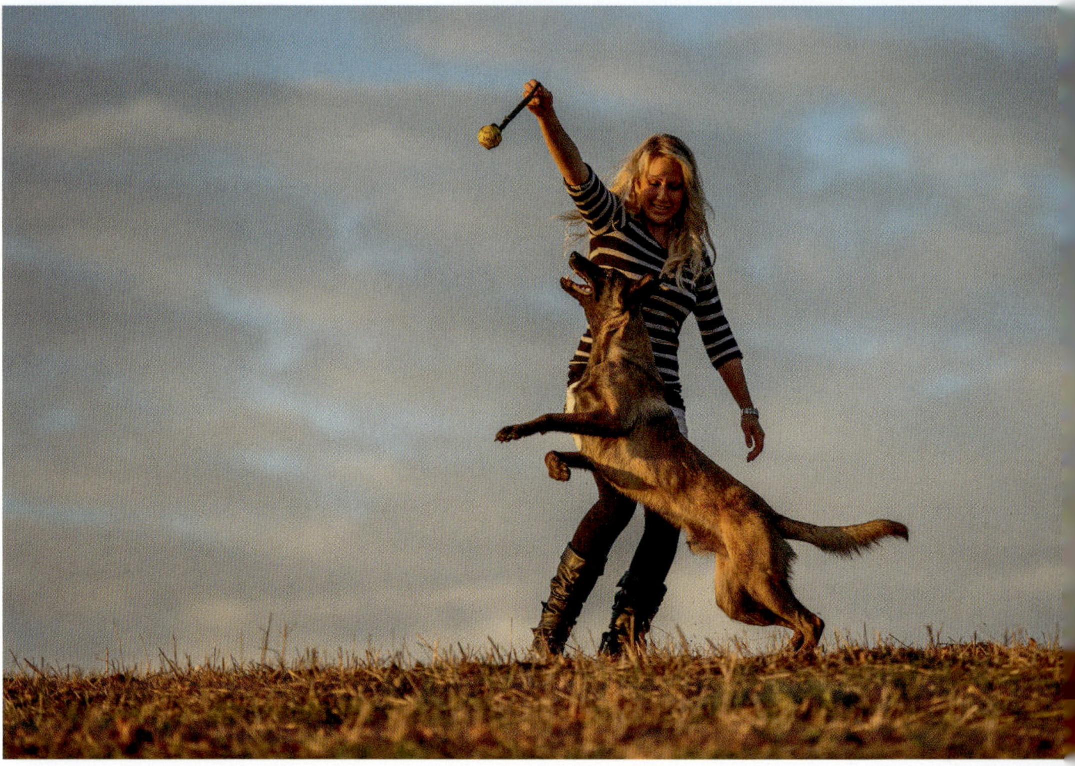

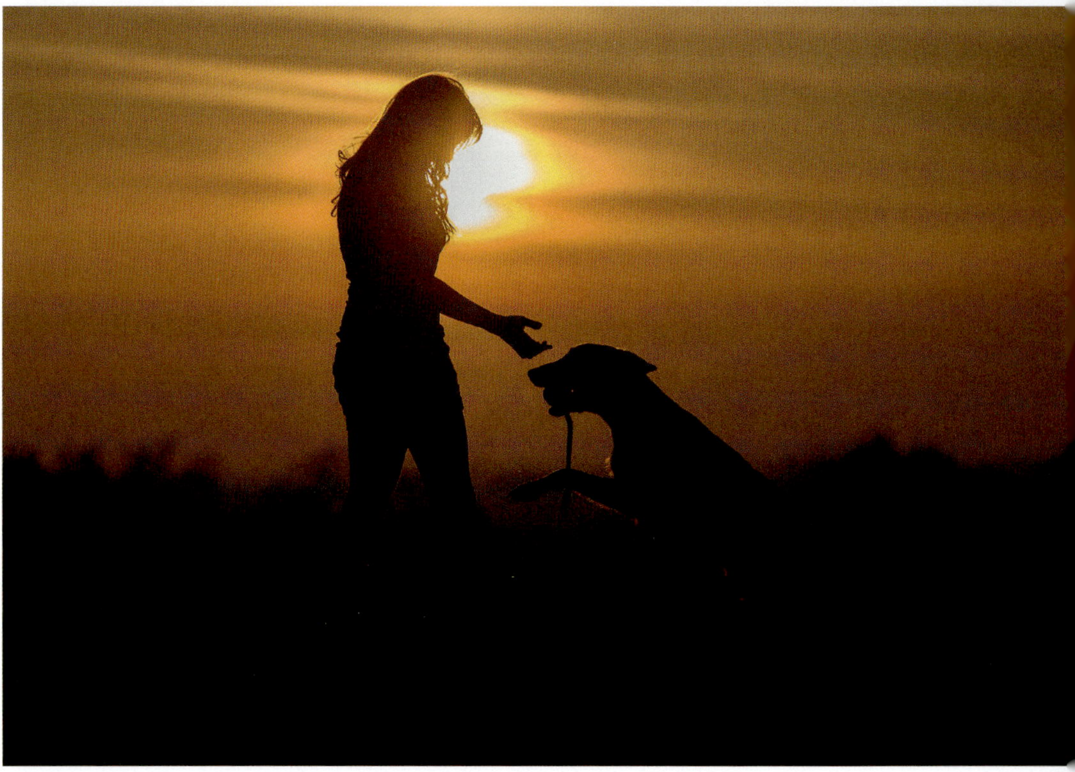

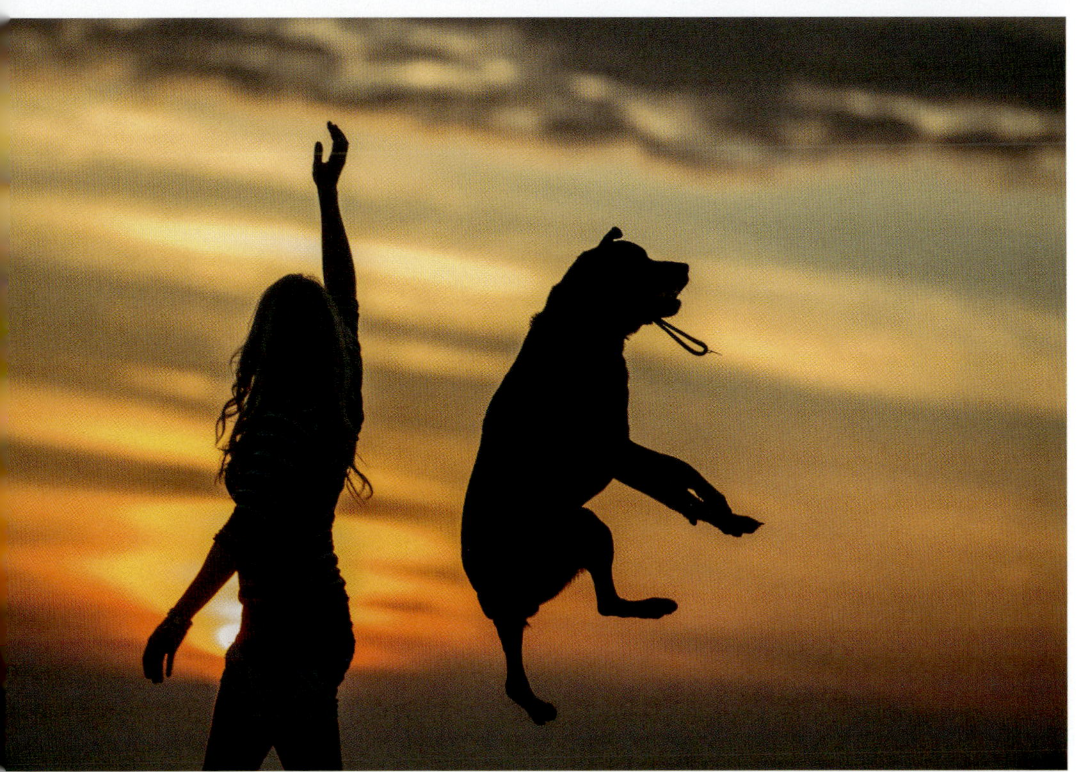

◀ *Ballspiel am Rand des Tagebaus. Das letzte Sonnenlicht bildet die Akteure noch vollständig ab …*

f/3.2 | 1/1250 s | ISO 400

▼ *… und lässt sie kurz vor Sonnenuntergang als Scherenschnitt erscheinen.*

f/3.2 | 1/8000 s | ISO 100

▲ *Bei diesem Bild war die untergehende Sonne noch sehr stark, und ich habe aufgehellt und eine kurze Verschlusszeit für die Bewegung genutzt.*

f/2.8 | 1/1250 s | ISO 400 | +1,3 EV

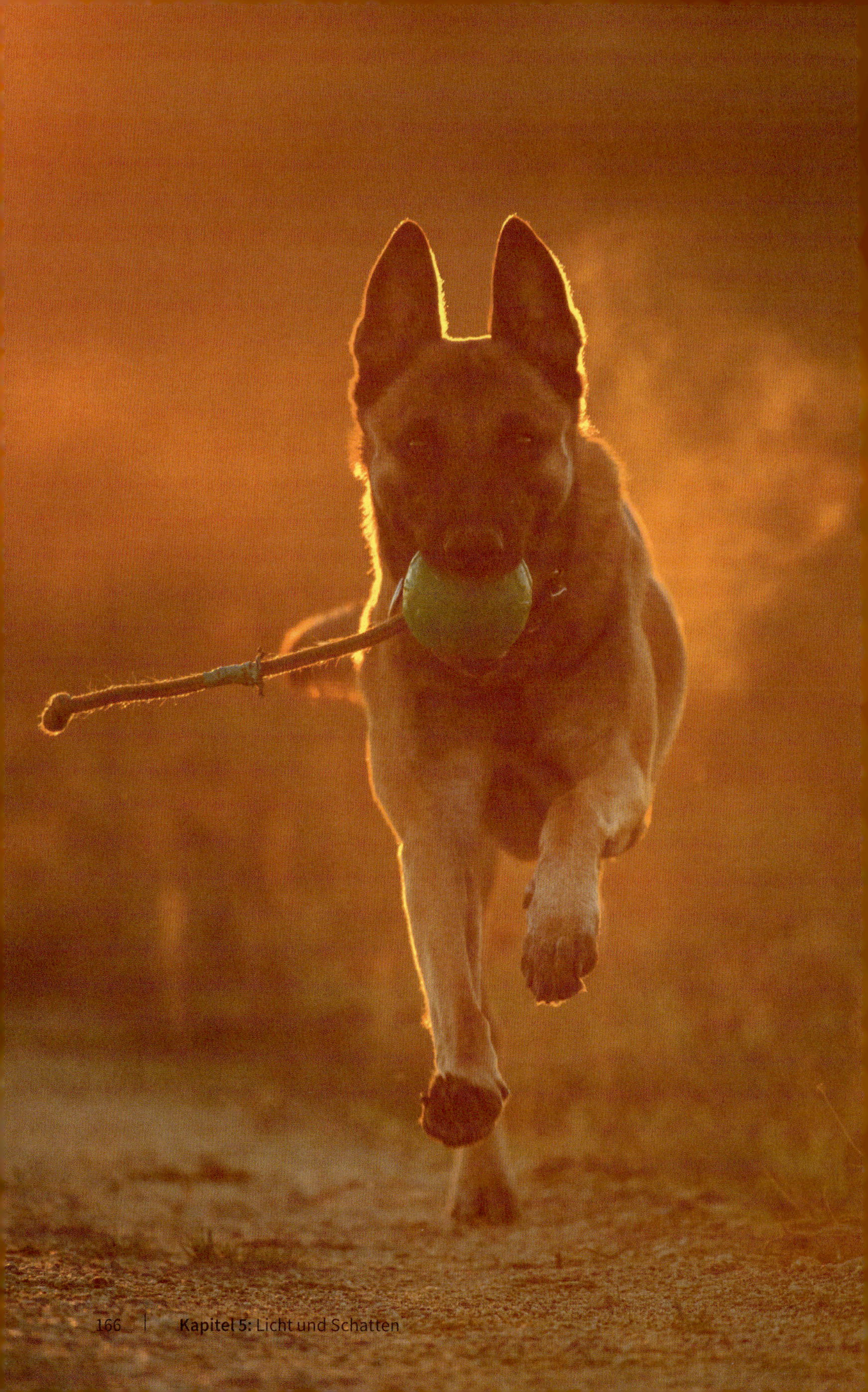

Künstliche Lichtquellen

Künstliches Licht – non manchen verpönt, von anderen sogar als Tierquälerei verschrien in der Tierfotografie. Ich kann hier nur schreiben, was ich darüber denke Wenn Licht und Blitze so schlecht für Tiere wären, wäre am Tag kein Tier mehr unterwegs, würde sich sonnen und relaxen, und bei Gewitter fielen sie alle tot vom Himmel. Ich selbst habe nur einmal in vielen Jahren ein Tier erlebt, dass sich beim Blitzen und bei starkem Licht wirklich erschreckt hat, und das war ein Golden Retriever.

Meine Tiere stört es überhaupt nicht, und es gibt inzwischen auch eine Menge Wildlife-Fotografen, die künstliches Licht nutzen. Wildlife nutze ich keinen Blitz, das liegt aber auch daran, dass ich sowieso schon unfassbar viel Gepäck dabeihabe – und dann noch die Blitzutensilien? Das ist dann doch nichts für mich.

Was ich sehr gerne nutze, ist eine Fotolampe. Ich habe einige Lampen von Yongnuo, die sehr gute Dienste leisten, aber am liebsten nutze ich die Fotolampen eines russischen Herstellers. Die Lampen habe ich ergoogelt und ausprobiert. Die russischen Lampen kann man in der bevorzugten Kelvinzahl bestellen und dimmen oder als Spot einstellen. Das erste Foto ist mit einer solchen Lampe entstanden und auch das folgende. Es war schon sehr dunkel, sodass ich mit der Lampe einfach ein bisschen schwaches Licht erzeugte, indem ich sie ins Gras legte.

Die nächsten Bilder sind indoor bei einer Bekannten entstanden, die auf einem alten Bauernhof lebt. Hier haben wir die Fotolampe mit nur schwachem Licht benutzt, und dazu kam das heimelige Licht des Kamins.

Ich selbst habe ein kleines Studio, das ich allerdings nur sehr selten nutze – vielleicht einmal im Jahr –, weil ich einfach die Natur draußen liebe. Dennoch sind hier ein paar schöne Bilder entstanden, die ich Ihnen zeigen möchte.

◀ *Bewegungsbilder funktionieren ohne Probleme auch in der untergehenden Sonne, man muss sich aber bewusst sein, dass man das Licht nicht auf den Augen hat. Hier habe ich am Computer ein wenig nachgeholfen.*

f/5.6 | 1/1250 s | ISO 2000

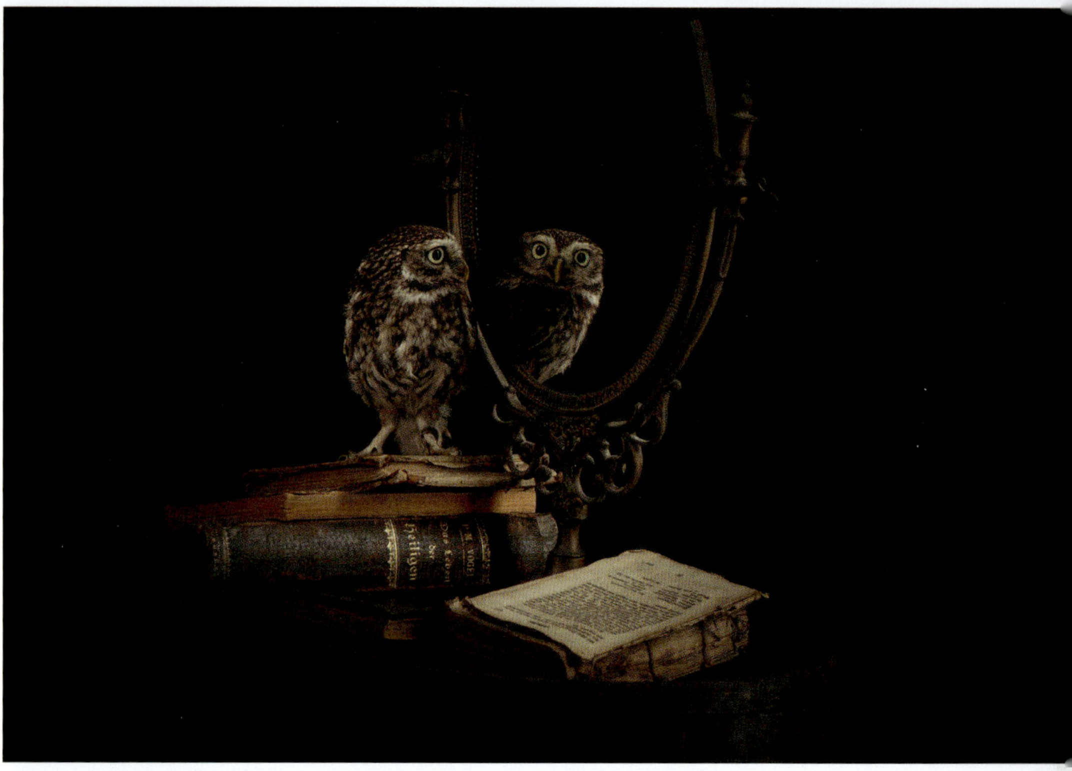

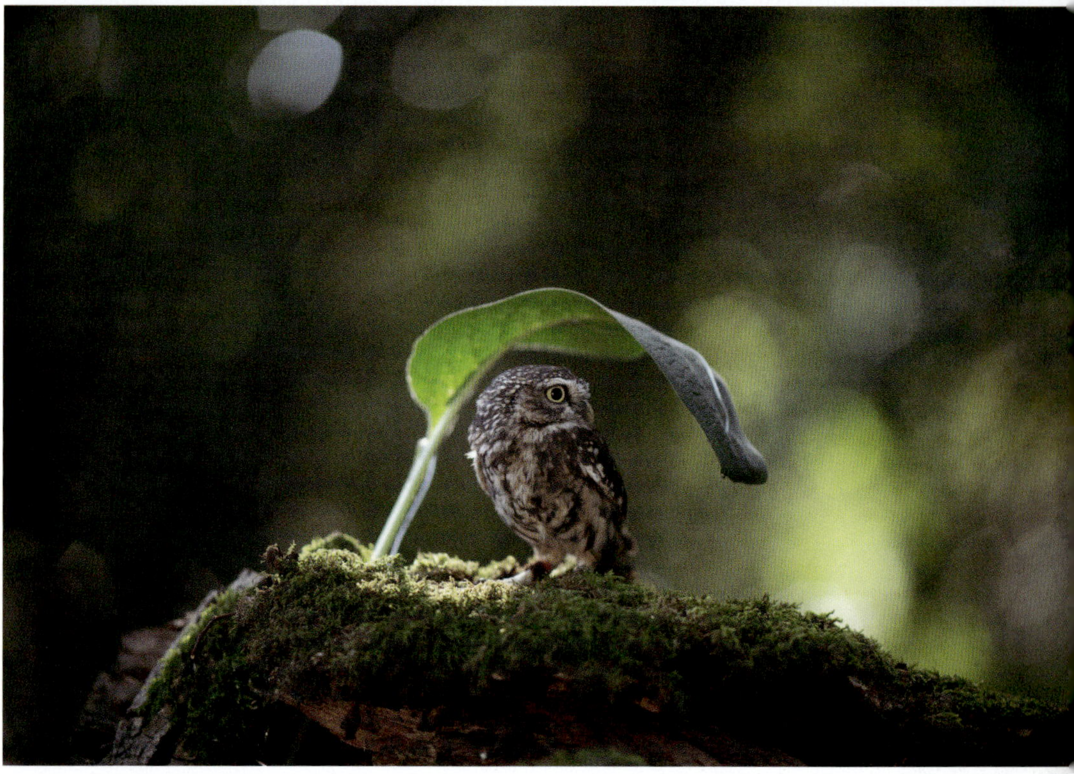

▲ *Hier hatten wir einen schwachen Blitz von links und einen schwachen Blitz von rechts.*

f/13 | 1/250 s | ISO 100

▲ *Ronja, aufgenommen mit dem künstlichen Licht einer Fotolampe.*

f/1.4 | 1/400 s | ISO 200 | –0,7 EV

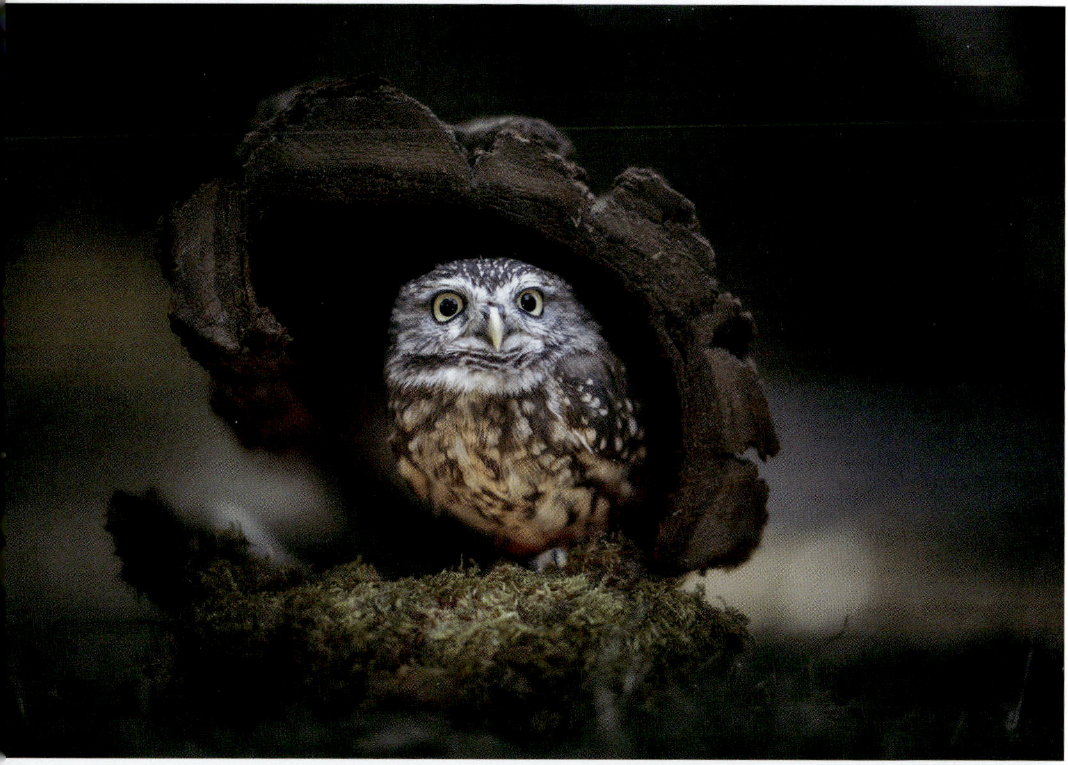

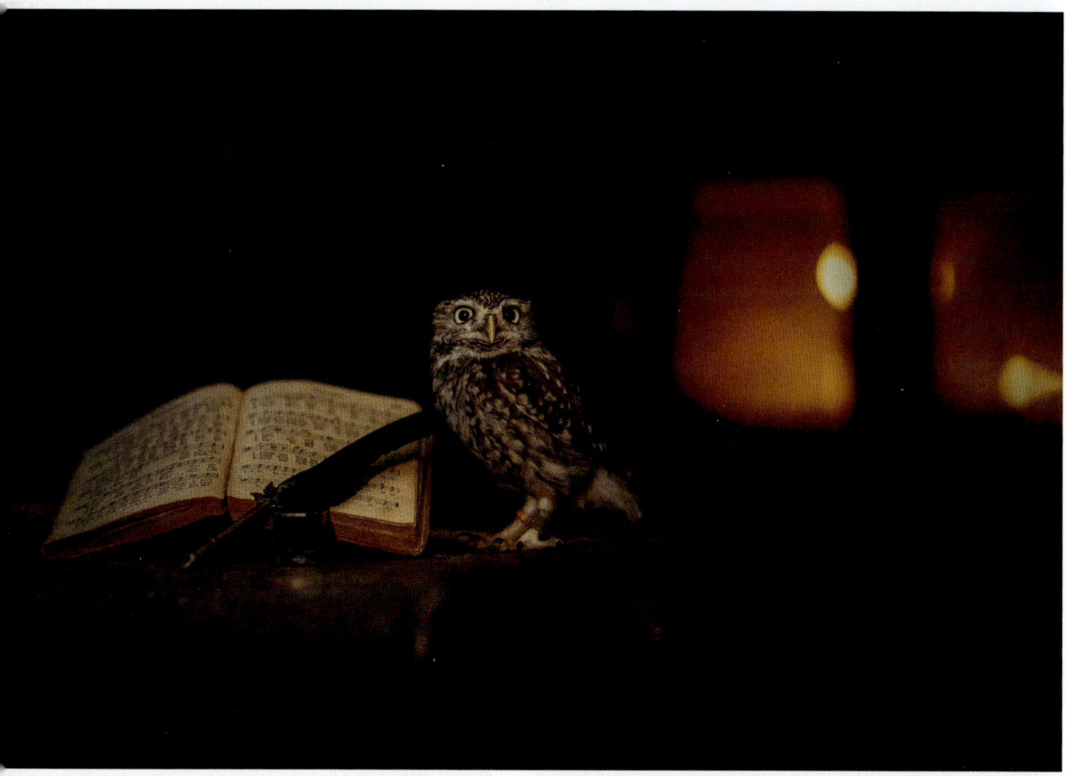

▲ *Bei diesem Bild lag die Fotolampe hinter der Eule im Gras.*

f/1.4 | 1/400 s | ISO 220 | –0,7 EV

▼ *Ronja beim Studieren einer Partitur – mit Fotolampe und Kaminlicht.*

f/1.4 | 1/250 s | ISO 2500

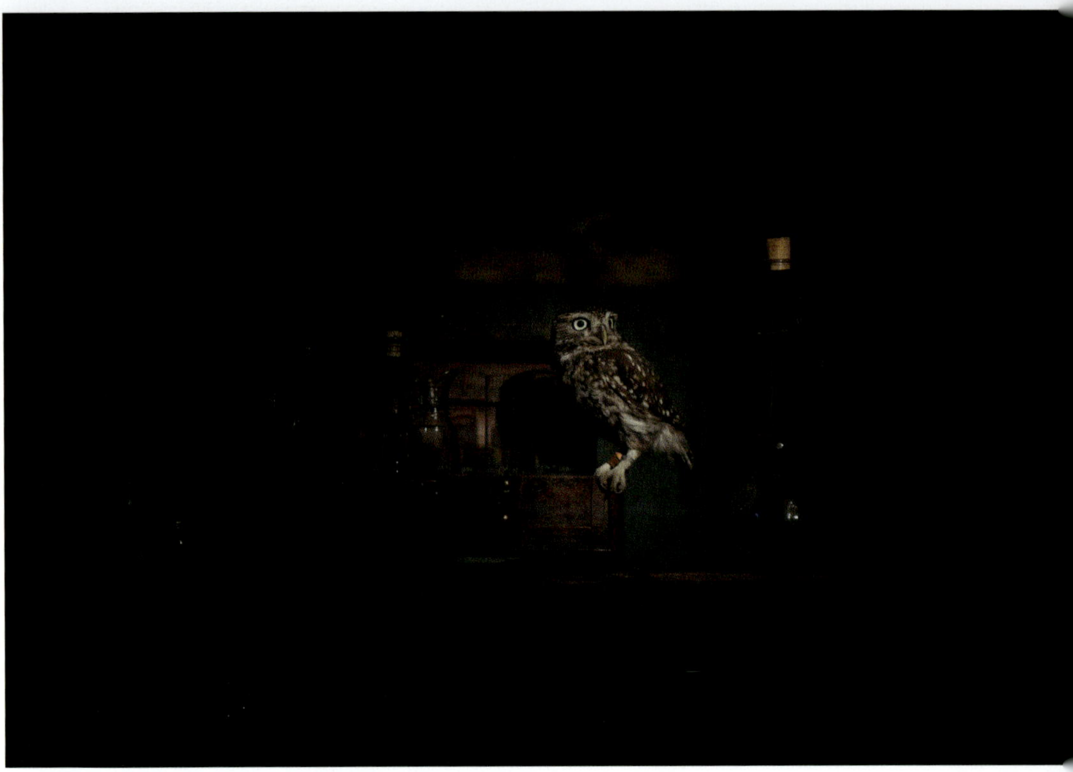

▲ *Nur mit Fotolampe und ohne das warme Kaminlicht.*
f/1.4 | 1/250 s | ISO 900 | –2,3 EV

▼ *Ronja (links) und Gandalf (rechts) mit Dauerlicht von vorne rechts und schwarzem Hintergrund.*

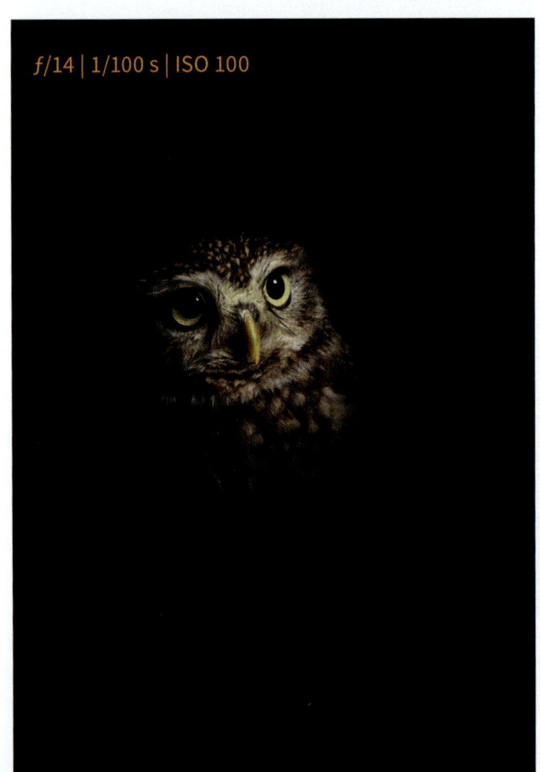
f/14 | 1/100 s | ISO 100

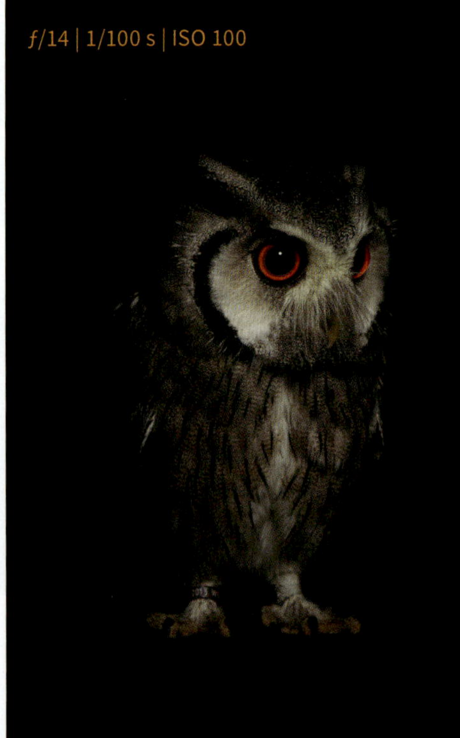
f/14 | 1/100 s | ISO 100

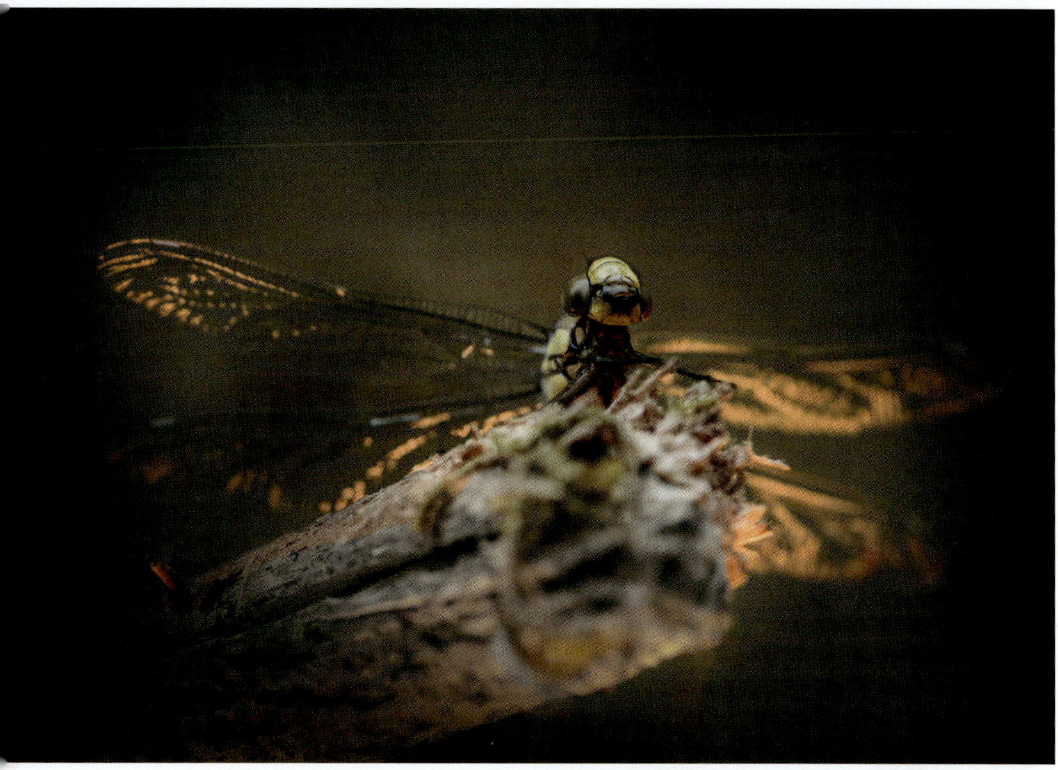

Die Fotos der Libellen sind mit Yungnuo-Lampen entstanden, die ich ebenfalls einfach hinter die Libellen ins Gras gelegt hatte, hier allerdings mit eingesetzter orangefarbener Folienplatte.

▲ *Eine Libelle trocknet ihre Flügel.*
f/6.3 | 1/250 s | ISO 360

▼ *Auch mal stärker – als eine Art Gegenlichteffekt.*
f/3.2 | 1/320 s | ISO 100 | +0,7 EV

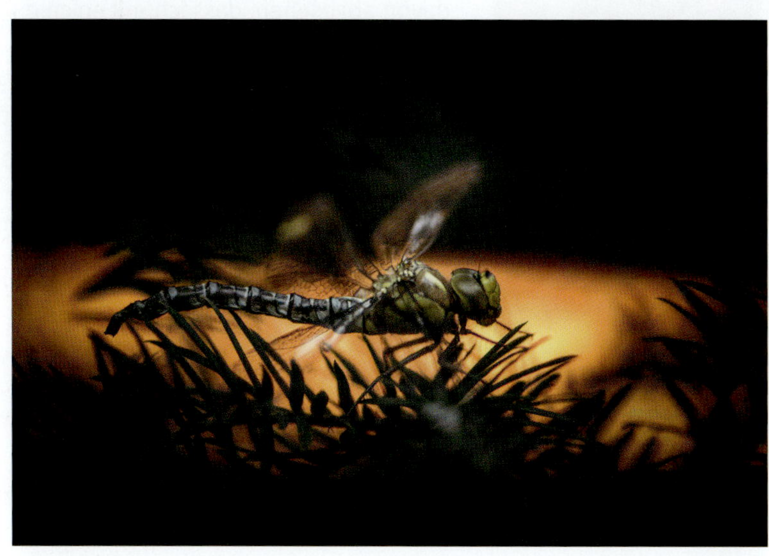

Abschatten mit einem Reflektor

Auch in der Tierfotografie nutze ich einen Reflektor. Es spielt keine Rolle, ob man einen teuren oder einen günstigen nimmt. Ich habe beides: einen Sunbounce und einen ganz günstigen für unter 20 Euro. Der Sunbounce ist einfach leistungsstärker, aber dafür eben auch teurer. An dem günstigen Modell liebe ich die verschiedenen Seiten. Die goldene Seite nehme ich für warme Lichttöne und Tiere mit warmen Farben – Rotbraun, Braun, Beige etc.

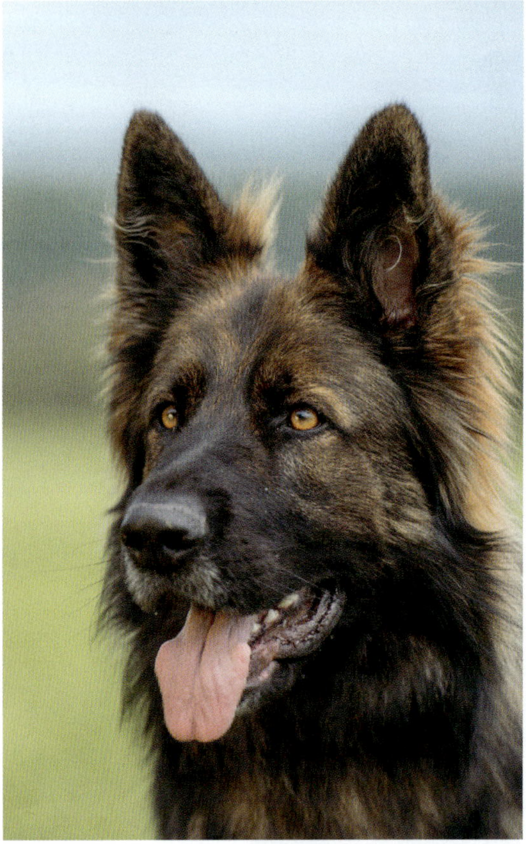

Die silberne Seite nutze ich für kühleres Licht. Die durchsichtige Seite ist der Diffusor, der einfach das Sonnenlicht abschwächt. So kann man auch bei stärkerer Sonne fotografieren, jedoch mit dem Nachteil, dass man in der Regel jemanden braucht, der den Diffusor zwischen Sonne und das Tier hält. Und wer einmal eine Hilfe als Abschatter dabeihatte, weiß, wie schwer es ist, diese Person noch mal dazu zu überreden.

Auch werden die Reflektoren wie eine Acht zusammengelegt, was mich manchmal völlig zur Weißglut bringt. Es klappt schon mal direkt, meist jedoch macht sich akute Aggression breit. Ich bin ja schon ein bisschen älter und kenne noch die Falk-Straßenkarten von damals. Mal davon abgesehen, dass ich mit solch einer Karte niemals ankam, schaffte ich es auch nie, sie wieder zusammenzufalten. Die Dinger lagen dann immer nach Aggressionsphasen zu einem Papierknäuel zusammengedrückt auf der Rückbank des Autos.

▲ *Schäferhund-Porträt mit Reflektor.*
f/2.8 | 1/500 s | ISO 100

Schwarze oder weiße Tiere

Eigentlich gibt es hier zu wenig Material, um einen ganzen Abschnitt zu füllen, aber viele wollten Tipps dazu haben, wie man schwarze und weiße Tiere fotografieren soll, also greife ich das doch mal auf. Bei schwarzen und weißen Tieren ist es vor allem erst mal wichtig, in welchem Licht man sie fotografiert. In knalliger Sonne säuft das Schwarz ab, und das Weiß reißt aus. Man muss einfach noch mehr darauf achten, dass das Licht stimmt.

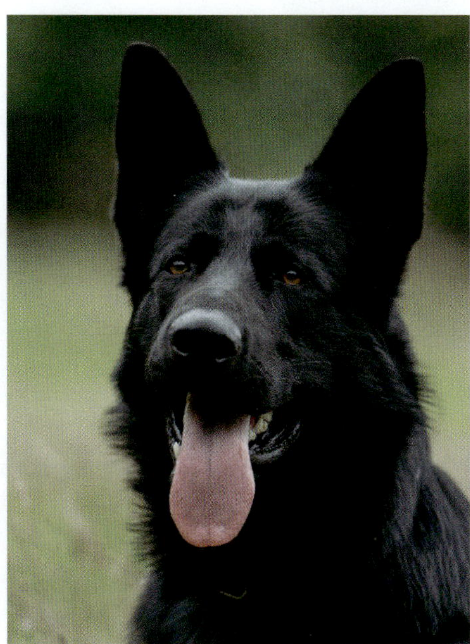

▲ *Bei diesem schwarzen Hund habe ich leicht unterbelichtet.*

f/2.8 | 1/320 s | ISO 800 | –0,33 EV

Schwarze Tiere fotografiere ich meist mit einer Belichtungskorrektur im Minus, also belichte etwas unter. Extremer Schatten kann bei schwarzen Tieren auch zu einem extremen Blaustich führen. Bei weißen Tieren strahlt gerne die Umgebung ins Fell. Wenn zum Beispiel ein weißer Hund auf einer Wiese in der Sonne rennt, hat meist das Fell einen extremen Grünstich. Hier muss man auch in der Bildbearbeitung nachhelfen. Ich arbeite gern mit *Farbton* und *Sättigung* und ziehe die störenden Farbtöne heraus.

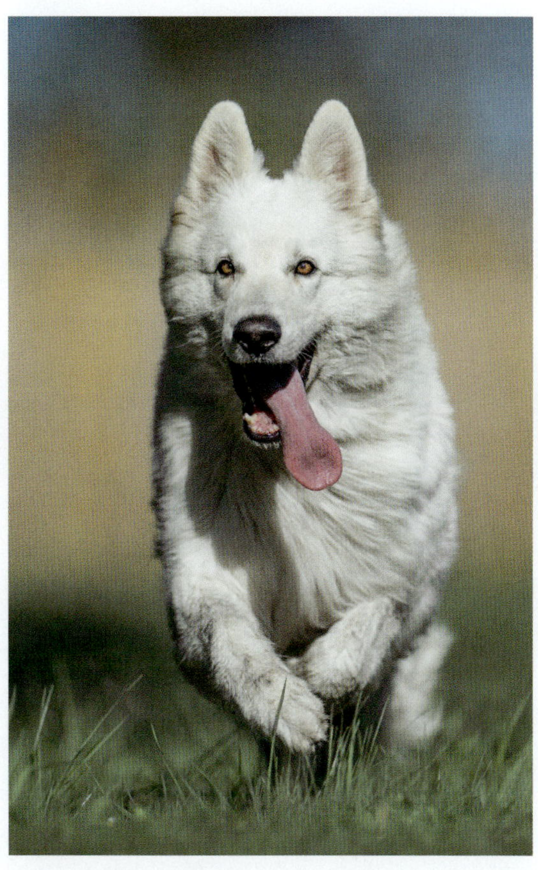

▲ *Störende Farbstiche wurden bei diesem Bild in Photoshop entfernt.*

f/2.8 | 1/2500 s | ISO 100

6 „INSZENIERTE“ **BILDER**

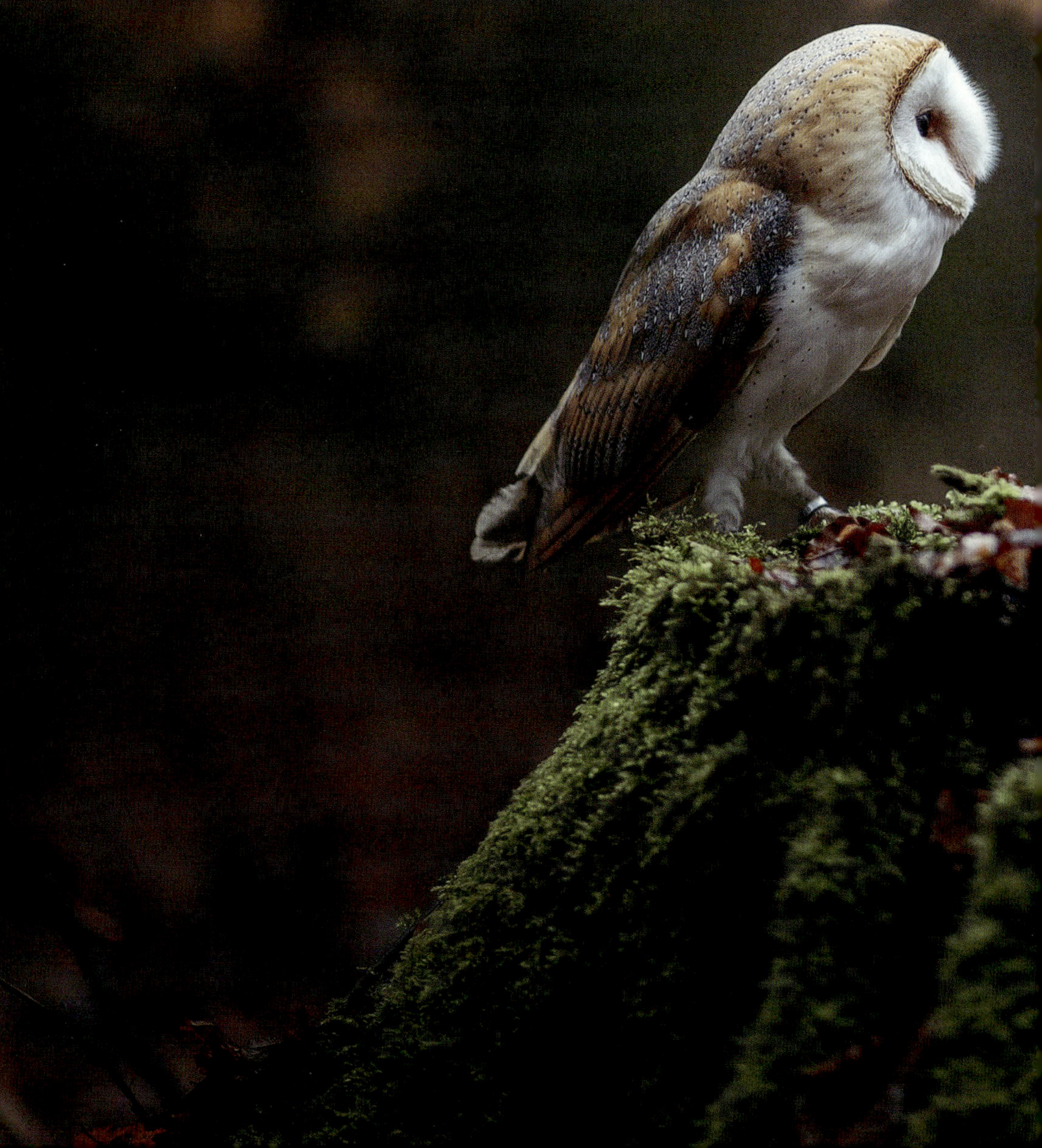

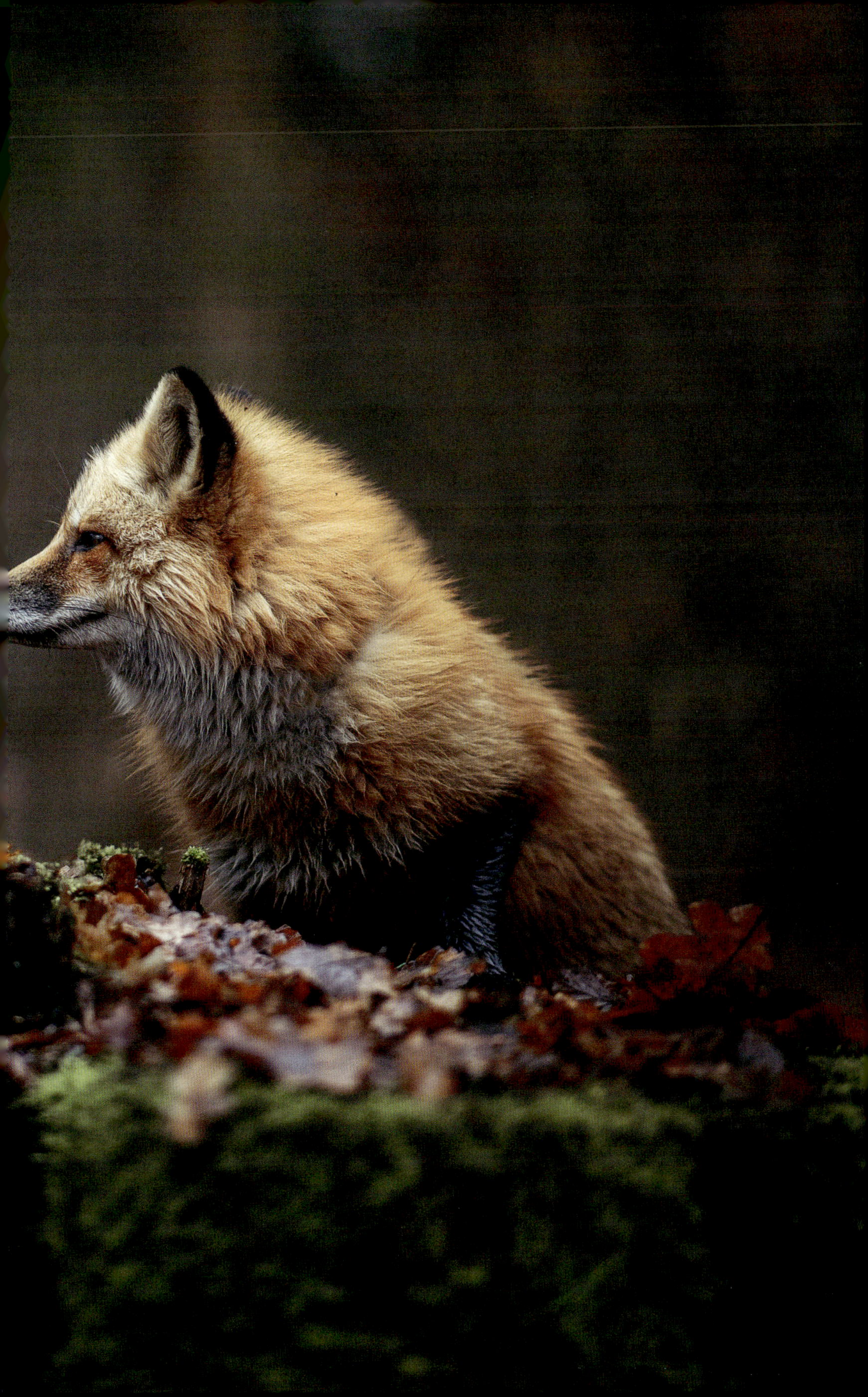

„Inszenierte" Bilder" in Anführungszeichen. Warum in Anführungszeichen? Weil Tierfotografie immer nur zum Teil inszeniert sein kann. Den Rest entscheiden immer die Tiere, nicht der Fotograf. Man kann Bilder planen – wie sie am Ende sind, kann man aber nicht planen. Das ist in der People-Fotografie einfacher. Da kann man das Model anweisen, bestimmte Posen einzunehmen.

Märchen erzählen

Was haben wir für Bilder im Kopf? Man kann Sympathien unter Tieren nicht erzwingen und vorhersagen. Wenn man verschiedene Tierarten zusammenbringen will, ist es natürlich wichtig, sie ruhig aneinander zu gewöhnen und ihnen Sicherheit zu geben. Sicherheit und Wohlbefinden stehen an erster Stelle. Sie müssen wissen, die Mama ist dabei und jede Menge Leckerchen – und nichts kann je passieren.

Fuchs und Eule

Ich mag Bilder, die Geschichten erzählen. Bilder wie aus einem Märchen. Bilder, die die Fantasie anregen und beim Betrachten ganz unterschiedliche Gedanken und Fantasien hervorrufen – wie beim folgenden Bild von Fuchs und Eule, einem ungleichen Paar. Viele fragen sich jetzt bestimmt: „Sind die Bilder echt?" Ja, sie sind echt!

▼ *Schleiereule Lusi und Fuchs Leotie – ein ungleiches Paar.*
f/1.4 | 1/280 s | ISO 280

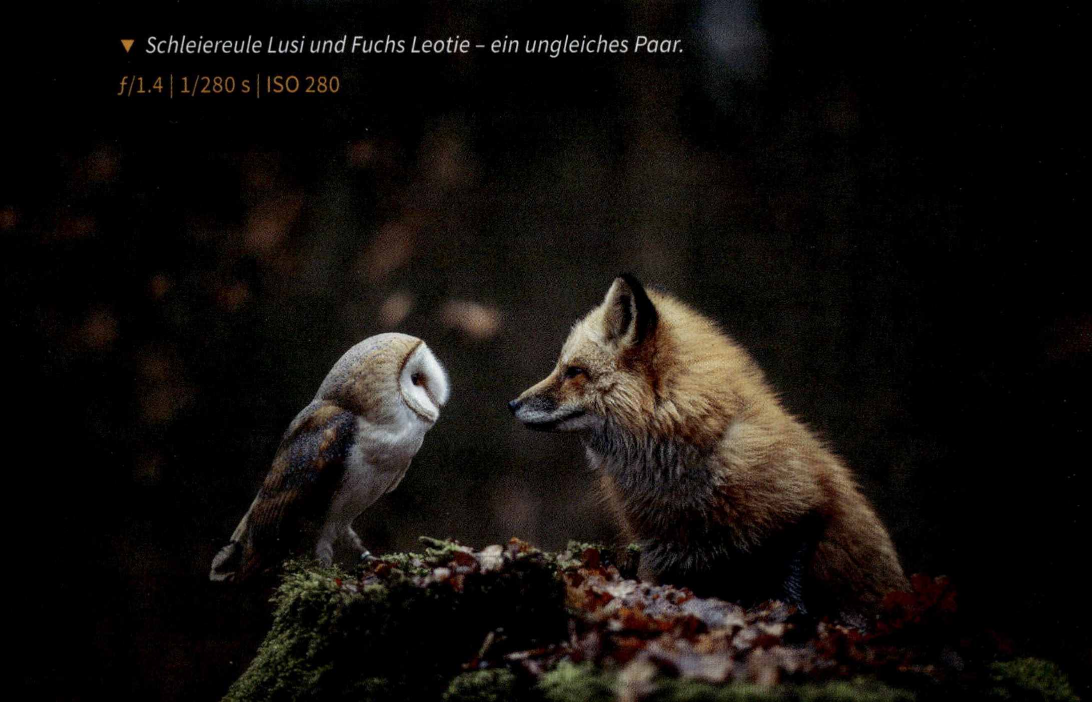

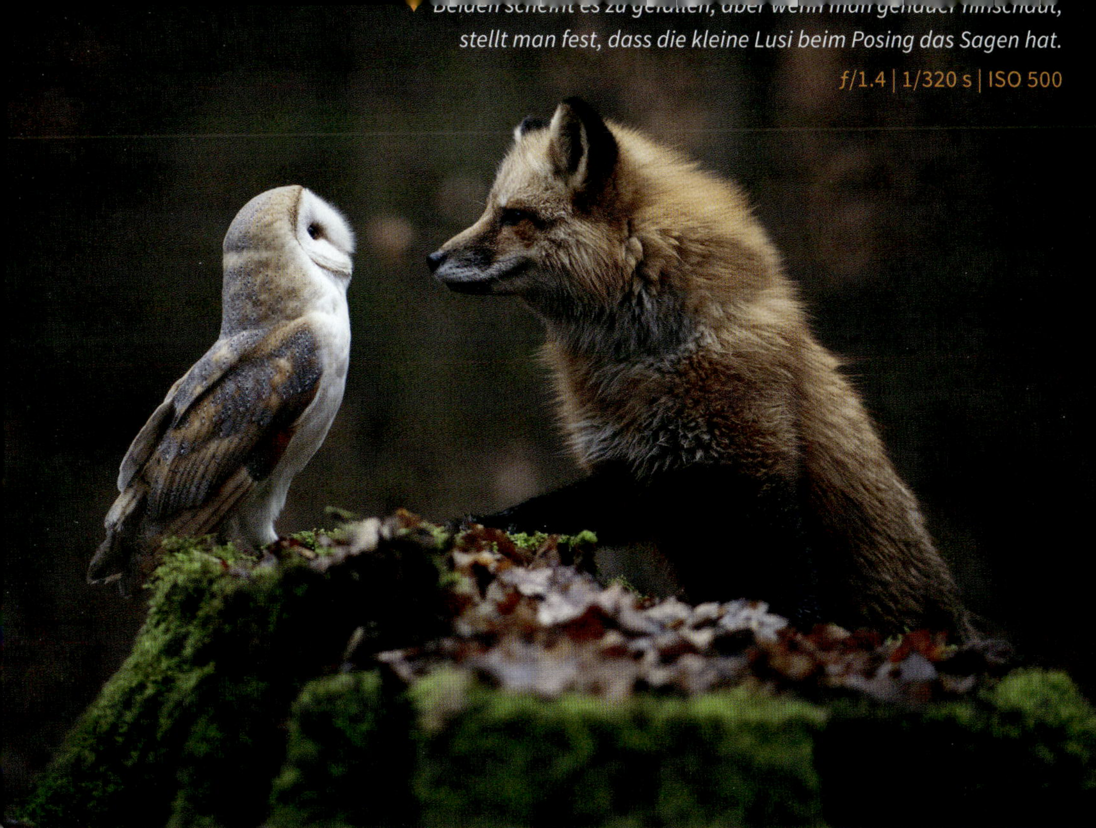

Beiden scheint es zu gefallen, aber wenn man genauer hinschaut, stellt man fest, dass die kleine Lusi beim Posing das Sagen hat.

f/1.4 | 1/320 s | ISO 500

Fuchs Leotie ist anders als andere Füchse, sie ist ein zahmer Zuchtfuchs. Sie wuchs zwar mit ihren Geschwistern auf, wurde von diesen aber ständig gebissen, unterdrückt und vertrieben, sodass feststand, dass sie da raus muss, und so kam sie zu Hana. Hana hat bereits viel Erfahrung mit Füchsen, da sie unter anderem schon über Polarfüchse forschte. Sie finden Leotie auf Facebook unter „Filmfuchs". Sie lebt mit einem Hund zusammen und ist mit Hund und Frauchen überallhin unterwegs.

Und ja, sie mag Federvieh. Aber nicht zum Fressen. Darum planten wir das Shooting. Zu keiner Zeit bestand Gefahr für irgendwen (wer mich kennt, weiß, dass ich mit Tieren übervorsichtig bin). Dennoch, Leotie hatte ziemlichen Respekt vor Ronja, der Steinkauz-Dame, die nämlich der Meinung war, dass das ihre Baumwurzel sei und ein Fuchs da nichts zu suchen habe. Das ist der Fuchsblick, der sagt: „Könnte ich doch lieber hier weg, das ist mir etwas zu gefährlich?"

Aus den Bildern entstanden Poster zum Verkauf, und es wird einen Kalender geben. Alle Einnahmen hieraus gehen komplett an eine Wildtierstation in Hamburg.

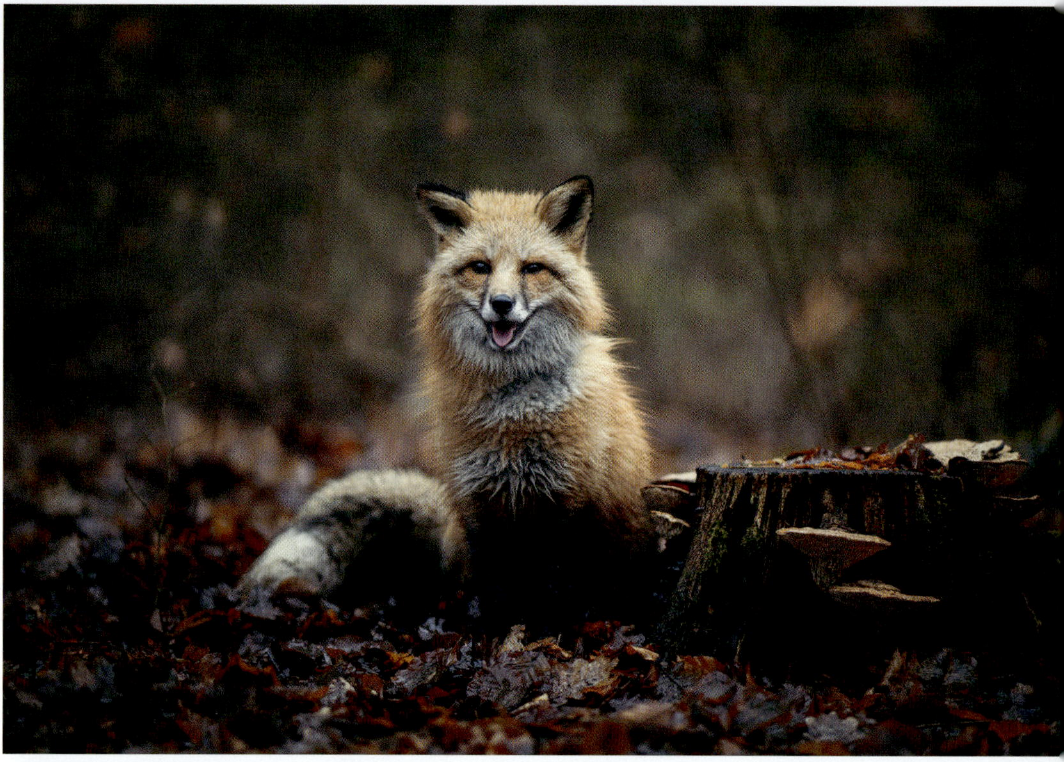

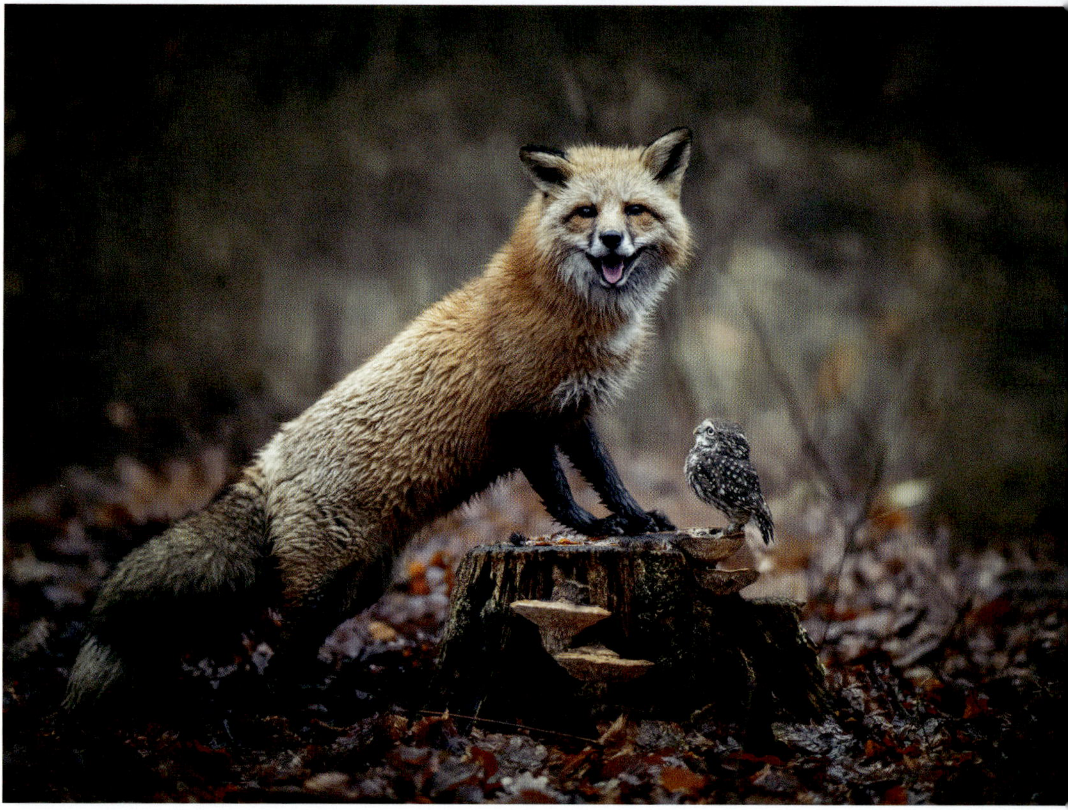

Dinner for Two

Bereits vor Jahren hatte ich versucht, diese Filmszene mit meinen Hunden nachzustellen. Aber das ganze Vorhaben, alleine mit zwei Hunden und der Kamera, endete schließlich irgendwann in einer Spaghetti-Schlacht. Darum haben wir das „Dinner for Two" für dieses Buch nachgeholt. Wie haben wir das Bild gemacht?

Zuerst hatten wir einen Tisch mit integrierten Bänken, aber das war irgendwie wackelig, und die Hunde fühlten sich nicht wohl. Also haben wir einen anderen Tisch hergeschleppt – ohne Stühle. Im Hintergrund lag ein Verlängerungskabel, und wir brachten eine Lichterkette in den Weinranken vor dem Fenster an. Ein bisschen Stadtatmosphäre wollten wir damit schaffen, obwohl es nicht so wirklich rüberkommt. Außerdem gab es zwei Fotolampen, eine mit orangefarbenem Licht von links und eine normale mit weißem Licht von rechts vorne.

Die Hunde wurden schon mal an Tisch und Spaghetti gewöhnt, wobei es bei Letzterem eher heißen sollte, sie wurden daran gewöhnt, die Spaghetti erst noch stehen zu lassen. Wir entschieden uns, die Kerze nur einmal kurz anzuzünden und dann wieder zu löschen. Die Hunde wären nicht an die Kerze herangegangen, aber ich bin, was Tiere angeht, ein Angsthase und versuche immer, möglichst kein Risiko einzugehen. Es hätte ja passieren können, dass die Kerze umfällt und einem Hund das Fell verbrennt. Nein, das Risiko wollte ich nicht eingehen. Darum fotografierte ich die Kerze separat und fügte die Flamme hinterher in Photoshop ein.

Da das Bild einen dunklen Charakter bekommen sollte, wir aber kein Studiobild machen wollten, hatten wir den Tisch komplett in den Schatten gestellt und leuchteten lediglich mit zwei Lampen. Die Lampen stellen keine Werbung dar, sie sind selbst gekauft. Links hatten wir ein orangefarbenes Licht und von vorn eine Fotolampe. Nach einigen Pannen, die ich Ihnen nicht vorenthalten will, hatten wir unser Bild aber im Kasten und gaben die Spaghetti frei.

◀ *Die Nächste bitte zum Posing.*

f/1.4 | 1/320 s | ISO 280

▼ *Das nenne ich mal Selbstbewusstsein!*

f/1.4 | 1/320 s | ISO 105

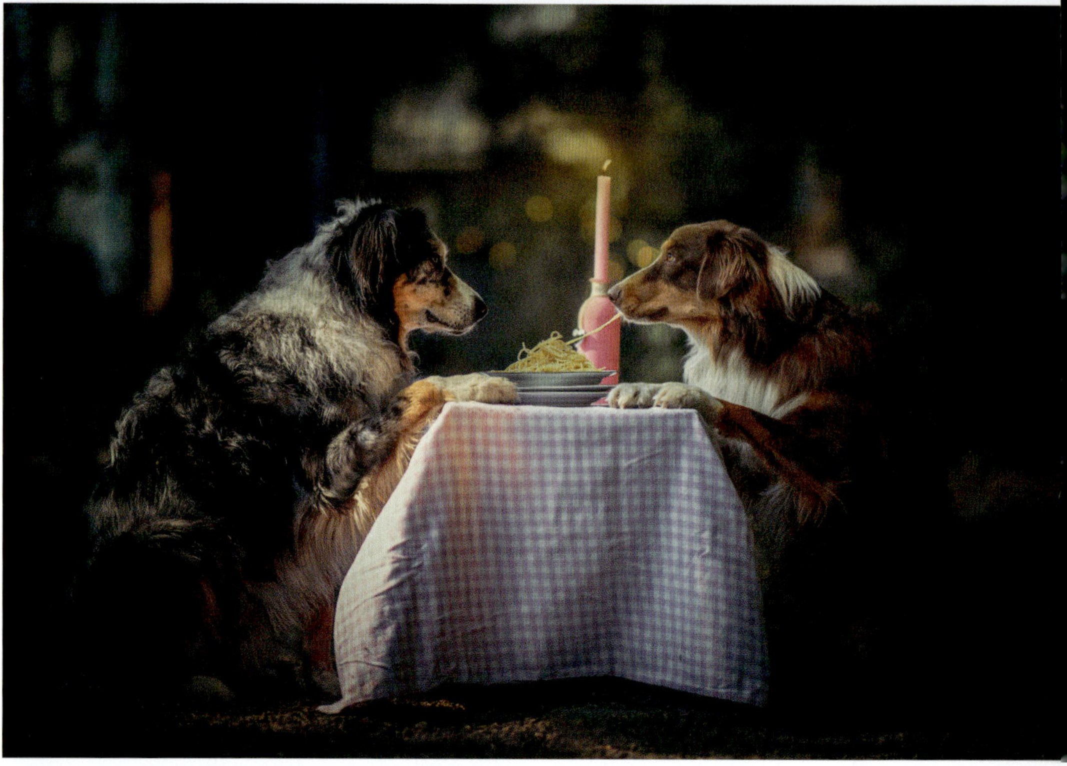

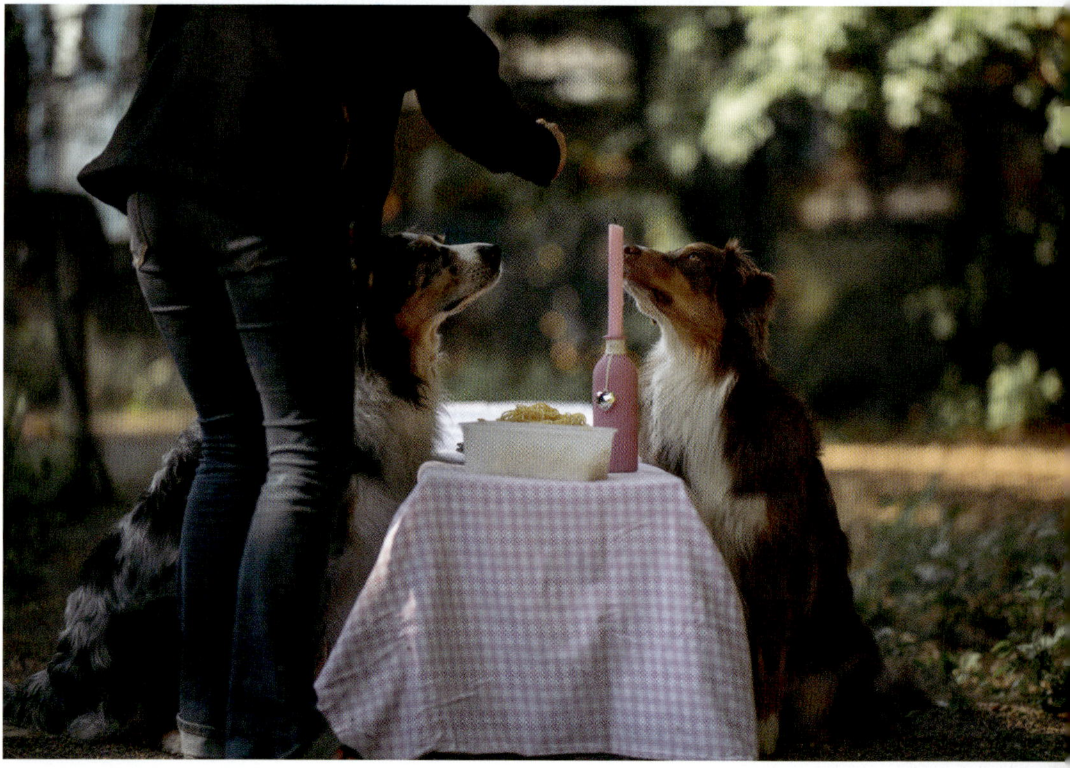

▲ *Dinner for Two – das finale Bild.*

f/1.4 | 1/1600 s | ISO 100

▼ *Die Kerze blieb aus Sicherheitsgründen aus. Die Flamme wurde später in Photoshop eingefügt.*

f/1.4 | 1/1000 s | ISO 100 | +0,33 EV

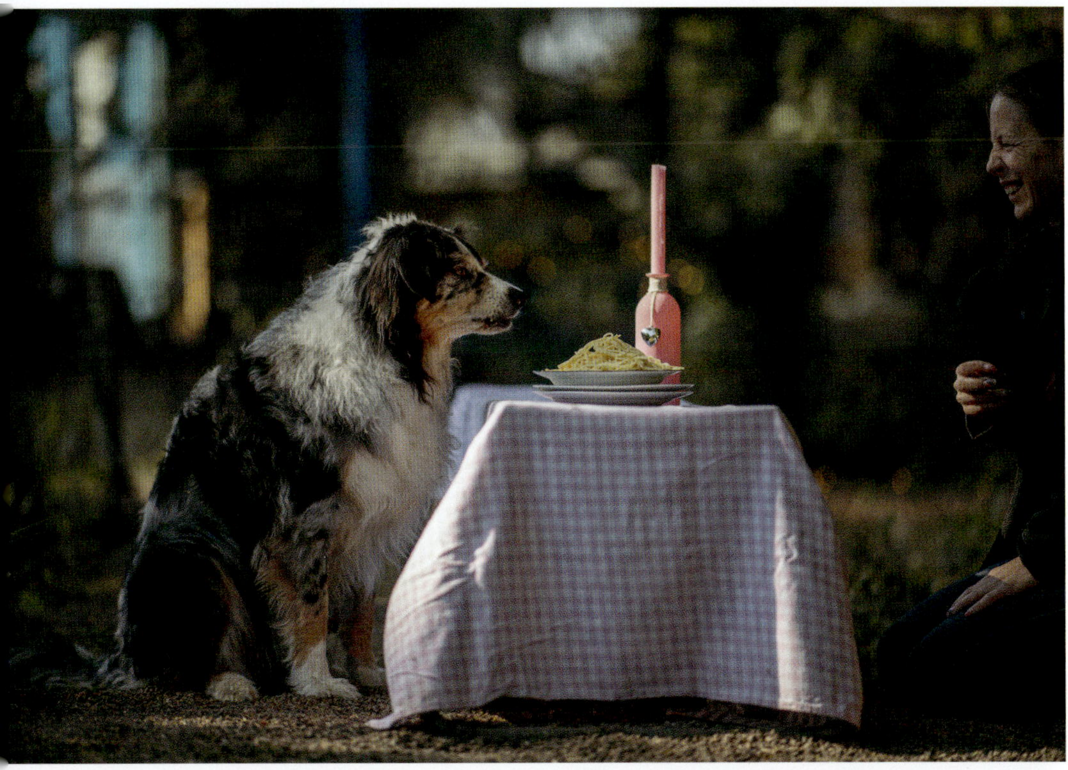

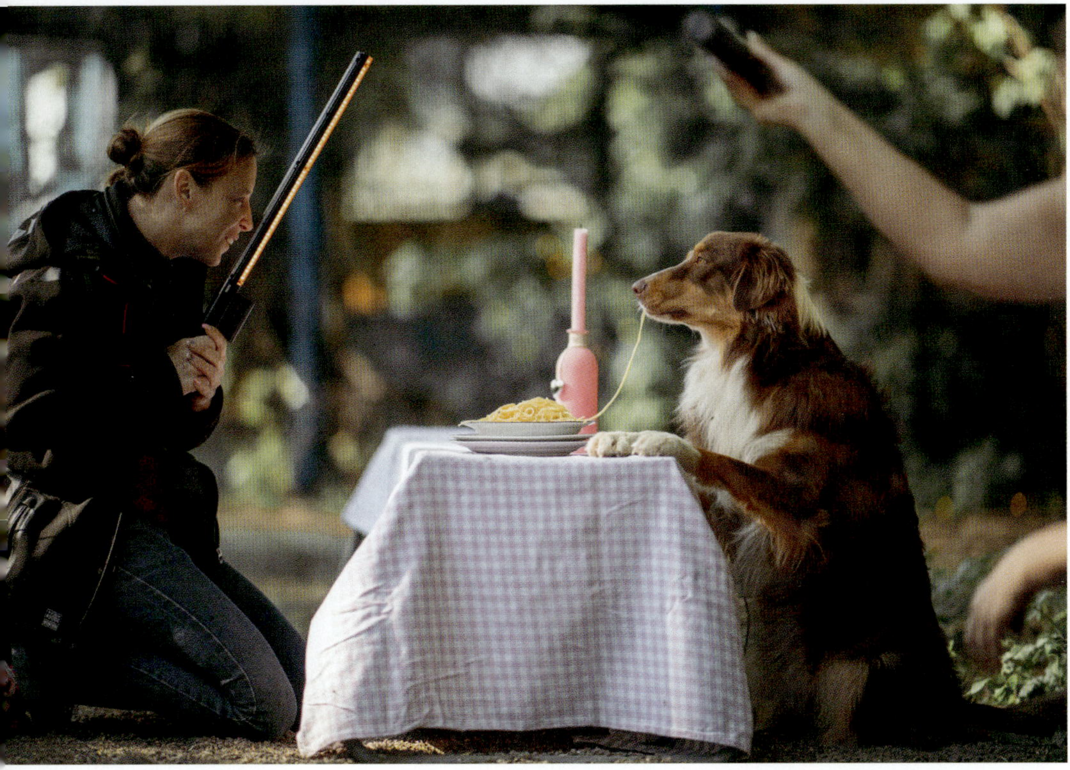

▲ *Danach wurde mit den Hunden der richtige Ausdruck trainiert …*
f/1.4 | 1/2000 s | ISO 100

▼ *… und es wurde ihnen erklärt, dass die Spaghetti noch kurz auf dem Teller bleiben müssten.*
f/1.4 | 1/800 s | ISO 100 | +0,33 EV

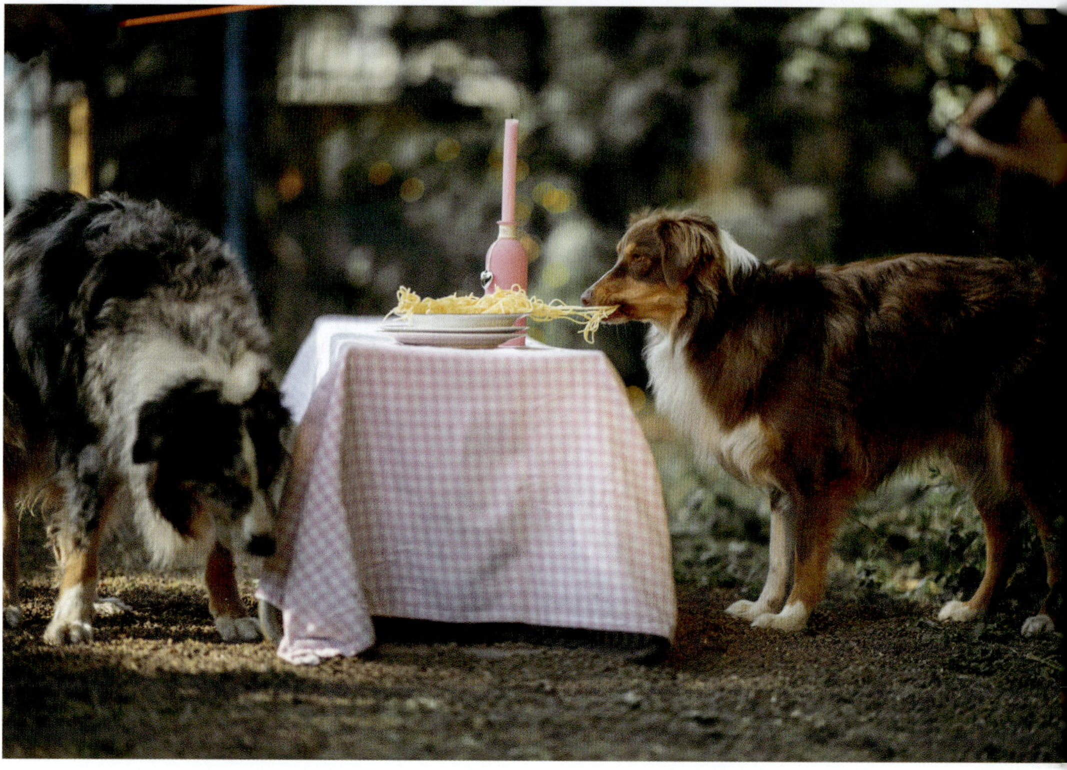

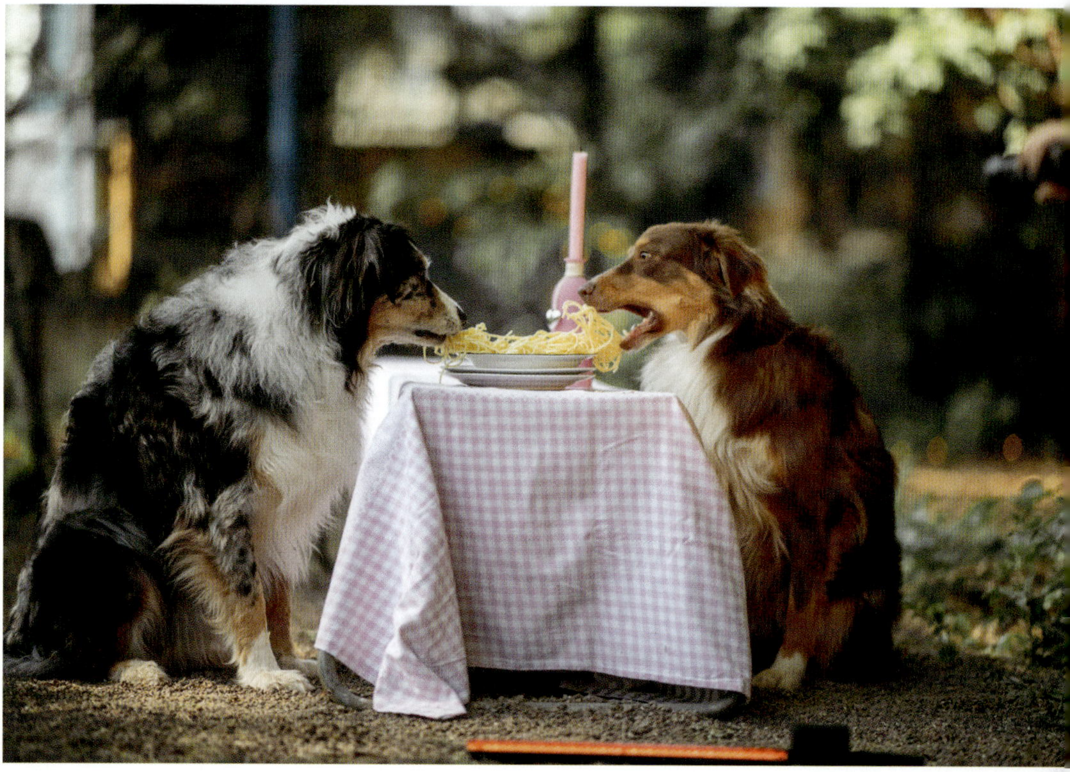

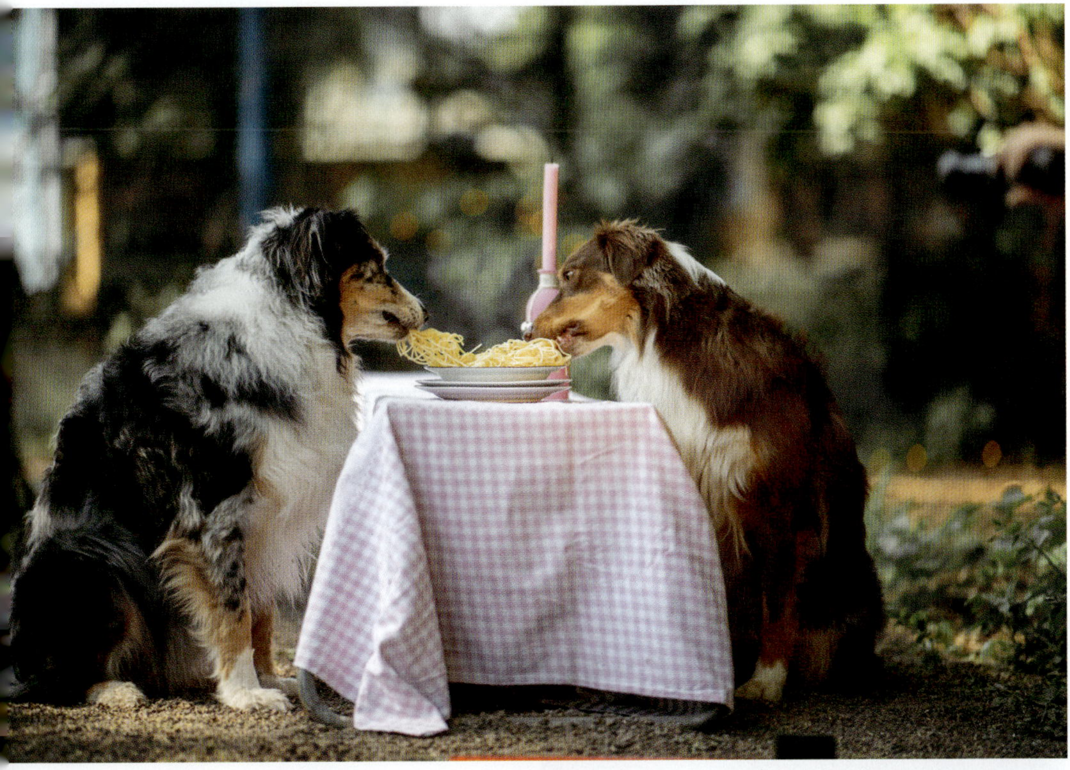

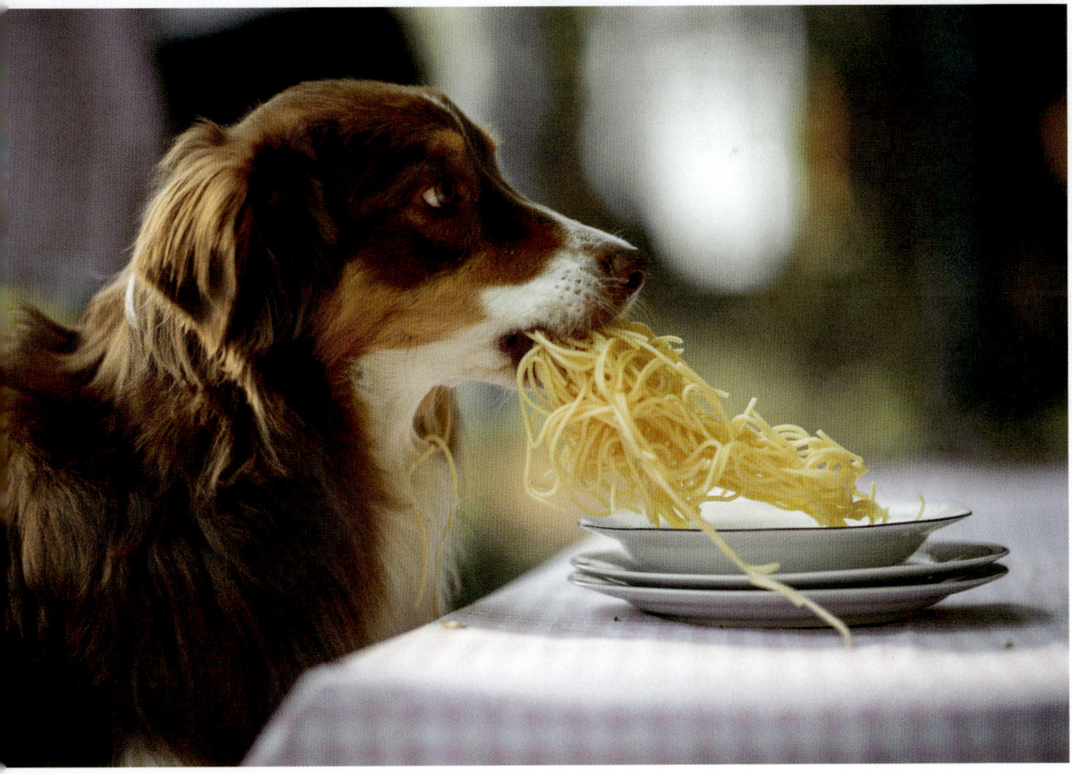

▲ *Endlich – guten Appetit!*

f/1.4 | 1/1250 s | ISO 100 | +0,33 EV

Wächter der Zeit

Die Idee zu diesem Bild kam mir, als ich einige Bilder in meinem Archiv suchen musste und dabei auf ein Bild meiner Schleiereule Lusi stieß. Ich sah das Bild und dachte: Wie schnell doch die Zeit vergeht. Gestern noch so und heute so schön und anmutig. Für mich stand fest, ich musste das in einer Bildidee festhalten. Also setzte ich mich an den PC und googelte nach einer uralten Uhr. Schnell wurde ich fündig im Kleinanzeigenmarkt, und mir wurde versichert, die Uhr wäre richtig alt und ganz toll. Ich sehe ja nun auch nicht mehr so gut und habe den Kaufen-Button gedrückt – mit dem Gefühl, ein Schnäppchen gemacht zu haben. Bis die Uhr dann ankam. Irgendwie war sie mehr made in Taiwan und natürlich kein bisschen alt. Egal, die Idee war in meinem Kopf, und ich dachte, dass das eh keiner merkt.

Die Uhr sollte neben Hund und Eule stehen. Lusi flog allerdings immer auf die Uhr und wollte dort ein Nickerchen machen. Mit leisen Entengeräuschen konnte ich sie noch kurz zum Schauen bewegen, aber so was zieht bei Eulen nur einmal. Ich machte die Bilder, die ich kriegen konnte – und ganz ehrlich? Man sieht auch so, wie schnell die Zeit rennt.

◀ *Ingo und Schleiereule Lusi halten die Zeit an.*

f/1.4 | 1/640 s | ISO 250

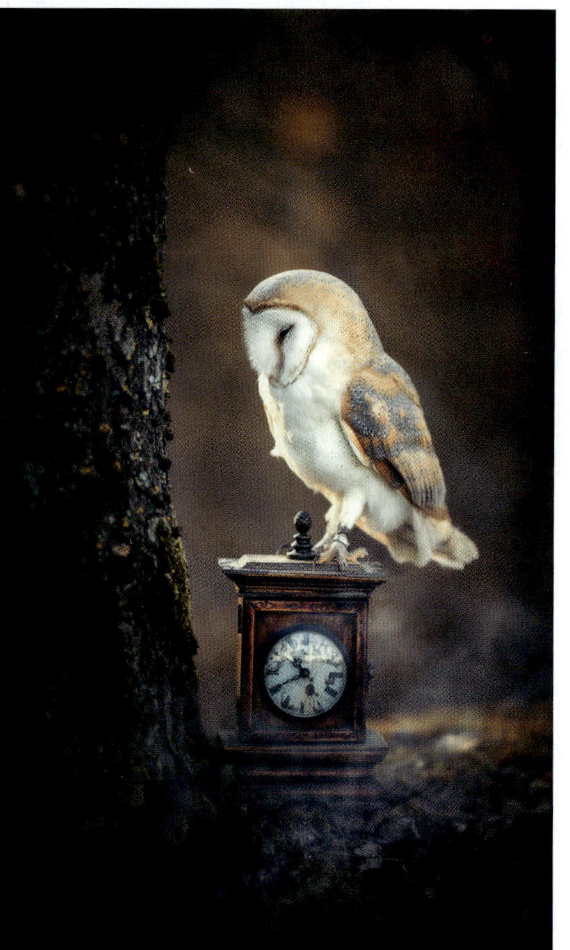

▶ *Lusi fand das Shooting so langweilig, dass sie im Gleichklang der leise tickenden Uhr einfach einschlief.*

f/1.4 | 1/640 s | ISO 200

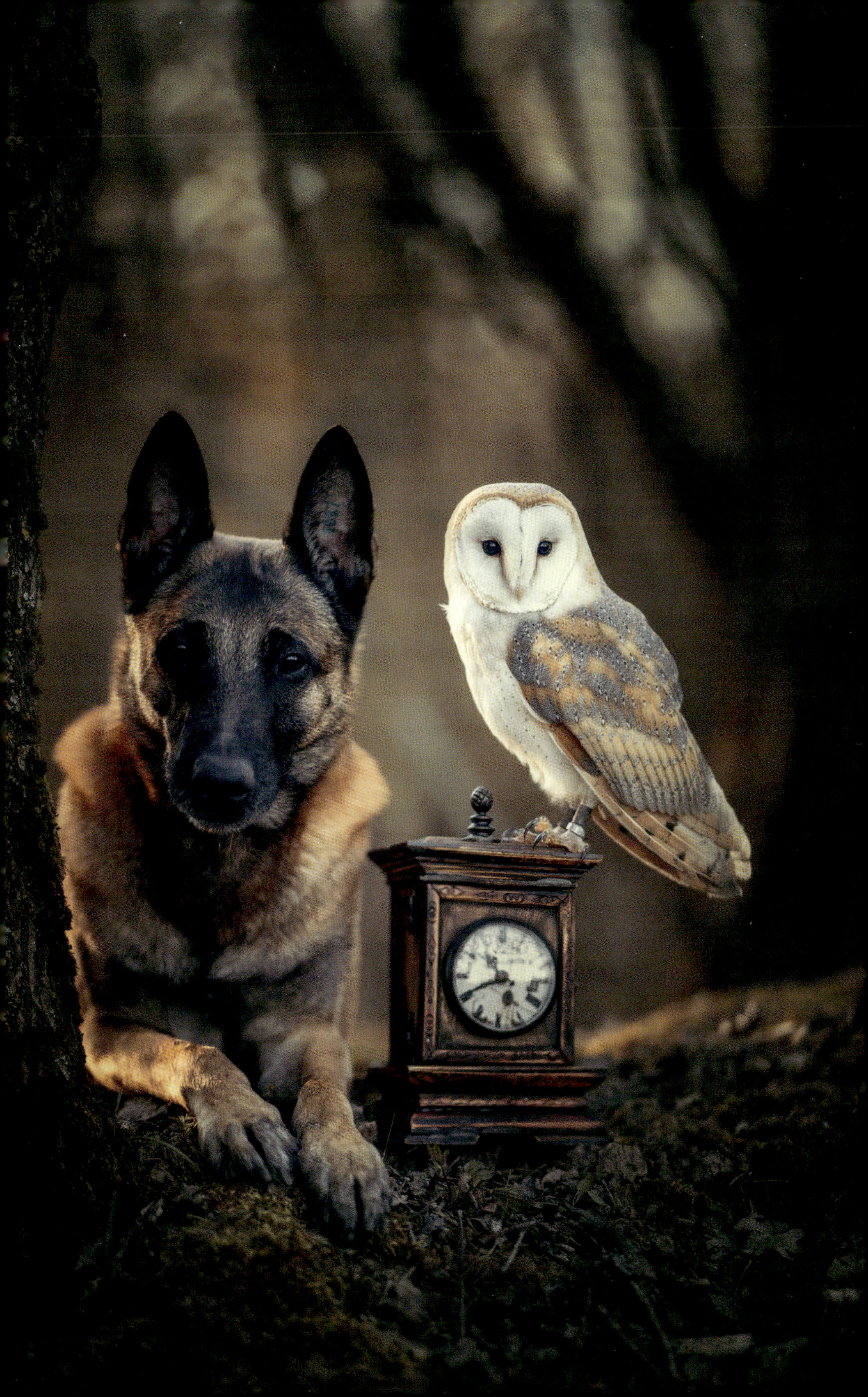

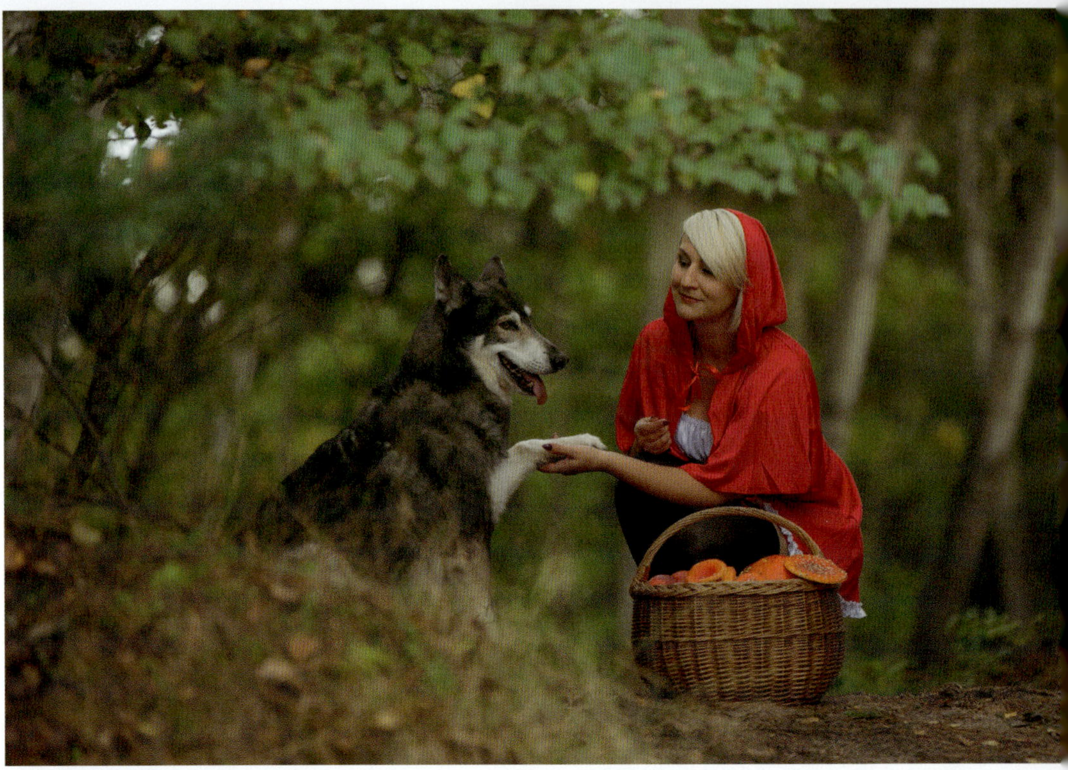

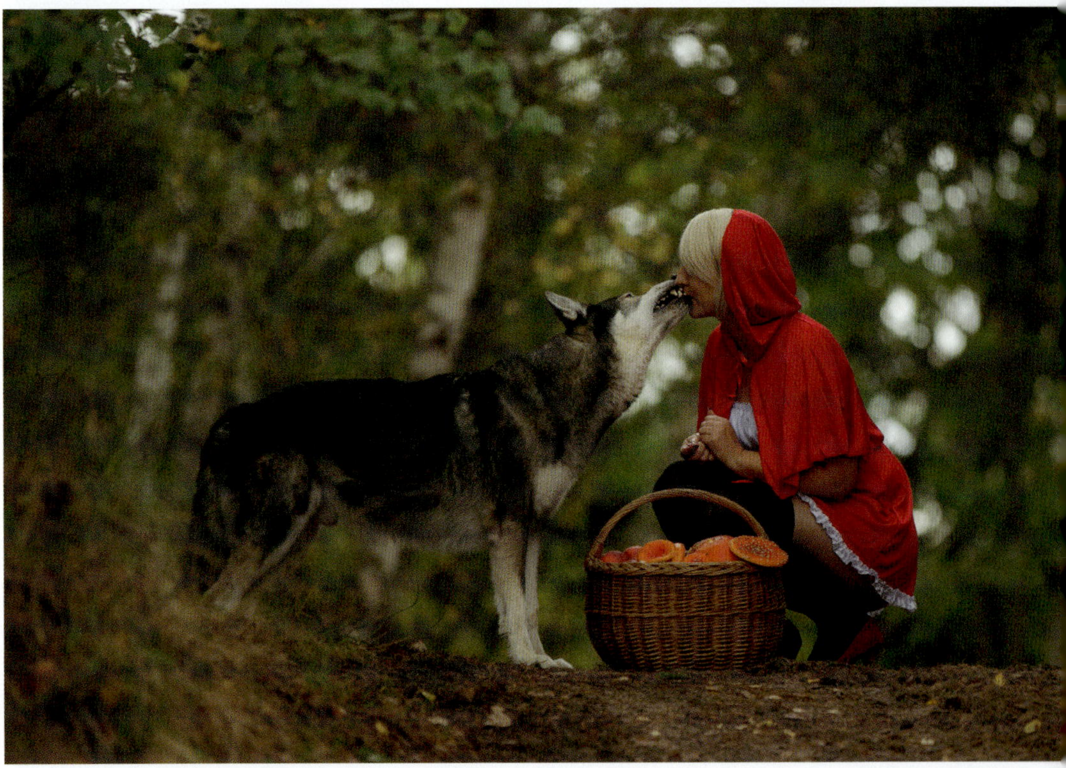

Rotkäppchen und der Wolf

Wer kennt das nicht? So oft wollte ich etwas fotografisch festhalten, aber da das andere schon gemacht hatten, habe ich es dann gelassen. Vielen Dank, Matthias Schotthöfer, dass du mir deine Bilder für das Buch zur Verfügung gestellt hast.

◀ *Rotkäppchen und der brave Wolf.*
f/2.8 | 1/320 s | ISO 400 | –0,33 EV
f/2.8 | 1/400 s | ISO 400 | –0,33 EV

Reise zum Mond

Bei Amazon hatte ich mir vor langer Zeit eine Mondlampe gekauft. Man lädt sie einfach über ein USB-Kabel auf, und sogar eine Fernbedienung ist für die Einstellung verschiedener Farben mit dabei. Das Problem ist nur, es muss schon relativ dunkel sein, sonst sieht man die Lampe bzw. deren Mondstruktur nicht.

▼ *Ich hole dir den Mond vom Himmel, kleine Freundin.*
f/2.8 | 1/250 s | ISO 1100

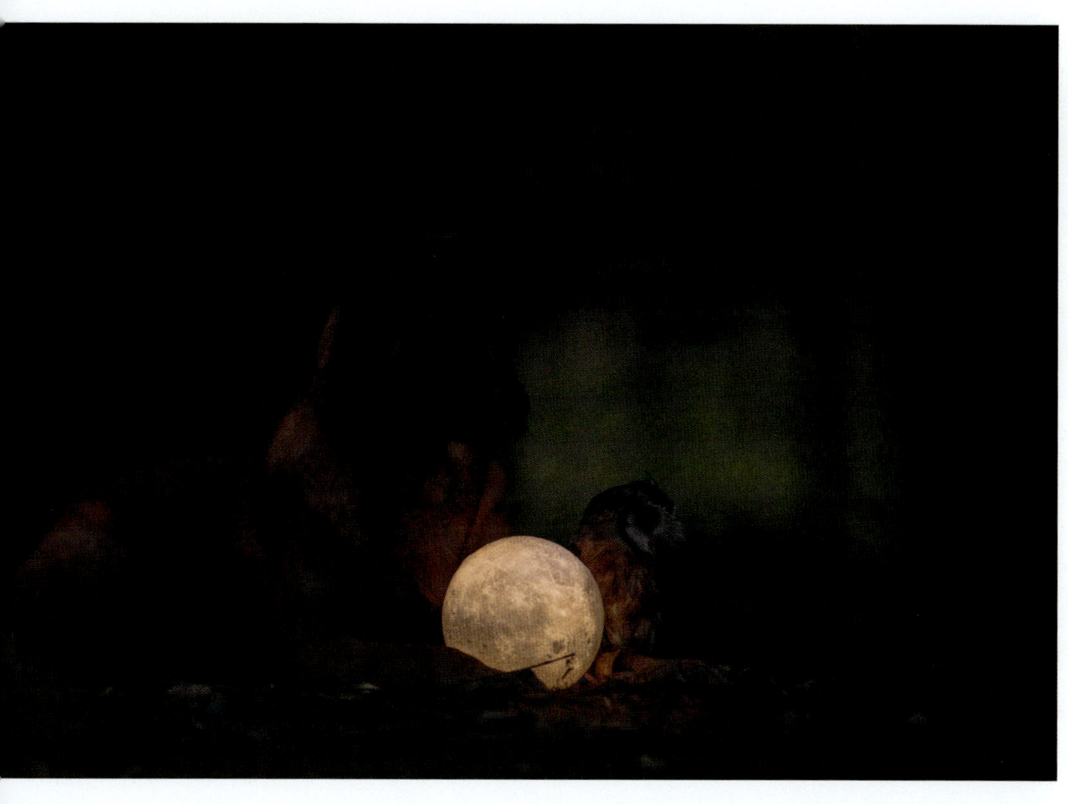

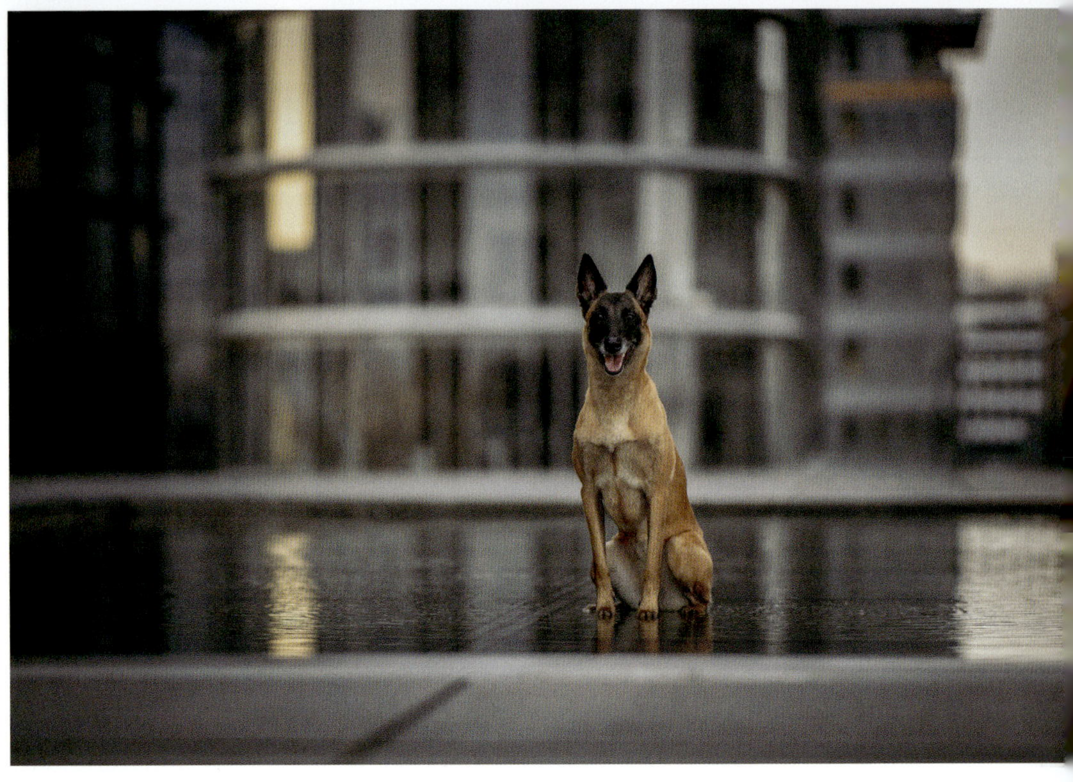

▲ *Ein Malinois posiert auf der Freifläche vor dem Hyatt Regency im Düsseldorfer Medienhafen.*
f/1.4 | 1/640 s | ISO 100

Big City Dogs

Großstadtshootings mit Hunden erfreuen sich in den letzten Jahren immer größer werdender Beliebtheit. Ich habe bereits vor sechs Jahren am Schloss Benrath und in der Düsseldorfer Innenstadt fotografiert und vor mir bestimmt schon viele andere Tierfotografen. Die wohl bekanntesten Plätze in Düsseldorf sind der Medienhafen und das auf einer kleinen Halbinsel gelegene Luxushotel Hyatt Regency mit seinen vielen Möglichkeiten, wie etwa die fotogene Pebble's Terrasse unmittelbar vor dem Hotel.

▶ *Was der kann, kann ich schon lange.*
f/1.4 | 1/1250 s | ISO 360

▼ *Ganzkörperporträt auf Augenhöhe. Aufgenommen auf der Pebble's Terrasse mit dem fotogenen silbernen Pavillon direkt vor dem Hyatt Regency.*
f/1.4 | 1/5000 s | ISO 100

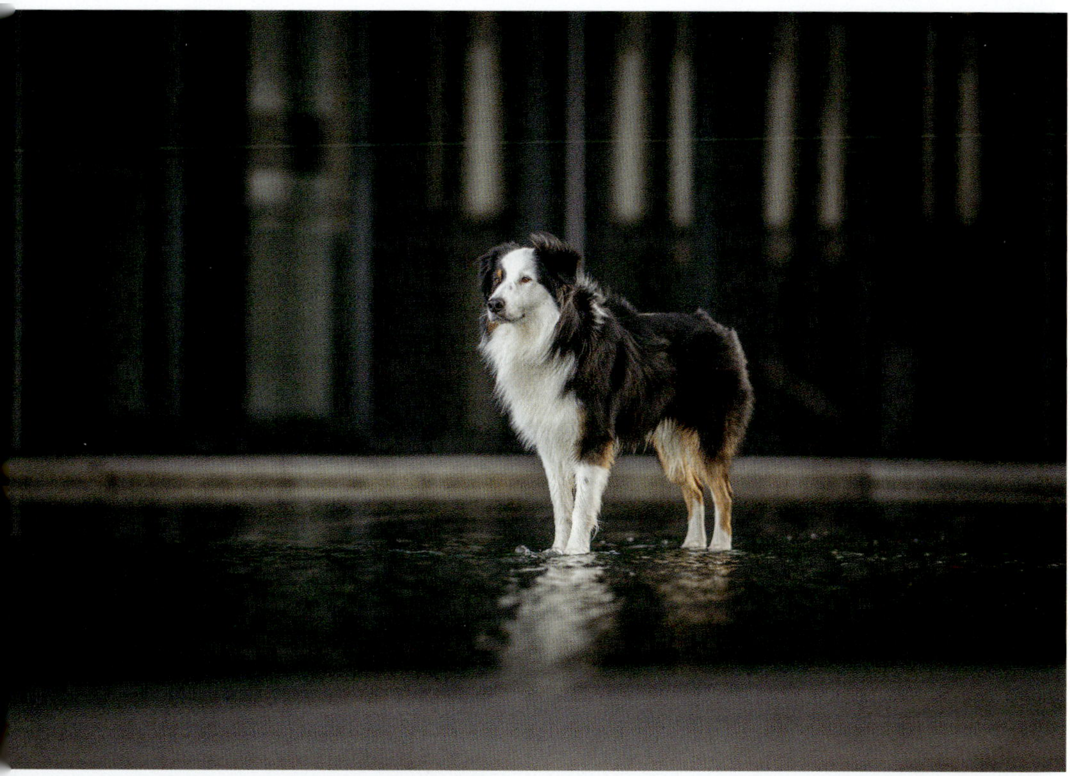

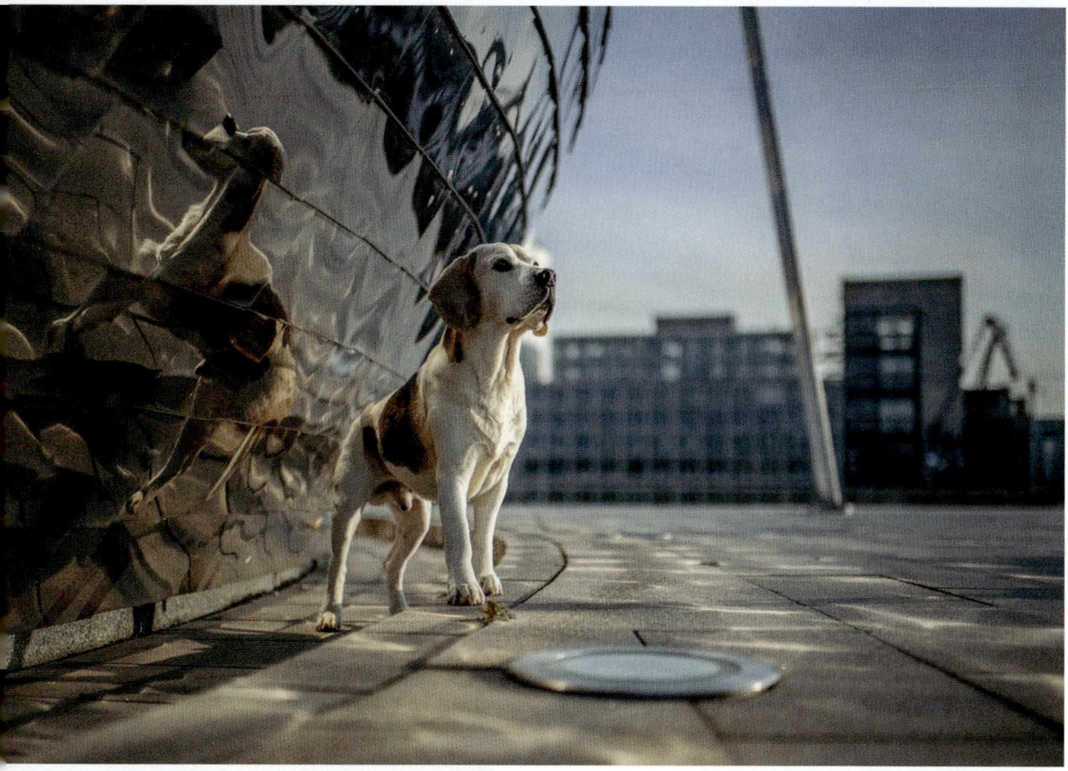

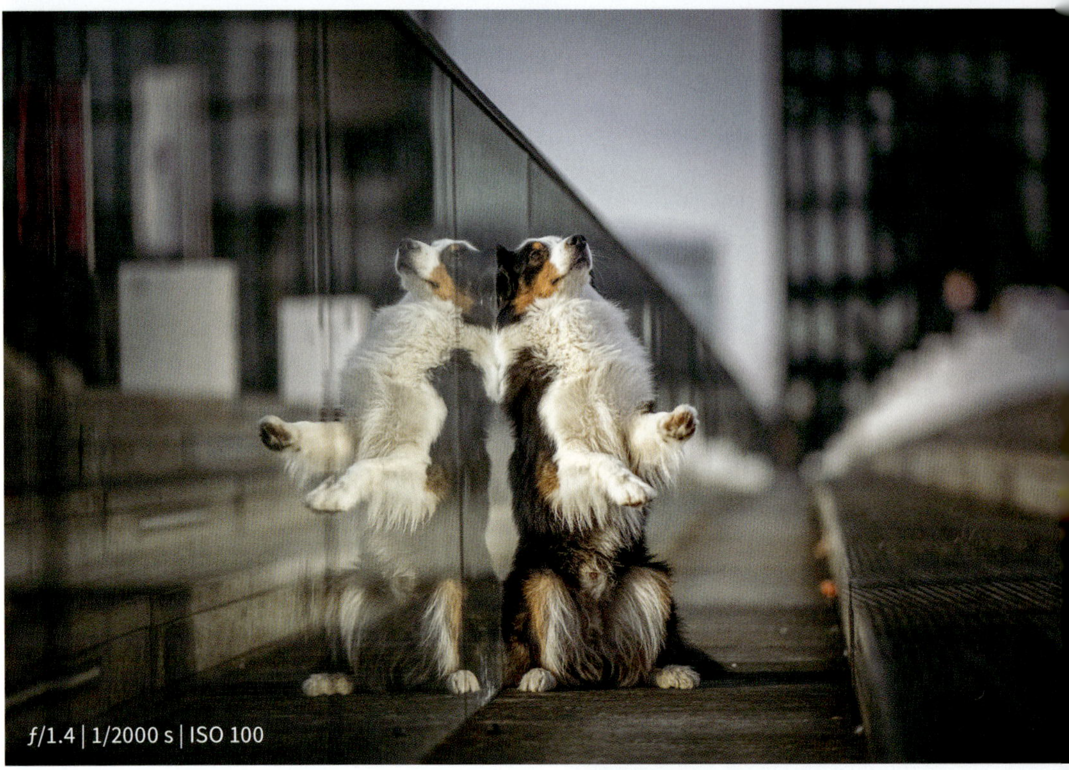

f/1.4 | 1/2000 s | ISO 100

▲ *Aufgenommen auf der Medienhafenbrücke Richtung Hyatt Regency.*

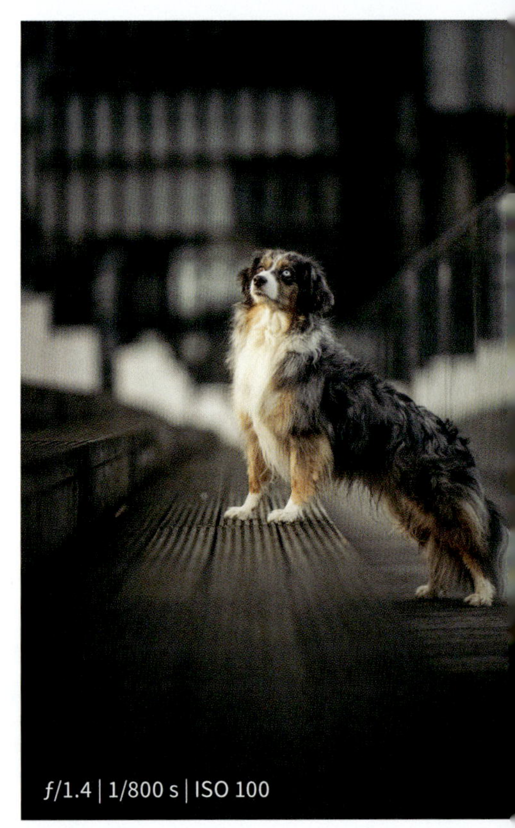

Das Schöne an diesen Locations ist, dass die Lichtstimmung immer wieder eine andere ist. Je nach Wetter und Tageszeit, aber auch Jahreszeit, können sich dort die verschiedensten Stimmungen ergeben. Vor dem Hotel und im ganzen Viertel gibt es so viele Spots, zu denen man mit den Hunden gehen kann.

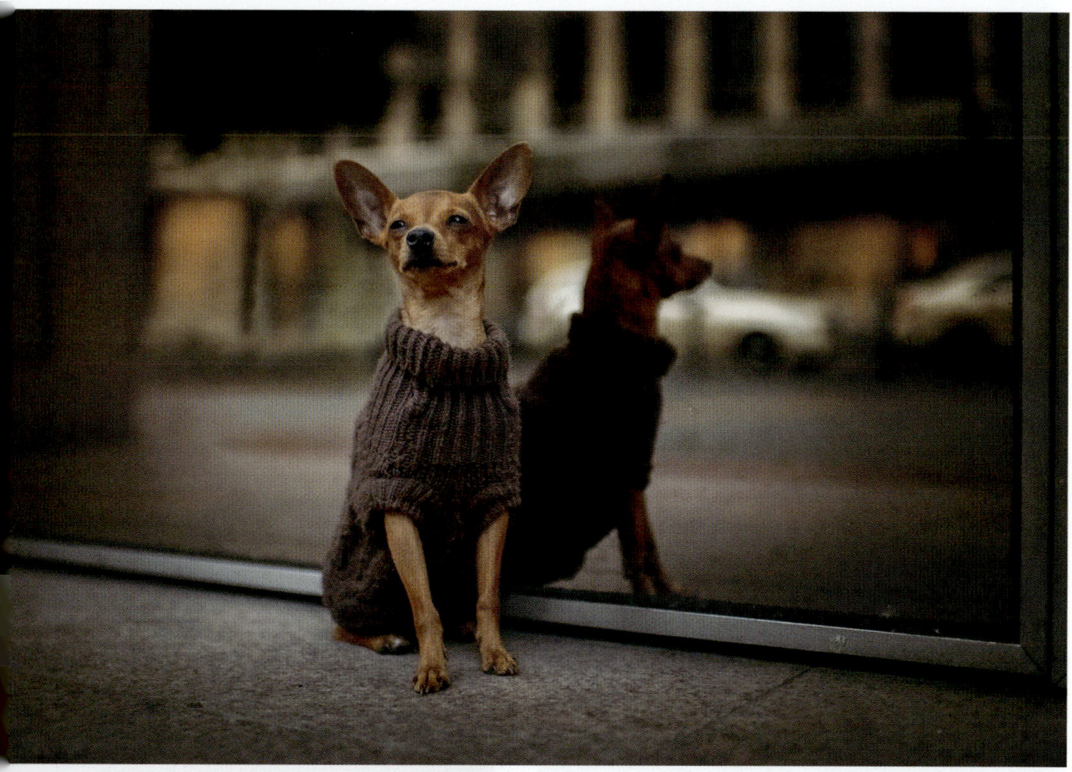

▲ *Die Läden und Schaufensterfronten auf der Düsseldorfer Königsallee bieten ebenfalls interessante Hintergründe.*

f/1.4 | 1/400 s | ISO 180

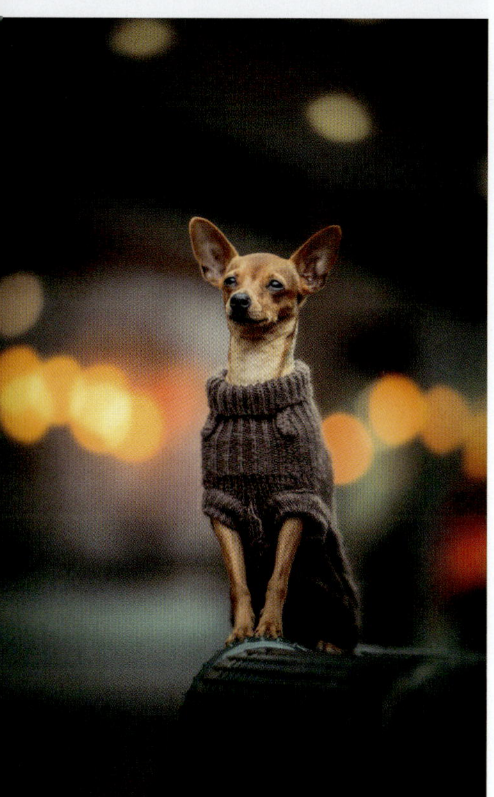

◄ *Die Bank steht vor einem beleuchteten Schaufenster. Die Models waren übrigens Coco, Chanel und Hugo Boss – Hugo ist allerdings nicht auf den Bildern zu sehen.*

f/1.4 | 1/800 s | ISO 100

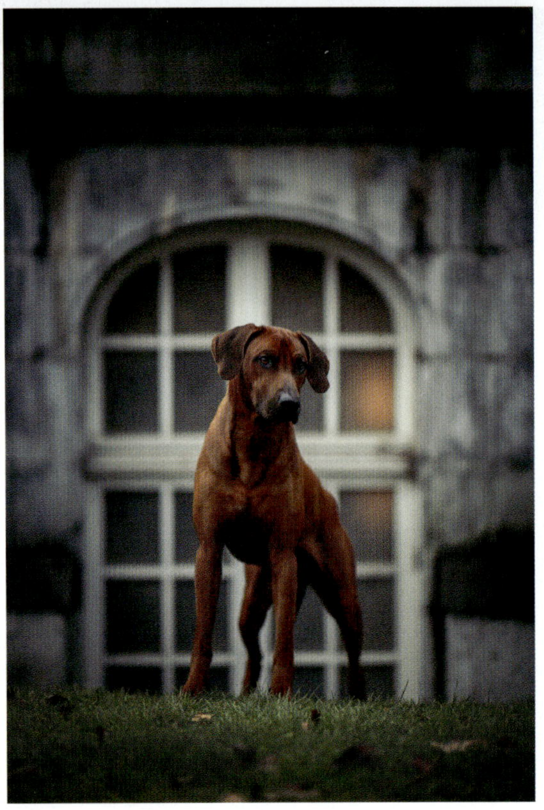

▲ *Ein Rhodesian Ridgeback auf der Wiese vor Schloss Benrath.*
f/1.4 | 1/320 s | ISO 160

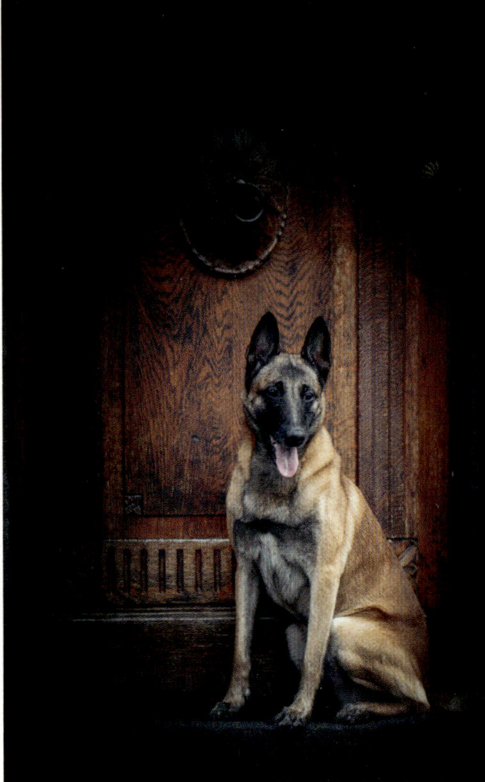

▲ *Ganzkörperporträt vor einem illuminierten Geländer vor Schloss Benrath in Düsseldorf.*
f/1.4 | 1/320 s | ISO 160

Natürlich hat jede Stadt ihren ganz besonderen Reiz, und man muss dort einfach mal mit offenen Augen durch die Viertel laufen, um eine Menge toller Motive zu finden. Vor allem mag ich es, Schaufenster und die Lampen in den Geschäften als Hintergrund zu nutzen. Türen haben ebenfalls einen besonderen Reiz

▶ *Ingo posiert vor einer schweren, alten Haustür aus Eichenholz, gerahmt in einer schönen dunklen Vignette.*
f/1.4 | 1/500 s | ISO 100 | –0,33 EV

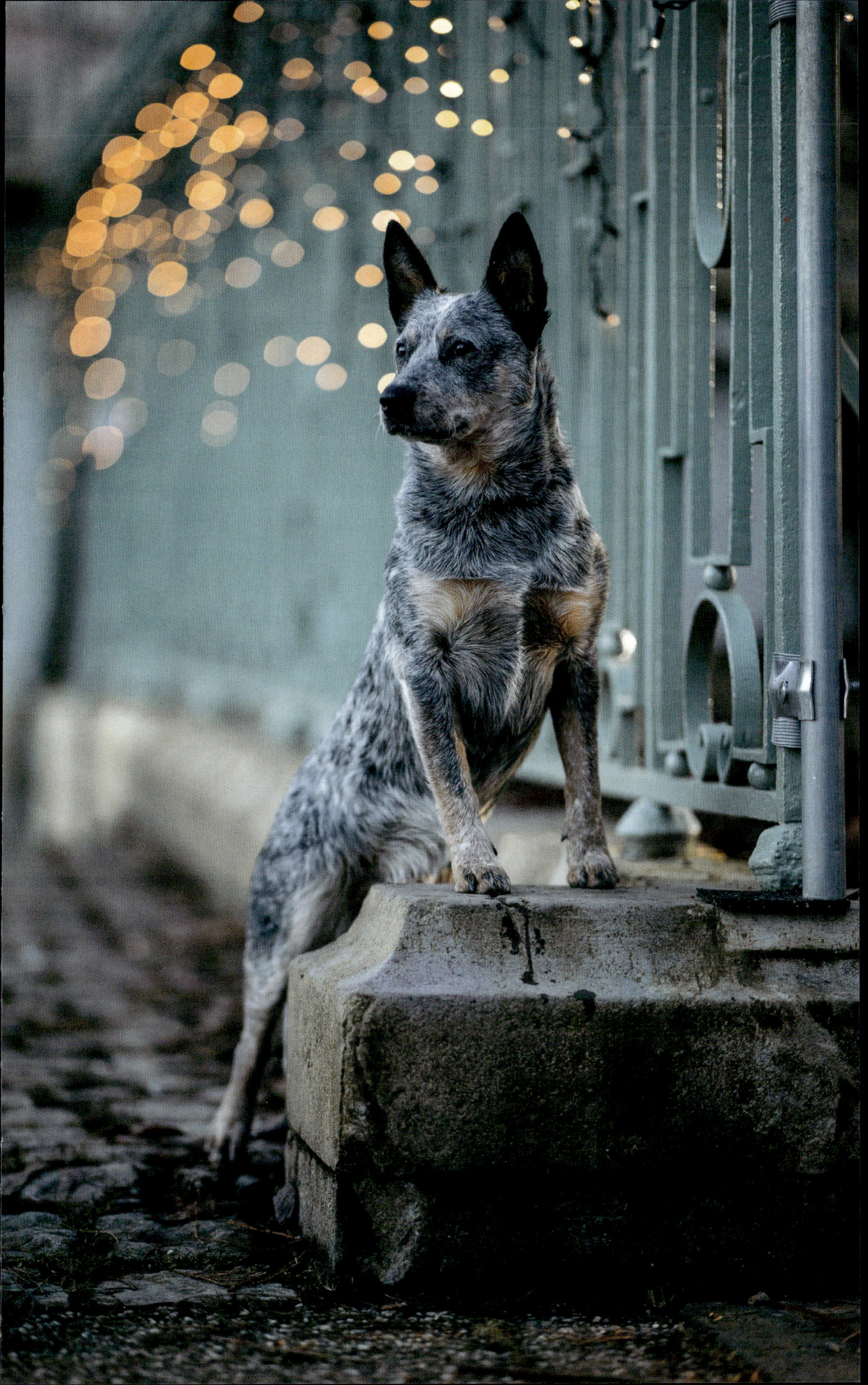

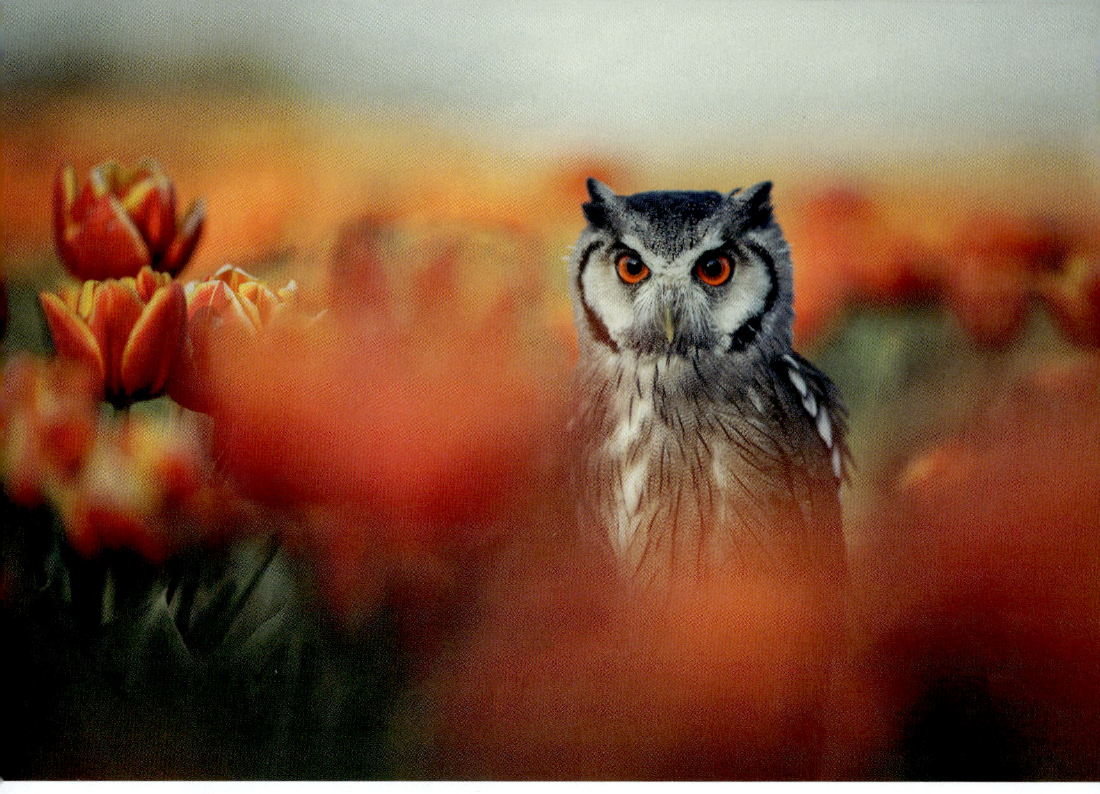

▲ *Gandalf scheint von der Farbenpracht der blühenden Tulpen überwältigt.*
f/1.4 | 1/640 s | ISO 180

Flower-Power

Ein Kapitel, in dem es nicht viel Technisches zu sagen gibt, sondern eher etwa über Farben und Motive. Ich mag Blumen in der Tierfotografie sehr gerne. Der Nachteil ist: Sobald irgendetwas Bestimmtes blüht, ist das Internet überschwemmt mit den augenscheinlich gleichen Bildern.

Porträts im Tulpenfeld

Wir waren in den Tulpenfeldern, als die Blumen noch fast geschlossen waren, und fragten den Besitzer des Felds, ob wir fotografieren dürften. Es war ein sehr nettes Gespräch, und es wurde uns gestattet. Per PayPal überwies ich daher ein bisschen Geld an den Landwirt.

▶ *Lusi träumt so vor sich hin.*
f/1.4 | 1/1000 s | ISO 100

▼ *Nanu, gleiche Farbe wie ich.*
f/1.4 | 1/500 s | ISO 100

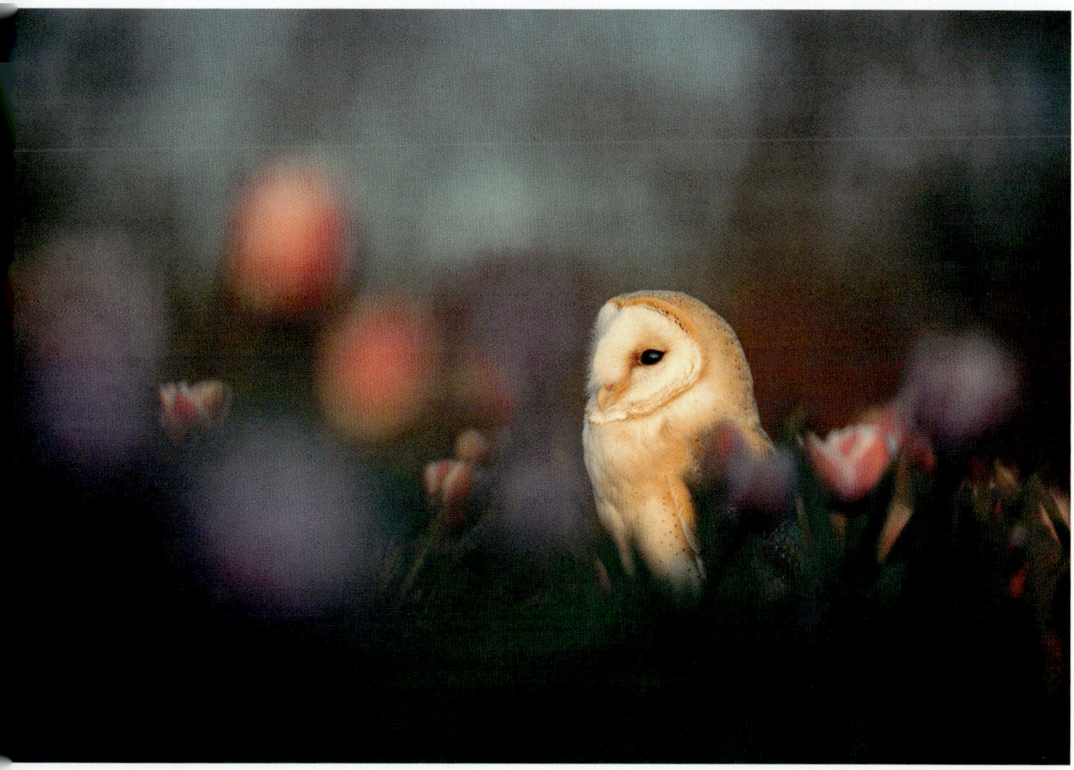

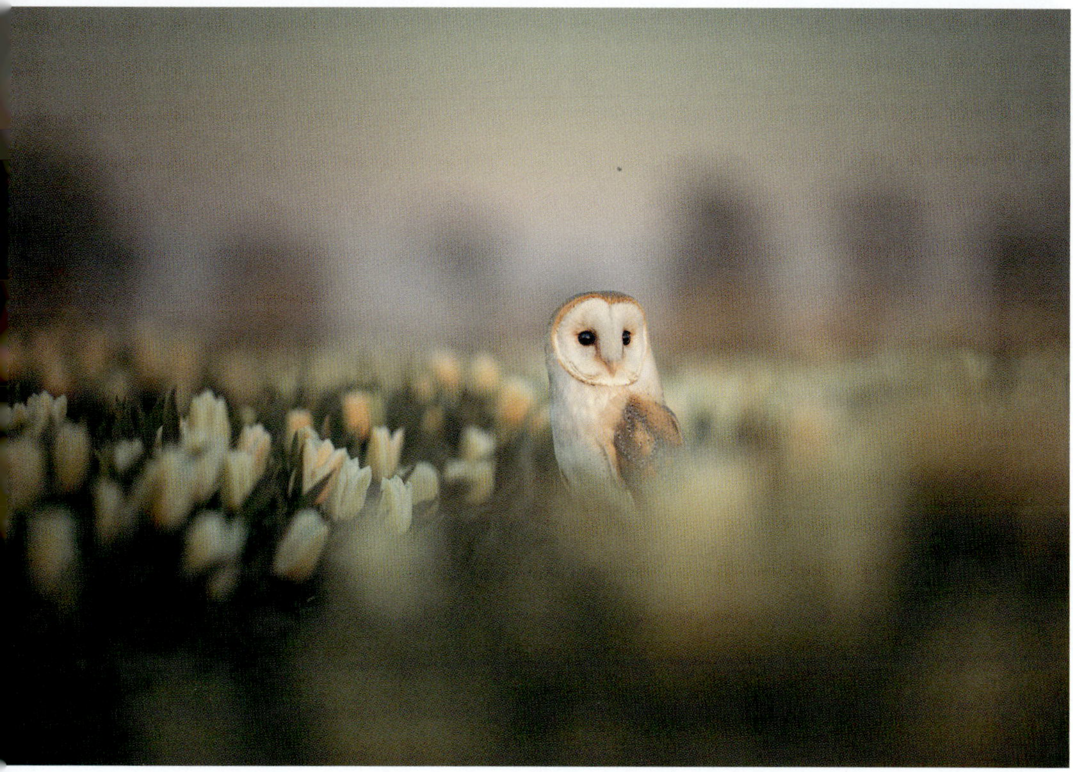

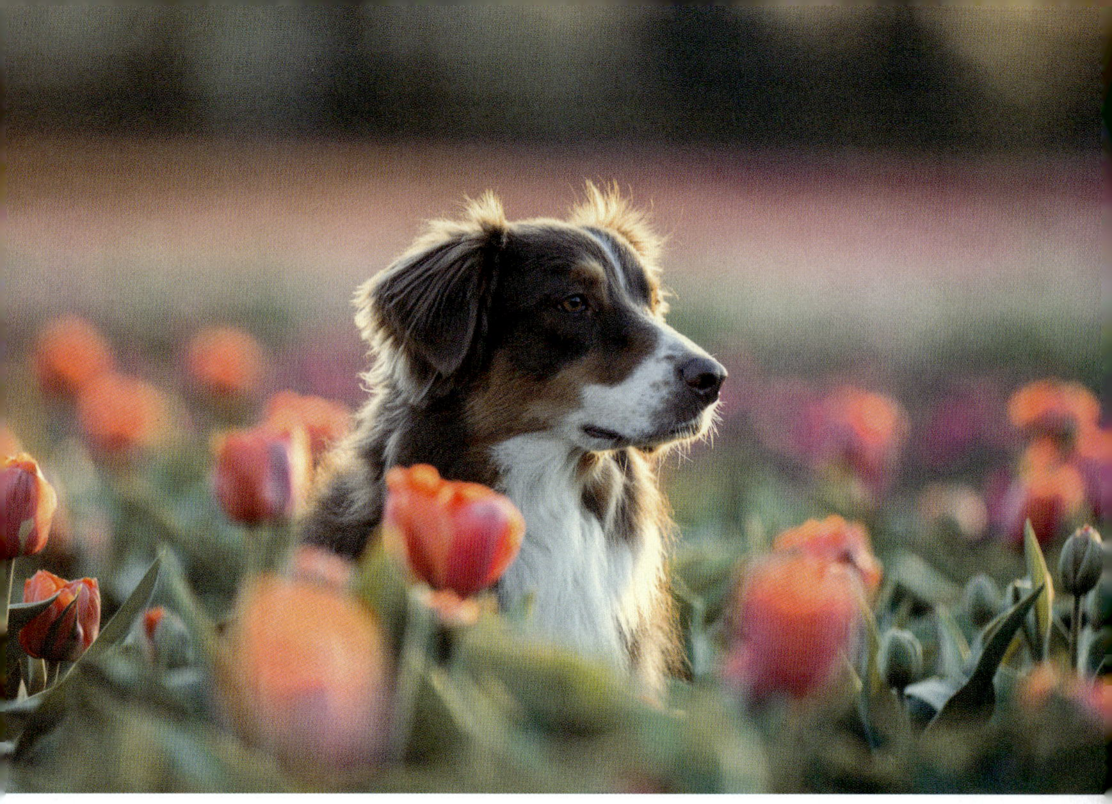

▲ *Border Collie Ace beobachtet die Lage aus dem Tulpenfeld heraus.*
f/2.8 | 1/400 s | ISO 400

Wir waren bis Sonnenuntergang dort und nahmen uns vor, in ein paar Tagen mit den Hunden wiederzukommen, wenn die Tulpen weiter geöffnet sind. Gesagt, getan, aber anders, als wir es uns vorgestellt hatten. Die Tulpenfelder waren übersäht von Menschen. Fotografen, Filmer, Selfie-Macher, Familien. Es sah aus, als wäre ein Reisebus angekommen, und alle trampelten durch die Felder. Wir machten schnell ein paar Bilder und waren direkt wieder weg. Ein paar Tage später waren wir mit Birdie und Ace noch mal dort, aber um sieben Uhr morgens. Da hielt sich der Betrieb noch in Grenzen.

Achtung!

Bitte gehen Sie nicht ungefragt auf Äcker oder Felder. Wenn man den Eigentümer oder den Landwirt freundlich fragt und ihm vielleicht sogar ein Geschenk oder ein paar Euros gibt, ist das eine gute Sache für beide Seiten.

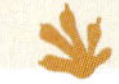

Ginster und Tamariske

Das Gleiche passierte uns mit Magnolien, Kirschblüten, Flieder und all dem anderen, aber mit dem Unterschied, dass wir kaum Bilder hatten, weil wir immer zu spät kamen und alles schon langsam verblühte. Dafür habe ich noch ein paar andere Blumen und Blüten genutzt, um einige schöne Porträts zu machen. Auch Mohn ist super in der Tierfotografie. Ich stelle tatsächlich ein Stativ an den Rand des Felds und lasse meine Eule drauffliegen. So wird nichts beschädigt.

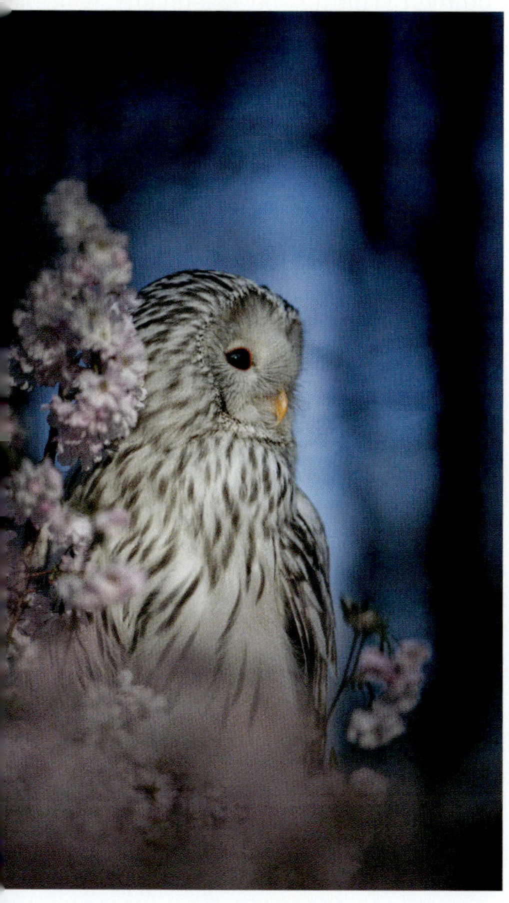

▲ *Rüdiger, umgeben von einem dekorativen Rahmen.*

f/1.4 | 1/2000 s | ISO 100

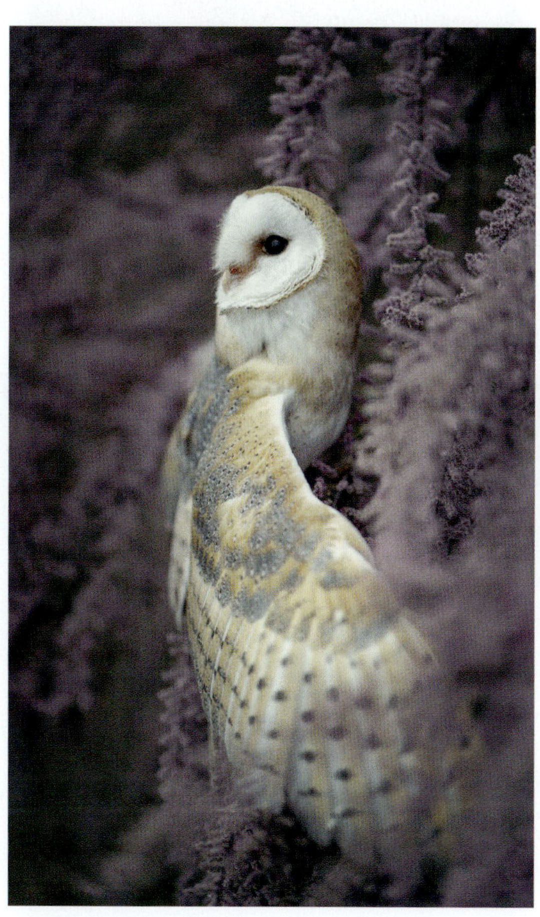

▲ *Lusi gibt beim Posing wirklich alles.*

Junge, komm bald wieder

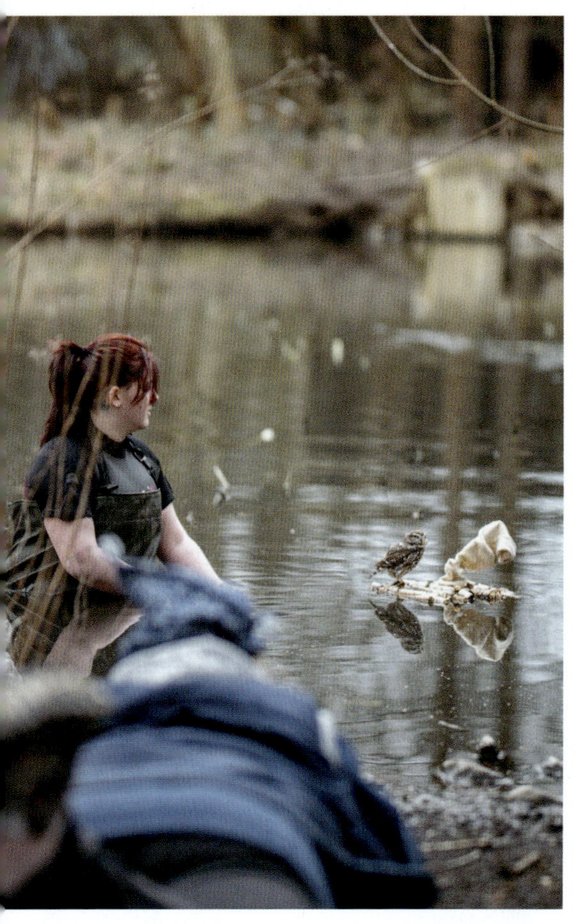

▲ *Behind the Scene: Assistentin Jessi steht für den Notfall bereit.*
f/1.4 | 1/500 s | ISO 100

Angelehnt an ein Bild, das ich vor langer Zeit mit Ingo und Poldi machte, wollte ich ein ähnliches Bild in Farbe fotografieren. Damals regnete es tagelang, und die Wiesen waren komplett überschwemmt. Bei einem Spaziergang kam ich auf die Idee, man könnte ein Floß bauen und damit die riesigen Pfützen überqueren. Gesagt, getan, ich baute ein Floß mit Sockensegel und brach mit Ingo und Poldi zu den überschwemmten Wiesen auf. Ich gab Ingo den Stock und sagte: „Laaaaangsam kommen", dieser beschleunigte von jetzt auf gleich, und Kauz Poldi hing auf dem Floß wie auf Wasserskiern.

Ich schrie: „Stooooppp!", und Ingo legte eine Vollbremsung ein. Das Floß sank in Zeitlupe, und ich raste in die Pfütze, um Poldi zu retten. Jetzt, einige Jahre später, wollte ich das alles noch einmal versuchen. Aber ohne Ingo. Und da ich kein Risiko eingehen wollte, weil eine kleine Strömung vorhanden war, musste jemand mit ins Wasser, und Jessi erklärte sich bereit. Mit Neoprenanzug und Watthose.

▶ *Ein letzter Blick zum Abschied, und die Abenteuerreise kann beginnen.*
f/3.2 | 1/320 s | ISO 160

▼ *Ronja treibt auf und davon zur Entdeckung neuer Welten.*
f/1.4 | 1/1000 s | ISO 100

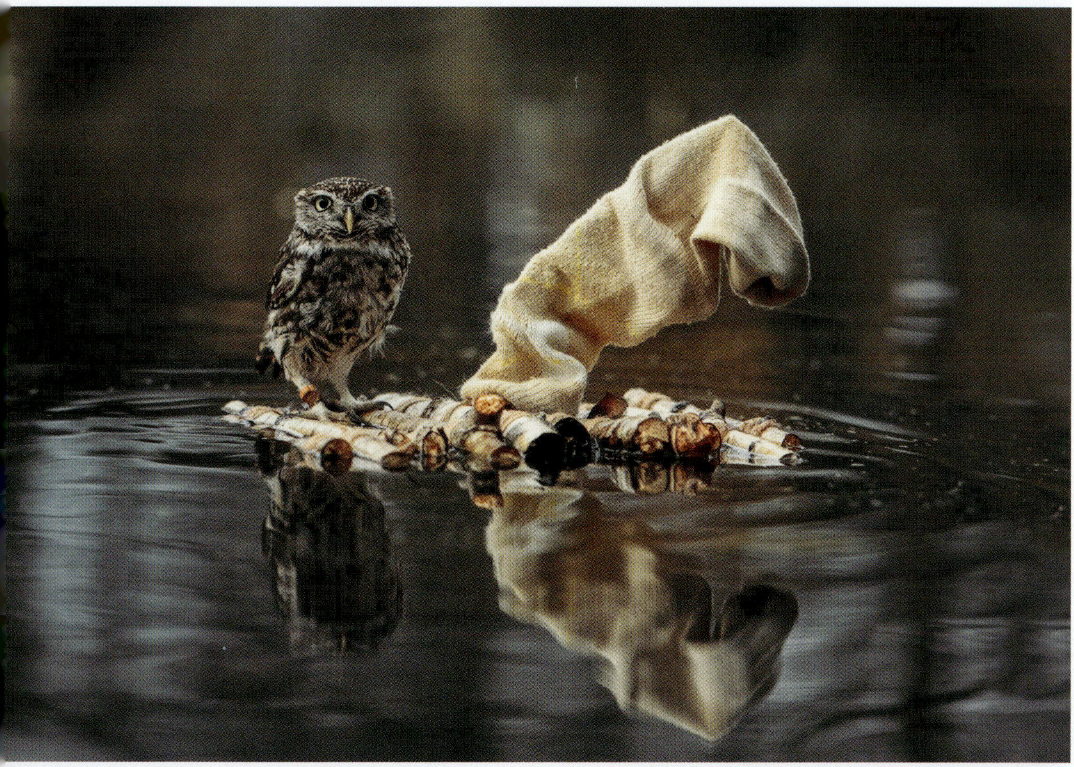

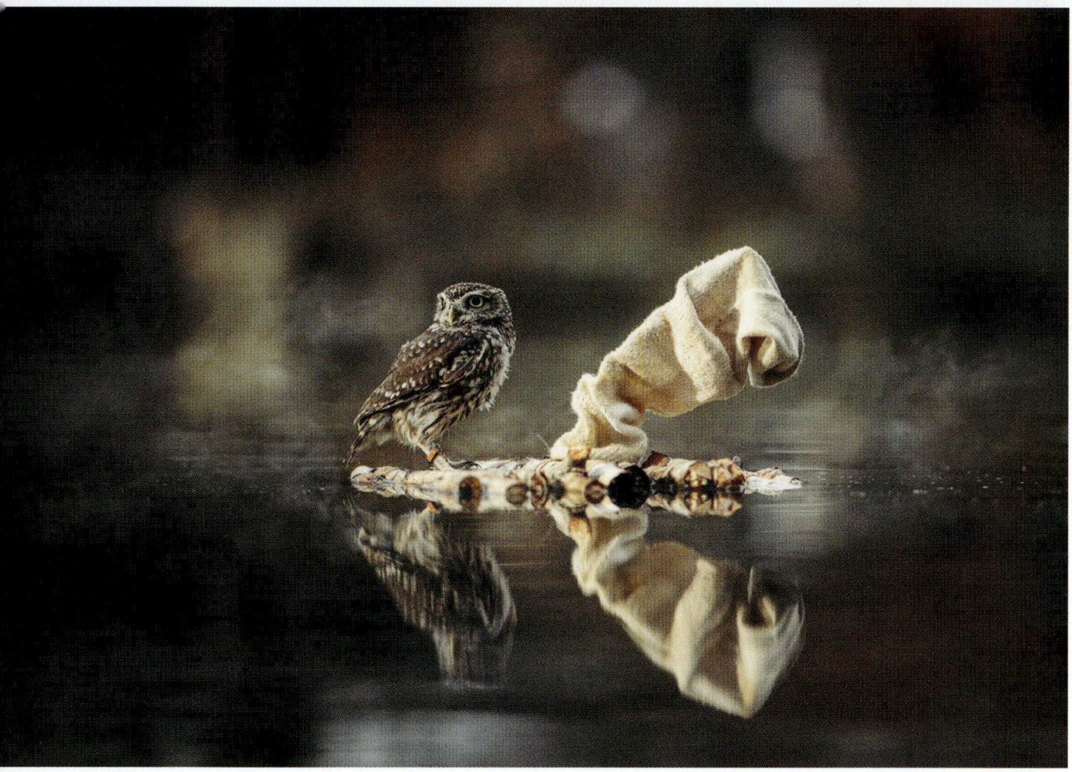

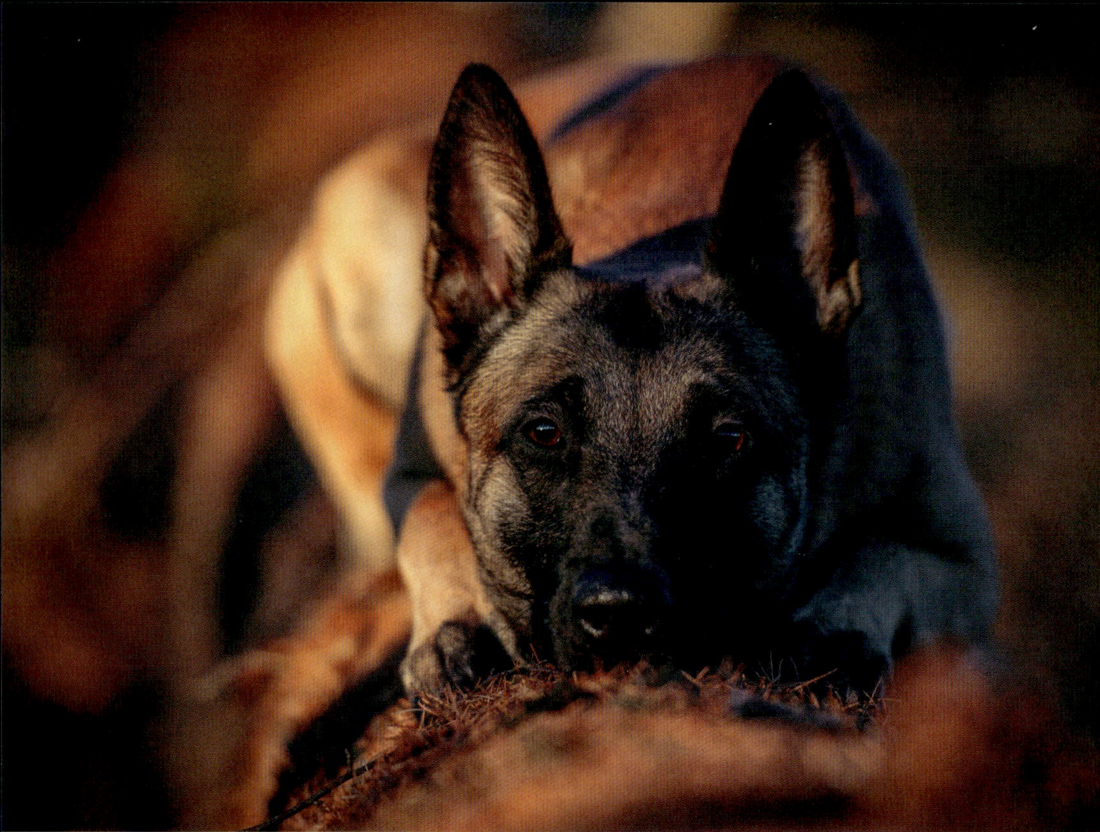

▲ *Ingo im allerersten Morgenlicht.*
f/2.8 | 1/200 s | ISO 320

Aus der Trickkiste

Tricks sind nicht jedermanns Sache. Mein Hund Ingo ist nicht der Schlaueste, was Tricks angeht – natürlich ist er trotzdem der beste Hund auf der ganzen Welt –, aber er musste immerhin erst sieben Jahre alt werden, bis er „Mach Männchen" gelernt hat. Tricks kann man super in die Hundefotografie einbauen. Und es macht allen Beteiligten riesigen Spaß. Wichtig ist allerdings, dass man den Hund zu nichts zwingt, sondern die Tricks mit viel Spaß und Leckerchen anlernt – je nachdem, was dem Hund am liebsten ist. Mein Ingo liebt es, mit dem Ball zu spielen, deshalb toben wir nach jedem Kunststück. Er kann allerdings nicht sehr viele, aber wir toben trotzdem viel.

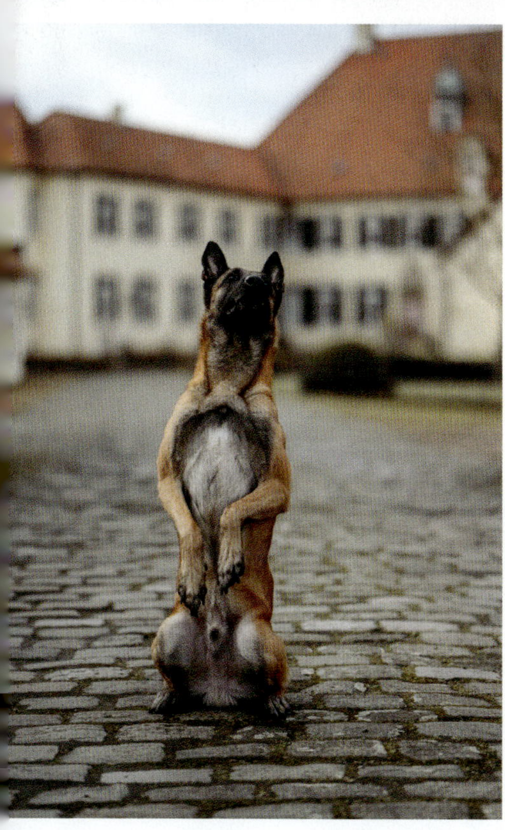

▲ *Mach Männchen! Geht doch!*
f/1.4 | 1/1000 s | ISO 100

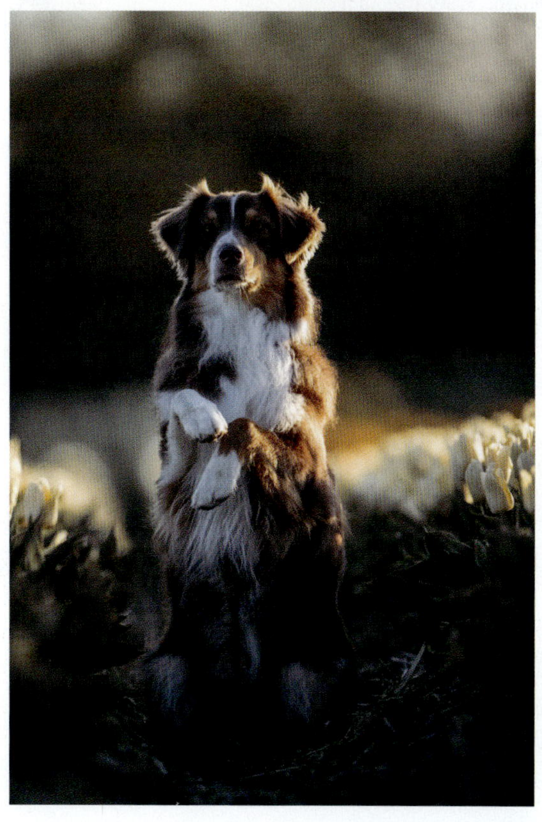

▲ *Hier noch mal Männchen. Bei Ace sieht das schon eleganter aus als bei Ingo.*
f/1.4 | 1/1000 s | ISO 100

Ich will in diesem Kapitel ein paar Tricks zeigen, die vielleicht als Anregung dienen, und Sie bekommen Spaß daran, das mit Ihrem Hund nachzustellen, oder Sie suchen im Freundeskreis einen Hund, der genau diesen Trick kann, um das später in einer Bildidee umzusetzen. Bei den meisten der nachfolgend gezeigten Tricks standen uns Birdy und Ace Modell.

Der kleine Jimmy hatte Männchen sogar mit verschiedenen Blickvarianten drauf. Ein ganz cleveres Kerlchen, nur an sein Frauchen durfte keiner ran. In einem Café kam der Kellner zu dicht und ließ fast den Kaffee fallen, als Jimmy von Frauchens Schoß hochschoss.

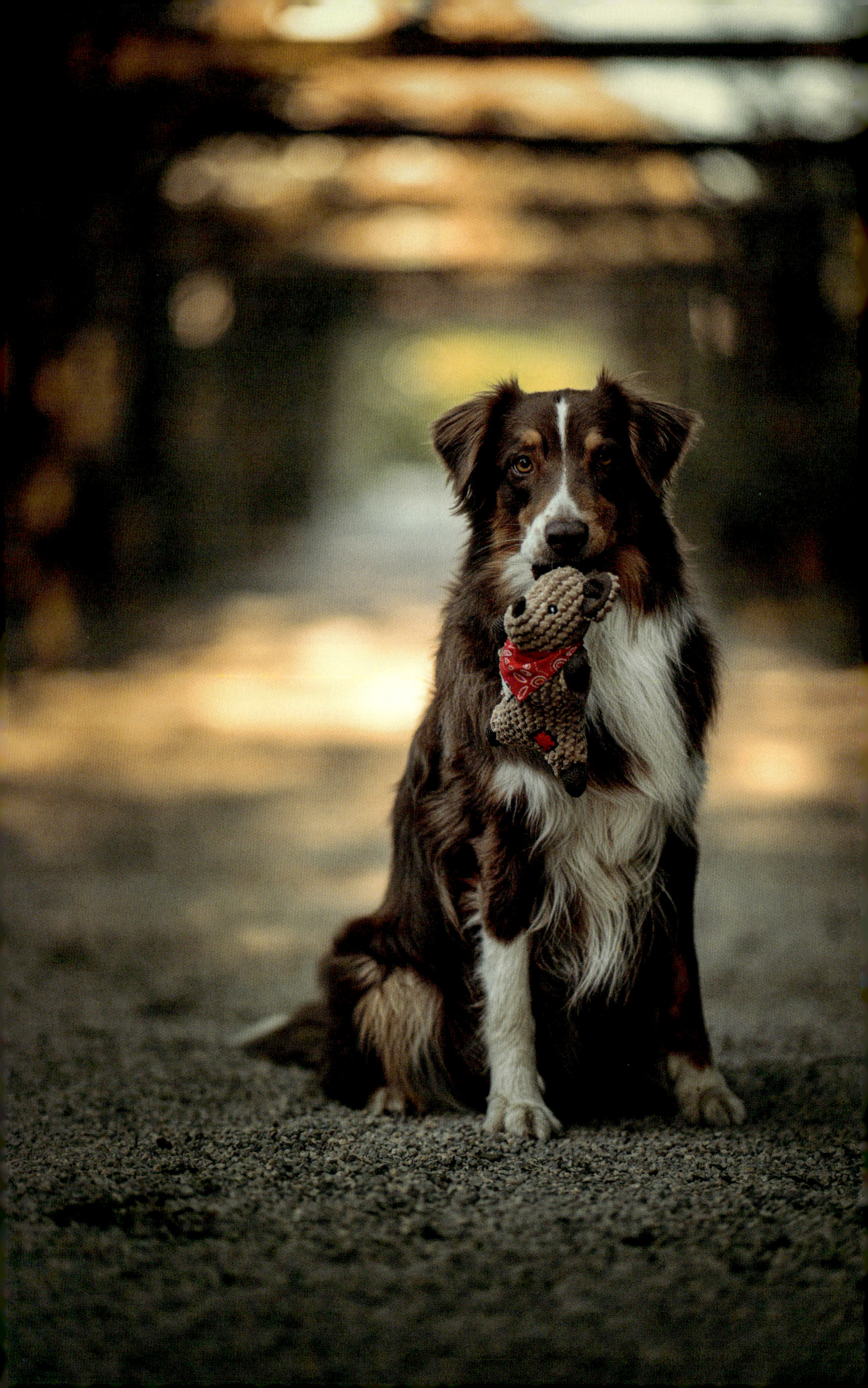

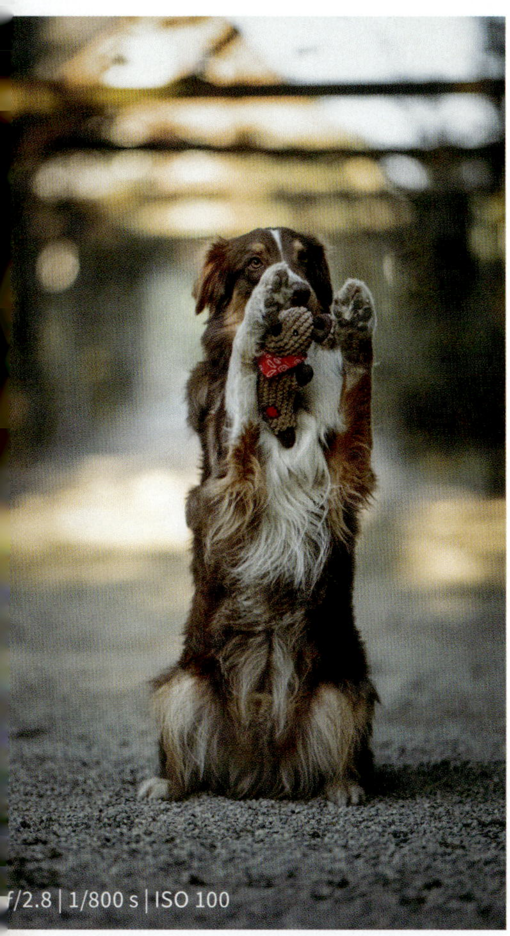

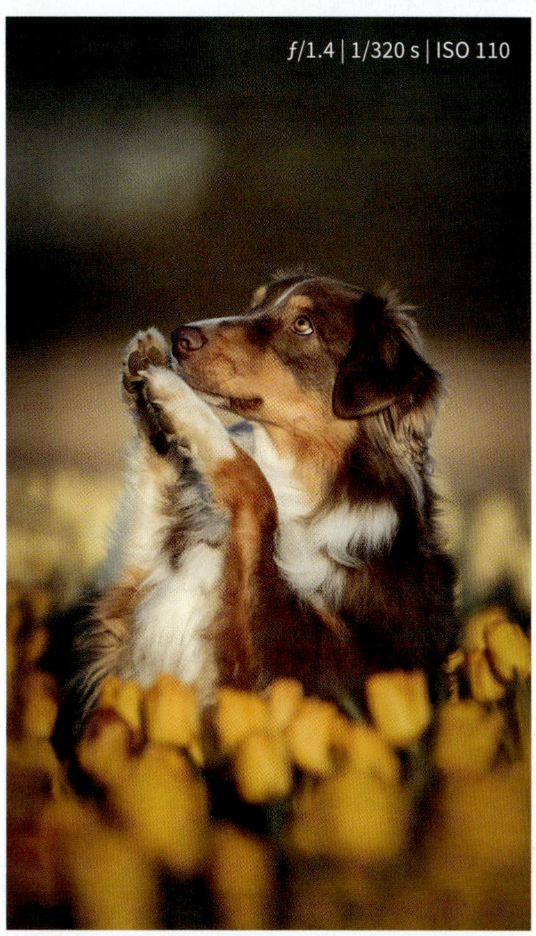

◀ *Ace wäre natürlich nicht Ace, wenn er nicht wieder eine Variante hätte.*
f/1.4 | 1/500 s | ISO 100

▲ *Festhalten und Hände hoch.*

Etwas festzuhalten, ist eine Übung, die man auch im Zusammenleben gut gebrauchen kann. Ingo muss sehr oft mal eben was festhalten – die Leine, den Rucksack, meinen Schlüssel etc. Festhalten übe ich mit den Hunden ganz gemütlich auf dem Sofa. Alle sind entspannt, die riesige Leckerchen-Tüte steht vor uns, und dann lernen das die Hunde superschnell.

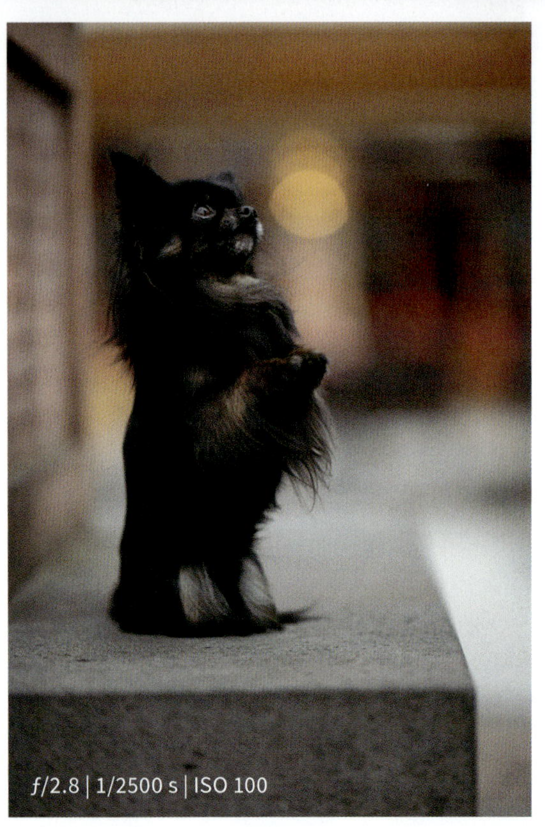

f/2.8 | 1/2500 s | ISO 100

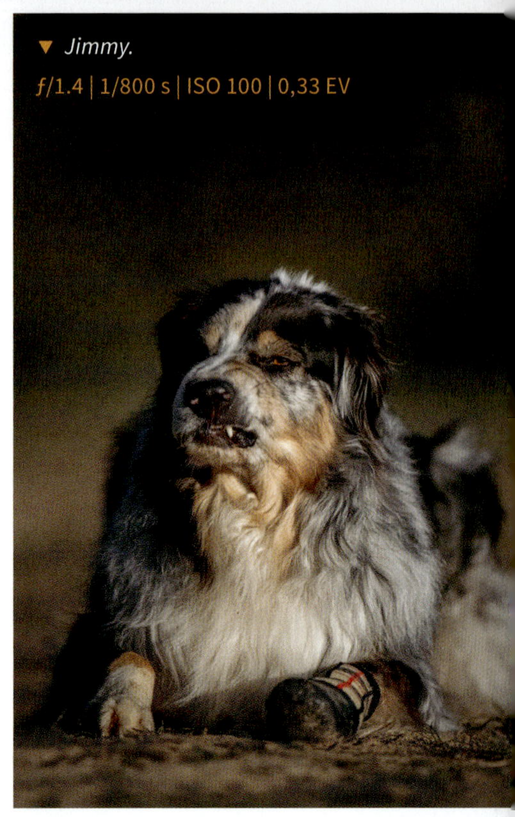

▼ *Jimmy.*
f/1.4 | 1/800 s | ISO 100 | 0,33 EV

▲ *„Bitte, bitte“ haben viele Hunde ganz schnell von alleine drauf. Ace natürlich noch mit Schmachtblick und Ekelgesicht – natürlich die Königsklasse.*

▼ *Ihr ergebenster Diener.*
f/1.4 | 1/320 s | ISO 200

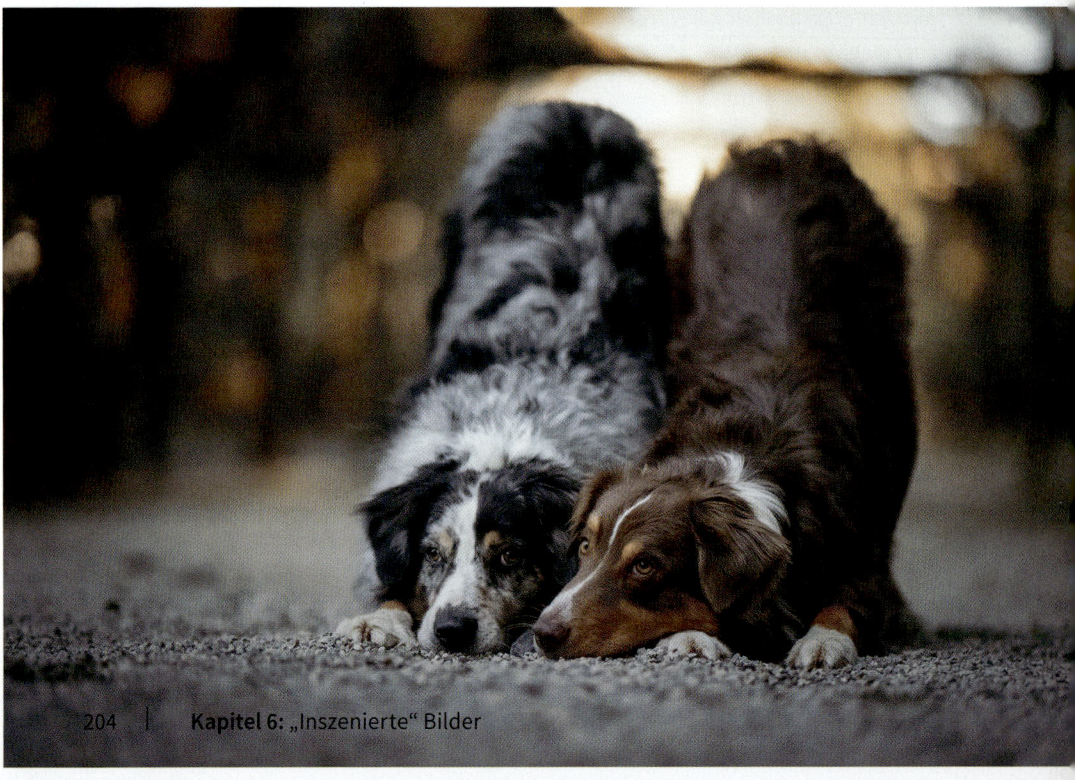

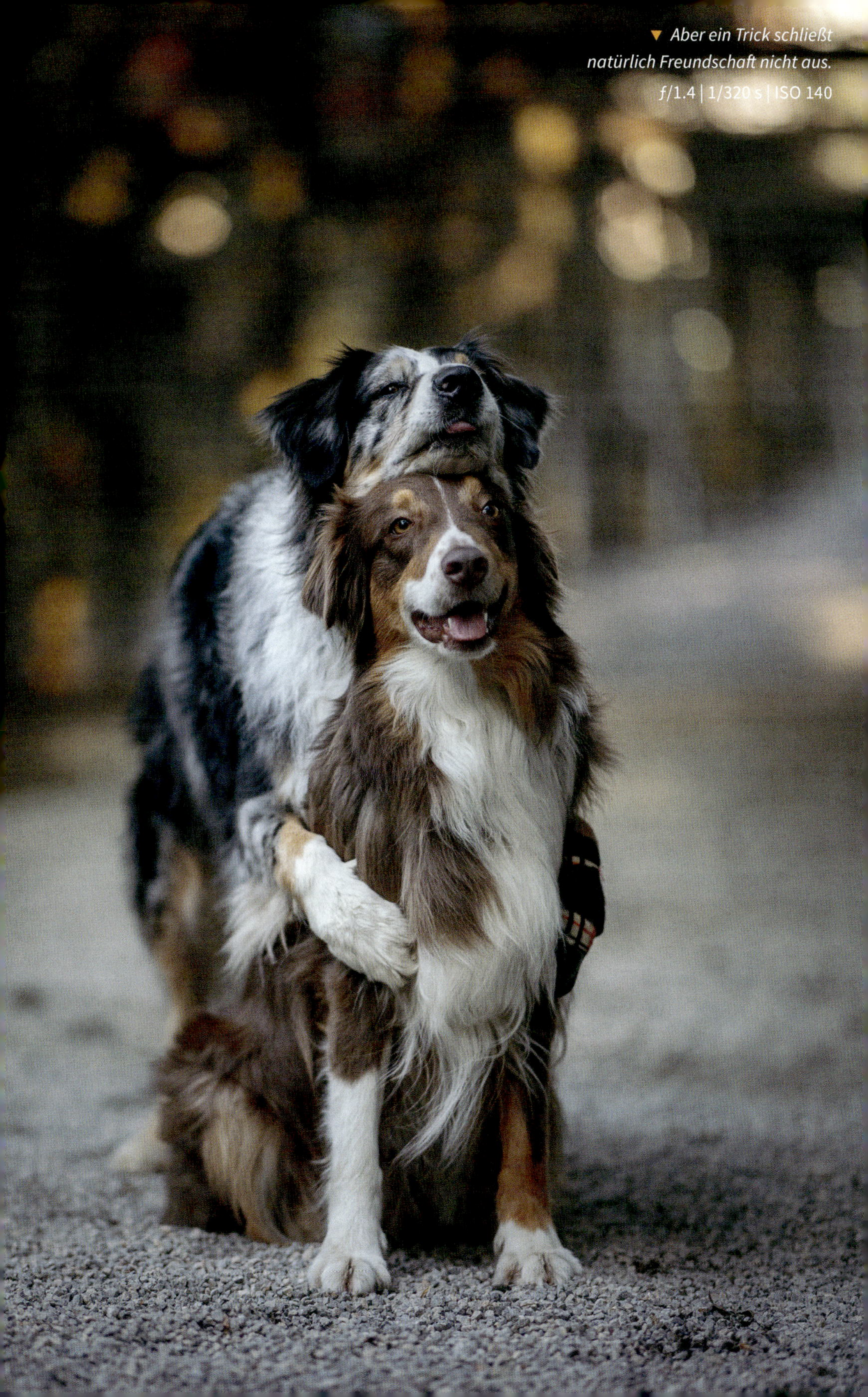

▼ *Aber ein Trick schließt natürlich Freundschaft nicht aus.*
f/1.4 | 1/320 s | ISO 140

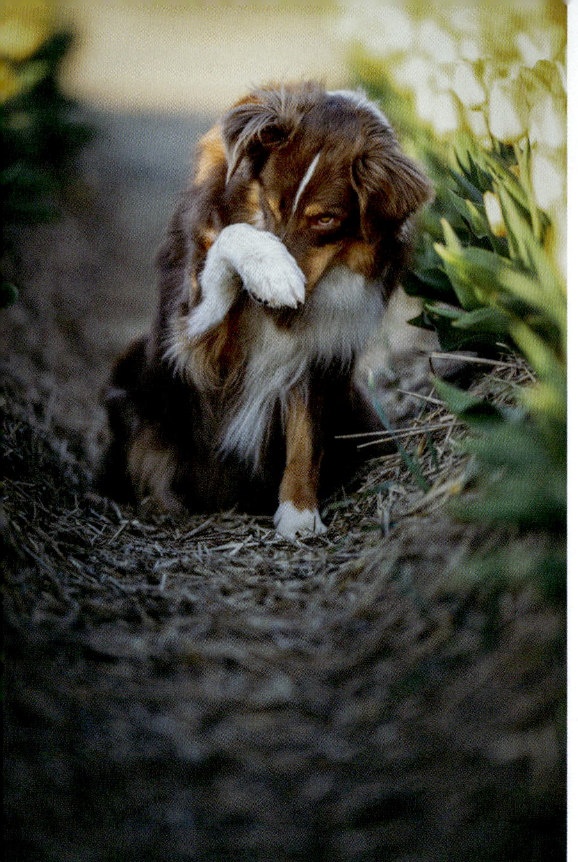

▲ *Schäm dich!*
f/2.8 | 1/400 s | ISO 720

Setzt euch und vor allem eure Hunde mit Tricks nicht unter Druck. Manche Hunde brauchen eben lange, um etwas Bestimmtes zu lernen. Einige Tricks zeigen die Tiere irgendwann von ganz allein, oder sie zeigen etwas, das man ein wenig abwandeln kann. Bietet mein Hund einen Trick von selbst an, wiederhole ich das Wort immer, also zum Beispiel: fein Männchen, super Männchen, und dann gibt's Leckerchen.

„Kopf nach unten" war sehr einfach zu lernen. In langweiligem, ruhigem und monotonem Ton sage ich meinen Hunden immer: Kooopf unten – natürlich nach einem Spaziergang, wenn der Hund etwas müde ist. Anfangs schauten mich alle etwas verunsichert an und legten dann den Kopf nach unten.

Sofort Lob und Leckerchen. Das klappt meist nach ein paar Minuten. Mein Tipp ist, immer zu jedem Trick eine Handbewegung zu machen. Klappt der Trick in der Nähe, versuche ich, meinen Abstand immer mehr zu vergrößern – Schritt für Schritt und immer die Handbewegung dazu. Irgendwann macht der Hund dann den Trick aus der Entfernung, und häufig reicht die Handbewegung.

Ich bin, glaube ich, die Einzige, die Umarmen nicht so mag. Das liegt aber sicherlich nur daran, weil die Fotografen immer schreiben: „Wir sind für immer Freunde", oder: „Das ist die große Liebe" – und das ist es natürlich beides nicht. Es ist ein Trick. Ein sehr toller Trick und süß allemal, aber eben nicht die große Liebe.

▶ *Aber Ace wäre natürlich nicht Ace, wenn er nicht noch eine Variante hätte. Die Endphase.*
f/2.8 | 1/400 s | ISO 360

▲ *Den Abschluss dieses Abschnitts bildet Vegas, der einfach alles drauf hat: vom Bewachen der Kamerarucksäcke über goodbye bis toter Hund.*
f/1.4 | 1/2000 s | ISO 100 | +0,67 EV

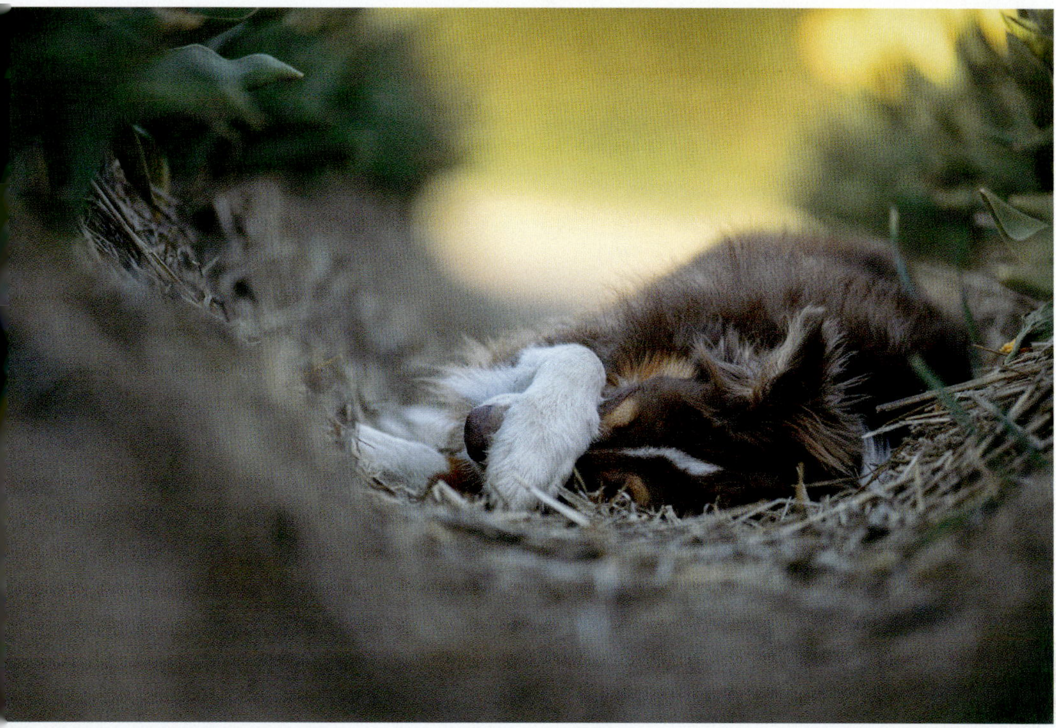

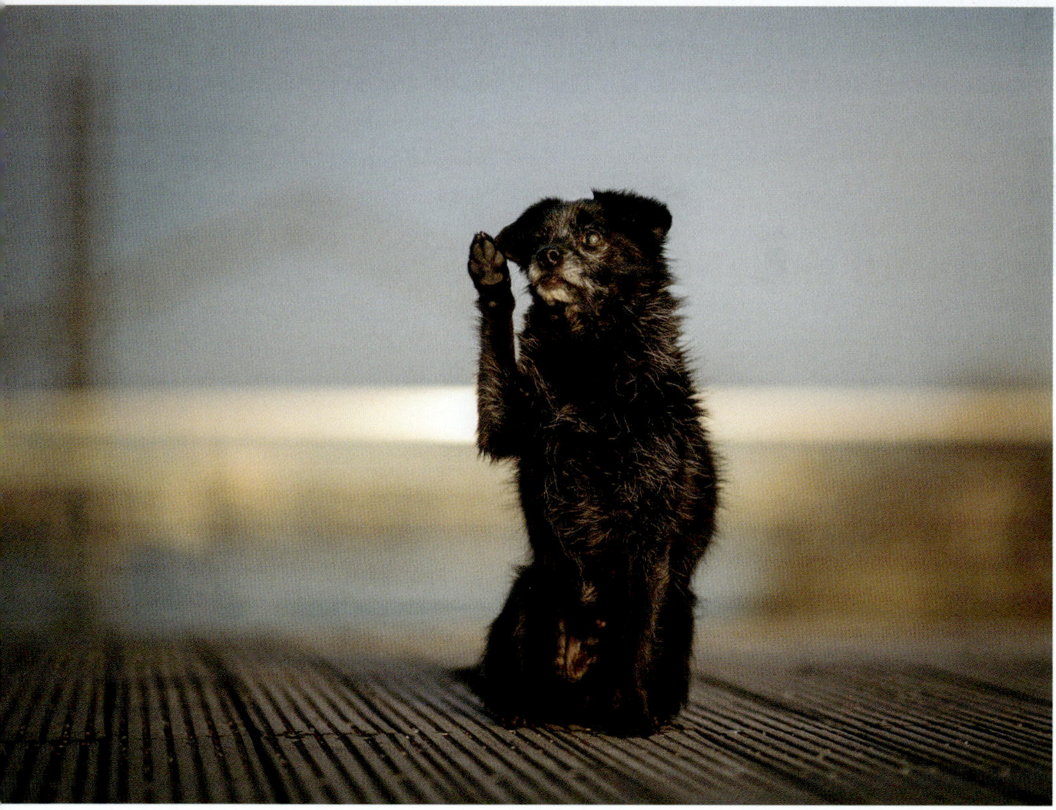

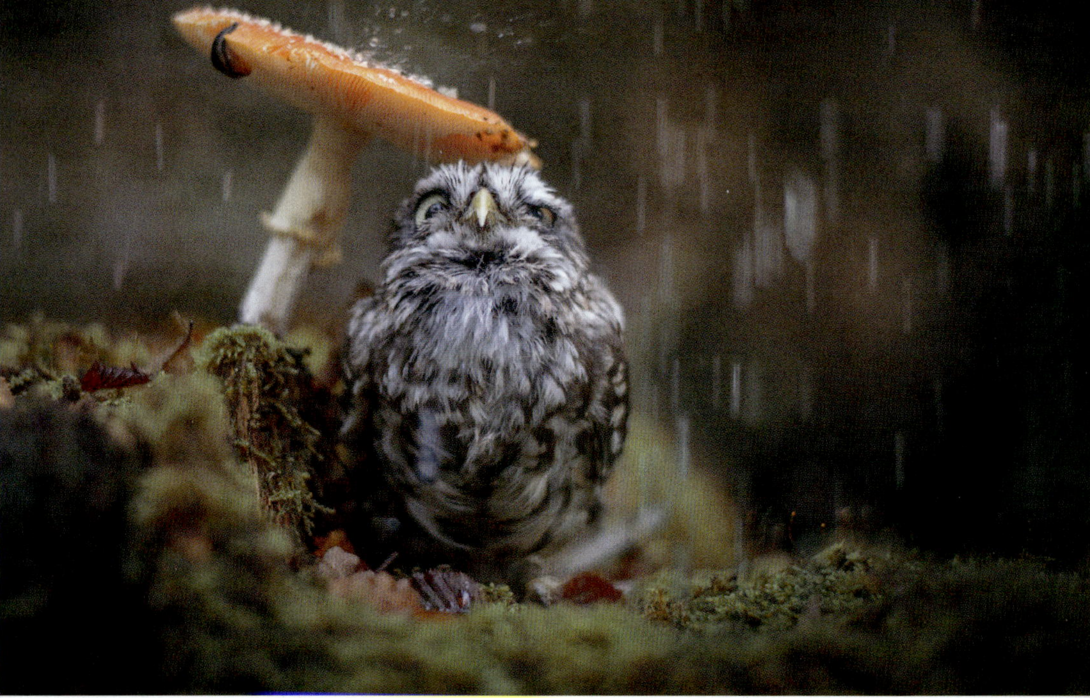

▲ *Poldi unterm Fliegenpilz.*
f/1.8 | 1/250 s | ISO 800 | –0,3 EV

Unter dem Pilz

Mein wohl bekanntestes Bild. Poldi unterm Fliegenpilz. Seitdem bekomme ich immer wieder Fragen zu Pilzen. Ich liebe es, Pilze mit im Bild zu haben. Vielleicht liegt es daran, dass ich als Kind immer Pilze gesucht habe – stundenlang im Wald. Eigentlich wollte ich einen Hirschkäfer sehen. Jemand erzählte mir, beim Pilzesuchen finde man die meisten Hirschkäfer. Ich fand nie einen. Aber eine Menge Pilze. Und viele,

▶ *Einer der ersten Besucher, und es kamen noch einige andere, um dieses rote Ding in Augenschein zu nehmen.*
f/4 | 1/250 s | ISO 450

▼ *Und nach einigen abwechslungsreichen Stunden kam es – das Eichhörnchen.*
f/4.1 | 1/250 s | ISO 720 | SIRUI-Gimbal

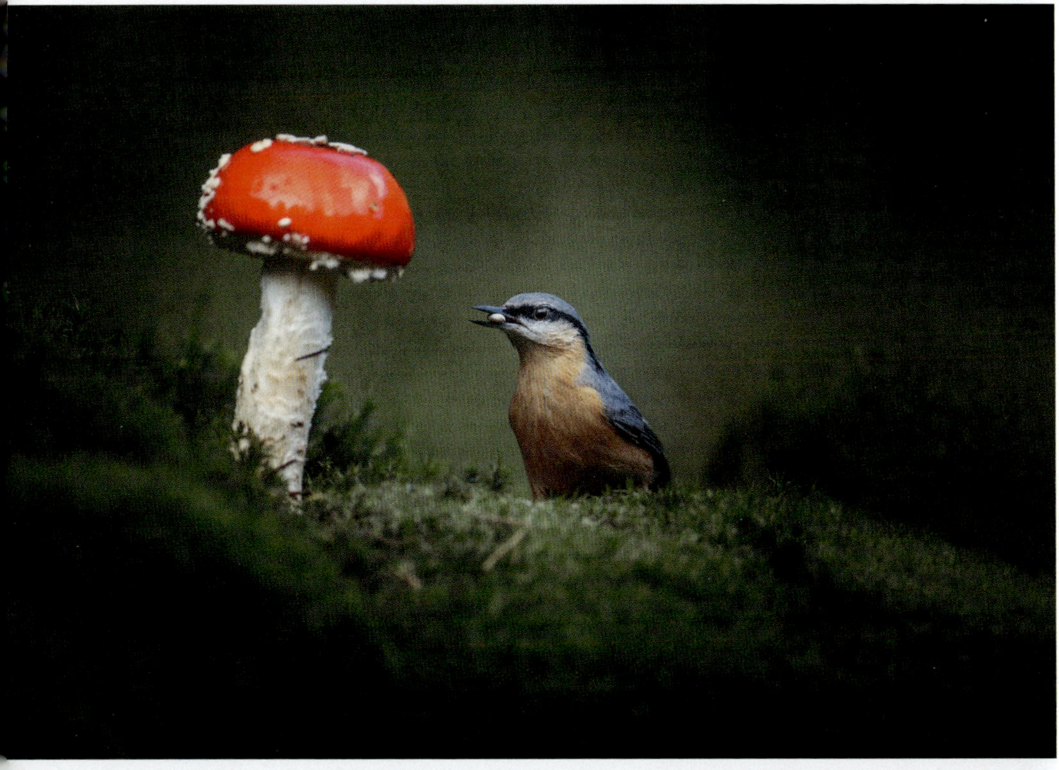

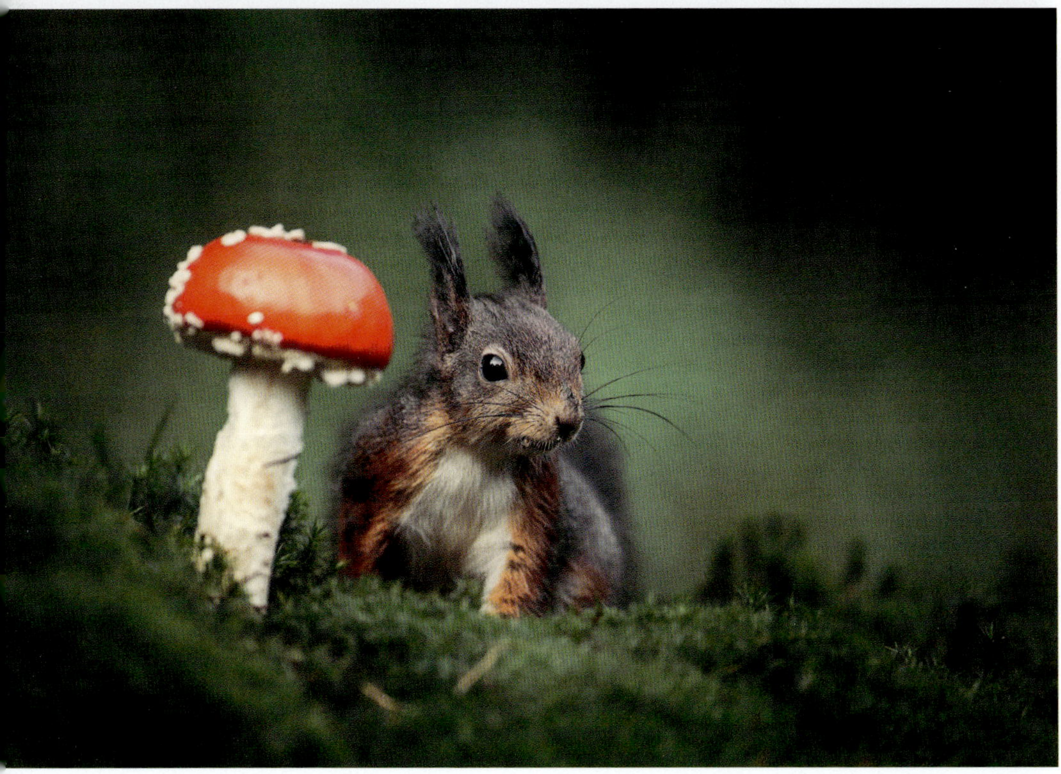

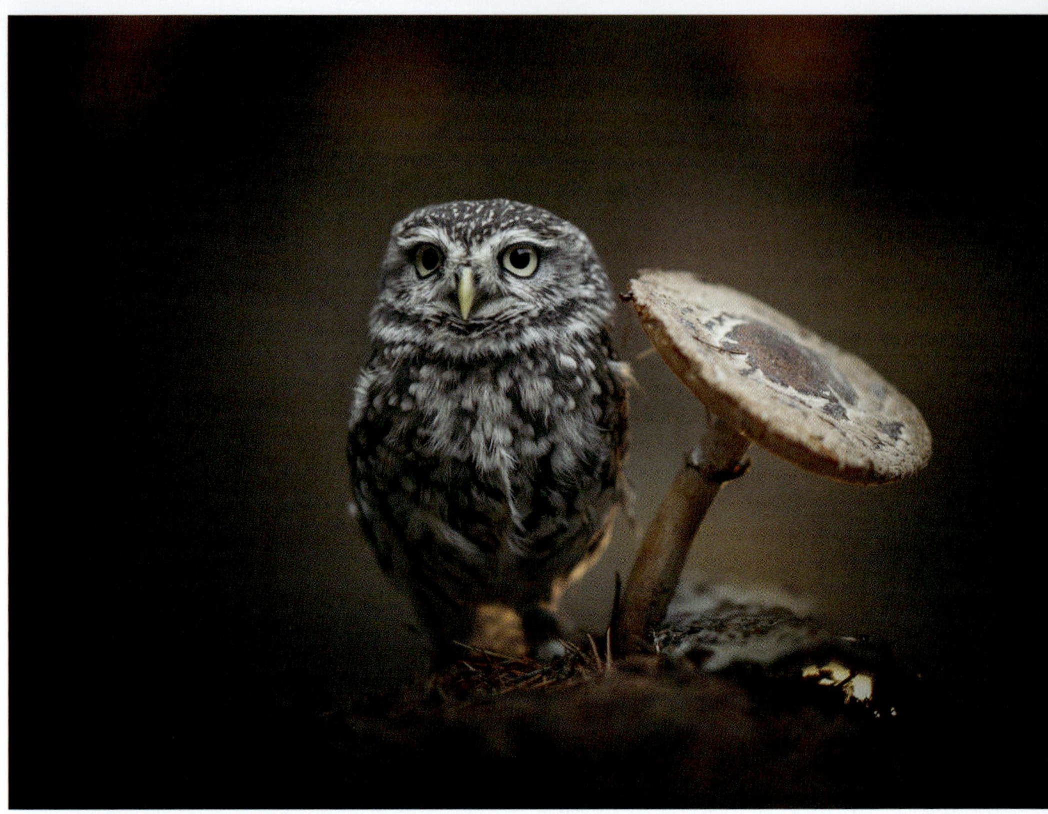

▲ *Ronja kennt das Prozedere und posiert ruhig neben dem Pilz.*
f/2.8 | 1/250 s | ISO 360

viele Jahre später fand ich auch meinen allerersten Hirschkäfer. Er saß einfach so vor meiner Haustür. Oft wurde ich gefragt, ob Poldi wirklich unter dem Pilz saß. Ja, ich habe an dem Bild nichts verändert, weder etwas reingeschnitten noch sonst was. Vielleicht täuscht die Blende etwas, aber er saß genau so unter dem Pilz. Übrigens das einzige Bild, das ich jemals mit dem NIKKOR 50 mm 1.8 gemacht habe.

Wie bekommt man draußen in freier Natur wild lebende Tiere mit einem Pilz fotografiert? Ich sitze meist in einer festen Ansitzhütte. Ein Tarnnetz oder ein mobiles Tarnzelt geht auch. Idealerweise sitzt man an einer Stelle mit Pilzen an. Bei einer festen Ansitzhütte ist das schwierig. Diesen Pilz habe ich mitsamt dem ganzen Boden ausgegraben und an der Stelle wieder eingepflanzt. Danach habe ich ein paar Kerne und Nüsschen daruntergelegt und gewar-

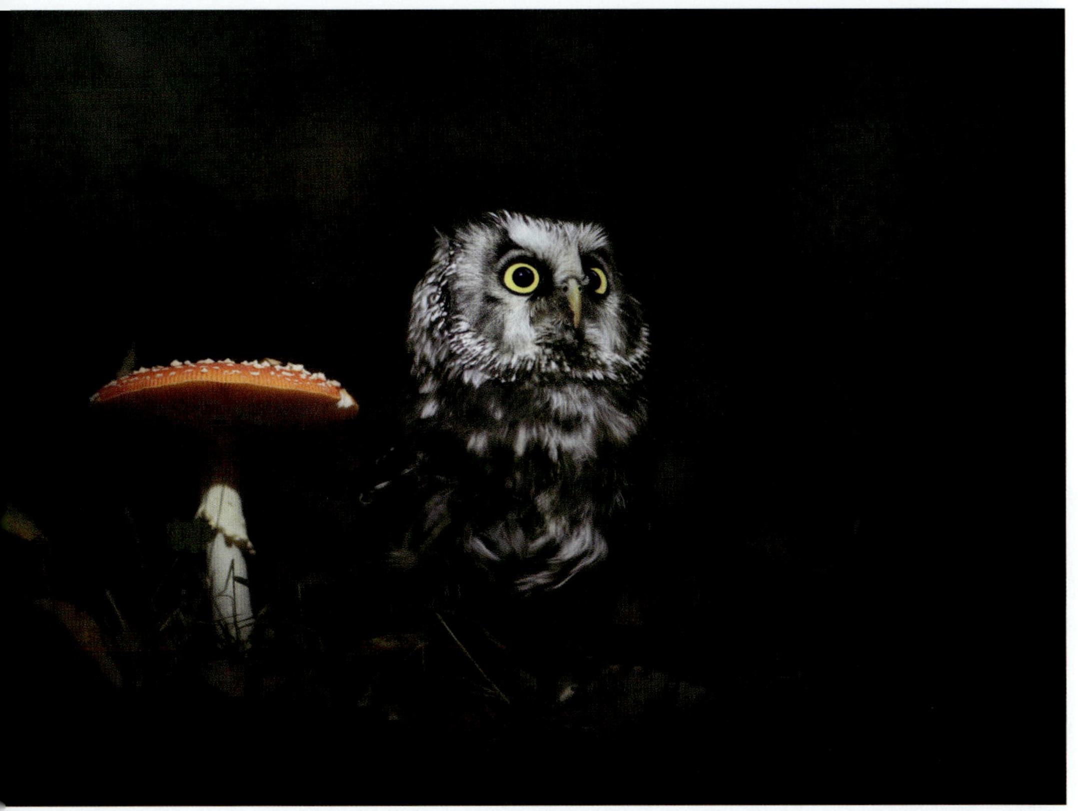

▲ *Lenni schmeißt sich beim Pilzshooting mal so richtig ins Zeug.*
f/2.8 | 1/250 s | ISO 360

tet. Manchmal muss man viele Stunden warten. Ich wollte gerne ein Eichhörnchen mit Pilz fotografieren.

Ein anderer Fliegenpilz war leider gleich kaputt. Geduld haben und Glück, das ist, glaube ich, der einzige Tipp, den ich geben kann, aber das Warten ist keinesfalls langweilig. In der Natur passiert immer etwas, und man kann auch einfach mal über vieles nachdenken. Ohne Handy, Internet und Termindruck. Es muss kein Fliegenpilz sein. Ich mag auch andere Pilze als Nebenmotiv für meine Bilder sehr gern.

Beim Spazierengehen fanden wir durch Zufall eine Gruppe Fliegenpilze. Leider war das Licht sehr schlecht, und es war schon ziemlich düster. Kurzerhand leuchtete ich einfach mit meiner Taschenlampe. Alle meine Tiere sind so neugierig, dass sie, wenn wir uns in die Nähe eines Pilzes setzen, diesen auch untersuchen müssen.

Versteck spielen

Eine Gestaltungsart, die ich sehr mag. Ich liebe es, wenn etwas gerahmt ist, eingefasst. Es verleiht den Bildern etwas Besonderes oder etwas, das manchmal erst auf den zweiten Blick sichtbar wird, wenn es begrenzt ist – nach oben oder unten. Hide-and-seek eben, denn es muss nicht immer eng beschnitten sein. Und manch einer hat nach oben begrenzt auch missverstanden.

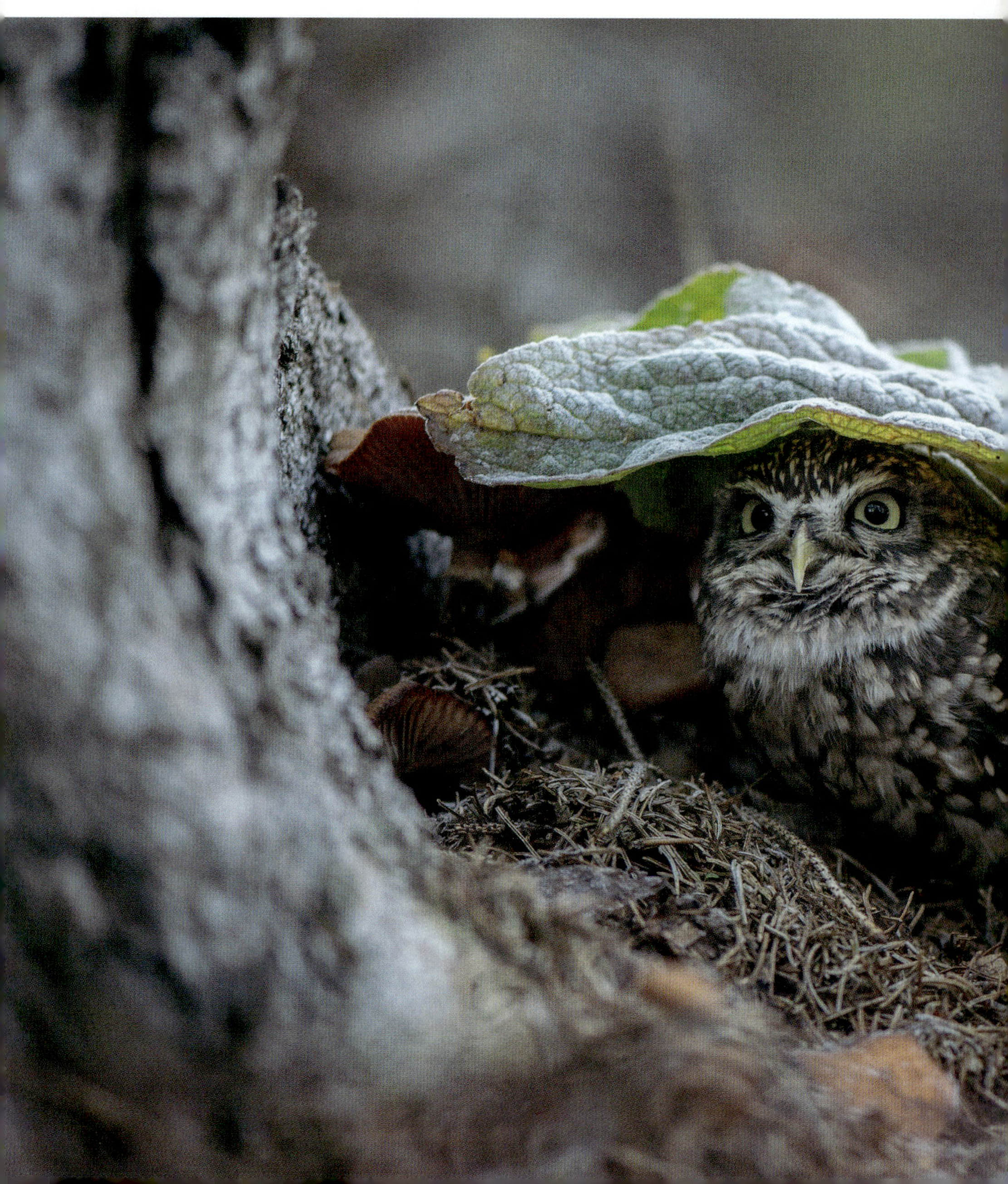

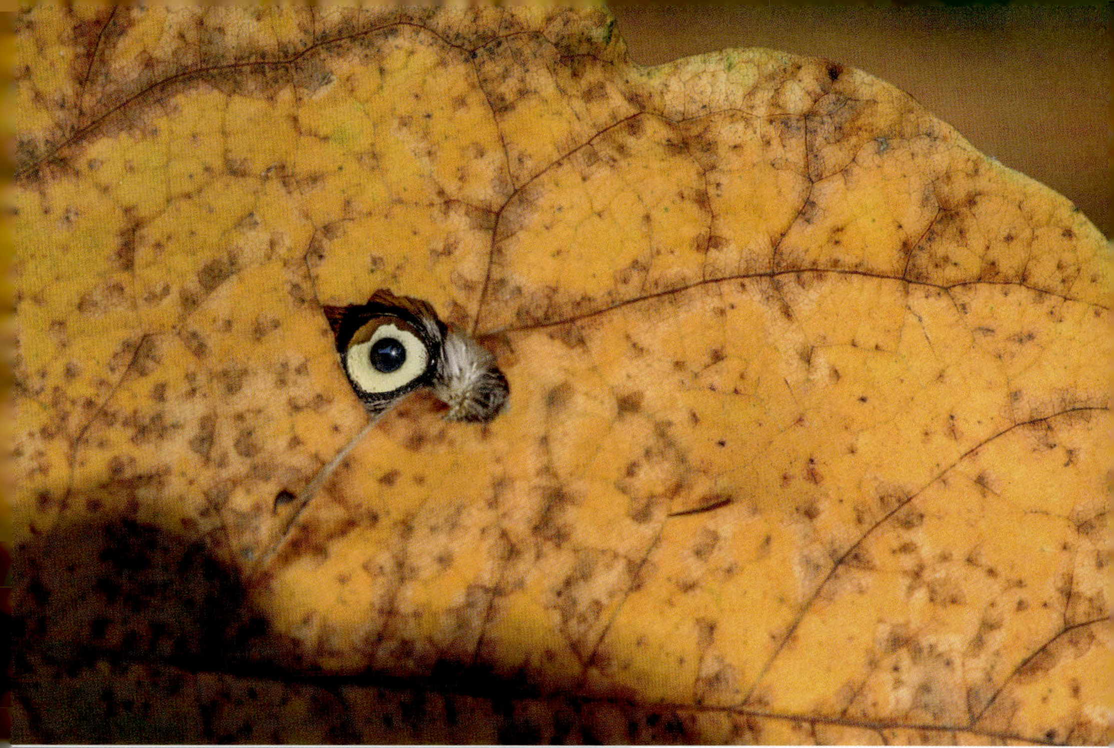

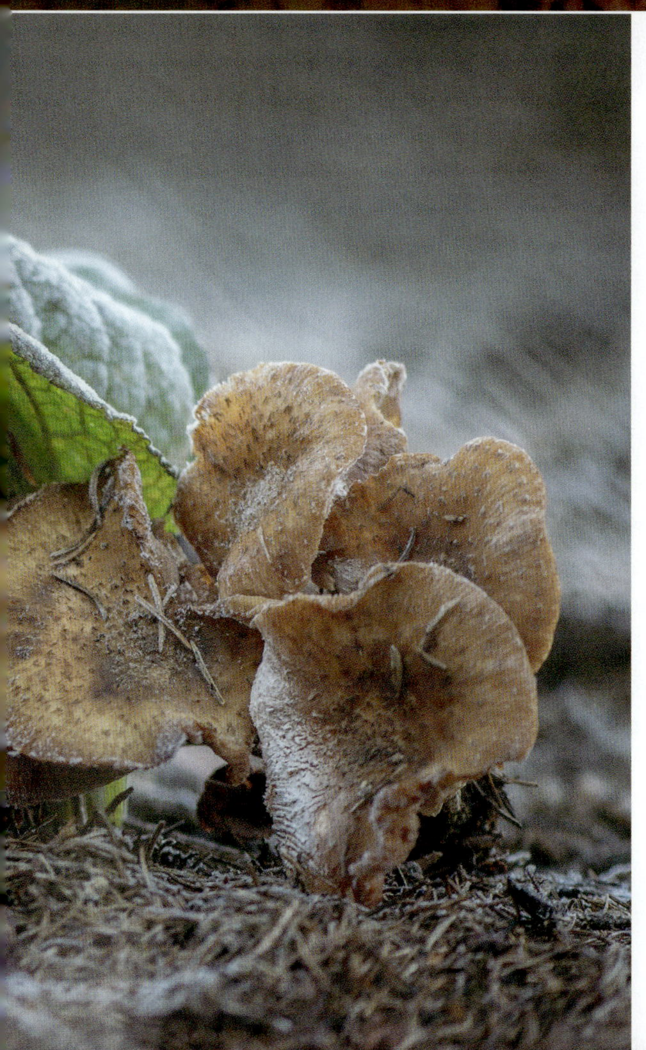

▲ *Das ist doch mal ein prima Versteck. Ein Blick wie der von Norman Bates in Psycho II.*
f/5.6 | 1/250 s | ISO 110

◀ *Steinkauz Poldi verkriecht sich unter einem großen Blatt, das ihn vor den frostigen Temperaturen zum Aufnahmezeitpunkt schützt.*
f/1.4 | 1/320 s | ISO 250

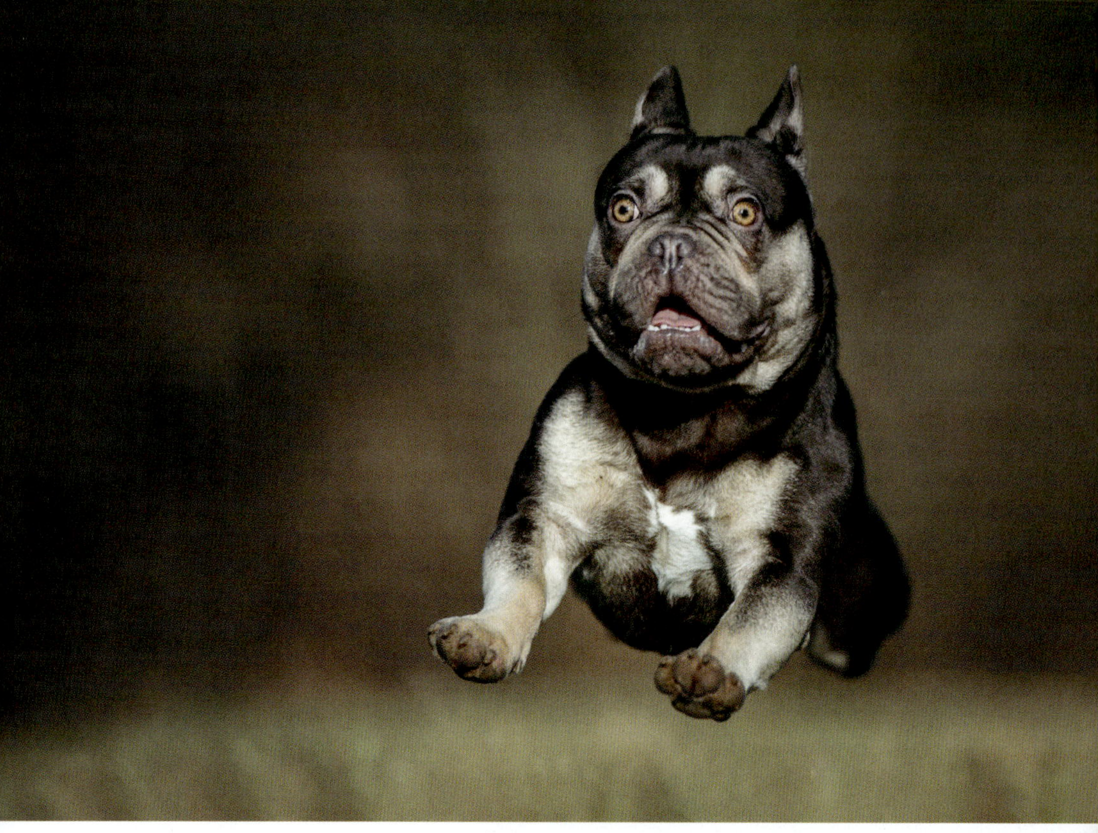

▲ *Schon wieder der Letzte am Fressnapf.*
f/4.1 | 1/1600 s | ISO 100 | –0,3 EV

Emotion suggerieren

Tiere haben natürlich nicht die gleichen Launen, Emotionen und Mimiken wie wir, aber ich liebe es, wenn Bilder bestimmte Moods, sprich Stimmungen, suggerieren. Das muss nicht immer das perfekte Bild sein, aber es muss im Betrachter etwas auslösen. Häufig löst es sogar bei vielen Betrachtern unterschiedliche Reaktionen, andere Gedanken, Gefühle und Geschichten aus.

▶ *Zwei Rotkehlchen in einem anregenden Gespräch. Hey, Abstand. Ach so, wusste ich nicht.*
f/4 | 1/500 s | ISO 100 | –0,33 EV

▼ *Und wie die Zeit vergeht, es ist schon wieder Montagmorgen.*
f/4 | 1/500 s | ISO 100 | –0,33 EV

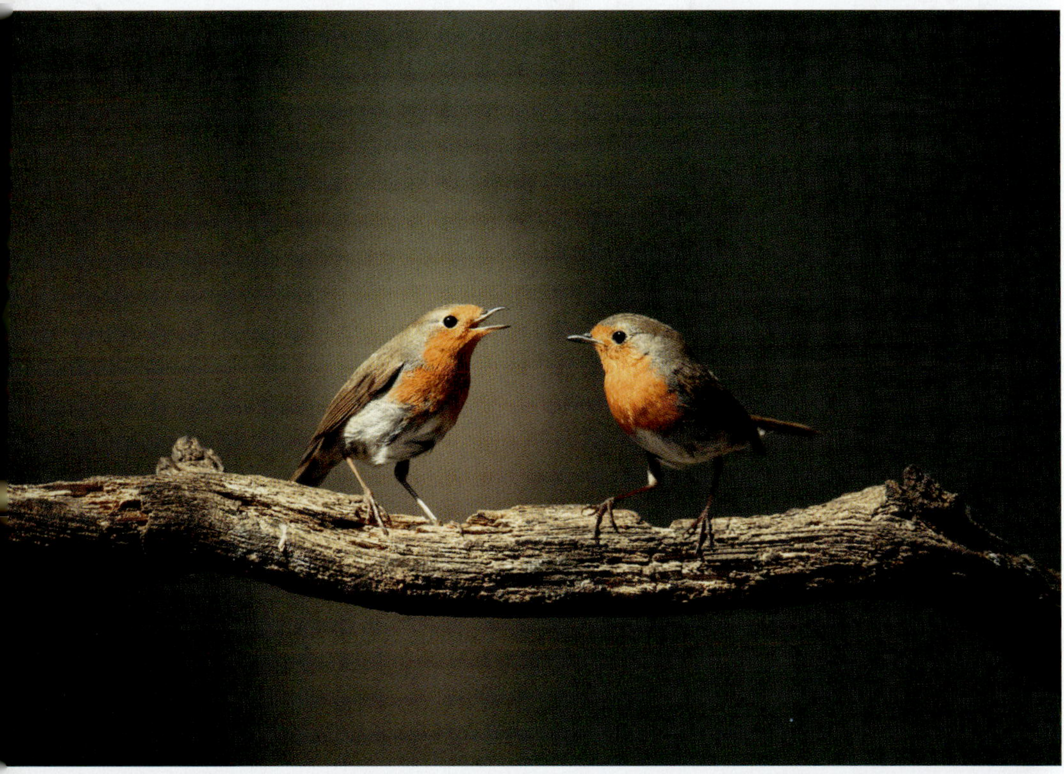

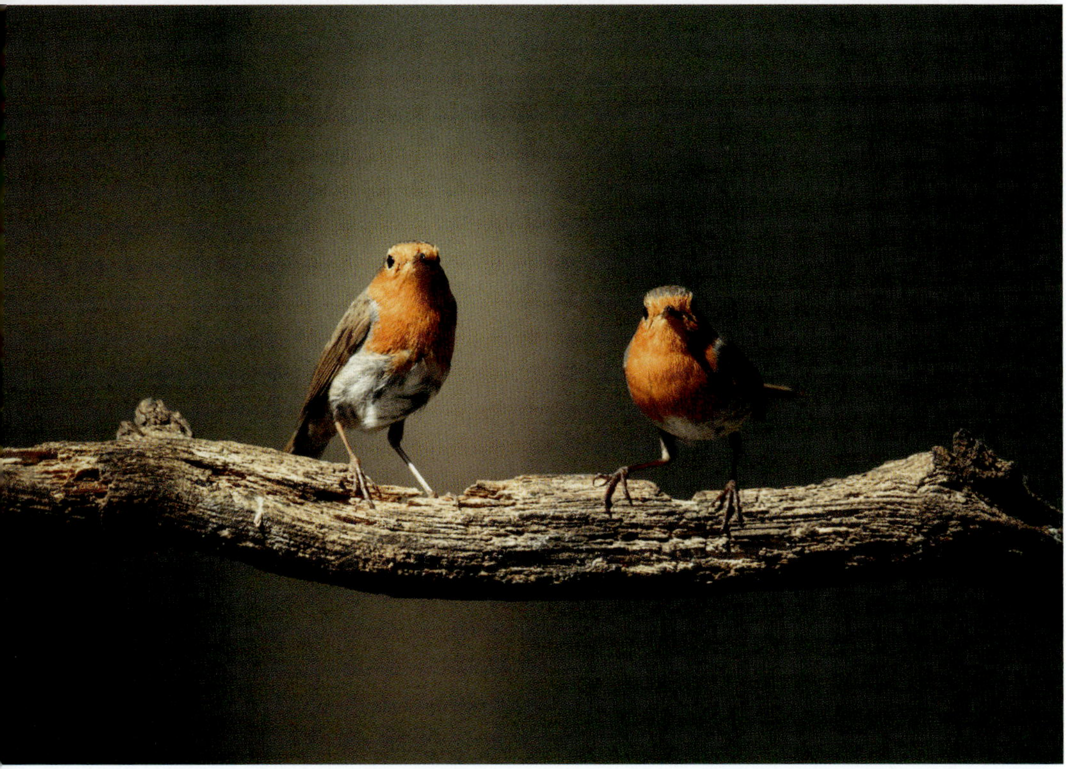

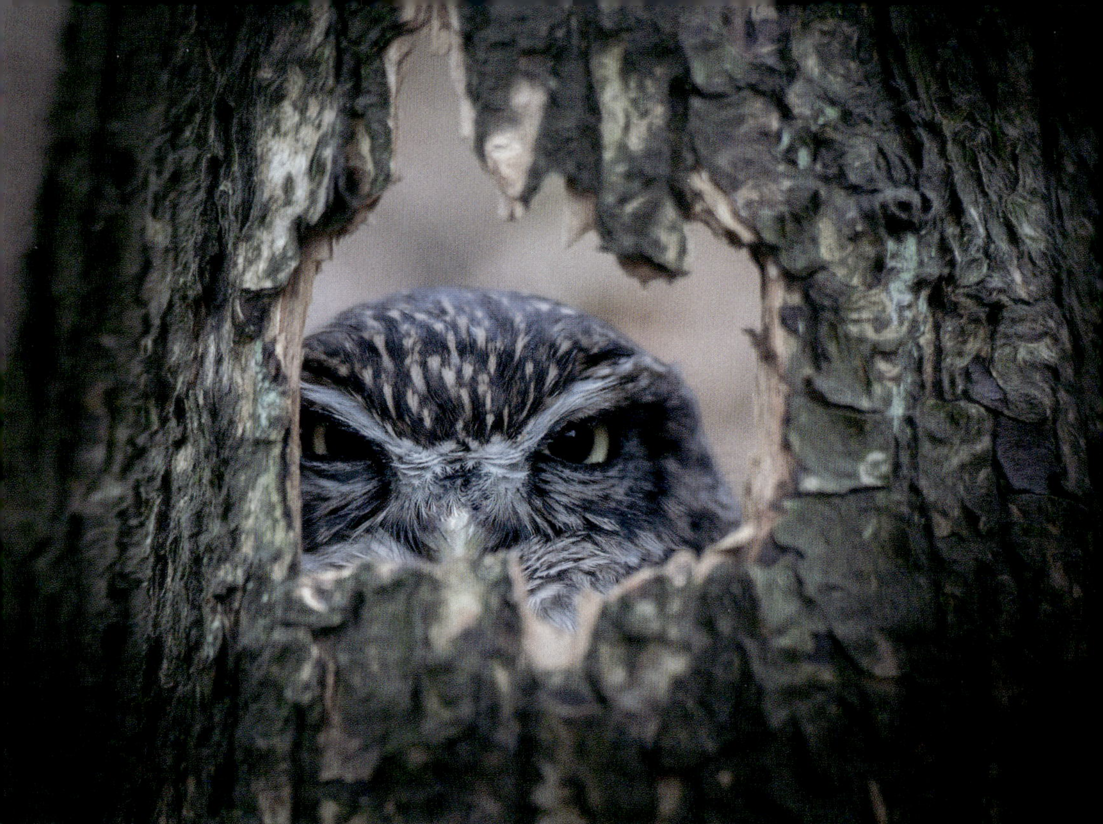

▲ *Glaubt mir, ich kriege euch alle.* f/2.8 | 1/250 s | ISO 360 | –0,33 EV

Spieglein, Spieglein

Ich liebe Spiegelbilder. Mit Tieren ist es allerdings etwas schwieriger, weil man einfach so lange warten muss, bis sie zufällig in den Spiegel schauen. Mitunter kann das sehr zeitraubend sein. Man sagt Eulen zwar nach, dass sie sich im Spiegel erkennen, aber ich habe bisher nicht das Gefühl, dass das wirklich stimmt. Vielleicht liegt es an meinen Eulen?

Nicht nur bei Eulen ist es schwierig, auch bei Eichhörnchen wartet man mitunter Stunden. Aber das Warten lohnt sich. Ich bin einfach Fan von Spiegelbildern, und irgendwann siegt auch bei den wilden Eichhörnchen die Neugier.

▶ *Spieglein, Spieglein an der Wand, wer ist die Schönste im ganzen Land. Du Lusi, wer sonst?*
f/1.4 | 1/400 s | ISO 100

▼ *Hab ich mir doch gleich gedacht!*
f/1.4 | 1/8000 s | ISO 100

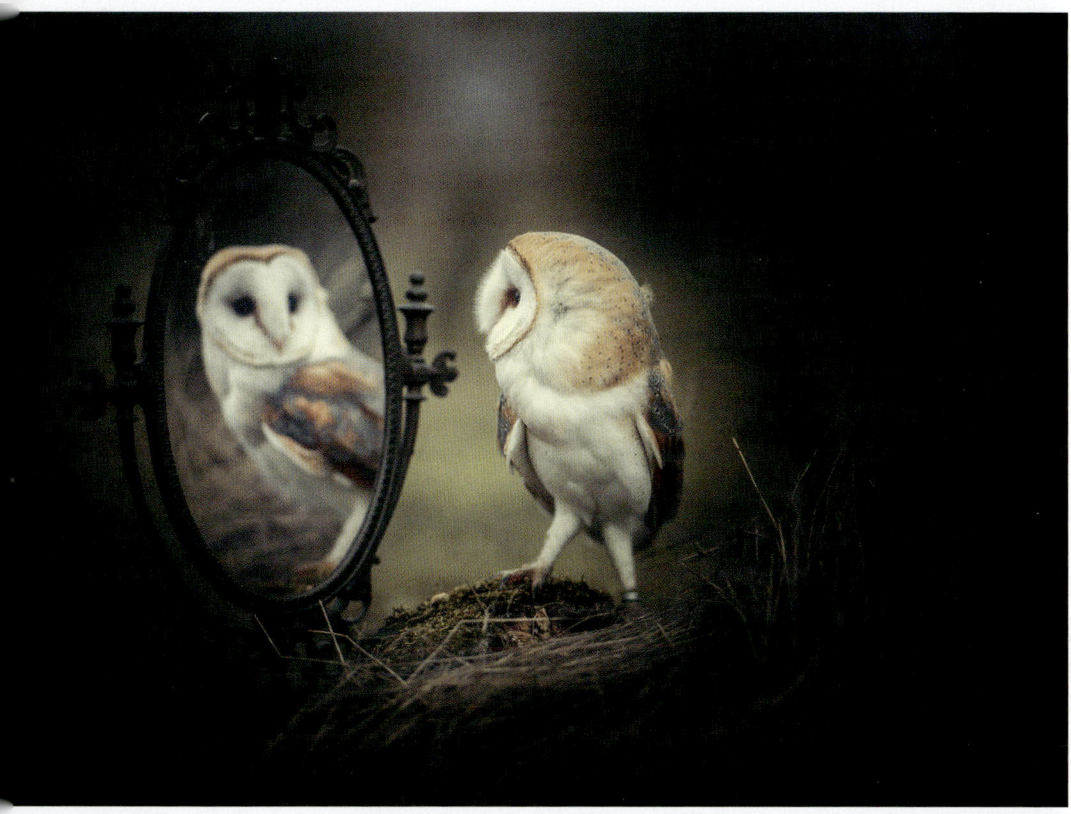

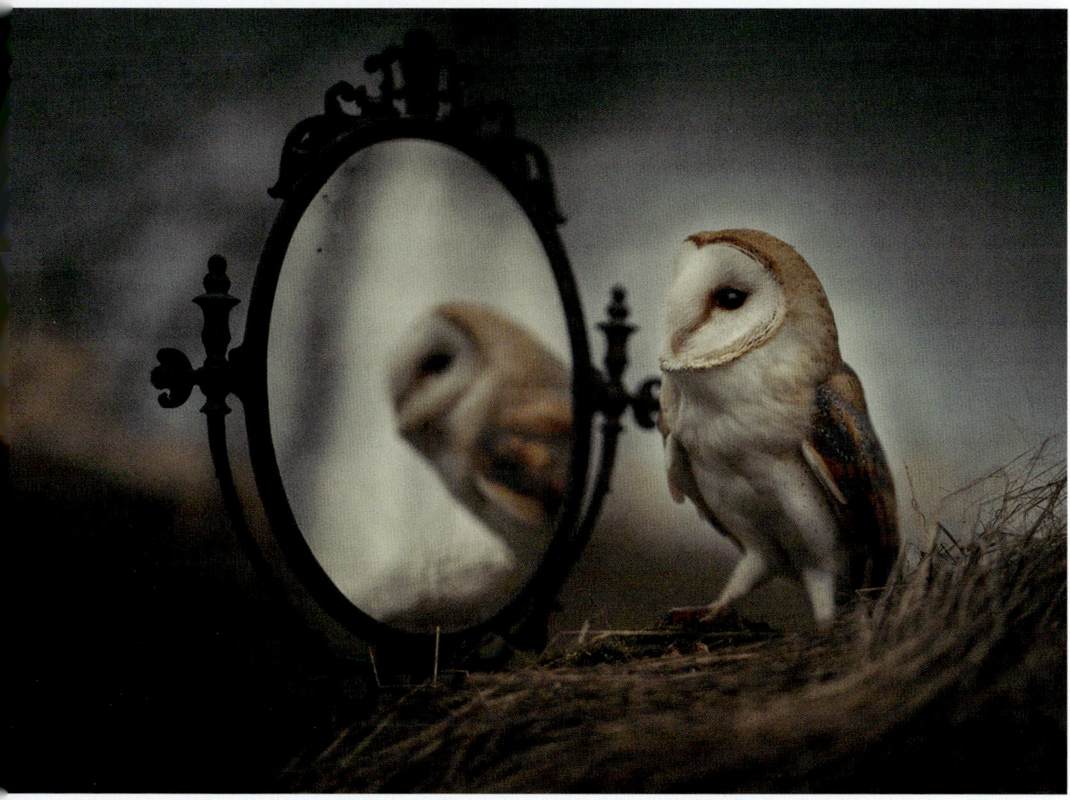

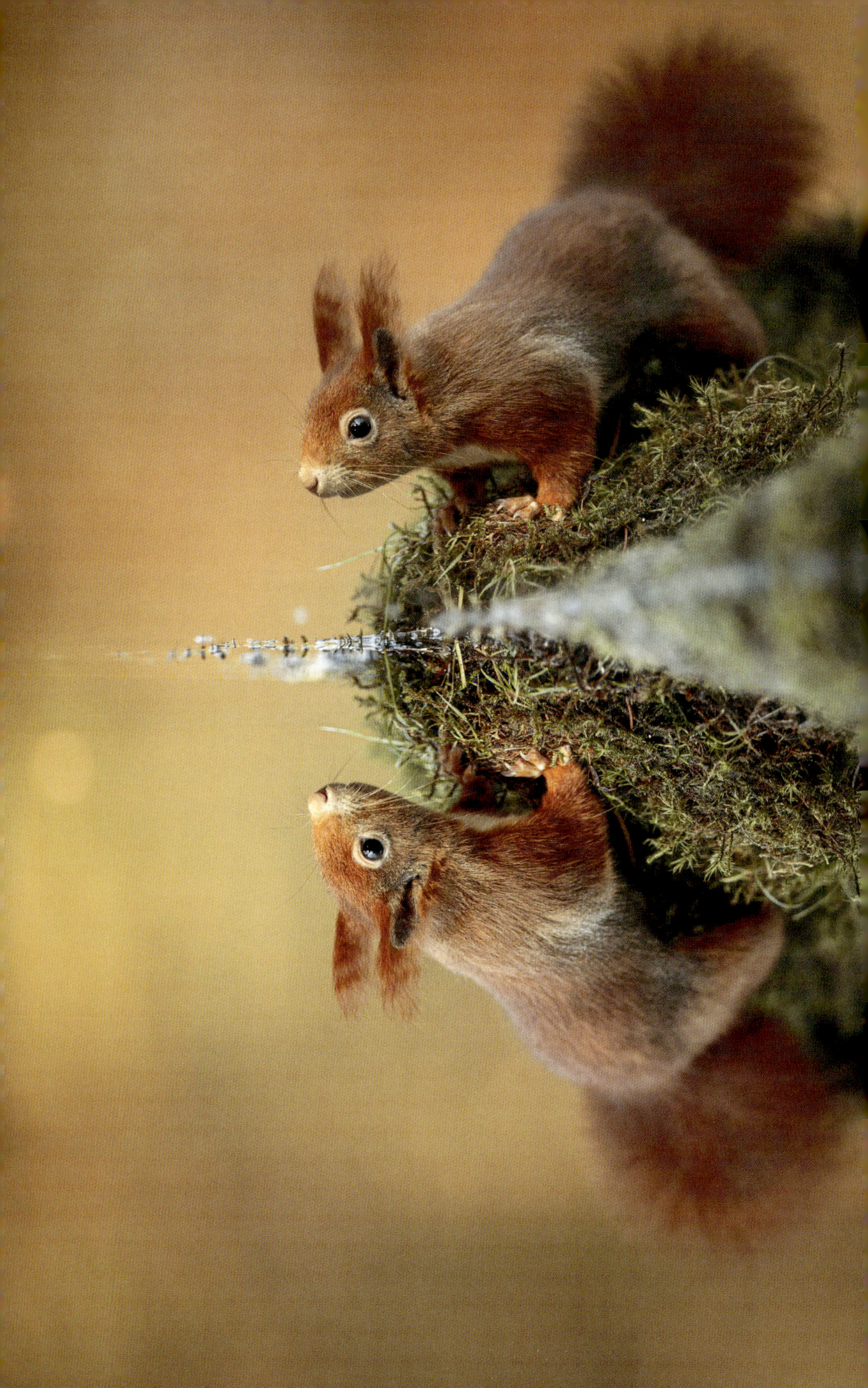

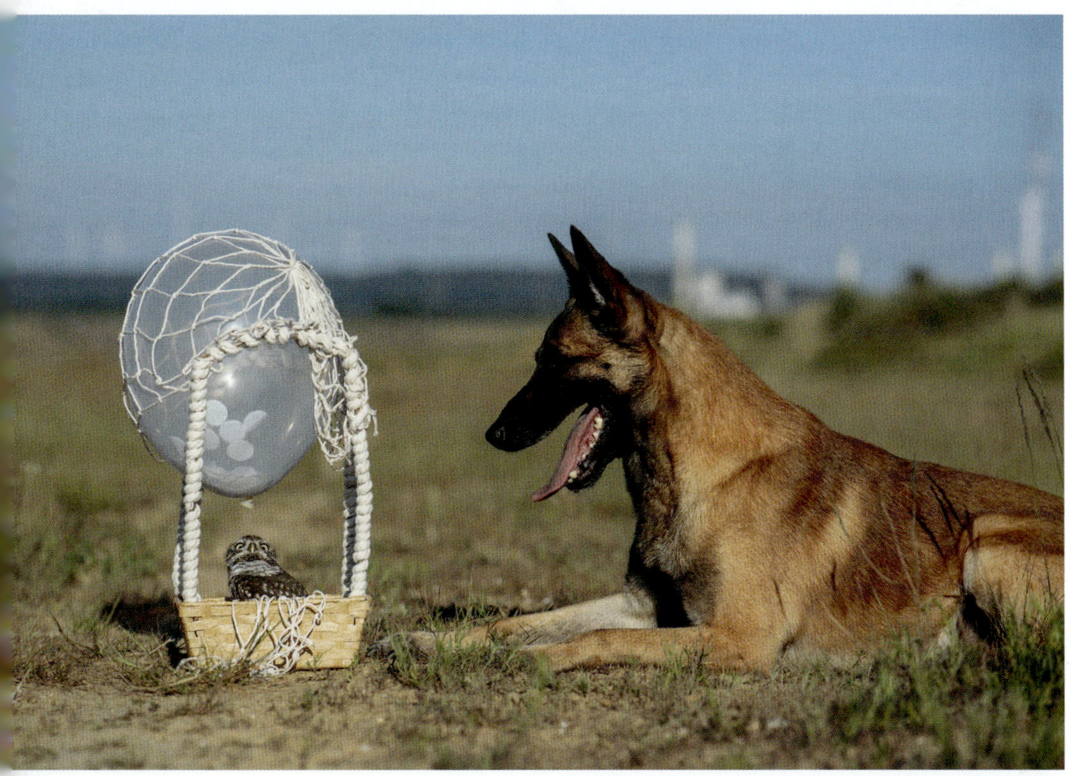

◀ *Huch, das bin ja ich.*
ƒ/2.8 | 1/400 s | ISO 800

▲ *Ob abheben wirklich eine gute Idee ist? Na gut, dann lass ich das Seil jetzt los.*
ƒ/3.5 | 1/2000 s | ISO 100

Flieg, mein kleiner Freund

Die Idee entstand ganz spontan, als wir über Windräder redeten. In unserem Gebiet entstehen gerade noch mehr Windräder und somit noch mehr Vögel, die durch diese verletzt werden. Mit der Feststellung, dass meine Steinkäuze hoffentlich nicht hoch genug fliegen, entstand diese Idee, und Claudia baute einen Ballon. Auf dem Bild stand sie einfach daneben. Es ist natürlich kein Gas oder Ähnliches in dem Ballon.

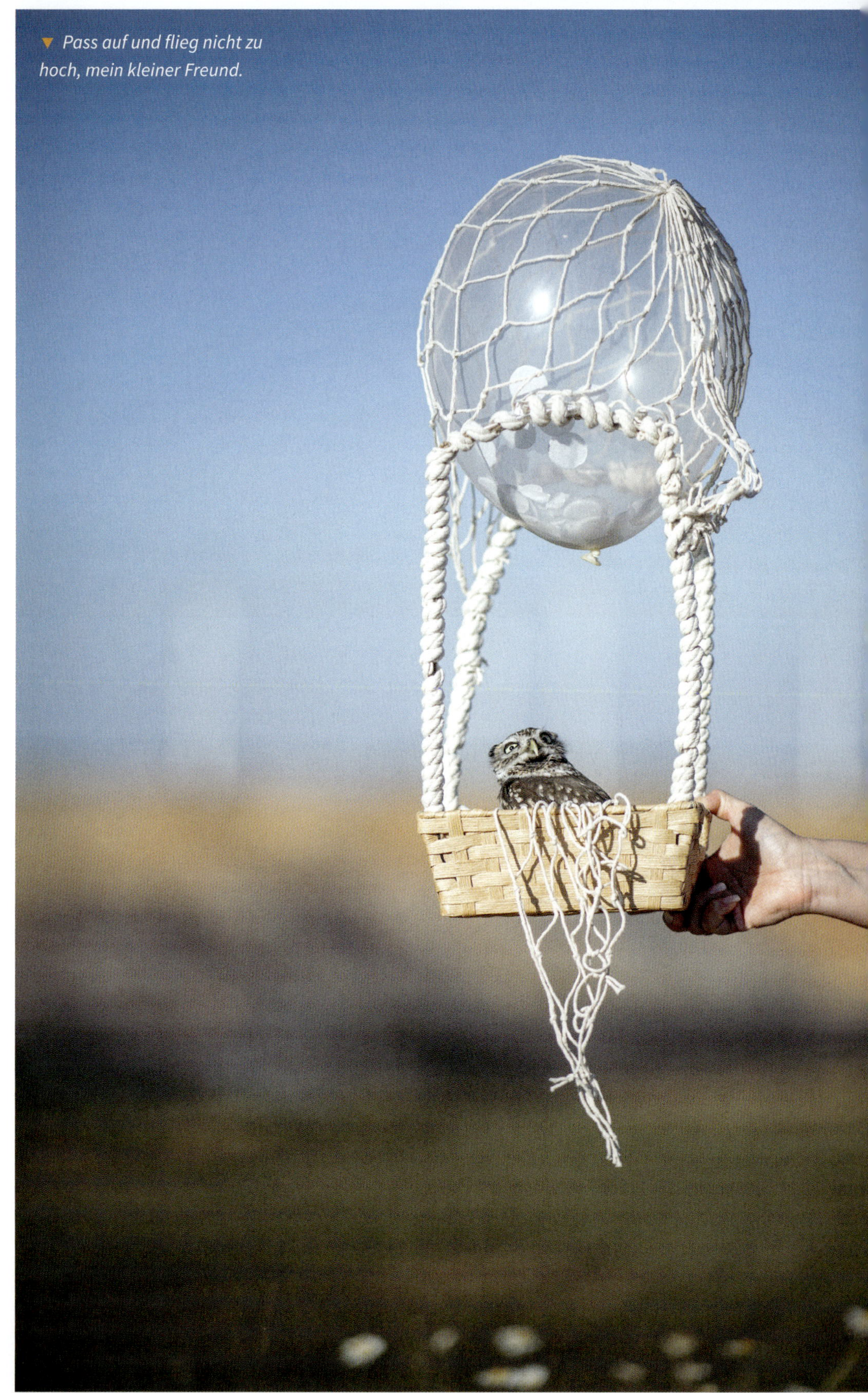

▼ *Pass auf und flieg nicht zu hoch, mein kleiner Freund.*

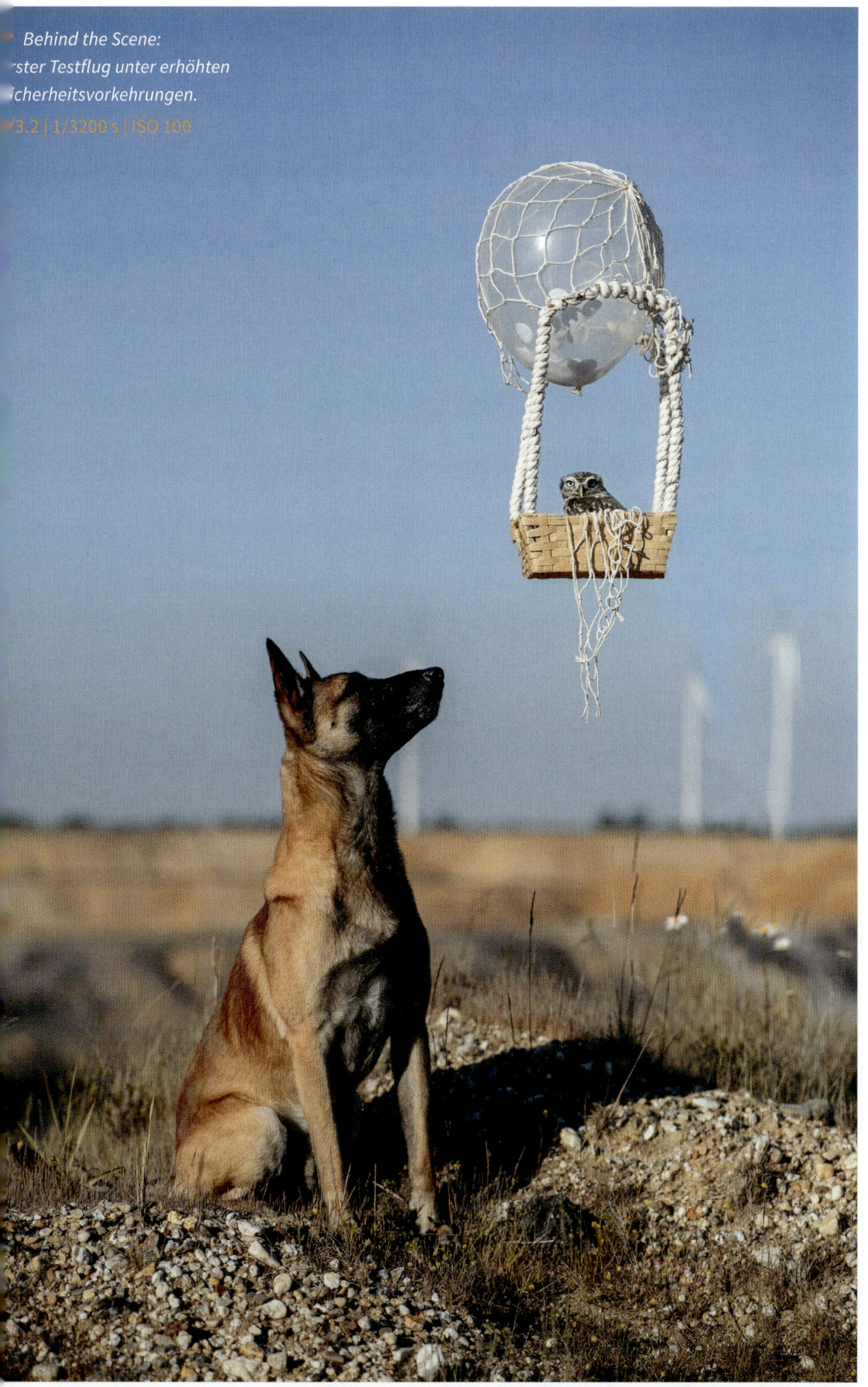

Behind the Scene:
rster Testflug unter erhöhten
icherheitsvorkehrungen.
3.2 | 1/3200 s | ISO 100

7 | TANJA AUF ACHSE

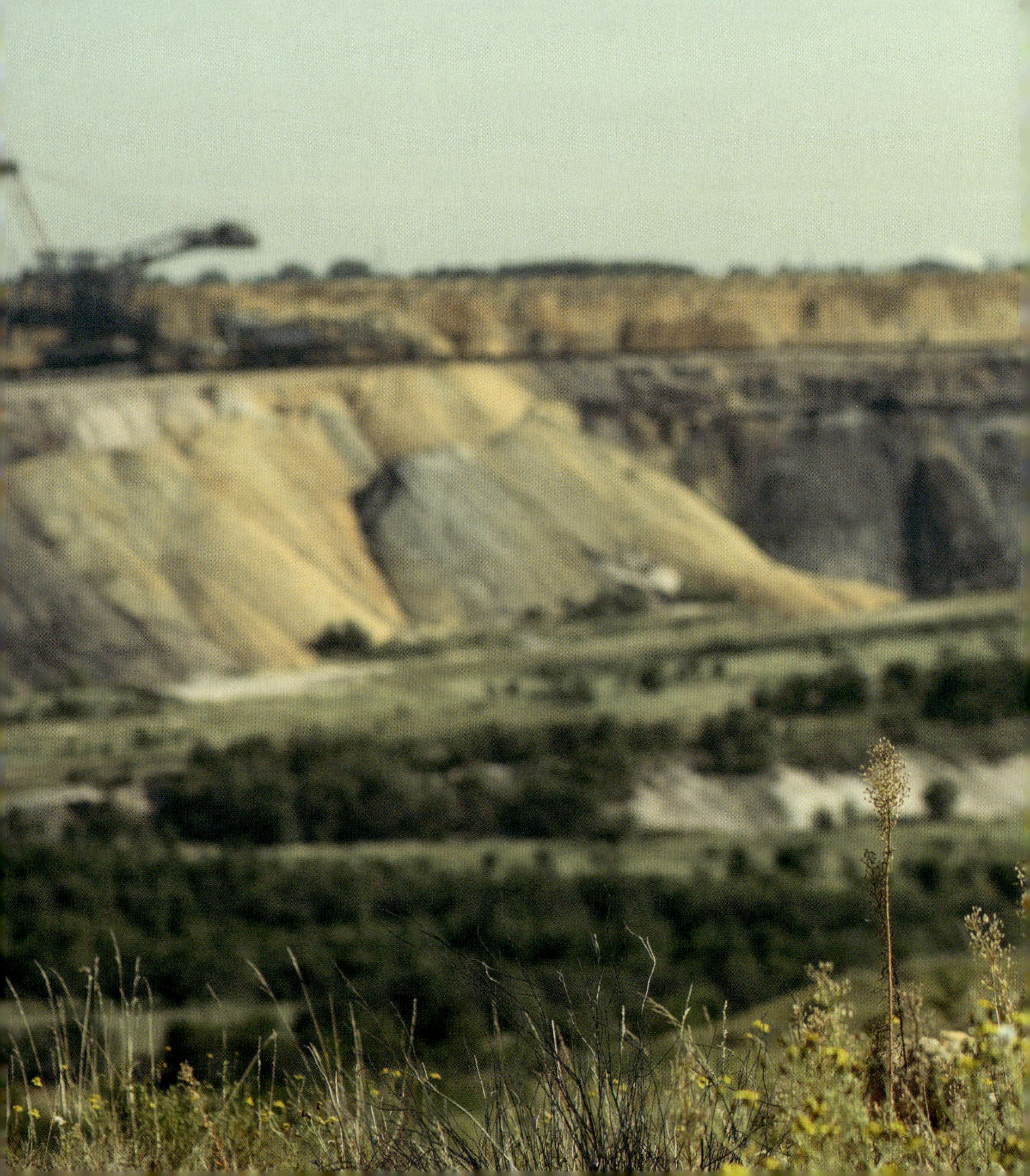

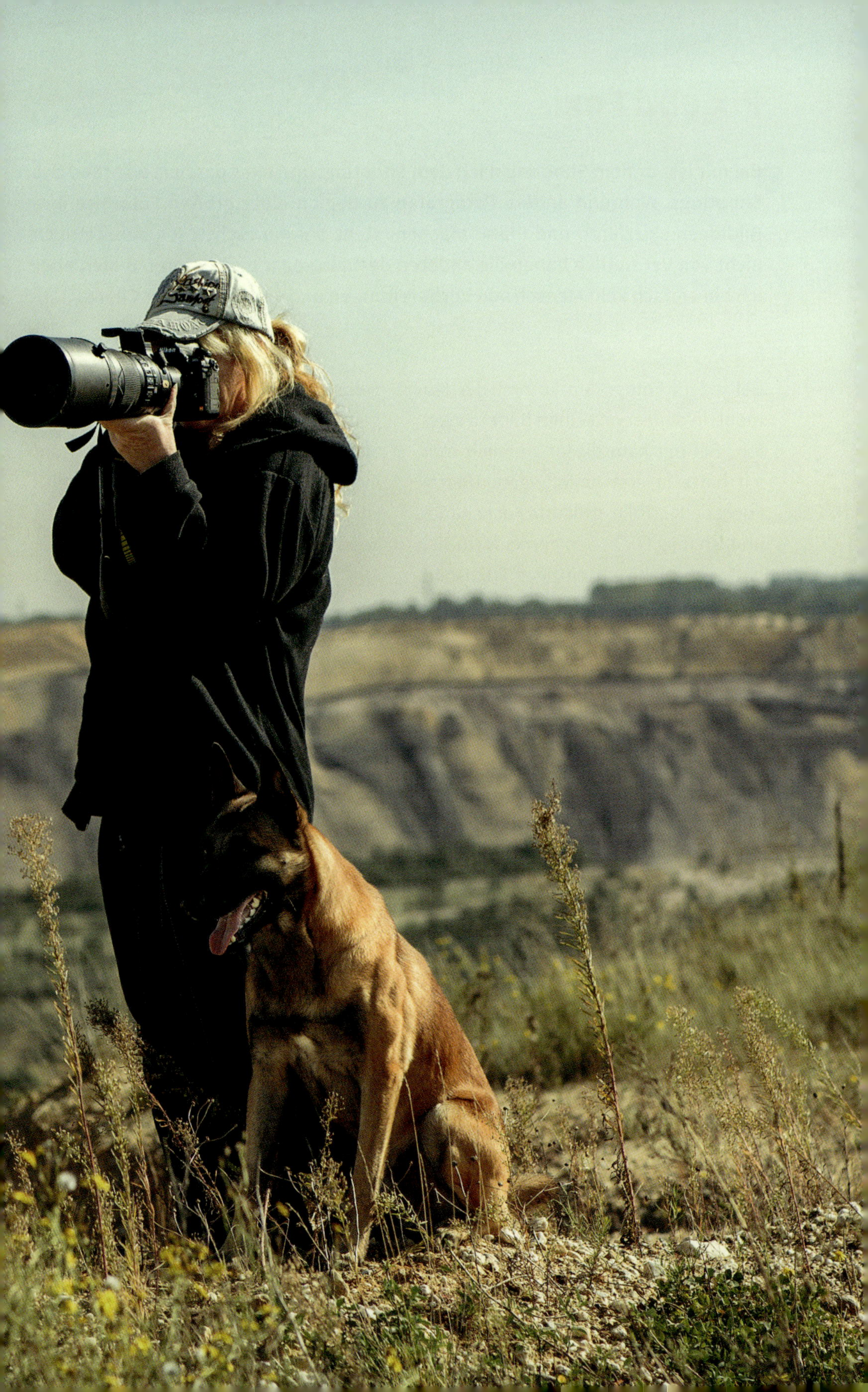

Fix und Foxi

Bei mir ist vor dem Shooting nach dem Shooting, und alles passiert während des Shootings. Während andere Fotografen zu Beginn einer großen Fotoreise ihre Bildideen skizzieren und Pläne machen, steht bei mir nichts! Ich bereite mich nicht vor. Vermutlich haben die anderen deshalb sogar die besseren Bilder, aber ich bin einfach kein Mensch von Vorbereitungen und verbreite lieber Chaos.

Bei jedem Fotografen kommt der Moment, in dem er an seinen Bildern zweifelt. Bei mir kam dieser ziemlich früh, ich hatte ja erst angefangen. Überall Fuchsbilder. Tolle, brillante Fuchsbilder, und ich mag Füchse so gerne. Natürlich hatte ich nicht ein einziges Fuchsbild. Selbstzweifel kamen hoch, und ich googelte. So richtig weiter kam ich nicht, also beschloss ich, dass es doch wohl nicht so schwer werden könnte, gute Fuchsbilder zu machen, das wäre doch gelacht.

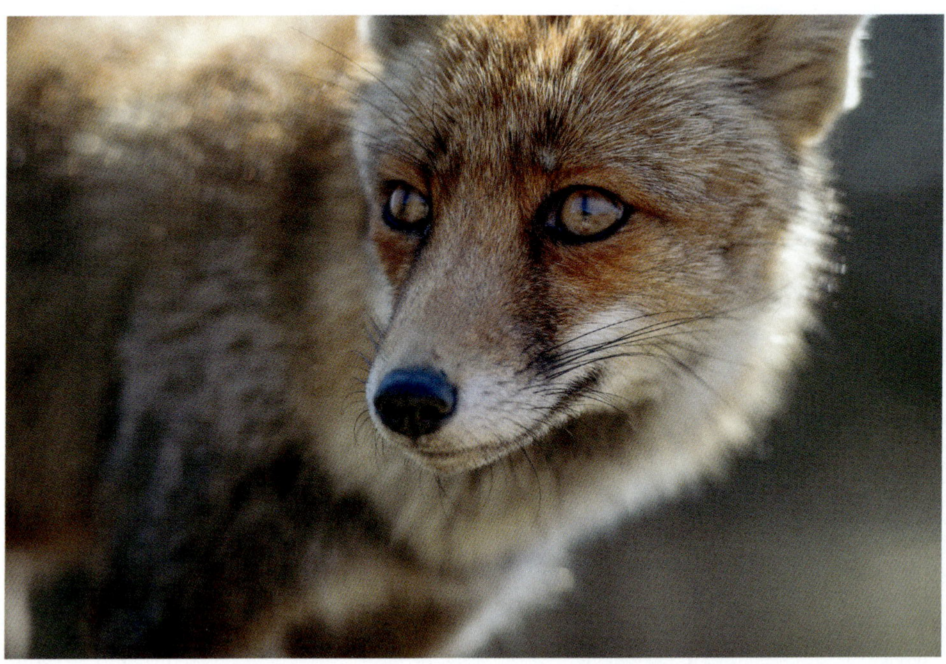

▲ *Das Füchslein hält Ausschau.* *f*/2.8 | 1/250 s | ISO 250

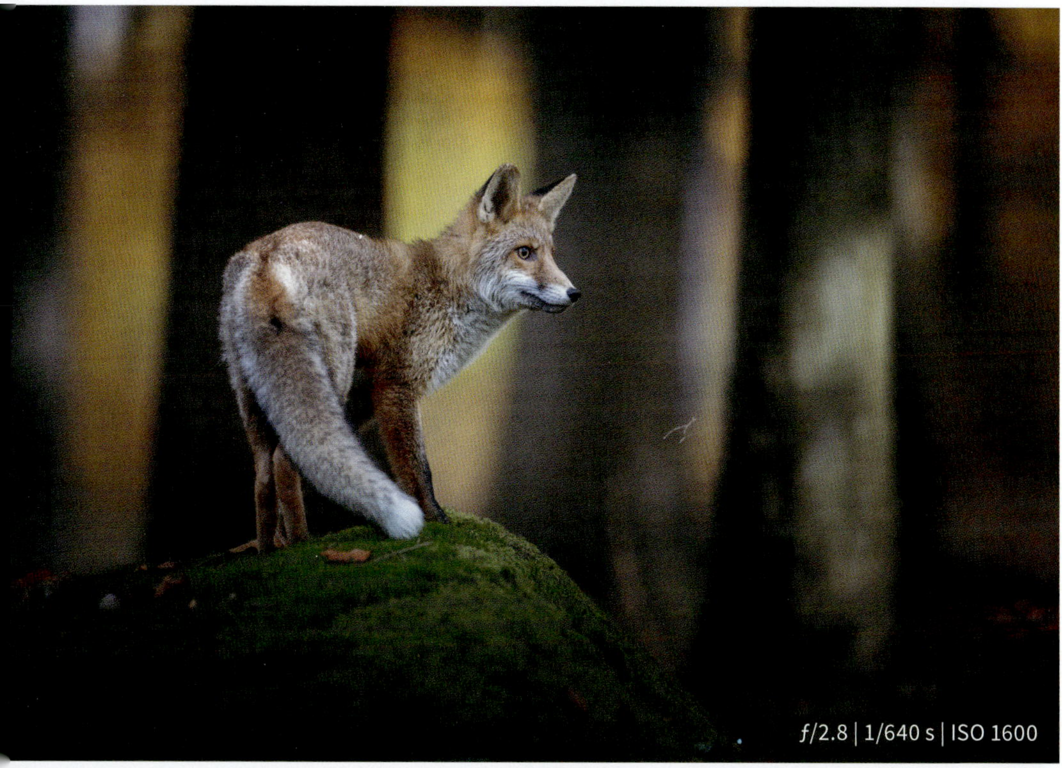

f/2.8 | 1/640 s | ISO 1600

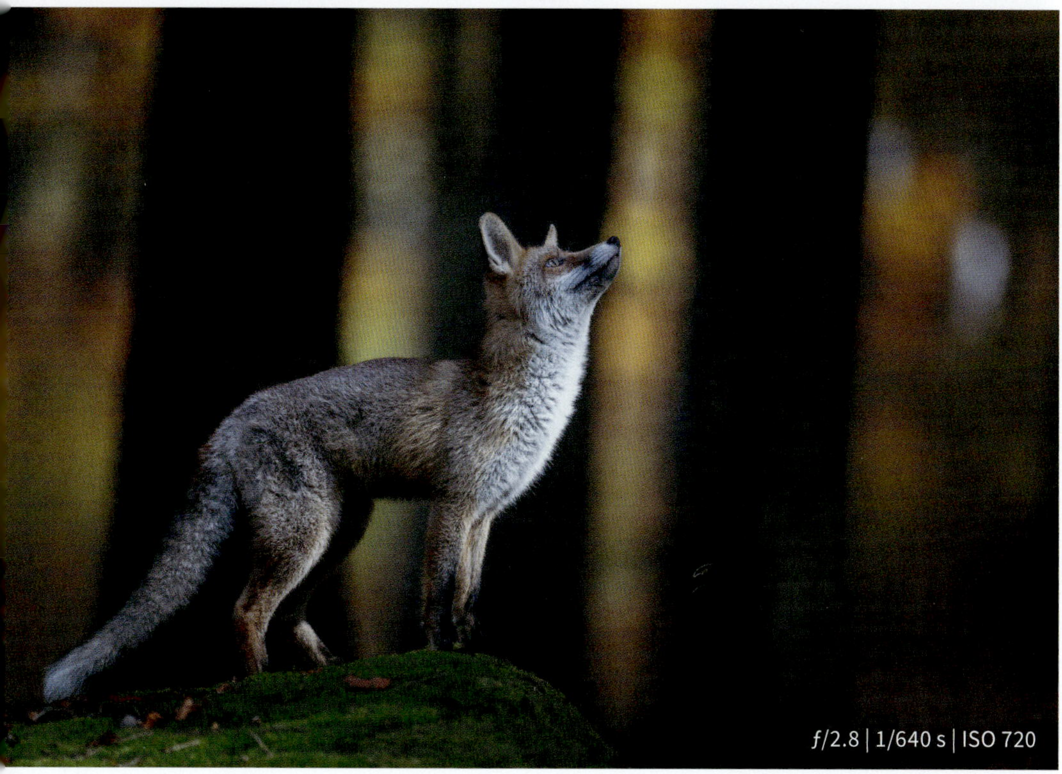

f/2.8 | 1/640 s | ISO 720

▲ *Der Fuchs auf seinem moosbewachsenen Beobachtungsposten im Wald.*

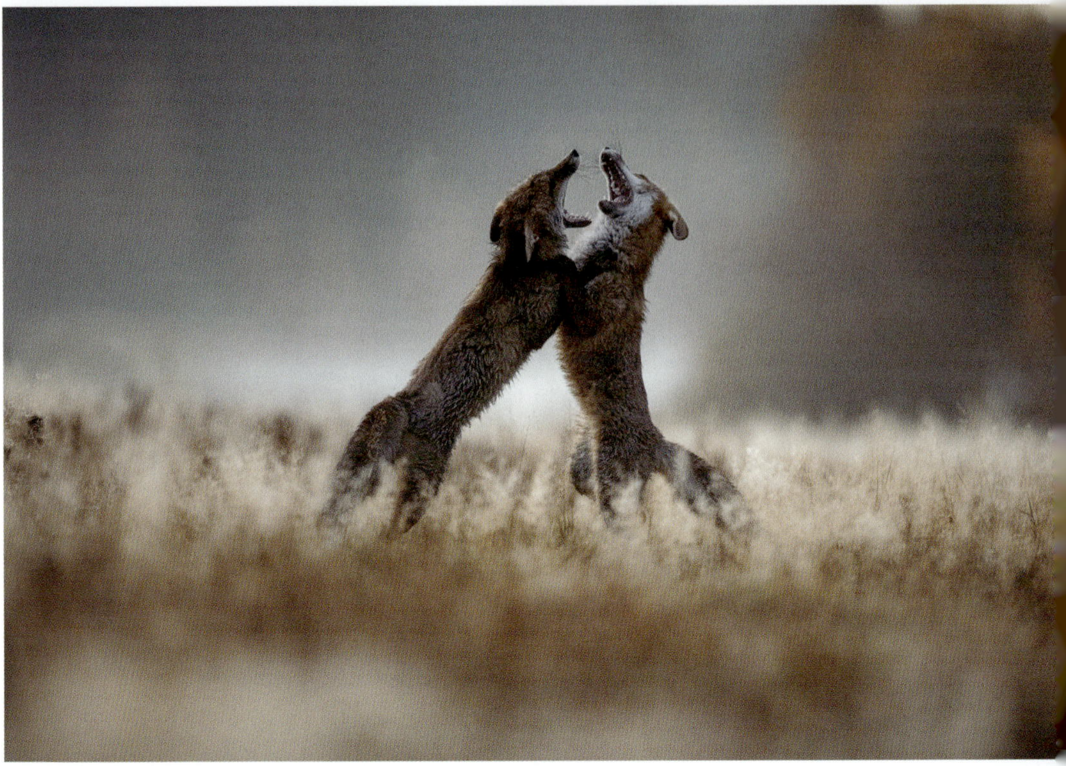

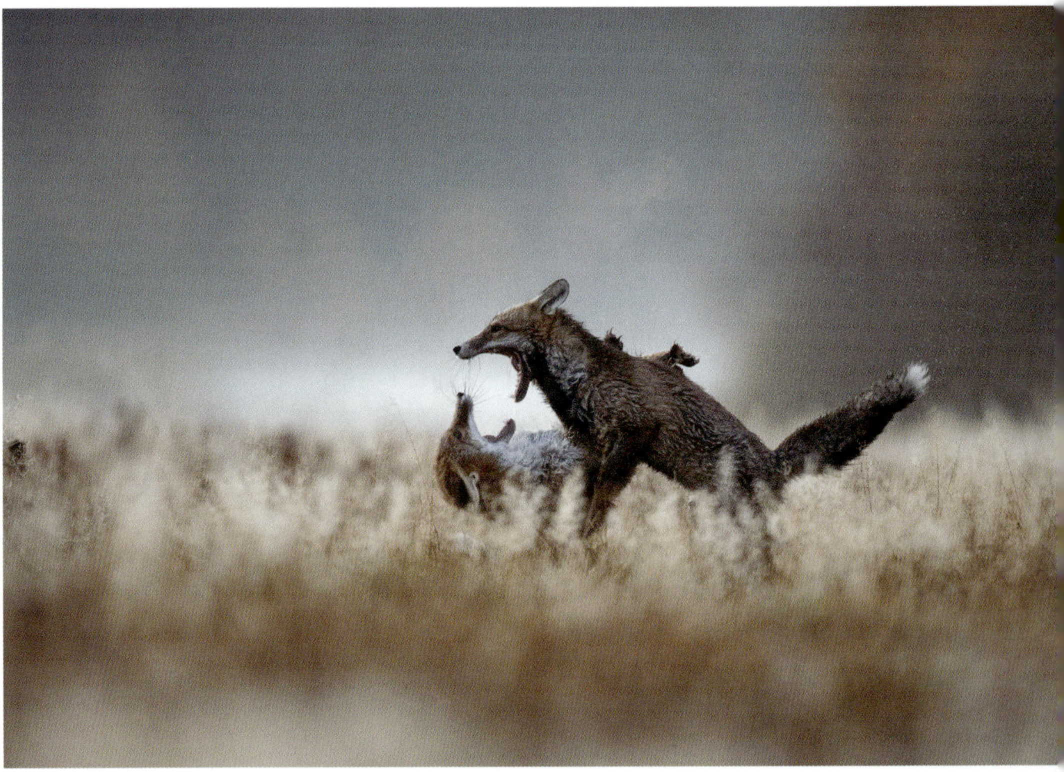

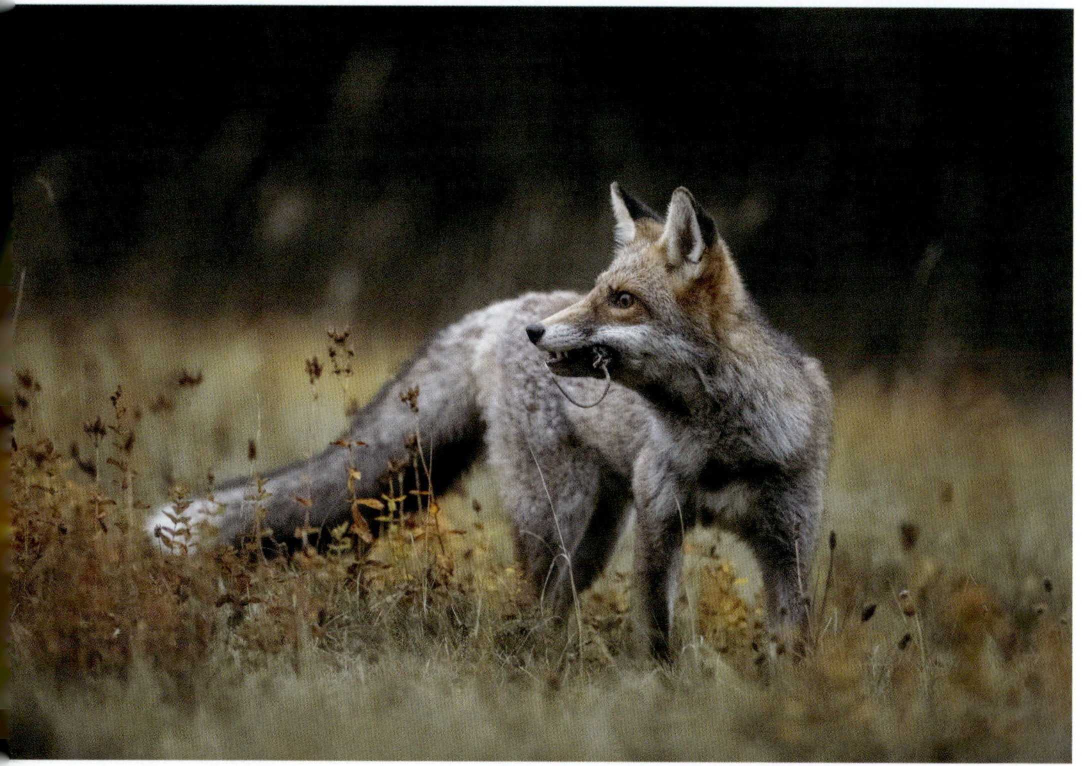

◀ *Ärger im Fuchsrevier. Die Maus gehört mir.*
f/2.8 | 1/1250 s | ISO 1000

▲ *… die Maus gehört mir!*
f/2.8 | 1/1250 s | ISO 2500

▼ *Merk dir, ich sag's nur einmal …*
f/2.8 | 1/1250 s | ISO 1000

Ich packte meinen Kamerarucksack und fuhr in den Wald. Ein kleines Wäldchen an einem Hügel mit einem schönen Gehöft schien mir vielversprechend. Ich parkte mein Auto am Feldweg und sah über das Tal. Plötzlich erblickte ich etwas, und mein Puls raste. Schon nach zehn Minuten entdeckte ich einen Fuchs, jetzt bloß nicht hektisch werden. Ich schnappte meinen Rucksack und stieg aus, um vorsichtig den Hang herunterzuklettern. Das rote Fell des Fuchses leuchtete durch das hohe Gras, und er bewegte sich langsam in Richtung einer dichten Hecke. Den Abhang mehr stolpernd, blieb ich dran. Er verschwand im Gestrüpp. Es war schwierig, hinterherzugehen, aber wer gute Fuchsbilder will, muss Einsatz zeigen. Ich blieb in den Brombeeren hängen und zerkratzte mir Arme und Gesicht, aber ich blieb dran.

Als der Fuchs in einer dichten Hecke verschwand, war ich schon so außer Atem, dass mein Keuchen eigentlich jeden Fuchs verjagt hätte, dieser hier aber war cool, und ich sah, dass er hinter der Hecke sitzen blieb. Meine Chance. Ich packte die Kamera vorsichtig aus dem Rucksack. Alles war bereits eingestellt.

Wenn ich in freier Wildbahn auf Exkursion ins Unbekannte gehe, stelle ich immer Offenblende und eine Verschlusszeit von 1/1000 Sekunde plus ISO-Automatik ein. Kein Risiko jetzt, ich legte mich auf den Boden und robbte Meter um Meter näher an die Hecke. Großartig, er blieb sitzen. Nur noch unter der Hecke durch, die Kamera vorsichtig vor mir. Plötzlich unmittelbar vor mir – er drehte sich um und starrte mich an. Miauuuuu!! Tolle Wurst, ich liege völlig dreckig, verkratzt und außer Atem im Gestrüpp unter einer Hecke und habe das Gefühl, diese rote Hauskatze hatte den Lacher des Tages.

Da waren sie wieder, meine zwei Freunde. Die Selbstzweifel und die Erkenntnis, dass mich meine körperliche Fitness bereits beim Aufstieg im Stich ließ. Aber ein Fotograf gibt nie auf, und mir sollten noch einige schöne Fuchsbilder gelingen nach diesem besonderen „Shooting“, die ich Ihnen jetzt zeige.

Adler in Polen

Kurzfristig entschieden wir uns, nach Polen zu fahren, um dort Adler zu fotografieren. Unsere Unterkunft war eine Kirche, ein Kloster oder Ähnliches. Die Fahrt war recht abenteuerlich, überall Mautstellen, und wir verstanden nirgends ein Wort. Dasselbe, als wir ankamen. Zum Glück konnte Marcin Nawrocki, in dessen Adlerhütten wir uns eingemietet hatten, Englisch. Wir kamen spät abends an, am nächsten Morgen sollten wir bereits um 5.30 Uhr frühstücken, um dann zu den Adlerhütten gebracht zu werden abgeholt zu werden. Und das Ganze bei löslichem Kaffee – richtig, es gab dort keinen Kaffee. Nach einer turbulenten Fahrt durch von Wildschweinen komplett umgegrabenes Gelände erreichten wir in völliger Dunkelheit die Hütten und richteten uns dort ein –so gut es eben ging in der Kälte und mit dem Handy als Lichtquelle.

Natürlich hatten wir viel zu wenig Kleidung an. Die mitgebrachten Heatpacks retteten uns nicht wirklich, und so schlotterten wir fröhlich vor uns hin und harrten der Dinge im Dunkeln, bis das Licht kam.

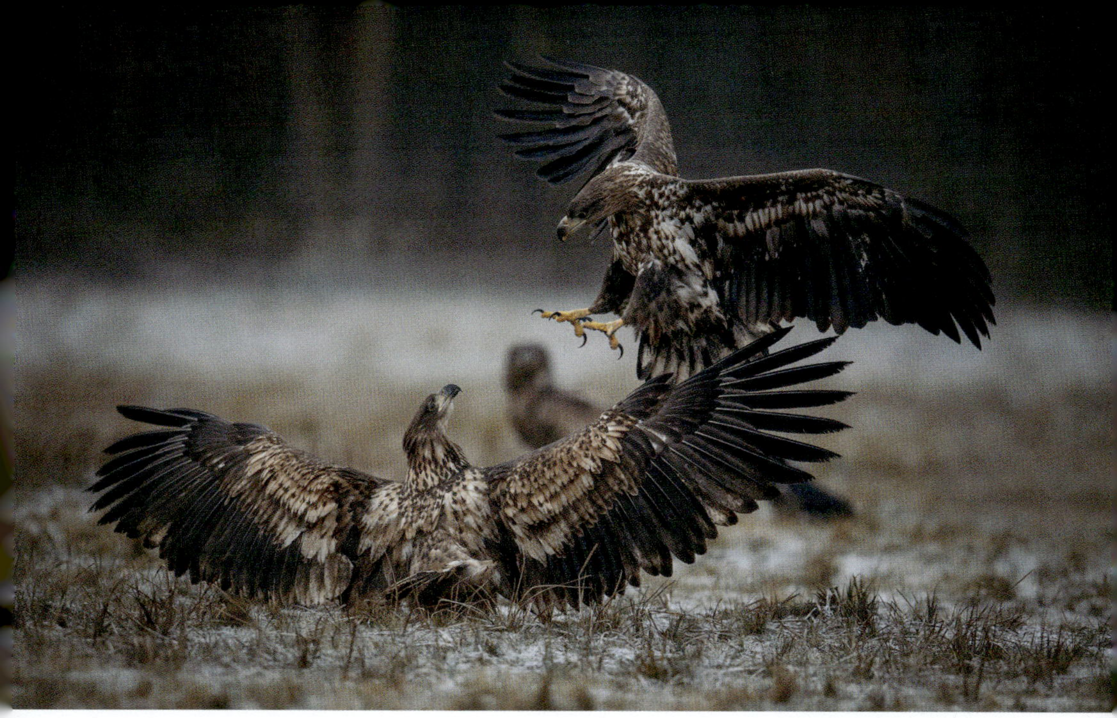

▲ *Adlerzoff vor der Fotohütte.*
f/2.8 | 1/250 s | ISO 1000 | –0,3 EV

▼ *Gut getarnt, aber „komfortabel“ geht anders.*

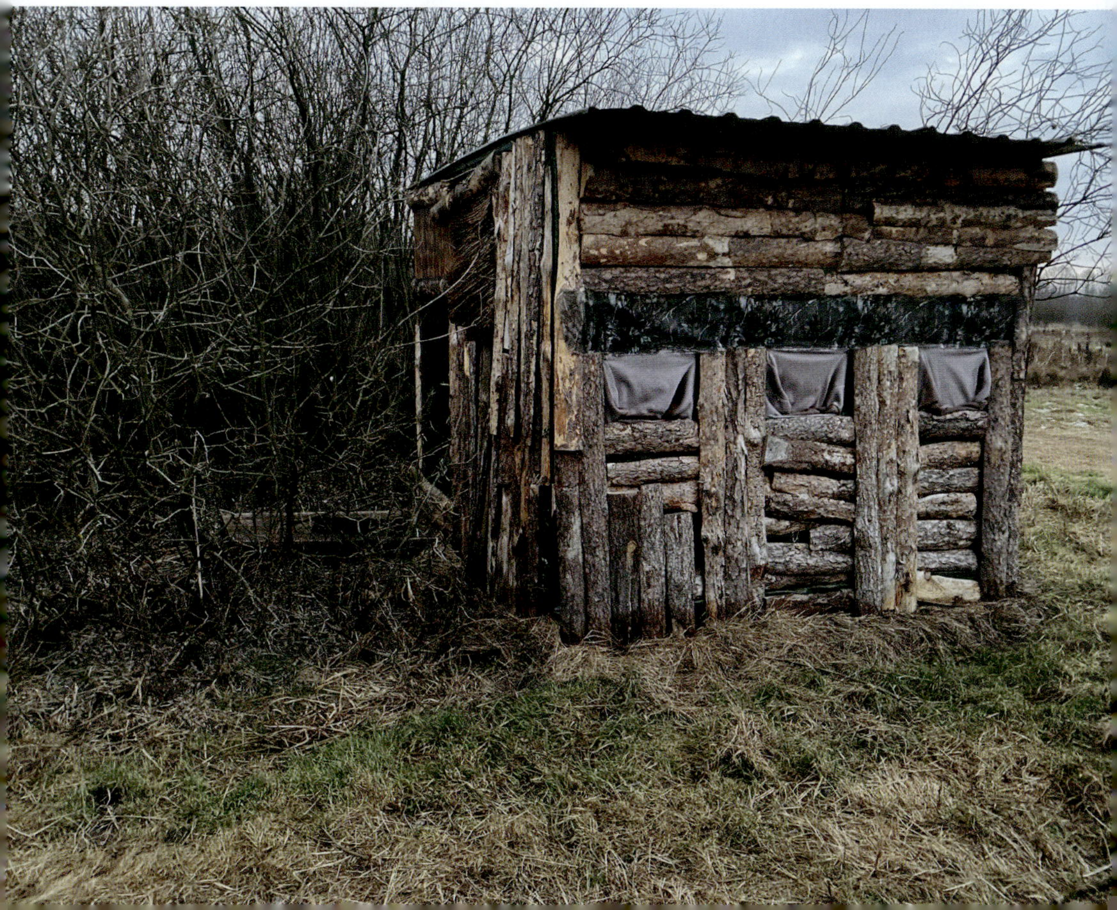

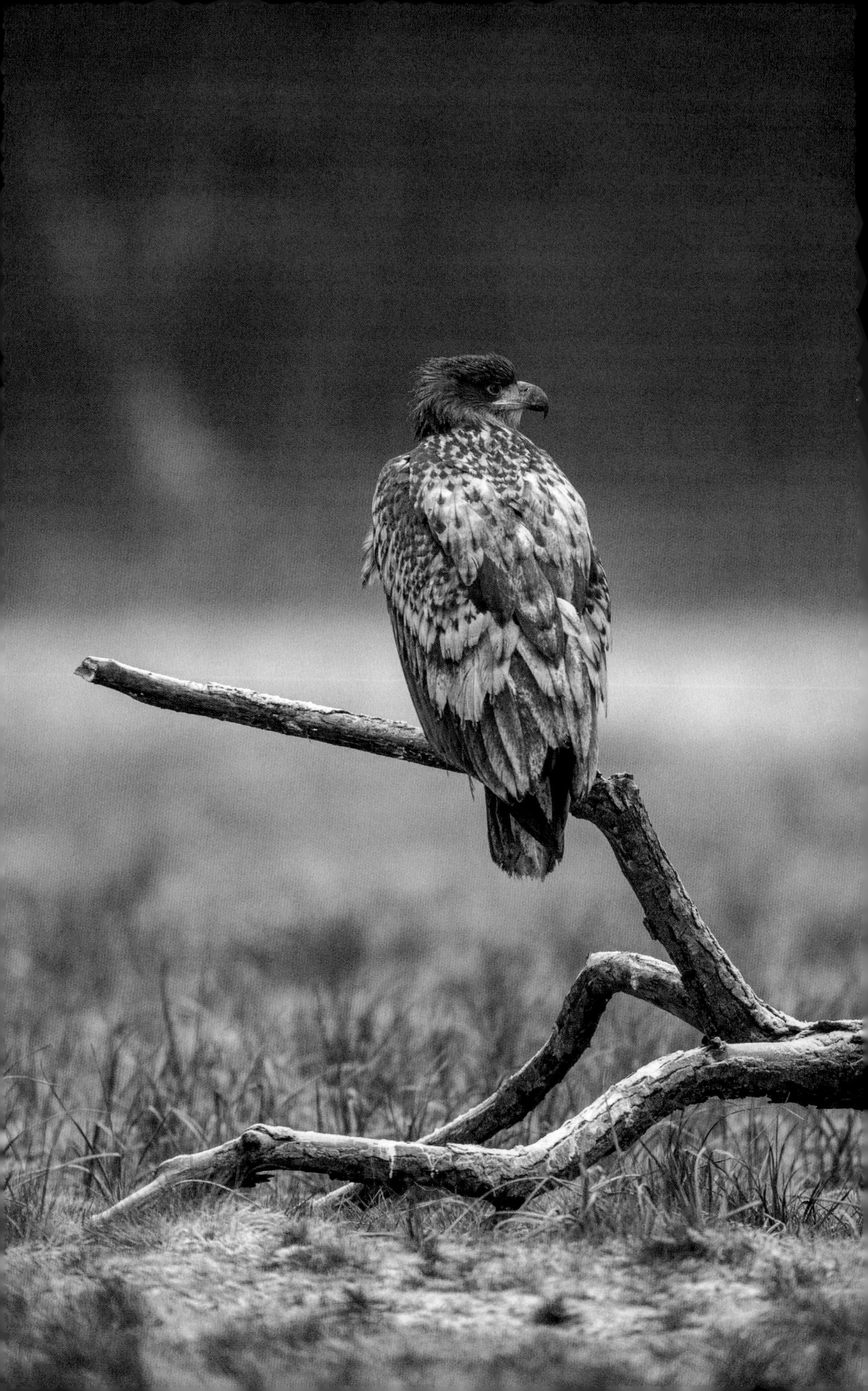

◀ *Der Seeadler tankt Kraft für die nächste Jagd.*
f/4 | 1/250 s | ISO 2000 | -0,3EV

▲ *Kurz vor Anbruch des neuen Tages. Noch erkennt man die Krähen nur schemenhaft.*
f/2.8 | 1/250 s | ISO 100

Wir hatten sogar den Luxus einer Heizung in der Hütte, aber wir drehten sie auf die Seite, damit die Tiere draußen das Flackern der Heizung nicht erkennen konnten. Es ist immer wieder spannend, im Halbdunkel den Tiergeräuschen zu lauschen. Irgendwo im Wald bellte ein Fuchs, es raschelte rechts, und ich vernahm das Rufen eines Rehbocks. Je heller es wurde, desto mehr konnte man das Krah der Raben hören und irgendwann ihre schemenhaften Umrisse wahrnehmen. Wichtig ist, die Raben nicht zu erschrecken. Sonst kommen auch keine Adler.

Oft werde ich gefragt: „Wie lange sitzt ihr da?“ Und wenn ich dann antworte, dass das locker auch mal zehn Stunden und mehr sein können, kommen schockierte Blicke: „Oh, das könnte ich niemals.“ Es ist nicht allein die Jagd nach dem perfekten Foto. Es ist die Stille, und es sind die Geräusche der Natur. Die Seele baumeln lassen, nicht an Sorgen denken. Sich treiben lassen. Dem Singen der Vögel zuhören, ihr Verhalten beobachten – einfach eine heile Welt für ein paar Stunden.

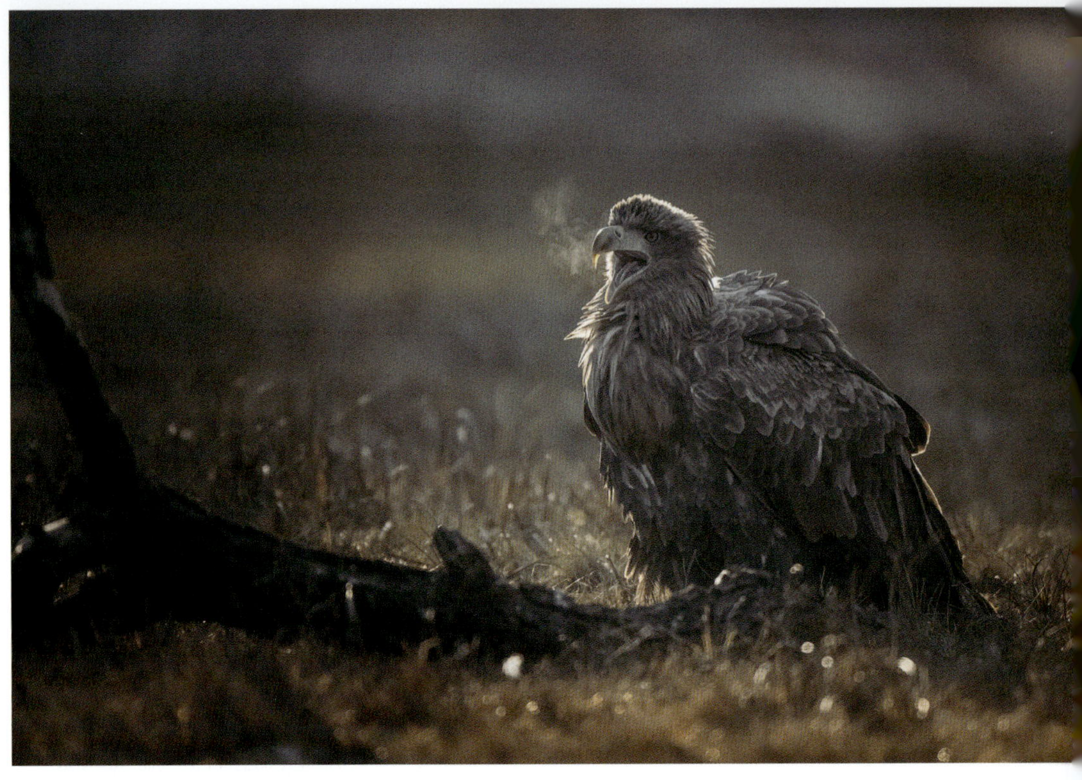

▲ *Der heiße Atem des Seeadlers.* f/4.0 | 1/1250 s | ISO 360 | –0,67 EV

Wenn dann der erste Adler auftaucht, ist das immer ein ganz aufregendes Gefühl. Wichtig ist, ruhig zu bleiben. Keine hektischen Bewegungen, kein Lärm. Der erste Adler ist ganz wichtig. Haut er ab, kommen meistens auch keine anderen. Natürlich sind die Lichtverhältnisse noch schwierig, aber die ersten Adler sind besonders.

Wir schlotterten zwar vor Kälte, langweilten uns aber keine Minute. Die Zeit verging im wahrsten Sinne des Wortes wie im Flug. Vor Anbruch der Dunkelheit sollte man die Hütten nicht verlassen. Wer sich jetzt fragt, wie man es mit dem Austreten hält: Am besten so lange wie möglich einhalten, und im Notfall gibt es einen Eimer. Man gewöhnt sich mit der Zeit in Hütten auch daran problemlos.

Adler und Raben leben in einer Zweckgemeinschaft. Die Raben sind die zusätzlichen Augen der Adler und zeigen an, wo Gefahr droht oder wo die Luft rein ist. Dennoch attackieren und ärgern die Raben die schwerfälligen Adler, und die Adler haben wenig Chancen gegen die schnellen, gewieften schwarzen Vögel.

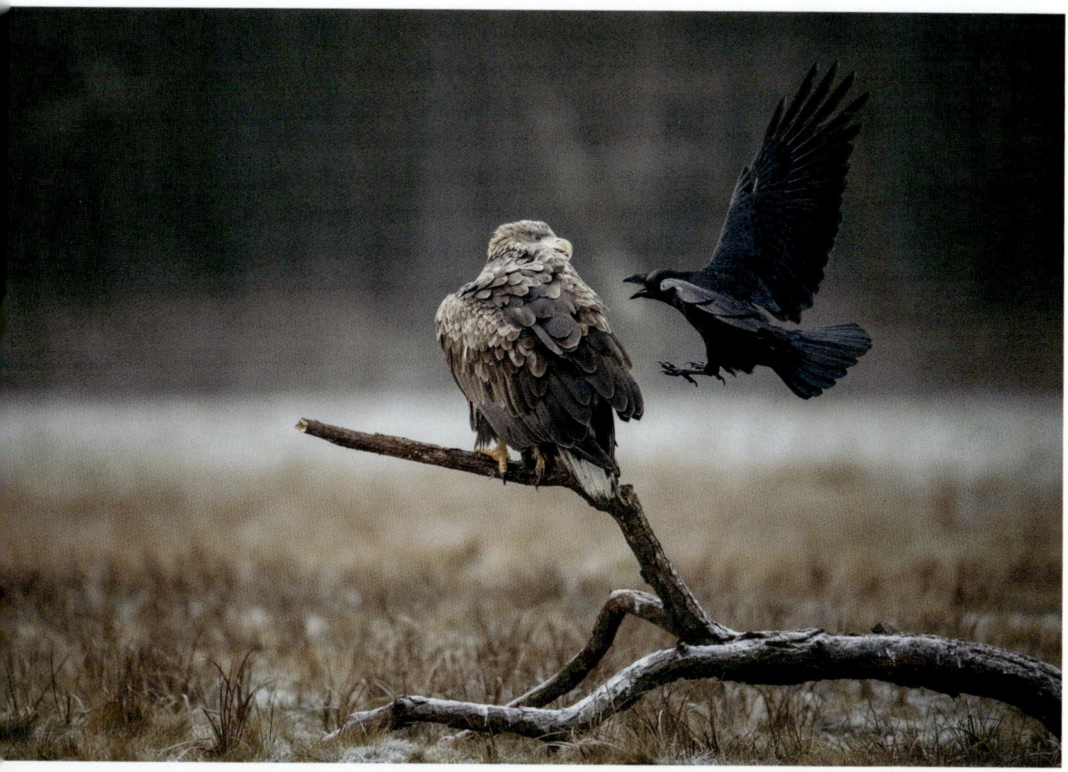

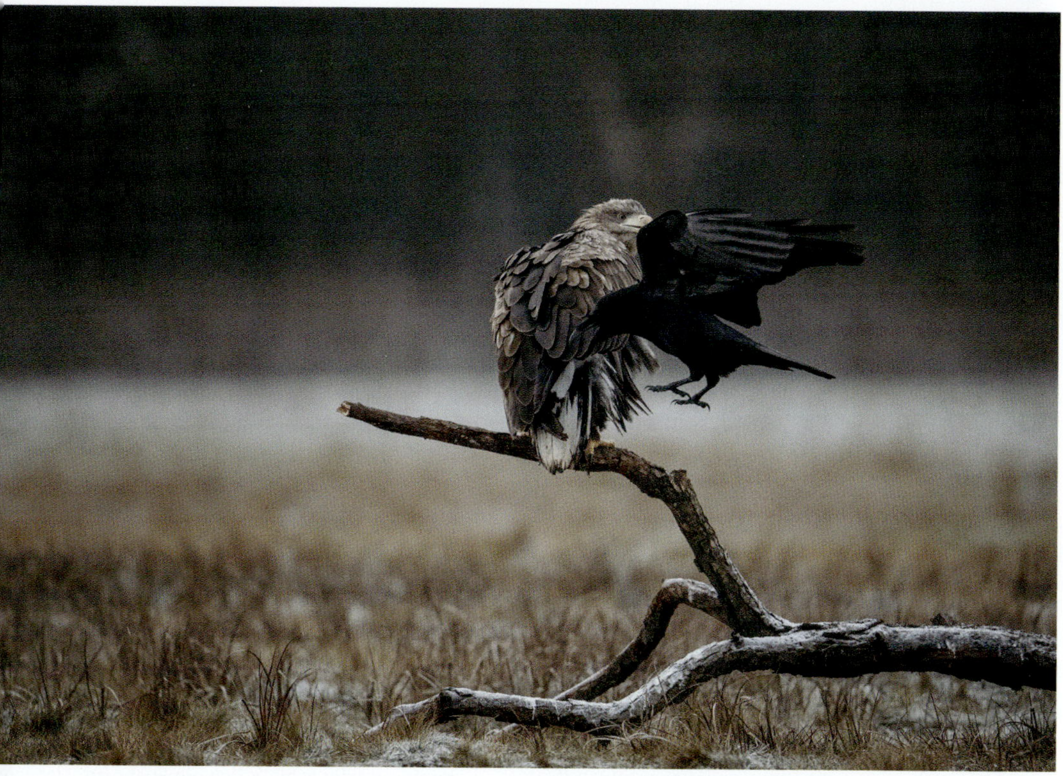

▲ *Krähen haben keinen Respekt vor den viel größeren Seeadlern.*
f/2.8 | 1/1250 s | ISO 450 | −0,33 EV

▲ *Ihnen bereitet es sichtlich Spaß, die trägen Riesen zu ärgern.*
f/2.8 | 1/1250 s | ISO 450 | −0,33 EV

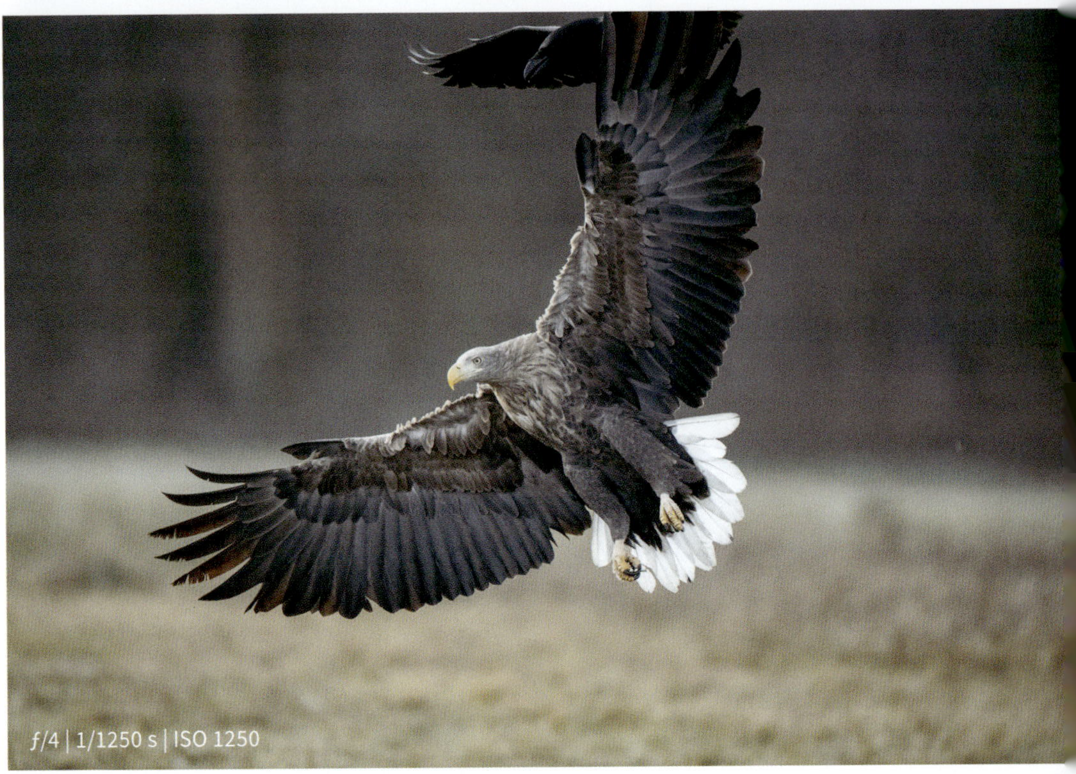

f/4 | 1/1250 s | ISO 1250

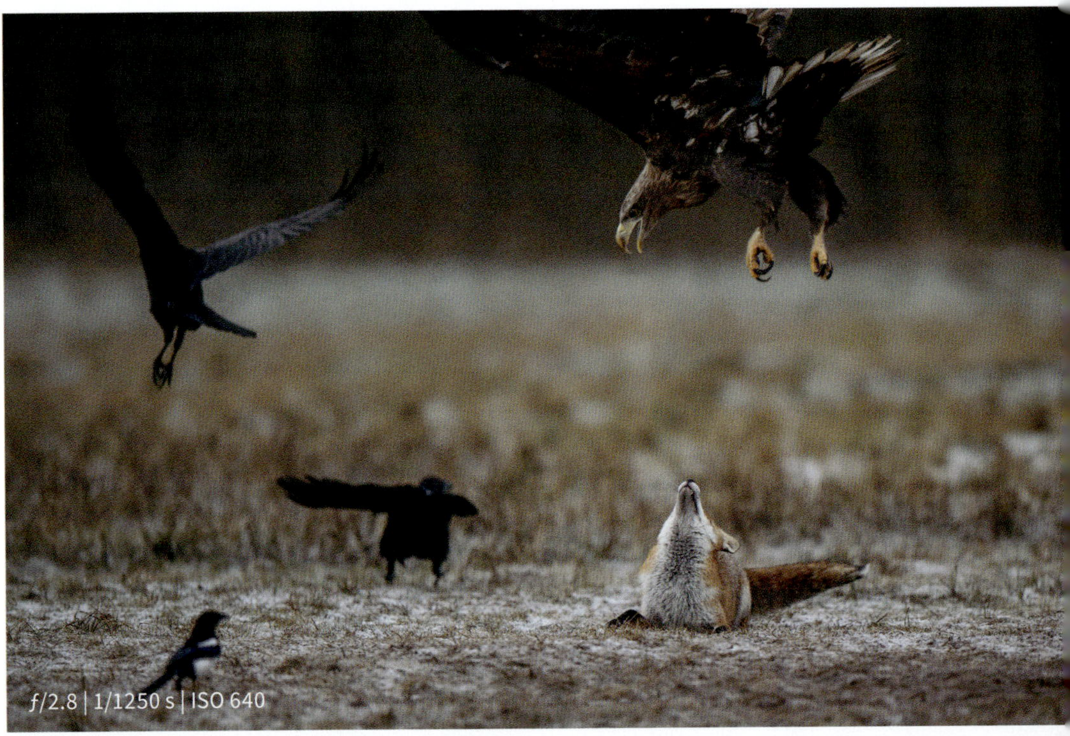

f/2.8 | 1/1250 s | ISO 640

▲ *Ein ausgewachsener Seeadler im Anflug und gleichzeitige Attacke einer frechen Krähe von oben.*

▲ *Immer wieder schlich sich ein Fuchs an. Als wen die Krähen nicht schon genug wären, mischt sich zu guter Letzt auch noch ein Fuchs ins Geschehen ein.*

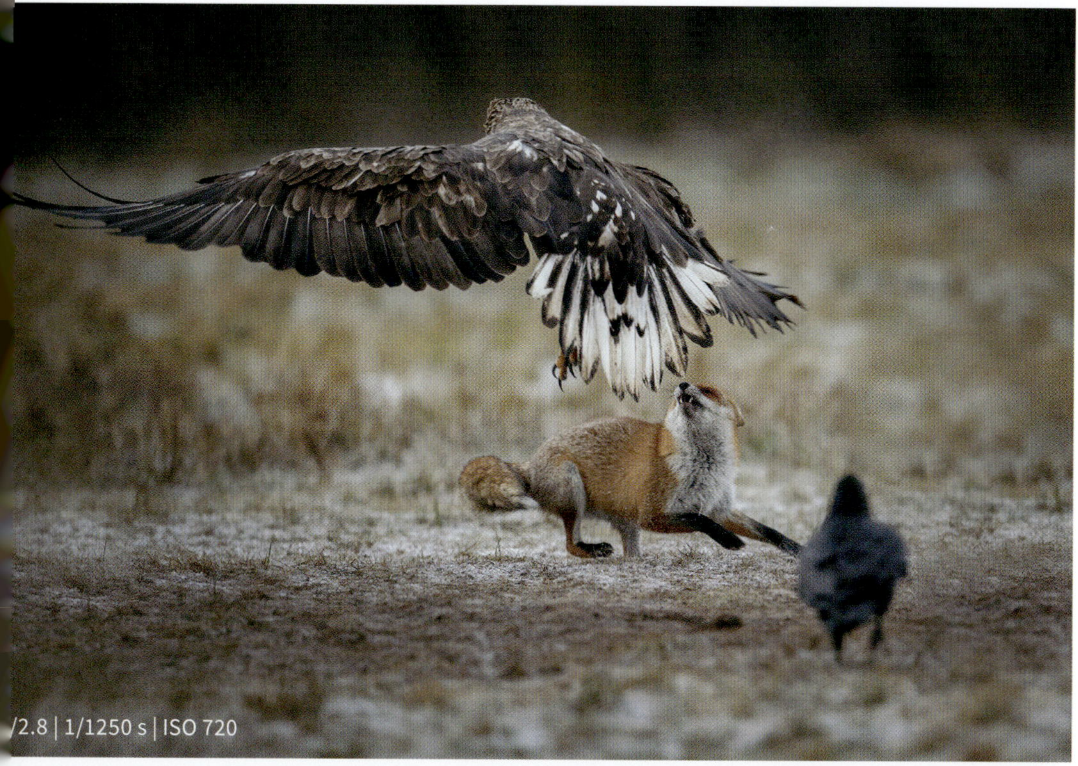

/2.8 | 1/1250 s | ISO 720

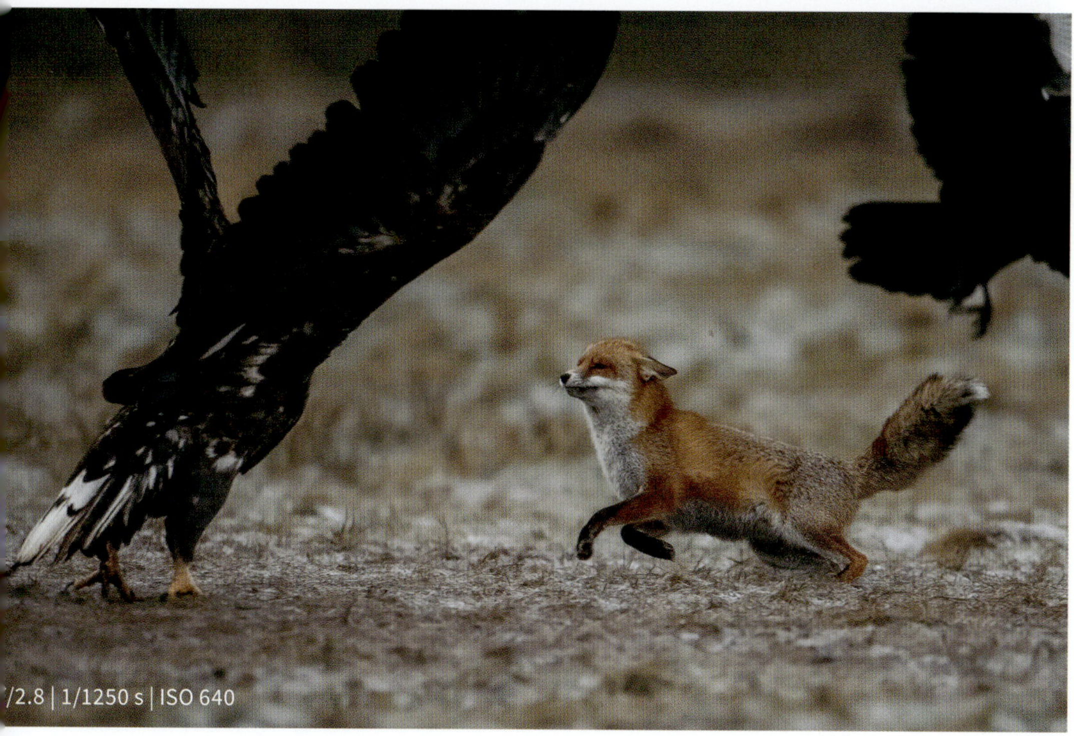

/2.8 | 1/1250 s | ISO 640

▲ *Der schlaue Fuchs erkennt schnell, dass es für ihn besser ist, das Weite zu suchen, und dreht ab.*

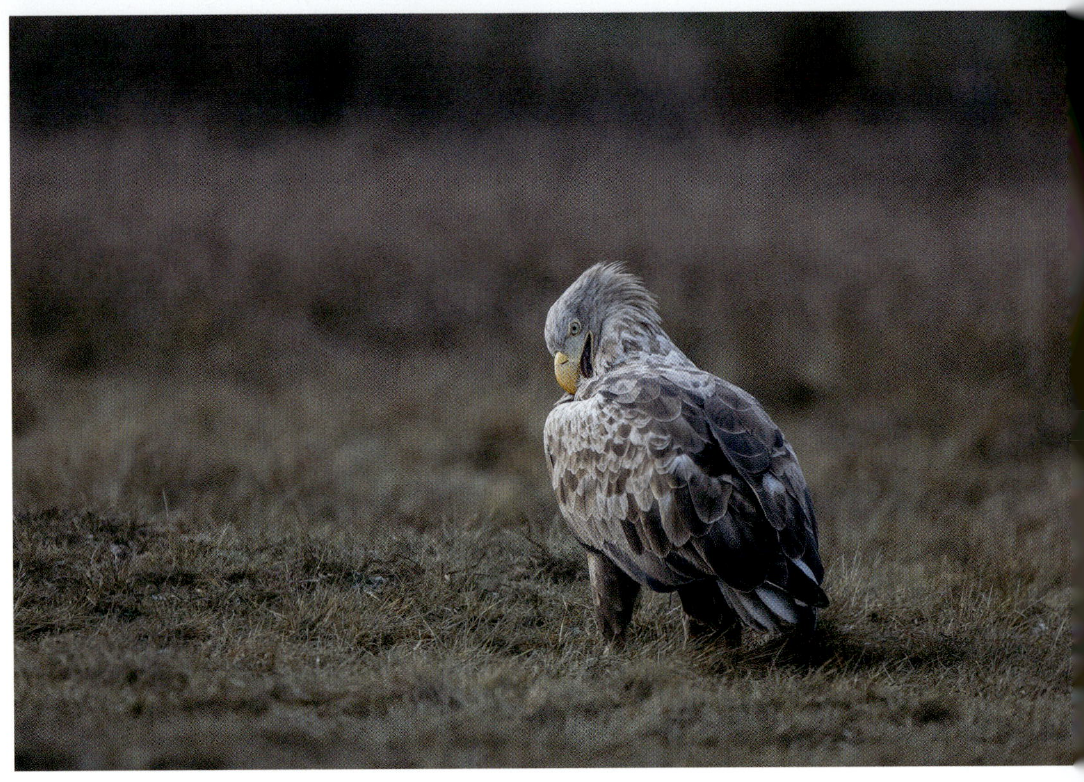

▲ *Gandalf der Weiße, eine Legende.* f/4 | 1/1000 s | ISO 800

Marcin, der Besitzer der Hütten, erzählte uns von einer seiner Beobachtungen: Einmal war es sehr kalt, und eine dichte Schneedecke überzog das Gebiet. Ein Fuchs bekam gar nicht mit, dass die Adler ihn in einem Kreis umzingelten und den Kreis mehr und mehr schlossen. Als der Fuchs merkte, in welcher Lage er sich befand, schaute er sich erst verzweifelt um, schmiss sich dann auf die Seite, schrie wie am Spieß und robbte sich auf der Seite liegend schreiend zwischen den verdutzten Adlern durch. Danach gab er Sohle.

Vor zwölf Jahren, als Marcin bereits eine lange Zeit in seiner Hütte verbracht hatte und kein Adler gekommen war, tauchte ein Schatten auf und flog übers Hüttendach. Die markanten Rufe der Seeadler vergisst man niemals, und man hört sie schon von Weitem ihr Kommen ankündigen. Er drehte Kreise und landete dann auf der Wiese vor der Hütte. Der allererste Adler. Ganz weiß war er. Deshalb bekam er den Namen Gandalf. Und Gandalf kommt jedes Jahr – seit zwölf Jahren. Er ist noch genauso weiß wie früher. Irgendwann stellte sich zwar heraus, dass Gandalf ein Weib ist (so wird das Weibchen der Greifvögel genannt), aber der Name bleibt.

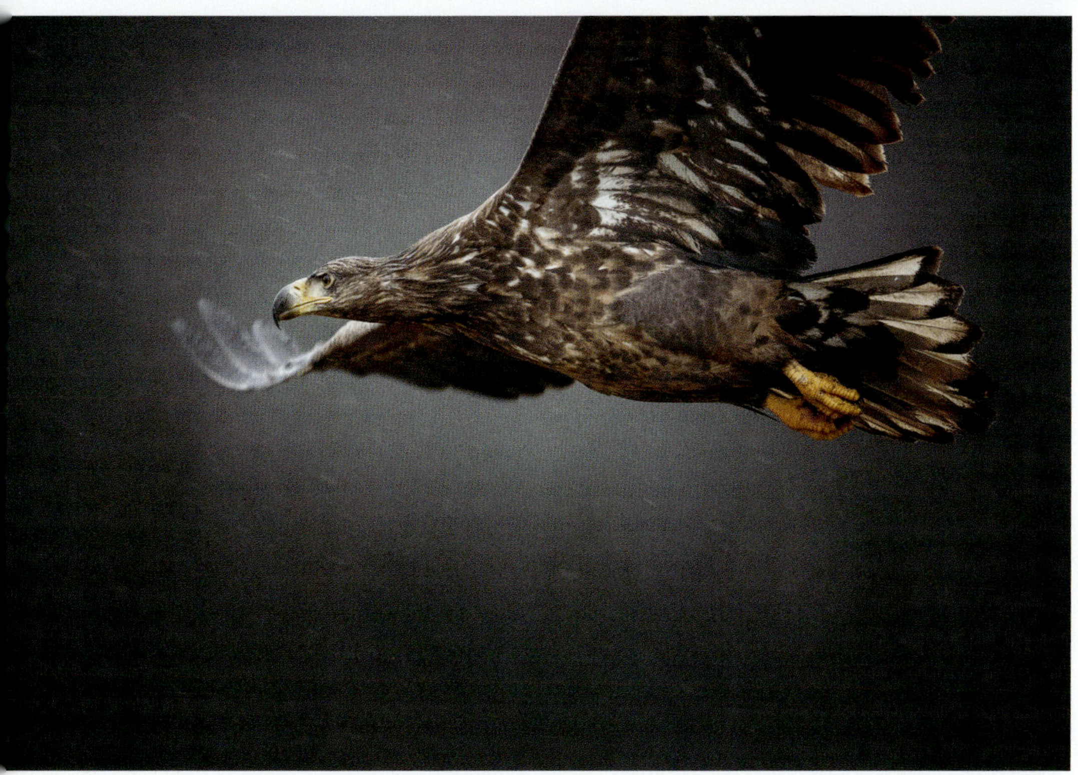

▲ *Ein Seeadler im Flug gegen den Regen.* f/4 | 1/640 s | ISO 4000

Wie immer kann man das Wetter nicht beeinflussen. Wir wünschten uns Schnee und Sonne und bekamen keinen Schnee, sondern Regen. Wenn man es aber sowieso nicht ändern kann, entstehen bei Regen interessante Bilder, an die man vermutlich nicht gedacht hätte, würde man ein Shooting planen. Da schaut man vorher auf die Wetter-Apps. Am dritten Tag wurde es ruhiger, denn der Regen ließ allmählich nach, und sogar die Sonne zeigte sich ein wenig. Wir hatten Fotografen in der Nachbarhütte, mit denen wir uns morgens schon nett unterhielten – sie sprachen deutsch und englisch.

Die letzten Tage wurden durch den wenigen Schlaf anstrengend, und so langsam machte sich das auch bemerkbar. Ich wachte ganz plötzlich auf und schreckte hoch – keine Ahnung, ob es daran lag, dass ich wohl durch mein lautes Schnarchen wach wurde, oder an der privaten Nachricht unserer Hüttennachbarn, die fragten, ob bei uns alles in Ordnung sei. Die nächste Schwierigkeit ist das immer wechselnde Licht. Oder die Auswahl des Objektivs. Wenn man ganz vorsichtig und leise das 600-mm-Objektiv draufmacht, weil man ein Porträt machen möchte und ein Rivale kommt.

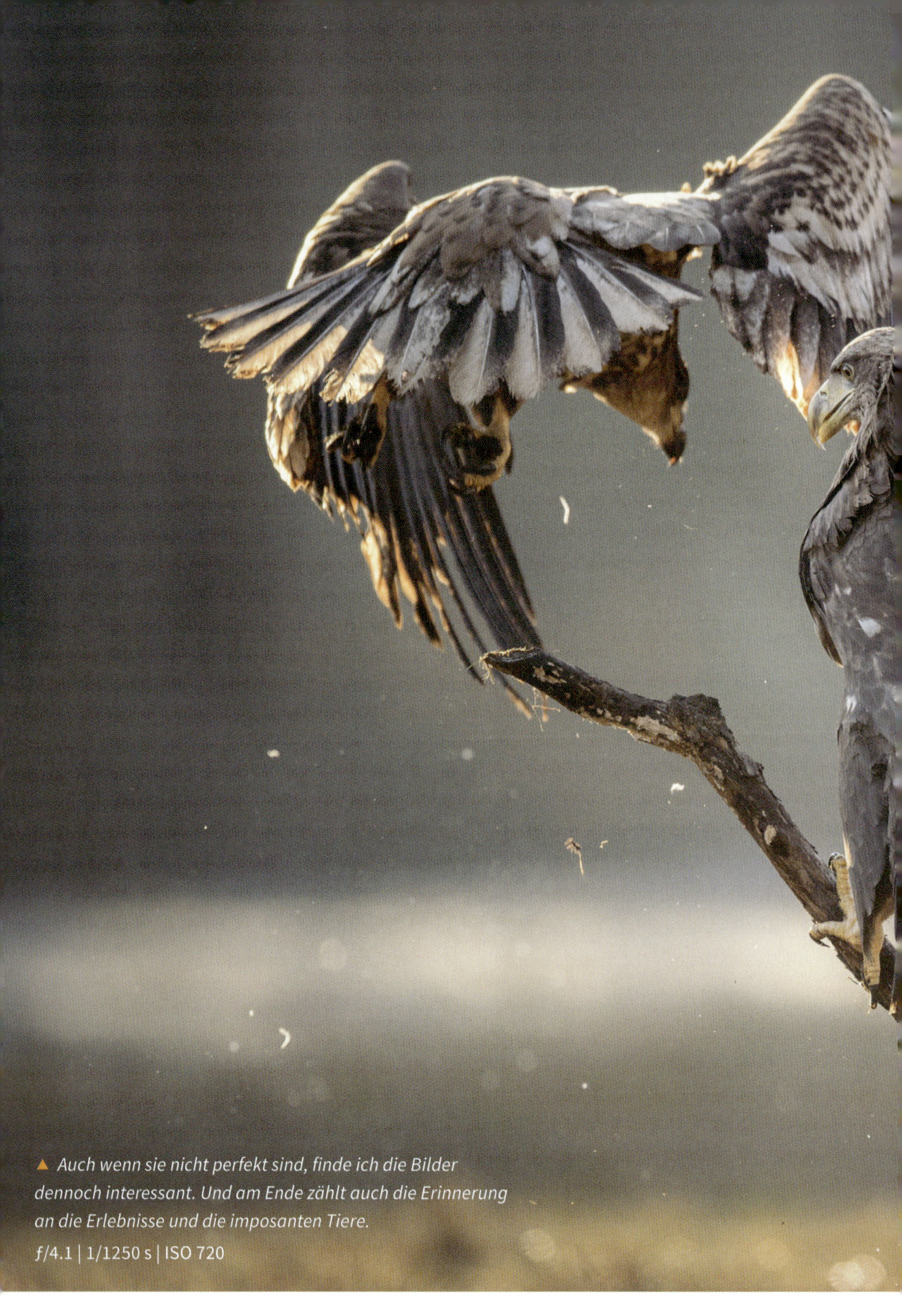

▲ *Auch wenn sie nicht perfekt sind, finde ich die Bilder dennoch interessant. Und am Ende zählt auch die Erinnerung an die Erlebnisse und die imposanten Tiere.*
f/4.1 | 1/1250 s | ISO 720

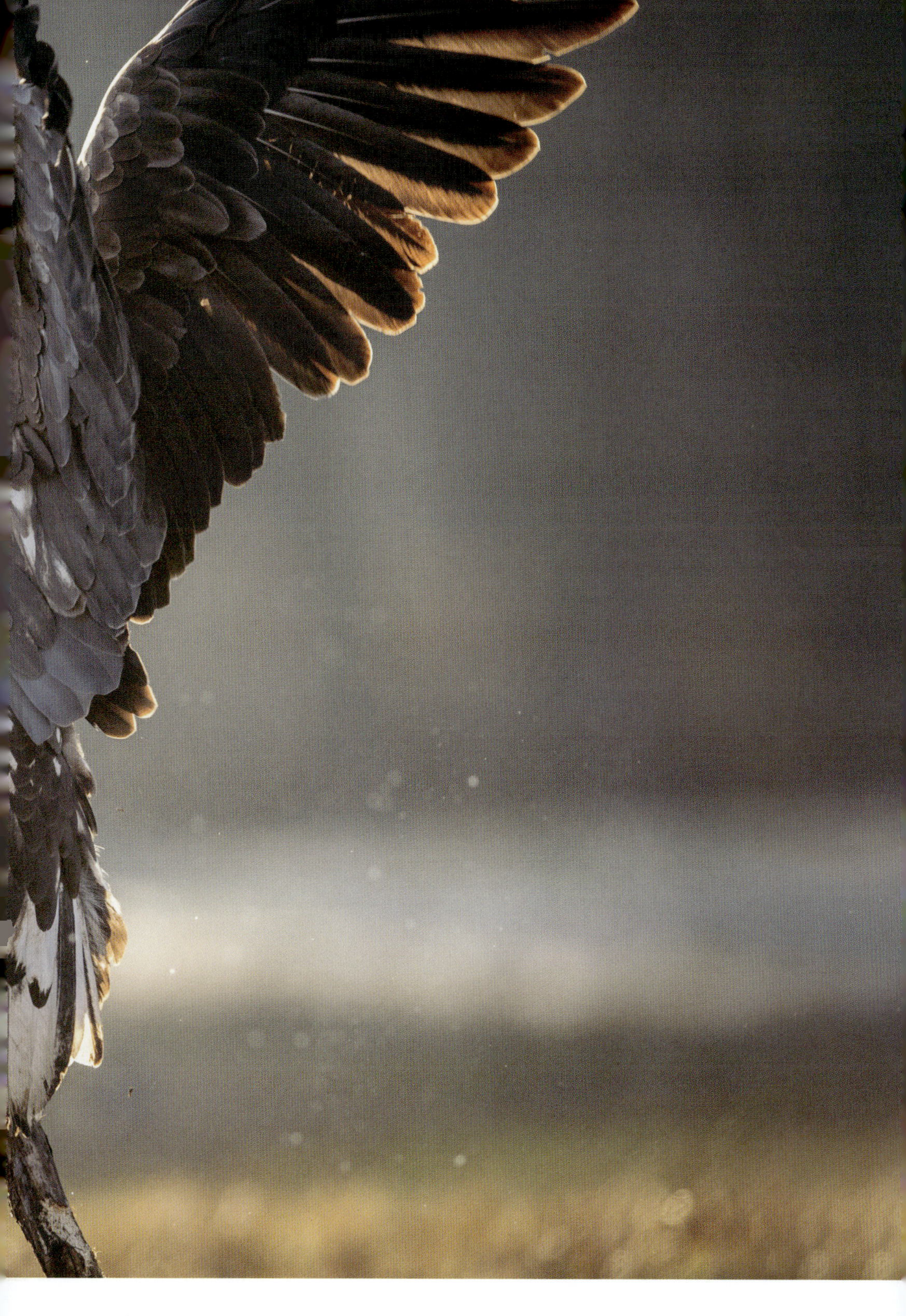

Unter Geiern

In der Falknerei, in der ich wohnte, hatte ich ein Patenkind: Dino, den Gänsegeier. Imposant, frech und verfressen war er. Vor seinem Schnabel musste man sich in Acht nehmen. Aber ich war so stolz, was für Kunststücke er konnte. Unter anderem konnte er „Hi“ sagen. Jedem zeigte ich, was ich Dino beigebracht hatte. Mit der Leckerchen-Tüte in der Hand sagte ich immer wieder: „Hi Dino!“ Er hob einen Fang hoch, streckte ihn in die Luft und machte drachenartige Geräusche. Vor drei Jahren flogen wir nach Spanien in die Extremadura zu den Geiern. Der Nationalpark Monfragüe ist von beeindruckender Schönheit und großem Tierreichtum. An jeder Ecke gab es Tiere – Steinkäuze, Bienenfresser, Blauracken, Wiedehopfe, Adler, Geier und viele andere mehr.

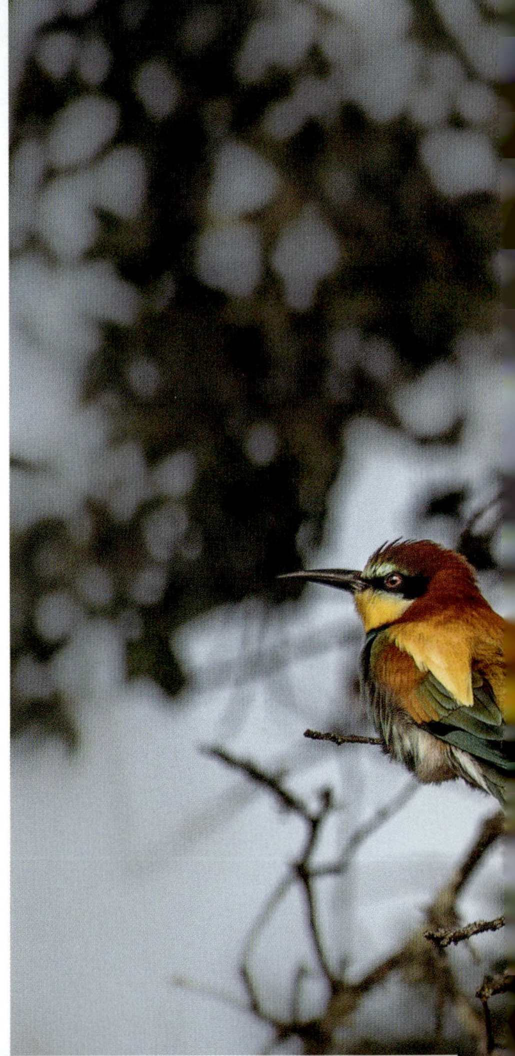

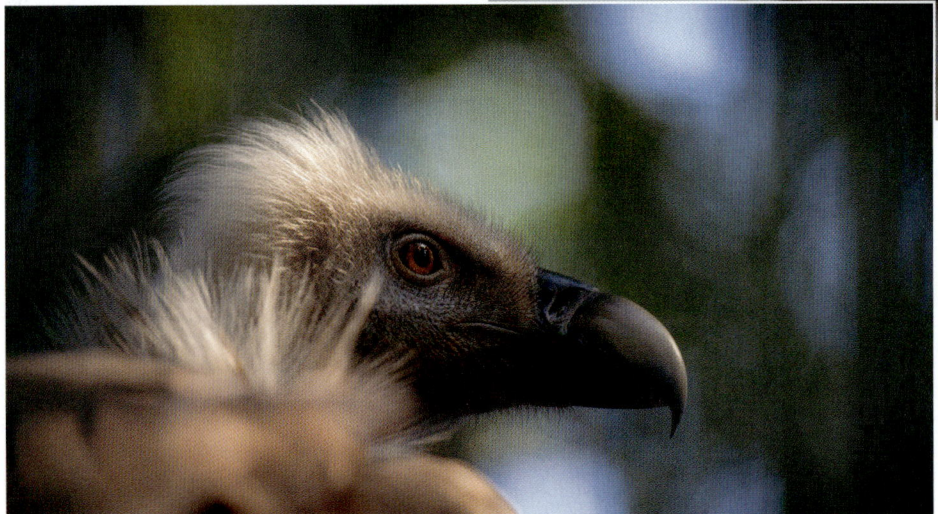

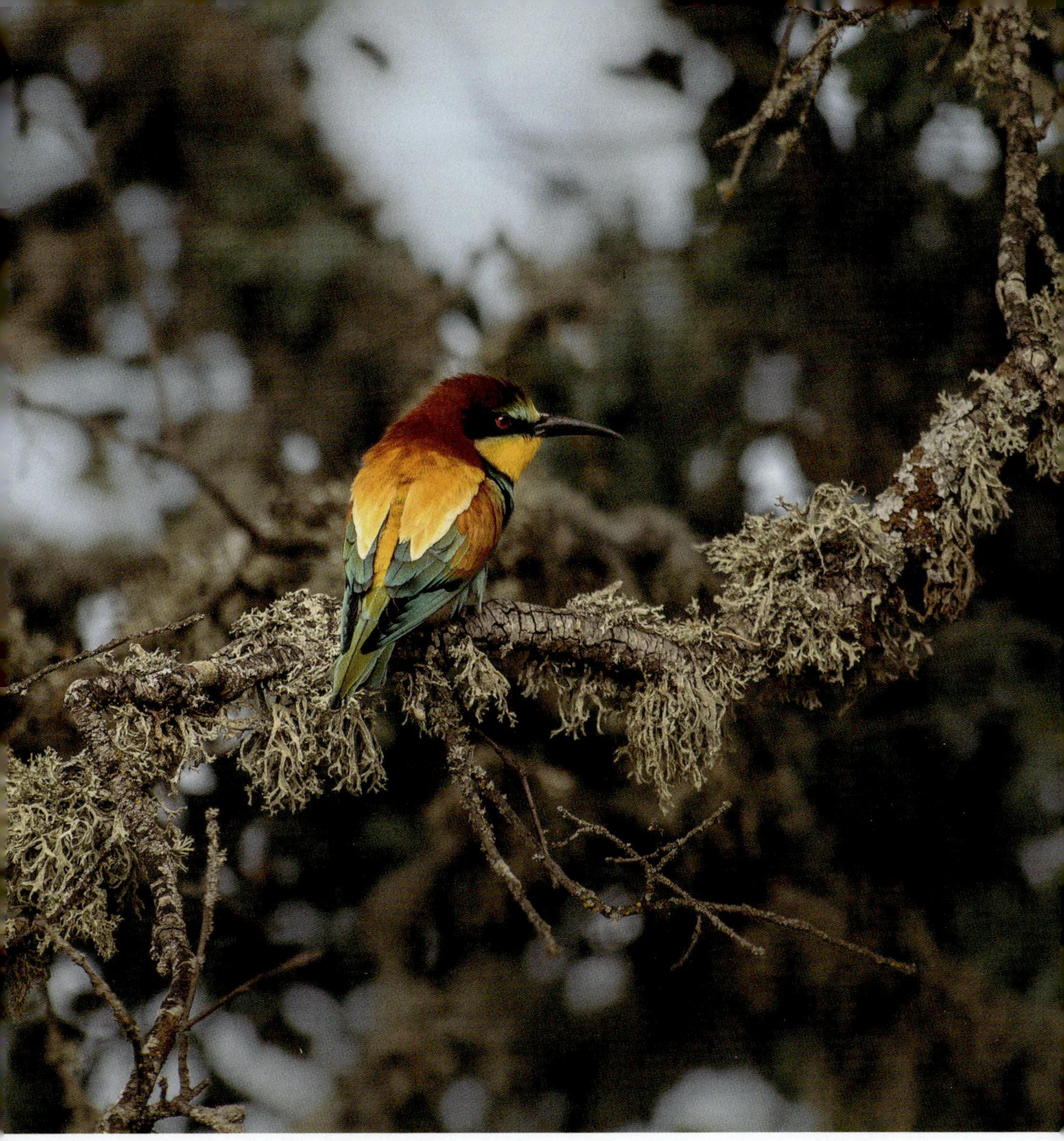

◀ *Ein ausgeglichen dreinblickender Gänsegeier.*
f/2.8 | 1/400 s | ISO 400

▲ *Die schönen Bienenfresser.*
f/5.6 | 1/1000 s | ISO 450

Bereits in den ersten Tagen bekamen wir Ärger mit der Polizei, weil ich mich zum Fotografieren eines Adlers mitten auf die Landstraße legte. Mein Problem ist, dass ich beim Fotografieren oft nichts mehr mitbekomme, was um mich herum passiert. Doch die netten Polizisten drückten noch mal ein Auge zu. Es waren faszinierende Tage, und heute bin ich traurig, dass ich damals nur mein NIKKOR 300 mm dabeihatte.

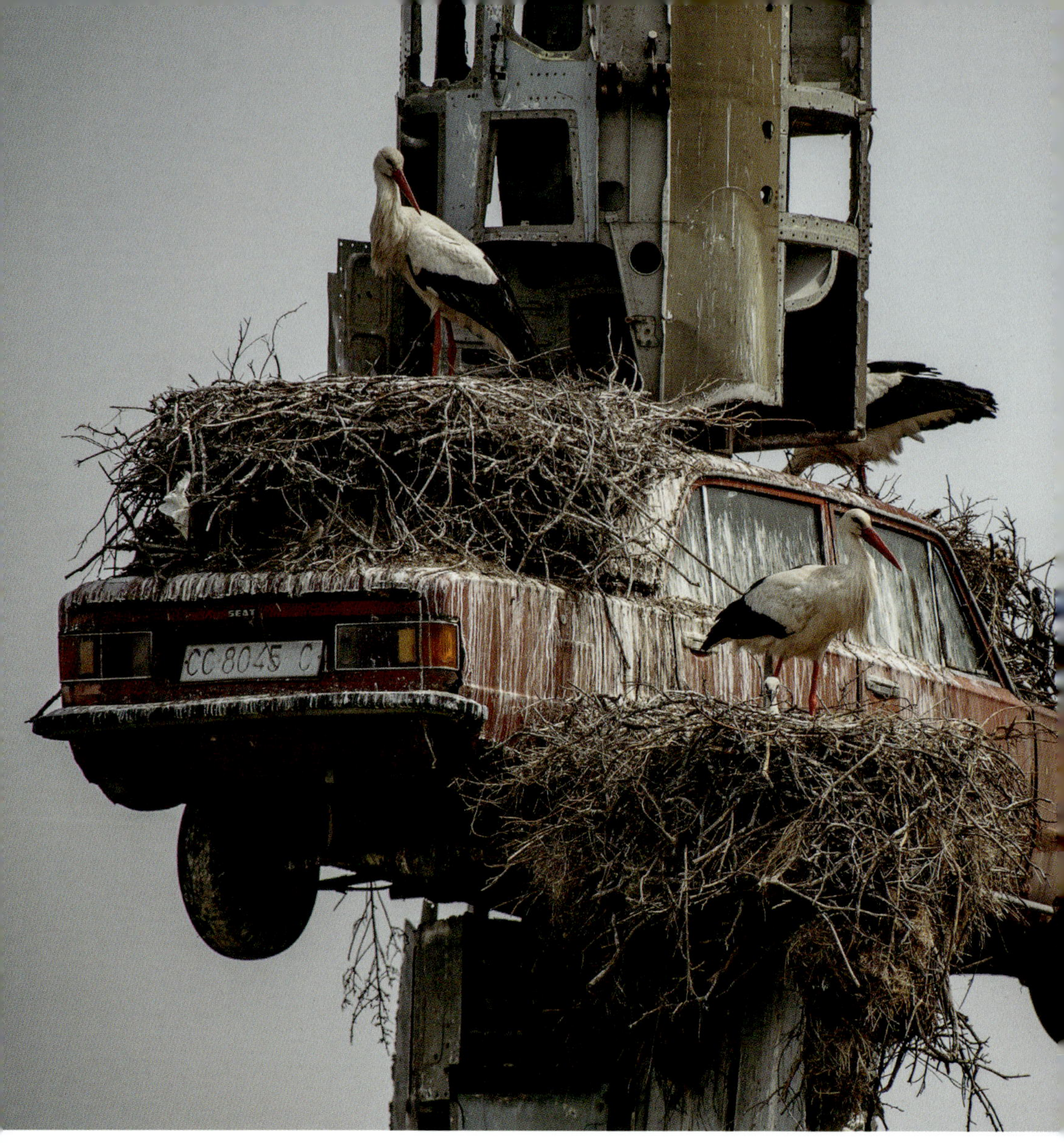

Mit dem 400er oder 600er wären noch schönere Bilder entstanden. Am dritten Tag glaubte ich, einen Wiedehopf gehört zu haben, und ging ins Gelände. Da tauchte ein Stier auf, schnaubte ein paar Mal und warf mit den Vorderhufen Sand nach hinten. Für mich das Zeichen, die Beine in die Hand zu nehmen.

Ebenfalls an jeder Ecke gab es Störche. Sie besetzten die Straßenschilder, die Dächer, jeden Pfosten und was sonst noch so ging:

Der Nationalpark ist für alle Fotografen ein Traum. Was es nicht gab, war Kaffee. Und mit dem Essen musste man sich auch anfreunden, aber wir waren ja auch zum Fotografieren dort und um die Natur zu genießen. An einem Tag saßen wir in einer Fotohütte und harrten der Dinge, die da kommen sollten. Wir hatten keine Ahnung, was passieren würde. Ein Storch tauchte auf, trank und mampfte vor sich hin.

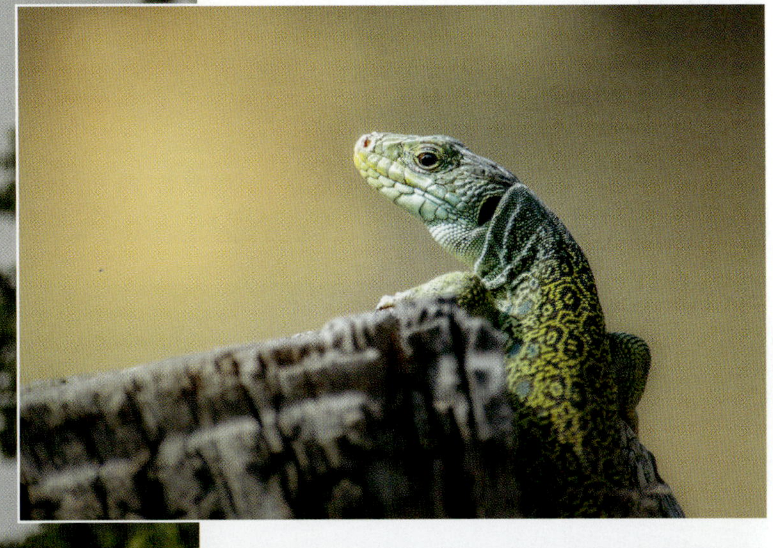

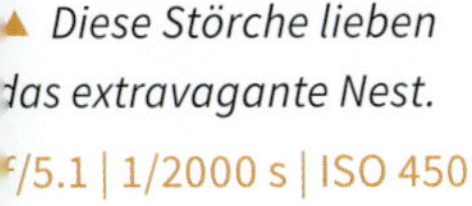

▲ *Diese Störche lieben das extravagante Nest.*
f/5.1 | 1/2000 s | ISO 450

▶ *Reptilien gab es an jeder Ecke.*
f/5.6 | 1/2000 s | ISO 720

▼ *Ein durstiger Storchenmann an der Tränke.*
f/2.8 | 1/1600 s | ISO 200

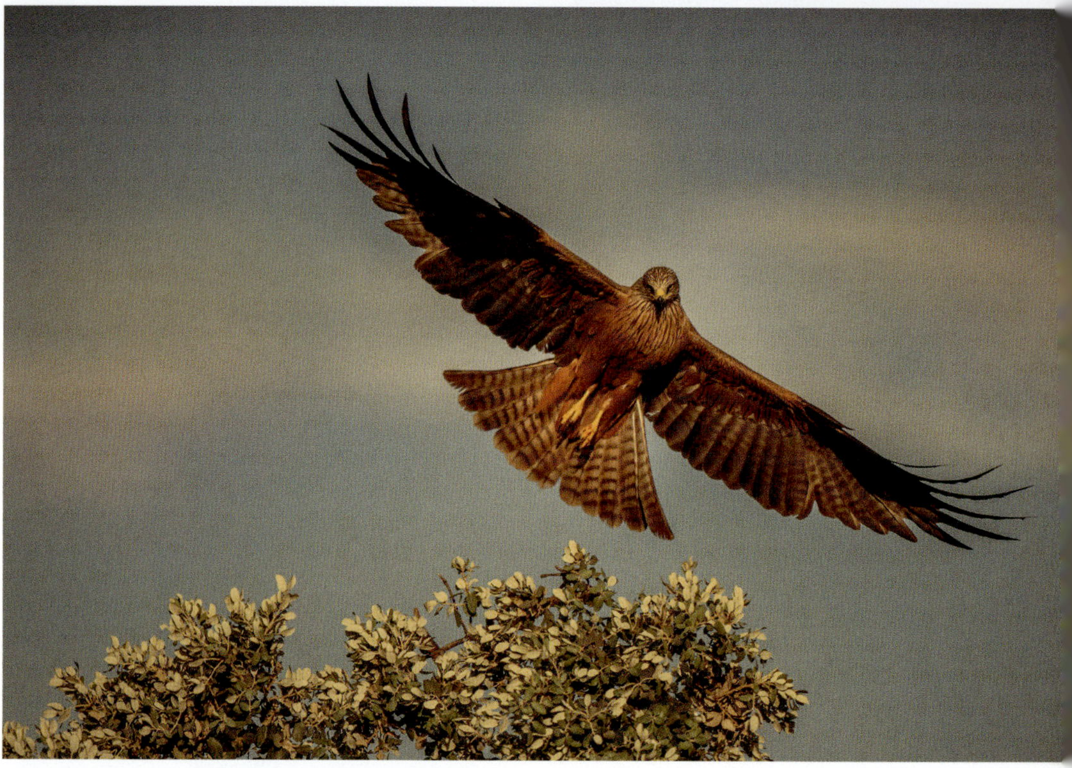

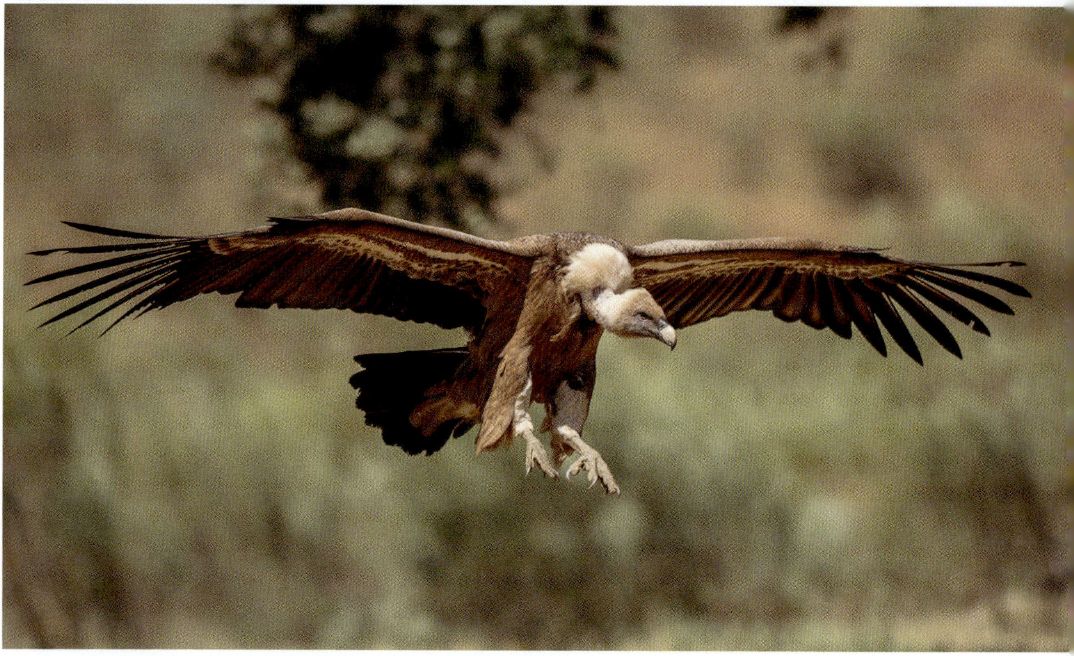

▲ *Eine schöner Schwarzmilan im warmen Morgenlicht.*
f/2.8 | 1/1600 s | ISO 160

▲ *Ein weiterer Gänsegeier im Landeanflug.*
f/2.8 | 1/2000 s | ISO 360

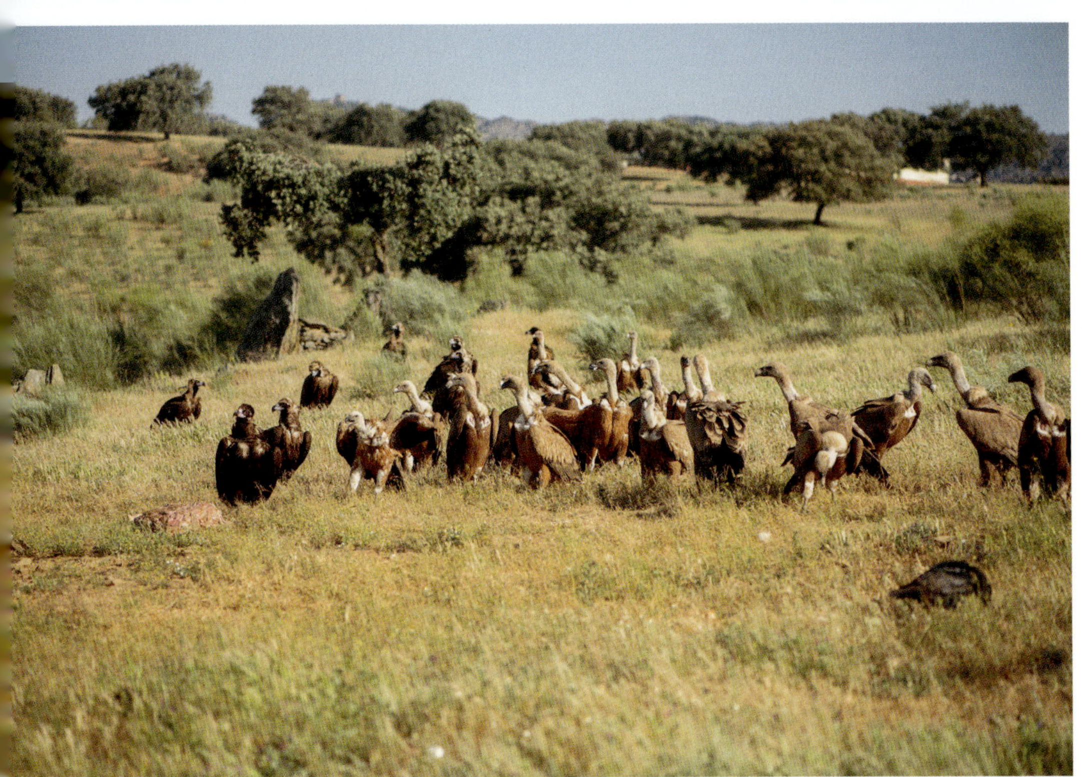

▲ *Die Gruppe der Geier wartet ab und harrt der Dinge.*
f/2.8 | 1/2000 s | ISO 500

Dann erschienen etliche Schwarzmilane und kreisten über der Lichtung vor unserer Hütte, auf der der Hüttenbesitzer ein Stück Fleisch ausgelegt hatte. Sie flogen akrobatische Manöver, stritten, klauten kleine Bröckchen vom Fleisch, und wir hatten eine Menge Spaß beim Fotografieren der schönen Milane.

Irgendwann kamen noch ein paar Kolkraben hinzu, und mit einem Schlag wurde es ruhiger. Was war da los? Wir starrten gebannt durch die Glasscheibe nach draußen – die Vögel konnten uns nicht sehen –, und plötzlich verdunkelte sich der Himmel. Ein faszinierendes Schauspiel begann. Die Geier kamen über die Bergkuppe. Unglaublich viele Geier. Als sie sich näherten, konnten wir sehen, dass es Gänsegeier waren.

Sie landeten nach und nach auf den Bäumen um die Lichtung herum und am Boden in etwas Abstand zur Lichtung. Warum gingen sie nicht an das Futter? Wir warteten ab. Es kamen weitere Gänsegeier, aber keiner von ihnen ging ans Futter. Vermutlich hatten sie keinen Hunger, dachten wir.

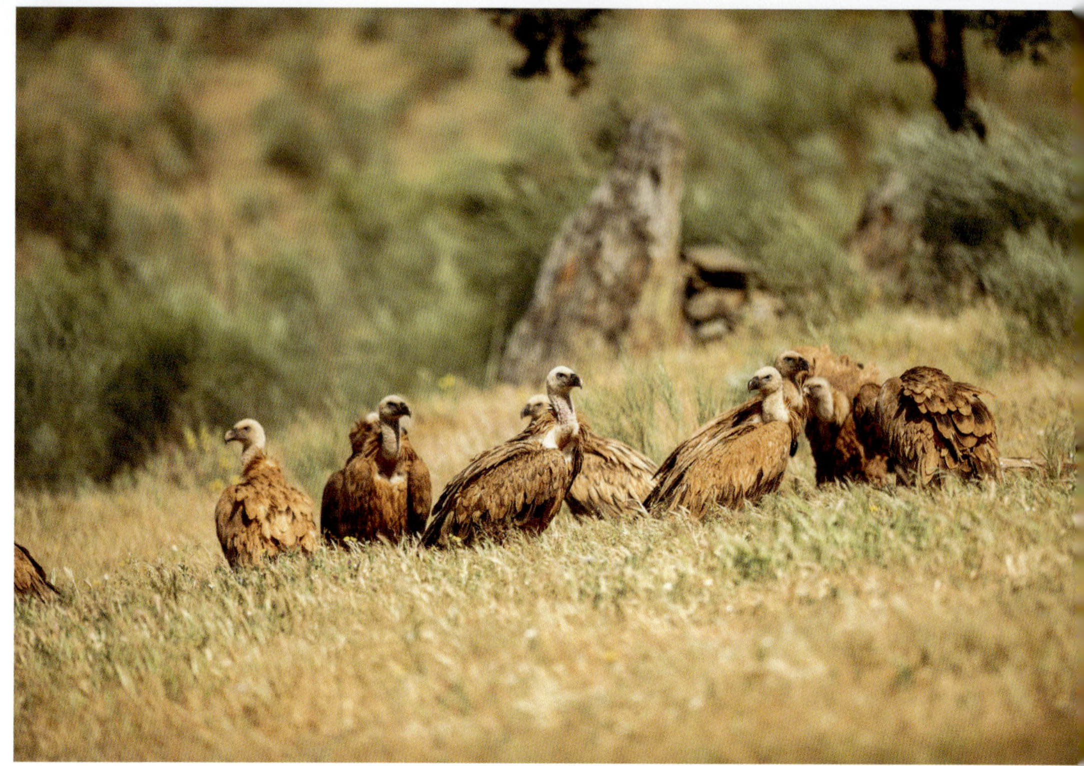

▲ *Die Zeit vergeht, und die Geier warten und warten.*
f/2.8 | 1/2000 s | ISO 400

▶ *Ein Mönchsgeier gesellt sich auch noch dazu.*
f/2.8 | 1/2000 s | ISO 200

▼ *Neue Gäste treffen eine. Ein Schmutzgeier im Landeanflug.*
f/2.8 | 1/2000 s | ISO 280

Es kamen immer mehr, aber nichts passierte. Dann kamen zwei Schmutzgeier. Wieder passierte nichts, bis sich der Himmel abermals verdunkelte. Die Mönchsgeier kamen. Dunkel und imposant. Die um einiges größeren Mönche setzten sich genau zwischen das Fleisch und die Gänsegeier, und wieder passierte lange Zeit nichts. Bestimmt für eine Stunde war es völlig ruhig. Die Zeit verging allerdings superschnell, weil wir ja minütlich warteten, dass irgendwas passierte.

Und dann passierte was. Einer der Gänsegeier marschierte auf die Gruppe Mönchsgeier zu, hob den Fang, streckte ihn in die Luft und machte drachenartige Geräusche. „Hi Leute ...“, dachte ich, wie Dino in der Falknerei. Das war das Zeichen zum Kampf. Von einer Sekunde auf die andere fielen alle Geier wie von Sinnen übereinander her.

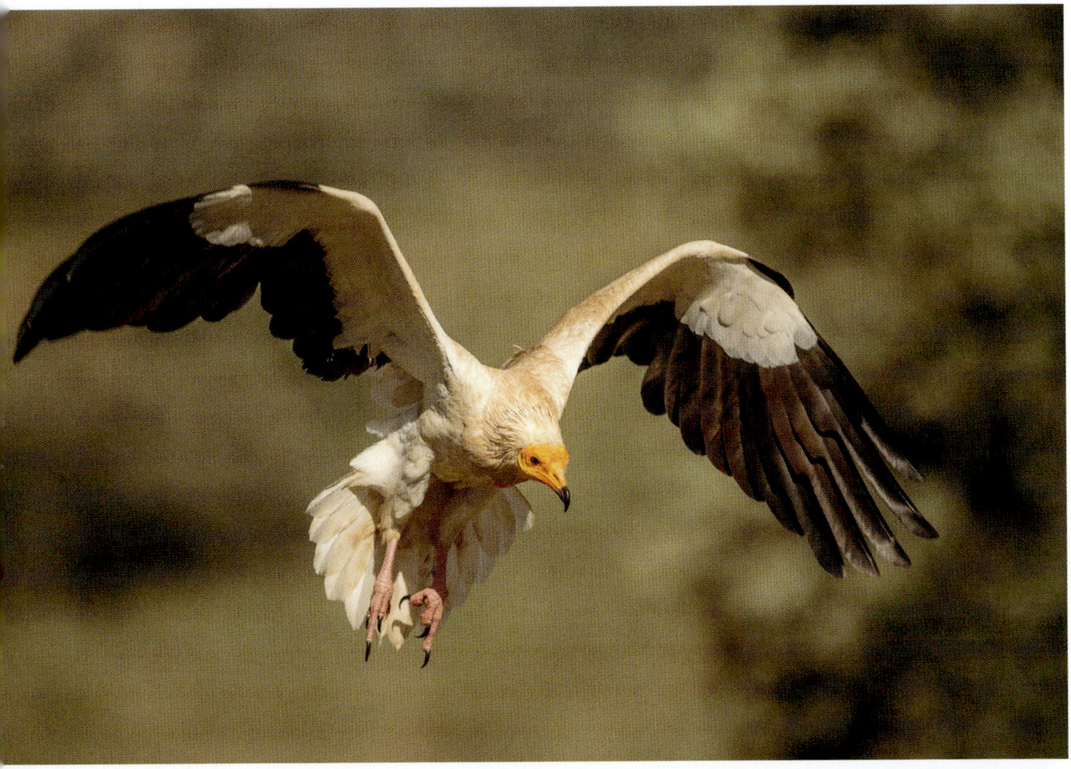

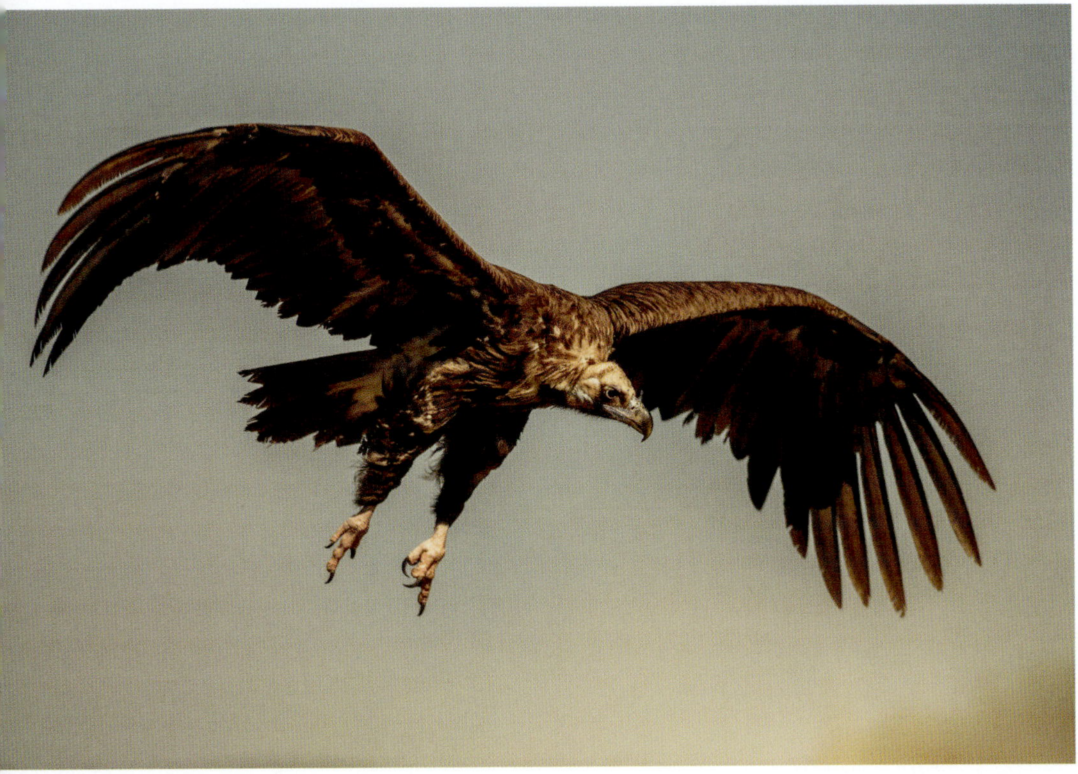

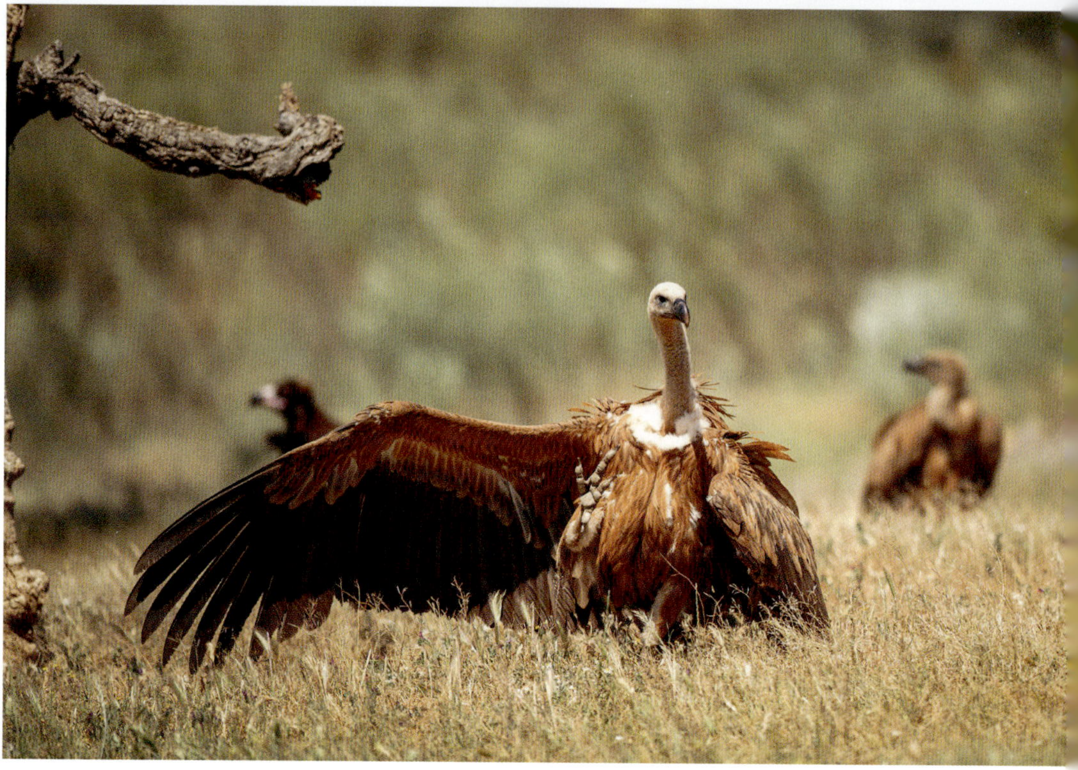

▲ *Auftakt zum ersten Akt: die Herausforderung.*
ƒ/2.8 | 1/2000 s | ISO 40

▼ *Der Kampf der Geier beginnt.*
ƒ/2.8 | 1/2000 s | ISO 450

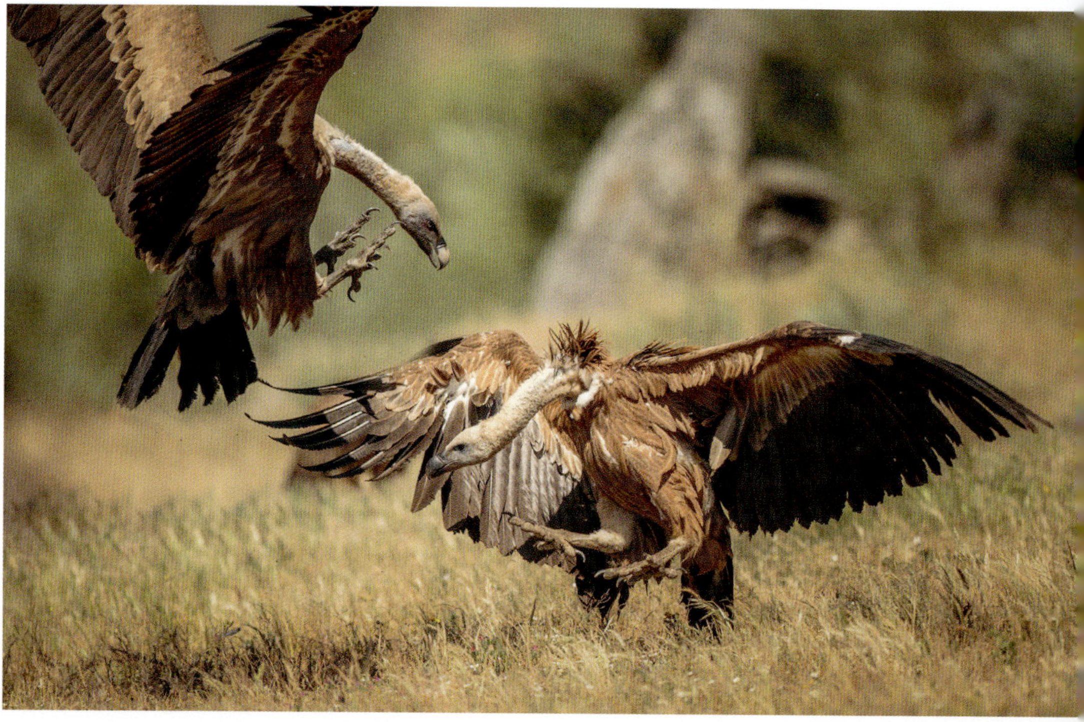

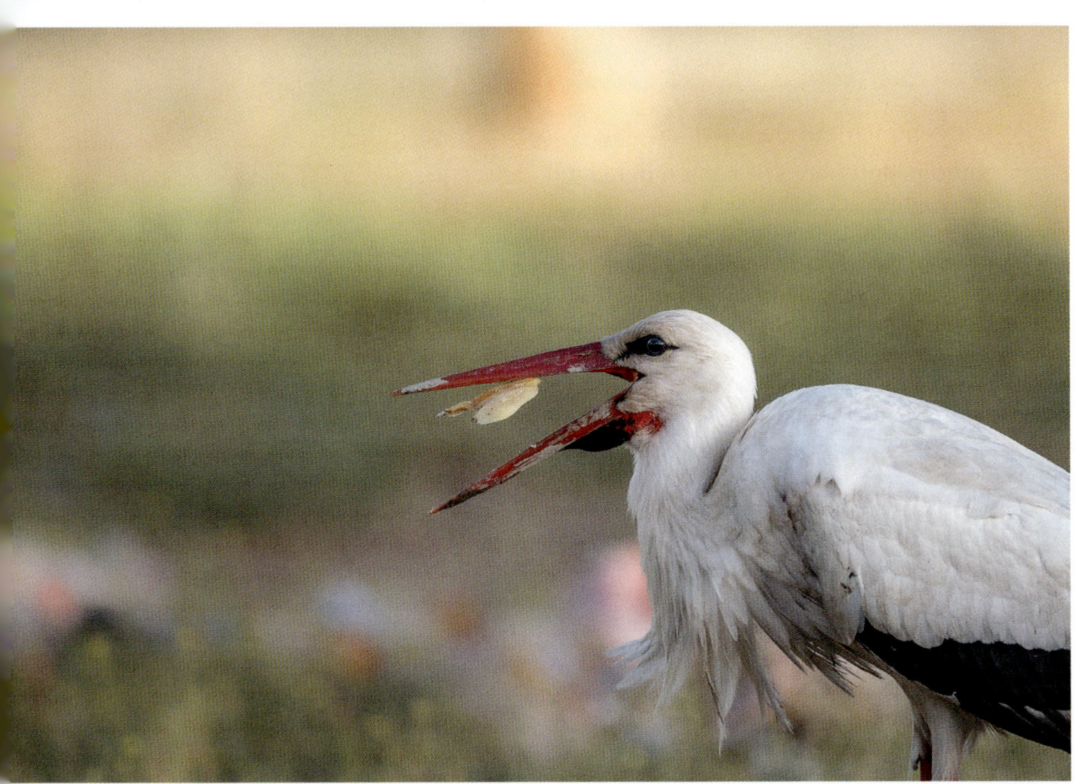

▲ *Unbeeindruckt vom ganzen Tohuwabohu um ihn herum speist der Storch genüsslich weiter.*
f/2.8 | 1/1600 s | ISO 640

Seit diesem Tag weiß ich, dass ich Dino kein tolles Kunststück beigebracht hatte, sondern dass er mir sagen will: „Wenn du mir nicht sofort diese Tüte mit dem Futter gibst, gibt es Krieg". Übrigens, als alle Geier ausgestritten hatten, längst weg waren und wir die Hütten verließen, weil der Tag sich dem Ende neigte, mampfte der dicke Storch noch immer seelenruhig vor sich hin.

Diese fünf Tage Spanien vergingen wie im Flug. Die Rückfahrt hatte ich perfekt geplant. Auf dem Weg zum Flughafen nach Madrid konnten wir locker noch mal die Steinkäuze und Rothühner fotografieren und in Toledo zu Mittag essen. Plötzlich kam ein Schlangenadler, ich hechtete mich aus dem Auto, das mitten auf der Landstraße stand, und vor lauter Aufregung kamen wir an den Scheibenwischerhebel, sodass die Scheibenwischer mit einem quietschenden Geräusch ständig hin- und hergingen.

Dann erblickten wir ein Rothuhn. Ich war wieder mitten auf die Landstraße gehechtet, als ein Auto mit bestimmt 100 Sachen neben mir vorbeirauschte, während ich auf dem Asphalt lag. Vor mir das Rothuhn. Wir kamen beide mit dem Schrecken davon, der Autofahrer sicher auch. Ich vermute, er hatte noch nie eine Fotografin und ein Rothuhn mitten auf der Fahrbahn liegen sehen.

Die Zeit verflog mal wieder viel zu schnell, und in drei Stunden mussten wir am Flughafen sein. So beschlossen wir, uns nun endlich Richtung Toledo aufzumachen, denn der Magen machte sich so langsam bemerkbar. Es dürfte nur eine halbe Stunde bis dorthin sein, so hatte ich es im Kopf. Das Navi sagte allerdings etwas von drei Stunden. Da

▼ *Ein Rothuhn spaziert seelenruhig über den heißen Asphalt.*
ƒ/5.6 | 1/2000 s | ISO 640

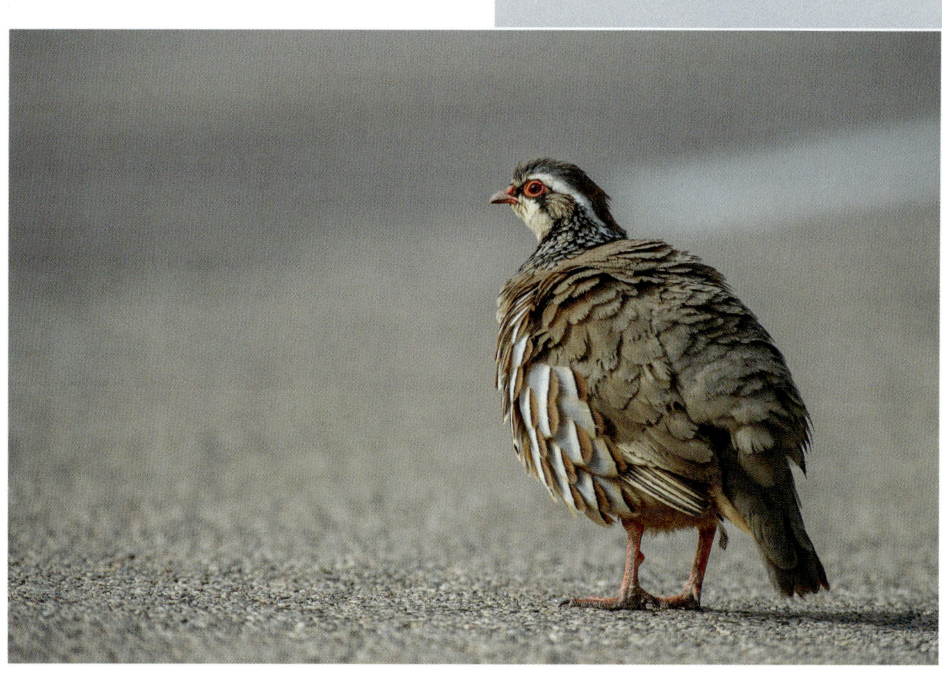

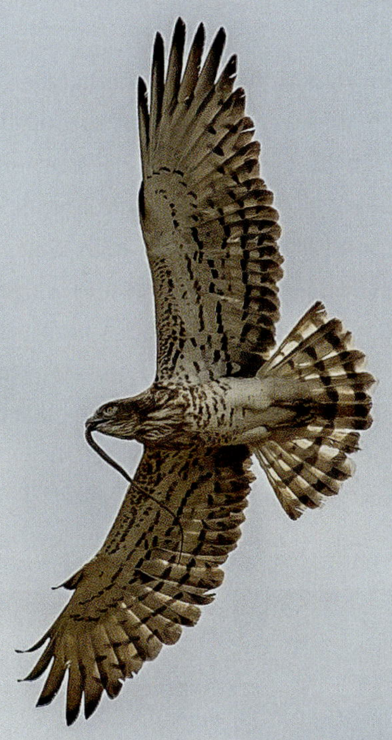

▲ *Schlangenadler mit Beute.* f/5.6 | 1/1250 s | ISO 125

mussten wir aber schon am Flughafen sein. Nun hieß es Gas geben. Während der Fahrt redeten wir uns pausenlos ein, dass wir notfalls bestimmt auch einen anderen Flieger bekommen würden oder eben ein Hotelzimmer, um einen Tag später zu fliegen. Wir schafften es wirklich auf die allerletzte Minute – mit Mietwagen abgeben und zum Gate rasen. Daheim angekommen, ging ich zu Dino und meinte: „Drohst du mir noch mal, gibt's gar nix mehr."

Krumme Vögel

Wenn dir das Wasser bis zum Hals steht, findet man die krummsten Vögel. Wir fuhren für zwei Tage nach Belgien. Eigentlich wollten wir Greifvögel fotografieren, Habicht, Sperber und Mäusebussard, sowie Wasservögel und Füchse – eigentlich. Der Begriff Wasservogel bekamen an dem Wochenende eine ganz andere Bedeutung. In aller Früh in Belgien in unserem Hotel aufgestanden, schauten wir erwartungsvoll aus dem Fenster, und es regnete. Na ja, es würde schon aufhören zu regnen. Heute, wenn wir im Wald sitzen. Der Regen wurde jedoch immer stärker. Leider fanden wir auch den vereinbarten Treffpunkt nicht und waren viel zu spät. Der Besitzer des Verstecks fuhr uns in den Wald und meinte, wir könnten später einfach die Hütte zumachen und zurücklaufen. Laufen?

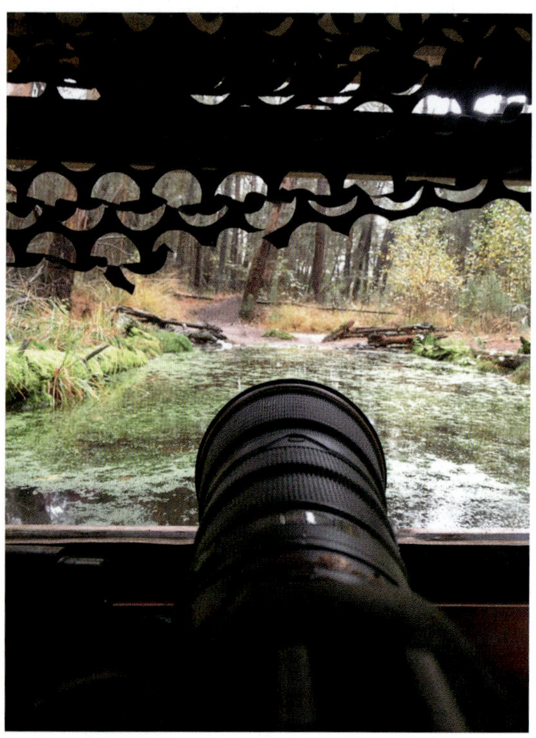

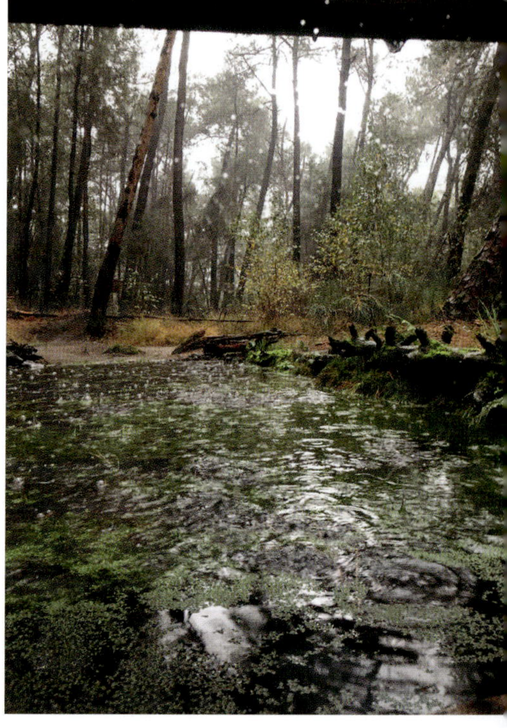

▲ *Mehr möchte ich gar nicht von unserem Luxusunterstand zeigen.*

Wir hatten Gepäck, mit dem mancher Mann 14 Tage überleben könnte – wir einen Tag. Durch den Unfall, den ich Anfang 2019 hatte, konnte ich noch immer nicht gut laufen, aber es nützte ja nichts, wir konnten schlecht im Wald sitzen bleiben. Ach, und falls der Regen stärker würde, meinte er zum Abschied, könnte es sein, dass es ein bisschen feucht am Boden würde. Bisschen feucht am Boden stört uns nun wirklich überhaupt nicht. Das Leben ist kein Ponyhof, und wir wollten gute Fotos. Der Regen wurde stärker und stärker. Und es war kalt, richtig kalt. Getränke hatten wir nur wenige mit, die hatten wir in der Hektik im Auto vergessen. Dafür hatten wir Kekse, Gummibärchen und Berge von Ausrüstung.

Als es irgendwie feucht die Hose hochkroch, schaltete ich meine Handytaschenlampe an. Bis zu den Knöcheln stand das Wasser schon in der Hütte und stieg und stieg. Wir mussten die Schuhe ausziehen und irgendwie verkorkst auf der Bank sitzen, die Beine oben, und dann kam ein kleiner brauner Vogel.

Wir drückten einige Male den Auslöser, und schon war er wieder weg. Bei der Bildkontrolle entdeckten wir, dass es ein Fichtenkreuzschnabel gewesen war. Der Regen ließ nach, und ein Sturm setzte ein. Links und rechts ächzten und bogen sich die Bäume, überall krachte es, und es rauschten mit Getöse Äste herunter, vor uns ein großer Ast mitten ins Wasser. Das war doch ziemlich gruselig, und wir beschlossen zu packen. Schließlich mussten wir ja noch den Rückweg antreten. Im Stockdunkeln in Belgien im Wald war jetzt auch keine gute Vorstellung. Mit mehreren Pausen hatten wir es dann voll beladen durch den Wald geschafft und konnten die 220 Kilometer zurückfahren. Ach ja, ein paar Bussarde hatten wir auch noch, aber Habicht und Sperber wollten sich bei dem Unwetter nicht blicken lassen.

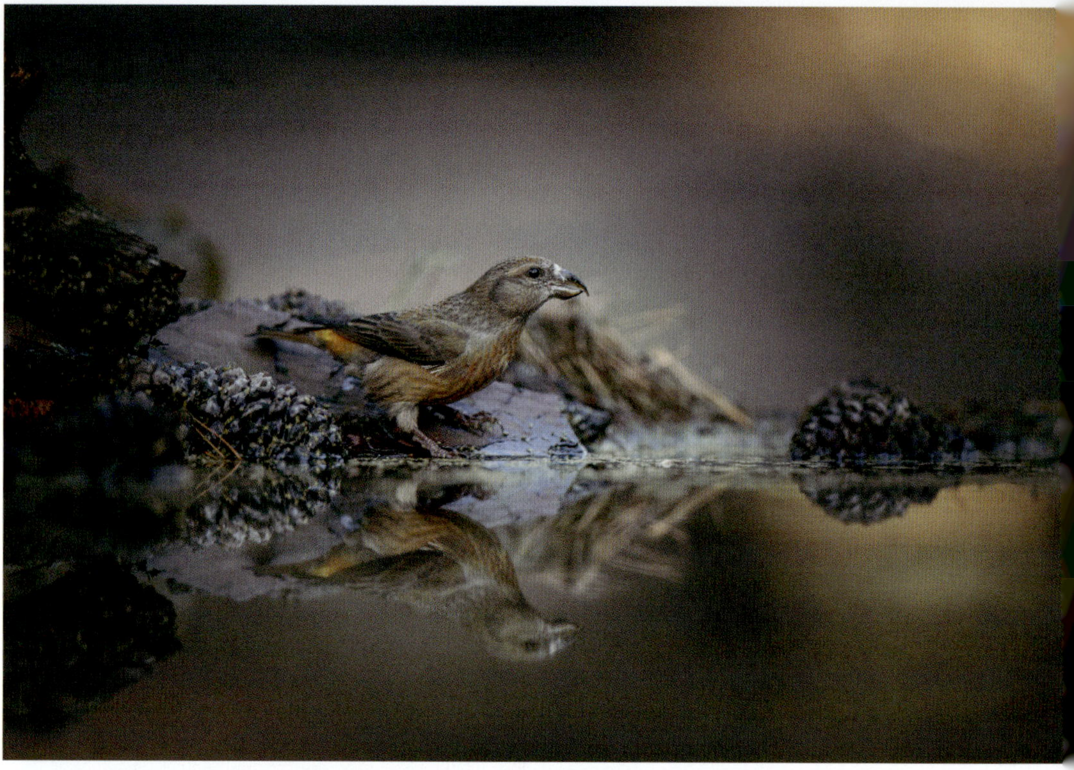

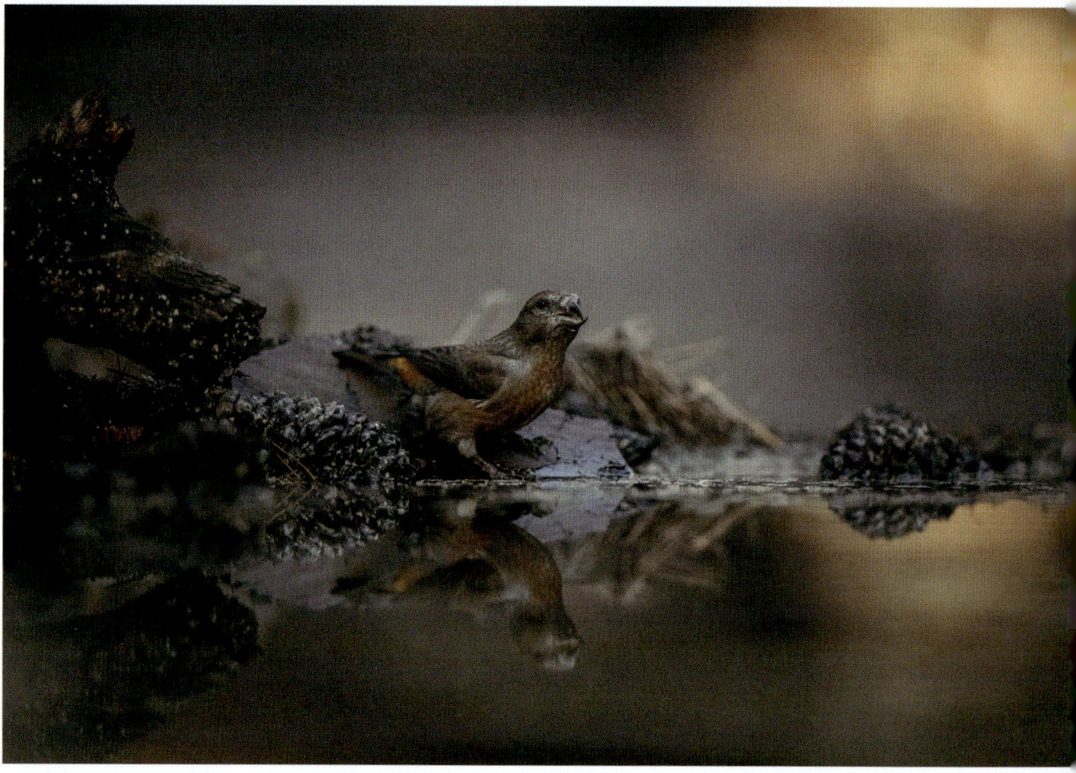

▲ *Ein schöner Fichtenkreuzschnabel beim Trunk an einer großen Pfütze.*
f/2.8 | 1/320 s | ISO 720

▲ *Der „Krummschnabel" macht sich bereit zum Abflug.*
f/2.8 | 1/320 s | ISO 640

Irgendwo in Finnland

Morgens um 3:49 Uhr in Finnland – aber von Anfang an. Ich war mit zwei Freundinnen in Finnland. Wir wollten unbedingt einen wilden Braunbären fotografieren. Idealerweise noch einen Wolf und einen Vielfraß, und da ja in Finnland an jeder Ecke Elche rumrennen, davon auch noch einen bitte. Es kam natürlich anders als gedacht. Den Flug von Düsseldorf nach Helsinki und von Helsinki nach Kajaani – in einem Propellerflugzeug – haben wir super hinbekommen. Der freundliche Mietwagen-Herr kam extra für uns (wie wohl auch das gesamte Personal dieses Flughafens), und guter Dinge fuhren wir die weite Strecke in unser Hotel. Mein Freund meinte, als ich ihm die Bilder des Flughafens schickte, es sähe dort aus wie in einem leer geräumten Aldi.

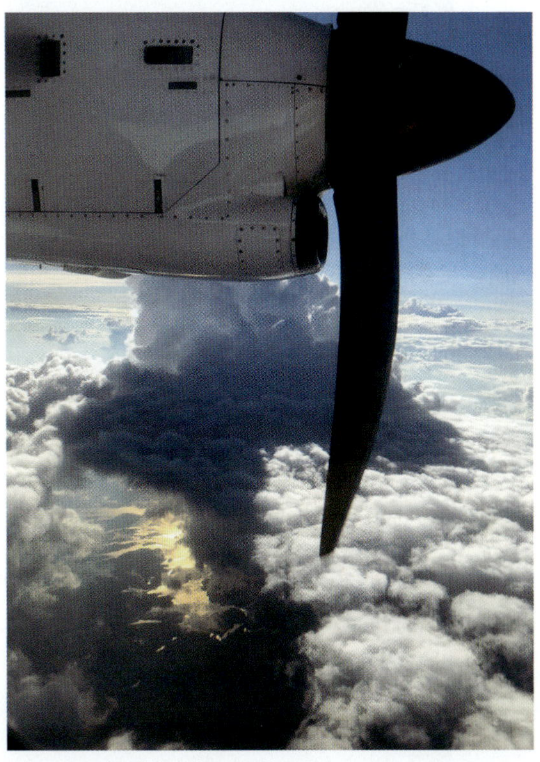

▲ *Im „Propeller" von Helsinki nach Kajaani.*
f/1.8 | 1/3205 s | ISO 25

Die Kameras legten wir auf die Rücksitzbank, weil wir uns ja sicher waren, dass allein auf der Fahrt zum Hotel 6 bis 19 Elche unseren Weg kreuzen würden. Das Hotel war superschön, am See gelegen, mit eigenem Strand, richtig stilvoll und genial. In Deutschland herrschte diese Hitzewelle, der wir in Finnland zu entfliehen glaubten. In den Zimmern war es ziemlich heiß – 30 Grad in unserem in der Nacht. Im ganzen Hotel war es heiß. Klimaanlagen gab es dort nicht, stattdessen überall Heizungen und Rentierfelle. Und Elche waren weit und breit keine in Sicht. Irgendwie überstanden wir die Nacht, und am nächsten Tag ging es los. Wir wollten zu unserer Hütte in den Wäldern Finnlands. Und echte Citygirls haben alles dabei, was man so braucht.

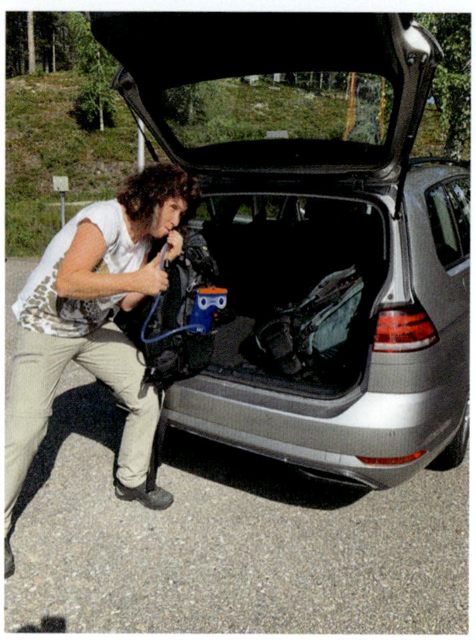

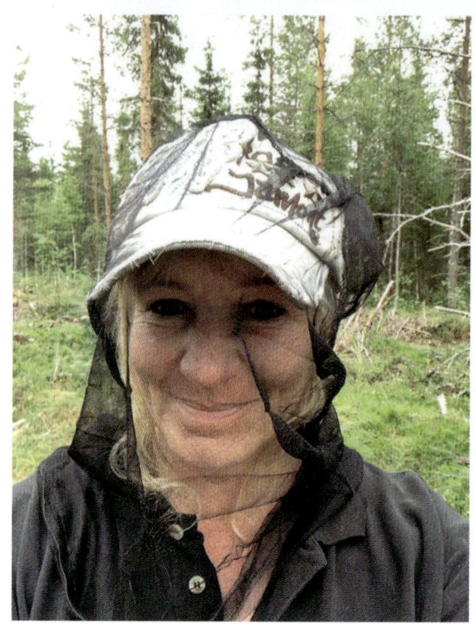

▲ *Behind the Scene: Ohne Mückenschutz geht im finnischen Sommer gar nichts.*

Hier sollte unsere Tour beginnen, durch den Wald mit all dem Gepäck. Normalerweise hatte ich in meinem Rucksack die Nikon D4, die Nikon D850, das NIKKOR 600 mm, 4.0, das NIKKOR 200-500, das NIKKOR 300 mm, 2.8, das NIKKOR 105 mm Makro. Das NIKKOR 14-24 Weitwinkel passte nirgendwo mehr rein. Neben den Kameras und Objektiven waren ja noch Getränke, Kekse, Bonbons, Brause, Akkus, Speicherkarten, Schlafsack, Regenjacke und alles mögliche andere mit im Rucksack.

Immer tiefer ging es in den Wald von Wetland in Finnland. Eine der beiden Freundinnen war als Kind bei den Pfadfindern gewesen. Das würde hoffentlich unsere Rettung sein. Frauen und Orientierung ist manchmal wie Diät vorm Eisbecher. Die ersten Verluste stellten sich bereits zu Beginn unserer Reise ein. Wir hatten einen Guide vor Ort, der uns am ersten Tag zur Hütte bringen wollte. Zu Hause hatten wir uns das allerdings anders vorgestellt. Die Realität war, dass er mit einem Schneemobil vorausfuhr – und nicht mal langsam –, und wir stolperten hinterher und konnten nur noch den Spuren des Schneemobils im feuchten Boden folgen. Ich hatte längst die Orientierung verloren.

▶ *Richtig dunkel wird es in Finnlands Sommernächten nie.*
f/4.0 | 1/320 s | ISO 800

▼ *Durch den Moorboden stieg am Morgen die Feuchtigkeit auf, und es sah aus, als würde es brennen.*
f/2.8 | 1/400 s | ISO 100

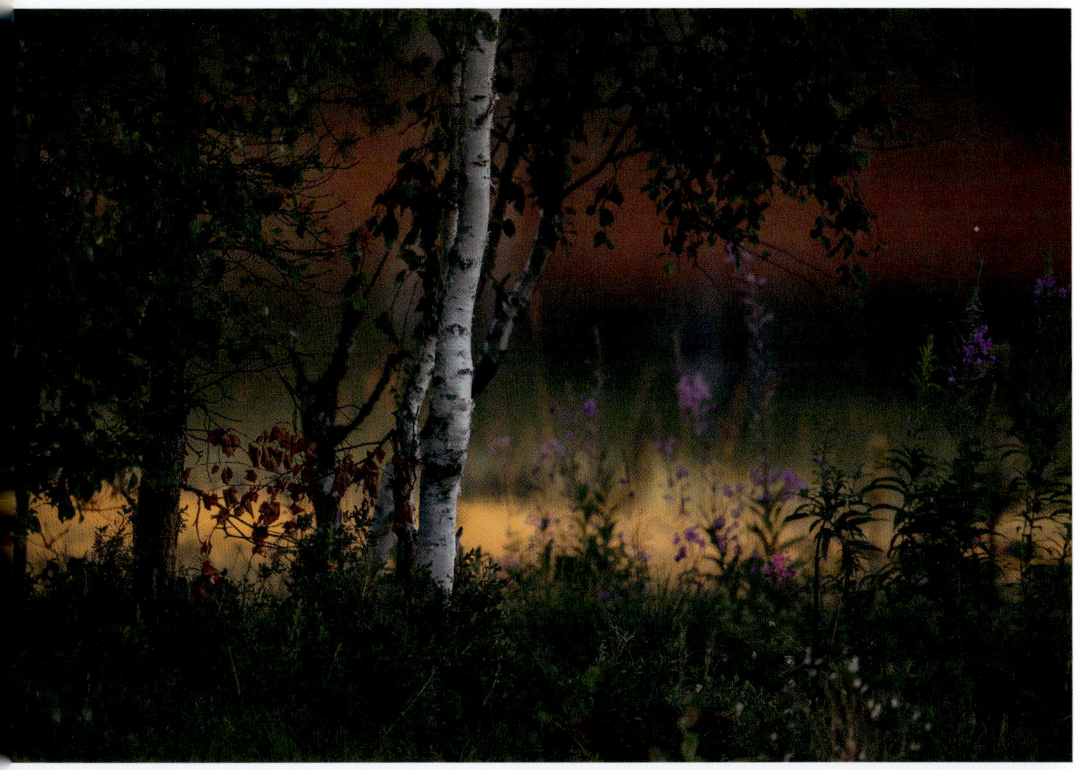

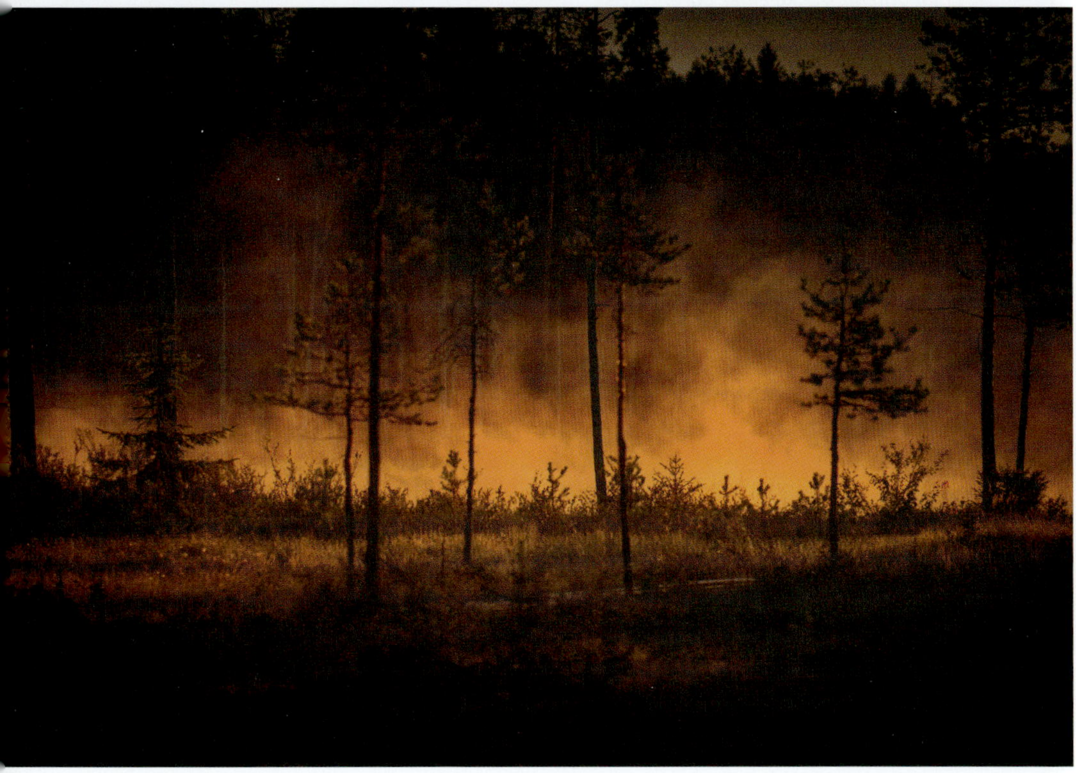

Erleichtert und erledigt kamen wir nach gefühlten Stunden Fußmarsch an einer Lichtung an, auf der einige Hütten standen. Drei der vier Hütten machten jedoch den Eindruck, ein Bär müsste nur niesen, und die Hütte würde einfach in sich zusammenfallen, und eine Fotografin mit Keksvorräten würde direkt vor dem Bären in den Holztrümmern sitzen. Wir verhandelten also, dass wir die große Hütte nehmen durften. Immerhin wollten wir einige Nächte darin verbringen.

Zu allem Überfluss hatte das Schneemobil unseres Guides einen Achsbruch, und wir halfen, das Gefährt zu reparieren, was sich als äußerst schwierig und dreckig herausstellte. Auch machten wir wohl so viel Lärm, dass sich in der Nacht nicht ein einziges Tier zeigte. Aber wir waren noch motiviert. Bis sieben Uhr wollten wir in der Hütte bleiben, dann wollten wir die ganze Strecke zurückmarschieren zu unserem Mietwagen, ins Hotel fahren und frühstücken, duschen, schlafen und dann wieder los. Der Plan war gut, und wir liefen motiviert los. Und dann, fünf Meter hinter unserer Hütte, sahen wir sie – die Spur eines Bären.

▼ *Eindeutig Abdrücke einer Bärentatze.*

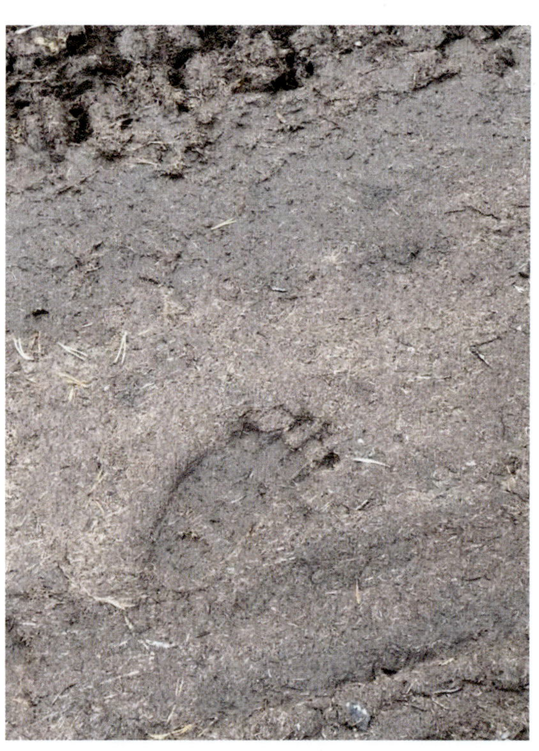

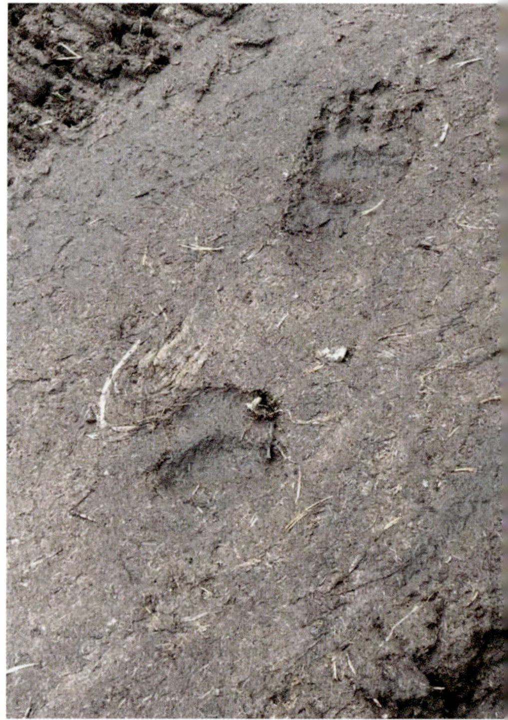

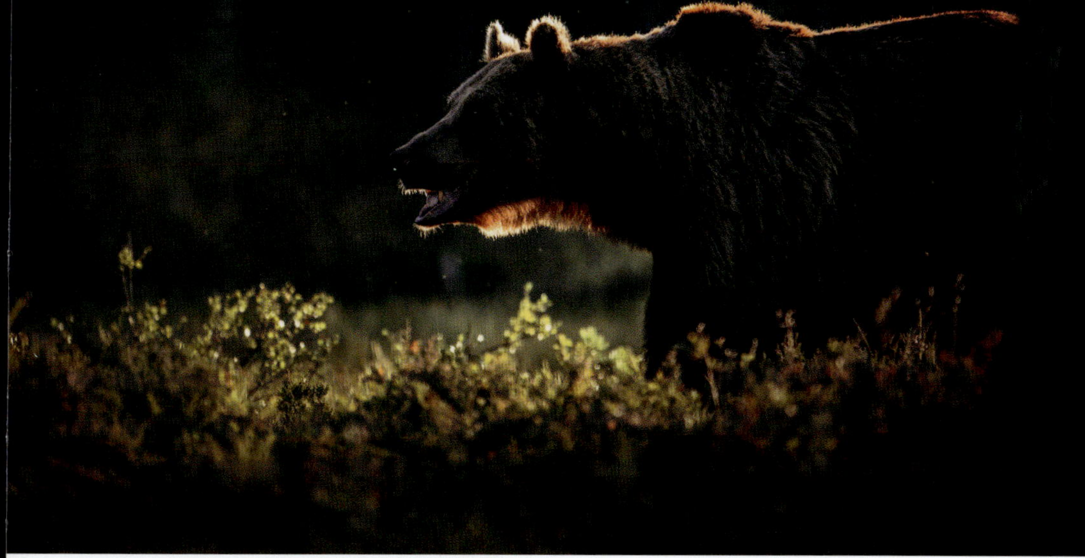

▲ *Hinter einem Baum taucht ein mächtiger Braunbär auf, der völlig unbeeindruckt von uns seines Weges geht.*

f/5.6 | 1/640 s | ISO 1100

In der Nacht erzählten wir uns noch flüsternd Horrorgeschichten über Bären und kicherten. Jetzt nicht mehr. Wir beschlossen, hintereinanderzugehen und Lärm zu machen. Ich ging natürlich in der Mitte und tauschte auch nicht mehr den Platz. Wir hatten die Buxen gestrichen voll und waren drei Häufchen Elend auf einem Rückmarsch durch einen Wald, der nie enden wollte. Plötzlich erinnerten wir uns daran, dass es auch Bärenmütter mit Jungen geben könnte, und wir beschlossen, besser ganz ruhig weiterzugehen. Die Erste sollte vorne nach Bären Ausschau halten, die Letzte hinten und die in der Mitte rechts und links. Das war ja ich – und ich sah nur auf den Boden, ich wollte gar nicht mehr wissen, was rechts oder links war.

Bestimmt waren wir die Einzigen, die mit voller Buxe, knapper Atemluft und mega viel Gepäck durch Finnlands Wälder stapften, vor allem bei der Hitze, und ich kann mir vorstellen, dass sich die Bären totgelacht haben über uns. Noch nie freute ich mich so darüber, einen Mietwagen zu sehen, und ich wollte nix wie einsteigen und zurück zum Hotel. Übrigens, „nichts dreckig machen", sagte der freundliche Mietwagen-Herr zu uns.

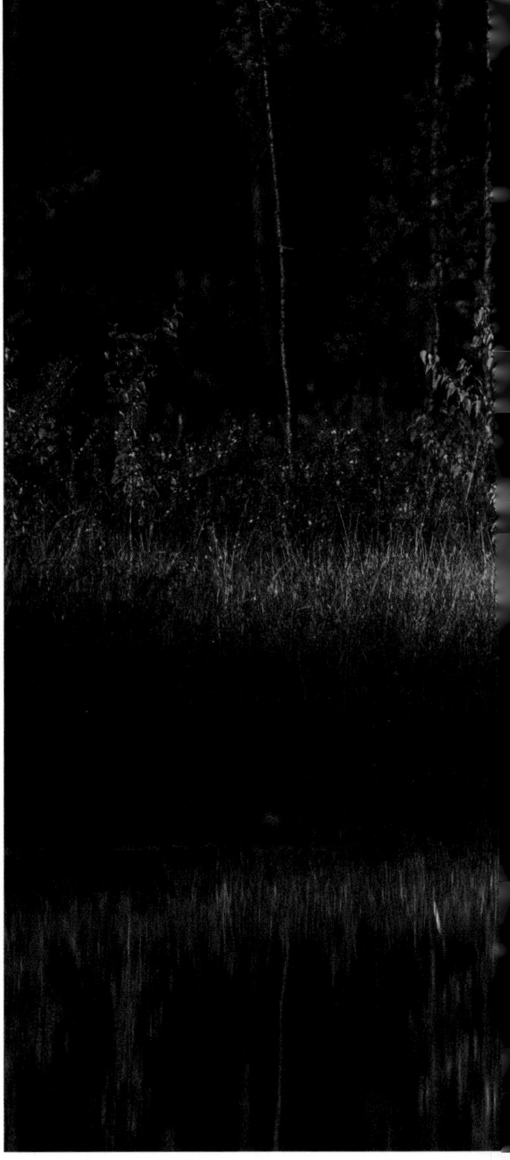

Auch zur zweiten Nacht brachen wir mit unserem Gepäck auf in den Wald, zwar nicht mehr ganz so motiviert, aber wir liefen. Schließlich hatten wir für die Hütte bezahlt. In der Nacht sahen wir von der Hütte aus einen Wolf durch die Gegend streifen. Einen großen grauen. Was heißt wir? Ich nicht, ich war eingeschlafen und fiel mit Getöse aus dem Bett, als die anderen mich wecken wollten. In der dritten und vierten Nacht wechselten wir die Location.

Die Wanderung war ein kleines bisschen kürzer, aber inzwischen wurde es immer heißer. Hütten mit 1,50 Meter Deckenhütte und einer Innentemperatur von 45 Grad geben einem den Rest oder auch das Feeling, in der finnischen Sauna zu sein – bei den Temperaturen zu dritt auf vier Quadratmetern mit einem Eimer. Da fiel selbst die letzte Schamgrenze. In der Nacht krachten die Temperaturen dann auf 13 Grad, und wir schlotterten wie verrückt. Aber ein paar Bärenfotos konnten wir noch machen, und auch einen Vielfraß sahen wir. Ganz nah, zwei Meter neben uns,

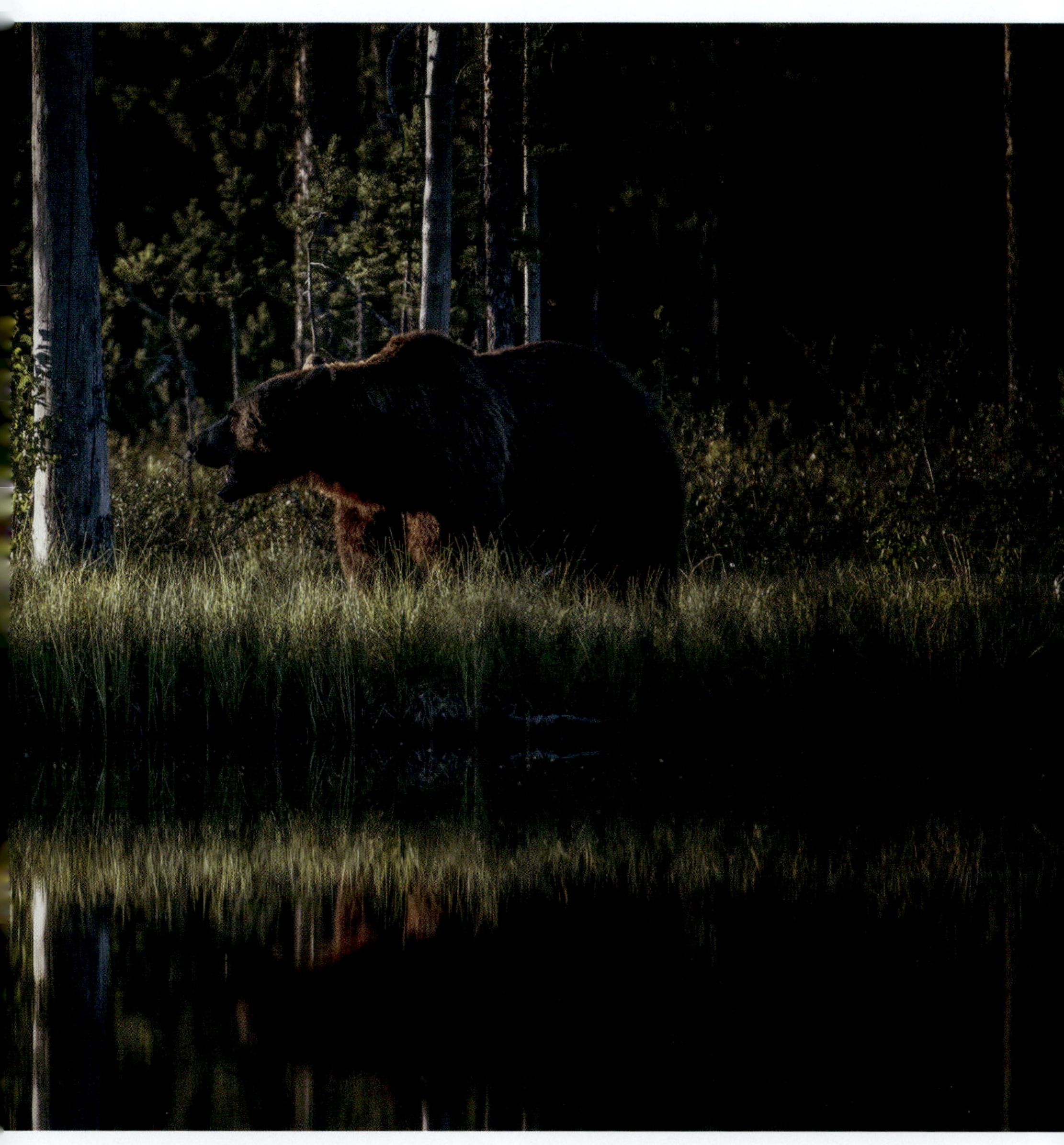

und er drehte uns den Rücken zu. Heute zu Hause lache ich drüber, aber in Finnland hatten wir ziemliche Angst vor den Bären.

▲ *Gemächlich geht der Braunbär zum Ufer des Sees, entdeckt aber plötzlich unsere Fotohütte.*

f/5.6 | 1/640 s | ISO 1100

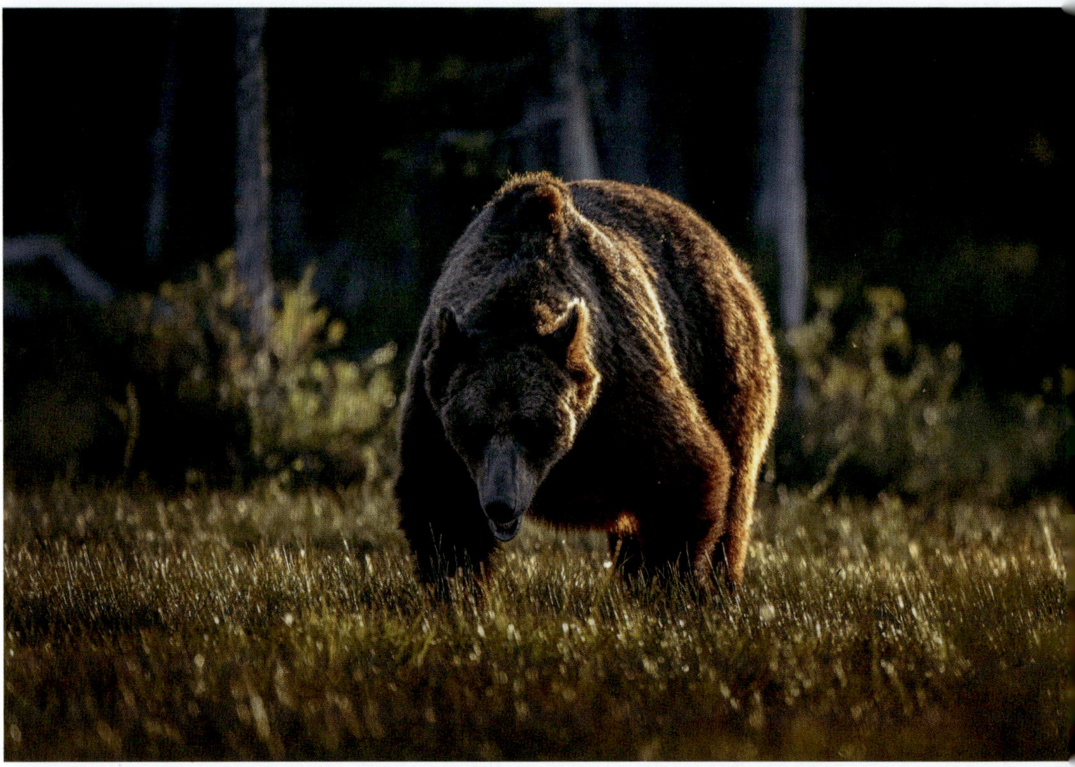

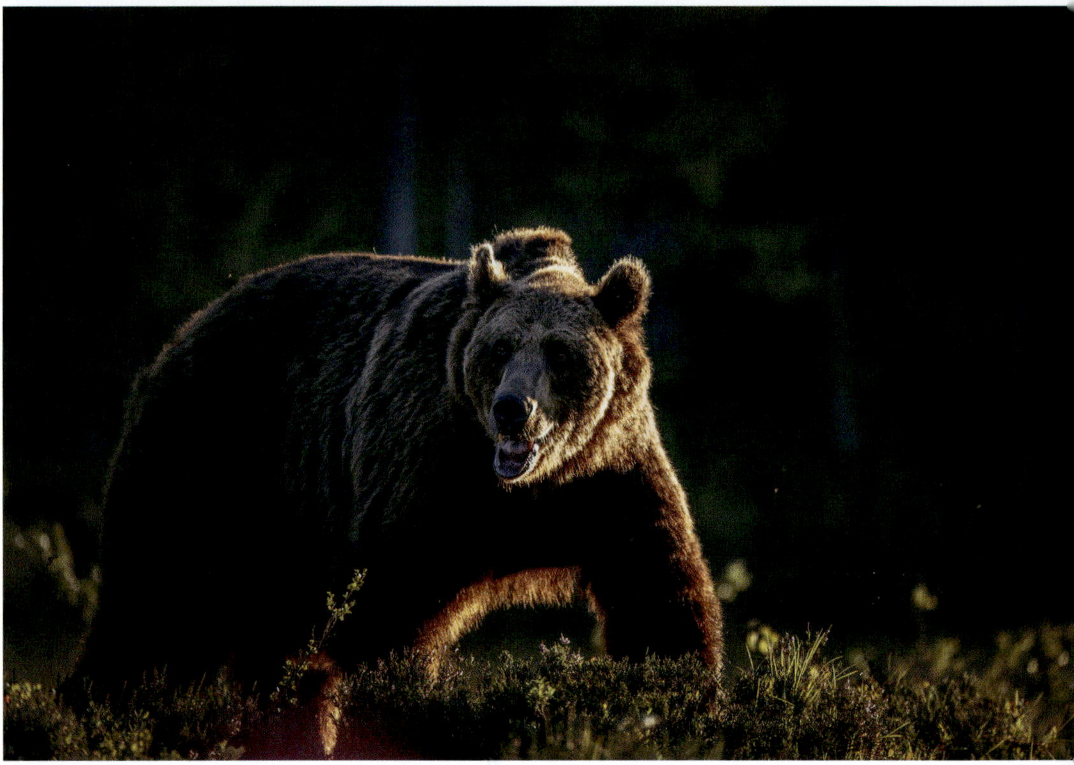

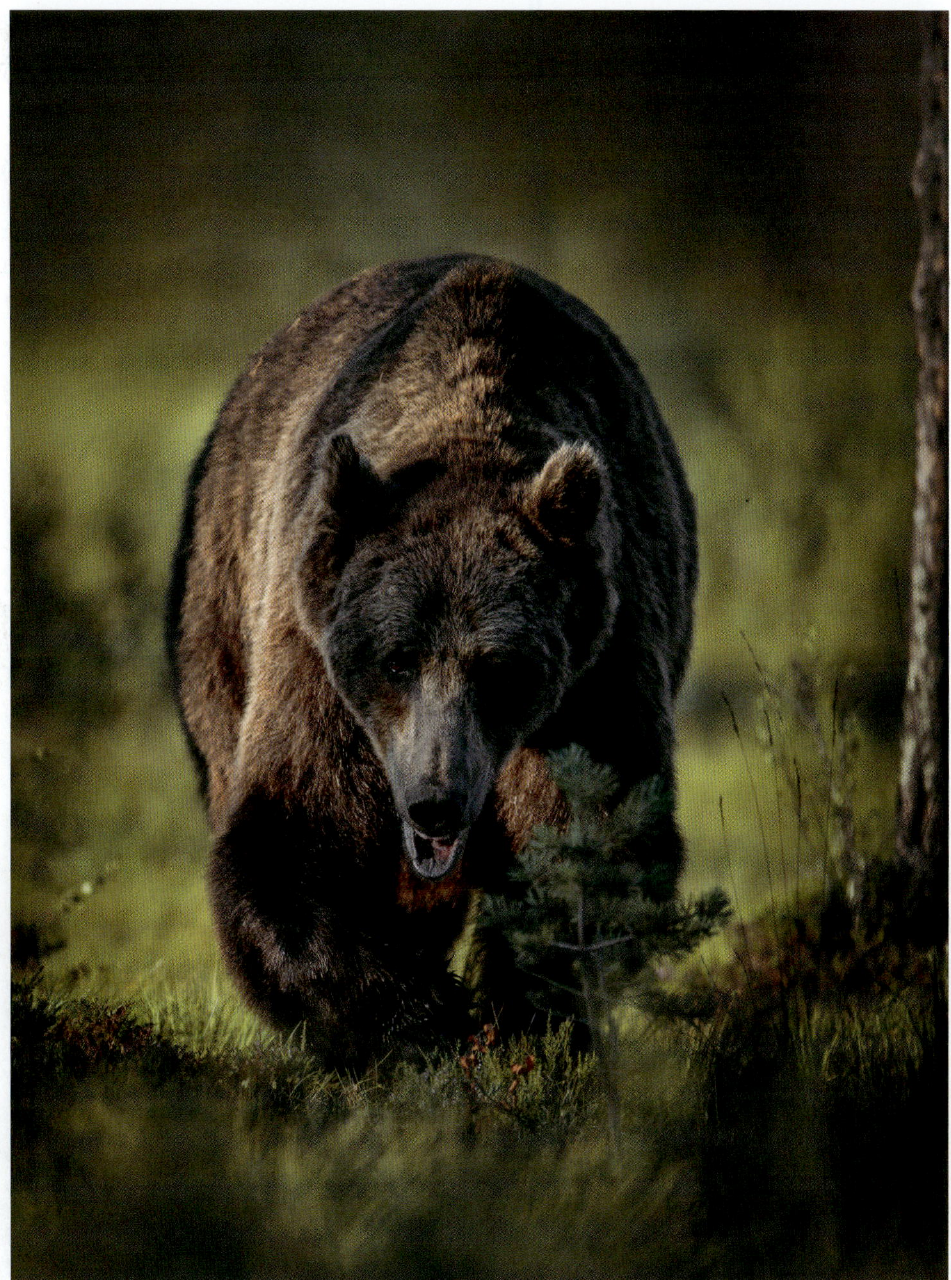

◀ *Nicht mehr ganz so gemächlich tappt der Bär direkt auf unsere Fotohütte zu.*

f/4.0 | 1/640 s | ISO 560

▼ *Er nimmt Witterung auf, merkt aber schnell, dass von der „Fotohütte“ keine Gefahr ausgeht – was uns in der Hütte natürlich auch erleichtert hat.*

f/4 | 1/640 s | ISO 900

▲ *Nachdem er noch ein paar Minuten auf der Waldwiese verweilte, ging er schließlich unmittelbar an unserer Hütte vorbei und verschwand wieder im Wald.*

f/4 | 1/1000 s | ISO 560 | –0,33 EV

Scheue Feldhasen

Wann immer es meine Zeit zulässt, sind wir dort, wo wir wohnen, in der Natur. Feldhasen haben es mir besonders angetan. Ich mag die Augen. Sie haben etwas, das mich in ihren Bann zieht. Zum Glück gibt es bei uns noch einige Feldhasen, und mein Herz macht jedes-Mal einen Sprung, wenn ich einen sehe – leider die Hasen häufig auch. Einfach sind sie nicht zu fotografieren. Den Hasen auf dem ersten Bild habe ich in meinem klassischen Klositz fotografiert. Klositz, einen Meter vor, verharren. Einen Meter vor, verharren. Das funktioniert, vermutlich weil der Hase sich innerlich totlacht. Sie flüchten erst im letzten Moment. Nachteil dabei ist, dass die Hose meist so nass wird, dass

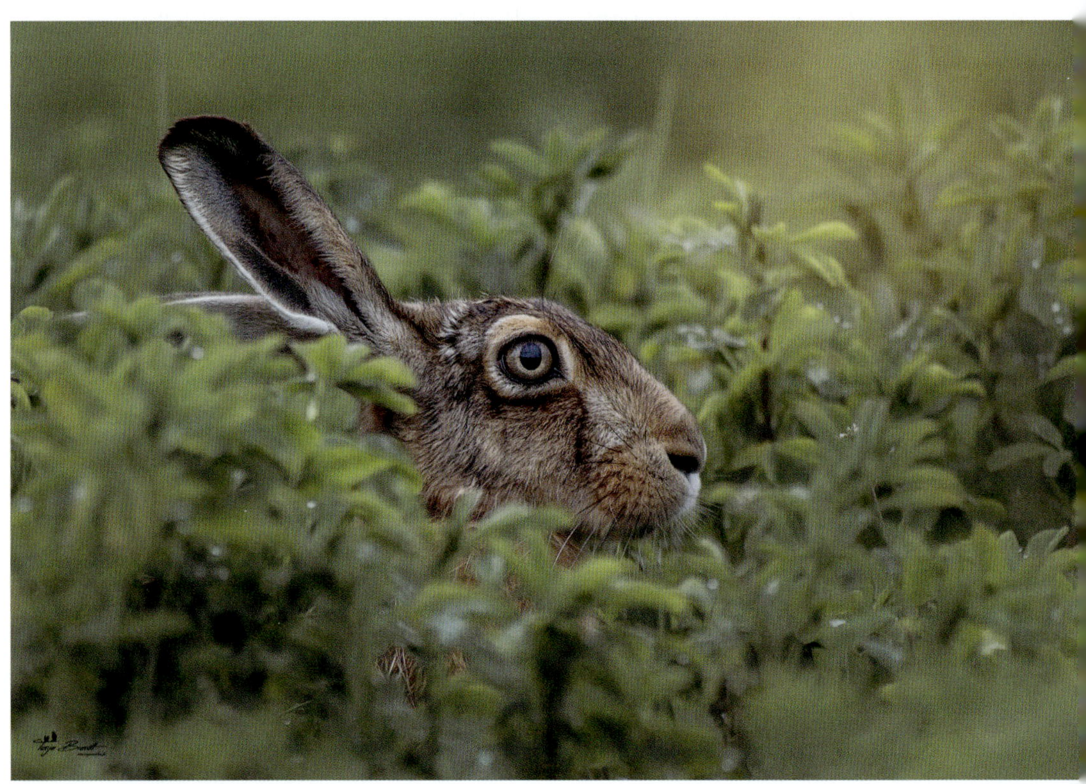

▲ *Gut versteckt zwischen Wildblumen am Rand eines Ackers sitzt ein paarungswilliger Feldhase.*
f/5.6 | 1/640 s | ISO 450

man eine Plastiktüte auf den Sitz legen sollte oder die Jacke, die danach natürlich genauso unbrauchbar ist wie die Hose. Und Eisdiele ist gestrichen. Es sieht nämlich aus, als hätte man gerade in die Hose gemacht. Aber es lohnt sich für die Fotos.

Manchmal will es einfach der Zufall. Wir fotografierten eine Sumpfohreule, und plötzlich kam ein Feldhase auf uns zu. Ingo war dabei, und ich wollte eigentlich die Eule fotografieren. Der Hase hatte die Nase am Boden, und wenn Hasen eine Häsin in der Nase haben, sehen sie nichts mehr. Er kam näher und näher, und ich hoffte, dass er nicht auf mir oder Ingo landen würde. Tatsächlich hat er uns erst einen halben Meter vor uns entdeckt.

Wir sahen Klaus das erste Mal im schönsten Sonnenuntergangslicht, als er sich nicht die Bohne von uns stören ließ. Er saß einfach wenige Meter vor uns und mampfte. Und wir hatten keine Kamera dabei. Ich beschloss, am nächsten Abend zur selben Zeit zur selben Stelle zu fahren. Mein Freund meinte: „Was, glaubst du, wirst du dort sehen? Dass der Hase vermutlich immer an derselben Stelle sitzt?“ Ja, das tat er, der Klaus. Selbe Uhrzeit, selbe Stelle. Zwei Rebhühner saßen auch noch hinter ihm.

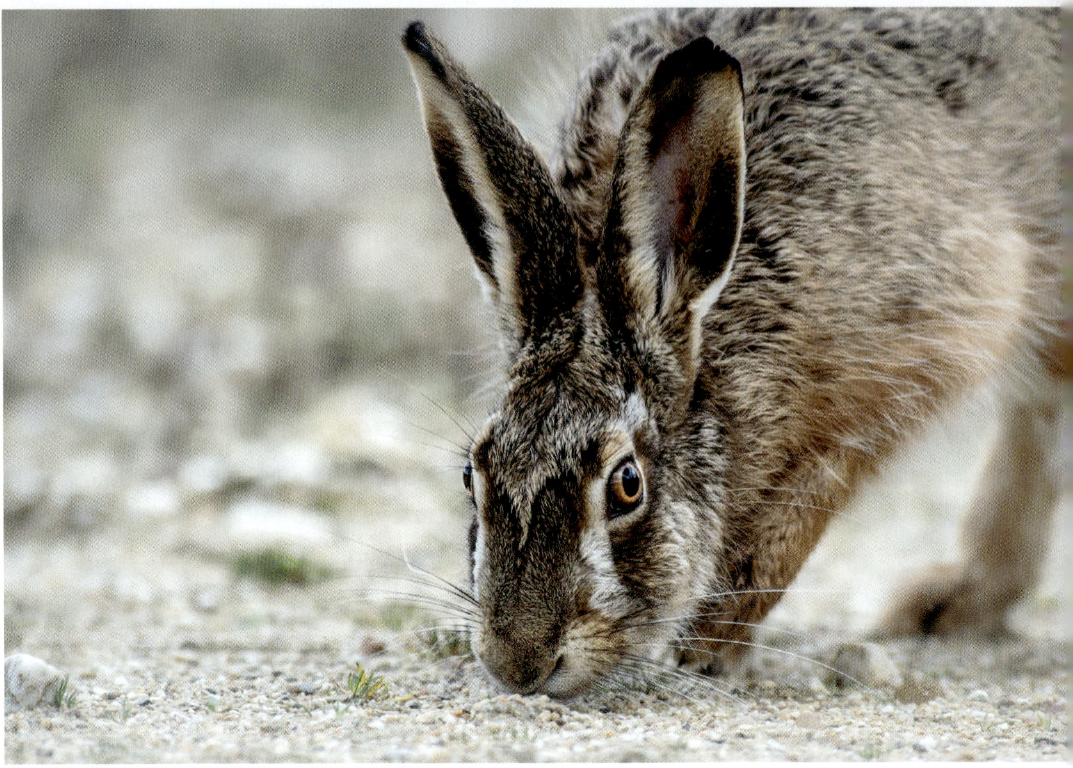

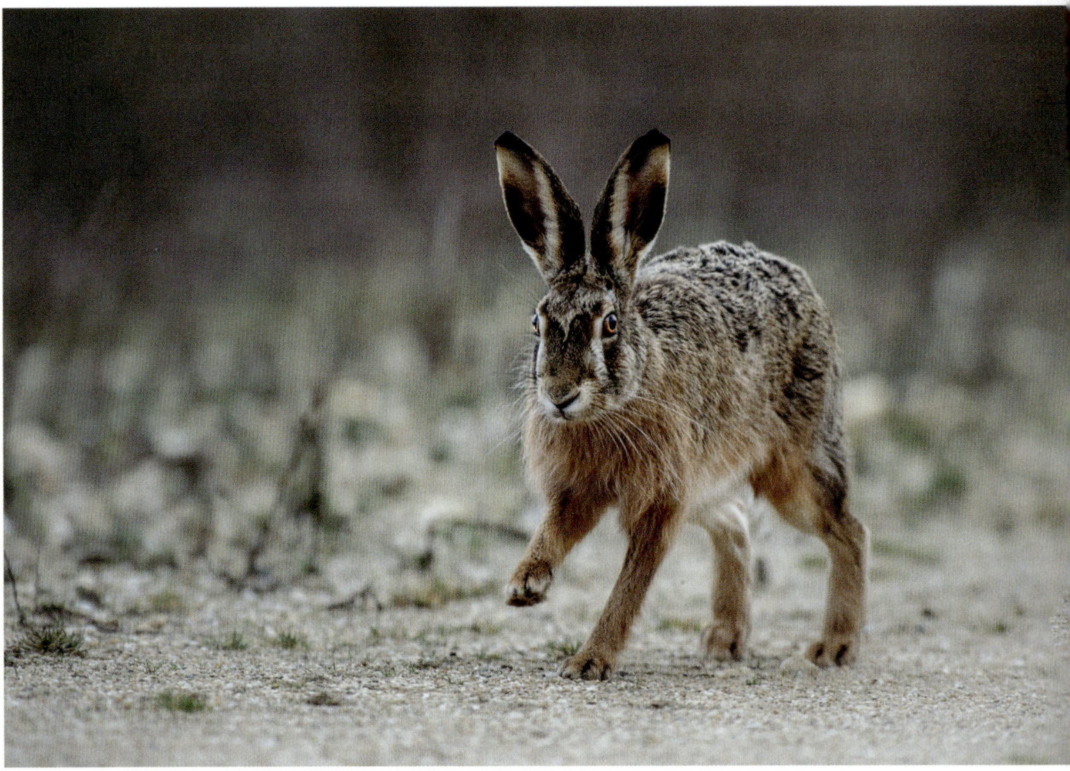

▲ *Der Hase hat nur den Geruch einer Häsin in der Nase …*
f/5.6 | 1/1250 s | ISO 2200

▼ *… und nimmt uns gar nicht zur Kenntnis.*
f/5.6 | 1/1250 s | ISO 1000

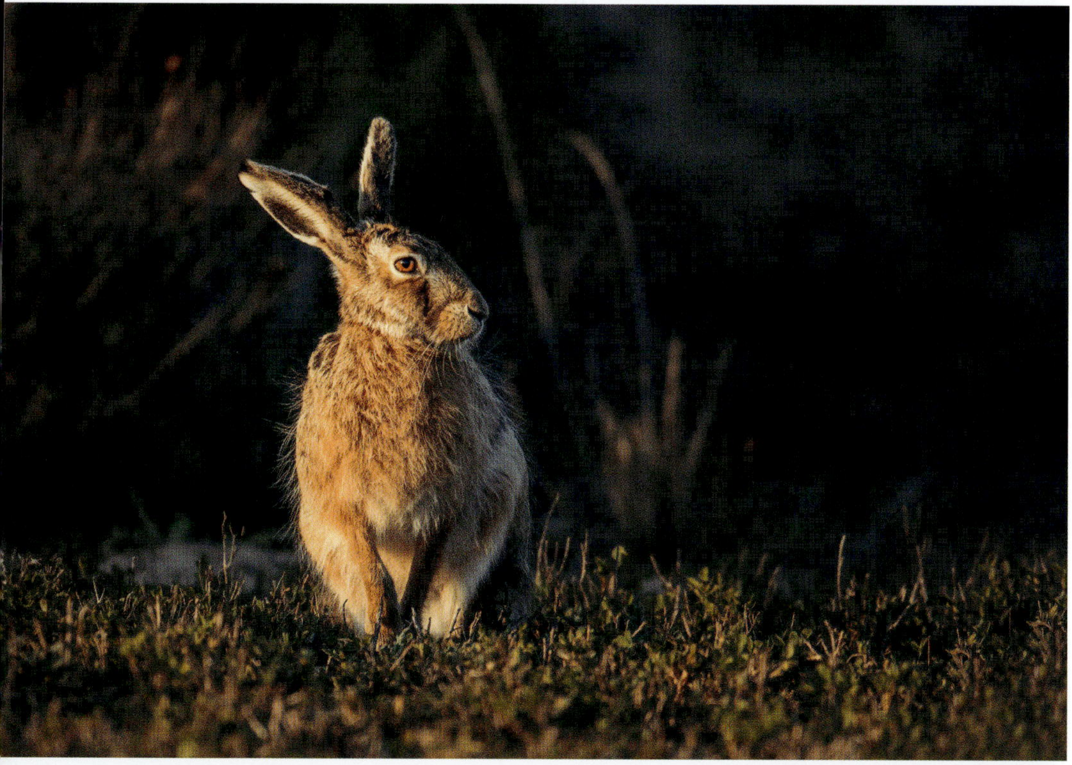

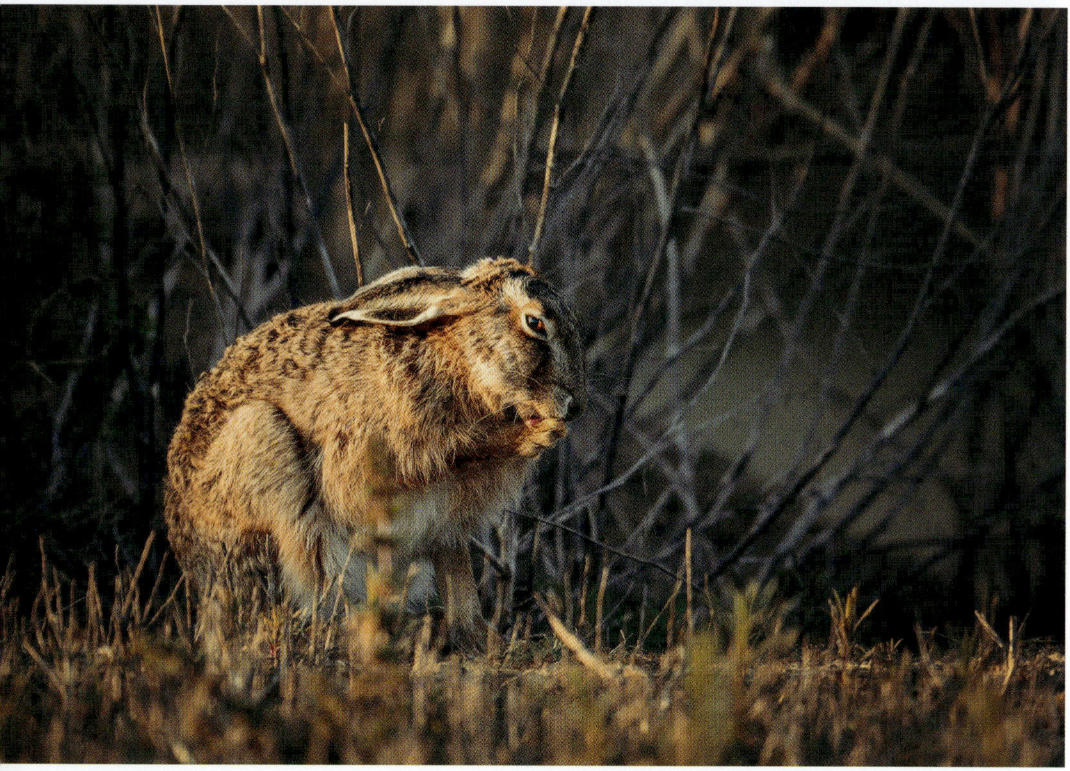

▲ *Manchmal bekommen Wildtiere Namen. So wie dieser hier – das ist Klaus.*
f/5.6 | 1/500 s | ISO 560

▼ *Feldhase Klaus putzt sich.*
f/4 | 1/500 s | ISO 500

Rüber nach Holland

Direkt zum Jahresanfang nach der Silvesternacht wollten wir in den Niederlanden Eichhörnchen fotografieren.

Eichhörnchen und Reiher

Wir starteten früh morgens zu einer Fotohütte in Holland. Es war ein Morgen, an dem mal nichts schiefging. Wir bauten unsere Kamera auf, montierten die Gimbals auf die Platten, die in der Hütte vorinstalliert waren, breiteten unser Frühstück und die Getränke aus und warteten auf die Eichhörnchen. Dabei hatte ich die Nikon D5 und das NIKKOR 400 mm 2.8. Das erste Eichhörnchen kam und knabberte an einer Nuss, die wir auf eine Wurzel im Wasser legten.

Es lief gut an. Ein zweites Eichhörnchen näherte sich von der rechten Seite. Es kam aber nicht mal bis zu uns, sondern beide Eichhörnchen huschten blitzartig weg. Schnell konnten wir sehen, warum. Ein Graureiher landete wenige Meter neben der Hütte und marschierte auf uns zu.

Wie in Zeitlupe stakste er ganz langsam zur Hütte, genau auf uns zu, und starrte uns an. Jede seiner Bewegungen war so langsam, dass man sie kaum wahrnehmen konnte, selbst wenn er den Kopf drehte.

Erst mal ein spannendes Erlebnis, den Reiher so nah vor sich zu haben, und wir schossen eine Menge Porträts. Ja, wir fieberten sogar, er möge nicht noch näher herankommen, weil die Naheinstellgrenze schon fast erreicht war. Die Bilder sind ungeschnitten, daran sieht man, wie nah er uns war. Plötzlich verharrte er total bewegungslos. Für Minuten. Dann schnellte er mit dem Schnabel ins Wasser. Und zog einen Frosch heraus. Er wusch ihn erst, schüttelte ihn und schluckte ihn dann einfach herunter.

Das ging über Stunden so weiter, und unser Frühstück lag ziemlich unangerührt zwischen uns und dem Reiher. Natürlich kam auch kein Eichhörnchen mehr. Für kurze Zeit überlegten wir, ihn zu vertreiben, aber man verjagt keine Wildtiere. So blieb uns nichts anderes übrig, als zuzuschauen, wie ein Frosch nach dem anderen im Schnabel und im Bauch des Reihers landeten. Von Graureihern hatten wir aber definitiv eine Menge Fotos an diesem Tag.

▶ *Endlich hat das Eichhörnchen eine begehrte Nuss gefunden.*

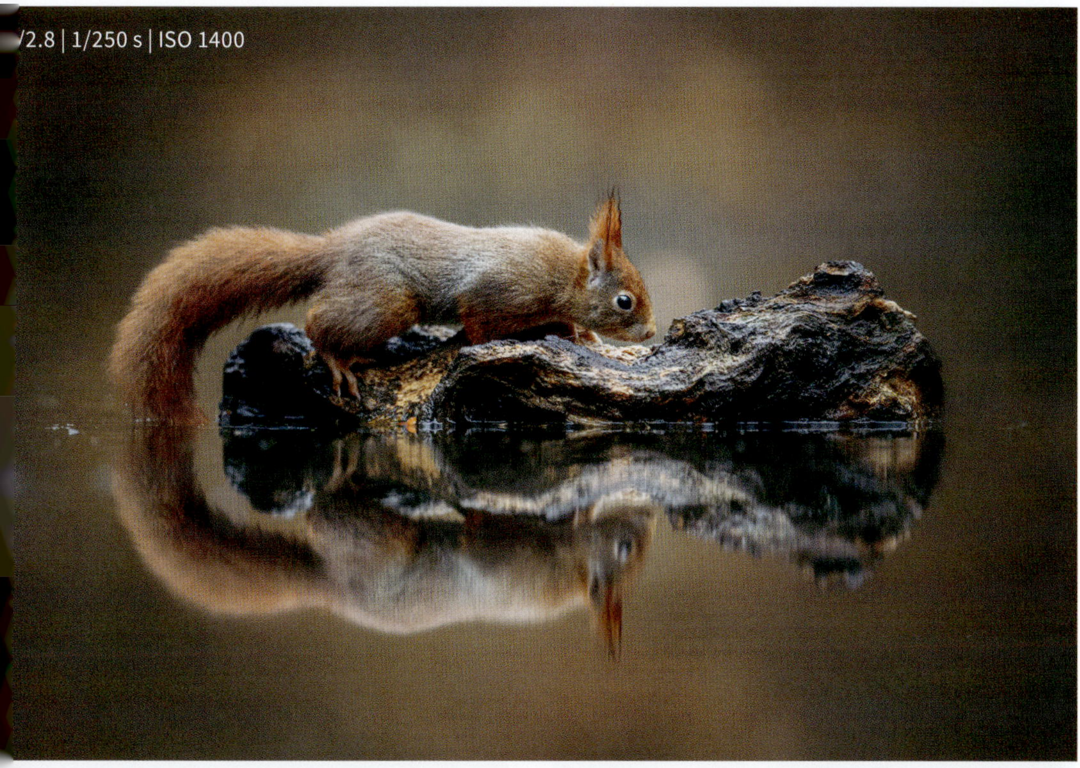

/2.8 | 1/250 s | ISO 1400

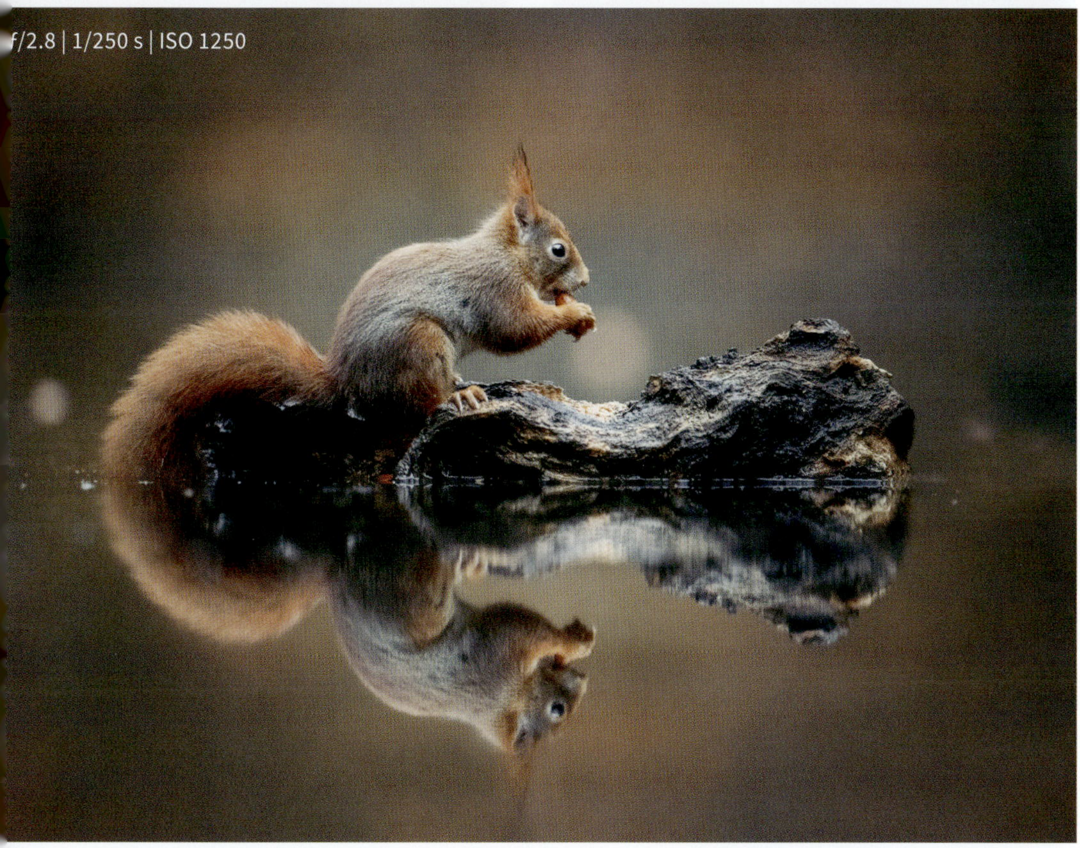

f/2.8 | 1/250 s | ISO 1250

▶ *Ein kritisch dreinblickender Reiher.*
f/2.8 | 1/250 s | ISO 2200 | –0,33 EV

◀ *Im Seitenprofil.*
f/2.8 | 1/250 s | ISO 2000 | –0,33 EV

▼ *Kein guter Tag für den kleinen Frosch.*

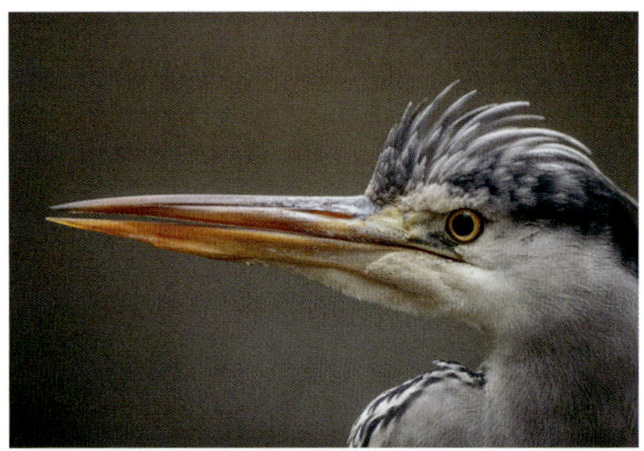

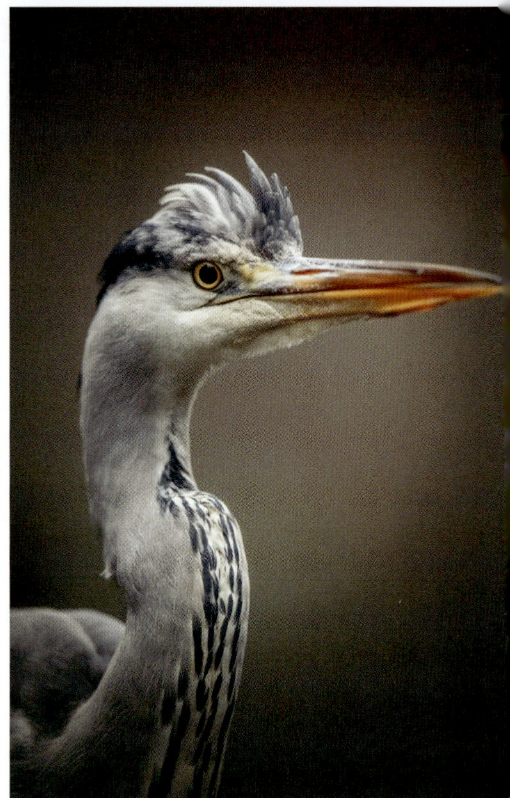

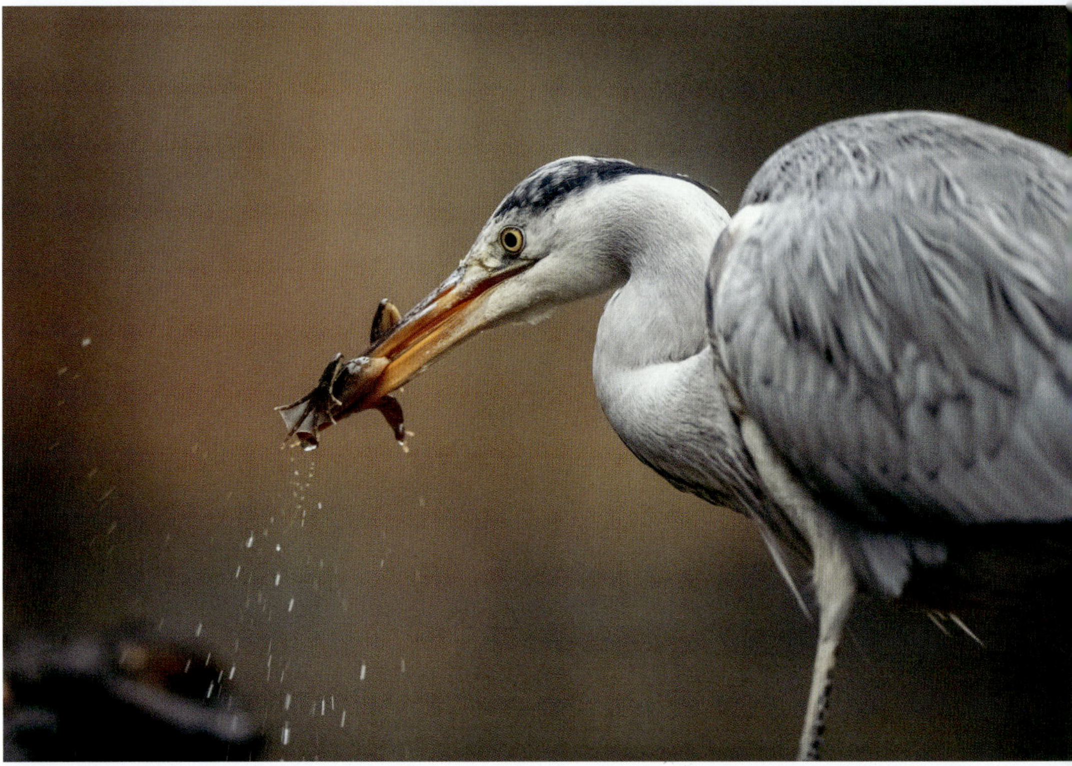

Experiment Nachttierhütte

Wir hatten noch etwas Zeit und beschlossen, eine Nachttierhütte zu buchen. Insgesamt war die Hütte wirklich luxuriös – sogar mit Bett und Toilette. Licht durfte man natürlich keines anmachen und auch kein Handy benutzen. Die scheuen Tiere würden sonst durch die Glasscheibe Gesichter erkennen und wären direkt weg. Es war ein interessantes Erlebnis. Die Tiere wurden nach und nach an das Licht im Wald gewöhnt, was auch kein Problem ist. Unter anderem Marder halten sich oft bei Häusern, Scheunen etc. auf und sind Lichtquellen an Häusern sowie Straßenlaternen längst gewohnt.

Das folgende Bild wurde mit dem Smartphone aufgenommen, darum macht es den Eindruck, als wäre es total hell gewesen. Das war es nicht. Die ISO war bei langer Verschlusszeit ziemlich hoch. Ich hatte als Objektiv das NIKKOR 400 mm 2.8 und die Nikon D5 dabei. Die Kamera stand auf einem Slider mit Gimbal.

Es war unglaublich interessant, was sich so alles im Wald herumtrieb. Nicht alles konnten wir fotografieren, weil die Tiere einfach zu schnell waren. Zum Beispiel die Iltisse – vielleicht bin ich einfach Bezirksliga in der Fotografie, aber ich habe kein einziges vernünftiges Iltis-Bild hinbekommen. Dafür aber einiges andere:

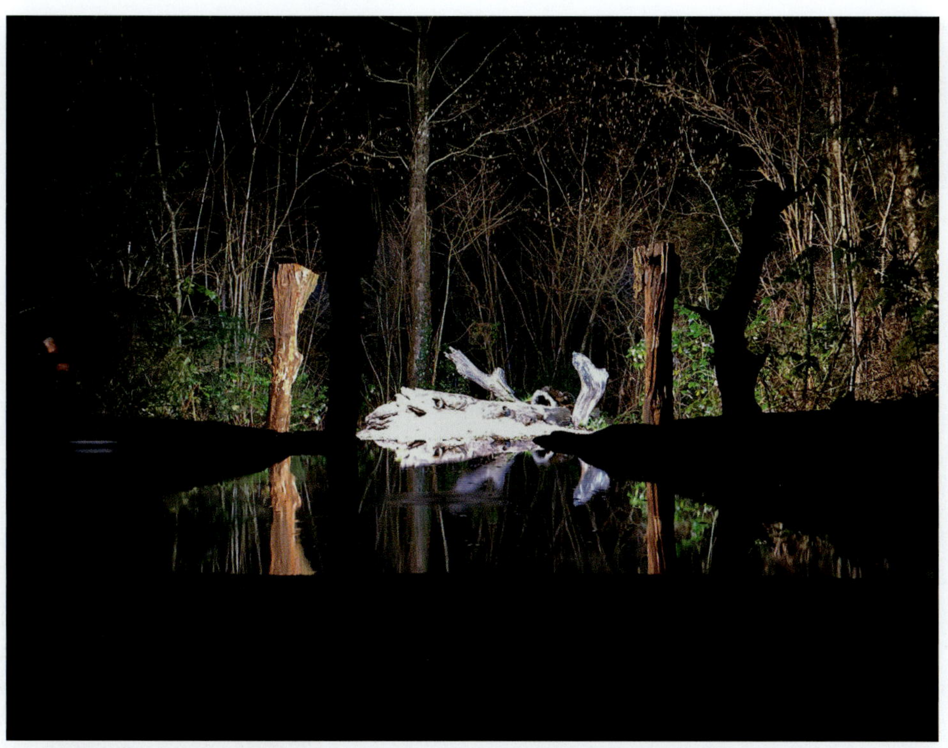

▲ *Das war der Blick aus der Hütte heraus. Ein bisschen wie ein Naturfilm im Panoramablick.*

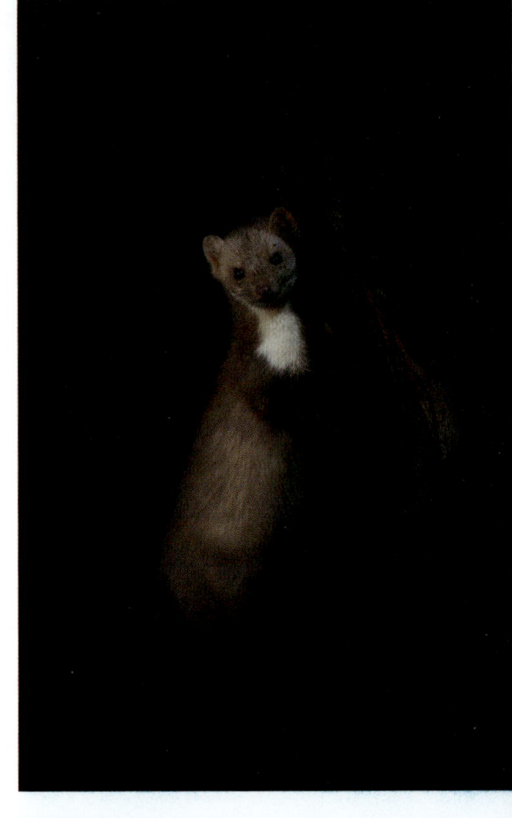

▶ *Ein Steinmarder hält Ausschau nach Beute.*

f/2.8 | 1/200 s | ISO 1400 | –2,33 EV

▼ *Es war eine tolle und interessante Nacht. Von rechts ein Schatten, von links huschte etwas, und plötzlich starrte wieder ein Marder hinter einem Baumstamm vor.*

f/2.8 | 1/200 s | ISO 1800 | –2,33 EV

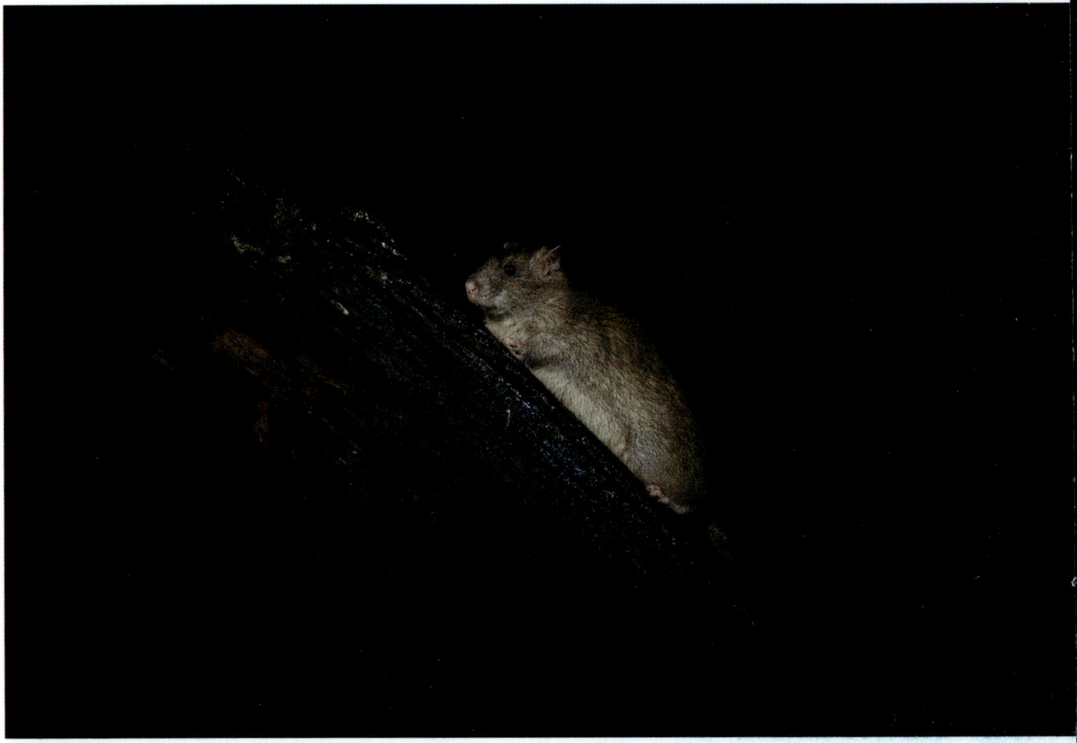

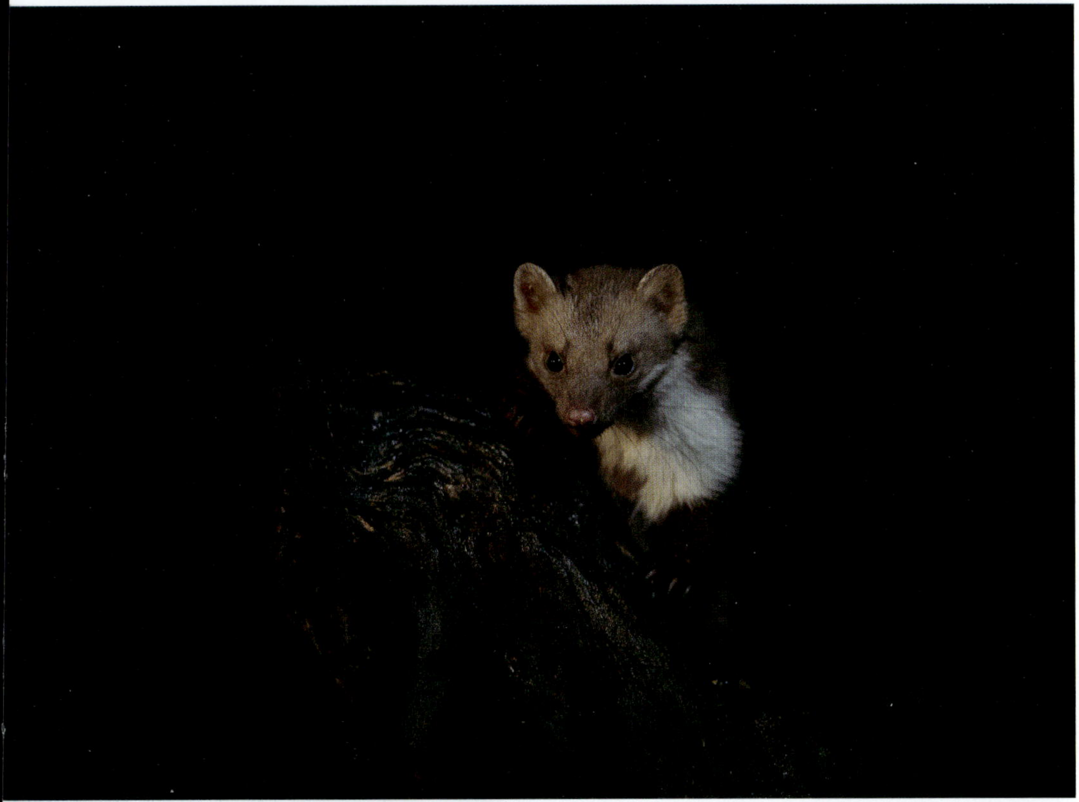

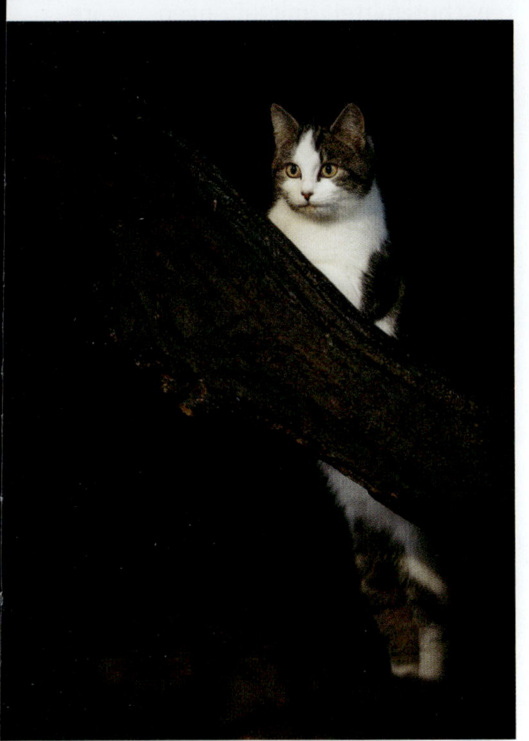

▲ *Einige Ratten trieben sich auch im Wald rum …*

f/2.8 | 1/200 s | ISO 2800 | –2,33 EV

◂ *… und natürlich Katzen.*

f/2.8 | 1/200 s | ISO 2500 | –2,33 EV

Schleiereulen in der Nacht

Bei einem Landwirt in den Niederlanden, der selbst ein sehr guter Naturfotograf ist, kann man eine Fotohütte mieten, die sozusagen der ausgebaute Dachboden gegenüber dem Scheunenboden ist, in dem seit vielen Jahren Schleiereulen brüten. Irgendwann installierte er dort Fotolampen, die er nach und nach in ihrer Intensität verstärkte. Die Tiere gewöhnten sich sehr schnell dran. Wir waren etwas spät im Jahr dort, sodass die Jungtiere schon ausgeflogen und die Elterntiere nicht mehr so aktiv waren. Die beste Zeit ist natürlich, wenn sie noch Jungtiere zu versorgen haben, aber da will dann natürlich jeder hin.

Klingt jetzt auch supereinfach. Man setzt sich dort hin und fotografiert einfach mal im Licht ein paar Eulen. Ganz so einfach war es nicht, weil Eulen ja bekanntlich völlig lautlos sind. Darum hört man auch nicht, wenn sie vorhaben, aus dem Dunkel aufzutauchen. Sie bleiben dann nur für Sekunden irgendwo im Hellen sitzen. Die meiste Zeit sitzen sie in dunklen Nischen oder in den Balken ganz oben unter dem Dach, wo keiner sie sehen kann.

Einzig das Fauchen, das ein bisschen an Scary Movie erinnert, verrät manchmal das Auftauchen einer Schleiereule, aber auch nur dann, wenn eine zweite in der Umgebung sitzt, die das Erscheinen der ersten filmreif ankündigt. Natürlich sind hier die Kameraeinstellungen schwierig, und man kann keine kurzen Verschlusszeiten für Flugphasen oder Mäusejagdszenen wählen. Es gab eine Fensterbank mit installierten Platten, sodass wir lediglich unsere Gimbals dabeihatten und kein Stativ brauchten.

Nicht vergessen durfte man die Moskitos. In der Beschreibung stand, Insektenschutzmittel mitzubringen, wäre ratsam. Ich denke, bei der Menge an Stechmücken hätte ich die Familienpackung kaufen müssen, und die Atemluft wäre etwas knapp geworden. Ihr kennt es sicher, dieses Psssssssssddddd am Ohr. Das war die Nacht über schon ziemlich krass. Ich denke, wir blieben bis vier Uhr, nachdem sich seit drei Uhr keine Eule mehr hatte blicken lassen. Trotz allem ein interessantes Erlebnis.

▶ *Eine Schleiereule in abwartender Haltung.*
f/2.8 | 1/250 s | ISO 2200 | –2,67 EV

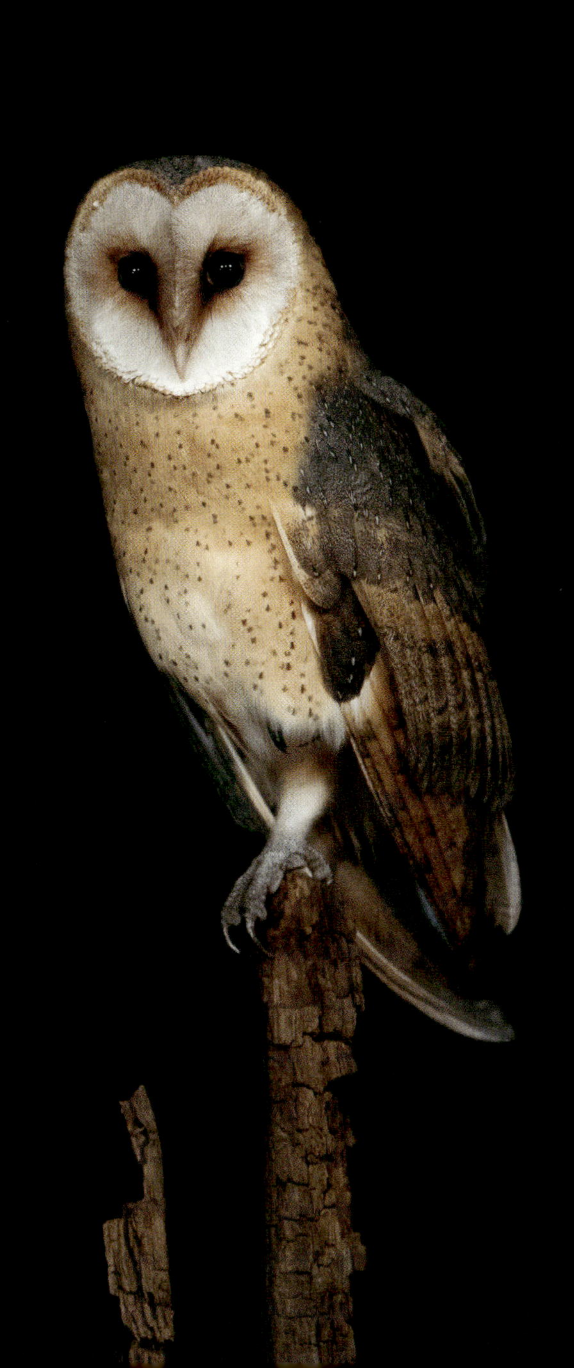

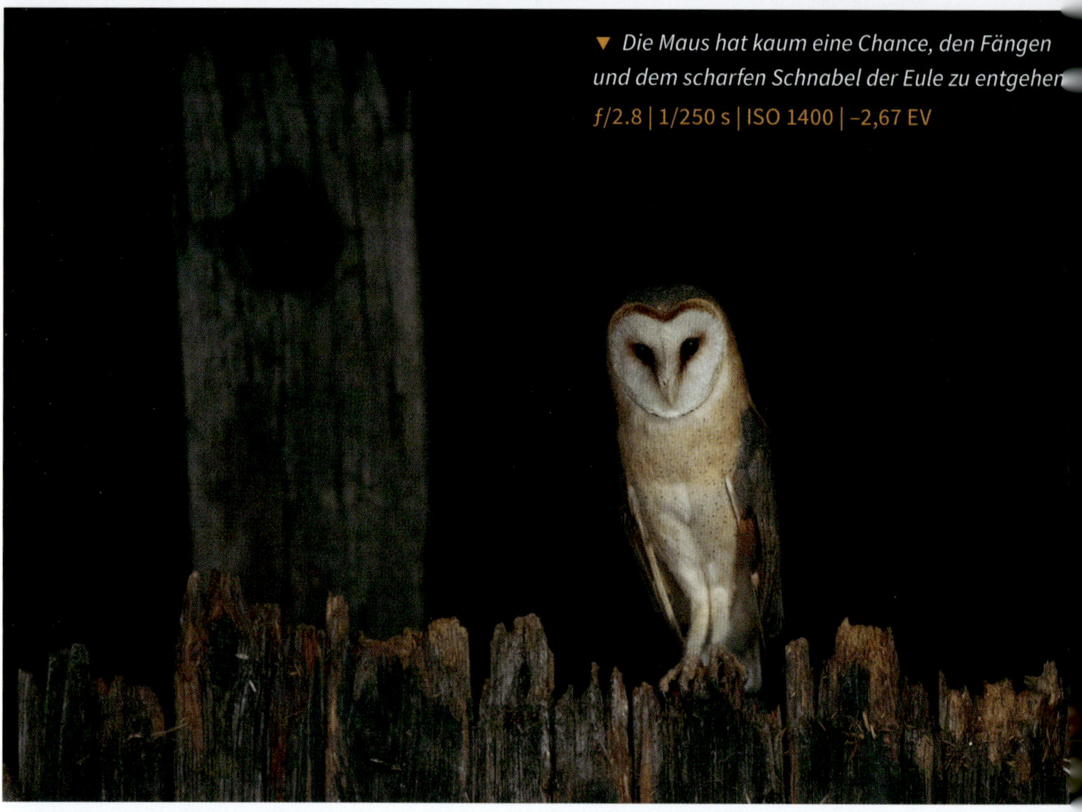

▼ *Die Maus hat kaum eine Chance, den Fängen und dem scharfen Schnabel der Eule zu entgehen.*
ƒ/2.8 | 1/250 s | ISO 1400 | –2,67 EV

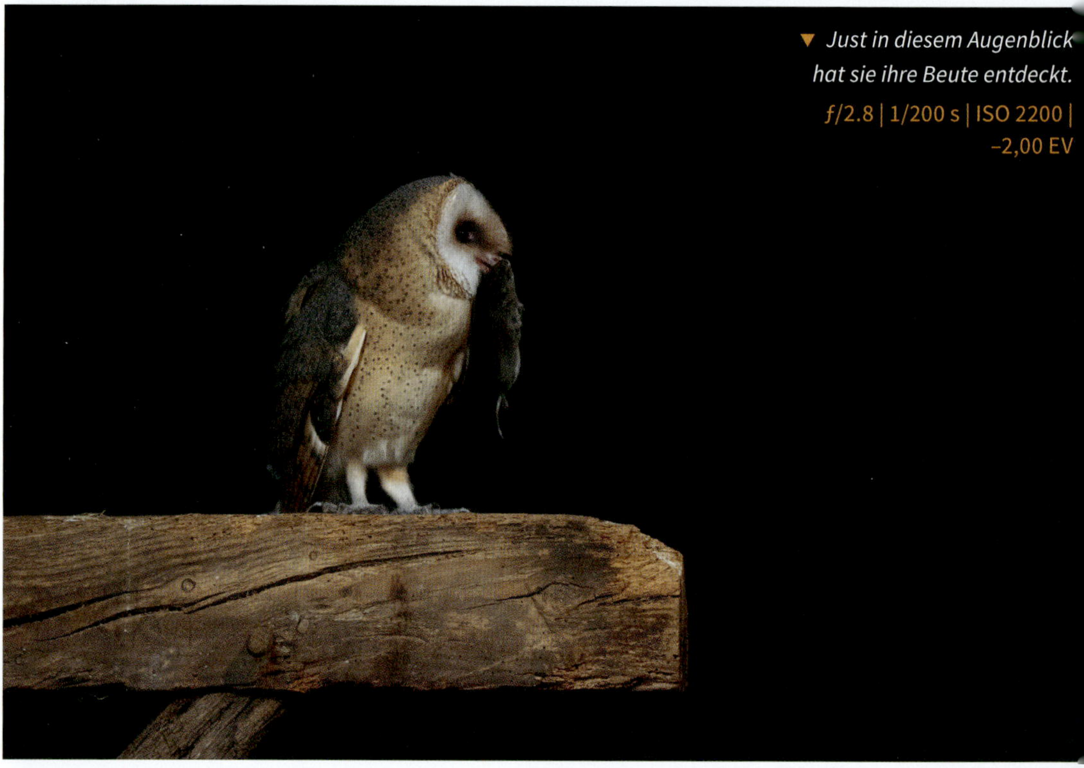

▼ *Just in diesem Augenblick hat sie ihre Beute entdeckt.*
ƒ/2.8 | 1/200 s | ISO 2200 | –2,00 EV

Schelladler in Meck-Pomm

Ein paar ruhige Fototage in Mecklenburg-Vorpommern sollten es werden. Wir wollten Schelladler fotografieren. Die seltenen Adler kann man sonst nirgendwo so gut fotografieren – dachten wir. Das Hotel war kein Schnäppchen, aber toll. Allerdings hatten wir die Hunde dabei, und zu unserem Bett ging es eine Art Leitertreppe nach oben. Ich hegte die schlimmsten Befürchtungen, und die bewahrheiteten sich auch, als ich in der Nacht von einem lauten Schlag aufwachte.

Unsere Hündin krachte von oben direkt in das darunterliegende Wohnzimmer. Zum Glück hatte sie den Sturz unbeschadet überstanden, aber ab jetzt hieß es, mit den Hunden auf dem kleinen Zweiersofa zu schlafen. Ich wollte das Zimmer tauschen, aber es war kein anderes mehr frei. Wir starteten die Fototour mit einer Bootsfahrt, auf der wir die Seeadler fotografieren wollten. Als Ausrüstung hatte ich meine Nikon D4 mit dem NIKKOR 300 mm 2.8 dabei.

Es stellte sich als nicht wirklich einfach heraus mit ein paar Personen auf dem wackeligen Boot. Ich hatte ständig Angst, dass mir die Kamera ins Wasser fallen könnte. Noch schlechter war, dass die Adler nicht kamen. Als wir schon fast umkehren wollten, kam ein Adler geflogen. Und prompt fand ich im Gegenlicht den Fokus nicht. Er kam ein zweites Mal, und ich hatte genau ein Bild machen können.

Die Enttäuschung war nicht so groß, war doch die Vorfreude auf die Schelladler am folgenden Tag umso größer. Es war sehr heiß, und wir zogen schon früh los. In einem riesigen Plastikfass, in dem sich die Hitze schon am Morgen gestaut hatte, saßen wir auf Klappstühlen, die wir nicht verstellen durften, um mit den Stühlen nicht durch die Rillen in den Paletten, die als Boden dienten, zu rutschen. Erwartungsvoll blickten wir auf das Areal vor uns, das aus einer großen Pfütze und einer Pferdekoppel bestand. Wir hatten zwei SIRUI-Stative mit, die Gimbals und unsere Kameras mit dem NIKKOR 600 mm 4.0.

So warteten wir und schwitzten und schwitzten und warteten. Es passierte nichts. Kein Adler und auch kein anderes Tier. Nach vier Stunden Warten tauchte eine Bachstelze auf – das sollte aber auch das einzige Tier an diesem Tag gewesen sein. Die Enttäuschung war groß, die Nackenschmerzen auch, und so trappelten wir betrübt und durchgeschwitzt mit unserem Equipment zum Auto und fuhren zum Hotel.

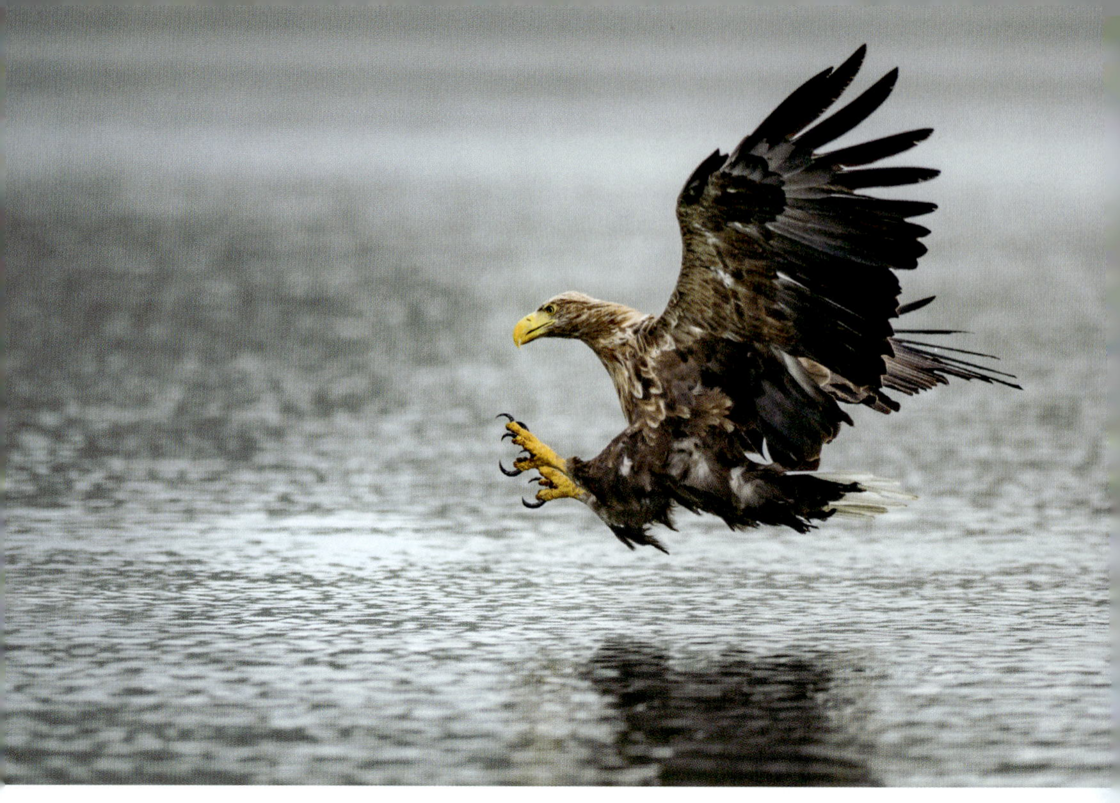

▲ *Ein prächtiger Seeadler beim Fischfang.*
f/2.8 | 1/2000 s | ISO 100

Den folgenden Tag, nach einer Nacht auf dem Zweiersofa, verbrachten wir in einem Planwagen und fotografierten den Eisvogel, der sich auch wirklich sehen ließ.

Irgendwann hörten wir Stimmen. Frauen unterhielten sich genau vor unserem Planwagen. Wir öffneten die Plane ein wenig und entdeckten eine rosa Caprihose, die mitsamt der Besitzerin vor Schreck fast in den See fiel, als wir die Plane weiter zurückschlugen und fragten, was sie hier wollten. Erst beim Verlassen sah ich später die Spinnennester neben mir, einschließlich ihrer dicken Bewohner. Hätte ich das zu Beginn gesehen, hätte ich die vorherigen Bilder wohl nicht machen können. Der nächste Tag sollte ruhig werden.

Frühstücken, mit den Hunden laufen gehen und die Gegend erkunden. Beim Frühstück saßen wir mit einem älteren Ehepaar am Tisch, das uns ganz aufgeregt erzählte, dass sie am Vortag in einem Plastikfass gesessen hätten. Es wäre so warm gewesen, dass sie direkt eingeschlafen wären, und als sie aufwachten, saß für Stunden ein Adler direkt vor ihnen, und sie hätten Hunderte von Bildern mit dem Handy und einer winzigen Pocketkamera gemacht.

Zum Abschluss unserer kleinen Fotoreise waren wir noch in einer Seeadler-Hütte. Vorab, es kam nicht ein einziger Seeadler. Dafür war es aber ein richtig toller Tag mit vielen Tieren. Dieses Bild eines Rotmilans postete ich im Netz in einer Fotogruppe und erhielt prompt den Kommentar eines Fotografen, der bemängelte, dies sei die schlechteste Montage eines Vogels, der in einen anderen Hintergrund hineingeklebt worden wäre, die er je gesehen hätte. Nur die Ruhe, es ist alles okay, das Bild wurde einfach exakt so aufgenommen.

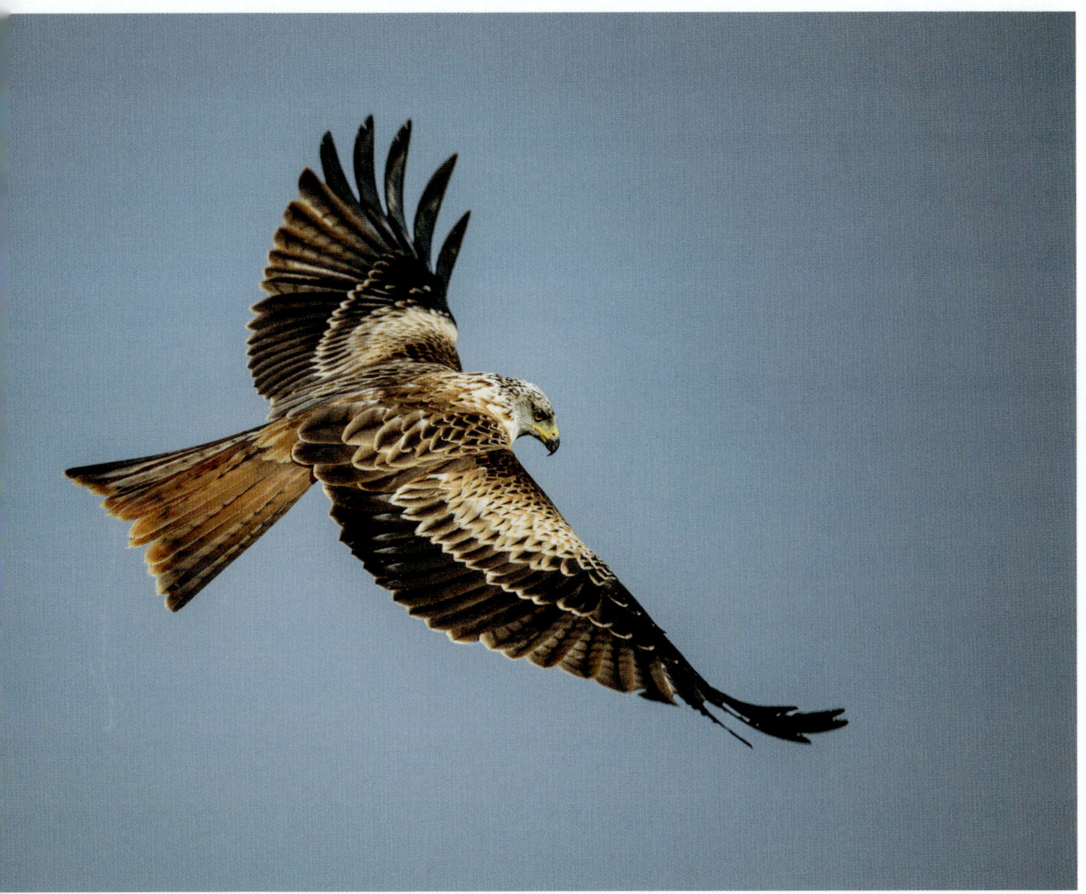

▲ *Keine Fotomontage. Der Rotmilan wurde mit einer Nikon D4 und einem 600 mm 4.0 exakt so aufgenommen.*

f/4 | 1/2000 s | ISO 100

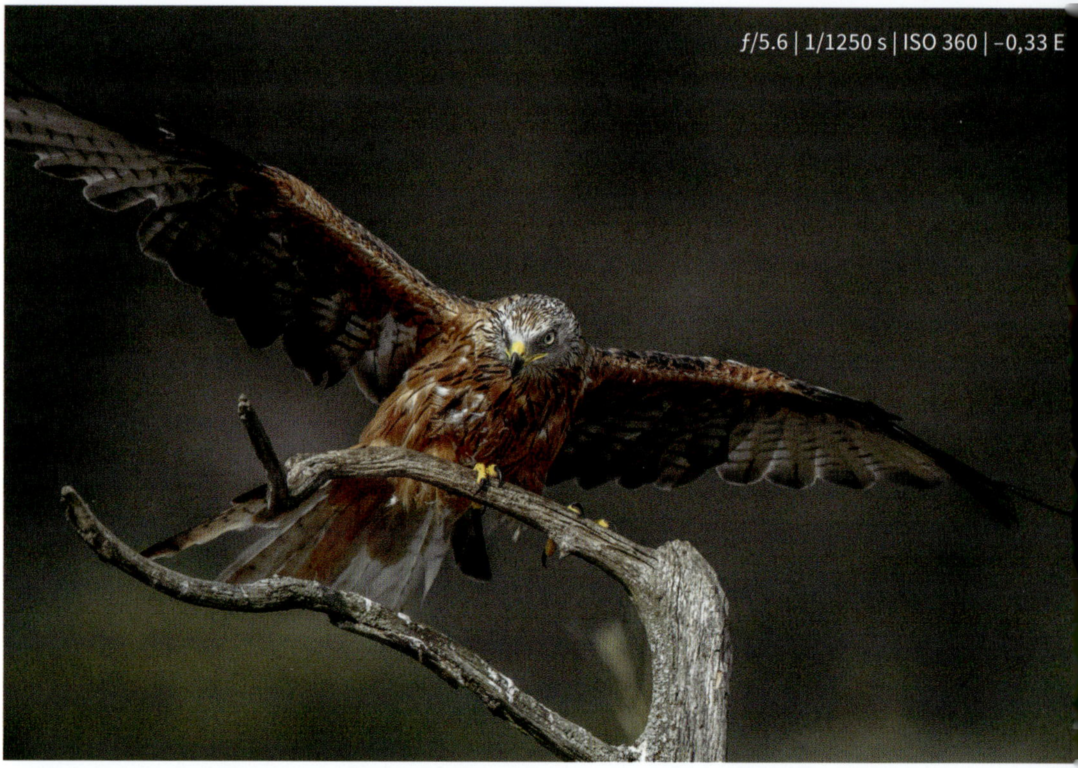

f/5.6 | 1/1250 s | ISO 360 | –0,33 E

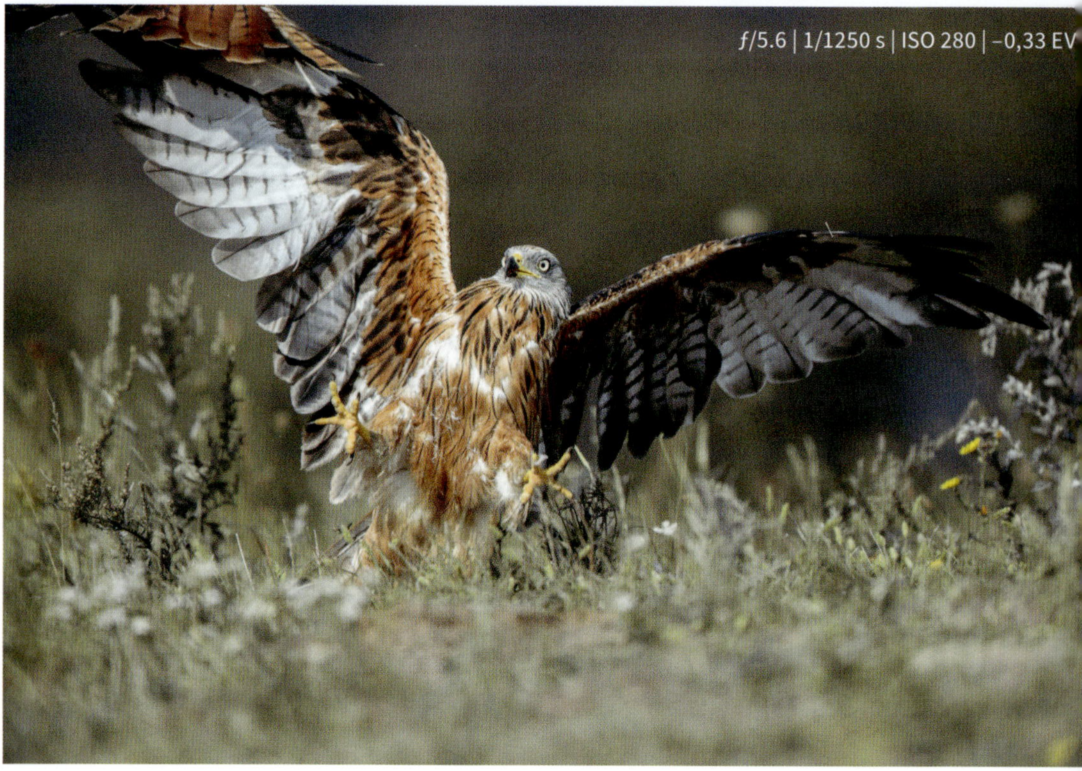

f/5.6 | 1/1250 s | ISO 280 | –0,33 EV

▲ *Der Rotmilan landet auf einem Ast und scheint sich über irgendetwas aufzuregen.*

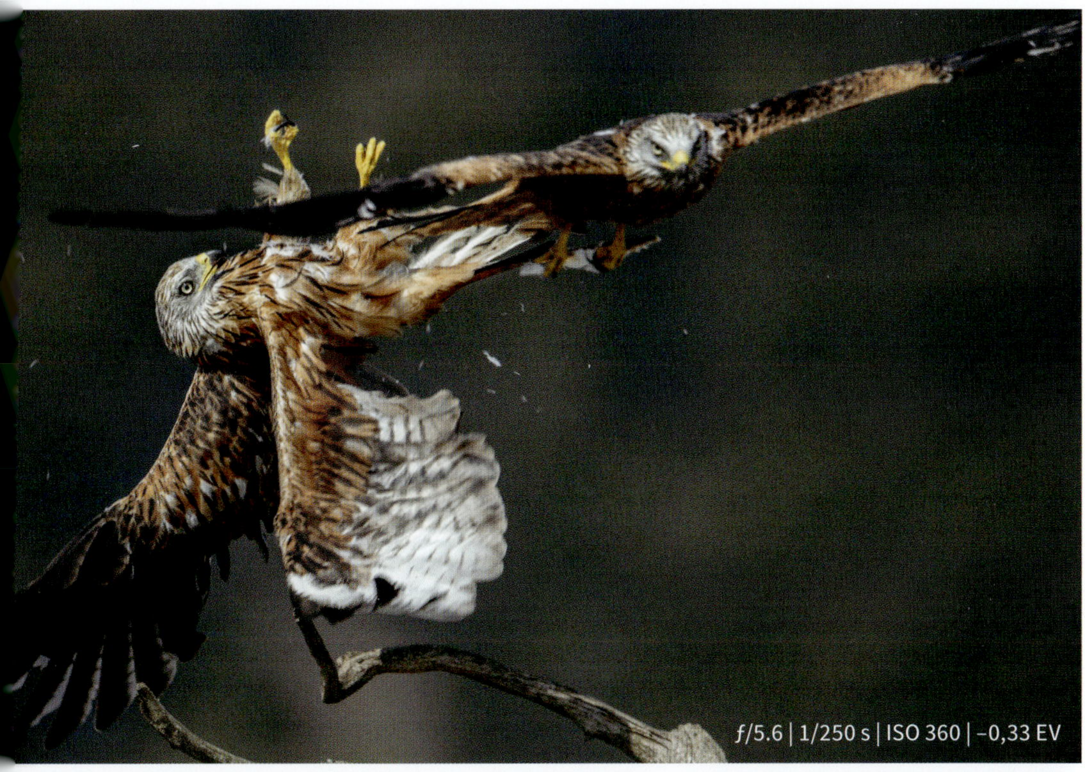

f/5.6 | 1/250 s | ISO 360 | –0,33 EV

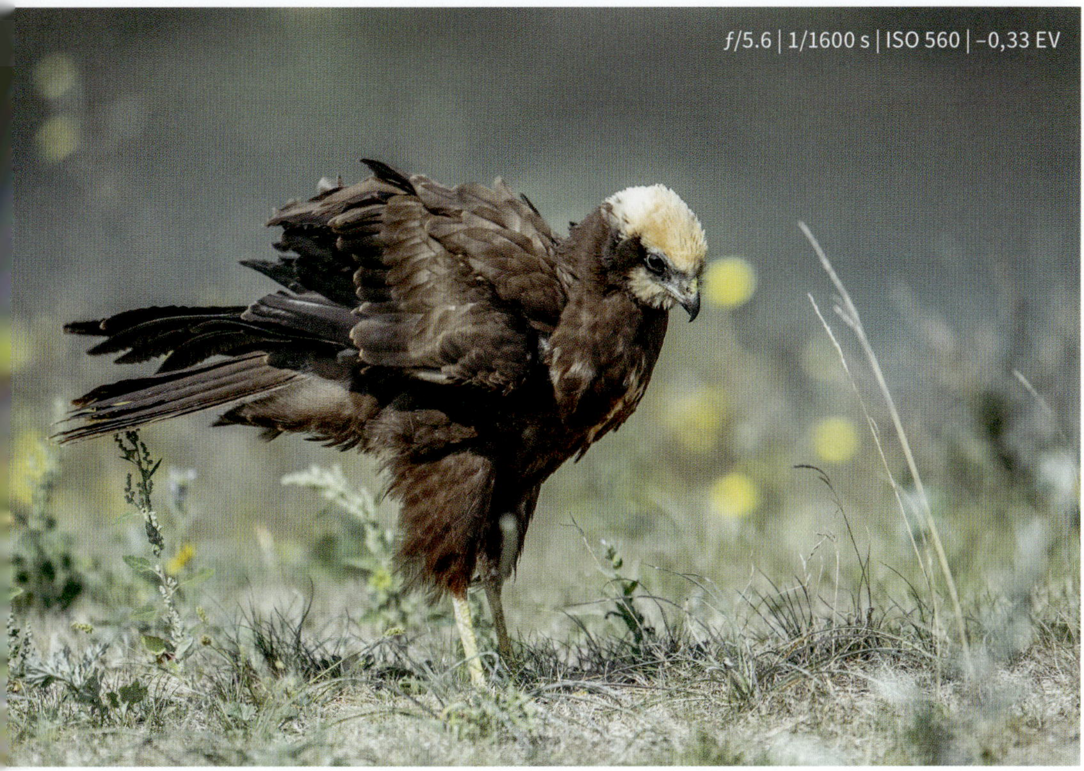

f/5.6 | 1/1600 s | ISO 560 | –0,33 EV

▲ *Die Rotmilane sind an diesem heißen Tag nicht gut aufeinander zu sprechen.*

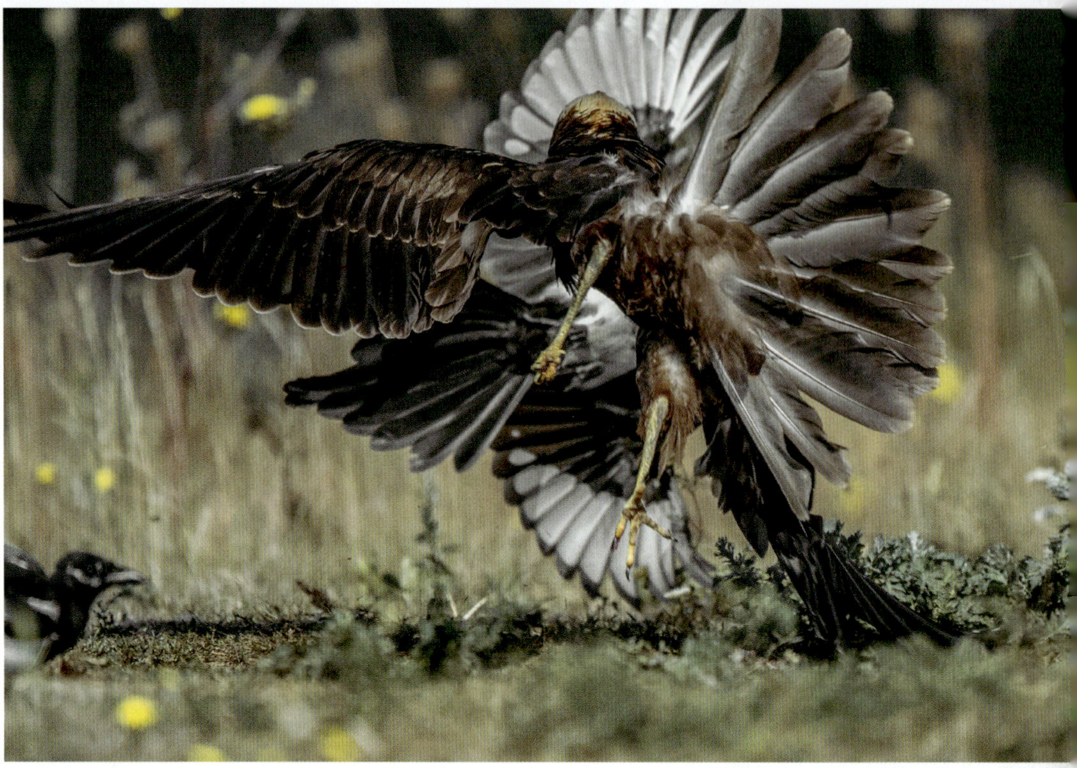

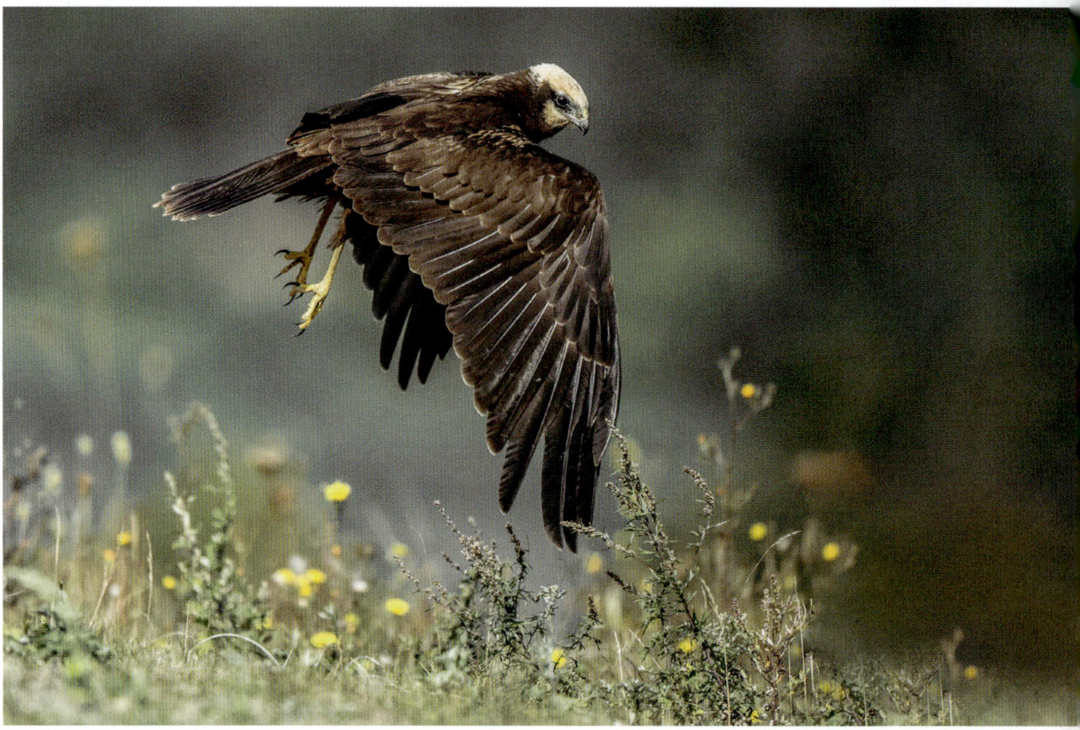

▲ *Sogar eine Rohrweihe kommt vorbei und mischt sich in die Auseinandersetzung ein.*
f/5.6 | 1/1600 s | ISO 400 | –0,33 EV

▲ *Die Rohrweihe merkt aber schnell, dass es besser ist, wieder abzuheben und das Weite zu suchen.*
f/5.6 | 1/1600 s | ISO 560 | –0,33 EV

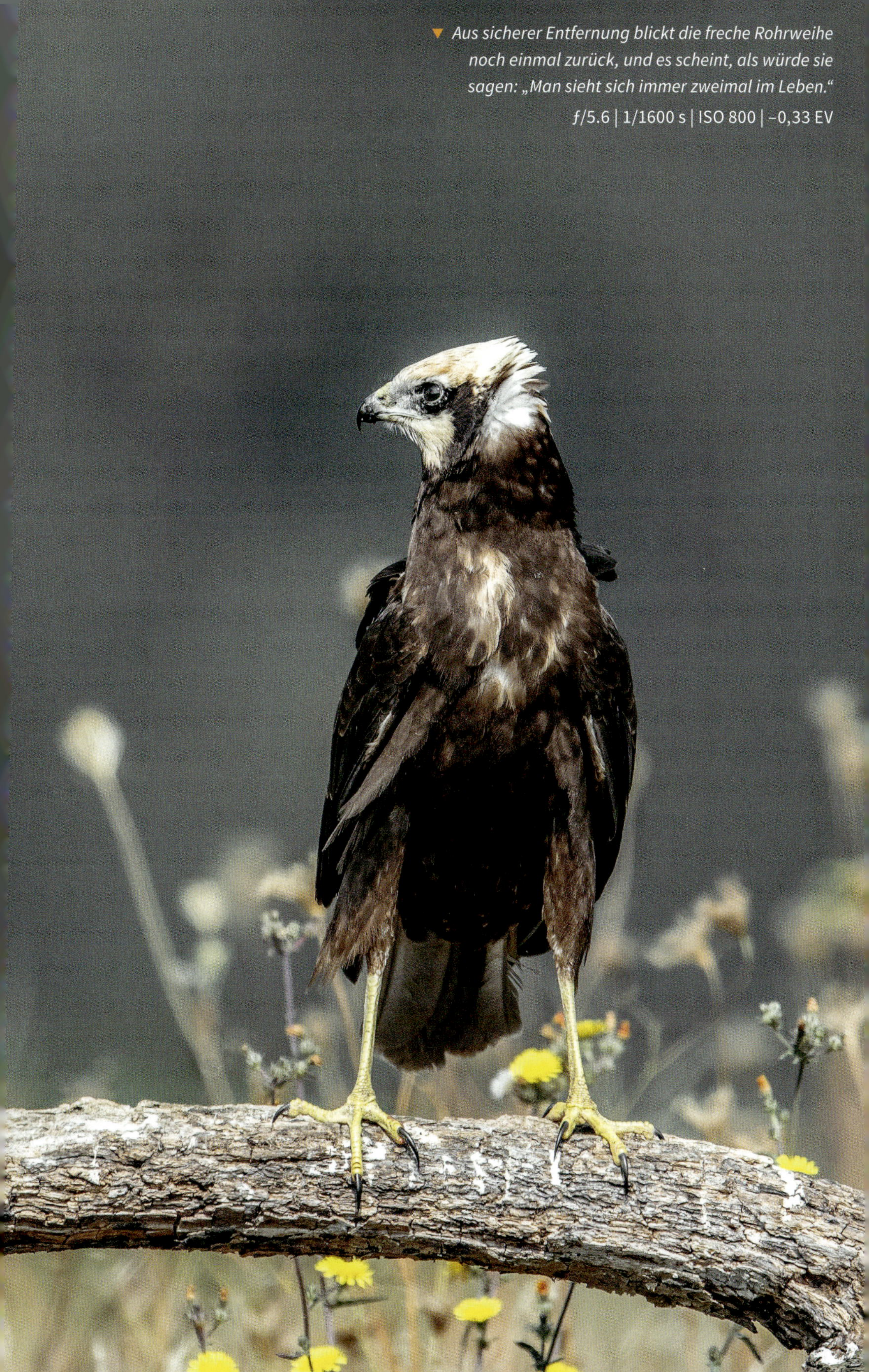

▼ *Aus sicherer Entfernung blickt die freche Rohrweihe noch einmal zurück, und es scheint, als würde sie sagen: „Man sieht sich immer zweimal im Leben."*
f/5.6 | 1/1600 s | ISO 800 | –0,33 EV

Wildes Weißrussland

Wölfe und Elche in freier Wildbahn und dazu noch im tiefen Schnee fotografieren, ist ein Traum. Das Schicksal meinte es geht mit uns, und nur wenige Monate, nachdem ich mit meinem Freund darüber gesprochen hatte, erhielten wie eine Einladung nach Weißrussland. Endlich! Endlich mal wieder Schnee, hier im Rheinland liegt ja nirgendwo mehr welcher. Unmittelbar vor der Abreise dann die schlechte Botschaft – das erste Mal seit 40 Jahren liegt kein Schnee in Weißrussland. Wir reisen also nicht nach Weißrussland, sondern Grünrussland. Egal, das tat meiner Stimmung keinen Abbruch. Zum Glück halfen mir alle mit meinen Objektiven und dem ganzen Equipment. Mit so großen Linsen zu fliegen, ist ein Abenteuer, und fast immer muss man zum Sprengstofftest. Wir hatten alles im Handgepäck, und jeder trug ein großes Objektiv. Die Kameras hatte ich im Rucksack, und den Laptop hatte ich umhängen. Wir starteten in Düsseldorf und landeten knapp drei Stunden später in Minsk. Vom Flughafen aus fuhren wir weitere viereinhalb Stunden mit den Auto bis zu unserem Ziel irgendwo in den weißrussischen Wäldern.

Die Schlepperei ist der große Nachteil des umfangreichen Equipments. Wenn dann noch Stative, Gimbals, Ladegeräte, Akkus etc. dazukommen, bleibt nicht mehr viel Gewicht für Kleidung übrig. Aber ich glaube, das kennen die meisten Fotografen. Unsere Gastgeber waren supernett, das Essen war reichhaltig und lecker und die Landschaft atemberaubend. Die Straßen aber glichen eher holprigen Buckelpisten, und manchmal macht man sich die Straßen einfach selbst.

Mit dem Heulen der Wölfe aufzuwachen, ist ein besonderes Erlebnis. Die Wölfe waren jung zu unseren Gastgebern gekommen, da sie vom Jäger allein im Wald gefunden worden waren und von ihm aufgezogen wurden. Es war also so, dass die Wölfe frei im Wald umherliefen und die Fotografen hinter einer Umzäunung agieren konnten.

Mit den Adlern hatten wir leider Pech. Sie kamen nicht, vermutlich weil es einfach viel zu warm wurde. Dafür sahen wir eine Menge Elche. Da lag der Vorteil darin, dass man ohne Schnee die weißen Beine im Wald schneller erkannte. Elche sind sehr scheu und trotz ihrer unglaublichen Größe richtig schnell wieder weg, sobald sie Gefahr wittern. Neben den Elchen gab es auch sehr viel Rotwild dort zu sehen. Rot- und Damhirsche liefen teilweise durch die Straßen. Ein unvergleichliches Erlebnis in einer völlig anderen Welt, als wir sie hier erleben.

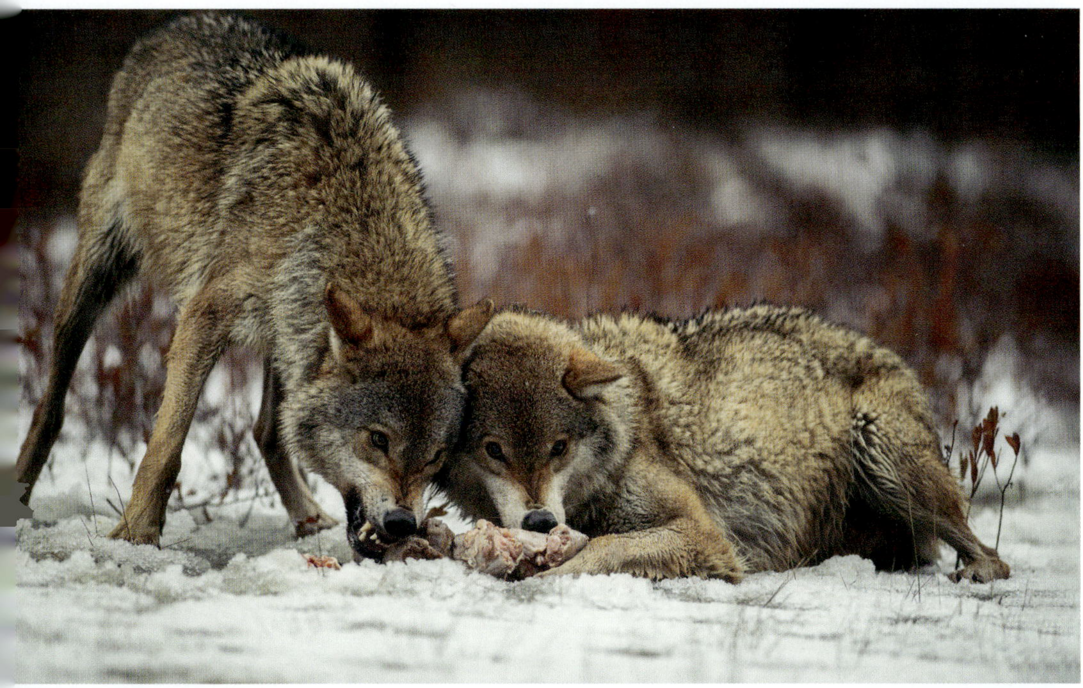

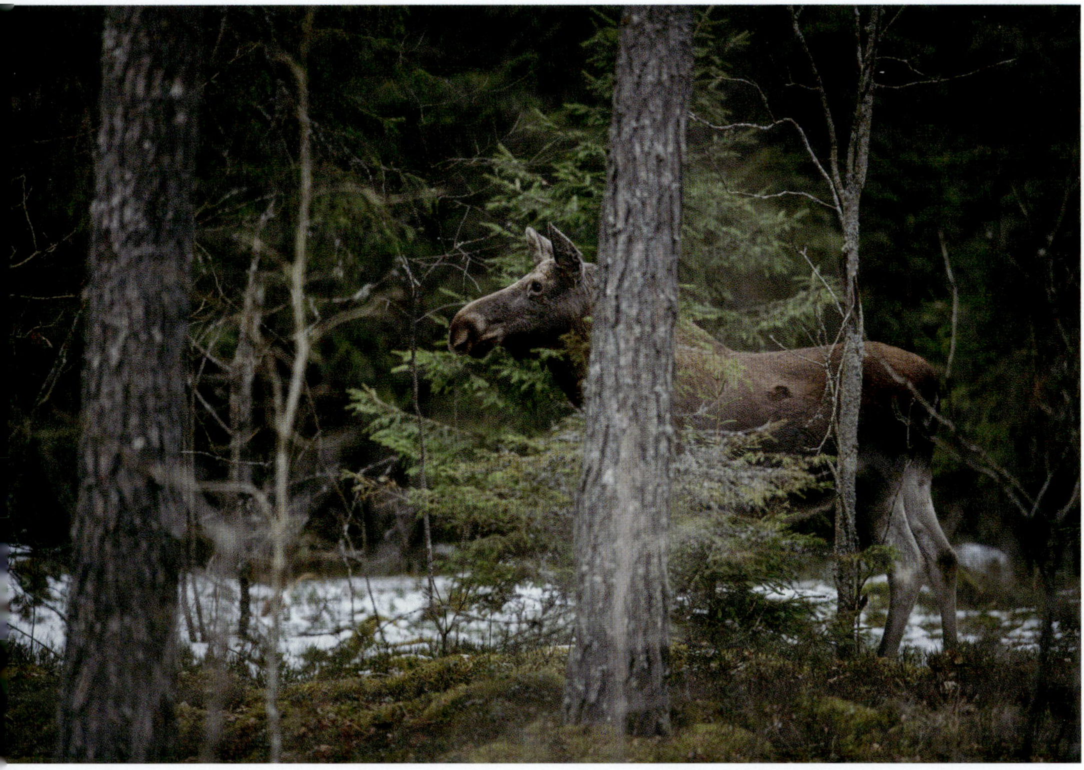

▲ Zwei Wölfe verspeisen genüsslich ihre Beute. Zumindest einen letzten Rest an Schnee hat der Wettergott uns noch gelassen.
f/2.8 | 1/1000 s | ISO 1100

▲ Eine scheue Elchkuh beobachtet das Geschehen aus sicherer Entfernung.
f/2.8 | 1/250 s | ISO 360

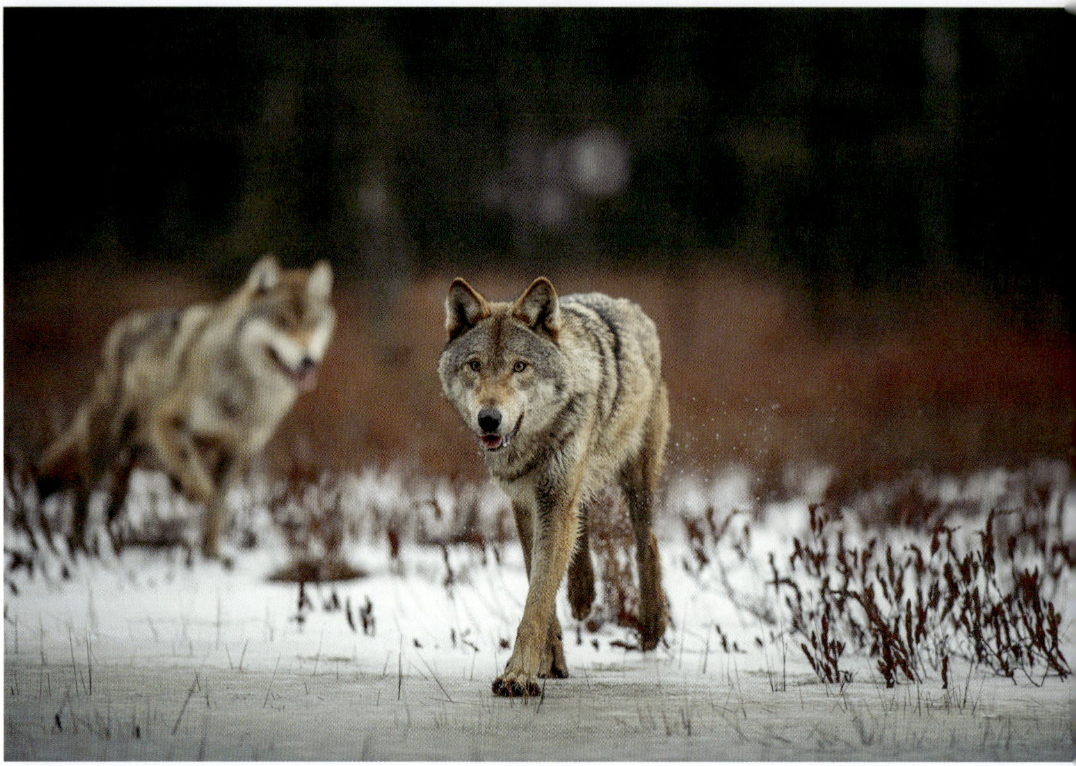

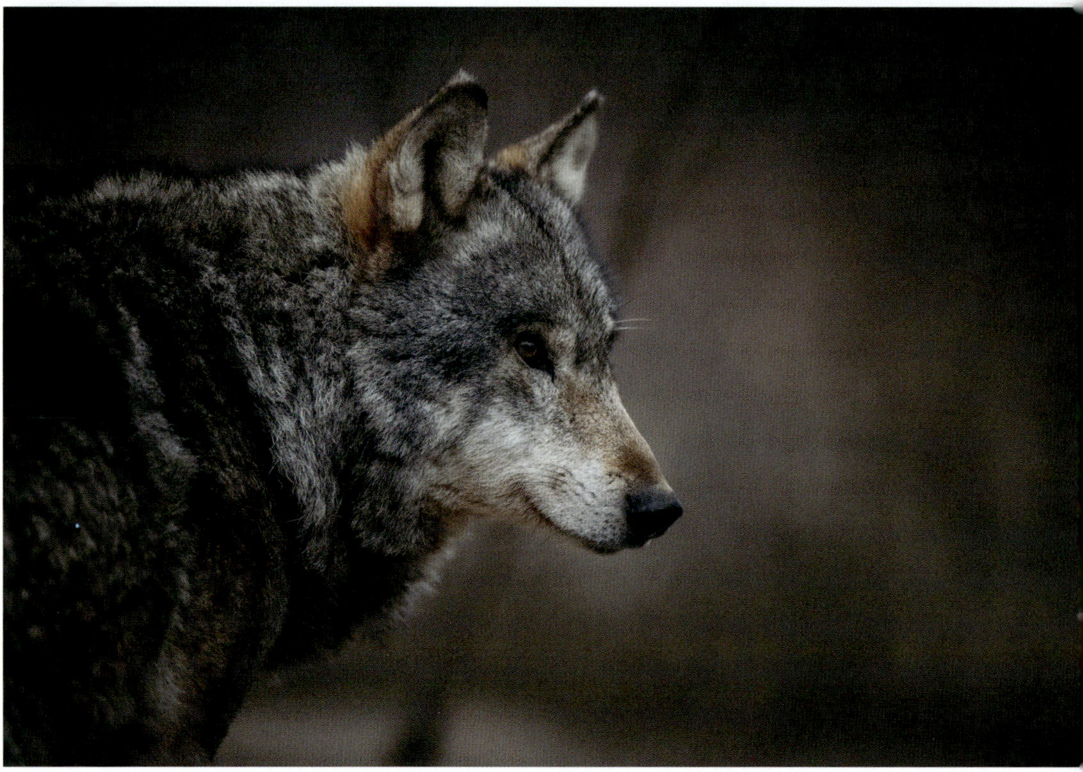

▲ *Der Anführer des Rudels prüft das Eis des zugefrorenen Sees.*
f/2.8 | 1/800 s | ISO 720

▲ *Dieser alte Wolf beobachtet aufmerksam die Umgebung …*
f/2.8 | 1/250 s | ISO 560

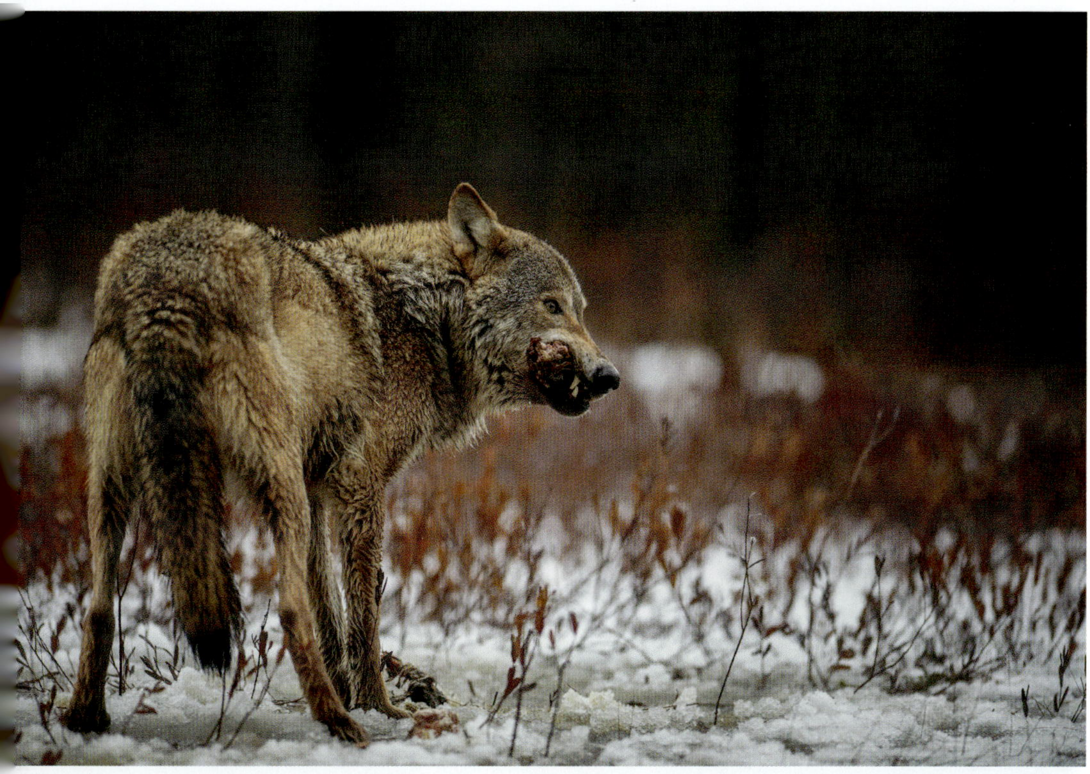

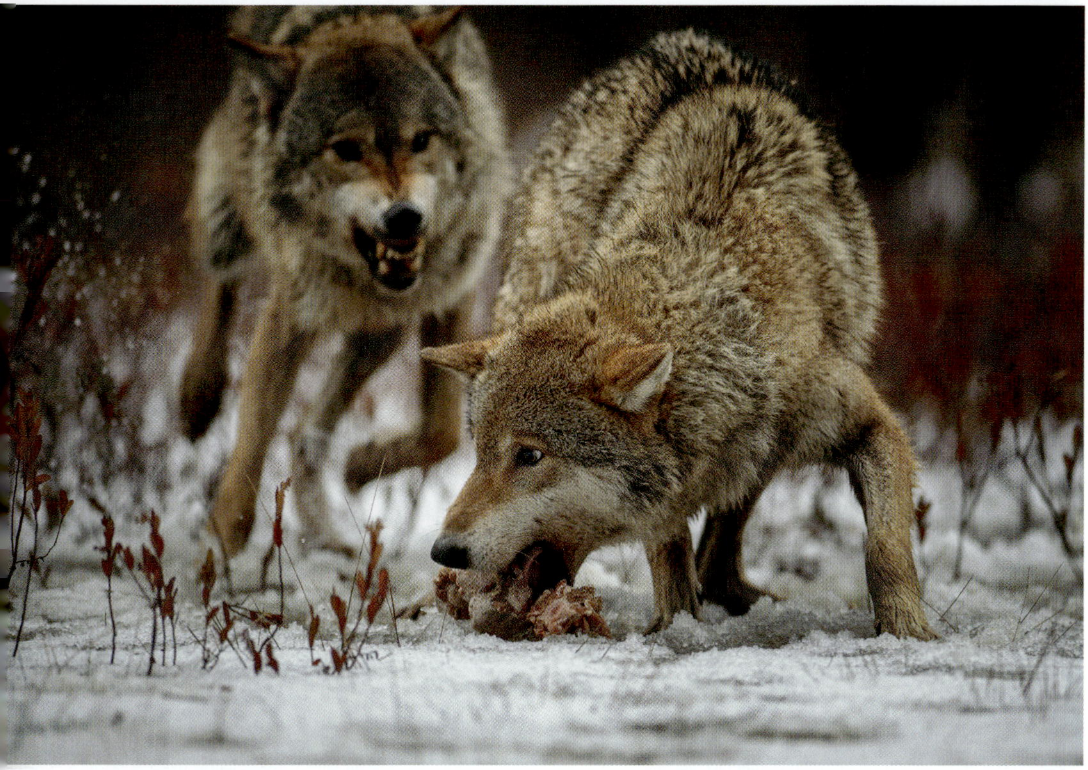

▲ *... während sich die Jungen über das Fressen hermachen.*

f/2.8 | 1/1000 s | ISO 1000

▲ *Streit ums Futter ist im Wolfsrudel keine Seltenheit.*

f/2.8 | 1/1000 s | ISO 500

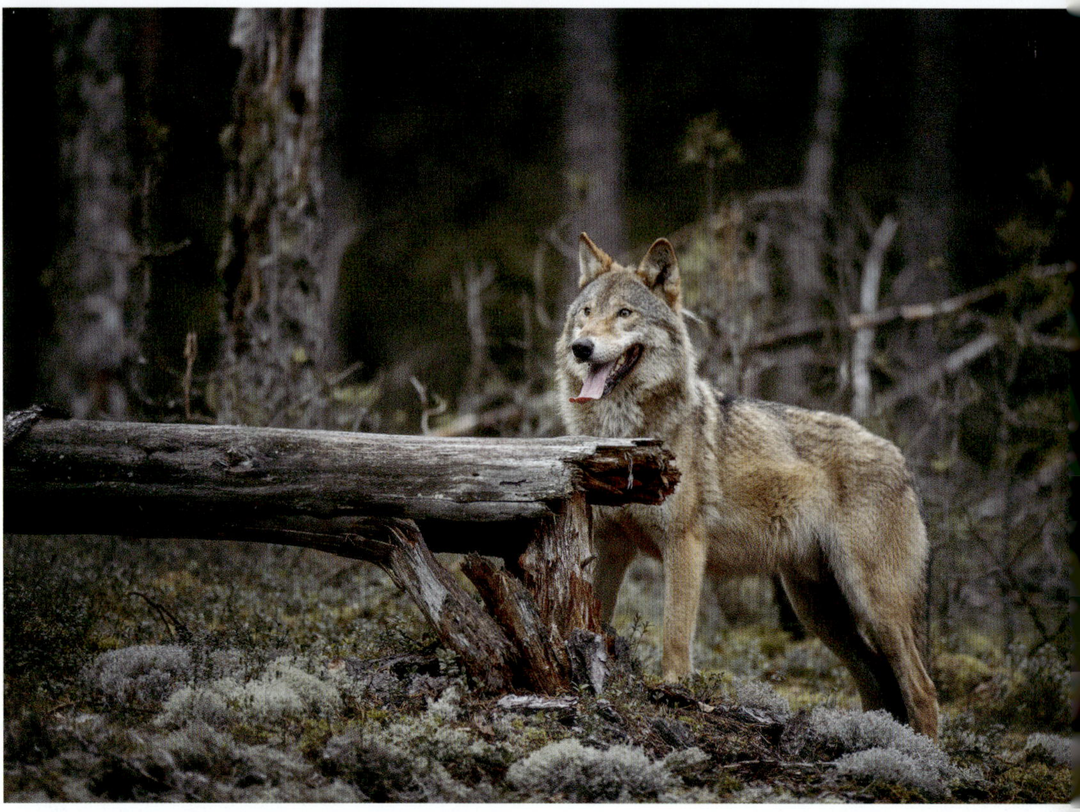

▲ *Ein anderer wartet in sicherer Entfernung ab und ist überzeugt, dass für ihn noch was übrig bleiben wird.*
f/2.8 | 1/1000 s | ISO 1250

▲ *Auf Beobachtungsposten.*
f/2.8 | 1/500 s | ISO 640

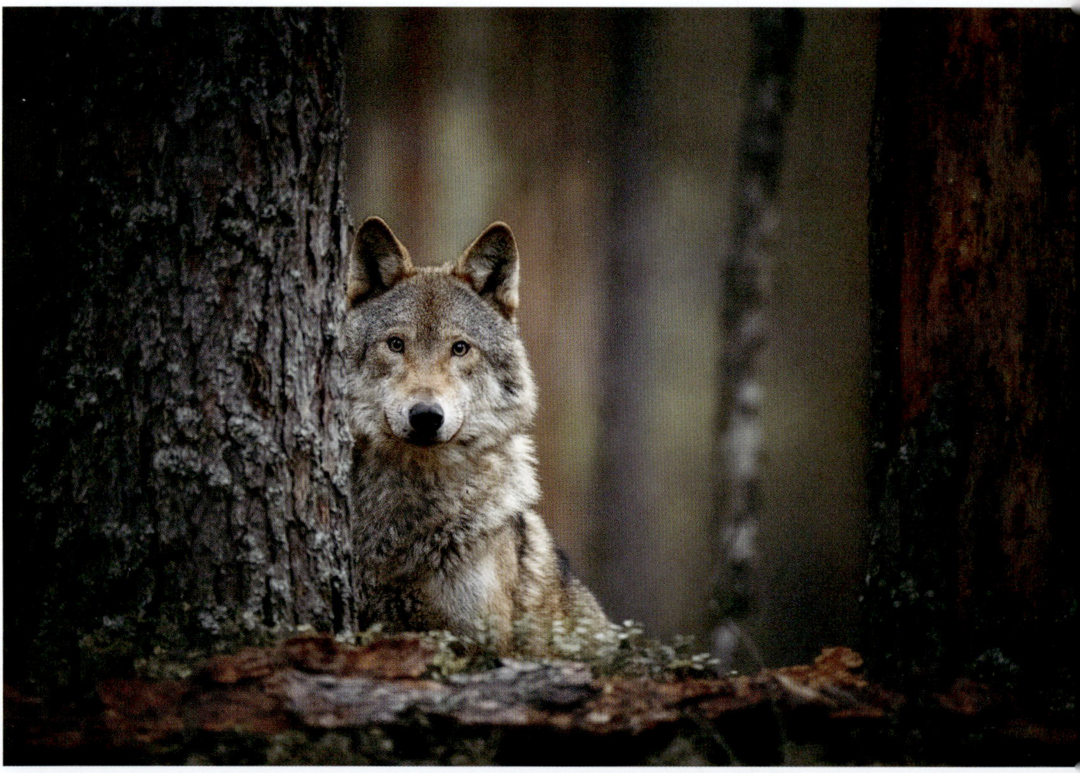

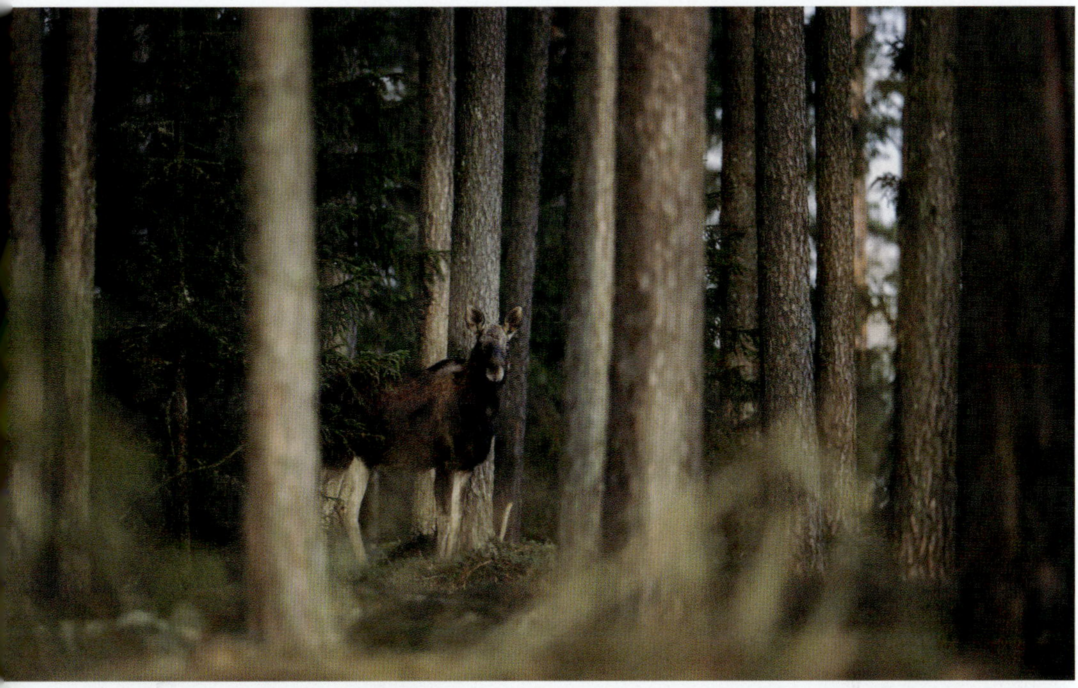

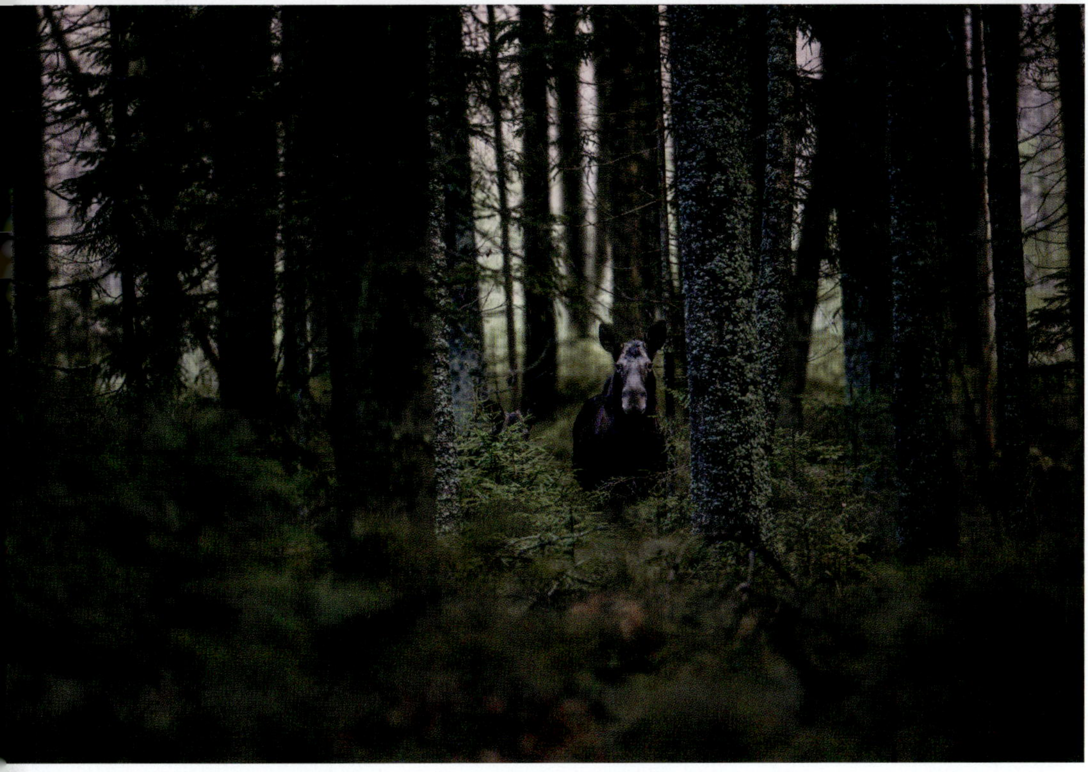

▲ *Eine vorbeiziehende Elchkuh hat uns entdeckt.*
ƒ/2.8 | 1/400 s | ISO 280

▼ *Die Elchkuh wartet kurz ab, bevor sie wieder im Wald verschwindet.*
ƒ/2.8 | 1/320 s | ISO 2200

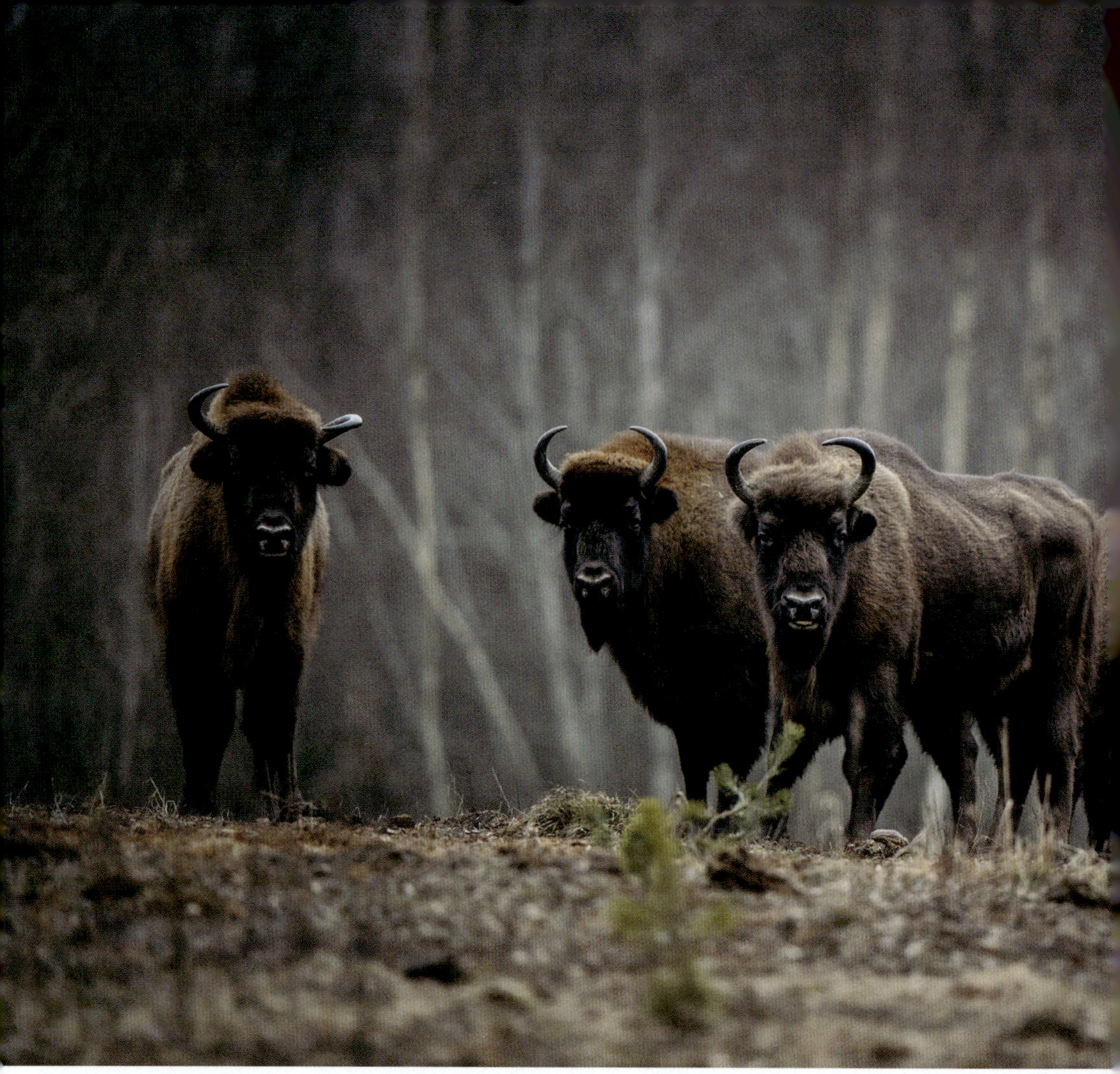

▲ *Sie waren akut vom Aussterben bedroht, aber es gibt sie wieder, wild lebende Wisente. Ein beeindruckendes Erlebnis zum Ende unserer Weißrusslandreise.*

f/2.8 | 1/500 s | ISO 640

▶ *Eine Wisentherde umfasst rund 20 Tiere. Es ist schön zu sehen, dass der Nachwuchs prächtig gedeiht.*

f/2.8 | 1/250 s | ISO 500

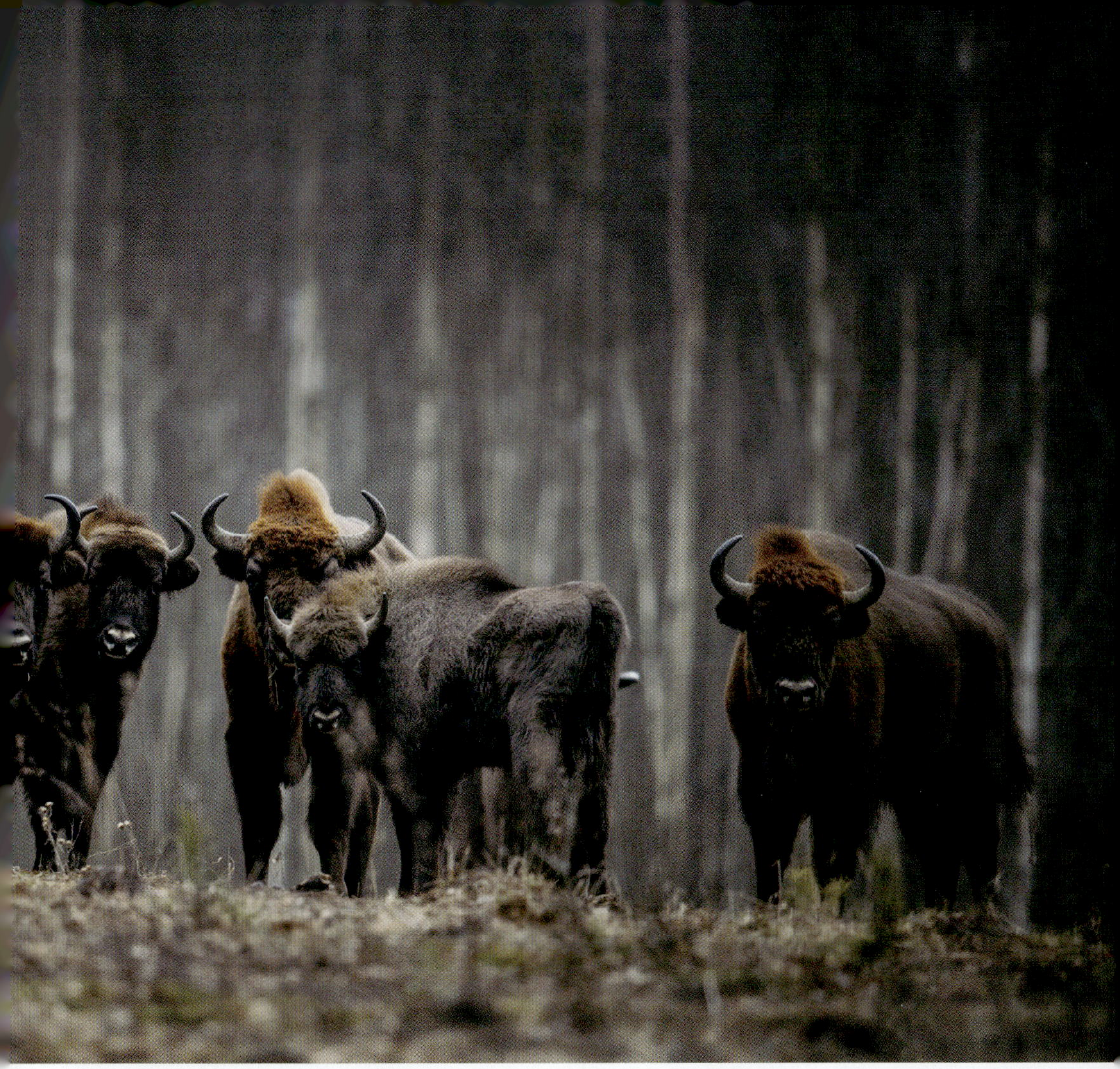

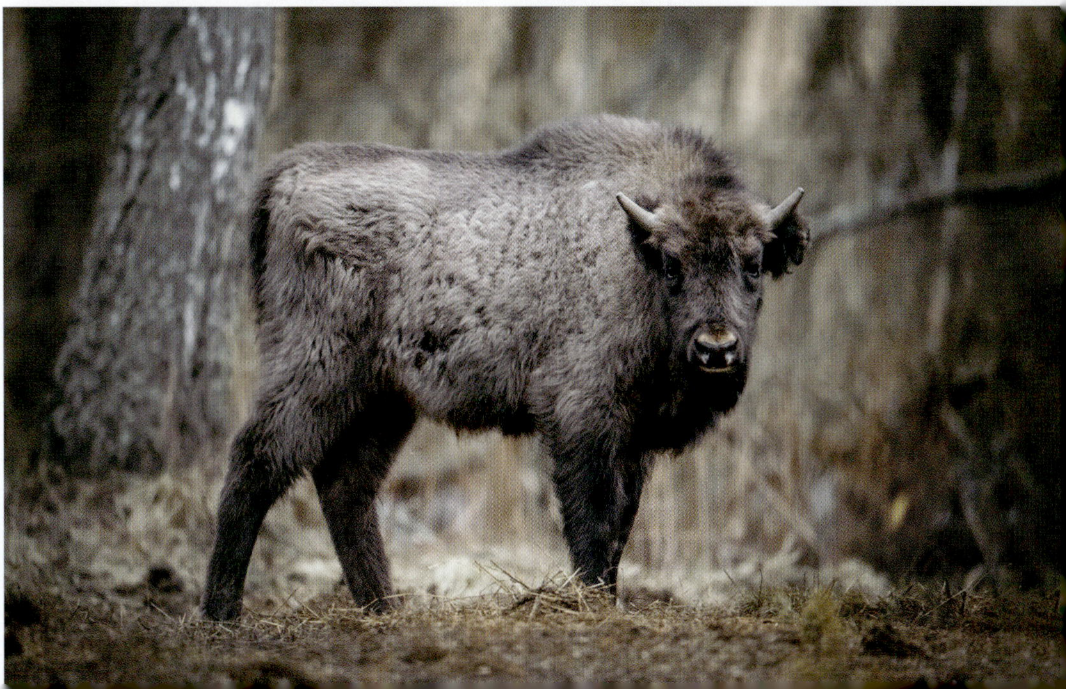

8 KOLLEGEN **ERZÄHLEN**

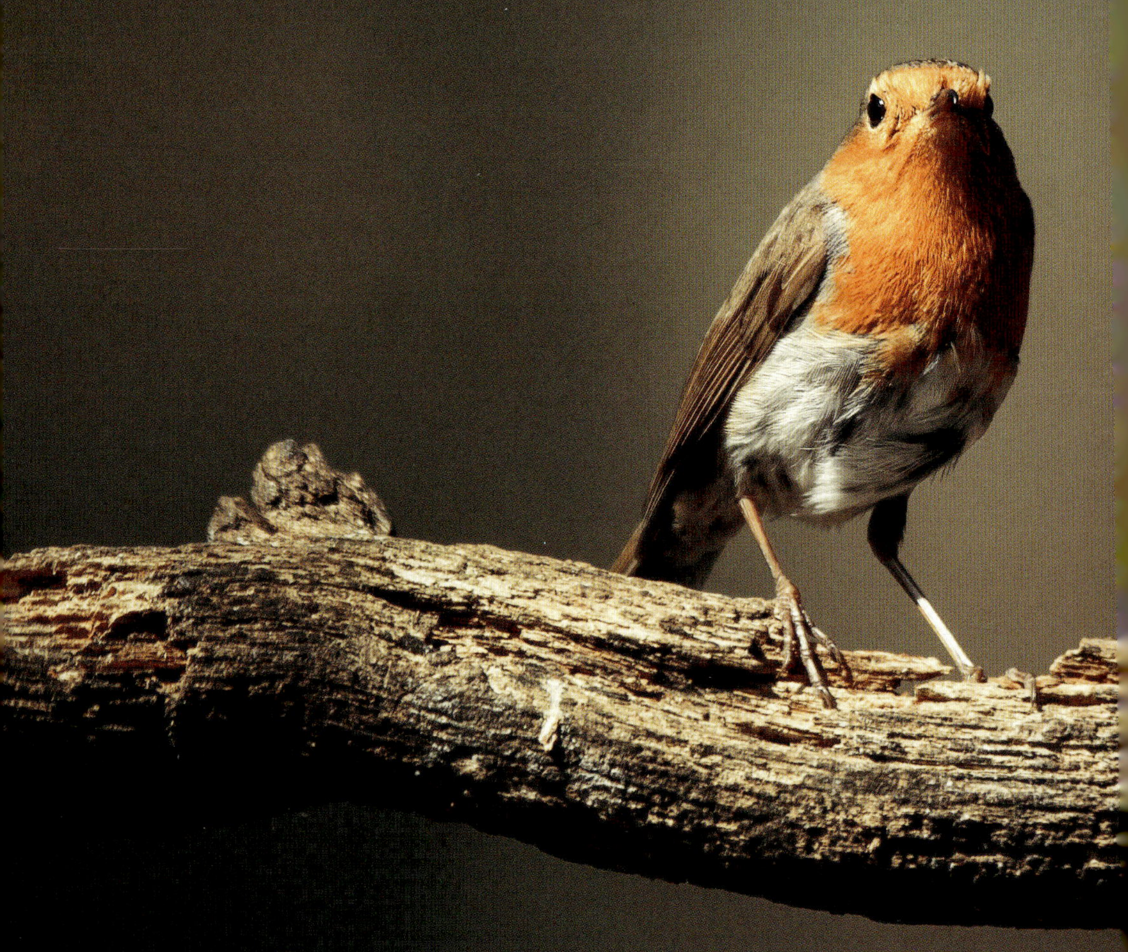

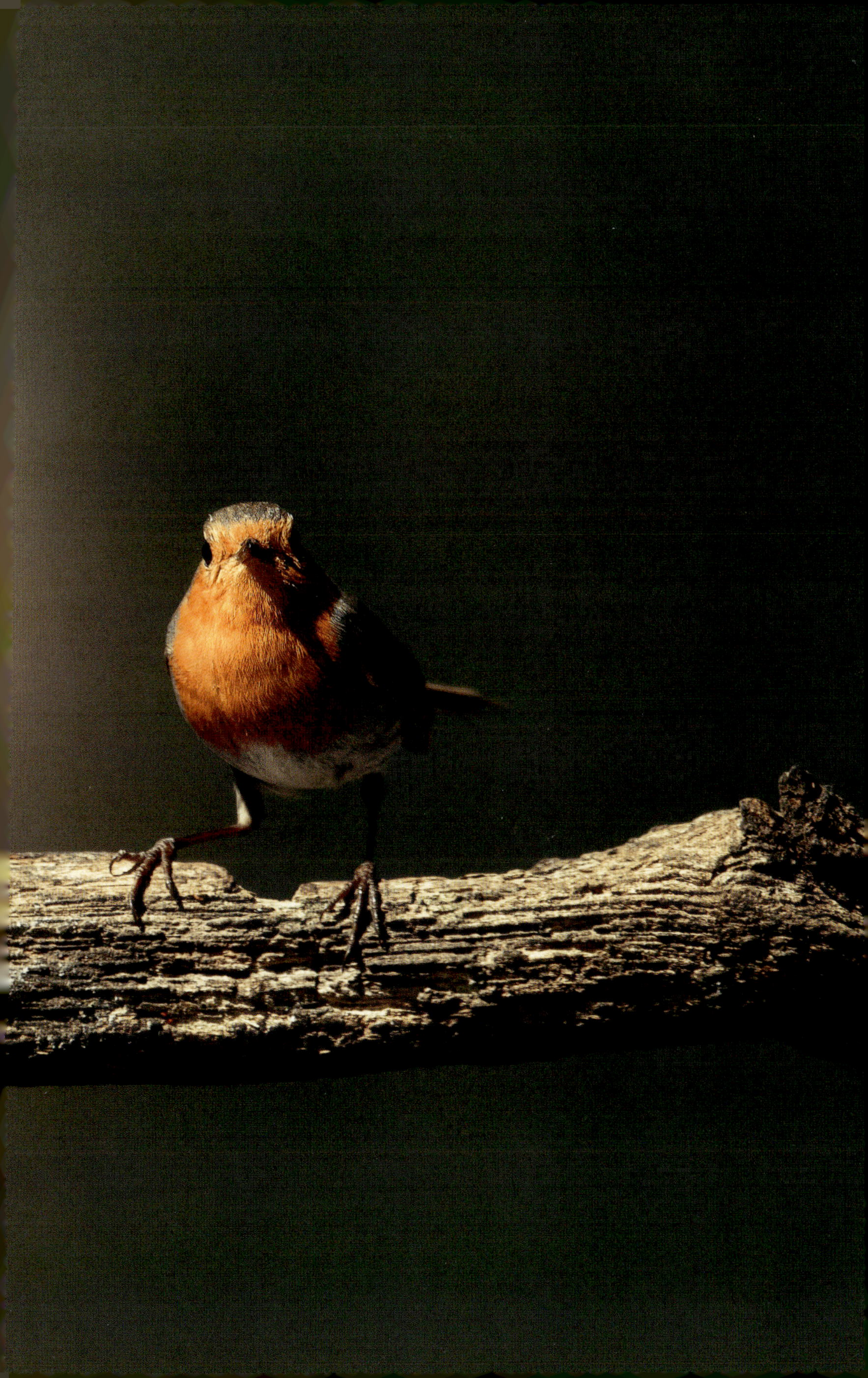

Inspirierende Gastbeiträge

Ich finde es immer sehr spannend, mich mit anderen Fotografen auszutauschen. Über Locations, Ausrüstung, Technik und vor allem über Fotoerlebnisse. Daher lade ich Sie jetzt zu einigen Gastbeiträgen befreundeter Fotografen ein.

Marcin Nawrocki – Der Otter

Der polnische Winter im Februar 2020 war wirklich ein kalter Winter. Schon einige Zeit lang trug ich die Idee mit mir herum, einen der seltenen Otter im Winter zu fotografieren. Meiner Meinung nach ist der Winter die beste Zeit, um solche Bilder zu machen. An einem Montagmorgen, es war der 10. Februar, wachte ich sehr früh auf und fuhr zum Fluss, den ich zuvor schon ein paar Tage beobachtet hatte. Es war der perfekte Zeitpunkt und der perfekte Ort, denn ich sah viele Otterpfade. Der ganze Fluss war zugefroren, aber an einigen Stellen am Flussufer sah ich kleine Eislöcher. Eines von ihnen war ziemlich groß, also baute ich meine Kamera auf, richtete mich ein und wartete. Die Temperatur betrug an diesem Tag –25 Grad. Obwohl es klirrend kalt war, beschloss ich, den ganzen Tag dort zu bleiben.

Ich wusste, es war die Chance, ein gutes Foto zu machen. Um sieben Uhr morgens lag ich bereits dick eingepackt auf dem kalten Boden. Nach zwei Stunden wurde mir trotz ISO-Matte auf dem Boden immer kälter, und es passierte nichts. Dennoch wollte ich meinen Plan verwirklichen, sodass ich alles um mich herum ausblendete und dort blieb. Nach vier Stunden passierte immer noch nichts, und meine Euphorie wich nach und nach einer stetig wachsenden Enttäuschung.

Doch wie aus dem Nichts tauchte gegen 14 Uhr ein erwachsener Otter vor mir auf, aber genauso unerwartet, wie er plötzlich vor mir stand, verschwand er auch wieder. Das Zeitfenster war einfach zu kurz gewesen, ein gutes Foto zu machen. Macht nichts, die Euphorie war wieder da, denn Otter sind überaus neugierig, und ich wusste, dass er an diesen Ort zurückkommen würde.

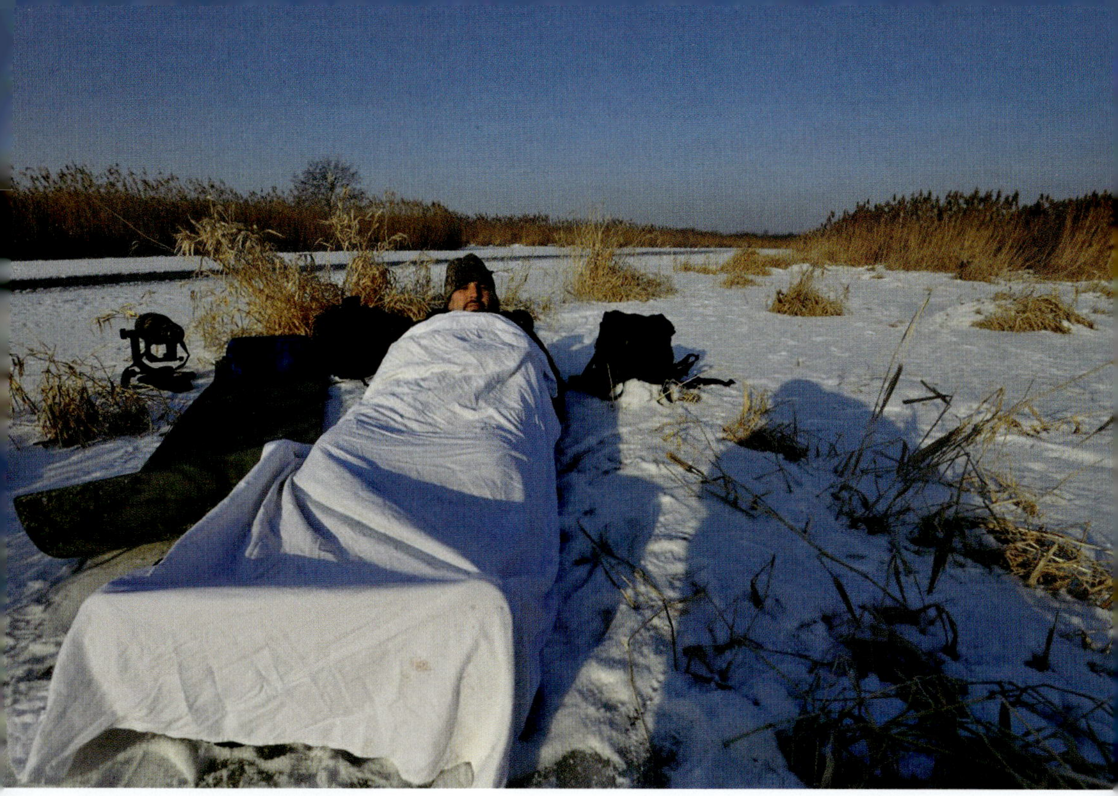

▲ *Langes Warten auf den einen Moment – bei –25 Grad.*

Ich hatte recht, denn der Otter tauchte kurz danach wieder auf und legte sich vor mir auf das Eis. Es waren drei Minuten totalen Glücks und völliger Freude. Der kleine Otter war ein sehr gutes Modell, sodass ich viele fantastische Fotos machen konnte. Fotografieren bei diesen Temperaturen ist kein Zuckerschlecken, weder für den Fotografen noch für die Ausrüstung, aber das war es wert.

Marcin Nawrocki

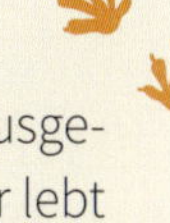

Marcin Nawrocki ist vielfach ausgezeichneter Wildlife-Fotograf. Er lebt in Kutno, einer kleinen Stadt in der Mitte Polens. Marcin ist Mitglied des Verbands Polnischer Tierfotografen und des Adlerschutzkomitees.

www.polandwildlife.com

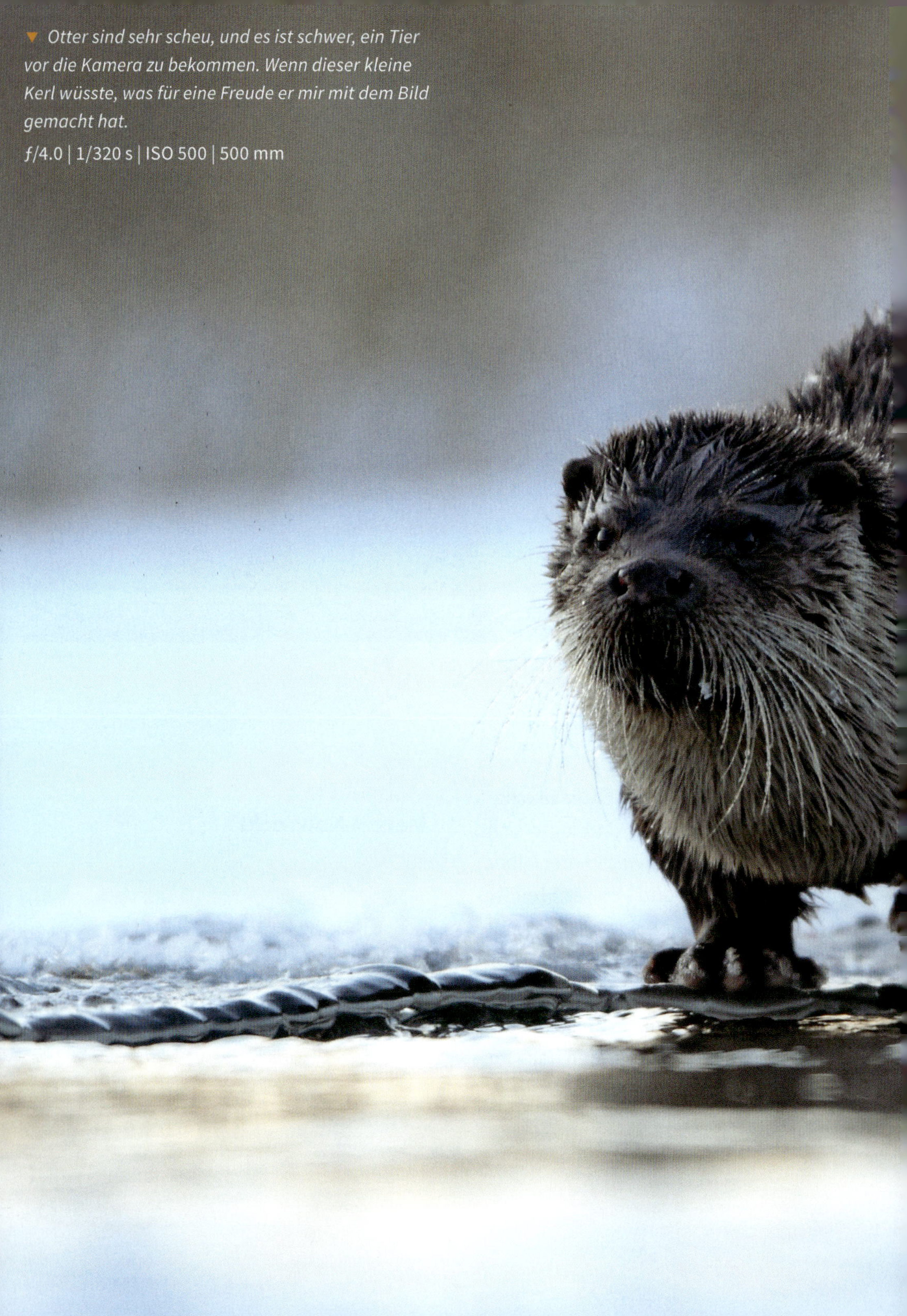

▼ *Otter sind sehr scheu, und es ist schwer, ein Tier vor die Kamera zu bekommen. Wenn dieser kleine Kerl wüsste, was für eine Freude er mir mit dem Bild gemacht hat.*

f/4.0 | 1/320 s | ISO 500 | 500 mm

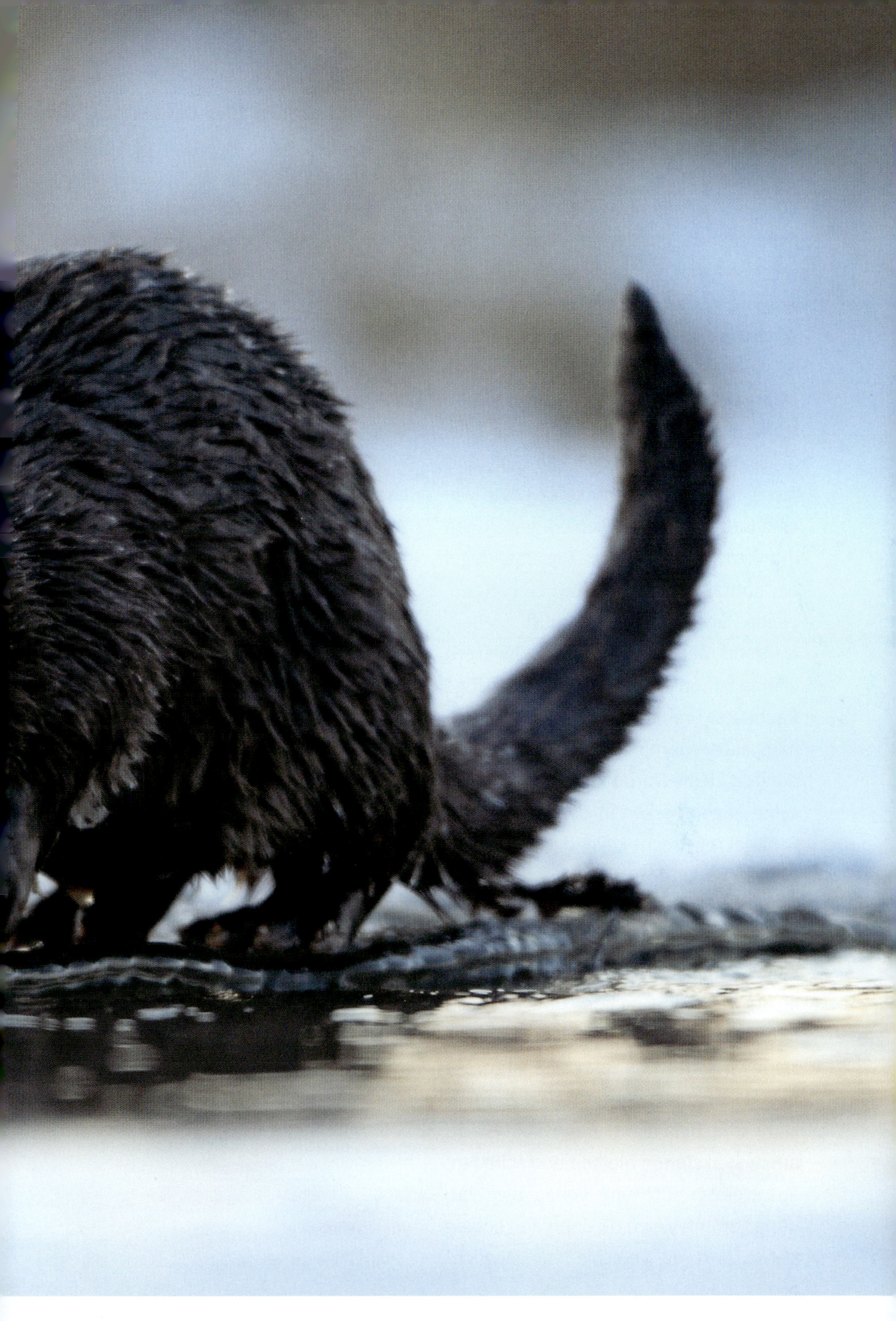

Sebastian Hilpert – Only Food Runs

Suchend blicken wir auf die sich vor uns ausbreitende Landschaft. Die Minuten vergehen. War da eben eine winzige Bewegung in dem brusthohen Gras, oder war es nur wieder der Wind? Louis deutet in die Richtung, in der auch ich etwas wahrgenommen hatte, und im selben Moment zerplatzt das Gras vor uns. Grassamen fliegen durch die Luft, und fast geräuschlos kommt der Löwe wie eine Naturgewalt auf seinen gewaltigen Pranken herbeigestürmt. Die erste Regel bei Kontakt mit Raubtieren einhaltend, bleibe ich einfach ungerührt stehen, während der Tod mit der schwarzen Mähne auf uns zuprescht. Die gewaltige Raubkatze bremst abrupt, bleibt anderthalb Meter vor mir stehen. Ich sehe jede noch so kleine Narbe in seinem Gesicht, seine Augen wirken in dem gewaltigen Schädel regelrecht klein, der ganze Körper ist Kraft und Muskel.

„Wenn du durch den afrikanischen Busch läufst, kannst du Glück haben oder auch nicht. Wenn du Glück im Unglück hast, dann wirst du eventuell den Sound einer Harley-Davidson hören. Es ist ein dröhnendes, röhrendes Knurren, das durch Mark und Bein geht. Dann solltest du am besten stehen bleiben und schauen, aus welcher Richtung genau die Warnung kommt. Wenn du dann den Löwen siehst, hast du verschiedene Möglichkeiten. Du kannst dein Gewehr, falls du denn eines hast, in Anschlag nehmen und hoffen, dass du es nicht brauchen wirst, beten oder Geräusche erzeugen, die dem Löwen fremd vorkommen, dir in die Hose machen, was auch immer.

Aber eines solltest du niemals tun – rennen:

- Dann bist du sicher tot.
- Denn nur Essen rennt.

Usain Bolt, der schnellste Mensch der Welt, schafft 44 Stundenkilometer, ein Löwe über 80. Du kannst nicht weglaufen. Aber durchatmen. 90 Prozent der Angriffe von Löwen sind Scheinangriffe, weil du dummer Mensch dich in ihre Privatzone begeben hast. Die schwere Raubkatze wird wahrscheinlich zwei bis fünf Meter vor dir stehen bleiben. Solange du nicht losrennst, wirst du höchstwahrscheinlich nicht gefressen, sondern machst dir einfach nur in die Hose."

„Only food runs" ist die wichtigste und elementare Regel im Umgang mit Raubtieren!

Sebastian Hilpert

Sebastian Hilpert ist Autor, Fotograf und gelernter Wirtschaftsinformatiker. Er beschäftigt sich am liebsten mit Wildtierfotografie, Artenschutz, Geschichte, innerem Wachstum, guten Büchern und allen möglichen kreativen Dingen.

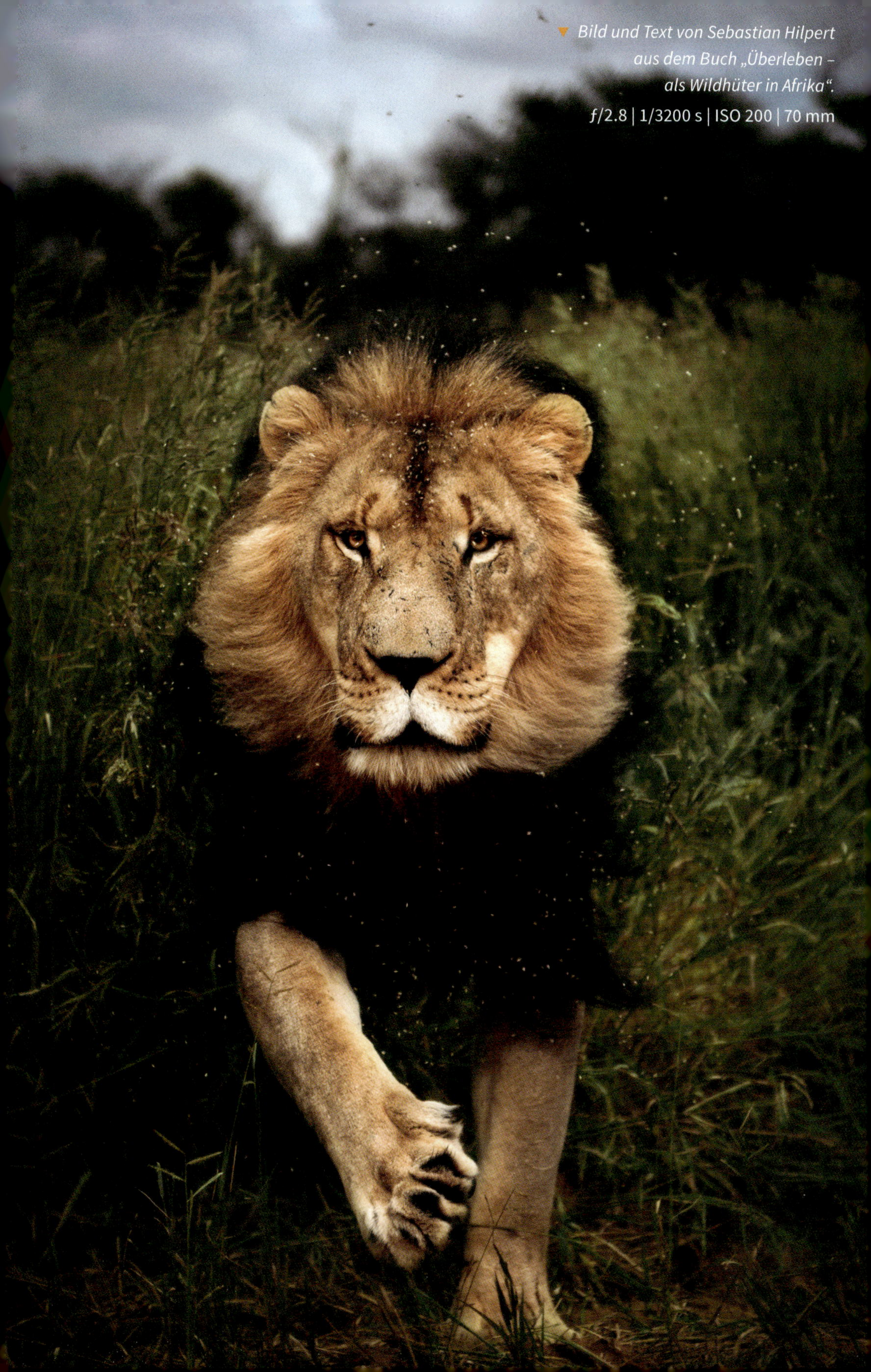

▼ *Bild und Text von Sebastian Hilpert aus dem Buch „Überleben – als Wildhüter in Afrika“.*
f/2.8 | 1/3200 s | ISO 200 | 70 mm

Alexandra Evang – Mein Freund Don

„Alles Liebe“ ist der Gruß, den ich seit Jahren in meinen Briefen, Mails und Videos zum Abschied nutze, weil es die Liebe ist, um die es geht, weil Liebe das ist, was ich allen Tieren und Menschen auf dieser Welt wünsche. Heute möchte ich euch von der Liebe zu einem ganz besonderen Tier erzählen. Ein Lebewesen, das mich oft herausgefordert, zum Schmunzeln gebracht und vor allem wahnsinnig glücklich gemacht hat. Heute möchte ich euch von Don, einem Pony, erzählen.

Als ich als Kind zum ersten Mal bewusst Kontakt zu einem dieser wundervollen Lebewesen aufnahm, war das einer der prägendsten Momente in meinem Leben. Dass die Arbeit mit Pferden einmal mein Leben bestimmen sollte, konnte ich zu diesem Zeitpunkt noch nicht ahnen. Zuerst war es wahrscheinlich der Anblick, der mich in den Bann zog. Pferde sind für mich eine unvergleichliche Mischung aus Kraft und Zerbrechlichkeit.

Zusammen mit meinen Freundinnen, die auch heute noch zu meinen engsten Vertrauten gehören, bauten wir uns am Pferdestall unser kleines Paradies auf. Wir ritten aus, misteten, saßen stundenlang auf den Weiden und sahen den Ponys beim Grasen zu. Wir fühlten uns wohl, ganz zwanglos.

Genau hier war Don zu Hause, hier durfte er ganz Pferd sein und hatte ein wundervolles Leben gemeinsam mit seinen Pferdefreunden und Menschen. Er war das zweite Pferd, das meine Tante, die auch meine Patentante ist, in die Familie holte. Ich sag’s euch, meine Cousinen sind absolute Glückskinder – zwei eigene Pferde: Merlin (Golden Memory), eine Welsh-B-Stute, und Don, ein deutscher Reitpony-Wallach, Mutter und Sohn.

Auch für mich wurde ein kleiner Traum wahr, als Don zu meiner Reitbeteiligung wurde. Auf seinem Rücken habe ich mich immer frei gefühlt, die Natur genossen. Es war eine Freude, ihn ohne Sattel zu reiten und mich um ihn zu kümmern. Ich habe ihn immer bewundert. Als Don einzog, war Sabrina gerade zwölf, ich elf Jahre jung, und es ist unfassbar, was in dieser Zeit alles passiert ist und wie viel Freude es macht, sich rückblickend an die ganzen Momente, die uns verbinden, zu erinnern. Zu gern würde ich die Zeit zurückdrehen und mein Gesicht noch einmal an seinen muskulösen Hals legen.

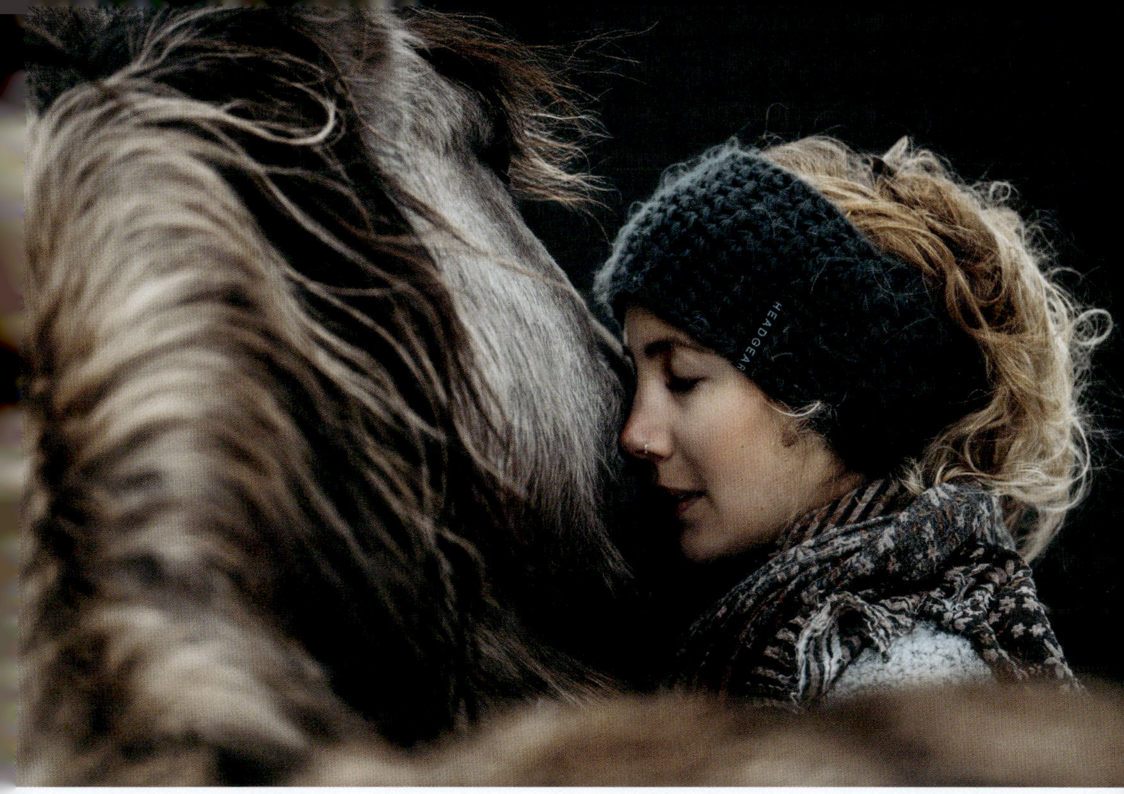

▲ *Aufgenommen mit der Nikon D810 und dem NIKKOR 300 mm f 2.8.*

f/2.8 | 1/1250 s | ISO 640

Don war einfach besonders, von der Optik über seine süßen Ohrenspitzen, der bunten, langen Mähne bis hin zu seinen ganzen liebenswerten Eigenarten und Macken. Über die Jahre ist er zu einem herrlichen Pferd herangereift mit glänzendem, seidigem Fell im Sommer und ganz viel Plüsch im Winter. Ihr müsst wissen, dass Doni ein richtig kleiner Wirbelwind sein konnte, gelbe Säcke haben ihn bis zum Schluss erschreckt, und das freie Galoppieren über Wiesen lief selten buckelfrei ab. Unzählige Male hat er uns auf Ausritten abgesetzt, und unzählige Male sind wir wieder aufgestiegen. Wir waren jung, mutig, und wir haben uns vor allem vertraut.

Als ich Sabrina heute, 20 Jahre später, fragte, was sie an Don besonders geliebt hat, antwortete sie: „Dass man sich einfach kannte." Sie wusste genau, wo und wie Don wann reagieren würde. Die Beziehung zwischen den beiden fand ich immer bewundernswert. Sie waren eng verbunden, eine Einheit, einfach ein tolles Team!

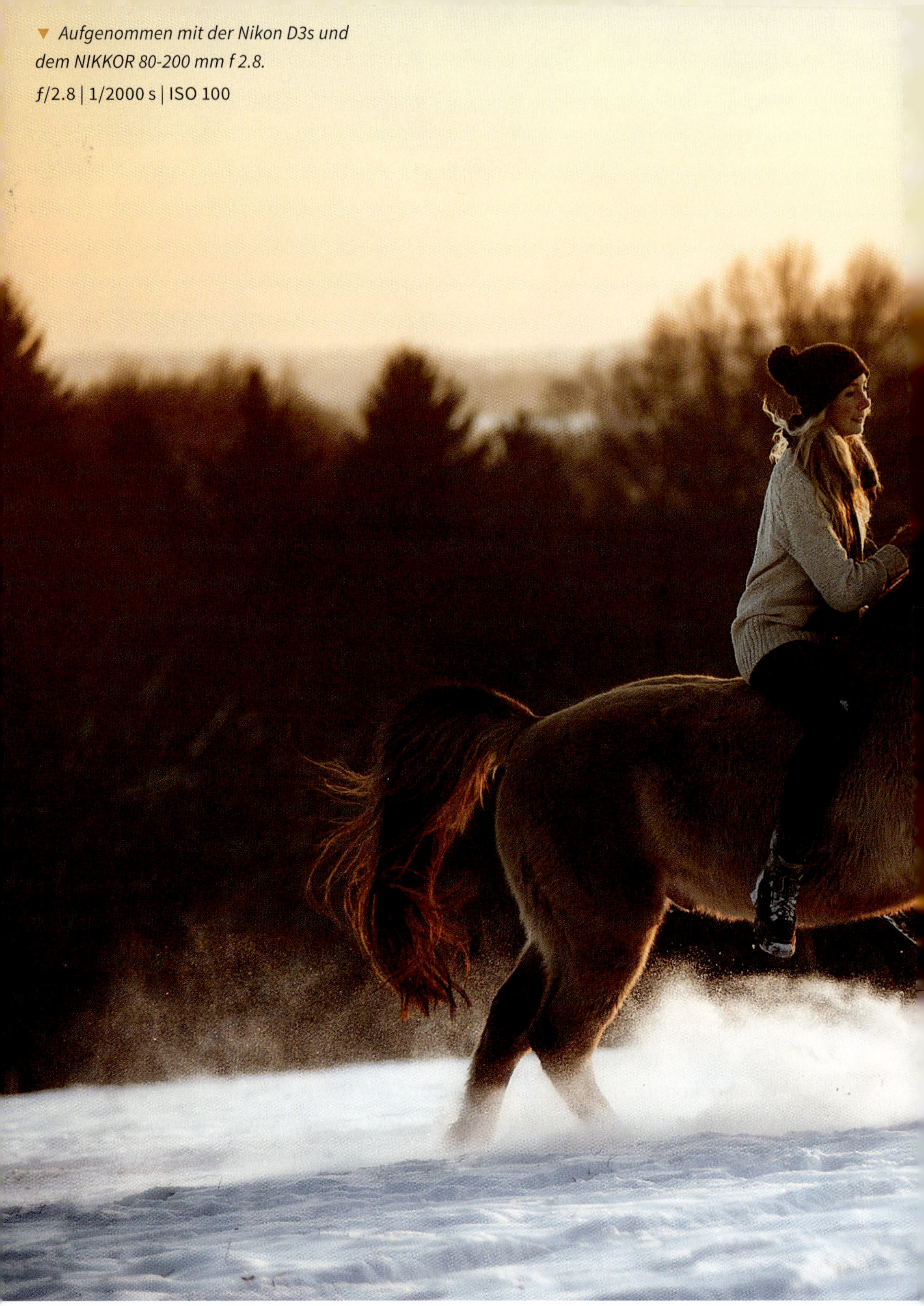

▼ *Aufgenommen mit der Nikon D3s und dem NIKKOR 80-200 mm f 2.8.*
f/2.8 | 1/2000 s | ISO 100

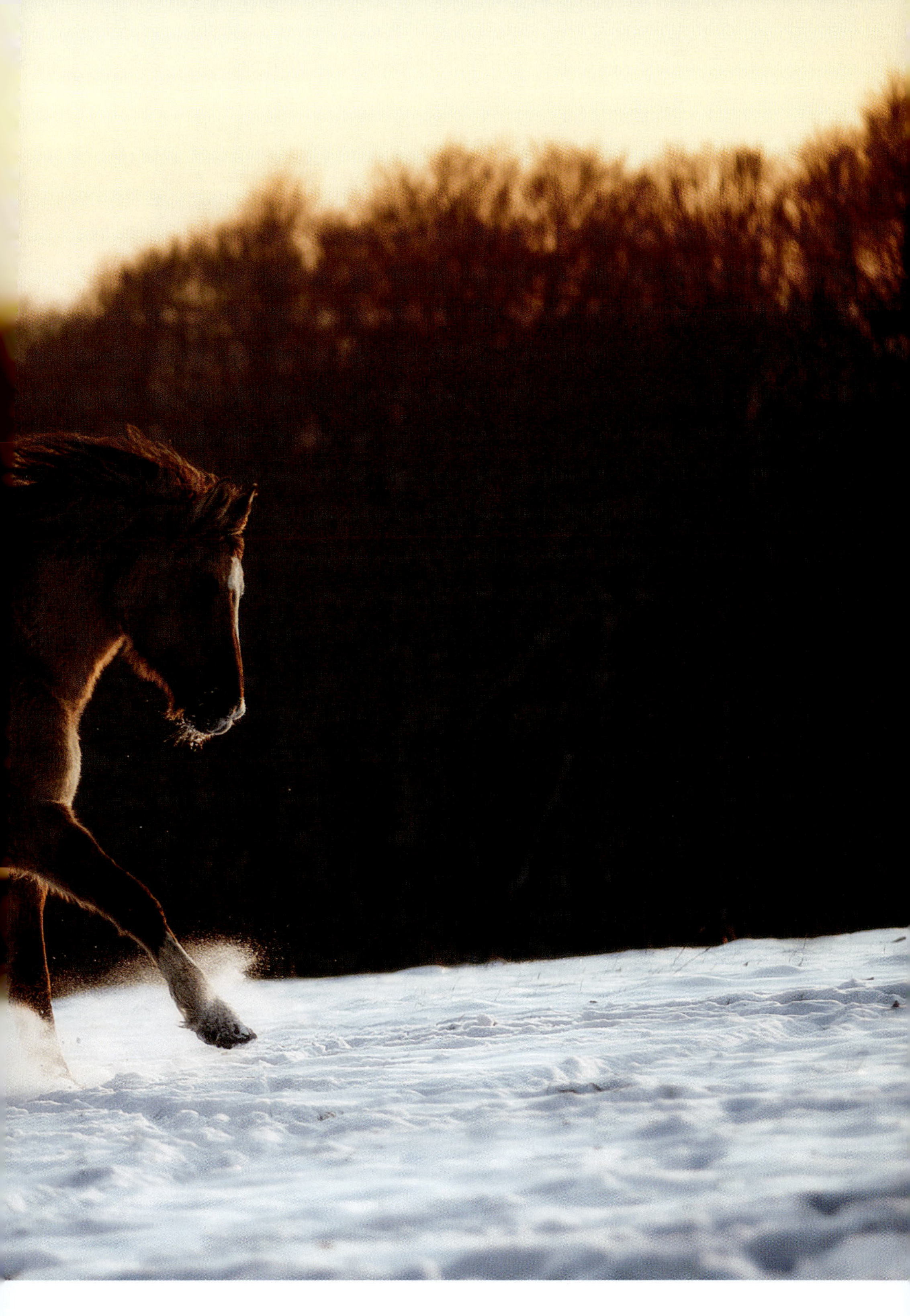

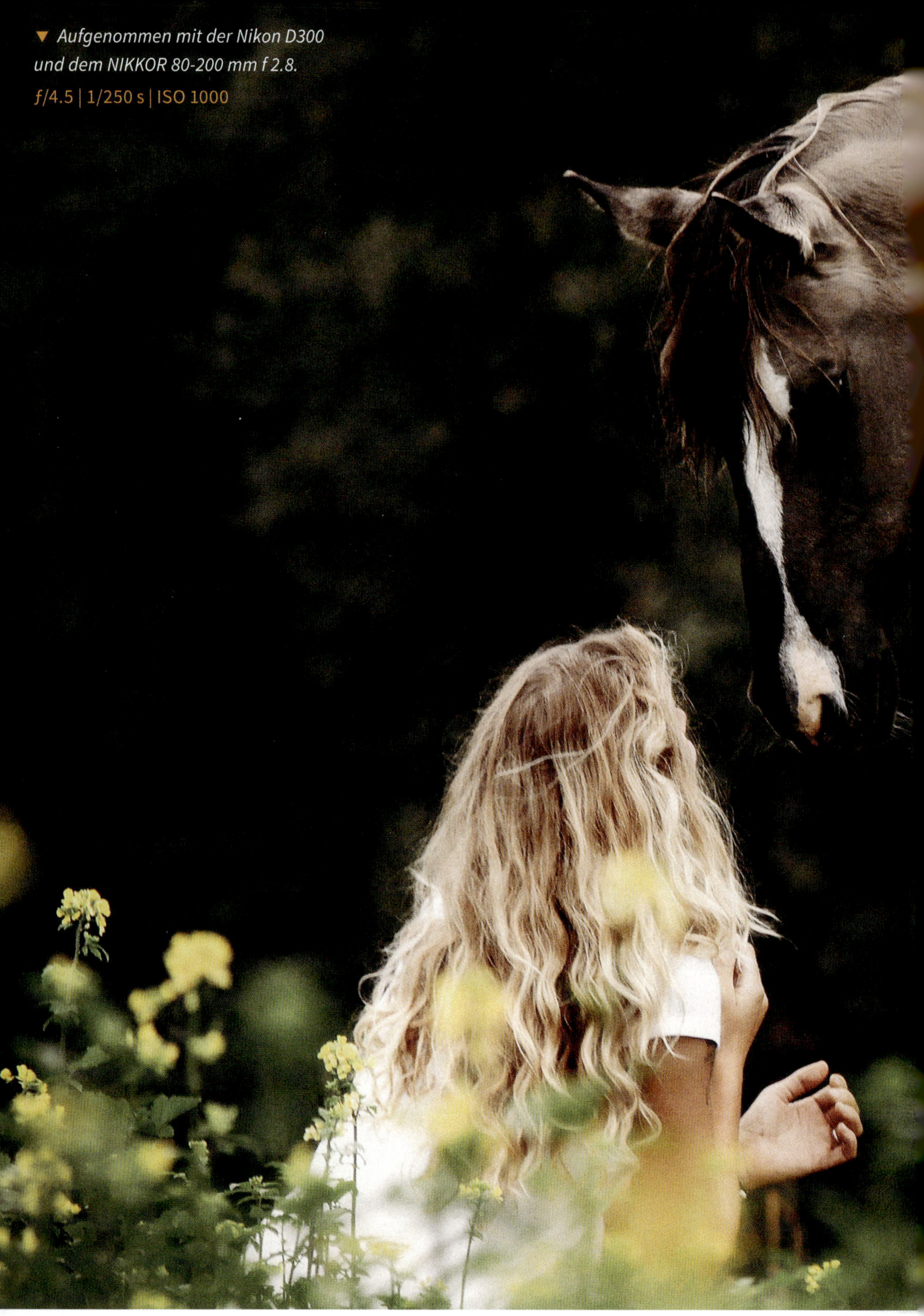

▼ *Aufgenommen mit der Nikon D300 und dem NIKKOR 80-200 mm f 2.8.*
f/4.5 | 1/250 s | ISO 1000

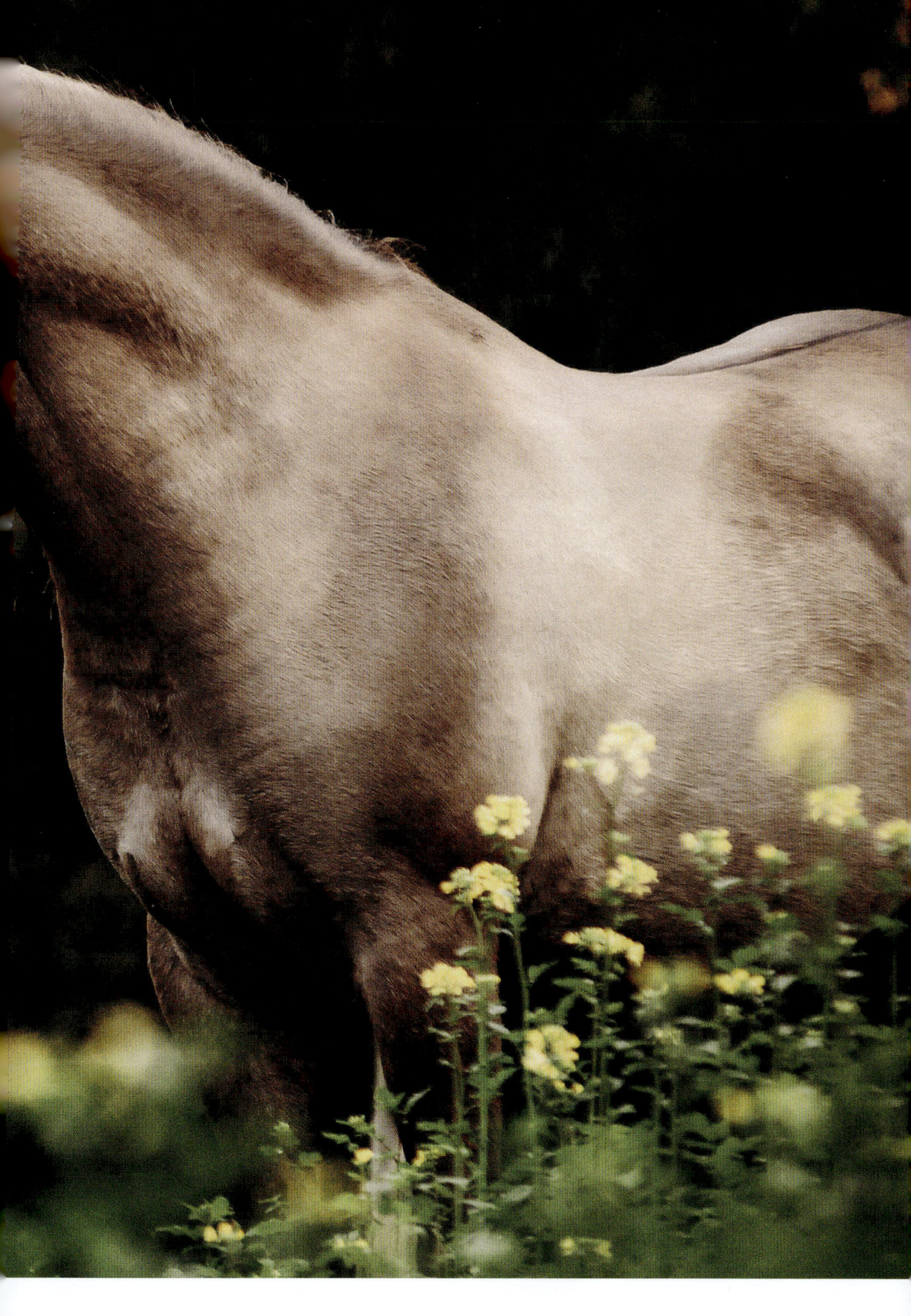

Mit Sabrina und Don vor der Kamera entdeckte ich irgendwann im Laufe der Zeit auch die tiefere Leidenschaft für die Fotografie. Ich war 15, Sabrina 16, als ich ernsthafter damit begann, mich mit dieser Thematik auseinanderzusetzen.

Dabei ging es vor allem um die Momente an sich und weniger um das Fotografieren selber. Die richtige Technik ist wichtig, keine Frage, viel mehr Freude hatten wir aber daran, uns einfach auszuprobieren, vom Licht übers Styling bis hin zur passenden Location. Wir haben es geliebt, uns neue Ideen einfallen zu lassen – vom Indianerpferd bis hin zum blumigen Model oder eben auch ganz natürlich. Wir konnten Stunden damit verbringen, die richtigen Outfits auszusuchen, über Trödelmärkte zu ziehen, um noch mehr Accessoires auszusuchen, und die Stunden danach vor dem Computer zu verbringen, um die entstandenen Ergebnisse zu analysieren.

Don hat einfach alles mitgemacht auf seine ganz besondere Art und Weise. So bleiben uns neben unseren ganz eigenen Gedanken und Erinnerungen an ihn auch unzählige Fotos, die uns zusätzlich helfen werden, ihn niemals zu vergessen. Wie könnten wir auch.

Fotoshootings mit Doni waren definitiv eine Herausforderung, und während ich diese Zeilen tippe, huscht mir ein Lächeln übers Gesicht in Gedanken an diesen verrückten Kerl. Er war zum Schluss so abgehärtet, dass ich nur die Kamera heben musste, damit er seinen Kopf senkte und genüsslich ins Gras biss.

Es sind unzählige Momente entstanden, die mir für immer viel bedeuten werden – so wie er für mich immer ein ganz besonderes Pferd sein wird. Er hat mich in meiner Fotografie geprägt und mir schon früh gezeigt, was es heißt, die Liebe zwischen einem Pferd und seinem Menschen einzufangen, ganz zwanglos, mit viel Leidenschaft und Ruhe. Don wurde bis zu seinem letzten Atemzug im Sommer 2019 sehr geliebt, und mit dieser kleinen Geschichte für und über ihn möchte ich dazu beitragen, dass er für immer unvergessen bleibt. Ich bin ihm sehr dankbar für all das, was er mir geschenkt und was er mich gelehrt hat.

Alexandra Evang

Alexandra Evang lebt in Düsseldorf, ist Fotomedienlaborantin, Kommunikationsdesignerin und Trainerin für Fotografie und Bildbearbeitung. 2016 hat sie mit ihrem Mann Marko alles auf eine Karte gesetzt, und sie sind gemeinsam in das Abenteuer Selbstständigkeit gestartet. Seitdem reisen beide Hand in Hand als erfolgreiche Tierfotografen durch die Welt.

www.alexandraevang.de

Anne Nitschke – Jack, das zahme Zebra

Zebras sind alles andere als zahm und gehen bei Menschen auf Distanz. Doch Jack ist anders. Ich lernte Jack 2011 auf einer meiner ersten Südafrikareisen kennen und war sofort hin und weg von ihm. Seine Mama wurde von Hand aufgezogen, und Jack wurde auf der Farm Glen Afric geboren. Obwohl Jack dort frei lebt, zusammen mit Giraffen, Elefanten, Gnus, Straußen und natürlich anderen Zebras, ist er zahm und sofort präsent, wenn ein Kamerateam in der Nähe ist. 2019 und 2020 reiste ich wieder nach Südafrika, um unter anderem Jack zusammen mit Frauen zu fotografieren. Es war ein sehr emotionales Wiedersehen, und es bereitete mir viel Freude, die Zuneigung zwischen Jack und Nasiphi fotografisch festzuhalten. Doch nicht nur für mich ist Jack ein Star! Er spielte schon in sehr vielen Filmen mit und hat bereits viele Menschen mit seiner zutraulichen Art glücklich gemacht. Doch vor allem macht er mich glücklich!

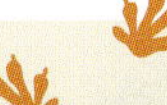

Anne Nitschke

Anne Nitschke hat Romanistik und Kommunikationswissenschaften studiert. 2011 ist sie in die Fotografie eingestiegen und hat dort ihre Berufung gefunden: die emotionale Mensch-Tier-Fotografie. In ihren Bildern bringt sie nicht nur ihre Gefühle zum Ausdruck, sondern kann auch durch kreative Ideen und ausgeprägtes Organisationstalent einzigartige Shootingsets kreieren.

www.nitschke-photography.com
www.catwork-photography.com

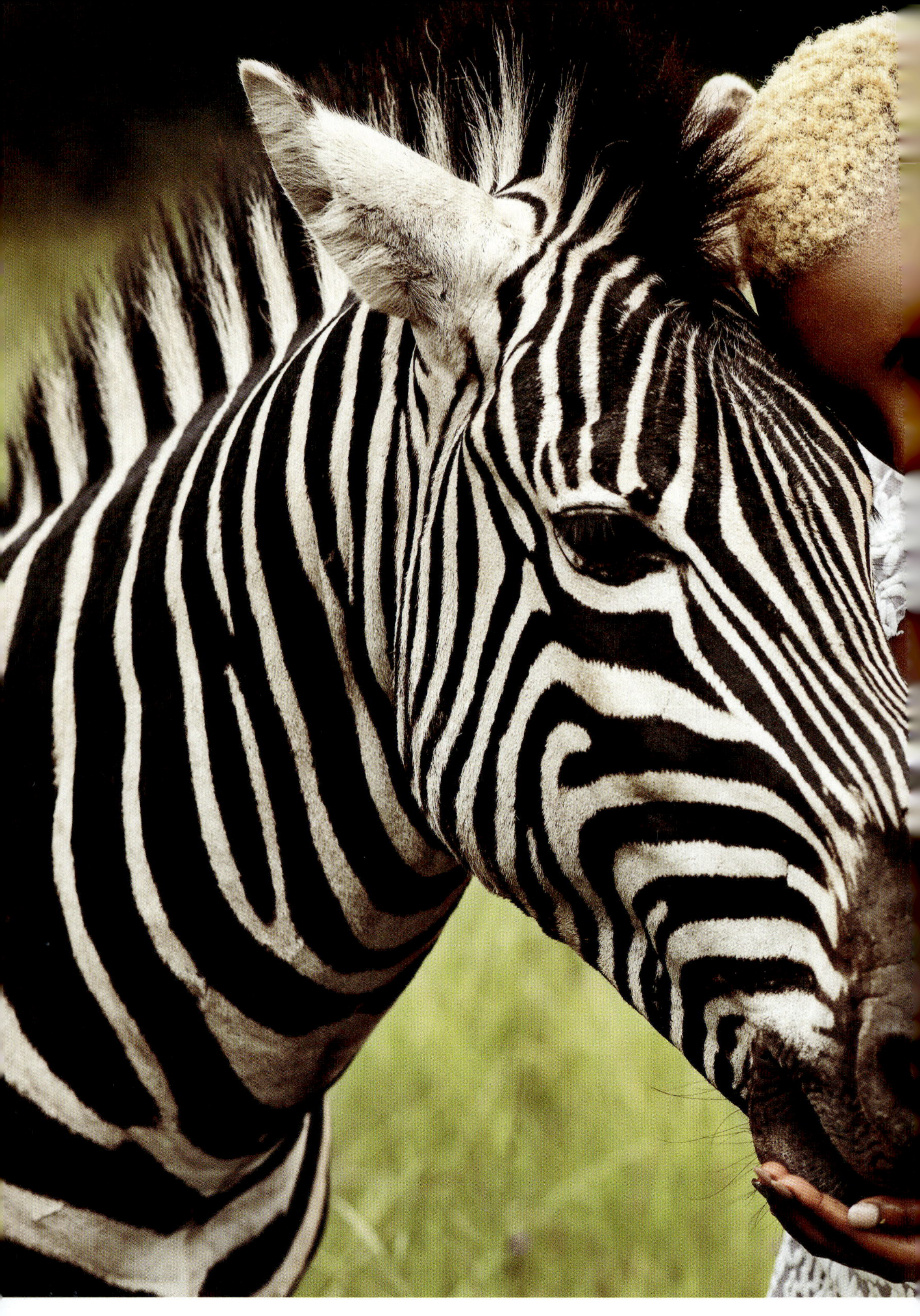

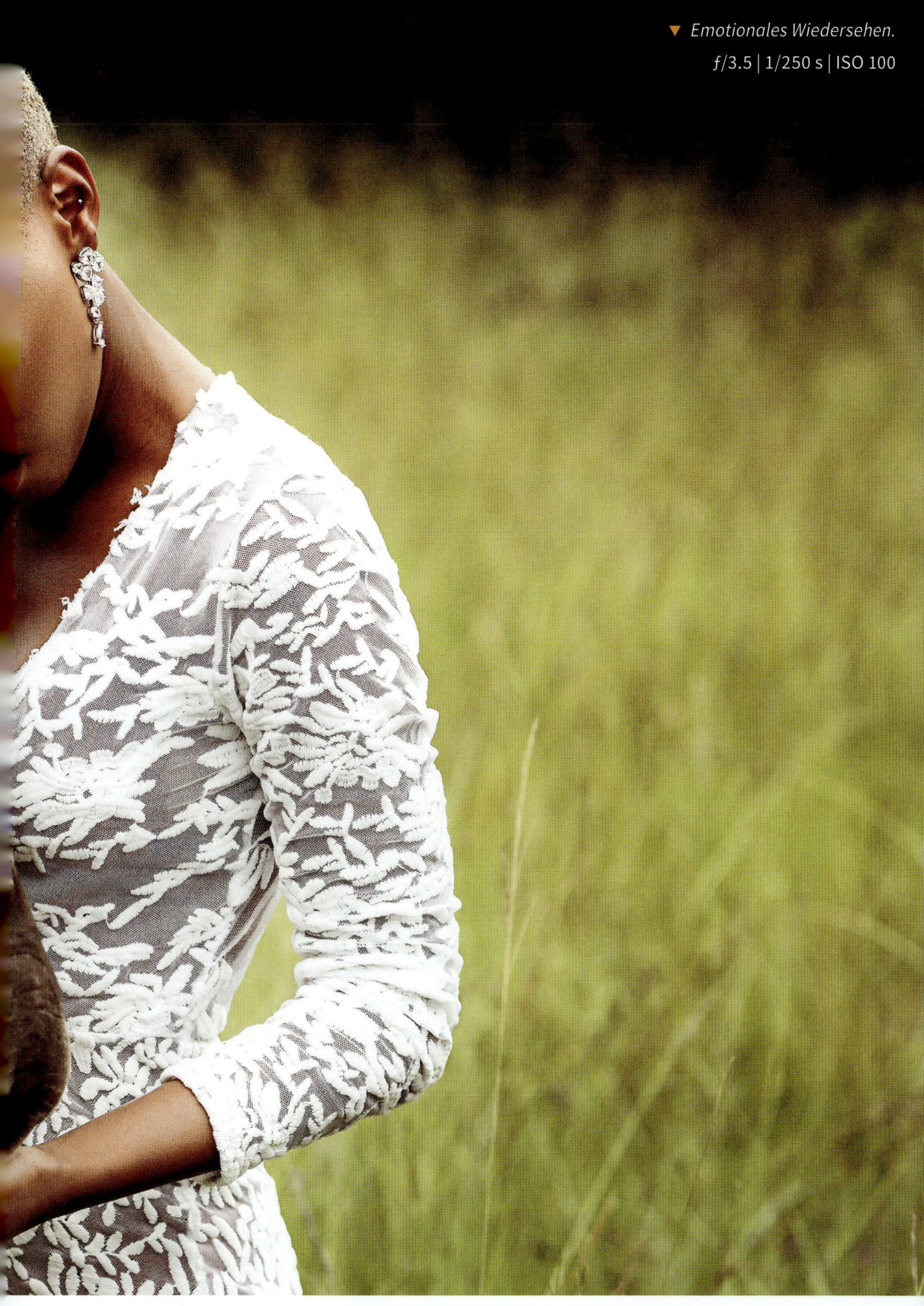

▼ *Emotionales Wiedersehen.*
f/3.5 | 1/250 s | ISO 100

Natalie Große – Milow und Saskia

Auf der Suche nach einem Hundemodel traf ich auf Milow und Saskia. Die Geschichte von Saskia hatte mich bewegt: „Wir haben uns damals einen Hund aussuchen wollen, der sportlich, familientauglich und folgsam ist. Als wir eine Rasse gefunden hatten, auf die wir uns beide einigen konnten, haben wir uns mit der Züchterin auseinandergesetzt und sind kurzerhand an die Ostsee gefahren, um die Hunde anzuschauen. Insgesamt gab es sieben Welpen, wovon zwei diese besondere Farbgebung hatten. Milow war ein sehr zurückhaltender Hund und passte von meinen charakterlichen Vorstellungen perfekt, daher fiel uns die Entscheidung nicht schwer, und wir entschieden uns für ihn.

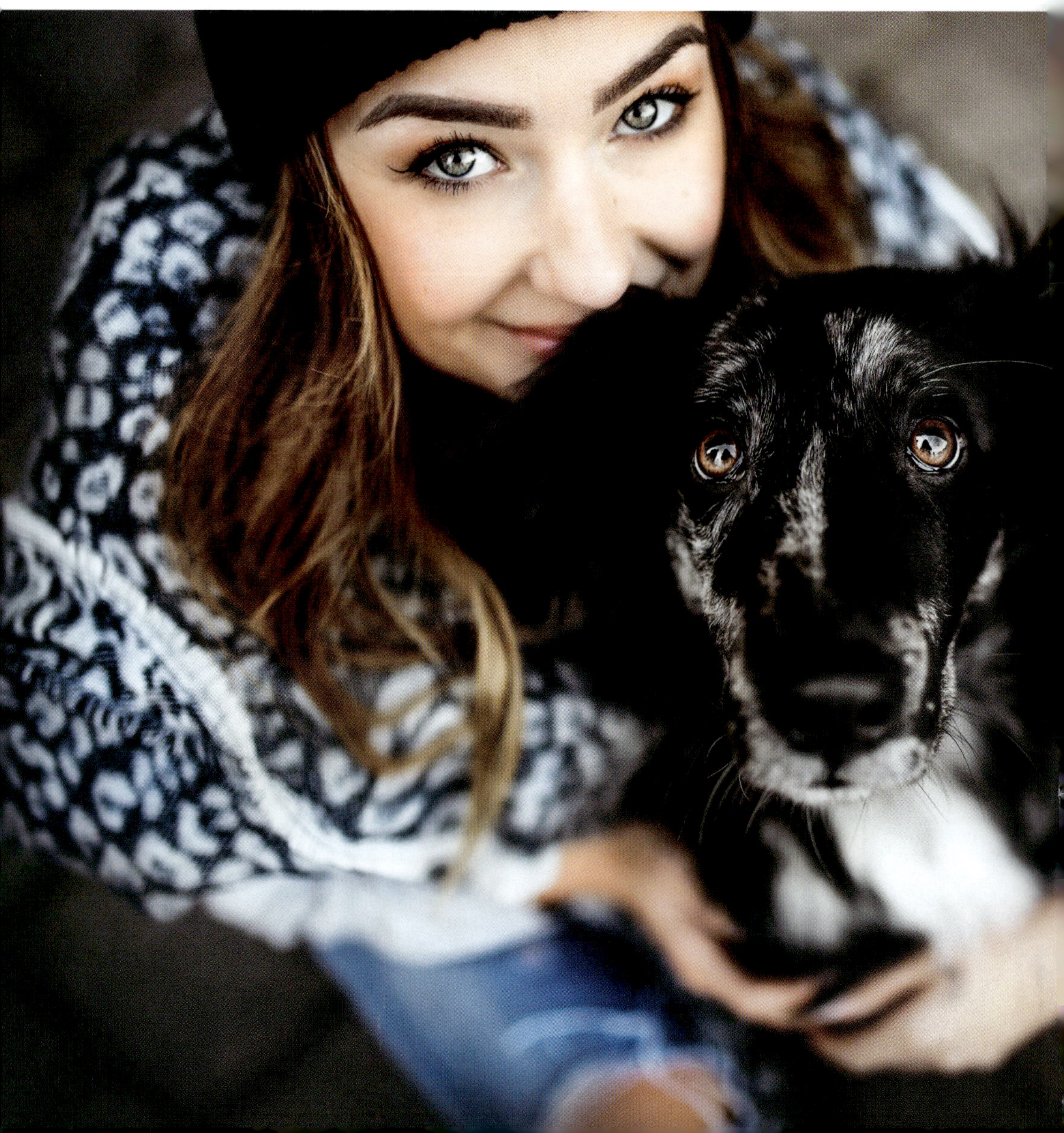

Im Laufe des Gesprächs mit der Züchterin kam allerdings heraus, dass er die Eignungstests zum Assistenzhund im Welpenalter hervorragend abgeschlossen hatte, und so entstand der Gedanke, dass, sollte er weiterhin für eine Assistenzhundeausbildung geeignet sein, wir Milow nach dem Jahr an eine Person oder ein Kind abgeben würden, die oder das es sich nicht leisten kann, einen Assistenzhund anzuschaffen, denn wir benötigten keinen, sondern wollten einfach einen Weggefährten.

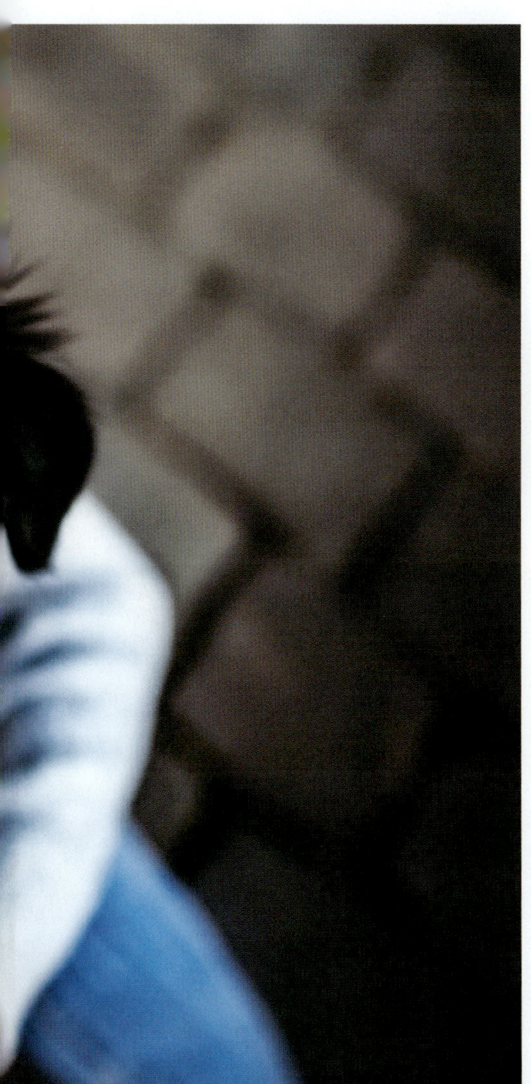

Assistenzhunde wachsen generell vor ihrer Ausbildung in einer normalen Familie auf, in der sie sozialisiert und vorbereitend erzogen werden. Auch in den folgenden Monaten war Milow sehr gelehrig und hatte Spaß daran, zu assistieren. So konnte er nach zwei Wochen in meinem Besitz sämtliche Kommandos und Tricks, und mit einem halben Jahr brachte er mir die Fernbedienung, Socken und sämtliche Dinge, die man ihn zu apportieren bat.

Mittlerweile kann er Schränke und Türen öffnen und beginnt jetzt mit der Begleithundeausbildung. Er ist aus unserem Alltag nicht mehr wegzudenken. Sollte er allerdings weiterhin Freude daran haben, so würden wir ihn zeitweise auch als Therapiehund anbieten.

◀ *Der gelehrige Milow und Saskia.*
f/1.8 | 1/320 s | ISO 100

▶ *Kein Zweifel, Milow wird ein toller Therapiehund.*
f/1.8 | 1/320 s | ISO 600

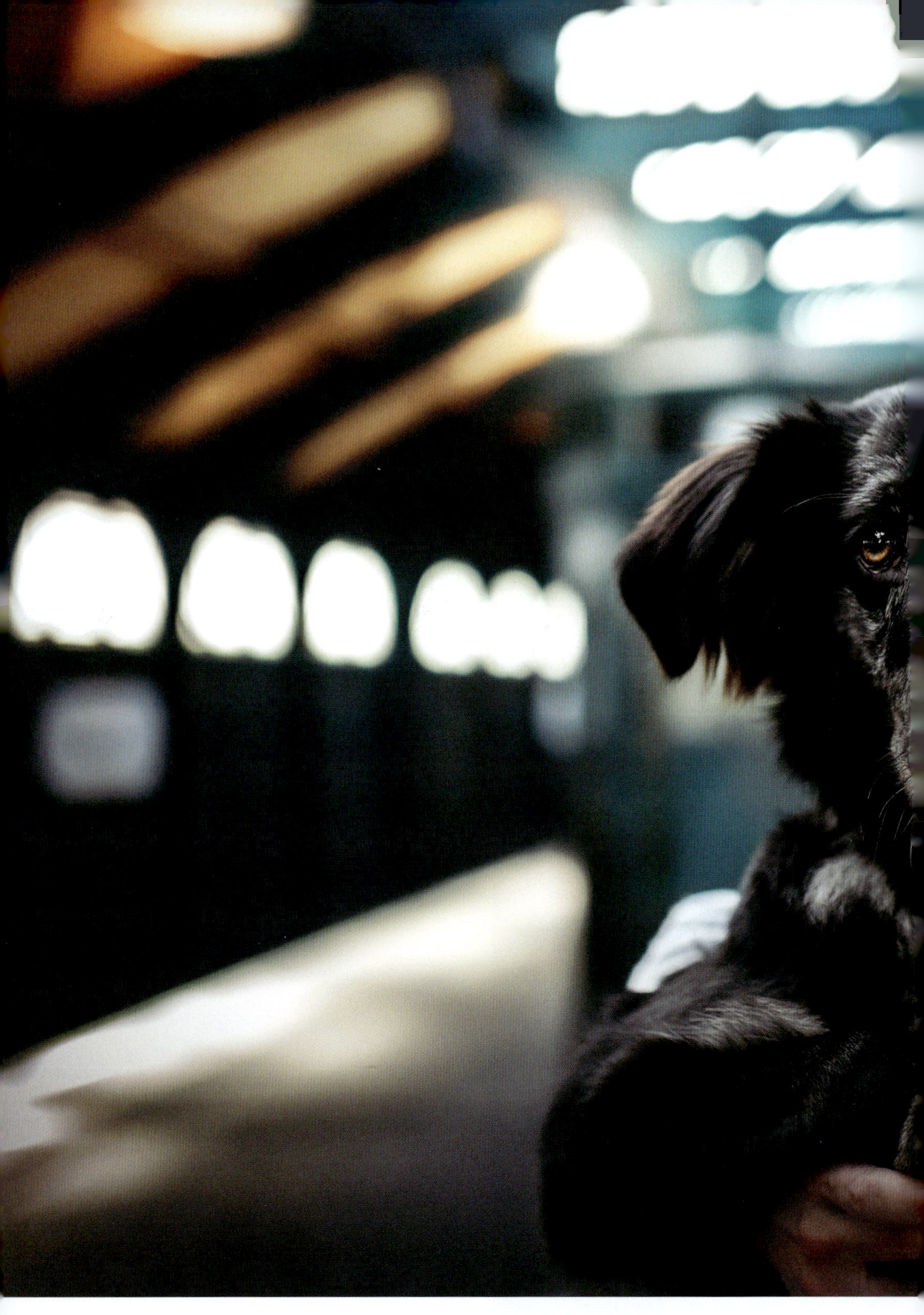

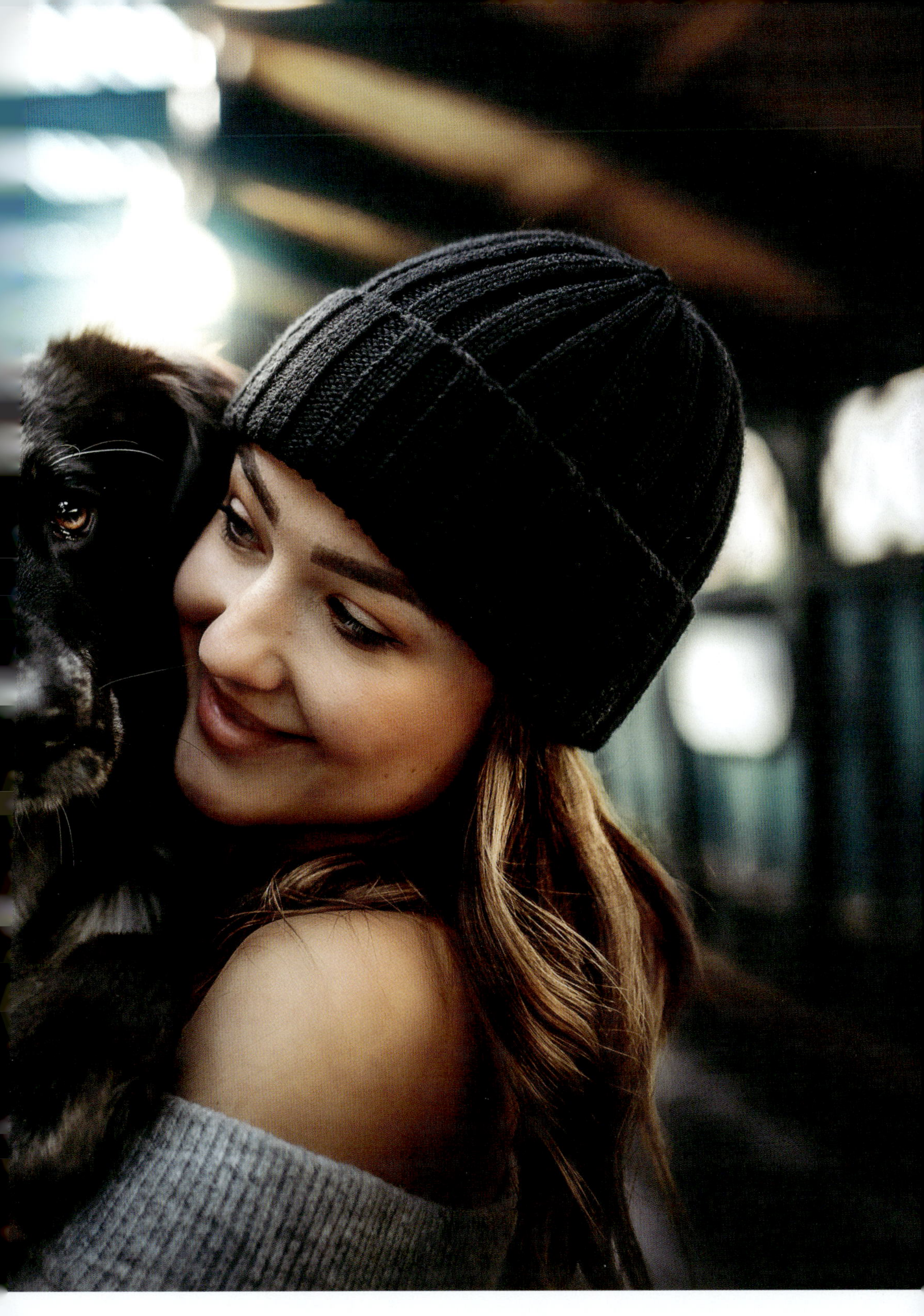

Alessandro Sgro – Bären und Wölfe in Finnland

Schon als kleiner Junge träumte ich davon, Wölfe und Bären in ihrem natürlichen Lebensraum sehen zu können. Wer sich mit diesen wunderbaren Geschöpfen näher befasst, wird schnell in ihren Bann gezogen. Im Sommer 2019 machte ich mich dann auf die Reise nach Skandinavien mit dem Ziel, Braunbären und Wölfe nicht nur sehen, sondern auch fotografieren zu können. In meinem Land Rover Defender ging es über Schotterstraßen durch endlose Wälder in den wilden Osten Finnlands, wo ich mir erhoffte, diese wunderschönen Tiere anzutreffen.

Dort angekommen, quartierte ich mich in einer kleinen Beobachtungshütte in einem Sumpfgebiet gelegen ein, und zwar unmittelbar an der russischen Grenze. Die nächsten 15 Stunden sollte ich in dieser Hütte verbringen. Nach einigen Stunden, in denen sich außer zahlreichen Kolkraben nicht viel zeigte, war der Moment dann endlich gekommen. Ein mächtiger Bär trottete aus dem Wald hervor und durchquerte den Sumpf. Ich war so aufgeregt und fasziniert von diesem Koloss, dass ich fast das Fotografieren vergaß. Glücklicherweise gelangen mir ein paar für mich ganz besondere und intime Aufnahmen.

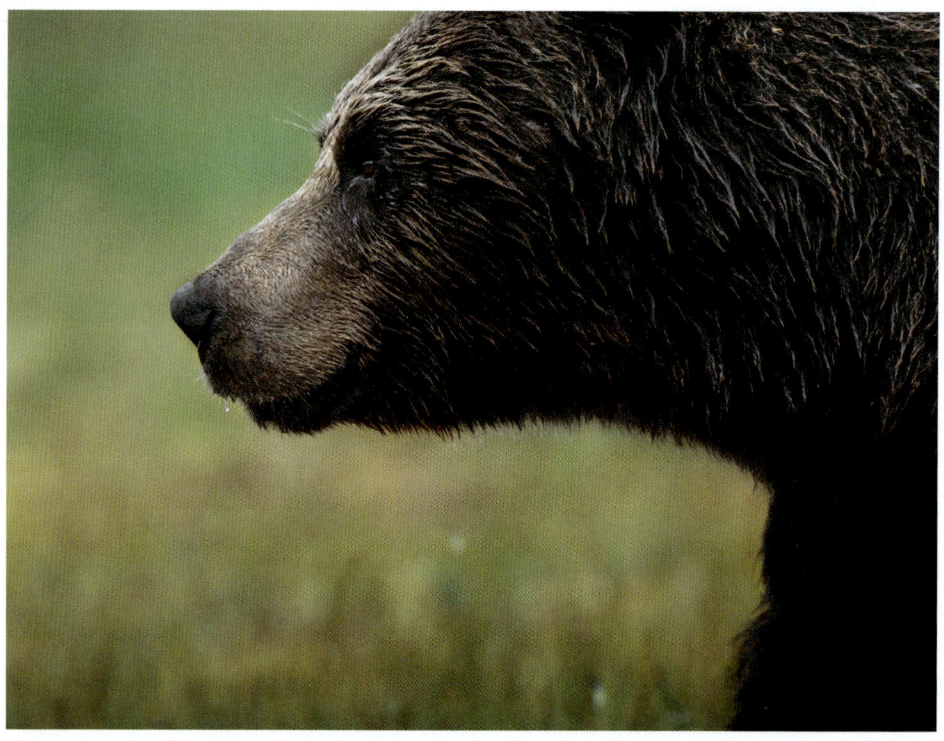

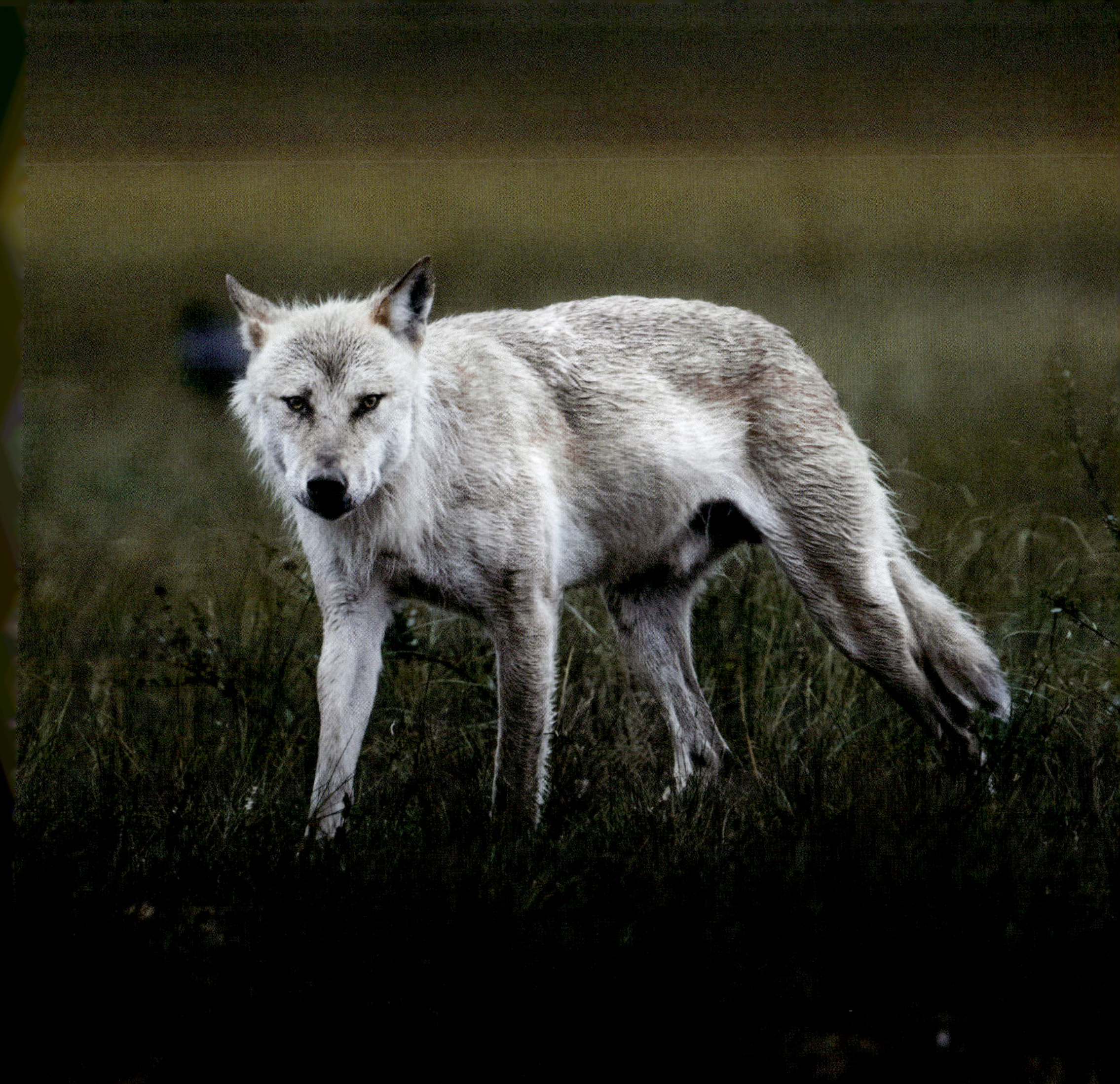

◀ *Ein mächtiger Bär trottet vollkommen unbeeindruckt an meiner Hütte vorbei.*
ƒ/8.0 | 1/320 s | ISO 1600

▲ *Auge in Auge mit dem Wolf.*
ƒ/8.0 | 1/250 s | ISO 5000

In den folgenden Stunden konnte ich noch einige Bären sichten, und auch ein sehr junger Seeadler zeigte sich und verbrachte einige Zeit auf einem der toten Bäume damit, das Gebiet zu beobachten.

Die Vorzüge des skandinavischen Sommers sind eine wirkliche Hilfe beim Fotografieren, denn richtig dunkel wird es zu dieser Zeit nicht. Man erfreut sich an wunderbarem Licht, zumindest in den meisten Fällen. Was sich mir beim

Blick aus der Hütte heraus zeigte, war eine dichte Wolkendecke und zeitweise strömender Regen. Nichtsdestotrotz war das Fotografieren sehr gut möglich. Plötzlich bewegte sich am Horizont ein weißer Fleck auf mich zu.

Ich traute meinen Augen nicht; ein Wolf trabte vorsichtig in Richtung meiner Hütte. Langsam bewegte ich meine Kamera in Position und versuchte, mich dabei so ruhig und unauffällig wie möglich zu verhalten. So um die 20 bis 30 Meter näherte der Wolf sich mir und starrte dann für einige Sekunden in meine Richtung. Hier war er nun – der Moment, Auge um Auge mit diesem majestätischen Tier. Hier gelangen mir wohl einige meiner besten Aufnahmen, die ich jemals machen konnte.

Am Horizont, dicht am Waldrand, konnte ich das Rudel und die dazugehörigen Wolfsjungen beim Spielen miteinander beobachten. Als wäre all das nicht genug, bot sich mir noch der einzigartige Augenblick, in dem Bär und Wolf gemeinsam zu sehen waren. Es sind diese wenigen Sekunden, die 15 Stunden des Wartens vergessen machen und dir ein Strahlen ins Gesicht zaubern. Die Zeit verflog, und kurz bevor ich meine Sachen zusammenpackte, zeigte sich außerdem noch der scheue Vielfraß für wenige Sekunden, bevor er mit einigen Knochenresten wieder im Wald verschwand.

In der Wildlife-Fotografie braucht es oft ein gutes Maß an Glück, um besondere Aufnahmen machen zu können. Der Fotogott war in dieser Nacht definitiv auf meiner Seite. Es ist sehr schwierig, diese Emotionen jemandem über Erzählungen nahezubringen, doch hoffe ich sehr, dass ich das mit meinen Bildern so gut wie möglich wiedergeben kann.

Alessandro Sgro

Alessandro Sgro ist ein deutsch-italienischer Wildlife-Fotograf mit Sitz in Düsseldorf, Deutschland. Er gab seinen Beruf als Mechaniker auf, um nachhaltige Entwicklung und Wildtiere zu studieren, um seinen Traum zu verwirklichen, sein Studium mit Fotografie und Naturschutz zu verbinden. Er geht regelmäßig auf Solo-Fotografiemissionen und stellt Kontakte zu anderen Fotografen her, um Erfahrungen auszutauschen. Aufgeschlossen und enthusiastisch, neue Orte zu besuchen, erkundet er nicht nur sein Heimatgebiet, sondern auch andere Länder weltweit, um verschiedene Wildtiere zu dokumentieren.

https://alessandrosgro.myportfolio.com

https://instagram.com/alessandroxsgro/

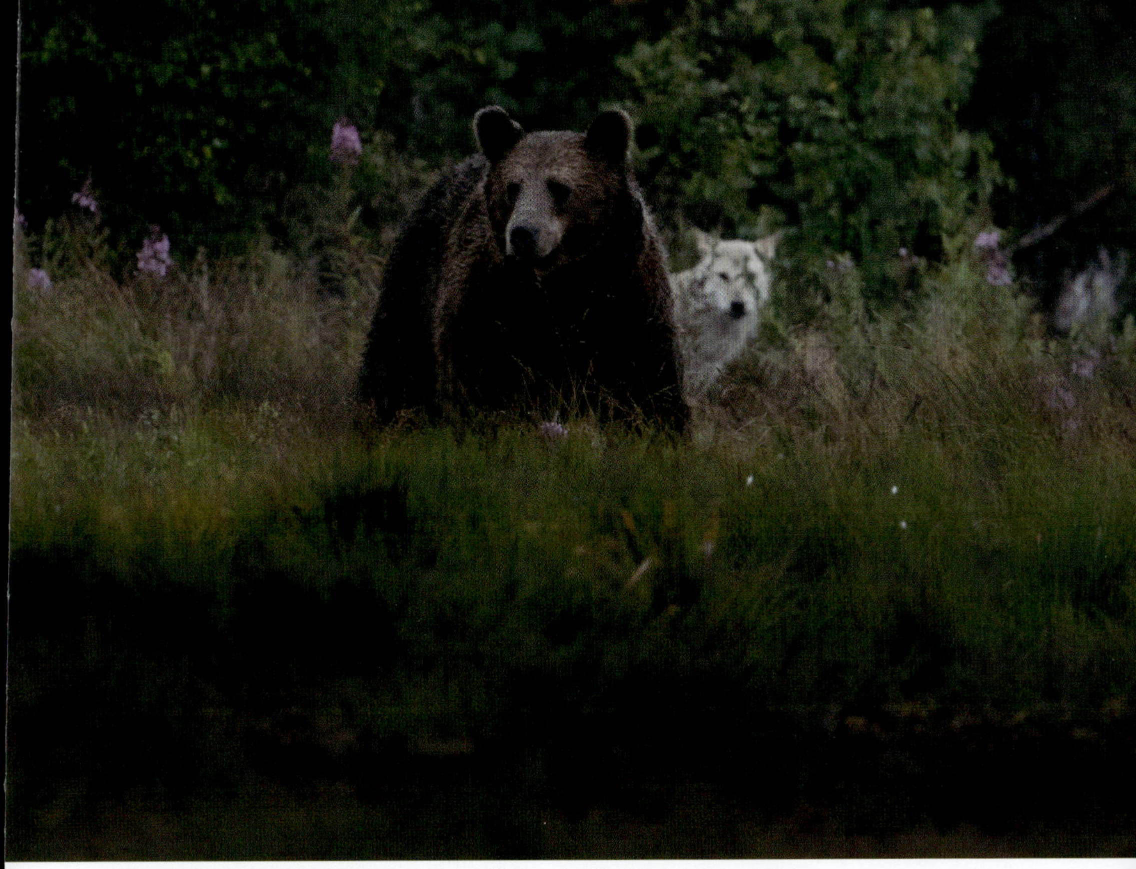

▲ *Bär und Wolf auf einem Bild.* *f*/8.0 | 1/250 s | ISO 5000

Eins ist mir umso klarer geworden nach diesen wundervollen Begegnungen, und das ist, dass wir diese beeindruckenden Geschöpfe so gut wie möglich schützen müssen, da sie Grundlage und wichtige Bestandteile unserer Ökosysteme sind. Denn eine Welt ohne Tiere ist auf lange Sicht auch eine Welt ohne Menschen.

Heinz Toperczer – Schwangere Seepferdchen

Ich war in Ägypten bei El Quseir tauchen. Ich sah einen Rochen, der zielstrebig in Richtung eines Seepferds schwamm, um es zu fressen, und das wollte ich fotografisch dokumentieren. Normalerweise mische ich mich nicht in die Abläufe der Natur ein, aber als ich sah, dass das Seepferdchen bald Nachwuchs bekommen würde, konnte ich nicht anders und verscheuchte den Rochen mit einer kräftigen Handbewegung. Als Dank stand mir dann das Seepferd als Model geduldig zur Verfügung und präsentierte stolz seinen aufgeblähten Bauch.

Ich fotografiere mit einer Nikon D850 im Seacam-Gehäuse mit zwei externen Blitzen auf je 80 Zentimeter langen Armen mit Kugelgelenken. Für dieses Foto verwendete ich das Spezialobjektiv 20-35 mm aus der alten Nikonos-Serie, das seinerzeit als reines Unterwasserobjektiv gebaut wurde. Ich ließ die Elektronik umbauen, damit es mit den heutigen Kameras einsatzfähig ist.

Da ich von der Blitzsynchronisation abhängig bin, riegelt die Kamera bei 1/250 Sekunde ab. Deshalb muss ich mit sehr geschlossene Blenden und niedriger ISO arbeiten, um den schwarzen Hintergrund zu erzeugen.

Heinz Toperczer

Schon als Kind lernte Heinz Toperczer recht früh am Wörthersee die Welt unter Wasser kennen. Hier begann seine große Leidenschaft zum Tauchsport, die ihm von seinem Vater, einem ehemaligen U-Boot-Matrosen, in die Wiege gelegt wurde. Als Tauchlehrer gilt seine Liebe der UW-Fotografie, die er mit Herzblut in Kursen und Workshops gern weitergibt. Sein Bestreben ist es, die wunderbare farbenfrohe Unterwasserwelt auch Nichttauchern näherzubringen. Dabei reizen ihn besonders Aufnahmen unter erschwerten Bedienungen, etwa beim Eistauchen, Höhlentauchen, Flusstauchen und von Wracks in größeren Tiefen.

Nach seinen vielen internationalen Auszeichnungen und Erfolgen beschloss er 2019, der aktiven Wettbewerbsfotografie den Rücken zu kehren. Als Jurymitglied wird er aber weiterhin der UW-Fotografie erhalten bleiben und versuchen, seine Erfahrungen an den Nachwuchs weiterzugeben.

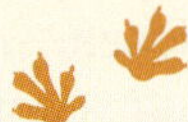

www.spezialfotos.at

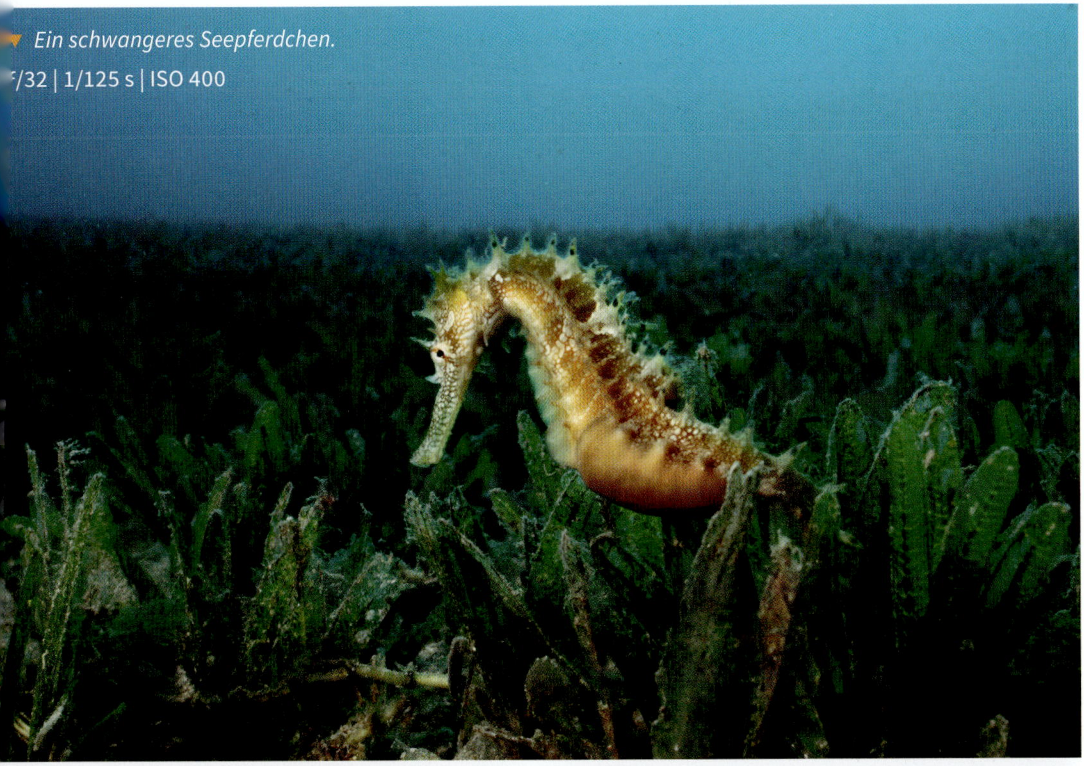

▼ *Ein schwangeres Seepferdchen.*
f/32 | 1/125 s | ISO 400

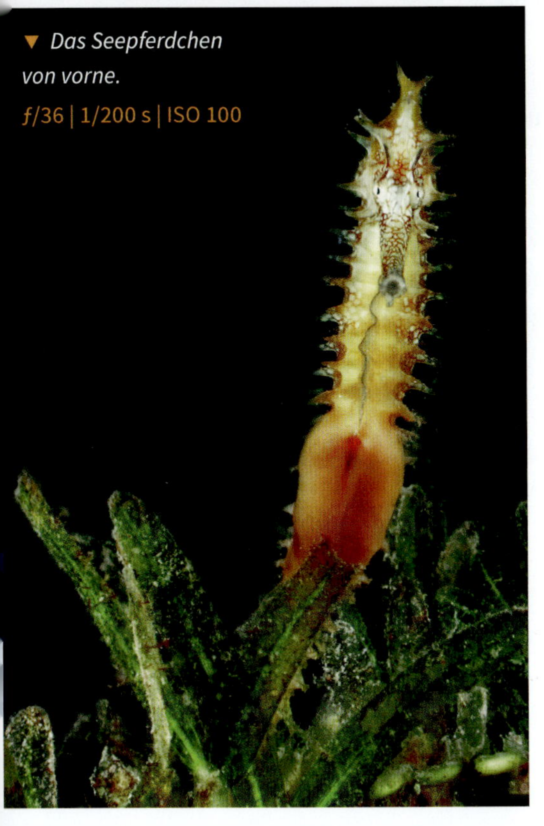

▼ *Das Seepferdchen von vorne.*
f/36 | 1/200 s | ISO 100

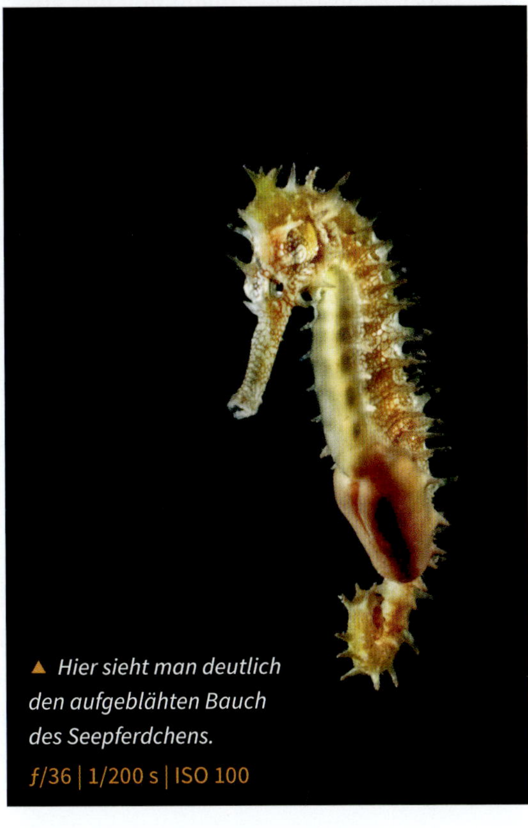

▲ *Hier sieht man deutlich den aufgeblähten Bauch des Seepferdchens.*
f/36 | 1/200 s | ISO 100

Danksagung

Die Danksagungsseite wirkt manchmal ein klein wenig wie eine Werbeplattform, aber oft sind es auch genau die Firmen und Sponsoren, die es einem überhaupt erst ermöglichen, so ein Projekt zu realisieren.

Ich danke dem BILDNER Verlag und Ulrich Dorn, dass ich die Chance für dieses Buch bekommen habe.

Danke an Claudia Brockmann, die mich zu so vielen Shootings begleitet und mit mir bestimmt einige Nerven gelassen hat.

Die Paasmühle - mein neues Zuhause. Danke an Thorsten und Roland und alle anderen für eure Freundschaft und Hilfe.

Vielen Dank an alle, die dieses Buch lesen und die mich immer unterstützen.

Mein besonderer Dank gilt natürlich Nikon. Ohne meine Ausrüstung, den Nikon-Support und die Nikon-Familie wäre ich heute ganz sicher nicht an diesem Punkt.

Danke an EIZO, SIRUI, Zeiss und Wacom.

Und ein Dank geht an Terracanis, von denen ich das erstklassige Futter für Ingo bekomme.

Danke an all die Zeit, die ich mit meinen Tieren, der Natur und meinen Gedanken verbringen darf, und allen Abenteuern, die ich erleben durfte und an die wunderbare Natur da draußen.

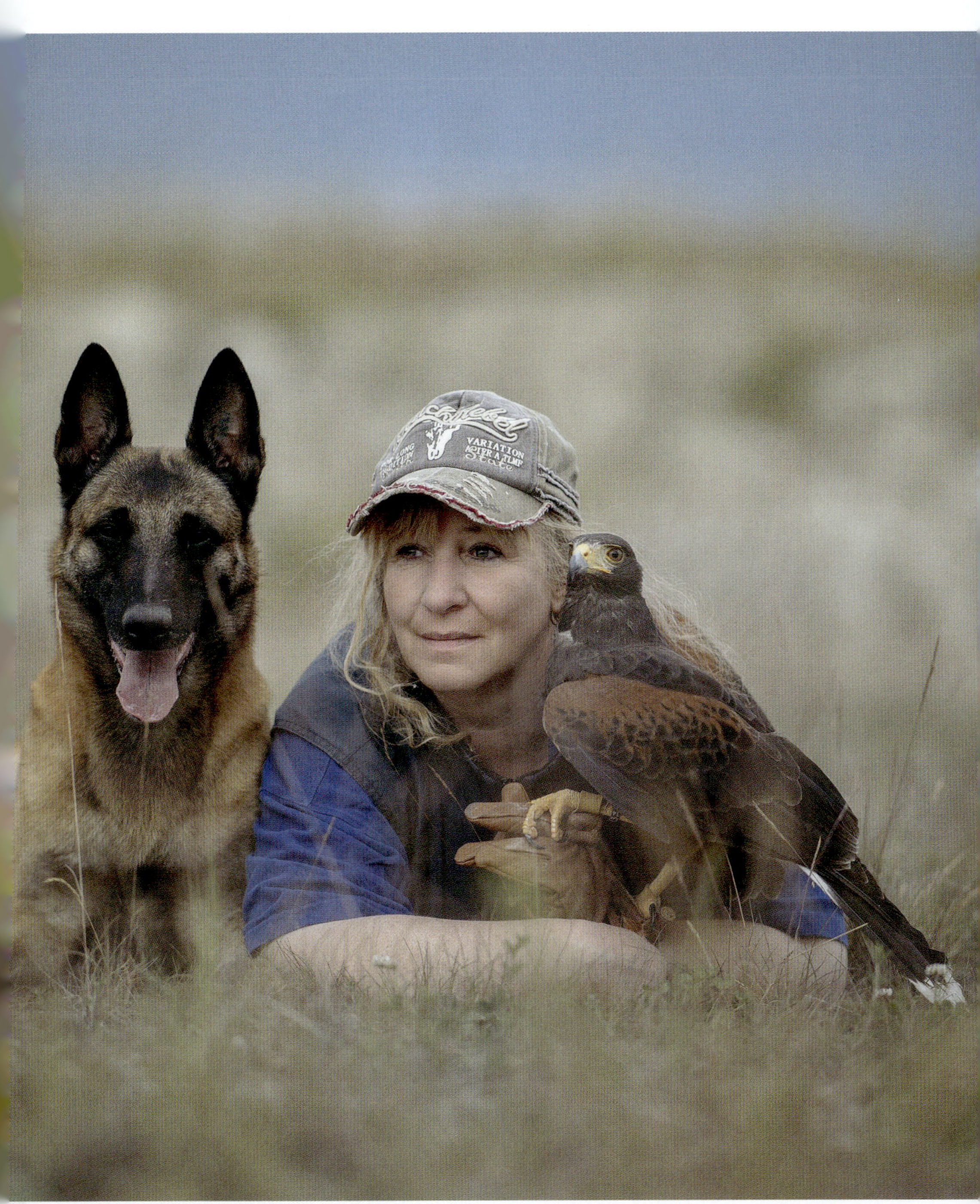

▲ *Ingo, Phönix und ich.*

ƒ/1.4 | 1/2000 s | ISO 100

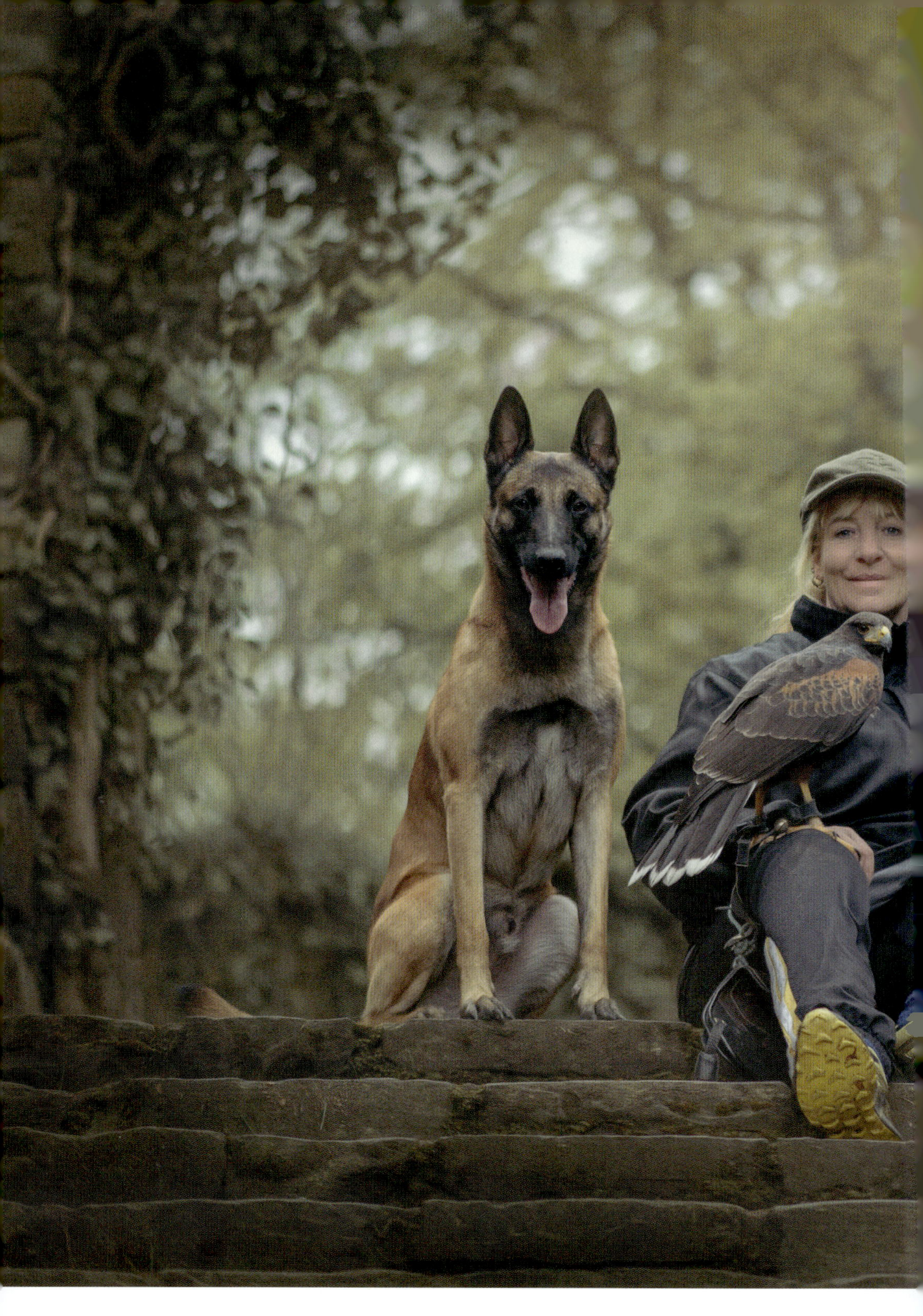

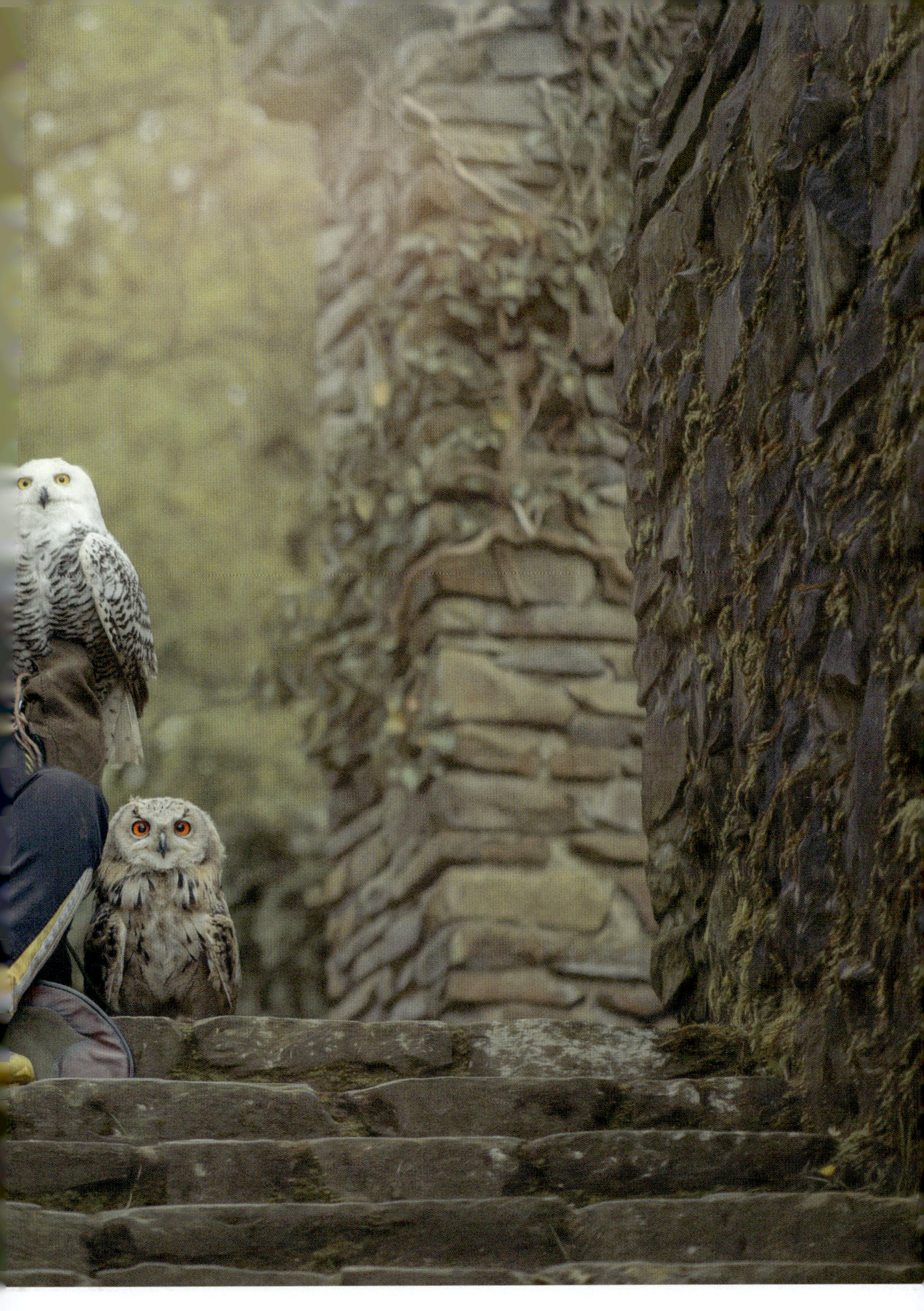

▲ *Eine etwas andere Familie.*
f/2.8 | 1/250 s | ISO 250

Index

Bildnachweis

Alle Bilder in diesem Buch wurden von **Tanja Brandt** erstellt.

Ausgenommen dieser Bilder: S. 5 Claudia Brockmann. **S. 21** Norbert Wolf. **S. 71** Claudia Brockmann. **S. 77** Claudia Brockmann. **S. 109** Jens Stahl (u). **S. 110-114** Jens Stahl. **S. 117** Claudia Brockmann. **S. 140-147** Mark Schäfer. **S. 158** Franziska Schädlich. **S. 186** Matthias Schotthöfer. **S. 223** Norbert Wolf. **S. 294-297** Marcin Nawrockie. **S. 299** Sebastian Hilpert. **S. 300-305** Alexandra Evang. **S. 308-309** Anne Nitschke. **S. 310-313** Natalie Große. **S. 314-317** Alessandro Sgro. **S. 310** Heinz Toperczer. **S. 321** Daniela Oliva.